와다 하루키의
한국전쟁
전사

CHOSEN SENSO ZENSHI

by Haruki Wada

© 2002 by Haruki Wada

Originally published in 2002 by Iwanami Shoten, Publishers, Tokyo.

This Korean edition published 2023 by Chung-A Publishing Co., Gyeonggi-do
by arrangement with Iwanami Shoten, Publishers, Tokyo.

일러두기

• 모든 외래어는 외래어 표기법에 따라 번역했다.

• '조선전쟁'은 한국에서 일반적으로 사용하는 '한국전쟁'으로 번역했다.

• '조선'이라는 용어는 한반도(KOREA) 전체를 의미하는 용어로 사용됐으나 북한(조선민주주의인민공화
국)과 남한(대한민국)을 의미하는 용어로 사용되기도 했다. 본문의 경우 한반도, 북한, 한국 또는 남
한으로 번역했다. 직간접 인용의 경우 북한, 중국, 소련 문서는 조선, 북조선, 남조선으로 번역했고
한국, 미국 문헌은 한반도와 북한, 한국 또는 남한으로 번역했다.

• '조선인'이라는 용어는 한민족(KOREAN)을 의미하는 용어로 사용됐으나 북한에 사는 사람만을 의
미하는 용어로도 사용됐다. 본문의 경우 문맥에 따라 해외 거주자의 경우는 재일 조선인 등으로
번역했고, 북한 사람만을 나타낼 경우는 북한인으로 번역했다. 직간접 인용의 경우 북한, 중국, 소
련 문서는 그대로 조선인, 북한만을 가리킬 경우는 북조선인으로 번역했다.

• 한국어 원문 인용의 경우, 원문을 기본으로 하되 가독성을 높이기 위해 일부 문장을 수정했다.

• 지도는 원서 그대로 수록했고, 화보는 한국어판에만 추가로 수록했다.

와다 하루키 지음
남상구·조윤수 옮김

와다 하루키의
한국전쟁 전사

韓國戰爭
全　　　史

청아출판사

한국어판 서문

한국전쟁은 1950년 6월 25일에 시작됐고, 이듬해인 1951년 7월 10일 정전회담이 시작됐다. 전쟁은 그 후 2년을 더 끌다가 1953년 7월 27일 유엔군 총사령관과 중국인민지원군 사령원, 조선인민군 사령관이 정전협정을 체결했다. 외국 군대의 철수, 한반도 문제의 평화적 해결 등과 같은 문제를 토의하기 위한 정치회담은 정전 후 3개월 이내에 개최한다고 규정되어 있었으나, 정작 성사된 것은 아홉 달이 지난 1954년 4월 26일의 제네바회담이었다. 그러나 이 회담은 어떠한 합의도 도출하지 못한 채 6월 15일 결렬됐다. 결국 정전협정 후 마땅히 도래해야 할 평화조약 또는 평화협정은 맺어지지 않았다. 한국군과 미군이 북한군과 군사분계선을 사이에 두고 대치하는 상태가 70년이나 이어지고 있다. 눈앞의 전쟁은 끝났으나 평화는 끝내 실현되지 않았다.

잘 알다시피 남북한은 국가로서의 존재를 상호 인정하고 있으며, 부전不戰 약속도 숱하게 했다. 2018년 미국과 북한 사이에 평화가 보장되기도 했다. 그러나 남북 양국, 양 국민 사이에 통일이 평화적으로 실현되리라는 굳건한 믿음은 뿌리내리지 못했다.

남북한 국민이 3년간의 전쟁을 과거의 일로 흘려보내고 평화를 향해 뚜벅뚜벅 걸어 나가려면, 쌍방 모두 무력으로 통일을 달성하기 위해 전쟁에 발을 담갔다는 공통 인식을 가져야 한다. 또 그러한 전쟁을 함께 반성하고 서로에게 사죄할 필요가 있다. 이 전쟁에 대한 공통 인식이 없는 한, 나아가 반성과 사죄의 감정을 공유하지 못하는 한, 한민족은 공존과 평화를 향해 도약할 수 없다.

한국전쟁에 대한 공통 인식의 형성은 독립된 국토 위에 두 나라가 건설된 후 무력으로 통일국가를 세우려는 기도가 북에서 먼저 시작됐고, 뒤이어 남에 파급됐으나, 모두 실패하면서 대립과 분단이 고착화되고 말았다는 사실을 인정하는 것이다.

한국전쟁에 관한 본격적인 연구의 역사는 그리 길지 않다. 1980년대 초반 미국인 학자 브루스 커밍스Bruce Cumings가 미군 자료를 활용하여 남한 정치사를 다룬 연구를 내놓으면서 한국전쟁 관련 연구가 크게 진전됐다. 그리고 1980년대 말 이후 소련의 비밀자료가 공개되면서 비약적으로 발전했다. 미국 우드로윌슨센터의 '냉전 국제사 프로젝트Cold War International History Project, CWIHP' 팀이 자료 확보와 공개에 지대한 공헌을 했다.

필자는 1980년대 후반부터 한국전쟁을 연구하기 시작했고, 1990년에 일련의 논문을 잡지《사상思想》에 발표했다. 그리고 이 논문들을 엮어 1995년 이와나미서점岩波書店에서《한국전쟁朝鮮戰爭》을 펴냈다. 이 책은 지금은 고인이 되신 서동만徐東晩 선생이 한글로 번역하여 창작과 비평사에서 2000년에 출판했다. 그 후 필자는 대거 공개된 소련의 비밀자료를 샅샅이 검토하여 한국전쟁의 개전부터 정전에 이르는 전모를 기술하여 2002년 이와나미서점에서 개정판을 출판했다. 그리고 그 이후 공개된 새로운 자료를 보강하여 개정증보판을 출판했다. 2014년에는 프랭크 볼드윈Frank Baldwin이 영문으로 번역하여 미국의 로우먼 & 리틀필드Rowman & Littlefield에서《The Korean War: An International History》로 출판했다.

냉전 국제사 프로젝트에 참여한 오드 아르네 베스타Odd Arne Westad, 천젠Jian Chen, 캐스린 웨더스비Kathryn Weathersby는 공개된 소련 자료에 기초하여 한국전쟁의 새로운 역사상像을 제시했다고 호평했다. 웨더스비는 2015년에 한국의 역사 잡지에 기고한 서평에서 와다 하루키의 책은 "지금까지 출판된 한국전쟁사 서적 중에서 가장 포괄적이며 균형 잡힌the most comprehensive and balanced single-volume history of the Korean War yet to be published" 연구라고 평가했다. 비록 스탈린의 개전 지향성을 둘러싼 그녀의 견해에 대한 필자의 비판은 수용하지 않았으나, 1948년에 탄생한 한반도의 두 국가는 군사적 통일을 실현하겠다는 결의 면에서 '대칭적symmmetrical'이었다고 말한 필자의 주장을 언급하며 그 타당성을 인정했다Journal of Korean Studies, Vol. 20, No. 2, Fall 2015, pp. 471-474. 이 책의 영역본은 추가 개정을 거쳐 2018년에는 문고판으로 출판됐다.

한국어판을 내놓는 일은 필자의 오랜 염원이었다. 2012년 필자는 한국의 강원도와 강원일보사가 수여하는 DMZ평화상을 수상했다. 이 시상식의 강연에서 필자의 한국전쟁에 대한 의견을 말하면

서 10년 전에 펴낸 이 책의 한국어판을 출판하고 싶다는 의지를 새롭게 다졌다. 하지만 그 바람은 긴 세월 동안 이뤄지지 않았다. 한국어판 출판은 이 책이 한국 독자에게 읽히는 것이니 매우 기쁜 일이고, 한국에서 나온 책을 북한에 들고 가 북한의 역사학자들에게도 읽힐 수 있으니 더더욱 원하는 바였다. 필자는 한국전쟁 개전 70주년이던 2020년에 일본의 역사 잡지가 기획한 특집 '한국전쟁과 전후 일본'의 원고 청탁을 받아 논문 〈공통의 역사인식을 찾아서 共通の歴史認識をもとめて〉를 기고했다. 한국어판을 출판하고 싶다는 소망을 더는 억누를 수 없었다. 필자의 강한 바람을 헤아린 한국의 지인 조윤수趙胤修 선생과 남상구南相九 선생 그리고 나의 동료이자 제자인 남기정南基正 교수의 큰 격려에 힘을 얻어 마침내 2023년 필자의 바람이 실현됐다. 우크라이나전쟁 중에 이 책의 한글 번역 작업이 시작된 것은 참으로 뜻깊다. 그리고 우크라이나전쟁의 정전을 요구하는 목소리가 커지는 가운데 한국전쟁 정전 70주년 기념일을 앞두고 이 책이 출판되기에 이르렀다. 더할 나위 없이 기쁘다. 번역을 해 주신 두 분과 출판사에 진심으로 감사드린다.

2023년 7월

저자 와다 하루키和田春樹

추천서

한국에서 이 책의 출판이 가지는 의미는 심대하다.《와다 하루키의 한국전쟁 전사》출판을 계기로, 정전 70년을 맞이한 한국에서 한국전쟁은 비로소 온전한 이해의 대상이 됐다. 이 책을 읽는 것만으로도 한국전쟁의 전모에 상당히 근접할 수 있다. 이 책을 읽지 않고서는 한국전쟁을 총체적으로 파악했다고 할 수 없을 것이다.

그동안 한국전쟁과 관련하여 수많은 연구가 나왔으나, '전사全史'라고 할 만한 것은 와다 하루키의 이 책이 유일하다. 그것은 무엇보다도 언어 문제에서 비롯된다. 한국전쟁에 관여한 국가들의 언어를 한 생애에 모두 이해한다는 것은 불가능에 가깝다. 물론 이때 '이해'는 일상 회화의 수준이 아니라, 학술 언어로서의 이해 수준을 의미한다. 그 지역의 문화와 역사를 관통했을 때 얻어지는 언어력을 영어, 러시아어, 중국어, 일본어 그리고 한국어에서 고루 갖추기는 쉽지 않다. 와다 하루키는 그 능력을 갖춘 역사가다. 그는 한국전쟁과 관련해 반드시 확인해야 할 사료와 연구를 직접 읽고 해독할 수 있는 연구자다. 그래서 상호 교차를 통해서만 얻을 수 있는 사실의 확인과 발굴이 가능했고, 나아가 전쟁에 관여한 국가와 개인들에 대한 고른 관심을 연구에 반영할 수 있었기에 '전사'를 서술할 수 있었다.

이 책의 출판이 심대한 이유는 '다중 언어'가 밝혀낸 한국전쟁의

'다층 구조'에 있다. 이 책은 '전사'라는 점에서 정전 체제를 해체하기 위해 참고해야 할 '해부학 교과서'가 될 수 있다. 와다 하루키는 한국전쟁을 '준準세계전쟁'으로 이해하는 것에서 나아가 '동북아시아 전쟁'으로 규정했다. 세계적인 냉전 종언을 배경으로 한반도 냉전의 극복이 시작됐을 때, 그것은 남북한의 화해 협력을 주변 국가들과의 교차승인으로 연계하는 것으로 개시됐다. 그것은 냉전 극복과 겹치면서도 이와는 다른 경로로 전개되어야 할 정전 극복의 길이었으며, 이를 정식화한 것이 1988년 '7·7 선언'이었다. 즉, 한국전쟁을 종식시켜 평화를 구축하려면 동북아시아에 다층적으로 구조화한 한국전쟁을 끝내는 노력이 필요했던 것이다. 이후 30년이 넘는 시간 동안, 간간이 쉼표를 넣어 가며 지속적으로 추진된 한반도 평화 구축의 노력은 아직도 결실을 거두지 못하고 있다. 한국전쟁을 '전사'로서 이해하는 관점과 실천이 부족했기 때문일 것이다. 그래서 이 책이 평화보다 전쟁 쪽으로 무게 추가 기울고 있는 정전 70년의 해에 출판되는 것은 심대하고 심대한 의미를 지닌다.

　이 책의 출판은 와다 하루키의 저작 가운데 한국어로 번역되어야 할 가장 중요한 저작의 출판이라는 점에서도 큰 의미가 있다. 그는 일본의 침략전쟁과 식민 지배를 철저히 반성하고 어두웠던 과거사를 청산하여 극복하고자 했던 '전후 지식인'이었다. 그는 민주주의와 평화의 가치로 전후 일본이 새로운 국가로 탄생해야 한다는 신념을 갖고 있었다. 그가 전후 민주주의와 평화를 실천할 수단으로

택한 것이 연구자의 길이었다. 그 주제는 러시아 혁명이었다. 그를 러시아 연구자로 이끈 것은 과거를 어떻게 끊어 내야 하는가에 대한 관심이었을 것이다. 전후 일본이 끊어 내야 할 과거는 침략전쟁과 식민 지배의 역사였다.

한국전쟁은 그가 중학교 1학년이었을 때 시작되어 고등학교 1학년 때까지 이어진 이웃 국가에서 일어난 전쟁이었다. 스스로 사고하여 의식적으로 살기 시작한 시기에 접한 한국전쟁은 그의 의식 세계에 중요하게 자리 잡고 있으면서도 멀게 느껴지는 사건이었다. 30대의 나이에 베트남 반전운동을 통해 한국전쟁을 다시 마주하게 된 그는 일본에 의한 아시아 침략전쟁을 극복하는 과제와 일본이 지원한 한국전쟁을 극복하는 과제가 '이중의 전후 극복'이라는 과제로 합쳐지는 것을 느꼈던 것 같다. 침략전쟁의 극복을 위한 미청산의 식민지 문제라는 과제, 그리고 한국전쟁의 극복을 위해 정전 체제를 평화 체제로 전환시키는 과제는 그에게 평생의 과업이 됐다. 전자는 《러일전쟁》이라는 대작으로, 후자는 《한국전쟁 전사》라는 대작으로 나타났다. 《러일전쟁》을 번역한 이웅현 박사의 말을 빌려 표현하자면, 두 저작은 와다 하루키가 쌓아 올린 두 개의 성채라고 할 수 있다. 이제 한국 독자들은 와다 하루키가 쌓아 올린 또 하나의 성채를 봄으로써 와다의 사관을 온전히 이해할 수 있게 됐다. 그리고 그 성채를 오르는 것으로 한국전쟁의 극복 가능성을 확인하게 될 것이며, 성채 위에서 펼쳐진 한국전쟁의 '전경全景' 속에서 좁게 난 평화로의 길을 찾아내게 될 것이다.

이 추천서를 쓰고 있는 필자는 1991년부터 1998년까지 와다 하루키 교수를 지도 교수로 모시고 그 학은學恩을 입은 사람이다. 학은에 보답하는 의미에서라도 이 책의 번역에 나섰어야 했다. 그러나 미적거리는 사이 시간이 지나고 말았다. 감당하기 어려운 일들을 마주하여 모자란 능력으로 대응하다가 시간을 놓친 것도 이유가 되겠지만, 무엇보다도 이 책의 번역이 너무나 어려운 일이라는 것을 알고 있었기에 용기를 내지 못했던 것이 더 큰 이유였다. 그렇기에 조윤수 박사, 남상구 박사 두 번역자의 노고가 얼마나 컸을지 충분히 짐작하고도 남는다. 그들의 번역 과정은 동북아시아 전쟁으로서의 한국전쟁을 한국의 시각에서 재인식하는 과정이었을 것이다. 원서를 한국어로 옮기는 과정에서 번역자들이 지낸 고민의 날들은 여러 언어로 기록된 한국전쟁을 우리의 것으로 재전유하는 과정이었을 것이다.

정전협정 70주년의 해에 이 책이 출판된 것의 의의를 높이 평가하면서, 한편으로 우리 안에서 한국전쟁을 총괄하는 연구가 나오지 않는다는 데 대한 자책감도 든다. 이러한 연구의 현실이 평화보다 전쟁의 가능성이 더 크게 다가오는 현실과 무관해 보이지 않는다. 우리는 다시 한반도 평화 구축의 길에 나서야 한다. 그 길은 이 책을 손에 들고 한 줄 한 줄 새겨읽는 일로부터 시작될 수 있다.

서울대학교 일본연구소 교수 남기정

목차

한국어판 서문　　　　　　　　　　　　　004
추천서　　　　　　　　　　　　　　　　008
머리말　　　　　　　　　　　　　　　　016

제1장

**1949년의
위기**

- 두 국가의 탄생과 무력통일론　　　　041
- 한국 측의 월경 공격　　　　　　　　050
- 북 대표단의 소련 방문　　　　　　　058
- 한국군 북침 정보　　　　　　　　　064
- 중공군 양쯔강을 넘다　　　　　　　068
- 조선인 부대 인도 교섭　　　　　　　070
- 국경 충돌, 본격화하다　　　　　　　079
- 조국통일민주주의전선의 결성　　　084
- 한국군의 우세　　　　　　　　　　086
- 조국전선 결성대회　　　　　　　　091
- 미군, 철수를 완료하다　　　　　　　093
- 옹진 전투　　　　　　　　　　　　095
- 북의 의지 표명　　　　　　　　　　098
- 모스크바의 계속된 불허　　　　　　107
- 남한에서의 빨치산 활동　　　　　　114
- 소련의 대일 정책 변화　　　　　　　116
- 북측의 은파산 탈환 작전　　　　　　117
- 한국의 타진과 진정　　　　　　　　119

제2장

**개전으로 향하는
북한**

- 중소 정상회담　　　　　　　　　　127
- 애치슨 연설의 반향　　　　　　　　137
- 김일성의 필사적인 호소　　　　　　140
- 스탈린의 승인　　　　　　　　　　145
- 개전 준비의 본격화　　　　　　　　147
- 김일성과 박헌영의 모스크바 방문　152
- 김일성과 박헌영의 베이징 방문　　157

- 준비에 박차를 가하다 162
- 인민군 각 사단의 배치 169
- 전야의 미국 173
- 전야의 한국 179

제3장

북한군의 공격

- 공격 개시 189
- 한국군의 응전과 정부의 서울 포기 195
- 인민군 서울을 점령하다 198
- 미국의 반응 202
- 소련의 움직임 207
- 미국 참전하다 211
- 개전과 일본 216
- 개전과 타이완 227
- 미국 참전에 대한 소련과 중국의 반응 231
- 조선인민군의 진격과 미군의 응전 234
- 점령지의 북한화 244
- 인민군, 벽을 깨지 못하고 249
- 일본 외무성과 평화문제담화회 254
- 미군, 인천에 상륙하다 260
- 서울 철수와 원군 요청 268
- 총퇴각하는 인민군 276

제4장

한미군의 북진과 중국군 참전

- 한미군의 북진 285
- 중국, 참전을 토의하다 293
- 저우언라이의 소련 방문과 중국의 출병 302
- 일본인의 전쟁 참여 311
- 평양 함락 318
- 중국군 압록강을 넘다 325
- 한미군의 퇴각 331
- 북중군의 평양 해방 333
- 미국의 충격 336

- 전진할 것인가 아니면 휴식할 것인가　341
- 노동당 중앙위원회 전원회의　347
- 서울 재점령　349
- 미국의 동요와 일본의 분위기　351
- 강경한 마오쩌둥　358
- 북중군 고급간부연석회의 전후　362

제5장

정전회담을
하면서 하는 전쟁

- 미국과 소련의 태도　375
- 중국군의 제5차 전역　377
- 대일 강화 준비　379
- 한국 내정의 위기　385
- 소련의 정전 중개 움직임　391
- 김일성과 가오강의 소련 방문　397
- 정전회담 준비　402
- 정전회담의 개시　409
- 남북 지도자의 심정　416
- 샌프란시스코강화조약과 일본공산당　422
- 한반도 특수와 일본　427
- 한일 예비회담　430
- 한반도의 전쟁 상황과 정전회담 재개　435
- 김일성의 당 장악　442
- 막다른 골목에 다다른 정전회담　448

제6장

3년째의
전쟁

- '세균전 반대' 캠페인　457
- 일화평화조약 체결　464
- 김일성, 즉시 정전을 희망하다　471
- 부산 정치 파동　481
- 저우언라이의 소련 방문　494
- 스탈린, 김일성과 박헌영을 비교하다　503
- 두 가지 패배　509
- 책임 추궁　519
- 스탈린과 마오쩌둥의 최후 협상　527

제7장
정전

- 스탈린의 죽음   537
- 교섭의 재개   540
- 교섭의 진전과 한국의 저항   546
- 타결로   552
- 미국의 설득   561
- 정전 전날 밤의 북한과 소련   573
- 정전협정의 조인   576
- 정전협정 체결 후 각국의 반응   578
- 인적 피해와 포로의 운명   589
- 정전협정 체제의 출현   595

제8장
한국전쟁 후 동북아시아

- 한반도의 남과 북   601
- 미국   604
- 소련   607
- 중국   611
- 타이완   612
- 일본   613

미주   616
일본어판 후기   686
역자 후기   688
지도   692
화보   699
색인   708

머리말

한국전쟁이 일어난 지 반세기가 훌쩍 넘었다. 그러나 이 전쟁은 아직 완전히 끝나지 않았다. 온전히 과거가 되지 않은 전쟁인 셈이다. 지금도 동북아시아에서 살아가는 우리 운명에 큰 영향을 미치고 있다. 그렇기에 우리의 미래를 위해 이 전쟁을 되돌아보고 그 실태를 파악하고 의미를 성찰하는 작업이 필요하다.

1

청일전쟁부터 제2차 세계대전 패전까지 동아시아에서는 일본이 주인공인 전쟁이 이어졌다. 그야말로 일본의 전쟁이 50년이나 계속된 것이다. 일본의 전쟁사를 장식한 마지막 페이지는 '대동아공영권大東亞共榮圈' 구축을 내걸은 대전쟁이었다. 그것은 오키나와의 옥쇄, 미군의 공습으로 본토가 초토화된 뒤에야 일본이 항복하면서 1945년 8월 15일 일본의 전쟁도 마침내 끝이 났다. 이후 반세기 동안 일본인의 머릿속에서 일본군은 단 한 명도 전사하지 않았고 단한 명의 적도 죽이지 않았다.

하지만 그것이 동아시아에 평화가 찾아왔음을 뜻하지는 않았다. 유럽과 달리 곧이어 새로운 전쟁이 시작됐다. 이번에는 일본을 빼고 무려 30년간 거의 끊이지 않고 전쟁이 계속됐다. 시작은 만주 전역부터 중국 본토에 걸쳐 벌어진 국민당군과 중국공산당군 간의 전쟁이었다. 인도차이나에서는 베트남 공산주의자(베트콩)가 베트남민주공화국의 군대와 함께 돌아온 프랑스 식민지주의자 군대와 전쟁을 벌였다.

유럽에서는 일찍이 동유럽의 운명을 둘러싸고 미-소 양 진영의 냉전이 시작된 반면, 동북아시아에서는 미국과 소련이 전후 협정을 지키고 있었다. 그러나 아시아에서의 새로운 전쟁이 중국공산당군의 승리로 끝나자 소련은 국민당 정부에 대한 지지를 철회하고 중국공산당(중공)과 연대했다. 그 결과 미소 관계는 아시아에서도 적대적으로 바뀌었다.

일본의 식민지 지배에서 해방됐음에도 미소에 의해 분할 점령된 한반도에서는 통일 독립 국가 건설을 요구하며 공산주의적 민족주의자와 비공산주의적·반공주의적 민족주의자가 투쟁한 끝에 각기 소련, 미국의 비호 아래 서로 대립하는 조선민주주의인민공화국과 대한민국이 탄생했다. 그리고 이러한 대립은 두 나라 모두에서 무력통일이라는 지향점을 만들어 냈다. 이 지향점은 미소 대립의 출현과 결합하면서 소련의 지지와 원조를 등에 업은 북한의 공격으로 이어졌고, 그 결과 한국전쟁이 발발하기에 이르렀다.

미국은 일본을 병참 기지, 출격 기지로 삼아 한국을 돕기 위해 참전했다. 동시에 미국은 중국 내전에도 간섭하며 타이완해협에 제7함대를 파견해 타이완으로 도망친 국민당 정권 방위에 나섰다. 북한군은 한때 미군과 한국군을 완전히 궁지에 몰아넣었으나 미군이 태세를 재건하며 북한군을 압도했다. 한국군은 미군과 함께 북한을 공격해 공산 정권을 쓰러뜨리려 했다. 그러자 중공이 북한 편에서 참전해 미군과 한국군을 격퇴했다. 이때부터 한국전쟁은 한반도 안의 특수한 내전에서 미중 전쟁으로 양상이 바뀌었다. 동시에 소련 공군이 중공군으로 위장해 참전하면서 한반도 상공에서 벌어진 전쟁은 사실상 미소 전쟁으로 발전했다.

전쟁 상황은 1951년 봄부터 개전 이전의 경계선을 둘러싸고 일진일퇴를 되풀이하다가 그해 7월 정전회담이 시작됐다. 전쟁은 이상태로 2년 더 이어진 끝에 1953년 7월 정전협정이 체결됐다. 이 정전협정은 반세기가 넘는 세월이 흐른 지금도 평화조약으로 이행되지 않고 있다.

이 전쟁은 동북아시아의 모든 나라를 끌어들인 동북아시아 전쟁이었다. 중국 혁명과 이 전쟁으로 동북아시아에서 새로운 질서가 확립됐다. 남북한의 관계는 물론이거니와 미국, 중국, 소련의 관계, 더 나아가 일본과 타이완의 관계가 확정됐다. 또 이 전쟁으로 미소 대립은 결정적인 단계로 진입하여 초강대국의 군사 대치라는 냉전 체제가 본격화됐다.

인도차이나전쟁은 한국전쟁과 함께 정전을 맞이했다. 하지만 이번에는 프랑스가 아닌 미국이 개입하면서 1960년대에는 베트남전쟁이 발발했다. 이 전쟁의 최종 국면에서 1970년대 초 미중 화해가 실현되면서 1975년 베트남전쟁이 끝났다. 동아시아 30년 전쟁의 종식이었다. 1980년대 말에는 전 세계 규모의 미소 냉전도 막을 내렸다. 소련과 중국은 한국과 국교를 수립했다. 한편 1991년 소련의 역사가 종말을 맞이하고 러시아가 사회주의에서 탈피하면서 북한의 고립과 긴장은 심화됐다. 그사이 북미 관계는 전쟁으로도 이어질 수 있는 일촉즉발의 상황에 놓였다. 1994년에는 한반도에서 전쟁이 일어날 수 있다는 말들이 나왔다. 그때 우리는 한국전쟁이 아직 과거사가 아님을 새삼 깨달았다. 그렇기에 20세기의 마지막 해에 남북한 정상회담이 실현되자 많은 사람이 희망을 갖게 됐다.

20세기 중엽 한국전쟁은 어떻게 발발했고 어떠한 양상으로 전개됐으며 나아가 동북아시아와 세계의 구조를 어떻게 바꾸었을까. 20세기가 끝난 지금, 이를 다시 고찰해 보는 것은 진정한 의미에서 한국전쟁의 역사에서 벗어나 새로운 세기로 나아가는 데 필요한 작업이다.

2

한국전쟁의 발단을 둘러싸고 양측은 상대방이 선제공격했다고 주장했다. 그래서 전쟁 연구도 처음부터 극도로 정치화됐다. 그리고 연구의 핵심 논점도 오랜 세월 누가 먼저 전쟁을 시작했는가 하는 문제에 집중됐다. 북한, 소련, 중국은 한국이 미국의 지시를 받아 먼저 공격했다고 주장했다. 한편, 미국과 한국은 북한이 소련의 지령을 받아, 또는 소련과 중국이 공모해 한국을 침략했다고 맞섰다.

이에 대해 미국 내 비판파는 북한이 선제공격을 했지만, 그것은 미국이 덫을 놓아 북한을 끌어들인 것이라는 설을 주창했다. 1952년 언론인 스톤I. F. Stone이 저술한 《한국전쟁비사The Hidden History of the Korean War》가 그 전형적인 연구다.[1] 그 후 중국은 개전 논의에 참여한 적이 없다는 주장이 담긴 중국 연구자 앨런 화이팅Allen Whiting의 《중국은 압록강을 건넜다: 한국전쟁 참전 결정China Crosses the Yalu: The Decision to Enter the Korean War》이 1960년에 출판됐다.[2]

또 미국 육군역사센터U.S. Army Center of Military History의 한국전쟁 시리즈 제1권 로이 애플맨Roy Appleman의 《낙동강까지 남하해 압록강까지 북상하다: 1950년 6~11월South to the Naktong, North to the Yalu: June-November 1950》이 1961년에 간행됐다. 이는 개전 이후 중국이 참전할 때까지의 전쟁 과정을 그린 미군의 전사戰史로, 냉철하면서도 균형 잡힌 저술로 평가된다.[3] 또 미 공군의 역사를 담은 로버트 프랭크 퓨트렐Robert Frank Futrell의 《1950~1953년 한국에서의 미 공군 활동 기록The United States Air Force in Korea 1950-1953》도 1961년에 출간됐다. 이 책 또한 풍부한 정보를 담은 중요한 저술이다.[4]

일본에서는 1965년부터 1969년에 걸쳐 시노부 세이자부로信夫清三郎가 논문 〈현대사의 획기로서의 한국전쟁現代史の画期としての朝鮮戦争〉과 저서 《한국전쟁의 발발朝鮮戦争の勃発》을 세상에 내놓고 이 전쟁은 "김일성金日成에 의한 무력·혁명적 통일 전쟁으로 시작됐다", "처음에는 어디까지나 내전이었다"라는 견해를 주장했다.[5] 즉 소련 팽창 계획의 일환으로서 소련의 명령으로 시작된 것도, 미국의 덫에 걸린 것도 아니라는 것이다. 전통적인 한미 침략설을 수용한 연구자들은 이 설을 비판했으나 시노부의 주장은 많은 주목을 받았다. 시노부가 주장한 내전설은 가미야 후지神谷不二가 1966년에 펴낸 책 《한국전쟁朝鮮戦争》, 오코노기 마사오小此木政夫가 1975년에 발표한 논문 〈민족해방전쟁으로서의 한국전쟁民族解放戦争としての朝鮮戦争〉으로 이어져[6] 일본 학계에서 하나의 전통으로 자리 잡았다 해도 과언이 아니다. 하지만 1970년대 전반까지만 해도 문서 자료가 빈약해 주요 전거는 회고록일 수밖에 없었다. 그러다 보니 연구도 주장의 영역을 벗어나지 못했다.

3

1970년대 중반부터 자료가 공개되기 시작했다. 우선 자료 공개 기한인 20년이 도래하면서 미국의 외교 문서, 미군 문서, 미군이 한반도에서 노획한 북한 문서, 미국 정치인의 개인 문서가 공개됐다.

《미국외교문서집Foreign Relations of the United States, FRUS》〈1950년 조선〉은 1976년에 간행됐다.[7] 외교 문서에서는 미국이 북한의 공격을 받고 황급히 대응하면서 정책을 변경하는 모습을 엿볼 수 있다. 미국에서는 제임스 매트레이James I. Matray와 윌리엄 스툭William W. Stueck Jr.이 이를 다룬 논문을 발표했으며,[8] 일본에서는 오코노기가 1986년에 《한국전쟁: 미국의 개입 과정朝鮮戦争: 米国の介入過程》을 출판했다.[9] 이 책은 수준 높은 분석을 제공했다.

　냉전 긍정론이나 미국의 행위를 정당화하는 주장에 비판을 가하고 미국의 과오와 책임을 밝히려 했던 베트남전쟁 세대의 학자인 '수정주의자'들은 이 비밀 해제된 미 문건의 분석에 몰두했다. 미국 정치인의 개인 문서와 국무부, 군, 첩보 기관의 문서 자료를 가장 포괄적으로 분석한 미국 연구자 브루스 커밍스는 그들의 대표 격이다. 그의 기념비적 연구서 《한국전쟁의 기원The Origins of the Korean War》 전 2권은 1981년과 1990년에 출간됐다.[10] 이 중 제1권은 해방 후 미 군정 아래 남북한에서 전개된 인민위원회 운동과 그에 대한 미 군정의 탄압을 미군 문건에 기초해 생생하게 그려 낸 사람들을 충격에 빠뜨렸다. 1947~1950년을 다룬 제2권에서 커밍스는 한국전쟁을 내전으로 규정한 주장에서 한 단계 더 나아가 전쟁이 이미 1945년부터 시작된 이상 1950년에 "누가 전쟁을 시작했는가"라는 물음에는 "답을 내놓을 수 없으며", "이를 따져서도 안 된다"라는 결론을 내렸다.[11] 커밍스는 스톤의 문제 제기를 계승하면서 철저하게 미국의 '반격' 전략을 전제로 한국전쟁을 논했다. 또한 커밍스는 개전을 둘러싼 타이완 요소, 북한군의 한국 점령과 한미군의 북한 점령 등, 그때까지 다뤄진 적 없는 중요한 요소를 대거 연구에 끌어들였다.

　그리고 재미 한인 학자 방선주方善柱는 커밍스가 관심을 기울이지 않은 노획 북한 문서를 세세하게 검토했다. 그는 1986년 논문 〈노획 북한필사문서 해제 (1)虜獲 北韓筆寫文書 解題 1〉을 통해 북한군이 명령을 받아 공격을 개시한 사실을 밝혀냈다.[12] 북한의 전선 배치 부대가 전투 명령을 받고 행동을 개시한 과정과 직접적인 관련성이 있는 문서는 노획 북한 문서 중 2건밖에 없는 듯하나 방선주는 그것을 발견해 소개했다. 이는 커밍스가 제기한 설을 수정하는 것이었다. 그러나 다른 한편으로는 방선주 역시 주한미군사고문단 연락사무소KMAG Liaison Office, KLO의 보고서를 토대로 미국의 행동을 꼼꼼하게 조사한 결과, 개전 직전의 보고서가 공개된 적 없다는 사실을 지적하면서 미국이 모든 것을 알고 있으면서도 북한의 행동을 자극한 게 아니냐는 의문을 제기했다.

　커밍스는 같은 수정주의파인 아일랜드 연구자 존 할리데이Jon Halliday와 함께 1980년대 초반 영국 템즈TV의 한국전쟁 프로그램 제작에 참여했다. 그리고 1988년 그 성과물을 활용해 사진을 대거 수록한 단행본《한국: 알려지지 않은 선쟁KOREA: The Unknown War》을 펴냈다.[13] 이 책은 개전에 대해서는 커밍스의 견해를 되풀이하고 있다.

그리고 영국인으로 호주의 대학에서 교편을 잡은 개번 매코맥
Gavan McCormack은 1983년에 《냉전, 열전: 호주인이 본 한국전쟁Cold
War Hot War: An Australian Perspective on the Korean War》을 출간했다.[14] 개전
에 대해서는 그 또한 북한의 공격설과 남한의 공격설을 균등하게
소개하고, 북한이 침략했다는 설에 의문을 제기했다. 또 세균전 문
제를 둘러싸고도 진지하게 검토할 필요가 있다고 주장했다.

이후 영국의 비판적 미국 연구자인 캘럼 맥도널드Callum MacDonald
의 책《한국: 베트남 이전의 전쟁Korea: The War Before Vietnam》이 1986년
에 출판됐다.[15] 맥도널드는 개전에 대해 북한의 선제공격설을 주장
하면서도 전쟁의 실태에 눈을 돌려, 특히 북한의 시각에서 미국이
행한 '제한전쟁limited war'의 잔혹한 실태를 파고들었다.

또《미국외교문서집》〈1951년 한국·중국〉이 1983년에, 〈1952~
1954년 한국〉이 1984년에 간행됐다.[16] 영국의 연구자 로즈마리 풋
Rosemary Foot이 1990년에 발표한 정전회담 연구서《승리의 대체물:
한국 정전회담에서의 평화 구축 정치A Substitute for Victory: the Politics of
Peacemaking at the Korean Armistice Talks》는[17] 미국의 정책을 비판적으로
분석했는데, 정전 교섭에 관한 표준적 연구서로 평가된다.

이렇듯 커밍스를 중심으로 냉전기의 미국을 비판적 시각으로
바라보는 연구자들이 배출된 것은 1980년대의 특징으로 꼽힌다.
미국 육군역사센터의 한국전쟁 시리즈 제2권인 빌리 모스맨Billy
C. Mossman의《밀물과 썰물: 1950년 11월~1951년 7월Ebb And Flow:

November 1950 - July 1951》이 1990년에 출판됐다.[18]

이 연구들은 모두 미국의 연구였다. 커밍스는 한글을 읽을 줄 알았지만 그는 예외적인 사례였고, 다른 구미의 연구자들은 한글을 몰랐다. 그 결과 북한 내부 사정에 대한 본격적인 분석은 부족할 수밖에 없었다.

한국군의 자료와 인터뷰를 토대로 집필된 주목할 만한 연구서인 사사키 하루타카佐々木春隆의《한국전쟁/한국 편朝鮮戦争/韓国篇》3권이 1976년에 출판됐다.[19] 또 한국인 연구자 김학준金學俊의《한국전쟁》이 1989년에 일본어로 번역 출간됐다.[20] 이 책은 한국 측의 시각에서 정리한 개괄서이다. 1951년에 북한 지도부 내에서 전쟁의 속행을 주장한 박헌영朴憲永파와 전쟁 속행은 무리라며 맞선 김일성과 최용건崔庸健 등의 '현실파' 간에 대립이 있었다고 지적한 대목이 특히 중요하다.

4

중국에서는 1978년에 개혁개방 정책이 시작되면서 1980년대에 역사학이 부흥했다. 이에 따라 중국 조선족 연구와 만주 항일 무장투쟁, 한국전쟁에 관한 연구가 시작되면서 흥미로운 자료들이 속속 등장하기 시작했다.

필자는 1990년에 방선주가 발견한 자료, 중국의 새로운 연구와

자료를 기초로 첫 논문인 〈한국전쟁을 생각한다朝鮮戰争を考える〉를 발표했다.[21] 이 논문에서 필자는 먼저 1948년에 정통성을 다투는 두 나라가 출현한 뒤, 선택지로 군사적 수단에 호소하는 통일 구상이 부상하면서 남의 '북진통일론北進統一論'과 북의 '국토완정론國土完整論'이 대립했다고 분석했다. 그 전제 위에 방선주의 자료를 활용해 북한군이 명령에 따라 공격을 개시하면서 한국전쟁이 발발했다고 주장했다.

1990년대 중국에서는 참전한 장군들의 회고록과 마오쩌둥毛澤東 관련 문서, 한국전쟁에 관한 역사서와 연구서 등이 다수 출판됐다. 연구서로는 쉬옌徐焰의 《제1차 교량: 항미원조전쟁의 역사, 회고와 반성第一次較量: 抗美援朝戰爭的歷史回顧與反思》(1990), 치더쉐齊德學의 《한국전쟁 결책 내막朝鮮戰爭決策內幕》(1991), 헝쉐밍衡學明의 《생사삼팔선: 중국지원군 재조선전쟁시말生死三八線: 中國志願軍在朝鮮戰場始末》(1992)[22] 등이 출판됐다. 그리고 베이징北京과 옌지延吉에서도 참전 군인을 인터뷰할 수 있게 됐다. 한편 소련에서도 1990년대 초반 소련 공군의 참전 회고록이 출판됐고 스탈린 관련 문건의 파편들이 유출되기 시작했다.

재일 중국인 연구자 주지엔룽朱建榮은 중국의 이 초기 자료들을 종합해 1991년에 《마오쩌둥의 한국전쟁毛沢東の朝鮮戰争》을 출판했다.[23] 이 책에는 마오쩌둥이 참전을 주장하며 주위의 소극적인 주장을 물리치기까지의 과정이 묘사되어 있다. 필자도 중국의 새로운 성과에 입각하는 한편, 소련이 최초 공개한 자료까지 활용해 1993년에 논문 〈한국전쟁을 생각한다〉의 속편 격인 3편을 발표했다.[24] 같은 시기 미국에서는 재미 중국인 연구자 천젠陳兼이 《중국의 한국전쟁 개입으로의 길: 중미 대결의 형성China's Road to the Korean War: The Making of the Sino-American Confrontation》(1994)을, 장슈광張曙光이 《마오쩌둥의 군사적 낭만주의: 중국과 한국전쟁Mao's Military Romanticism: China and the Korean War》(1995)을 출판했다.[25] 모두 본격적인 연구서다.

필자의 첫 책인 《한국전쟁朝鮮戰爭》은 기존 발표 논문과 새로운 초고를 담아 1995년에 출판했다.[26] 이 책에서는 개전 당시 이승만의 심경을 규명하고 그의 전략을 추적했으며 한국전쟁에 작용한 일본 요소를 일본공산당과 관련해 검토했다. 또 커밍스의 주장을 계승하면서 북한군의 한국 점령과 한국군 및 미군의 북한 점령을 추가적으로 규명했다. 북중연합사령부 형성 문제도 검토했다. 그리고 소련의 문건 자료를 기초로 전시하의 북한 내부 사정을 규명해 박헌영파의 억압 문제를 분석했으며 전시하의 일본에 대해 논했다. 정전협정 체결 과정에서 빚어진 미국과 이승만李承晩 대통령의 충돌을 정리한 점도 특징으로 꼽을 수 있다. 한국전쟁에서 채 밝혀지지 않은 여러 문제를 수면 위로 끌어올려 규명한 점은 적게나마 의의가 있다고 생각한다.

이 책은 후에 한국어로 번역 출판됐다. 한국의 북한 전문가 이종석李鍾奭이 정성을 다해 서평을 써 줬다. 이종석은 평가도 덧붙였는데, 두 가지 점에서 필자의 주장이 틀렸다고 지적했다. 하나는 만주의 조선인 부대가 북한으로 파견된 사건과 관련해 당시 그들에게 복수 국적이 인정됐다는 사실을 무시했다는 것이고, 또 하나는 박헌영이 인민군 총정치국장에 취임한 것을 두고 김일성의 군대에 대한 비판이라고 분석한 것은 무리한 해석이라는 것이다. 이는 타당한 비판이다. 그리고 전쟁의 분석이 상층으로부터의 분석에 국한되면서 전쟁과 사회(민중)의 관계에 대한 분석이 빠졌으며, 국제적 시각에서 볼 때 유기적 관련성을 소홀히 했다는 비판도 제기했다.[27]

북한의 사정을 가늠할 수 있는 중요 자료인 노획 북한 문건에 대해서는 하기와라 료萩原遼와 박명림朴明林, 서동만이 더 철저한 분석을 내놓았다. 하기와라의 저서 《한국전쟁: 김일성과 맥아더의 음모朝鮮戦争:金日成とマッカーサーの陰謀》(1993)[28]는 북한군 각 사단의 위장명偽装名 해독을 포함한 전선의 군 배치 상황, 인천 상륙 작전 이후의 북한군 해체 상황 등을 문건에 기반해 규명한 점을 장점으로 꼽을 수 있다. 하지만 한국전쟁을 "김일성 측이 유도한 모략적인 전쟁"이라고 서술한 주장도, 미국이 이 움직임을 알면서도 그것을 역이용해 개입하는 "대모략大謀略"을 획책했다는 주장도 논증하지는 못했다.

현재 연세대학교 교수인 박명림의 연구서 《한국전쟁의 발발과 기원》(1996)은 1994년 고려대학교에 제출한 박사 논문을 수정 보완한 책이다.[29] 분명 커밍스의 저서를 의식하고 저술한 연구서임에도 커밍스와는 차별된 역사상을 제시해 연구를 새로운 차원으로 끌어올렸다고 평가된다. 박명림은 노획 북한 문건까지 능숙하게 활용해 북한의 내부 상황을 분석하는 동시에 한국의 자료를 토대로 한국의 내부 상황까지 심도 있게 분석했다. 그는 1948년에 2개의 분단국가가 출현한 현상을 "48년 질서"라 명명한 뒤 이를 한국전쟁의 조건으로 당연시하면서도, 개전으로 발전한 원인을 북한 지도부가 "급진적 군사주의"에 경도되어 전쟁을 택했기 때문이라고 분석했다. 북한 지도부 중 최용건이 전쟁을 반대했거나 적어도 소극적이었다고 주장한 것도 특징으로 꼽힌다. 한국 측의 대응에 대해서는 '북진통일론'과 개전 전야의 상황을 정확하게 분석했다.

한국인 연구자 서동만이 1995년 도쿄대학교에 제출한 박사 논문 〈북한에서의 사회주의 체제의 성립北朝鮮における社会主義体制の成立〉은 당, 국가, 군 체제의 변동을 철저하게 분석한 저술로, 전쟁기 군대 내 당 단체의 설치를 최초로 규명했다.[30]

5

소련의 자료는 페레스트로이카가 시작된 이후 산발적으로 공개됐다. 1994년 6월 옐친 대통령이 김영삼 대통령에게 관련 문서를 전달하면서 세간의 관심이 집중됐다. 러시아 측이 전달한 문서는 216점, 548쪽이었으나 당시 한국 정부는 4점의 자료 전문만을 공개했다. 전달된 자료에는 러시아 외무성 관계자가 작성한 1949년 1월부터 1950년 10월까지의 일지인 〈한국전쟁 전야와 초기 단계의 기본적 사건 일지〉(63쪽 분량의 러시아어로 된 문서)가 달려 있었다. 필자는 이전 책의 출판을 위한 막바지 준비 과정에서 한국 외무부의 중간발표 자료를 입수해 검토한 결과를 간신히 권말의 보론에 수록했다.

말할 것도 없이 1차 문헌의 전문을 열람하지 않고서는 충분한 분석과 서술이 불가능하다. 그런데도 한국 정부는 오랜 세월 이 자료의 열람을 허가하지 않았다. 모스크바에서 이 자료를 열람한 미국인 연구자 캐스린 웨더스비 등이 참여한 '냉전 국제사 프로젝트 CWIHP'는 컬럼비아대학교의 한국학연구센터Center for Korean Research 와 협력해 러시아 측으로부터 직접 자료를 확보하기 위해 노력했다. 1995년 초여름 이 노력이 결실을 맺어 두 단체는 신규 문헌의 사본을 확보하는 데 성공했다. CWIHP는 이 사본을 관련 연구자에게 배부하고 검토를 의뢰했다.

1996년 1월 홍콩대학교에서 열린 CWIHP 주최 심포지엄 '아시아에서의 냉전'은 이 자료를 검토하는 장이었다. 웨더스비와 컬럼비아대학교 박사 후보생이던 알렉상드르 만수로프Alexandre Y. Mansourov 가 각각 자료 115점, 21점을 번역하여 소개한 프로젝트 회지bulletin 제6, 제7호를 배부했고, 두 사람은 자료에 기초한 연구 성과를 발표했다.[31] 만수로프는 1949년의 자료를 분석한 뒤 소련 측이 한국군의 북진을 극도로 두려워했다고 설명했다. 필자도 이 심포지엄에서 저서와 1995년에 집필한 노사카 산조野坂參三 관련 논문 내용을 발표했다. 뒤에서 논할 내용과 관련해서는 1952년 9월 모스크바에서 열린 저우언라이周恩來와 스탈린의 회담을 놓고 중국과 김일성 간에 노출된 이견을 지적하고, 스탈린이 이토 리쓰伊藤律와 박헌영의 숙청에 대해 동시에 실행 지시를 내린 것을 보면 스탈린은 전쟁이 끝나도 좋다고 생각하고 있었다고 주장했다.[32] 학술회의에서는 입증할 자료가 취약한 추측이라는 의견도 있었으나, 이는 이후 필자가 논지를 전개하는 하나의 출발점이 됐다. 학술회의 후 필자는 웨더스비 등 CWIHP 관계자의 호의에 힘입어 그들이 확보한 전체 자료의 사본을 입수해 검토했다.

CWIHP가 공개한 자료는 총 406점, 1,118쪽이다. 부속 자료로 앞서 언급한 러시아 외무성 관계자가 작성한 일지도 포함되어 있다. 이와는 별도로 한국의 《서울신문》도 러시아에서 한국전쟁 관련 자료를 입수했다면서 1995년 5월 15일부터 8월 11일까지 연재 기사를 실었다. 이 자료의 내용은 CWIHP가 공개한 자료와 거의 동일했고 신규 자료를 약간 포함하고 있는 정도였다.

물론 이로써 러시아의 자료가 전부 공개된 것은 아니었다. 예를 들어 CWIHP 자료에도, 《서울신문》의 자료에도 1950년 6월의 문건은 단 1건도 없었다. 일본의 산케이신문사産経新聞社 모스크바 지국과 BBC는 1995년 여름에 1950년 6월 26일 평양 주재 소련 대사 테렌티 시티코프Terenty F. Shtykov가 마트베이 자하로프Matvei V. Zakharov 참모차장에게 송부한 보고서를 입수했다.[33] 이는 개전 직후 작성된 보고서로, 대단히 중요하다. 또 산케이신문사 모스크바 지국은 세 균전 관련 자료를 입수해 1998년 1월에 공개했다. 웨더스비는 이를 영문 번역하여 CWIHP 회지에 실었다.[34]

1998년 3월 러시아 외교아카데미 부원장 예프게니 바자노프 Evgeny P. Bazhanov와 그의 부인 나탈리아 바자노바Natalia E. Bazhanova의 공저《소련의 자료로 본 한국전쟁의 전말》이 서울에서 출판됐다. 이 는 러시아 자료를 소개하고 이에 더해 간단한 설명을 붙인 책이나, CWIHP 자료에는 없는 자료까지 소개되어 있다.[35] 이들은 서문에서 《서울신문》의 연재 기사는 본인들이 쓴 것이라고 밝혔다.

2000년에는 러시아에서 모스크바 국립 국제관계대학교 총장 아나톨리 토르쿠노프Anatoly V. Torkunov가 저서《수수께끼 전쟁: 한국전쟁 1950~1953년The Enigmatic War: The Korean Conflict, 1950-1953》을 출판했다.[36] 러시아 자료를 원문 그대로 수록한 이 책에는 CWIHP 자료에는 없는 자료가 10여 점 소개되어 있어 도움이 된다. 그러나 토르쿠노프의 책은 예를 들어 제13장 '스탈린의 전쟁 계속 주장'(바자노프), '스탈린은 전쟁의 계속을 주장하다'(토르쿠노프)처럼 바자노프 저서의 편별 구성 및 장 제목과 유사하다. 더욱이 토르쿠노프는 때로는 본문 내용까지 가져다 쓰고 있으며 결론도 거의 흡사하다. 스탈린은 정전회담 동안 전쟁 계속론으로 일관했다는 주장은 토르쿠노프에게서 한층 더 과장되어 붕괴했다. 토르쿠노프의 책은 일본어로 번역되어 이 책 간행 직전에 소시샤草思社를 통해 출판됐다.[37]

공개된 러시아 자료는 기본적인 것으로, 이에 관한 검토는 한국전쟁의 진상을 명확하게 규명하는 데 크게 이바지했다. 이 자료는 주로 스탈린, 마오쩌둥, 김일성의 전보, 시티코프 대사, 소련 군사고문단장 블라디미르 라주바예프Vladimir N. Razuvaev의 전보로 구성되어 있으며, 지금까지 가늠할 수 없었던 공산주의 진영 고위급의 판단을 알 수 있다. 스탈린, 마오쩌둥, 김일성, 박헌영 등 지도자들의 생각은 물론이고 심정, 스타일까지 처음으로 밝혀졌다.

이 러시아 자료를 통해 공산주의 진영이 한국전쟁 개전에 이르는 과정이 거의 완전히 밝혀졌다고 해도 과언이 아니다. 김일성과 박헌영은 무력통일을 간절히 원했으나, 스탈린은 처음에는 허락하지 않았다. 그러다 1950년 스탈린이 허락하자 스탈린과 마오쩌둥의 승인, 원조를 등에 업고 북한이 먼저 공격에 나섰다는 것이다. 동시에 이 자료는 스탈린과 마오쩌둥의 관계에 대해서도 많은 진실을 알려 준다. 정전회담에서는 스탈린이 주도권을 쥐고 있었고 끝까지 마오쩌둥의 협상안을 지지했지만, 1952년에는 전쟁을 끝내고 싶어 했던 김일성을 동정하고 있던 것이 밝혀졌다.

이들 자료에 대해서는 발굴자인 웨더스비가 홍콩 심포지엄을 전후로 몇 편의 논문을 발표했다. 웨더스비는 스탈린이 마지막까지 전쟁 종결에 찬성하지 않았다는 주장에 치우쳐 있었다.[38] 이 러시아 자료의 이용을 둘러싸고 웨더스비를 비판했던[39] 커밍스 역시 러시아 자료를 검토해 본인의 논의를 재구축할 수밖에 없었을 것이다.

만수로프는 자신이 수집한 자료까지 반영해 박사 논문 〈공산 측 전쟁 연합 형성과 한국전쟁의 기원〉(1997)을 완성하여 컬럼비아대학교에 제출했다.[40] 만수로프는 1949년의 전쟁 위기에 관해 커밍스의 연구를 주의 깊게 검토하면서 러시아의 신규 자료를 토대로 흥미로운 주장을 제기했다. 스탈린과 시티코프 대사가 1949년에 한국의 공격을 두려워했다고 밝혀낸 것은 만수로프의 공적이나, 김일성은 두려워하지 않았다는 것은 간과한 듯 보인다. 보이테흐 마스트니Vojtech Mastny의 새 책《냉전과 소련의 안보 불안: 스탈린 시대The Cold War and Soviet Insecurity: The Stalin Years》가 1996년 11월에 출판됐다.[41] 그는 러시아 자료를 검토했으며 이에 더해 필자의 연구까지 반영했다. 마스트니 역시 스탈린이 전쟁 종결에 찬성하지 않았다고 논했다. CWIHP의 또 다른 활동가로 러시아에서 온 블라디슬라프 주보크Vladislav Zubok는 한국전쟁 자체는 논하지 않았으나 1949년까지의 과정을 분석한 탁월한 논문을 홍콩 심포지엄에서 발표했다. 이후 그는 1996년 봄에 저서《크렘린의 냉전 속에서: 스탈린에서 흐루쇼프까지Inside the Kremlin's Cold War: From Stalin to Khrushchev》를 출판했다. 이 책 또한 주목할 만한 연구서다.[42]

또 중국의 연구자 선즈화沈志華도 러시아에서 신규 자료를 발굴하고 독자적으로 검토해 1999년에 저서《중소 동맹과 한국전쟁 연구

中蘇同盟与朝鮮戰爭研究》를 출판했다.[43]

그리고 필자의 1995년 저서는 서동만이 번역하여 1999년 한국에서도 출판됐다.[44] 여기에는 보설補說 〈러시아의 새 자료에 따른 검토〉를 덧붙였으나 당연히 러시아의 신규 자료를 전면 채용해 필자의 한국전쟁론을 재구성할 필요가 있었다. 그래서 필자는 1998년 무렵부터 그 작업을 시작했고, 예상외로 많은 시간이 소요됐다.

6

그사이 중국에서 자료 발굴이 진행되어 2000년에는 중국 참전 50주년을 기념해 다수의 책이 출간됐다. 그중 가장 충실한 출판물은 군사과학원 군사역사연구부의 《항미원조전쟁사抗美援朝戰爭史》 전 3권이다.[45] 마오쩌둥과 관련된 새로운 자료를 수록한 펑셴즈逢先知 · 리지에李捷의 《마오쩌둥과 항미원조毛澤東與抗美援朝》도 출판됐다.[46] 천젠도 이러한 새로운 자료에 근거해 분석한 연구서인 《마오쩌둥의 중국과 냉전Mao's China and the Cold War》(2001)을 내놓았다.[47]

현 상황에서 상대적으로 공개 건수가 가장 적은 것은 한국 정부의 내부 문서이다. 현재 북한 측의 무력통일에 대한 움직임은 오롯이 규명됐음에도 한국 측의 무력통일에 대한 움직임의 규명은 여전히 뒤처져 있다. 그렇기에 박명림의 연구는 중요한 성과로 평가된다. 그의 연구에 도움을 받아, 또 이미 존재하는 《미국외교문서집》

을 해독해 필자는 이승만 대통령의 무력통일 전략을 어느 정도 자신 있게 주장할 수 있게 됐다. 한국전쟁의 제2막은 한국 측이 북한의 선제공격을 역이용해 미군과 함께 북진해 무력통일을 도모한 과정이었다.

한국전쟁과 일본의 관계에 대해 필자는 이전 책에서도 일본공산당과 재일 조선인의 운동을 거론했다. 1998년에는 한국전쟁에서 차지하는 일본 요소를 더욱 다각적인 시각에서 검토한 논문 〈한국전쟁, 스탈린의 정책 그리고 일본朝鮮戦争, スターリンの政策, そして日本〉을 발표했다.[48] 최근에는 한국전쟁에서의 일본의 협력이 재조명되는 가운데 야마자키 시즈오山崎静雄의 《사실로 말하는 한국전쟁 협력의 전용史実で語る朝鮮戦争協力の全容》이 출판됐다.[49] 정치적 고발이라는 시점에서 써 내려간 이 책은 전쟁사, 지자체 역사, 관청의 역사 등을 섭렵해 진실을 밝혀낸 점이 높게 평가된다. 그리고 남기정의 박사 논문 〈한국전쟁과 일본朝鮮戦争と日本〉[50]은 문제에 대한 학문적 분석을 철저하게 시도하고 있다. 필자도 이 연구들의 도움을 받아 한국전쟁에 영향을 미친 일본 요소를 전면적으로 검토했다.

필자는 2000년 6월 24일에 한국정치학회 등이 주최한 한국전쟁 개전 50주년 국제심포지엄에 참석했다. 우선 미국의 연구자 폴 피에르파올리Paul G. Pierpaoli Jr.의 발표를 듣고 많은 가르침을 받았다.[51] 미국이 이 전쟁에서 극심한 변화에 노출됐다는 점은 중요하다. 1999년에 출판된 그의 저서 《트루먼과 한국: 초기 냉전의 정치

문화Truman and Korea: The Political Culture of the Early Cold War》도 중요한 성과이다.[52] 또 이 전쟁이 초래한 사회 변용, 민간인 학살과 북한 억류 포로 문제에 관한 한국 연구자의 발표를 듣고 시야를 넓힐 수 있었다.[53] 한국에서는 김동춘金東椿의 저서《전쟁과 사회: 우리에게 한국전쟁은 무엇이었나?》가 출판되어 좋은 평판을 받았다.[54] 필자는 이 심포지엄에서 '2개의 조선, 일본과 타이완: 한국전쟁의 주역과 조역二つの朝鮮, 日本と台湾: 朝鮮戦争の主役と脇役'이라는 주제로 발표했다. 그리고 2001년 3월 타이완의 중앙연구원 동북아구역연구Programm for North-east Asian Studies가 주최한 심포지엄에서 '한국전쟁에서의 일본과 타이완朝鮮戦争における日本と台湾'을 주제로 발표했다. 모두 이 전쟁의 수혜자인 일본과 타이완을 아울러 고찰하는 시도였다. 일본 요소와 함께 타이완 요소까지 시야에 넣음으로써 필자의 한국전쟁 연구는 마침내 대단원의 막을 내릴 수 있었다.

7

　이 책은 이상의 자료와 선행 연구, 필자의 이전 연구를 종합해 한국전쟁을 동북아시아 전쟁으로 규정짓고 검토한 것이다. 미국의 윌리엄 스툭은 1995년에 펴낸 저서《한국전쟁: 국제사The Korean War: An International History》에서 "그 타이밍, 경과, 그리고 결과라는 측면에서 한국전쟁은 여러 가지 면에서 제3차 세계대전의 대체물이었다"

라고 논했다.[55] 이 주장은 납득이 간다. 필자도 이전 책에서 한국전쟁을 '준準세계전쟁'으로 표현했다. 그러나 필자는 그 후 좀 더 깊이 고찰한 결과, 이를 '동북아시아 전쟁'으로 규정하는 입장에 도달했다.[56]

동북아시아의 모든 국가와 섬, 남북한, 소련, 중국, 미국, 일본, 타이완, 오키나와가 이 전쟁에 깊이 관여했고 이 전쟁에 큰 영향을 받았다. 그리고 이 전쟁에 의해 그 후 동북아시아의 구조가 만들어졌다. 이 책은 그러한 사실을 염두에 두면서 한국전쟁을 전체적으로 서술한 것이다. 전쟁이 어떻게 시작되어 어떻게 중단됐고, 전쟁이 동북아시아의 남북한, 미국, 소련, 중국, 일본, 타이완에게는 어떤 의미였는지를 규명하고자 했다.

제1장

1949년의 위기

두 국가의 탄생과
무력통일론

　　　　　　1945년 8월 15일 일본의 항복 발표로 일본의 식민지였던 조선에 해방이 찾아왔다. 그러나 일본 정부가 항복을 받아들인 시기로 말미암아 조선은 미소 양국에 의해 분할 점령되고 말았다. 일본이 포츠담선언을 8월 초순에 받아들였다면 히로시마에 원자폭탄이 떨어질 일도, 소련이 참전할 일도 없었을 것이고 더 나아가 조선의 분할 점령도 일어나지 않고 끝났을 것이다. 8월 15일 미국이 제안한 조선 분할 점령을 소련이 군말 없이 받아들였다. 세력권을 분할한 미소의 사실상의 동북아시아 협정에 조선이 편입됐다. 한반도에 통일 독립 국가를 수립하겠다는 민족의 염원은 좌절됐고, 1948년 8월부터 9월에 걸쳐 이 땅의 유일한 정통 국가라 주장하는 두 개의 국가가 한반도의 서울과 평양에 탄생했다. 바로 대한민국과 조선민주주의인민공화국이다. 이 두 국가의 출현은 단순히 38선을 경계로 남과 북에 다른 국가가 탄생했다는 것이 아니었다. 한반도 전역을 자국의 영토라 주장하고 상대방을 자국 영토의 일부에 자리 잡은 외국의 괴뢰로 치부하는 대항적인 두 국가가 탄생한 것이다.

　1948년 7월 12일 제헌의회가 채택한 〈대한민국 헌법〉은 제3조에서 "대한민국의 영토는 한반도와 그 부속도서로 한다"라고 정했다. 그리고 12월 18일 대한민국 제헌국회 제1회 폐회식에서 이승만 대통령은 "우리는 유엔과 협의하여 이북에서 자유선거를 치르고 100명 내외 되는 이북 의원들을 선출하여 국회의 비워 둔 자리를 보충하도록 할 것"이라는 방침을 밝혔다.[1] 한편 1948년 9월 8일 조선최고인민회의에서 채택된 〈조선민주주의인민공화국 헌법〉은 제103조에서 "조선민주주의인민공화국의 수부는 서울이다"라고 정했다. 그리고 9월 10일 김일성 수상은 〈조선민주주의인민공화국 정부의 정강〉을 발표하고 제1항에서 다음과 같이 선언했다. "남북조선 인민의 총의에 따라 수립된 조선중앙정부는 모든 조선 인민을 정부의 주위에 튼튼히 단결시켜 통일된 민주주의 자주독립 국가를 신속히 건설하기 위해 전력을 다할 것이며, 국토완정과 조국 통일을 보장하는 선결 조건으로 미소 양국 군대의 동시 철수에 관한 소련 정부의 제안을 실현하기 위하여 전력을 다할 것이다."[2]

이는 필연적으로 남북 모두에 온갖 수단을 동원해서라도 상대 국가를 제거한다는 목표를 갖도록 했다. 북한 측은 처음부터 목표를 '국토완정'으로 표현한 반면, 한국 측의 '북진통일'이라는 표현은 뒤늦게 등장했다.

이러한 남북의 목표는 전후 동북아시아 운영에 대한 미소 간 합의와 충돌하는 것이었다. 이 합의는 얄타협정, 연합국 최고사령관의 일반명령과 1945년 12월의 모스크바 3상 회의의 결정으로 성사된 것이었고 다음의 내용을 담고 있었다. 일본에 대해서는 미국이 점령을 독점하고 소련은 최고사령관의 자문기관인 대일이사회Allied

Council for Japan를 통해 이를 통제한다. 그 대신 남사할린과 쿠릴 열도를 획득한다. 오키나와는 미국이 통치한다. 조선은 미소가 분할 점령한다. 중국에 대해서는 소련이 국민당 정부의 정통성을 인정하는 대신 만주의 이권을 확보하며 외몽골의 독립을 인정한다. 중국은 타이완을 되찾는다.

유럽에서 냉전이 시작된 후에도 스탈린은 아시아에서의 이 합의를 충실히 지켰다. 스탈린이 얼마나 충실히 지켰는지는 스탈린의 일본공산당에 대한 정책에 여실히 드러난다. 1946년부터 1949년까지 4년간 소련공산당은 공식적으로 일본공산당과 일절 교류하지 않았고, 모든 연락은 적군赤軍 총첩보국 요원을 통해 노사카 산조(초대 일본공산당 의장)와 비밀리에 이뤄졌다. 이렇게 스탈린은 일본에 대한 미국의 독점적 점령을 인정함으로써 자국이 일본공산당을 조종해 미국의 헤게모니에 도전한다는 인상을 완전히 지우고자 했다.[3] 스탈린이 이토록 신중했던 이유는 다음과 같다. 소련은 독소전쟁에서 승리하면서 동유럽을 자신의 세력권에 편입하는 데 성공했으나 전신에서 피를 쏟은 상태였던 데다, 설상가상으로 북한에서 동독까지 자국의 진영에 넣기 위한 비용 지출에 허덕이고 있었다. 그렇기에 미국과의 힘 대결은 피하고 싶었던 것이다. 한마디로 스탈린은 미국의 원자폭탄을 두려워했다.[4]

한반도에 외국 점령군이 머무는 동안에는 남북한이 행동을 일으킬 여지가 없었다. 그런데 소련군이 1948년 10월 철수를 시작하더니 12월 말에 철수 완료를 발표했다. 미군은 그때 막 철수를 시작한 참이었다. 이때 군사적으로 우세한 쪽은 남한이었다.

　그러나 중국 내전의 진전은 북한 측의 심리를 무력통일 쪽으로 움직이게 했다. 만주를 무대로 벌어진 국공내전國共內戰에서 중공군은 1948년 10~11월에 만주 전역을 제압하기에 이르렀다. 이 사건은 중공군에게 자국령을 피난처로 제공한 북한을 크게 자극했다. 그러나 만주 전역이 중공군의 수중에 떨어지자 신속하게 대응에 나선 쪽은 미국이었다. 중국에 대한 군사 개입을 자제하던 미국은 1948년 10월 9일 〈NSC 13/2: 미국의 대일본 정책에 대한 제언NSC 13/2: Recommendations with Respect to United States Policy toward Japan〉[미국국가안전보장회의(National Security Council, NSC)가 작성한 문서로 일본에 대한 미국의 정책 전반을 담고 있다. ─ 역자 주]에 따라 대일 점령 정책의 목표를 민주화에서 경제 재건으로 전환했다. 즉 이 지역에서 일본을 미국의 거점으로 만들겠다는 것이었다. 이에 따라 연합군 최고사령부 General Headquarters, GHQ는 일본 정부에 '경제 9원칙'을 했다. 1949년 2월에는 GHQ 경제고문인 조지프 도지Joseph M. Dodge가 엄격한 경제 재건 노선을 실행하기 시작했다. 이는 GHQ가 공산당 및 노동조합과 공공연하게 대결하겠다는 의미였다. 일본공산당은 같은 해 1월에 치러진 총선거에서 단박에 의석수를 4석에서 35석까지 비약적으로 늘리면서 기세등등해 있었다. 공무원의 쟁의권을 빼앗고 국철(國鉄, 일본국유철도)의 인원 정리를 단행하기 위해 GHQ는 공산당에 타격을 가해 공산당이 지도하는 노조를 억압해야 했다.[5] 격돌이 예견되던 일본 정세는 일본공산당의 조선인 당원에 의해 북한으로 전달됐고, 북한 지도부를 자극하는 하나의 요인이 됐다.

한편 마오쩌둥은 국민당 정부를 인정한 소련에 대해 1947년 초반부터 모스크바를 방문해 지지와 지시를 받고 싶다고 정면으로 요청했다. 이에 대해 스탈린은 비밀리에 방문하는 것은 허락한다고 하면서도 내내 질질 끌기만 했다.[6] 하지만 소련 측도 1948년 말이 되자 마오쩌둥의 요청을 거절하기 어려웠던 듯하다. 마침 1949년 1월 베이징 입성 전날 밤 국민당 정부가 소련에 내전 중단 중재를 요청하자 이를 기회로 스탈린과 마오쩌둥은 1월 10일부터 15일까지 6통의 전보를 주고받았다. 국민당의 중재 요청에 소련이 직접 나서지 않는 모양새를 만들기 위해 중공이 장제스蔣介石 등을 배제하면 국민당과 대화하겠다는 조건을 내거는 것으로 합의가 이루어졌다.[7] 이 직후인 1월 26일 스탈린은 아나스타스 미코얀Anastas Mikoyan을 안드레예프라는 가명으로 비밀리에 화베이華北의 중공 중앙 소재지에 파견해 마오쩌둥 등과의 첫 면담을 성사시켰다. 미코얀은 상하이上海, 난징南京 등의 도시를 신속하게 점령해 정권 조직을 구축해야 하며, 혁명 승리 후에는 공산당 외에도 제반 민주당파를 남겨 두어야 한다는 등 많은 조언을 해 주었다.[8] 실질적으로 소련의 대중對中 정책은 이때 은밀히 바뀐 것이다. 하지만 이때까지 그 전환은 겉으로 나타나지도, 다음 단계로 넘어가지도 않았다.

소련은 1948년 유럽에서는 요시프 티토(Josip B. Tito, 1945~1953년 유고슬라비아 수상)의 반역을 평정하지 못한 데다 서독의 독립을 베를린 봉쇄로도 저지하지 못한 상태였다. 설상가상으로 건국한 이스라엘을 자국의 영향 아래에 편입하는 데도 실패했다.[9] 미국의 힘을 피부로 느끼는 가운데 아시아에서는 중국 혁명을 용인하는 이상 미국과의 합의를 깨뜨릴 수밖에 없었다. 그렇기에 소련 정부는 긴장하고 있었다. 소련 국내에서 이러한 긴장감은 유대인을 미국의 간첩으로 모는 분위기로 표출됐다. 1949년 1월 솔로몬 로조프스키 Solomon A. Lozovsky 외무인민위원 대리가 당에서 제명됐고 그가 속한 '유대인 반파시스트 위원회' 관계자가 체포되기 시작했다. 그중에는 외무인민위원 뱌체슬라프 몰로토프 Vyacheslav M. Molotov의 아내 폴리나 젬추지나 Polina Zhemchuzhina도 포함되어 있었다. 1월 28일에는 소련공산당 기관지《프라우다 Pravda》에 유대인 연극 평론가를 "뿌리 없는 코즈모폴리턴[cosmopolitan, 세계주의자 - 역자 주]"이라 비판하는 논문이 실리면서 일명 '반反코즈모폴리터니즘'이라는 반反유대주의 운동이 사회 곳곳에서 전개되기 시작했다.[10]

국제 정세의 변동과 상관없이 한반도의 두 국가가 무엇을 원하느냐가 한반도의 운명을 결정짓는 가장 근본적인 요소였다. 조선민주주의인민공화국의 최고 지도자는 내각 수상과 조선노동당 위원장을 겸직한 김일성이었다. 그는 1912년생으로 만주에서 중국공산당의 지휘 아래 항일 유격 전쟁에 참여했고 제1로군 제2방면군의 총지휘를 맡다가 1940년에 소련 영내로 도망쳤다. 베테랑 공산주의 활동가로 해방 후 서울에서 공산당을 재건한 박헌영은 1900년생으로 부수상 겸 외상을 맡은 정권의 '넘버 2'였다. 그는 1949년 6월 남북 노동당의 통합 이후 당 부위원장이 됐다. 1948년까지는 김일성이 북한의 유일한 수령이었으나 1948년 이후 특히 1949년이 되자 김일성과 박헌영의 2인 체제가 굳어진다. 그들은 무슨 일이건 상의했고 중국, 소련과의 교섭에도 어김없이 함께 관여했다. 이 밖에 해방 후 소련에서 들어온 소련파 허가이(許哥而, 1908년생)가 제2의 부위원장 겸 당서기로서 당무를 진두지휘했다. 중국에서 돌아온 옌안파延安派에서는 최고인민회의 상임위원회 위원장 김두봉(金枓奉, 1889년생)과 내무상 박일우(朴一禹, 1904년생)가 당의 정치위원회 위원에 취임했다. 만주파에서는 김일성과 부수상 겸 산업상 김책(金策, 1903년생) 등이 감투를 썼을 뿐 나머지는 군에 모여 있었다. 이렇듯 소련파와 옌안파가 정부와 당을 움직이고 있었다. 그러나 건국 이후 남조선노동당(약칭 남로당)계가 새로이 합류하면서 옌안파의 힘은 점차 쇠퇴했다. 남로당계 인물로는 사법상司法相 리승엽(李承燁, 1905년생)이 두드러진다. 옌안파는 방호산(方虎山, 1916년생) 등과 같이 사단장급에 많이 포진했다. 한편 민족보위상과 참모총장에는 만주파인 최용건(1900년생)과 강건(姜健, 1918년생)이 각각 임명됐다. 민족보위성 부상 자리에는 옌안파의 무정(武亭, 1905년생)과 김웅(金雄, 1912년생), 만주파의 김일(金一, 1910년생)이 앉았고 민족보위성의 내

국은 유성철(兪成哲, 1918년생) 등의 소련파가 장악했다.[11]

대한민국의 최고 지도자는 대통령 이승만이었다. 1875년에 태어난 이 노인은 민족주의자로서 오랜 경력을 가졌다. 상하이 대한민국임시정부의 초대 대통령을 지냈고, 2년 후 대통령직에서 쫓겨난 뒤로는 주로 미국 하와이에서 20여 년간 망명 생활을 보냈다. 국무총리와 국방부 장관을 겸직한 인물은 중국에서 활동하던 민족주의자 광복군 군인 이범석(李範奭, 1900년생)이었다. 이범석은 대통령과도, 미국과도 대립각을 세우고 있었다. 그 결과 국방부 장관 자리는 1949년 3월 내무부 장관 신성모(申性模, 1891년생)에게 돌아갔다. 신성모는 블라디보스토크에서 신채호申采浩 등과 독립운동을 펼치다가 상하이로 건너가 상선학교에 입학해 항해사, 영국 상선의 선장으로 일하면서 독립운동을 도운 인물이다. 그때부터 이승만과 연락을 주고받았던 듯하다. 해방 후 귀국한 신성모는 대한청년단장을 맡으면서 내무부 장관을 역임했다. 군사 경험이 전무한 인물이 국방부 장관에 임명된 것은 실로 기묘했으나 영어에 능통하고 미국과도 잘 지내는 것이 장점이었던 것 같다.[12]

그러한 아마추어 장관 아래서 실질적으로 군을 움직인 것은 일본의 사관학교를 졸업하고 일본군 장교로 복무했던 직업 군인들이었다. 참모총장 채병덕(蔡秉德, 1916년생)은 일본 육군사관학교(49기)를 나와 소좌少佐로 육군조병창 공장장陸軍造兵廠 工場長으로 재임하던 중 종전을 맞았다. 채병덕 또한 실전 경험이 없기는 매한가지였다. 그

런 그가 독립 정부의 초대 참모총장 자리에 올랐다. 그는 한때 해임

됐다가 1948년 12월에 복귀했다. 참모차장 정일권(丁一權, 1917년생)

은 만주국 펑톈奉天군관학교 졸업 후 일본 육군사관학교에 들어갔

으며, 채병덕의 6기 후배이다. 만주군으로 복무하던 중 해방을 맞았

다. 사단장급 중에서 가장 유명한 김석원(金錫源, 1893년생)은 육군사

관학교를 나와 만주의 일본군에서 복무했고 김일성부대 토벌 경력

을 자랑하는 인물이었다. 김석원은 미국 측에서 특히 경계한 인물

이었다. 그 밖에 두드러진 인물로는 만주에서 간도특설대라는 대공

산 게릴라 토벌 부대에 속해 있던 김백일(金白一, 1917년생, 펑톈군관학

교 졸업)과 백선엽(白善燁, 1920년생, 만주군관학교 졸업) 두 사람을 꼽을

수 있다. 백선엽의 동생인 백인엽(白仁燁, 1923년생)은 연대장급이었

는데, 마찬가지로 간도특설대 출신이었다.[13]

　신성모의 전임으로 초대 내무부 장관을 역임한 윤치영(尹致暎,

1898년생)은 컬럼비아대학교를 졸업한 인물로 이승만의 하와이 망

명 시절 비서였다. 신성모의 후임인 김효석(金孝錫, 1895년생)의 해방

전 경력은 베일에 싸여 있다. 한국민주당 창당에 참여해 의원이 된

그는 1949년 신성모의 차관으로 임명됐고 이후 신성모의 후임으로

장관이 됐다. 신성모의 추천을 가늠케 한다. 이후 신성모와 김효석

은 그룹을 만든 것으로 보인다. 군 내부의 남로당원 적발 등에 열성

적으로 개입했던 그가 한국전쟁이 발발하자 서울에 머물면서 북한

지지를 확실하게 밝혔다.[14]

정권의 역량만 따지자면 김일성과 박헌영의 북한 정권 쪽이 이승만의 한국 정권보다 꽤 우세했던 듯하다.

한국 측의
월경 공격

1949년 1월 김일성과 박헌영은 건국 후 첫 소련 방문을 준비 중이었다. 두 사람은 군사동맹조약인 북소우호조약의 체결을 원하고 있었다. 여기에는 소련군 철수 후에 안보를 확보한다는 목적 외에 북한이 행동에 나설 경우 소련의 지원을 확보하려는 속셈도 있었던 듯하다. 그러나 그들의 바람은 이뤄지지 않았다. 북한 주재 소련 대사 시티코프는 소련 외무성에 두 사람과의 면담 결과를 보고했다.

1월 17일 김일성, 박헌영과 면담했다. 이 자리에서 소련 정부가 북조선 정부 대표단의 모스크바 방문 제의에 동의했다고 알렸다. 김일성과 박헌영은 이 소식에 크게 기뻐하며 곧바로 언제 갈 수 있냐고 물었다.

나는 모스크바에서 다룰 문제를 준비해야 하니 준비 상황을 보면서 여행 일시를 확정하자고 답했다. 잠정적으로는 2월이다. 이전에 김일성이 소련과 우호상호원조조약을 체결하고 싶다는 희망을 표명한 것을 언급한 뒤 나는 국가가 분단된 현 상황에서 그런 유의 조약을 체결하는 것은 합목적적이지 않다고 김일성, 박헌영에게 설명했다. 남조선의 반동 세력은 국가의 분단을 유지하기 위해 조선민주주의인민공화국에 대항할 목적으로 이를 이용할지도 모른다.

나의 이 통보는 김일성과 박헌영을 난처하게 만들었다. 김일성은 조심스럽게 이 조약의 체결을 강조했다. 본인의 생각을 보강하기 위해 최고인민회의 상임위원회 위원장인 김두봉의 주장을 꺼냈다. 이 인물은 김일성에게 수차례 소련과의 우호상호원조조약 체결 문제를 제기한 듯하며, 만일 어떤 이유로 체결이 어렵다면 소련이 북조선을 원조하는 비밀협정을 체결할 필요가 있다고 주장한 듯하다.

내가 보충 설명을 하자 김일성과 박헌영은 지금은 우호상호원조조약 체결 문제를 제기하기에 적절하지 않다는 데 동의했다. ……[15]

김일성과 박헌영은 소련을 방문해 군사적 상호원조조항을 담은 우호조약의 체결을 희망했지만, 소련 측은 이 내용을 경계하며 조약 체결을 거부했다. 소련은 한반도에서 군사적 충돌이 발생하는 것을 우려했다.

시티코프 대사는 평범한 대사가 아니었다. 그는 1907년생으로 1938년에 안드레이 즈다노프Andrei A. Zhdanov 아래에서 레닌그라드주 공산당 제2서기로 발탁됐고 소련-핀란드전쟁 당시 군에 입대해 독소전쟁을 승리로 이끌었다. 대일전쟁에서는 키릴 메레츠코프Kirill Meretskov 장군의 제1극동방면군 군사회의 위원을 맡아 소련의 대북 점령 정책을 단독으로 입안, 지도했다. 미소공동위원회에서 소련 대표를 역임한 그는 1948년 건국과 함께 초대 북한 주재 소련 대사로 임명됐다.[16] 시티코프 대사는 이 나라와 김일성의 비호자였다. 김일성과 박헌영 모두 그의 말을 그대로 따를 수밖에 없었다.

바로 이때 한반도에서는 남측이 38선을 넘어 북측을 공격하는 사건이 발생했다. 1949년 1월 27일 시티코프 대사는 이를 모스크바에 보고했다. 1월 15일 강원도 화천 사창리[원문은 사강리] 지구에서 한국 경찰 1개 소대가 38선을 넘어와 인민위원회 위원장 자택을 공격했고, 북의 경비대가 출동해 격퇴했다. 1월 18일에는 다시 사창리 지구에서 경기관총을 소지한 한국 경찰 1개 소대 30명이 국경을 넘어와 노동당 지구위원회 건물을 습격했다. 이번에도 북쪽 경비대가 출동해 쫓아냈다. 1월 20일 철원 방면의 전곡 지구에서 한국군 1개 소대 40명이 북의 경비대 초소를 공격했다. 출동한 북한 경비대에서 사망자 4명, 중상자 2명, 행방불명자 2명이 발생했다. 같은 날 양구[원문은 양도] 지구에서도 한국 군인 60명이 월경해 마을을 습격했다. 마을 주민 1명이 사망하고, 1명이 부상당했다. 1월 23일 한국군 80~90명이 철원 방면의 전곡[원문은 착공] 지구에서 자동차로 38선을 넘으려다 저지당했다. 시티코프 대사는 38선 건너편에 남쪽 군대가 배치됐고 북진할 것이라는 소문이 돌고 있다는 등의 정보도 덧붙였으나, "현재로서는 남조선군의 공격은 없을 듯하다. 내외 정세 모두 이를 허락지 않을 것이기 때문이다"라고 결론 내렸다.[17]

북한 경비대가 침입한 한국 경찰과 군을 격퇴했다 하나 실제 상황은 위태로웠다. 구체적인 정보를 입수한 시티코프는 2월 3일 몰로토프 외상에게 재차 암호전보를 보냈다.

> 38선을 지키고 있는 것은 북조선의 2개 경비여단이다. 이들 여단은 기껏해야 일본제 소총으로 무장하고 있을 뿐이다. 설상가상으로 소총 한 정당 총탄은 3발 내지 10발에 불과하다. 자동 소총은 없다. 그런 탓에 북조선 경찰은 남조선 경찰의 공격에 반격도 하지 못하고 퇴각할 수밖에 없으며 총탄이 바닥나면 때로는 남조선 경찰에게 생포된다.[18]

시티코프는 소련 정부가 북한 경비여단에 무기를 제공하기로 이미 결정했음에도, 소련군 연해군관구沿海軍管區는 누차에 걸친 재촉에도 보내지 않은 채 선박이 배정되면 2월 말에는 제공할 수 있다는 변명만 되풀이하고 있다고 지적했다. 또 북한군 1개 사단과 1개 여단의 편성이 끝났는데도 소련이 약속한 무기가 아직 도착하지 않았다며 몰로토프의 개입을 요청했다.

같은 날 시티코프는 이날 발생한 남측의 월경 공격을 보고했다. 오전 9시 동해 연안의 도로를 따라 트럭 여섯 대에 나눠 탄 한국 군인과 경찰이 38선을 넘어왔다. 북한 경비대는 이를 격퇴했다. 오전 10시 같은 방면에서 한국 군인과 경관을 태운 차량 35대가 국경을 넘어 4킬로미터 지점까지 침입했다. 이 지역의 북한 경비대는 퇴각해 버렸고 침입자는 오후 6시까지 철수하지 않았다. 다른 지점에서도 오전 8시에 동해 연안의 북한 경비대 초소에서 접근해 온 한국 군인을 향해 발포했다. 또 오전 10시에 같은 지구에서 한국의 트롤선과 소형선이 38선을 넘어 15킬로미터 떨어진 북측의 대포[大浦, 원문은 디오인 집락]에 총격을 가했다.[19]

이러한 보고를 받은 모스크바는 사태를 우려해 손을 썼다. 이튿날 소총탄 250만 발, TT 권총 실탄 320만 발, 소총 1,500정, 휴대용 기관총 400정 등을 실은 선박이 2월 7일 블라디보스토크에서 출항할 것이라는 연락이 평양에 도착했다.[20]

4일에도 시티코프는 38선 부근 양양[원문은 야이양] 지구의 상황을 연이어 보고했다. 3일에 침입한 한국 경찰부대는 고지에 진을 친후 공격했고 북한 경비대의 피해는 사망자 8명, 부상자 3명이었다. 4일에는 북한 경비대가 격퇴했으나 재침입한 한국 경찰은 198·5고지를 점령해 감시소를 설치했다. 이 지역의 38선 남쪽에는 한국군 1개 대대가 있으므로 북한 인민군 1개 대대를 파견할 예정이다.[21]

시티코프가 38선 부근의 충돌을 이렇게나 세세하게 모스크바에 보고하는 와중에도, 김일성은 2월 1일 최고인민회의 연설에서 남한의 지도자는 미군의 장기 주둔을 애원하고 있으며, 다른 한편으로 "매일같이 '북벌'을 거리낌 없이 떠벌리고 있다" "기어코 '북벌'을 한다면 …… 완패를 맛볼 것이다"라고 말할 뿐, 38선 부근의 침공에 대해서는 일언반구도 하지 않았다.[22] 북한 내무성은 2월 6일이 되어

서야 일련의 월경 공격 사건을 발표했다.[23] 그 내용은 이러한 도발 사건에는 미군의 한국 주둔을 정당화하려는 의도가 있다는 것이었다.[24] 김일성과 박헌영은 사태를 그다지 걱정하지 않은 듯하다. 2월 3일 이 두 사람은 시티코프를 만나 모스크바 방문 시 협의할 7개 항목과 대표단 명단을 전달했다. 그들이 전달한 협의 의제는 전부 경제 문화 방면의 원조였다.[25]

한국 측의 월경 공격이 현장의 판단에 의한 것인지 아니면 정부 명령에 의한 것인지는 불분명하다. 국경에서 긴장을 유발해 미군을 주저앉히고 더 많은 무기를 공급받는 것이 주된 목적이었는지, 아니면 북진이 주된 목적이었는지는 한국 정부 내에서도 불명확했던 듯하다.

이승만은 서울을 찾은 케네스 로얄Kenneth C. Royall 미 육군 장관을 2월 8일 접견했다. 이승만이 맨 처음 꺼낸 말은 38선의 한국 경찰에게 라이플총을 지급해 달라는 것이었다. 이어서 이승만은 구 일본군 병사였던 한국인이 15만~20만 명이나 되므로 마음만 먹으면 한국군을 6주 안에 10만 명까지 증강할 수 있으며, 북한 측은 사기 면에서 문제가 있으니 남이 공격하면 북한군 대부분이 남에 투항할 것이라고 말했다. 또한 이승만은 "군대를 증강하고 장비와 무기를 공급해 단시일 내에 북한으로 북진하고 싶다"라고 말했다. 이에 대해 존 무초John J. Muccio 주한 미국 대사가 북한과 평화적으로 교섭할 기회가 있는 한 "그러한 행동을 취해서는 안 된다"라며 반대했다.

로얄 장관은 미 전투부대가 한국에 있는 이상 북진은 있을 수 없으므로 대통령의 발언은 미군의 즉각적인 전면 철수를 요구하는 것과 진배없다며 으름장을 놓았다. 이승만은 고문단을 늘려 주고 추가 무기 공급을 "합리적 양"으로 보증해 준다면 즉각 철수해도 말리지 않겠다고 맞받아쳤다. 그리고 이 대통령은 미 국무부의 동요는 중국을 잃는 데 큰 역할을 할 것이고 한반도에도 해를 끼칠 것이라고 비판했다.[26] 접견은 껄끄러운 분위기 속에서 끝났다.

사태를 가장 걱정한 쪽은 모스크바였다. 보고를 받은 스탈린은 극도의 불안감을 느낀 것 같다. 2월 9일 돌연 태평양함대 공군 사령관 세르빈Serbin 소장이 평양에 도착해 소련군 참모본부의 지시에 따라 전투기 연대의 원산 복귀를 위한 교섭을 제의했다. 철수 전에 사용하던 기지는 조선인민군 제2사단이 사용 중이었다. 그곳을 비워 달라는 요구였다. 시티코프는 모스크바의 이러한 결정에 반대했다. 그는 "소련 공군 연대의 북조선 복귀는 정치적으로 우리에게 불리할뿐더러 현실적으로도 전적으로 불필요하다", "남조선 정부는 가까운 미래에 북조선 침공이라는 중대한 행동을 기도하지 않을 것이다", "38선상의 도발은 북의 군대와 경찰로도 반격할 수 있다"라고 주장했다.[27]

미군이 한창 철수 중인 시점에 소련군 부대가 북한으로 복귀하는 것은 비정상적인 일이었다. 스탈린은 미군의 한국 철수에 확실하게 제동을 걸고 싶었을 것이다. 그것을 통해 한국군의 북한 공격을 견제하려 했다고 짐작된다.[28] 반면 시티코프가 반대한 배경에는 북한 지도부의 거센 반발이 존재했을 것이다. 김일성 등에게는 미군 철수야말로 지상 최대의 목표였고 그 역행은 상상조차 할 수 없었다.

시티코프는 2월 14일 모스크바에 북한 정부로 하여금 유엔 안전보장이사회(안보리)에 미군의 즉각적인 철수를 보장하라고 요청하도록 하는 것이 합목적적이라고 제안했다. 이 역시 북한 측의 뜻을 수용한 것이었다. 미군의 주둔은 "국토 통일과 단일 독립 민주 조선 국가 창설의 걸림돌"이라는 생각이 드러나 있다.[29] 이에 모스크바는 2월 23일 시티코프에게 16일에 열린 대일이사회 소련 대표 쿠즈마 데레비앙코Kuzma Derevyanko 중장과 더글러스 맥아더Douglas MacArthur 간의 회담 결과를 알렸다. 맥아더가 머지않아 미군 철수가 완료될 것이며, 이미 대부분이 철수를 마쳤고 주한 미군 사령관은 도쿄에 있으며 한국에는 여단장이 남아 한국군 양성을 맡은 장교 그룹을 통솔하고 있을 뿐이라고 말했다는 내용이었다.[30] 그러니 미군 철수를 다시금 재촉하는 대對안보리 요청은 불필요하다는 것이었다.

이와 동시에 극동군 참모장 막심 푸르카예프Maxim A. Purkayev는 24일 시티코프에게 "남조선의 경찰부대와 38선의 경계 경비 태세에 관해 가지고 있는 자료"를 모두 보내라고 요구했다.[31] 미군 철수 후 벌어질 사태에 대한 불안과 경계는 모스크바의 지령을 받은 극동의 소련군 당국도 갖고 있었다.

같은 달 모스크바의 긴장감은 더욱 커졌다. 2월 15일에는 소련공산당 서기 겸 조직국장으로 전 레닌그라드 당조직 제1서기를 역임한 알렉세이 쿠즈네초프Alexey A. Kuznetsov 등 3명의 반당 활동을 단죄하는 결정이 채택됐다. 3월 5일에는 마찬가지로 레닌그라드에서 중앙으로 올라온 니콜라이 보즈네센스키Nikolai A. Voznesensky가 당 정치국원, 고스플란(Gosplan, 소련 국가계획위원회) 의장, 부총리 등 모든 직책에서 해임됐다. 적이 당의 중추에서 발견됐다는 이유에서였다.[32]

북 대표단의 소련 방문

　　　　　　실로 이 불안한 상황에서 북한 정부 대표단의 소련 방문이 성사됐다. 1949년 2월 22일 김일성을 단장으로 하는 북한 대표단이 평양을 출발했다. 비행기로 보로실로프[1957년 우수리스크로 개명됨 – 역자 주]까지 날아가 그곳에서 시베리아 철도로 열흘이나 달려 모스크바에 도착한 때는 3월 3일이었다. 레닌 묘소와 크렘린궁을 참관하고 몰로토프 외상, 니콜라이 시베르니크Nikolai M. Shvernik 최고회의 간부회 의장 등과 만난 뒤 3월 5일 오후 8시 김일성, 박헌영 등의 대표단 전원 7명은 소련 주재 북한 대사 주영하朱寧河와 함께 스탈린을 면담했다. 스탈린이 보즈네센스키의 해임을 결정한 당일이었다. 소련 측에서는 몰로토프 대신 외상에 갓 임명된 안드레이 비신스키Andrey Vyshinsky와 시티코프 대사가 배석했다.

회견 기록에 따르면 스탈린이 "어떤 원조가 필요한가요"라고 묻자 김일성이 "경제 원조와 문화 원조입니다"라고 대답하면서 이 방면의 문답이 시작됐다. 그 후 김일성이 군사 문제를 꺼냈다.

| 김일성 남조선에는 아직 미군이 있습니다. 북조선에 대한 반동 세력의 도발이 갈수록 격해지고 있습니다. 우리는 지상군을 보유하고 있지만 해군 방위력은 거의 전무하다시피 합니다. 이에 소련의 지원이 필요합니다.

| 스탈린 남조선에는 얼마만큼의 미군이 주둔하고 있습니까?

| 김일성 2만 명쯤 됩니다.

| 시티코프 약 1만 5천에서 2만 명입니다.

| 스탈린 남측에는 자국 군대가 있습니까?

| 김일성 있습니다. 약 6만 명입니다.

| 스탈린 그 수는 정규군뿐인가요, 아니면 경찰까지 포함한 숫자인가요?

| 김일성 정규군뿐만입니다.

| 스탈린 (농담) 고작 그것인데 그들이 두렵습니까?

| 김일성 아닙니다, 두렵지 않습니다. 그러나 해군 부대가 있으면 좋겠습니다.

| 스탈린 어느 쪽 군대가 더 강합니까? 북인가요, 남인가요?

| 박헌영 북쪽 군대가 더 강합니다.

| **스탈린**   북조선에는 일본인이 남긴 조선소가 있습니까? 예를 들어 청진이나 기타 등지에요.

| **김일성**   조선소는 없습니다.

| **시티코프**   있기는 합니다만 작습니다.

| **스탈린**   그 부분은 원조할 수 있습니다. 공군기도 주겠습니다.

| **스탈린**   남조선 군대 내부에 아군이 침투해 있습니까?

| **박헌영**   침투해 있습니다. 그런데 당분간은 활동이 어렵습니다.

| **스탈린**   잘한 일입니다. 지금은 노출할 필요가 없습니다. 남측도 분명 북측 군대에 첩자를 심어 두었을 테니 정신 차려야 합니다.

| **스탈린**   38선 사정은 어떻습니까? 남측이 공격해 몇 곳을 점령했었 지만 다시 탈환했다는 게 사실입니까?

| **김일성**   남측이 우리 군대에 그쪽 인간을 심어 뒀다고 보고 필요한 조치를 취하고 있습니다. 강원도에서 38선을 끼고 남측과 충돌이 있었습니다. 당시 우리 경찰의 무기는 불충분했고 정규군을 출동시키자 남측은 퇴각했습니다.

| **스탈린**   남측을 쫓아낸 건가요, 아니면 그들이 자진 철수한 건가요?

| **김일성**   전투 끝에 남측을 국경 밖으로 쫓아낸 것입니다.

| **스탈린**   북조선에는 군관학교가 있습니까?

| **김일성**   있습니다. ……

| **스탈린**   전에 모스크바로 두 사람이 왔었죠. (박헌영을 보며) 그중 한 분이 아니었나요?

| **박헌영** 맞습니다.

| **스탈린** 김일성과 박헌영 둘 다 살이 쪄 몰라볼 뻔했습니다.

| **김일성** 우리나라에는 군관학교가 있습니다만 군사대학은 없습니다. 북조선군의 지휘 간부 중에는 군사대학을 나온 자가 전무합니다. 북조선의 장교를 소련의 군사대학에 유학시킬 수 있게 허가해 주십시오.

| **스탈린** 그러한 허가가 아직 없었나요?

| **김일성** 없었습니다.

| **스탈린** 허가하겠습니다.

| **김일성** 더 이상 문제는 없습니다.[33]

이날의 면담에서는 이러한 의제만 다뤄졌다. 이 면담 기록을 보고 만수로프는 이때만 해도 김일성은 무력통일 구상 등을 거론하지 않았다고 주장했다.[34] 그러나 공개된 스탈린 집무실 방문자 명단을 보면 3월 14일에도 오후 7시부터 몰로토프와 시티코프가 동석한 가운데 김일성과 박헌영이 통역 문일文日과 함께 스탈린을 만난 사실을 알 수 있다. 3월 5일의 회견은 1시간 남짓이었으나 이 면담은 1시간 45분으로 더 길었다.[35] 14일의 회견 사실은 지금까지 완전히 비밀에 부쳐져 있었다. 한편 러시아의 일부 연구자는 3월 7일 스탈린과 김일성 등이 만났고 그 자리에서 무력통일 문제가 논의됐다고 주장했다.[36] 《서울신문》은 이 3월 7일의 면담 기록을 토대로 다음과

같은 대화 내용을 보도했다.

| 김일성   스탈린 동지, 이제 상황이 무르익어 전 국토를 무력으로 해
방할 수 있게 됐습니다. 남조선 반동 세력들은 절대로 평화
통일에 동의하지 않을 것입니다. 그들은 자신들이 북침을
하기에 충분한 힘을 기를 때까지 분단을 고착화시킬 생각
입니다. 이제 우리가 공세를 취할 절호의 기회가 왔습니다.
우리 군대는 강하고 남조선에는 강력한 빨치산부대의 지원
이 기다리고 있습니다.

| 스탈린   남침은 불가합니다. 첫째, 북조선인민군은 남조선군에 대
해 확실한 우위를 확보하지 못하고 있습니다. 수적으로도
열세입니다. 둘째, 남조선에는 아직 미군이 있습니다. 전쟁
이 나면 그들이 개입할 것입니다. 셋째, 소련과 미국 사이에
아직도 38선 분할협정이 유효함을 기억해야 합니다. 이를
우리가 먼저 위반하면 미국의 개입을 막을 명분이 사라집
니다.

| 김일성   그렇다면 가까운 미래에는 조선 통일의 기회가 없다는 말씀
인가요? 남조선 인민들은 하루빨리 통일이 돼 반동 정부와
미 제국주의자들의 속박에서 벗어나기를 바라고 있습니다.

| 스탈린   적들에게 만약 침략 의도가 있다면 조만간 먼저 공격해 올
것입니다. 그러면 절호의 반격 기회가 생깁니다. 그때는 모

든 사람이 동지의 행동을 이해하고 지원할 것입니다.[37]

이는 훗날 1950년 1월 17일에 김일성이 시티코프에게 모스크바에서 스탈린에게 들었다고 전한 내용과 일치한다. 따라서 3월 7일의 기록으로 발표된 것은 3월 14일의 면담 기록으로 봐도 무방하다.

김일성의 "절호의 기회"론은 피아의 역학 관계를 냉정하게 판단해야 하는 군사 지도자로서의 자질에 의문을 품게 하나, 이는 스탈린으로부터 원칙적 지지를 받아 내기 위한 의견이었던 만큼 실현 가능하다는 것에 역점을 둔 것으로 보인다. 그러나 스탈린의 견해는 객관적이었고 반론의 여지가 없었다.

북한 대표단은 3월 17일 소련과 10년간 유효한 조소경제문화교류협정에 조인했다. 이 협정은 일반적인 협력 원칙을 담은 것이었다. 구체적인 내용은 함께 조인된 상품거래지불협정, 장기차관협정, 기술원조협정에 규정됐다. 이 중 특히 중요한 것은 1949년부터 3년간 소련이 북한에 2억 1,200만 루블의 차관을 제공하는 협정이었다.[38]

이렇게 1949년 2, 3월 단계에서는 남북 모두 무력통일의 의지를 표명했으나 각각 미소에 의해 좌절됐다.

당시 미국은 한국에 대한 정책을 3월 22일 자 〈NSC 8/2〉[미국국가안전보장회의가 트루먼 대통령에게 제출한 '한국에 관한 미국의 입장' 보고서를 말한다. - 역자 주]에 따라 입안하고 결정했다. 미국이 선택 가능한 행동 노선으로 'a. 한국 포기', 'b. 한국의 독립 보전 보장'이라는 두 노선을 배제하고 "한국에 대한 미국의 인력과 자금 투입 약속을 용이하게 감축시키는 동시에 미군 철수의 결과로 남한이 공산 치하에 들어가게 될 가능성을 현실적으로 가능한 한 최소화하는 수단으로서 한국 정부에 대한 지원 조건을 실행 가능한 한도 내에서 설정한다"라는 '중간노선a middle course'을 선택했다. 철수 시 무기와 물자를 인도하고 군사고문단을 남길 것을 권고했다.[39] 중국을 잃은 미국은 일본은 확보하되 한국은 어떻게 할지 아직 마음을 정하지 못한 상태였다.

한국군
북침 정보

　　　　　김일성 일행이 귀국한 뒤 모스크바에 충격적인 정보가 도착했다. 스탈린은 4월 17일 시티코프에게 암호전보를 보내 이 정보를 전달하고 조사를 요구했다.

입수한 정보에 따르면 5월에 미군이 남조선과 가까운 일본 지역으로 철수할 예정인데, 이는 남조선 군대에 행동의 자유를 제공하기 위해서이며 유엔위원회도 이 때까지 조선에서 퇴거한다.

4월부터 5월에 걸쳐 남측은 자국 군대를 38선 지구에 집결시키고, 6월에는 북측을 기습 공격해 8월까지 북의 군대를 괴멸시킬 것이라는 정보였다.

4월 10일 남측은 개성 지구에 약 8천 명(1개 보병여단)을, 의정부 지구에 약

1만 명(약 3개 보병여단)을 집결시켰다. 4월 10일 동두천[원문은 토토센]에서는

전차 3대를 무개화차에서 내렸다.

시급히 이 정보를 검증할 대책을 세워 우리에게 보고하라.[40]

　　흥미롭게도 워싱턴의 국무부 장관은 나흘 전인 4월 13일에 서울의 대사관에 비슷한 내용의 연락을 하고 있다.

1. 본 성은 정확한 보고로 우수한 평판을 받고 있는 극동의 한 정보원에게
　60일 이내에 한반도에서 중대한 트러블이 예상된다는 보고를 받았다.
2. 그는 주도권은 남측이 쥘 것이라고 말했다.
3. 이 정보는 같은 출처를 통해 1949년 2월 중순에 확보한 보고와 일치한다.

　　이 전문은 2월의 보고 내용을 다시 수록하고 있다. 북한도 군사 준비를 강화하고 있다고 지적하는 동시에 한국군의 사기가 여수, 순천의 반란 진압으로 고양됐고, 이범석 국무총리는 조직을 결집해 "남측이 스스로를 방위할 수 있을뿐더러 공격까지 가능하다고 생각"할 정도이며, "38선 부근의 '표적 범위' 안에서 벌어진 쌍방의 빈번한 충돌로 슬쩍 상대의 속을 떠보는 과정이 더는 미군의 보호 없이 얼마간 이어졌다"라고 설명했다.[41]

워싱턴이 입수한 정보를 그곳에 숨어든 소련 스파이가 포착해 소련에 타전했거나, 이 정보의 근원인 한국 내 상황을 양국 스파이가 포착해 보고한 것으로 추정된다.

스탈린은 이 정보와 관련해 참모본부에도 38선의 상황 보고를 명령했다. 알렉산드르 바실렙스키Aleksandr Vasilevsky 참모총장과 세르게이 슈테멘코Sergei M. Shtemenko 차장의 회신은 4월 20일에 도착했다. 이것에 따르면 1949년 1월 15일부터 4월 15일까지 남측의 침범 사건은 37건 발생했고, 그중 24건은 3월 15일 이후 한 달 사이에 발생했다. 남측은 38선에 육군의 일부를 배치했고 특히 서울의 제1여단이 개성 지구에 투입됐다. 향후 더 큰 규모의 도발이 발생할 가능성이 있다. 북한군 사령부에 이에 대응할 조치를 취하도록 권고하는 것이 합당하다고 보고했다.[42] 실제로 국군 제1여단이 개성 지구에 배치됐으며 여단장은 1월부터 최강경파인 김석원 준장이 맡고 있었다.[43]

시티코프 쪽도 정보 확인을 위해 움직였다. 시티코프는 4월 20일 "당신의 지시를 이행 중이다" "현재 조사 중"이라고 보고했다. 동시에 "조선인민군은 전투 체제에 중요한 결함이 있다"라고 전제한 뒤 모스크바가 약속을 지키지 않은 다섯 가지를 열거했다.

첫째, 훈련 전투 공군 연대가 조직됐으나 7개월 동안 808명의 훈련생 중 고작 8명만이 비행사가 됐다. 이는 훈련기와 휘발유가 없기 때문이다. 약속한 훈련기는 언제 도착할지 알 수 없는 상황이다. 휘발유의 경우 무역공단이 매입한 항공기용 휘발유 300톤은 쓸모가 없었다. 둘째, 조선인민군 수석 군사고문 스미르노프Smirnov 장군은 사단 이상을 훈련할 만한 능력이 없으며 성격이 사납고 권위가 없다. 경질이 필요하다. 해군과 전군의 작전을 담당할 고문은 아직 도착하지도 않았다. 3개 사단 중 2개 사단은 사단장을 수행할 군사고문을 확보하지 못했다. 셋째, 군용 오토바이 200대 제공을 약속했으나 도착한 것은 군용에 적합하지 않은 모델(모스크비치Moskvitch)로 오토바이 대대는 아직도 오토바이가 없는 상태다. 넷째, 1948년 7월에 슈파긴 기관단총 등의 생산 공장 제공을 약속했는데 자재 대부분은 도착했으나 전문가가 없어 가동을 시작하지도 못했다. 다섯째, 해군 고사포연대 조직을 요청했으나 아직 답을 받지 못했다. 위기감을 느낀다면 모스크바도 마땅히 해야 할 일을 하라는 것이 평양 주재 대사의 답이었다.[44]

스탈린은 이 전보에 곧바로 반응했다. 스탈린은 스미르노프를 경질하고 시티코프 대사를 조선인민군 수석 군사고문에 임명했다. 4월 21일 바실렙스키 참모총장이 보낸 암호전보는 이 같은 내용을 담고 있다.[45]

그 무렵 서울에서는 이승만 대통령과 무초 대사가 설전을 벌이고 있었다. 4월 14일 이승만 대통령은 한국군 6만 5천 명과 예비역 20만 명이 충분한 장비를 갖춘 날에는 미군이 철수해도 안심할 수 있으나 "우리의 현 상황은 그것과는 거리가 멀다"라며 한국의 안전보장을 공식 선언해 줄 것을 미국 정부에 요청하는 서한안을 무초 대사에게 전달했다. 같은 날 무초 대사는 한국의 경제적, 정치적 안정을 위해 필수 불가결한 경제, 기술, 군사 원조를 꾸준히 제공하는 것이 미국의 의도라고 적은 서한을 이승만 대통령에게 보냈다.[46] 이 대통령은 냉정함을 되찾고 4월 18일 기자회견에서 미군이 향후 몇 달 내에 철수를 완료할 것이며, 한국에는 미군 군사고문단이 남을 것이라고 밝혔다.[47] 이 대통령이 볼 때 북진 방침을 현실화할 만한 상황은 아니었던 셈이다.

중공군
양쯔강을 넘다

동북아시아의 일대 사건은 다른 곳에서 벌어지고 있었다. 1949년 4월 23일 중국인민해방군은 마침내 100만 대군을 거느리고 양쯔강을 넘어 장제스 정권의 본거지인 난징을 함락시켰다. 이는 중국 혁명전쟁의 결정적인 전환점이 됐다. 이에 자극을 받은 북한 지도부가 행동 준비를 결단한 것으로 생각된다.

우선 김일성과 박헌영은 4월 27일 혹은 28일에 시티코프를 만나 부대 편성을 상의하고 강력한 무기 제공을 요구했다. 시티코프는 이 면담 결과를 스탈린에게 보고했다. 그가 보고에서 "당신의 지시에 따라 …… 면담했다" "이 면담 결과, 김일성과 박헌영이 [이하의 부대를] 편성하는 선택지를 골랐다"라고 표현한 것을 보면, 시티코프가 스탈린의 지시를 전달했고 김일성이 그것을 받아들인 것으로 추측된다. 그 내용은 시티코프의 4월 12일 자 전보 등과는 차원이 사뭇 달랐다. 즉 공격적인 부대 편성의 지원을 요청한 것이다. 이 절충 역시 김일성 등의 요청에 따른 것이었다.

신규 편성될 부대에 관해서는 다음과 같이 설명하고 있다. (1) 전차연대 2(각 연대 전차 33대), 자주포사단 1(SU76 16문), 포병사단 1, 대전차포사단 1, 자주포연대, 오토바이 대대 등으로 구성된 기계화여단, 이 편성은 5월까지 완료, (2) 특별육군전차연대(전차 33대), 원산에서 편성, (3) 교도(훈련 및 교육)전차연대는 존속, (4) 각 저격병사단에 자주포대대[사단으로 적혀 있으나 오기]를 편성, (5) 육군포병연대(포 ZIS를 24문 배치), (6) 공병대대 1개 편성, (7) 혼성공군사단 2개 연대(전투폭격기 각 43대) 편성, 9월까지 완료, 교도공군연대는 존속. 이러한 편성을 위해 북한 측은 현재 지원병 1만 6천 명을 모집했으며 필요한 장비를 구매하기 위해 쌀 3만 톤을 전달했고 나머지는 9~10월에 조달하겠다고 약속했다.

협의에 따라 김일성은 다음 서한을 스탈린에게 전달해 달라고 요청했다.

조선의 상황 변화와 관련해 조선인민군 강화와 장비 공급이 절실히 필요합니다. 스탈린 동지, 조직적인 조치와 관련한 다음의 추가 요청 사항을 부디 들어주시기를 바랍니다. 이 기회에 공군을 제외한 기계화부대와 기타 추가 편성은 1949년 5월 중에 완료할 예정이며 공군부대의 편성은 9월에 끝낼 예정입니다.

이 서한에는 필요한 무기 목록이 첨부되어 있다. 그 안에는 일루신Ilyushin10, Yak-9 각 30대, UT2 내지 Yak-18 24대 등의 공군기, T34 전차 87대, 자주포 SU76 102문, 7.62미리 소총 2만 5천 정, 동권총 7천 정 등을 비롯한 각종 포탄, 총탄 그리고 공병工兵용 토목기계, 각종 통신 기자재 등 136개 항목이 열거되어 있다.[48]

만수로프는 이것이 소련 측 지시에 따른 것이라고 논하면서도 내용은 "조선인민군의 반격 능력 강화"가 목표인 듯하다고 주장해[49] 모순을 초래하고 있다. 만약 소련 측 지시에 따른 것이라면 이 요청에 대한 회신이 6월 4일까지 도착하지 않은 것은 이상하다.

조선인 부대
인도 교섭

이처럼 소련에 무기 제공을 요청한 북한 지도부는 다른 한편으로는 중국에 병사 제공을 요청했다. 4월 28일 민족보위성 부상, 조선인민군 문화훈련국장으로 김일성의 신임이 두터웠던 만주파 김일이 중국 통상대표로 평양을 출발했다. 김일은

30일에 펑톈에 도착해 동북지방의 당·군·정부 책임자 가오강高崗과 회견했다. 이어서 베이징으로 건너가 주더朱德, 저우언라이와는 네 차례, 마오쩌둥과는 한 차례 회담하고 5월 13일에 귀국했다.

이 김일의 방중 회담 내용은 김일성의 전언을 전달한 5월 15일 자 시티코프의 보고(수신인은 비신스키 외상)와 마오쩌둥의 전언을 전달한 5월 18일 자 코발레프I. V. Kovalev의 보고(수신인은 스탈린)를 통해 알 수 있다. 우선 후자부터 살펴보자. 코발레프는 중공에 파견된 소련공산당의 대표였다.

어제 5월 17일, 마오쩌둥 동지는 나에게 스탈린 동지께 다음과 같이 전달해달라고 요청했다.

하나. 북조선에서 조선군 정치부장 김일 동지(김일성 동지와 함께 만주의 빨치산 활동에 참여했다)가 도착했다. 김일 동지는 다음의 제반 문제에 대해 중공 중앙위원회와 심의할 전권을 가지고 있다.

1. 동방 정세

2. 정보국(인포름브로)의 창설

3. 북조선에 대한 장교 요원과 무기 원조

마오쩌둥 동지는 동방 정보국 창설 문제는 여건이 아직 무르익지 않았다고 답했다. 동방의 12개국 중 중국공산당이 관계된 곳은 현재 몽골, 태국, 인도차이나, 필리핀, 북조선 5개국에 불과하다. 다른 한편 일본, 인도네시아와도 상시적인 관계를 맺지 못해 이들 나라의 정세를 우리는 잘 모른다. 따라서

— 그는 말했다 — 우선 이러한 관계를 수립하고 정세를 연구한 후 동방코민 포름 창설에 착수하는 편이 바람직하다. 지금은 상호 무선통신국만 설치하고 구체적인 문제가 발생하면 이를 통해 의견을 교환할 필요가 있다.

둘. 북조선에 장교 요원과 무기를 지원하는 건에 관해 마오쩌둥 동지는 그러한 지원을 할 수 있다고 답했다. 만주에는 150만 명의 조선족이 있고 그들로 조선인 사단 2개(각각 1만 명 규모)를 편성했다. 이 중 1개 사단은 전투 경험이 있다. 이 사단은 만주에서 국민당군과의 전투에 적극 참여했다. 이 2개 사단은 요구만 하면 언제든지 북조선에 제공할 수 있다. …… 이 밖에 우리는 장교 2천 명을 양성했다. 그들은 현재 추가 교육을 받고 있으며 한 달 후면 북조선에 파견할 수 있다. 남북 간에 전쟁이 터지면 우리는 최대한 원조하겠다. 특히 상기 사단을 위해 식량과 무기를 지원할 용의가 있다.

북조선의 동지는 미군이 머지않아 남조선에서 철수할 가능성이 있다고 보고 있다. 그리고 미군을 대신해 일본군이 들어와 이 원조를 등에 업고 북조선 공격을 획책하지 않을까 걱정하고 있다.

우리는 이 군대에는 반격하라고 권고했다. 반격 시는 남조선군에 일본군이 있는지 없는지를 반드시 고려할 필요가 있다. 만약 일본인 부대가 참가하고 있다면 신중을 기해야 하며 적의 역량이 우세한 경우는 아군을 지키기 위해 자국 영토의 일부를 희생해서라도 [후퇴해] 침입한 군대를 유리한 조건에서 포위, 섬멸하는 것이 좋다.

우리는 그들에게 당과 군과 인민을 이데올로기로 무장시켜 그러한 사태가 벌어져도 그것은 민주주의 조선의 패배를 뜻하지 않으며 전략적 계책이라고 이해시키라고 충고했다.

만약 미군이 떠나고 일본군이 들어오지 않는다면 이 정세에서는 남조선에 대한 공격을 도모하지 말고 더 적절한 정세가 도래할 때까지 기다리라고 북조선의 동지에게 권고했다. 왜냐면 공격 과정 중 맥아더가 신속히 일본인 부대와 무기를 남조선에 투입할 수 있기 때문이다. 우리는 신속하고도 실질적인 지원이 불가능하다. 우리의 기본 병력이 양쯔강 건너편으로 이동했기 때문이다.

우리는 북조선의 남진 공격과 같은 행동은 1950년 초반에 국제 정세가 호전되면 도모할 것으로 예상하고 있다. 북조선에 일본군이 침입할 경우 우리는 서둘러 우리의 정예부대를 급파해 일본군을 섬멸할 수 있다.

당연히 ― 마오쩌둥 동지는 첨언했다 ― 우리는 이 방향의 모든 행동을 모스크바와 조율 후 시행할 것이다.

셋. 북조선과의 통상 관계 수립, 압록강의 수력발전소에서 생산한 전력의 이용 문제는 김일 동지가 펑텐에 가서 가오강과 논의할 것이다.[50]

동방코민포름 창설 문제를 논의한 점이 눈길을 끈다. 이 보고는 김일이 먼저 의제를 꺼내 북한이 제안한 듯한 뉘앙스를 풍긴다. 그러나 시티코프는 "마오쩌둥은 북조선 정부 대표단이 방문했을 당시 모스크바에서 이 문제가 제기된 적이 있었는지에 관심을 보였다. 마오쩌둥은 이 문제에 관한 조선노동당 중앙위원회의 의견을 물었다"라고 보고하면서 중국 측의 관심사였다고 설명했다. 또 시티코프에 따르면 마오쩌둥은 버마, 말라야, 인도차이나 등 4곳의 공산당으로부터 '동방제국 공산당정보국 창설 제안' 서한을 받았다고 말했다. 반대로 "김일은 이 문제에 대해서는 전연 아는 바가 없으나 김일성에게 보고하겠다고 대답"했을 뿐이다.[51]

두 보고 모두 마오쩌둥이 동방코민포름 창설은 "시기상조"라고 판단했다고 전달하고 있다. 그 이유로 시티코프의 보고에서는 "중국, 인도차이나에서 전쟁이 계속되고 있고 조선에서 사태가 긴박하게 돌아가고 있는 만큼 정보국을 창설할 경우 군사 동맹의 결성으로 비칠 우려가 있다"라는 점을 들었다.

이 점에 관해서는 시티코프의 보고가 정확한 것 같다. 4곳의 공산당이 아시아 극동판 코민포름 창설을 제안한 것은 사실이었다. 마오쩌둥은 조선노동당의 반응을 듣고 소련공산당의 의중을 떠보려 했다. 당시 중공이 일본공산당과 직접적인 관계를 맺지 않았다는 것은 중요한 포인트다. 결국 마오쩌둥은 중공이 중심이 될 아시아 극동판 코민포름의 창설을 바랐으나, 그것을 넌지시 내비침으로써 만사를 모스크바와 상의해 신중하게 준비하겠다는 태도를 보였다. 이는 코발레프의 보고를 통해 스탈린에게 확실하게 전달됐다. 이 화두는 세계혁명운동에서 중소 양당의 대등성을 주장하는 중대한 제기였다.

조선인 부대의 인도 문제도 시티코프의 보고를 보면 김일의 방문 목적 자체가 "중국인민해방군 내 조선인 사단을 북조선 정부에 넘겨 달라고 요청"하는 데 있었다고 추정된다. 마오쩌둥도 3개 사단 중 2개 사단은 펑톈과 창춘長春에 있고 1개 사단은 작전 중이니 "만주에 주둔 중인 조선인 사단 2개는 언제든지 인도할 용의가 있다"라고 답했듯이 매우 정확하게 전달됐다.

이 '인도'에 대해 중국 측은 훗날 조선인 부대의 '귀환', '귀국'이라고 설명했으나 이는 정확하지 않다. 만주에 사는 조선인으로 구성된 이 부대는 중국공산당의 부대였고 중국 혁명전쟁에서 싸워 왔다. 간부는 모두 중국공산당원이었다. 혁명의 승리로 중국에 공산 국가가 탄생하면 당당한 구성원이 되어 국가가 시행하는 토지 개혁의 시혜를 가장 먼저 받을 존재였다.

만주의 조선인은 당연히 조선민주주의인민공화국의 성립을 기뻐했다. 옌볜일보사延邊日報社가 1948년 9월에 개최한 공화국 수립 경축 좌담회에서는 건국을 축하하며 이승만과의 투쟁을 도와야 한다는 의견이 제기됐다. 그러나 조선공산당 만주총국 시절부터 활동한 인물로 1945년 중국공산당에 입당해《옌볜일보》주필을 맡고 있던 임민호林民鎬는 "중국에 있는 조선 인민의 임무는 이곳에서 중국 혁명에 참가해 맡은 바 임무를 완수하는 것이다. 이것이 조국에 보탬이 되는 길임을 알아야 한다"라고 역설했다. 마찬가지로 조선공산당의 베테랑 활동가 양환준梁煥俊도 민족의 고국인 "조선에 갈 것인가 가지 않을 것인가라는 식으로 문제를 다뤄서는 안 된다", "배전倍前의 용기와 결심으로 중국 혁명을 위해 적극적으로 노력하는 것이 신 조선민주주의인민공화국을 옹호하는 정신이라 생각한다"라고 발언했다.[52] 한편으로 "새로운 고국의 국기를 처음 보고" 감격했다고 말하면서 중국군에 참가하고 있는 군인 가족의 비참한 생활을 토로하는 사람도 있었다. 이에 대해 대책을 시행 중이며 신문의 보도 행태가 못마땅하다고 비난한 옌지延吉시 정부 간부의 발언을 보면,[53] 조선인들 사이에 중국 혁명에 헌신한 조선인 병사에 대한 보상이 미흡하다는 비판이 있었던 것으로 보인다. 두말할 나위 없이 공화국 성립 경축 대회를 맞아 "우리 조선 인민은 이미 자유 조국과 자기 정부를 가지고 있다", "민족의 영웅이시며 영도자"인 김일성 장군 주위에 결속해야 한다는 의견도 공공연히 표명됐다.[54] 감정은 복잡하게 얽혀 있었다.

국적에 관해서는 이종석이 지적했듯이 당시 옌볜 정부의 책임자였던 중국인 류쥔슈劉俊秀가 조선인에 대해서는 '복수 국적'을 인정한다는 방침을 세우고 중앙의 비준을 거쳐 시행했다고 주장했다.[55] 그러나 그것이 엄밀했을 리가 없다. 중국 혁명전쟁에 참여한 만주의 조선인에게 뿌리는 분명 중국의 당과 군과 혁명과의 연대였다.

그러나 북한 쪽에서 보자면 만주의 조선인도 자국민이었다. 김일성, 김책, 최용건 모두 만주에서 자랐고 만주에서 항일 전쟁을 벌인 만주파 조선인이었다. 그 결과, 그들을 돌려 달라는 분위기가 조성됐고 중국 측도 이를 이해해 자국 부대에 북한행을 명령했다. 개개인이 자원해 고국으로 간 것이 아니었다. 중국인민해방군 2개 사단

이 북한으로 간 것이다. 중국공산당의 결정, 군사령부의 명령 없이는 불가능한 일이었다.[56]

한반도 정세와 중국 측의 태도에 관한 마오쩌둥의 발언은 지극히 명쾌했다. "반격하라고 했다"라는 말은 남측을 공격하라는 게 아니라 남에서 공격해 오면 그에 반격, 역습하는 모양새로 전쟁을 해야 한다는 뜻이었다. 한편 김일성의 전언을 전한 시티코프의 보고에서는 정세와 중국 측의 태도가 다음과 같이 매우 낙관적으로 북한 측에 유리하게 해석됐다.

"마오쩌둥은 조선에서는 언제 군사 사건이 일어날지 모르니 김일성은 이를 고려하여 면밀히 준비해야 한다고 말했다. 조선에서는 전쟁이 기습전도, 지구전도 될 수 있다. 당신에게 …… 지구전은 불리하다. 이 경우 일본군까지 끌어들여 남조선 '정부'를 지원할 가능성이 있기 때문이다. 당신은 걱정하지 않아도 된다. 소련이 이웃에 있고 중국은 만주에 있다. 필요하다면 우리는 중국 병사를 은밀히 당신 쪽에 파견할 것이다. 마오쩌둥은 모두 머리카락이 검어서 구분하기 어렵다고 덧붙였다."[57]

이는 김일성이 중국 측의 신중론을 스탈린에게 숨기려는 의도에서 한 설명이 반영된 것이다. 마오쩌둥은 조선인 사단의 인도를 약속하면서도 이 시점에서의 남진에는 분명하게 반대했고 다음 해에 행동하라고 권유했다.

여기서 짚고 넘어갈 것은 북한 측이 미군의 철수 후 미군이 한반도로 돌아올 가능성은 거의 배제하고 일본군의 투입 가능성만 고려했다는 점이다. 북한은 물론 중국도 당시 일본군의 개입 가능성을 점쳤다. 북한 측의 이러한 인식의 배경은 북조선노동당 기관지 《근로자》 1948년 3월 호에 실린 신염申焰의 논문 〈일본에 대한 미국 팽창주의자의 정책〉에서 찾을 수 있다. 이 논문은 '복원국復員局' 내부에 구 대본영大本營의 고위급 군인들이 몸담고 있고, 일본의 벽지에 있는 '농장'에는 "일본군 정규 부대와 연대가 보존되어" 있으며, 민주화에 저항하는 '비밀정부'라 불리는 장교 그룹에 도쿄만 해도 5만 5천 명이 속해 있다는 극히 편향적이고도 선전적인 정보를 수록하고 있다. 나아가 이를 토대로 미국이 "일본 군국주의"를 부활시켜 극동과 태평양 지역에서 "자신들의 헌병"으로 만들려 하고 있다는 결론을 도출하고 있다.[58]

1949년 5월 당시 일본군은 존재하지 않았다. 설사 전쟁이 시작된들 황급히 편성하는 것은 불가능했다. 이러한 과장된 정보를 믿고 미국이 은밀히 구 일본군의 일부를 온존해 새로운 군대의 핵심을 양성하고 있다고 오해한 것은 북한에게 미군은 경험해 보지 못한 존재였고 일본군의 군사력에 대한 기억이 너무나도 선명했기 때문이다. 이렇게 지레 일본군의 환영幻影에 벌벌 떠는 한편, 반대급부로 미군에 대한 경계심은 덜했다.

김일성 등이 이 시점에 무력통일을 위한 준비를 구체적으로 시작했다는 것은 자명하다.

국경 충돌,
본격화하다

그런데 시티코프 대사는 여전히 미군 철수와 그 후 벌어질 수 있는 남의 북진 공격 정보를 긴장 속에서 예의 주시하고 있었다. 5월 2일 시티코프는 지난 4월의 정보에 대한 조사 결과를 보고했다. 그에 따르면, 이 정보는 남측에서 첩보 활동 중인 북한 내무성의 정치보위국이 입수한 것이었다. 그러나 정치보위국장은 이를 상사인 내무성 부상과 내무상에게도, 또 김일성에게도 보고하지 않고, 곧바로 모스크바에 알리기 위해 북한 주재 소련군 총첩보국 대표자에게 전달했다. 내무성 정치보위국장은 소련파인 방학세方學世였다. 방학세가 이 중대한 정보를 북한 정부를 건너뛰고 제일 먼저 모스크바에 보고한 것은 그의 충성심이 어디를 향하고 있는지를 보여 주는 것이어서 흥미롭다. 또 모스크바에 알리기 위한 채널로 소련 대사가 아닌 소련군 총첩보국 대표자를 고른 점도 중요하다. 당연히 시티코프는 불쾌감을 드러냈다. 김일성도 필시 불만을 품었을 것이다.

시티코프는 한미 간에 미군 철수 교섭이 진행 중이며 무초 대사의 4월 19일 발언을 인용해 수개월 내에 철수가 완료될 것이라고 보고했다. 그의 관심을 강하게 끈 것은 신임 국방부 장관 신성모가 기자회견에서 한 다음 발언이었다. 한국에는 "충분한 병력이 있으므로 미군 철수 후 국가 질서를 유지할 수 있으며 만에 하나 북한이 남침해도 국군은 스스로를 지키고 나아가 심대한 타격을 가할 수 있다." 시티코프는 구체적으로 남측의 국군이 1950년 1월 1일 당시 5만 3,600명이었던 것이 3월 말에는 7만 명으로 증강됐고, 기계화부대는 2배에서 4배로 확대됐으며, 군대 내의 위험분자를 추방했고, 38선 부근에 대부대를 집결시켰으며, 주력 부대를 평양을 목표로 배치한 것이 첩보 활동으로 확인됐다고 보고했다. 북의 공작원과 손잡은 남측 대대장의 발언을 빌려 평양 방면을 향해 3만 명을 배치했고 북침 작전 계획서가 대대장 단계까지 하달됐으며 행동 개시는 6월로 예정되어 있다고도 보고했다. 남측의 첩보원은 북의 도별로 조직을 꾸리고 있어 북침 때 호응해 궐기할 계획이었다. 시티코프는 김일성, 박헌영과 상의한 결과 '사전 필요책'을 마련하기로 합의했다고 보고했다.[59]

시티코프가 보고한 5월 2일 서울에서 열린 회의 내용을 보면 그의 걱정은 과도한 것이었다. 이날 이승만 대통령, 이범석 국무총리, 신성모 국방부 장관은 무초 대사, 로버츠W. L. Roberts 군사고문단 단장, 에버렛 드럼라이트Everett F. Drumright 공사와 장시간에 걸쳐 회담했다. 국방부 장관은 중국 정세와 관련해 한미 관계를 재고해야 한다고 대사를 압박했다. 무초 대사는 중국의 사태는 유감스러우나 이는 한국 문제에 영향을 주지 않으며 "세계적 충돌은 차치하고 북의 한국 침략이 있을 거라고는 생각할 수 없다"라고 반박했다. 신 장관은 역사상 한국이 미국에 지도와 원조를 요구한 적이 두 번 있었으나 미국은 두 번 모두 받아들이지 않았다며 불신감을 드러냈다. 이 대통령도 신 장관과 같은 불신감을 품고 있었다. "그는 한국인의 마음속에는 미국을 신뢰할 수 있냐는 의구심이 도사리고 있다고까지 말했다. 한국 국민은 미국이 설마 중국을 버릴 줄은 꿈에도 생각지 못했다고 했다." 이 대통령은 한국을 미국의 방위선 안에 넣어 달라고 요구했다.[60]

실제로 이 직후 국경 충돌이 본격화했다. 한국의 연구자 박명림은 남북 모두 상대측이 먼저 공격했다고 주장하나 미군 정보참모부(G-2)는 한국 측이 먼저 공격했다고 추정했으며 이는 신뢰할 만한 판단이라고 했다.[61] 그러나 북측도 적극적이었다. 5월 4일 북의 국경경비대 3개 중대가 개성의 북쪽 38선 부근의 송악산으로 이어지는 고지에서 한국군을 몰아냈다. 이튿날 한국군이 결사대를 파견해 고지를 탈환했다. 한국군의 사령관은 제1사단장인 김석원이었다. 5월 5일에는 춘천 지구에서 한국군 제8연대 2개 대대가 대대장에게 이끌려 국경을 넘어 월북했다. 북측은 그들을 영웅으로 환영했다. 남측은 5월 7일 의정부 부근에서 북측 경비대에 괴멸적 타격을 입혔다. 북측은 백천 지구와 옹진반도에서 반격에 나섰다. 백천 지구에서 북측은 5월 18일 예성강을 넘어 연안을 점령했다. 남측이 이들을 격퇴하고 북진하여 이번에는 쫓겨 올라갔다. 옹진반도는 38선 남쪽에 위치하나 북측과는 땅으로 이어진 반면 남측과는 떨어져 있었다. 이 고립된 영토는 충돌에 안성맞춤인 무대였다. 5월

21일 북측의 2개 대대가 두락산을 공격했다. 남측은 무려 8개 대대를 투입했으나 격퇴에 애를 먹으면서 전투는 6월까지 이어졌다.[62]

만수로프는 이 무렵 김일성과 박헌영이 시티코프와 함께 남한의 전면 공격이 있지 않겠냐며 두려워했다고 주장했으나[63] 동의할 수 없다. 스탈린의 발언이 뇌리에 박혀 있던 김일성과 박헌영은 오히려 한국의 공격을 기회로 여긴 것 같다. 그래서 그들은 5월 초부터 계속된 국경 충돌을 시티코프에게 보고하지 않았다. 5월 27일이 되어서야 김일성은 시티코프에게 면담을 요청했고 시오켄리[지명을 일본식으로 표기한 것인데 정확한 지명을 확인하기 어려워 원문 그대로 번역함 – 역자 주] 지구에 한국군 1개 대대가 침입했다고만 보고했다. 김일성은 또 개성[원문은 게이조] 지구에서는 한국의 2개 대대가 집결해 국경을 넘어 고지를 점령하려 하고 있고 철원 방면에서는 춘천[원문은 슌헨]시 지구에 3개 대대가 집결했다고 전했다.[64] 시티코프는 이 소식을 즉시 모스크바에 보고했다.

서울에서는 무초 대사가 걱정하며 이 대통령을 견제하고 있었다. 그 계기는 5월 7일 이 대통령의 기자회견이었다. 이 대통령은 미국의 태도에 불신감을 드러낸 뒤 다음과 같이 말했다.

우리들은 북한공산당이나 그들의 외국 군주에게 도전하려는 것은 아니며 평화적 수단으로 남북을 통일하고자 하는 노력을 계속할 것이다. 동시에 우리들은 국민의 생명과 재산을 보호하는 데 책임져야 할 것이다. 북한의 공산주의자들이 38선을 끊임없이 침범하고 우리들을 파괴하는 이때에 우리들은 가만히 앉아서 반항도 하지 않고 우리를 해하려는 것을 허락할 수는 없는 것이다. 우리들은 그들이 남한을 침범함으로 말미암아 그들에게 다대한 손실을 주도록 하여야 할 것이며 이 목적을 위하여는 자위에 필요한 적당한 무기를 충분히 공급받아야 할 것이다.[65]

5월 9일 무초 대사는 이 기자회견에 항의를 표시하며 개성에서 일어난 충돌을 염두에 두고 이 대통령에게 "한국군의 침략적 행동을 자제시킬 것"을 촉구했다. 이 대통령은 "한국은 침략적 목적을 품고 있지 않으며 개성에서는 우리가 먼저 시작하지 않았다. 그러나 한국의 영토는 단 한 치도 침입자에게 내줄 수 없다고 답했다. 나의 정부는 미국의 지원이 있든 없든 공산주의자의 침략에 맞서 최후의 한 사람까지 싸울 작정이라고 거듭 단언했다."[66] 10일에도 무초 등은 이 대통령을 만났다. 대통령이 개성 사건이 자신을 궁지에 몰아넣었다고 말하자, 무초는 개성 사건이 중대해서 로버츠 산하에 조사위원회를 꾸렸다고 응수했다. 이 대통령은 개성은 중요하므로 북측에 내줄 수 없다고 역설했다. 무초는 국경 충돌을 중지하라고 압박했다. "무초는 미국 정부는 한국 정부가 방위적 방책을 취하는 한 끝까지 지지할 것이라고 말했다. 그러나 만일 한국 정부가 침략적 방책에 호소한다면 미국은 이 방면의 어떠한 원조도 할 수 없다고 강조했다."[67] 미국 정부의 대표자는 한국 측의 북침 행동을 필사적으로 저지하려 했다.

조국통일민주주의전선의
결성

　　　　　이 무렵 평양은 조국통일민주주의전선의 결성
을 준비하고 있었다. 5월 12일 남조선노동당(남로당), 민주독립당,
조선인민공화당, 근로인민당, 남조선청우당, 사회민주당, 남조선
민주여성동맹, 조선노동조합전국평의회 등 남측의 8개 정당과 사
회단체가 북과 남의 정당, 사회단체를 향해 "단일 '조국통일민주주
의전선'을 결성해 미군 철수와 조국 통일을 위한 투쟁에 한층 더 조
직적으로 일치협력"할 것을 제안했다. 미군 철수 후의 투쟁 대상
은 "인민의 구적仇敵으로 매국노, 친일파인 이승만 도당"으로 좁혔
다. 16일 북의 통일전선 조직인 민주주의민족통일전선이 찬성의 화
답을 보내왔다. 이는 형식적인 것으로, 결성의 주도권은 평양의 김
일성과 박헌영이 쥐고 있었다. 25일에는 남북 대표가 참석한 가운
데 조국통일민주주의전선 결성준비위원회 제1차 회의가 열렸다.
이 회의에서는 결성 준비를 위한 계획서만을 채택했다고 발표됐으
나 훗날 결정될 조국통일민주주의전선 강령에서 천명된 조직의 성
격이 대략 합의된 것으로 추측된다. 이 조직은 "조국 통일과 완전한
독립을 달성"하기 위해 미군을 철퇴시키고 "통일을 방해하는 조국

의 반역자에 반대해” 북반부의 민주개혁을 발전시키고 “공화당 정부를 지지하며” 그 “활동에 협력 지원”하는 동시에 민주개혁을 전 조선에 시행하기 위해 투쟁하며 남조선에서 인민위원회를 부활시켜 옥중의 애국자를 석방하는 것을 목표로 내걸었다.[68] 조국통일민주주의전선(이하 ‘조국전선’으로 약칭)은 북과 남의 공산계 사회단체를 하나로 통합해 미군을 쫓아내고 이승만 정권을 타도해 ‘국토완정’을 지향하는 전투 조직이었다.

그러나 이후의 상황은 의외의 방향으로 흘러갔다. 5월 31일 시티코프, 김일성, 박헌영이 만나 조국전선이 천명할 선언문을 검토하는 자리에서 남북 총선거 9월 실시안이 ‘평화통일’안으로 제기됐다. 통일을 원하는 정당과 단체 대표로 총선거지도위원회를 꾸려 남북 총선거를 치르되, 친일파는 선거에서 배제하고 남북의 경찰은 선거지도위원회 산하에 종속시키며 친일분자는 추방하고 제주도 반란 진압에 참여한 부대는 해산시킨다는 내용이었다. 이 건을 보고한 시티코프는 6월 5일 자 전보에서 남측의 당파 대표들 사이에서는 ‘평화통일’론이 지배적이어서 조국전선이 “평화통일의 구체안을 내놓는 것이 합목적적이고 전술적으로 유리”하다고 전했다. 5월 31일의 면담 자리에서 “선언문이 제안”됐지만 구체적으로 누가 제안했는지는 명시하지 않았다. 그리고 김일성과 박헌영이 총선거를 치른다면 남북 모두 좌익이 승리할 거라고 말했다면서 시티코프는 모스크바의 지시를 요청했다. ‘남북 총선거 9월 실시’라는 제안은 애당초 선전에 불과했다. 시티코프가 '평화통일'이라는 말을 연발한 것은 자기 자신을 속인 것이다.[69] 조국전선의 결성 자체가 남측의 북침 의도를 견제하는 것이었다고 본 만수로프는 이 '총선거'안도 시티코프가 주도했다고 보았으나[70] 남측 정부가 수용할 안이 아닌 이상 시티코프가 단독으로 추진했다고 볼 수는 없다.

6월 4일에는 5월 초순에 김일성이 무기를 요청했던 서한에 대해 새로운 부대 편성을 위한 무기 원조를 인정한다는 모스크바의 회신이 도착했다. 항공기, 전차, 자주포는 요청한 대로 인정됐으나 라이플 2만 5천 정 요청에 대해서만 1만 정으로 회신한 점이 눈에 띈다. 그리고 요구된 무기를 1949년 중에 제공하겠으니 북한은 동년 10월 1일까지 쌀 3만 톤을 제공하고 나머지 물자에 대해서는 그날까지 합의하자고 했다.[71]

한국군의 우세

한편 한국에서의 미군 철수는 최종 단계에 접어들었다. 미국에 대한 한국 정부의 불신감과 불만은 5월 들어 더 커졌다. 미군이 철수하는데도 한국군에 대한 병력 보강이 이뤄지지 않는다는 불만이었다. 무초 대사는 우선 한국 연안경비대의 장비 개선에 20만 달러를 지원하겠다는 약속을 워싱턴으로부터 받아 낸

데 이어 항공기의 공군 인도를 논의했으나 한국군에 대한 무기 인도는 더는 진척되지 않았다.

5월 17일 무초 대사가 이 대통령에게 미군 철수는 몇 주 후면 완료될 것이라고 전달하자 5월 19일 외무부 장관과 국방부 장관이 연명으로 성명을 발표했다. 그들은 성명에서 소련과 더불어 38선을 만든 미국은 도의적 책임을 다해야 하며 철수 전에 한국군에 필요한 최소한의 장비를 제공하라고 요구했다. 또 확보한 정보에 따르면 소련이 북한에 보병 6개 사단분과 기갑부대 3개 사단분의 장비를 제공하고 순시선 20척, 전투기 100대, 폭격기 20대, 정찰기 100대를 제공하는 협정을 체결했다고 하니, 이에 상응하는 방책을 한국에도 실시해 달라고 요구했다.[72]

무초 대사는 이튿날 대통령을 찾아가 이 연명 성명서에 항의했다. 이 대통령은 두 장관을 불러 앞으로는 본인과 상의 없이 기자회견을 해서는 안 된다고 말했다. 외무부 장관은 격앙되어 "미국은 중국을 팔아치웠는데 한국을 상대로도 같은 코스를 밟고 있다"라며 소리를 질렀다. 이 대통령과 신 국방부 장관은 당혹해했다.[73]

그런데 5월 26일이 되자 신 국방부 장관도 미군 철수를 6개월 연기해 달라고 무초 대사에게 요청했다. 그는 "현시점에 연대 전투단 RCT이 철수하면 즉각적인 북한의 침공으로 이어질 것이라는 그의 신념을 피력했다." 무초 대사는 "북한이 남한을 전면 침공하는 위험을 무릅쓸 일은 없을 것이며 의심할 여지 없이 지금 수준의 침투 행위를 이어 갈 것이라고 피력했다."[74]

5월 31일 무초는 워싱턴에 전보를 보내 철수를 둘러싼 혼란은 한국 정부가 미군을 붙잡아 두기 위해 펼치고 있는 선전 정책, 국군부대의 자진 월북, 중국의 붕괴에 기인한다고 주장하고, 경제 원조 외에 연안경비대용 선박과 항공기 제공, 풀브라이트Fulbright 협정 체결, 미 해군 함선 기항 등의 조치를 제안했다.[75] 이는 한국 측의 희망과는 거리가 먼 것이었다.

그래도 한국 측은 6월 옹진반도 전투에서 우세를 보였다. 6월 5일 김백일 대령을 사령관으로 하는 옹진 지구 전투사령부가 설치된 후[76] 한국군은 북한군을 격퇴하고 북으로 밀고 올라가 6월 17일에는 38선에서 북쪽으로 800미터에 위치한 은파산을 점령하는 데 성공했다. 6월 18일 시티코프는 다시금 미군 철수 완료와 관련해 남측의 북진 위험을 모스크바에 보고했다. 미군 철수는 7월 1일까지 완료될 것이며, "군대의 철수는 국토 통일 문제의 군사적 해결을 지향하는 남조선 반동 세력에게 행동의 자유를 줄 것이다. 이승만, 이범석, 신성모와 '국민민주당'의 간부들은 이를 주장하고 있다. 이견을 보이는 것은 오직 기일을 언제로 잡을 것인가이다." "[미국] 군대의 철수에 관해 설명하면, 남조선군은 38선에 집중 배치되어 있다. 공작원의 정보에 따르면 제주도에는 1개 대대밖에 남지 않았다. …… 같은 정보에 따르면 국군은 군대 철수 완료의 공식 성명을 발표하기 3일 전에 북진할 것이다."

시티코프는 옹진반도 전투를 소개하고 6월 11일 이승만이 "공산주의자에게 막대한 손해를 줄 수 있는 공격 계획을 세우고 있다. 2~3주 내에 이 계획을 실천하게 될 것이다"라고 발표했다고 전했다. "이런 상황에서는 남조선 당국이 지금까지 본 적 없는 대규모 군사 도발에 나설 가능성이 있다. 공식 자료에 따르면 남측 군대는 6개 사단으로 구성되어 있다."[77]

이를 6월 11일 자 무초의 남북 간 군사 정세 분석과 비교해 보면 흥미롭다. 무초도 이 기간에 벌어진 국경 충돌을 개괄하면서 남북 양군이 대치하고 있는 상황의 위험성을 지적하고 소련군의 철수에 이어 미군이 철수하면 양 주둔군이 행사하던 억제력이 분명 작동하지 않을 거라고 분석했다. 그럼에도 무초는 "한국과 북한의 병력은 매우 엇비슷하므로 누구도 가까운 미래에 고의적으로 전면 침공을 감행하지는 않을 것이다"라고 판단했다. 옹진반도 전투에 대해서는 북측이 도발했고 북의 공격은 한국의 방위 능력을 시험하거나 신경전을 강화하려는 의도에서 비롯된 것이라고 분석했다.[78]

한편 시티코프는 재차 남북의 군사력을 비교한 뒤 남한의 북진 태도에 전율했다. 그는 신속히 북한의 군사력을 분석하고 6월 22일 모스크바에 보고했다. 한국군은 6개 사단인 데 비해 조선인민군은 고작 3개 사단과 1개 여단뿐이다. 이 중 1개 사단은 북의 나남羅南에 있으며 원산에 1개 사단, 평양 부근에 1개 사단과 1개 여단이 배치되어 있다. 이들 부대는 6개월 안에 완전 무장을 갖출 것이다. 전차

연대는 30대의 전차를 확보했다. 기계화여단과 공군부대는 장비와 새 항공기가 부족한 상황이다. 남측 군대의 공격에 대비해 평양 방면에서는 보병 제2연대와 전차대대, 자주포사단을 38선 부근까지 전진시킬 것이며 나남에서는 1개 연대를 평양으로 옮기고 원산 방면에서는 제9연대를 평강平康으로 옮기고 전차연대를 철원에 배치할 것이라고 보고했다. 전쟁이 일어난다면 창춘과 평텐에서 조선인 사단이 투입될 것이라고도 했다.[79]

한편 김일성과 박헌영 측은 통일을 요구하는 여론의 기세에 눌려 있었다. 황해도당 선전선동부장은 당 중앙에 보낸 6월 21일 자 비밀 보고서 〈최근 수집된 군중의 일반 여론〉에서 민중들 사이에 무력통일이 불가피하다는 여론이 돌고 있다고 보고했다. 재령군의 한 학생은 "38선에서는 매일같이 전쟁을 하고 있다", "일본 놈들을 끌고 와 …… 배치하고 있다"라고 말했다. 수안군의 한 농민은 "조만간 낭보를 들을 수 있을 것이다. 신의주에서 부산까지 기차가 척척 왕래하니 농사일이 끝나면 경성이 어떻게 변했는지 구경하러 갈 생각이다"라고 말했고, 같은 군의 한 노동자는 "평화적으로 해결하려는데도 만일 미국 놈들이 …… 나가지 않는다면 쫓아내야 한다"라고 주장했다. 또 같은 군의 한 사무원은 "조국 통일은 당연히 평화적 방법으로 해야 하나, 놈들이 끝까지 발광한다면 철퇴를 가해야 한다"라고 말했다. 또 한 상인은 "38선을 없애지 않고서는 총선거를 치를 수 없다. 그러나 미군이 버티고 이승만 측 군대가 존재하는 이상 조용히 물러설 수 없다. 많은 희생을 치를 것이다"라고 말했고, 연백군의 한 중농은 "평화통일 방식이 승리하지 못하리라는 것은 자명하다. 통일은 언제나 무력으로만 실현될 수 있다"라고 주장했다.[80] 극비리에 조사한 결과 민중들 사이에 이러한 분위기가 우세하므로 무력통일 방침은 자연스럽게 받아들여질 것이라고 노동당 상층부는 판단했다. 시티코프 등의 공포심과는 결정적으로 달랐다.

조국전선
결성대회

6월 25일 조국전선 결성대회가 거행됐다. 9월 남북 총선거 실시 제의에 대한 모스크바의 허가는 바로 이 대회 하루 전인 6월 24일에 비신스키의 전보로 전해졌다.[81] 25일 당일에는 남북의 71개 정당 단체에서 704명이 참석했다. 김두봉은 개회사에서 "이승만 괴뢰 '정부'의 배족적 망국 정책을 타도 분쇄하고 국토완정과 조국의 통일 독립을 전취"하자고 선언했다. 허헌許憲은 정세보고에서 결론적으로 "만일 평화적 방법으로 조국 통일을 해결할 수 없다면 투쟁적 방법으로 이를 해결해야 한다"라고 주장했다.[82]

26일에는 대회를 쉬고 북조선노동당 중앙위원회를 개최했다. 여기서 김일성은 모스크바가 허가한 남북 총선거안을 제의했다. 시티코프의 28일 자 전보에 따르면 "이 제안은 참으로 불시에 이뤄져 일부 중앙위원은 당혹감과 의구심을 감추지 못했다." 그러나 결국 만장일치로 이 안이 담긴 선언서를 조국전선 결성대회에 상정하기로 했다. 이날 저녁 각 당파의 대표자회의가 열렸고 그 자리에서도 김일성은 당의 방침을 제시했다. 그러나 반응은 별반 다르지 않았다. 일부 참석자는 남한에서 자유선거를 치르는 것은 불가능하다고 반대했다. 다른 참석자는 공화국 정부가 이승만 정부를 합법 정부로 승인하는 꼴이 되지 않겠냐며 되물었다. 이 회의에서도 결국 김일성의 설명이 있은 후에야 제안이 통과됐다.[83]

같은 날 한국에서는 남북의 협상을 주장하던 원로 민족주의자 김구金九가 암살됐다. 그런데도 27일 재개된 조국전선 결성대회에서 북조선노동당 대표 장순명張順明이 남북 총선거 '평화통일' 방안을 제의했다. 어수선한 분위기도 감지됐으나 지지로 의견이 통일되어 28일에는 남북 총선거 '평화통일'안이 담긴 선언서가 채택됐다.[84] 만수로프의 분석대로 시티코프에게는 '평화통일'론으로 남측의 북진통일을 견제할 목적이 있었을지도 모르나, 김일성과 박헌영에게는 통할 리가 없는 총선거안은 무력통일을 정당화하는 수단이었다. 물론 남북 총선거안은 한국 정부에 제안할 일도 없었을뿐더러 한국 정부가 수용할 리도 만무했다.

이 결성대회에서는 조국전선 중앙위원으로 99명이 선출됐다. 북한 측 50명, 비북한 측 49명이었다. 북한을 제외한 측에서는 재일본조선인연맹(이하 '조련'으로 약칭)의 한덕수韓德銖가 포함되어 있었다.

남측에서 준비위원을 냈을 때까지만 해도 조련의 대표로 서울에 파견된 송성철宋性澈의 이름도 거론됐으나 최종적으로는 당시 조련이 평양에 파견한 한덕수가 중앙위원으로 선출됐다.[85] 송성철이 일본을 떠난 것이 1946년 봄이니, 막 일본에 도착한 한덕수가 조련의 대표로 선출된 것은 당연했다.[86]

조국전선이 탄생한 직후인 6월 30일 남북의 노동당이 정식으로 합당했다. 새롭게 출범한 조선노동당의 위원장에는 김일성이, 부위원장에는 박헌영과 허가이가 취임했다. 당서기에는 북로당에서는 허가이와 박정애朴正愛가, 남로당에서는 리승엽이 선출됐다.[87] 그 결과 정부와 당 양면에서 김일성-박헌영 체제가 군어졌다.

미군,
철수를 완료하다

1949년 6월 29일 마침내 미군이 한국에서 철수를 완료했다. 이 시기 미 육군부는 국무부에 미군 철수와 북의 남침 가능성에 관한 문서를 제출했다. 육군부는 5월 30일 현재 한국군의 병력은 71,086명, 연안경비대 5,450명, 국가경찰 50,434명으로 총 126,970명이며, 북한군은 인민군 46,000명, 경찰 및 기타 56,350명으로 총 102,350명으로 추정했다. "분명 한국의 안보 능력은 현재 구성된 북한군의 침략에 대응하기에 충분할 만큼 조직되고 훈련되어 있으며 무장하고 있다. …… 북한 인민군은 중국의 공산주의자와 소련·만주의 지원과 지지 없이는 지속적이고 포괄적인 군사 작전을 수행할 능력이 있다고는 도저히 볼 수 없다. 그러나 만약 미국이 공산당의 전면 침공에 대항하는 행동 노선을 취하지 않는다면 한국은 전복되고 말지도 모른다." 어떤 노선을 택할지에 대해 문서는 다섯 가지 옵션을 검토한 다음, 위기가 발생한 경우 유엔의 제재 결의를 확보해 다른 가맹국과 함께 미군이 경찰 행동을 개시하는 옵션 C가 가장 무난하다고 제안했다. 한국 정부의 요청으로 미군이 출동하는 안이나, 트루먼 독트린을 한국에 확대 적용하는 안에 관해서는 "한국은 미국에 있어 전략적 가치가 희박한 지역으로, 한국에서 미군이 군사력을 행사하는 것은 세계정세의 잠재성과 미국이 현재 보유한 군사력에 비해 과중한 국제적 의무들을 안고 있는 점을 감안할 때 현명하지 않으며 비현실적이다"라는 참모본부의 결론을 토대로 소극적으로 인식하고 있었다.[88]

소련 대사에게는 불안감을 안겨 주는 사태가 이어지고 있었다. 7월 13일 시티코프 대사는 전날 포로로 잡힌 한국군 제18연대 군인 3명이 털어놓은 정보를 모스크바에 보고했다. 이들 부대는 북이 남침하기 전에 선수를 쳐 북한을 공격해 8월 15일까지 북한을 정복하고 제13연대와 함께 해주를 점령하는 것이 목표였다는 것이다. 남로당 관계자에게서 입수한 정보도 덧붙였는데, 이승만 대통령은 회의를 열고 조국전선의 제의는 최후통첩이며 북은 9월에 공격할 것

이니 남이 선수를 쳐 7월에 북진하자고 강조했다는 내용이었다.[89]

그러나 이러한 우려는 기우로 끝났다. 미군 철수 완료 후에도 한국군은 결정적인 행동에 나서지 않았다. 7월 17일 신성모 국방부 장관은 대한청년단 훈련장에서 "국군은 대통령의 명령을 기다리고 있으며 명령만 있으면 하루 안에 평양도, 원산도 완전히 점령할 수 있다"라고 발언했으나[90] 이는 어디까지나 으름장에 불과했다.

옹진 전투

소련은 이미 중국과의 전면 제휴를 앞두고 있었다. 이는 미국과의 대결에 적극적으로 나서겠다는 의지의 표명이었다. 마오쩌둥은 7월 1일 '소련 일변도—邊倒' 정책을 내놓았다. 류사오치劉少奇는 이미 소련에 입국한 상태였다. 류사오치는 6월 26일 모스크바에 도착해 27일에 가오강, 왕자샹王稼祥과 함께 스탈린을 만났다. 그는 모스크바에 장기 체류하면서 8월 5일에 다시 스탈린과 만난 뒤 14일에 모스크바를 떠났다.[91] 스탈린은 류사오치에게 소련의 과거 대중 정책의 과오를 사죄한 것으로 확인된다.[92] 비록 중국과는 손잡았지만 한반도에서 미국과 대결하는 사태는 결단코 피해야 한다는 것이 스탈린의 생각이었다.

이런 상황에서 한국의 북진 제스처는 골칫거리였다. 8월 3일 이번에는 모스크바가 뉴욕에서 입수한 정보를 시티코프에게 보냈다. AP통신 기자가 한국 정부 요인이 북침을 주장했다고 말했고, UP통신 기자도 머지않아 군사 충돌이 발생할 거라고 보도했으니 38선의 동태를 조사해 이 정보에 대한 의견을 알려 달라는 전보였다.[93]

마침 8월 4일 옹진반도에서는 북한 인민군이 옹진읍 방향으로 38선을 돌파해 맹렬한 포격을 가해 한국군 2개 중대를 전멸시킨 사건이 발생했다.[94] 이는 8월 7일로 임박한 진해 해군 기지에서의 이승만 대통령과 장제스 총통의 회담을 노린 공세였을지도 모른다. 《미국외교문서집》에서는 7월 말부터 8월 중순까지의 자료를 단 1점도 찾을 수 없으나 커밍스는 미 국무부 문서에서 무초 대사의 중요한 보고를 찾아내 소개했다. 8월 13일 무초가 신성모 국방부 장관을 만났을 때 신 장관은 8월 4일의 북의 공격으로 심각한 피해를 입었고 참모본부에서 검토한 결과 "군인들은 옹진반도에 대한 압박을 격퇴하는 유일한 길은 북진밖에 없다고 주장했다. 그래서 철원을 향해 즉시 북진 공격을 감행해야 한다고 압박했다"라고 전했다. 그는 로버츠 미 군사고문단장의 조언을 떠올리며 이러한 주장을 물리치고 옹진에 대한 지원군 파견을 결정했다. 그러나 진해회담에서 돌아온 이범석 국무총리와 이 대통령은 이 결정에 불만을 표시했다고 한다. 8월 16일 무초와 만난 이 대통령은 참모총장 채병덕을 해임하고 그 자리에 김석원을 앉히고 싶다고 말해 무초를 충격에 빠뜨렸다.[95] 김석원 제1사단장은 북진론의 선봉장으로 알려진 인물이었기 때문이다. 당연히 무초가 반대하면서 이 경질은 좌절됐다.

이승만과 장제스의 진해회담은 8월 7~8일에 열렸다. 하루 전날 도착한 장 총통은 성명을 발표하고 한국의 독립을 축하하며 "한중 두 민족은 삼천 년 동안 입술과 이가 서로 의지하는 순치상의脣齒相依의 형제의 나라였으며 지금은 불행히도 똑같이 공산주의 침략의 위협을 받고 있다"라고 하면서 '풍우동주風雨同舟의 의誼'를 강조했다. 이틀에 걸친 회담 후 발표된 공동 성명에서는 필리핀의 엘피디오 키리노Elpidio R. Quirino 대통령과 장제스가 7월 12일에 합의한 아시아 반공연맹 결성이 대대적으로 천명됐다.[96] 이러한 표면적인 대화의 이면에서는 민감한 주제도 논의되고 있었다. 미국 대사조차 이에 대한 정확한 설명을 듣지 못했다. 월말, 즉 8월 27일 무초 대사의 전보에 따르면, 진해회담 석상에서 장제스가 중국 공군의 북진 지원을 제의했고 이를 들은 한국 측은 크게 고무되었다고 한다. "사람들은 통일을 실현하는 유일한 길은 무력에 의한 북진이라고 점점 더 강하게 느끼고 있다. …… 나는 이李가 제정신이라면 북진을 실제로 명령할 거라고는 생각하지 않는다. 캡틴 신申[신성모는 과거 선장으로 일했다. - 필자 주]은 무조건 반대하고 있다. 이범석은 열망하고 있다. 그러나 다시금 개성 혹은 옹진에서 불길이 치솟는다면 반격은 모든 예상을 뛰어넘는 사태로 발전할 수 있다."[97] 무초는 한중 동맹도 경계하고 있었다.

이처럼 모스크바의 걱정이 전혀 근거가 없는 것은 아니었던 셈이다.

북의
의지 표명

옹진 전투는 김일성 등의 강경한 태도가 겉으로 드러난 것이었다고 볼 수 있다. 그 행동에는 이유가 있었다. 7월 말 조선인으로 구성된 중국인민해방군 제166사단이 북한에 들어와 조선인민군 제6사단(사단장 방호산)으로 재편됐기 때문이다. 더욱이 8월에는 마찬가지로 제164사단이 들어와 인민군 제5사단(사단장 이덕산李德山, 본명 김창덕金昌德)으로 재편됐다. 그 결과 북의 병력은 단숨에 5개 사단으로 증강됐다. 전투 경험이 있는 2만 8천 명의 용사가 도착한 것이다.[98]

당시 도착한 제6사단 방호산 단장은 북한군을 대표하는 장군이 됐다. 그는 1916년 만주 바오칭현寶淸縣에서 조선인 농사꾼의 아들로 태어났다. 일본이 만주 침략을 시작하자 중국공산당 산하에서 활동했으며 1936년에 입당했다. 그 후 모스크바로 파견되어 동방노력자공산대학東方勞力者共産大學에서 수학했다. 1939년 귀국한 뒤로는 옌안延安의 중공중앙해외위원회 연구반研究班 조선조朝鮮組에서 연구하는 등 주목을 받았다. 1945년 동북조선의용군이 창설되자 제1지대의 정치위원에 임명됐다. 동북조선의용군은 후에 동북야전군東北野戰軍의 독립 제4사단으로 발전했고 1948년 제166사단으로 재편되는 과정에서 방호산은 시종일관 정치위원을 맡았다.[99]

정예부대를 얻어 기세가 오른 김일성과 박헌영은 8월 12~14일 무력 해방의 의지를 분명하게 밝혔다. 휴가를 위해 모스크바로 돌아갈 참이던 시티코프 대사와의 간담 자리에서였다. 8월 12일 두 사람은 다음과 같이 말했다.

> 서울이 평화적 통일안을 거부했다는 것은 현재 자명하다. 따라서 북측에는 대남 공격을 준비하는 선택지밖에 남지 않았다. 공격한다면 의심할 여지 없이 대규모 반反이승만 봉기가 일어날 것이다. 만약 우리가 공격을 시작하지 않는다면 조선 인민은 납득하지 못할 것이다. 우리는 조선 인민의 신뢰와 지지를 잃고 조국을 통일할 역사적 기회를 놓치게 된다. 언제나 조선인을 지지해 주신 스탈린 동지께서는 분명 우리의 심정을 이해하실 것이다.

시티코프 대사는 다음과 같이 대답했다. "스탈린 동지는 1949년 3월 11일 모스크바에서 열린 회담 석상에서 이미 입장을 표명하셨다. 문제는 북의 군대가 잠재적 적에 대한 명확한 우위성을 확보하지 못한 데 있다. 더욱이 38선을 둘러싼 미소협정도 빼놓을 수 없다. 공격은 남이 북을 선제공격한 때만 정당성을 확보할 수 있다." 여기서 3월 11일 회담이란 시티코프도 동석한 3월 14일의 회담을 착각한 것이다.

김일성은 38선은 미군이 남아 있을 때만 의미가 있으며, 미군은 이미 떠났으니 38선이라는 장애물도 사라졌다고 반박했다. 나아가 김일성과 박헌영은 남측은 북침을 뒤로 미루고 38선을 따라 강력한 방위선, 마지노선 같은 것을 만들려 하고 있으며, 이것이 완성된다면 조선인민군은 스탈린이 권한 반격에 나설 기회마저 잃고 말 것이라고 말했다. 그들은 38선 부근의 전투에서 북의 인민군 쪽이 우세한 것을 간파하고 있었다. 시티코프 대사는 "나는 북의 계획은 실현 가능성이 희박하다며 의구심을 드러냈다. 또 김일성, 박헌영의 정세 평가는 지나치게 낙관적이고 이론적이라고 지적했다. 김일성에게 나의 반응은 예상 밖이었던 듯하다. 그는 상처받은 표정이었다"라고 썼다.[100]

당시 김일성은 강원도 남부의 삼척 지구에 해방구를 설치하는 방안을 제의했다. 삼척은 태백산 근처의 해안 도시로, 38선에서 멀리 떨어져 있었으나 빨치산 활동을 염두에 두고 이 제안을 꺼낸 듯하다. 시티코프는 신중하게 검토할 필요가 있다고 대답했다.[101]

14일 김일성은 재차 남침의 실행은 합목적적이라고 역설하면서 이번에는 38선 이남의 옹진반도를 점령하는 계획도 제시했다. 이 계획이 실현되면 방위선을 120킬로미터 정도 좁힐 수 있다고 했다. 시티코프는 이 역시 신중한 검토가 필요하다고 응수했다.[102]

모스크바 휴가에서 돌아온 시티코프는 8월 27일 스탈린에게 북한 지도부가 제기한 의견을 보고하고 자신의 반대 의견을 덧붙이면서 다음과 같은 이유를 들었다.

1. 조선에는 현재 두 개의 나라가 있으며 남조선은 미국과 다른 나라들의

승인을 받았다. 북이 군사행동을 감행한다면 미국이 개입해 무기 탄약의 원조뿐만 아니라 서울 지원에 일본군을 파견할 가능성이 있다.

2. 남침은 미국의 대대적인 반소 적대 선전에 이용될 수 있다.

3. 정치적으로 남침은 조선 남북의 대다수 주민에게 지지를 받을지도 모르나 순수하게 군사적으로 볼 때 조선인민군은 현재 남조선의 군대에 압도적으로 우세하지는 않다.

4. 남조선은 이미 충분히 강력한 군대와 경찰을 구축했다.[103]

그러나 뜻밖에도 시티코프는 김일성이 제안한 삼척의 해방구 구상과 옹진반도 탈취안에 지지를 표명했다.

같은 시기 이승만 대통령도 트루먼 미 대통령에게 서한을 보냈다. 8월 20일 자 서한에서 그는 "몇몇 미국 고문은 저에게 공산주의자들은 결코 무력으로 공격하지 못할 것이고, 따라서 용감한 군이 지키므로 안심하라고 합니다. 그러나 이 고문관들이 어떻게 확신할 수 있겠습니까? 우리 한국인은 소련 지도하의 공산주의자들은 무력으로 공격할 의사가 있다고 믿고 있습니다"라고 쓰고 "대한민국은 38선 이북 지역을 공격하지 않을 것임을 다시금 명언합니다. 그러나 공산 세력이 전면적인 남진을 획책해 우리 수도를 점령하려한다면, 우리는 우리가 가진 모든 힘을 다해서 그들을 무찌를 뿐 아니라 퇴각부대까지 공격해서 이북의 노예 상태에 있는 동포들을 해방시킬 것입니다"라고 공언했다. 그리고 필요한 무기 목록을 덧붙

였다.[104]

이 무렵 남북 모두 기본적으로는 소련과 미국의 반대를 염두에 두고 상대방이 공격해 오면 반격하고, 추격해 무력통일을 이루겠다는 방침을 세우고 그것을 공언했다.

모스크바에서는 긴장감이 고조되고 있었다. 남하하는 린뱌오林彪의 제4야전군은 8월 4일에 후난성湖南省의 성도省都 창사長沙를 해방시켰다.[105] 미국은 어떻게 나올 것인가. 같은 달 13일 공산당 서기 쿠즈네초프가 체포됐다. 그의 며느리는 미코얀의 딸이었다. 레닌그라드 사건의 여파는 일파만파 퍼져 나갔다.[106] 그리고 8월 29일 마침내 소련은 최초의 원자폭탄 실험을 실행했다. 미국은 어떻게 반응할까. 원자폭탄은 미국에서는 이미 사용할 수 있는 무기였으나 소련의 경우 무기화하기까지는 아직 갈 길이 멀었다.[107] 일본에서는 도쿠다 규이치德田球— 공산당 서기가 연설 중에 9월까지 요시다吉田 내각을 타도하겠다고 천명하면서 9월에 인민 정권이 탄생해 혁명이 시작될 거라는 소문이 당 안팎에서 흘러나왔다. 그러나 실제로는 7월의 시모야마下山 사건, 미타카三鷹 사건, 8월 17일의 마쓰카와松川 사건처럼 일련의 수수께끼 같은 사건들이 발생했고, 이러한 조작된 상황에서 국철노동조합을 중심으로 한 구조 조정 철회 투쟁은 좌절되고 말았다. 일본 정부와 GHQ는 9월 8일 일본공산당 계열 단체 중 가장 급진적 단체인 조련, 재일본조선민주청년동맹 등을 해산시키고 조련 중앙본부 의장단의 한덕수, 고문 김천해金天海 등

28명을 공직에서 추방했다.[108] 소련은 대일 정책을 전환할 수밖에 없었다.

그러나 북한은 계속해서 모스크바를 재촉했다. 김일성은 9월 3일 비서 문일을 대사대리 그리고리 툰킨Grigory Tunkin 공사에게 보내 추가 설명을 시도했다. 문일은 김일성이 입수한 신뢰할 만한 정보에 따르면 한국은 38선 이북의 옹진반도를 점령해 해주의 시멘트 공장을 포격할 계획을 세우고 있다, 그러니 선수를 쳐 옹진반도를 점령하고 그 동쪽의 개성의 남조선령까지 점령하는 작전을 허가해 주기를 바란다고 전달했다. "김일성은 만약 국제 정세가 허락한다면 더 남진할 수 있다고 보고 있다. 김일성은 짧으면 2주 이내에, 길어도 2개월 이내에는 남조선을 제압할 수 있다고 확신하고 있다."

툰킨은 이는 중요한 일이니 신중하게 숙고해야 한다고 답했다. 이 건에 관해서는 당분간 서둘러 결정을 내리지 말라고 권유했으나 이 문제는 머지않아 다시금 제기될 것으로 보았다. 툰킨이 추궁하자, 9월 2일 오전 8시에 해주의 시멘트 공장을 포격하라는 내용의 옹진반도 부대 사령관 앞으로 하달된 명령서를 입수했다고 했다.[109]

보고를 받은 스탈린은 김일성의 생각을 더 주도면밀하게 추궁하라고 툰킨 공사에게 지시했다.

1. 그들은 남조선군, 병사 수, 무기, 전투 능력을 어떻게 평가하고 있는가.

2. 남조선의 빨치산 활동 현황, 그들로부터 얼마나 실질적인 지원을 받을

수 있을 거라 기대하고 있는가.

3. 북측이 선제공격을 개시할 경우 여론과 인민은 어떤 태도를 보일 거라 판단되는가. 남측 주민이 북측 군대를 실질적으로 얼마나 원조할 수 있는가.

4. 남조선에 미군이 있는가. 북이 공격한 경우 미국은 어떤 조치를 할 가능성이 있다고 김일성은 생각하고 있는가.

5. 북측은 자국의 군사력, 군대 현황, 무기 수준, 전투 능력을 어떻게 평가하고 있는가.

6. 직접 정세를 분석해 우리 친구들의 제안이 얼마나 현실적이고 합목적적인지 판단하라.[110]

툰킨은 9월 12일, 13일 이틀에 걸쳐 김일성, 박헌영과 만나 위의 다섯 항목에 대해 물었다. 김일성과 박헌영의 대답은 다음과 같았다. 툰킨은 이를 9월 14일 모스크바에 보고했다.

1. 남측 육군은 7개 사단, 수도경비군 등 총 23개 연대와 2개 특별대대로 구성되어 있으며, 공군을 포함해 8만~8만 5천 명이다. 무기는 105밀리 포 93문, 37밀리 포 47문, 장갑차 30대, 경전차 20대, 공군기는 L-4 10대, L-5 9대, 수송기 3대 등 총 42대이다. 경찰은 약 5만 명, 호국단이 4만~5만 명 있다. "김일성은 남조선군의 전투 수행 능력은 높지 않다고 봤으며 38선 부근의 소전투 경험을 토대로 이렇게 확신했다고 말했다. 그들은 남측 군대의 모든 부대에 간첩을 심어 놓았으나, 내전이 발생할 경우 이들이 남측 군을 무너뜨릴

공작을 펼칠 가능성에 대해서는 단언하지 못했다."

2. 남측 빨치산은 1,500~2,000명의 부대원을 거느리고 있다. 최근 빨치산은 약간 강화됐다. "김일성은 빨치산에 큰 도움을 기대할 수 없다고 본 반면, 박헌영은 남측 인간으로서 이 지원이 클 것으로 간주했다." 통신 연락의 차단을 기대하고 있었다. 빨치산이 주요 항구를 점령하는 것이 바람직하나 군사행동 초기에는 어려울 듯하다. 나중에야 가능하지 않을까.

3. 북측이 내전을 시작할 경우 남측 인민이 어떤 태도를 보일 거라 생각하냐고 묻자 "김일성은 동요했다. 12일 면담 당시 그는 북이 먼저 군사행동을 감행한다면 인민들에게 부정적 인상을 줄 수 있으니 먼저 전쟁을 시작하면 정치적으로 불리하다고 단언했다." 김일성은 1949년 봄에 김일이 마오쩌둥에게서 들은 발언을 인용했다. "13일 면담 당시 김일성은 허가이(…… 두 번째 면담 때 통역을 위해 동석했다)의 영향을 받아서 인민은 군사행동을 환영할 것이다, 우리가 먼저 군사행동에 나서도 정치적으로 잃을 게 없다고 확신에 차서 말했다. 그러나 나중에 …… 김일성은 내전이 길어지면 정치적으로 불리한 상태에 빠질 것이라고 단언했다. 그리고 김일성은 현 여건에서는 빠른 승리를 기대할 수 없으므로 내전을 시작하자고 제안하는 게 아니며 옹진반도와 그 동쪽에 있는 개성까지의 남조선 영토를 탈취하자고 제안하는 것이라고 말했다."

툰킨이 김일성의 태도 변화를 허가이의 영향으로 본 것은 오해다. 김일성의 생각이 하루 새 바뀐 것도 이상하며 소련계 허가이가 남측 사정을 김일성에게 들었을 리도 만무하다. 김일성은 마오쩌둥의 조언을 잊지 않고 남의 빨치산에 많은 기대를 걸 수 없다고 판단했다. 그래서 박헌영보다 더 신중했다.

4. 남측의 미국인 군사고문 수는 공식적으로 500명이나 간첩의 정보에 따르면 900명이고, 그에 더해 경비병 1,500명이 있다. "조선에서 내전이 발생하면 미국은 — 김일성과 박헌영의 견해에 따르면 — 남측을 지원하기 위해 일본군과 중국군을 파견하고 미국은 바다와 하늘에서 지원할 가능성이 있다. 미국인 고문은 전투 행동의 조직에 직접 참여할 것이다." 미군의 직접적 개입은 없을 거라는 김일성 등의 인식이 여전히 일본군과 장제스군의 파견이라는 전망과 결부되어 있었다.

5. 북조선군은 공군과 연안경비대를 포함해 9만 7,500명이다. 전차는 64대, 장갑차 59대, 항공기 75대다. "김일성은 북의 군대가 무장……, 규율, 병사와 장교의 훈련 수준, 그리고 정신적·정치적 면에서 남측 군대를 능가한다고 봤다." 결함은 공군과 해군, 그리고 대구경포大口徑砲와 탄약 부족이다.

김일성의 옹진반도 점령 제의는 일단 해 보고 추이를 지켜보자는 제안이었다. "타격을 받은 남조선군은 사기를 잃은 상태에 빠질지도 모른다. 이때 남으로 진격한다. 만약 남조선군이 …… 사기를 잃지 않은 상태면 점령지를 지킨다. 그래도 방위선은 3분의 1로 줄어

든다. 옹진반도 작전은 서두르지 않아도 된다. 소련에서 추가 무기가 들어오는 것을 기다리는 편이 낫다. …… 김일성은 옹진 작전이 내전으로 발전할 수 있다고 인정했으나 남측은 38선의 다른 지구에서 공격할 용기가 없으므로 그럴 일은 없을 거라고 기대하고 있다."

김일성의 위와 같은 판단과 제안에 툰킨은 다음과 같은 사견을 덧붙였다. "옹진 작전은 내전으로 발전한다. 내전은 신속하게 끝나지 않는다. 미국은 중국에서 실패를 맛본 후인 만큼 이승만을 열정적으로 지원할 것이다. 소련에도 창끝을 겨눌 가능성이 있다. 북이 내전을 시작하는 행위는 합목적적이지 않다. 부분 작전이 성공해도 북은 정치적으로 비난을 받고 잃을 것이 많다."[111]

모스크바의 계속된 불허

9월 16일 헝가리의 수도 부다페스트에서는 전 내무부 장관인 라슬로 라이크László Rajk의 공개 재판이 시작됐다. 그는 헝가리 경찰의 첩자였다고 자백하고 미국과 요시프 티토의 정보기관에 협박당해 그들을 위해 일했다고 진술했다. 헝가리 체제의 전복이 목표였다고 했다.[112] 유럽에서는 냉전의 칼바람이 거세지고 있었다.

라이크의 재판이 시작되기 하루 전인 9월 15일 모스크바의 시티코프 대사는 8월 27일의 의견서를 보충하는 장대한 의견서를 제출했다.[113] 그는 이 의견서에서 남한의 정치, 경제 정세, 이승만 정권의 탄압 조치 등을 설명한 뒤 남한 군대에 대해서도 정리했다. 보병 7개 사단과 5개 특별연대·대대가 총 8만 5천 명이며 그 밖에 호국단이 5만 명이라고 적었는데, 김일성의 대답과 같다. 전술 면에서는 부족한 훈련 탓에 공격 시 큰 손실을 내고 있으나 정신적·정치적 면에서는 안정적이어서 포로로는 거의 잡히지 않는다며 객관적으로 서술하려 애썼다. 그러나 공작원을 이용한 북측의 해체 공작은 일정한 성공을 거두고 있다고 평가했다.

북한의 병력은 보병 5개 사단 5만 1천 명, 1개 여단 6천 명, 기계화여단 6천 명 등 총 8만 명으로 추정했다. 김일성의 대답보다 1만 7,500명이나 적다. T34 전차 수도 33대로 크게 줄인 한편 항공기는 74대로 같다. 그리고 전투 측면은 검증하지 않았으나 개성[원문은 가신] 방면에서는 좋은 실적을 거두었으며 7월 중국에서 들어온 2개 사단, 2만 명의 병력이 주목된다고 평가했다.

이어서 시티코프는 김일성과 박헌영의 제안에 대해 다음과 같은 견해를 밝혔다. 두 사람은 현 정세에서 평화적인 수단으로는 국토 통일이 어렵다고 보고 있다. 조국전선의 시도도 평화통일을 보증하지 않는다. 두 사람은 절대다수가 국토 통일을 염원한다는 전제에서 출발하고 있다. 미군이 있을 때는 미군이 걸림돌이었으나 지금은 미군이 없으니 사람들은 거리낄 게 없지 않냐고 물을 것이다. 두 사람은 통일을 뒤로 미루는 책임을 지고 싶어 하지 않는다. 두 사람은 무력통일이라는 결론에 도달했다. 이제 남진하지 않으면 통일은 몇 년 후로 넘어갈 것이며 그사이 남의 반동 세력이 좌익단체를 탄압해 강력한 군대를 꾸려 북진할지도 모른다고 전망했다.

> 나는 …… 국내적 정치 여건은 남이나 북이나 우리 친구들에게 유리하다고 보고 있다. …… 그러나 인민군의 공격 개시는 반동적 제국주의 국가들의 반소 선전에 이용될 수 있다. 나는 미군이 이 분쟁에 개입해 남측을 적극 지원할 일은 없다고 보지 않는다. 또 인민군의 병력 구성, 우리 친구가 현재 보유 중인 무기는 남조선군의 완전 괴멸과 남조선의 획득을 보장하지 않는다고 본다.
>
> 그러므로 조선 남부의 빨치산 활동을 촉진해 전면적으로 지원하고 지도해야 하며 이는 합목적적이기도 하다. 옹진반도와 개성시 지구의 점령 작전 같은 부분 작전은 여건이 갖춰지면 실행에 옮길 수 있다. 이를 위해서는 38선 남측의 도발을 역이용하여 이를 징벌하기 위해 이들 지구를 점령해 전선의 육상 부분을 축소할 수 있다.

시티코프는 이쯤에서야 미군의 직접 개입 가능성을 서술하기 시작했다. 한편 툰킨과 달리 옹진 작전의 실행에는 긍정적이었다.

스탈린은 이 건에 관해 정치국의 결정을 듣고 대사에게 지령을 내리겠다고 판단한 뒤 니콜라이 불가닌Nikolai A. Bulganin 국방성 장관,

안드레이 그로미코Andrei A. Gromyko 외무성 차관 그리고 시티코프 등 세 사람에게 원안 작성을 맡겼다. 이들이 논의 과정에서 남긴 것으로 추정되는 문서 4건이 존재한다. 기본 전략은 모든 문서가 일치하나 처음 작성된 것으로 추정되는 제1안은 남진 반대 이유로 첫째 정치적 이유, 둘째 군사적 이유, 셋째 미군 투입의 위험성을 들고 있다. 그리고 결론으로 평화통일을 지향하는 투쟁을 끝까지 이용해야 한다고 했다. 한편 제2안에서는 우선 군사 측면을 검토하고 정치 측면은 다음 순위로 돌리고 있으나 결론은 "물론 남조선 당국이 북에 대한 공격 행동을 시작하면 그들의 군대를 괴멸시켜 인민 민주정부의 지도 아래 국가를 통일할 수 있도록 상시 대비해야 한다"라고 했다. 이 안에서는 수정한 흔적을 찾을 수 있다. 그 수정 대목을 반영해 문장을 정리하고 타이핑한 것이 제3안이다. 이 안에도 서문과 결론을 고친 흔적이 보인다. 수기로 수정한 결론 부분에는 스탈린의 필체로 "당연히 남조선군이 공격 작전을 시작한 경우에는 그들에게 패배를 안겨 줘야 하며 그 후는 정세에 따라 행동할 수 있도록 상시 대비해야 한다"라고 적혀 있다. 이 수정 사항이 반영된 것이 제4안이다. 이에도 여러 명이 메모한 흔적이 보이며 결론 부분의 반격 준비 권고는 삭제하라는 지시도 적혀 있다. 제4안이 최종안으로 보인다.[114] 또 9월 23일 몰로토프가 게오르기 말렌코프Georgy Malenkov, 미코얀, 라자르 카가노비치Lazar Kaganovich, 불가닌 등 정치국원에게 문안을 보내 의견을 구한 운송장이 남아 있다. 그리고 제

4안에 수정 메모를 추가한 문서와 그것을 타이핑한 문서가 철해져 있다.[115] 새로 타이핑한 문서는 정치국 결정과 같은 내용이다.

불가닌, 그로미코, 시티코프의 최종안이 제3안이고, 이것을 스탈린이 손수 수정한 제4안을 몰로토프가 정치국원에게 보낸 듯하다.

24일에 열린 정치국 회의 당시 제4안에서 삭제된 곳은 "공격할 군대는 적과 비교해 군사력 면에서 최소 2배는 우위에 있어야 한다"라고 밝힌 부분, 남진하면 "남조선 정부를 지원하는 형태로 자국군을 조선 영토에 투입할 구실을 미국 측에 줄 수 있다"와 "미군"의 출동을 명시한 부분, 그리고 "당연히 남조선 측이 북을 향해 공격 작전을 감행한다면 그들에게 패배를 안겨 줘야 하며 그 후는 정세에 따라 행동할 수 있도록 상시 대비해야 한다"라는 결론 부분이다. 더욱 애매하게 보이게 하는 것이 이 수정 의도다. 스탈린은 숙고 끝에 본인이 보탠 이 결론 부분을 삭제했을 것이다. 스탈린이 추가한 메모를 삭제하라고 말할 수 있는 사람은 본인밖에 없기 때문이다.

여하튼 9월 24일 소련공산당 중앙위원회 정치국은 대사에게 지령을 내려 김일성과 박헌영에게 다음과 같이 전달하라고 지시했다.

당신들이 8월 12일에 나와의 면담 당시 제기한 제반 문제와 관련해 나는 그 문제에 대한 모스크바의 의견을 당신들에게 전달하라는 지시를 받았다.

조선인민군에게 남에 대한 공격을 개시하도록 하겠다는 당신들의 제안을 숙고할 때는 이 문제의 군사적 측면과 정치적 측면을 정확하게 검토할 필요가 있다.

군사적 측면에서 볼 때 인민군이 그러한 공격을 위한 충분한 준비를 갖췄다고 볼 수 없다. 합당한 준비도 없이 공격한다면 군사 작전은 길어질 수밖에 없다. 그리고 이는 적의 패배가 아닌 북조선에 큰 정치적, 경제적 고난을 가져올 것이며, 당연히 이는 용납될 수 없다. 현재 북조선은 남조선과 비교해 병력 면에서 필요한 우위에 서 있지 않다. 이처럼 남에 대한 군사적 공격은 전혀 준비되어 있지 않으며, 따라서 군사적 관점에서 볼 때 허가할 수 없다고 인정하지 않을 수 없다.

정치적 면에서 보더라도 남에 대한 군사적 공격은 충분히 준비되지 않았다. 물론 인민이 국토 통일을 소원하고 있으며 더욱이 남측은 반동 체제로부터의 해방을 기다리고 있다는 판단에는 우리도 동의한다. 그러나 지금까지 남조선의 광범위한 인민 대중으로 하여금 적극적 투쟁에 나서게 해 남조선 전역에서 빨치산 활동을 벌여 그곳에 해방구를 구축해 전 인민 봉기를 위한 세력을 규합하기에는 아직 준비가 부족하다. 다만 반동 체제의 토대를 무너뜨리는 인민 봉기가 시작되어 실제 확대된 상황에서라면 남에 대한 군사적 공격은 남조선의 반동 세력을 타도하는 데 결정적 역할을 해 전 조선을 통일 민주 국가로 만들겠다는 과업을 실현할 수 있다. 현재는 남조선에서 빨치산 활동의 전개와 전 인민 봉기 준비가 아직 부족한 만큼, 정치적 측면에서도 당신들이 제안한 남에 대한 선제공격은 준비되지 않았다고 인정하지 않을 수 없다.

옹진반도와 개성 지구의 탈취 같은 부분적인 작전에 대해 말하자면, 이 작전의 결과 북조선의 경계가 서울에 거의 근접하게 된다면, 이 작전은 북조선의 전쟁 개시로 간주될 수밖에 없다. 그러나 이미 지적한 바와 같이 군사적 면에서나 정치적 면에서나 이 전쟁을 위한 북조선의 준비는 아직 미흡하다.

덧붙여 북이 먼저 군사행동에 나서 장기화할 조짐을 보일 경우, 조선 문제에 어떠한 형태로든 미국인이 끼어들 명분을 줄 우려가 있다.

이상의 모든 점을 감안할 때 현재 조선 통일의 투쟁 과업을 위해 최대한의 힘을 결집할 필요가 있는 것은 첫째, 반동 정권의 타도와 전 조선 통일이라는 과제의 성공을 위한 남조선 빨치산 활동 전개, 해방구 설치, 그리고 전 인민 무장봉기의 준비이며 둘째, 조선인민군을 전반에 걸쳐 한층 더 강화하는 일이다.[116]

스탈린과 소련공산당은 이 단계에서 미군의 개입이 있을 것으로 판단하고 북한 지도부의 무력 해방안을 확실하게 반려했다. 시티코프 대사도 이 입장에 전적으로 동조했다.

그런데 이 결정이 있기 직전인 9월 23일 트루먼 미 대통령은 8월에 실시된 소련의 원자폭탄 실험을 전 세계에 폭로했다. 그리고 타스TASS통신은 9월 25일에 소련이 현재 원자폭탄을 보유 중이라고 발표했다.[117] 중국과 북한은 당연히 이 뉴스를 열광적으로 다뤘다. 그리고 일주일 후인 10월 1일 마오쩌둥은 톈안먼天安門 위에서 중화인민공화국 건국을 선포했다. 북한 지도자의 흥분은 더더욱 고양됐다.

평양으로 귀임한 시티코프는 10월 4일 김일성과 박헌영에게 소련공산당 정치국의 결정을 전달했다. 시티코프는 다음과 같이 보고 했다.

> 김일성과 박헌영은 통고를 조심스럽게 받아들였다. 내 말을 다 들은 김일성은 "알았다"라고 답했다. 박헌영은 보다 확실하게 의견을 말하고 이게 맞다, 우리는 남측의 빨치산 활동을 더 확대할 필요가 있다고 말했다. 그 후 김일성과 박헌영은 나에게 남조선에서의 빨치산 활동에 관한 정보를 제공했다. 그들은 빨치산 활동은 확대되고 있다고 했다. 빨치산 활동의 지도를 위해 그들은 약 800명을 파견했다.[118]

'여건은 이미 무르익은 게 아니냐, 그런데 이 답은 뭐냐'라며 두 사람은 크게 낙담했을 것이다. 그러나 박헌영 쪽은 남한에서의 빨치산 활동 강화에 집중하라는 제안이 기분 나쁘지는 않았을지도 모른다.

남한에서의 빨치산 활동

남한에서의 빨치산 활동은 1948년 4월 3일 남로당 조직의 지령에 따라 일어난 제주도 봉기를 시작으로 본격화했다. 이는 꼬박 1년 후인 1949년 4월 무렵에야 끝났다. 다음 활동은

1948년 10월 20일 여수의 제14연대가 제주도 반란 진압을 위한 출동 명령을 어기고 반란을 일으키면서 시작됐다. 이 반란의 잔당이 지리산으로 도망쳐 빨치산이 됐으나 1949년 4월경에는 200명 정도로 줄었다. 이 움직임을 지켜본 남로당의 이현상李鉉相 간부부장은 몸소 지리산에 들어가 여수 반란군의 잔당을 토대로 빨치산부대를 재편했다. 이것이 '지리산유격대'로 1949년 7월 재편 이후 인민유격대 제2병단이라 불렸고 그 수는 약 500명에 달했다.

1949년 6월 30일 남북 노동당이 합당한 이후 남한에서의 빨치산 활동은 박헌영과 리승엽 등 구 남로당계 간부가 전담하게 됐다. 리승엽은 강동정치학원 출신 대원 360명을 중심으로 제1병단(사령관 이호제李昊濟)을 조직해 1949년 9월 오대산 지구에 파견했다. 그리고 제주도 반란의 지도자 김달삼金達三을 사령관으로 하는 약 300명 규모의 제3병단을 1949년 8월 태백산맥에 파견했다.

그러나 한국군의 토벌 작전은 혹독했고 제1병단은 태백산 지구에 도착한 1949년 12월에 토벌군과의 전투에서 주력 부대를 잃고 괴멸했다. 제3병단은 한때 600명이 넘는 세력으로 성장했으나 토벌군과의 전투로 1950년 3월경에는 60명의 소부대로 전락하고 말았다. 제2병단만이 가까스로 지리산의 거점을 지키면서 유격전을 이어 갔다.[119]

이처럼 빨치산 활동은 모스크바와 박헌영의 기대에 부응할 만한 역할을 하지 못했다.

소련의
대일 정책 변화

소련은 혁명 중국을 승인하고 동맹을 맺으면서 중국 외의 동북아시아에 대한 정책을 재검토할 수밖에 없었다. 우선 대일 정책이 미묘하게 변화하기 시작했다. 10월 29일 일본공산당과의 연락을 담당하던 적군 참모본부 총첩보국 일본 부장 세시킨K. Ses'kin이 그의 첩자와 연락을 주고받는 일본공산당 간부 노사카 산조에 대한 신상 조서를 제출했다. 세시킨은 노사카의 '점령하 평화혁명론'을 높이 평가하는 등 노사카를 긍정적으로 평가했다.[120] 이 시기 스탈린이 노사카에 대한 평가를 요구한 것은 일본공산당에 대한 정책을 바꿀 필요성을 느꼈기 때문이라 추정된다. 일본공산당 측에서는 점령군이 공산당의 비합법화를 선언할 리 없다고 판단했다. 11월 11일 대일이사회 소련 대표인 데레비앙코와 도쿠다, 노사카가 면담했을 때 두 사람은 그 가능성을 부정했다.[121] 이 무렵 노사카는 1948년 11월에 수령한 자금이 바닥나 공산당에 대한 추가 자금 원조를 소련에 요청한 상태였다. 데레비앙코가 이 요청을 전달한 시점은 11월 23일이었으나, 소련공산당 대외정책위원회 의장 그리고리얀G. M. Grigor'ian은 11월 25일 스탈린에게 "경상비에 대한 자금 원조는 합리적이지 않다"라는 회신을 데레비앙코에게 보내도록 건의했다.[122] 이는 소련공산당의 고위층은 이미 일본공산당의 종래 노선을 지지하면서 재정을 지원하는 것은 부적절하다고 합의했음을 뜻한다. 일본공산당에게 평화혁명론을 공공연히 비판하고 미 점령군과 대결해 합법적 기반에 얽매이지 말고 비화해적으로 투쟁하라는 지시를 내리겠다는 생각을 굳힌 것은 12월로 추정된다. 중국혁명의 지지, 승인에 이어지는 조치로 일본에서의 대결 노선 채택은 합리적이었다. 이 조치는 소련으로서도 딱히 손해될 게 없었다. 한반도에 대한 무력통일 승인과는 차원이 달랐다.

스탈린은 계속해서 한반도에서의 사태 진전은 허락하지 않을 방침이었다.

북측의
은파산 탈환 작전

10월 15일 박헌영 외상은 남측의 38선 침범에 관한 조국통일민주주의전선의 보고를 유엔에 제출했다. 그러나 같은 날 북측의 제3경비여단 2개 대대가 은파산 탈환 공격을 개시했다. 한국군은 6월 이후 점령 중이던 북측의 고지에서 퇴각할 수밖에 없었다.[123] 모스크바의 불안감은 커졌다. 10월 26일 스탈린은 시티코프 대사를 문책하는 전보를 평양으로 보냈다.

당신은 중앙의 허가 없이는 북조선 정부에 남조선 정부를 향해 적극적인 군사행동을 감행하라고 권고하지 말 것이며, 38선에서 예정된 모든 행동과 발

생한 사건을 적시에 중앙에 보고하라는 지시를 받았다. 당신은 이 지시들을
이행하지 않았다.[124]

문제가 된 것은 제3경비여단의 공격 행동 준비와 10월 14일의 전
투 개시를 보고하지 않은 것이었다. 스탈린은 후자의 소식을 사흘
후 다른 곳에서 들었다며 화를 냈다. 시티코프는 민족보위성을 다
그쳐 보고를 받은 후 가까스로 20일에 모스크바에 전보를 친 듯하
다. 스탈린은 해명을 요구하고 지시의 엄격한 이행을 촉구했다.

시티코프는 10월 31일 해명 보고를 했다. 이 건과 관련해 경비여
단의 고문 보쟈긴Bodiagin에게서 10월 11일 내무상 박일우가 은파산
탈환 명령을 내렸다고 들었다. 이후 이 지점이 38선 북쪽에 있는 것
을 확인하고 38선을 침범하지 말라고 못을 박았다. 시티코프는 적
극적으로 행동하라고 권고하지 않았다고 항변했다. 그러나 그는 이
작전을 중시하지 않았고, 철저한 검토가 끝나기 전까지는 중지하도
록 북한 측에 권고하라고 보쟈긴에게 지시하지 않았으며, 또 이를
보고하지 않았고, 전투가 시작된 후에도 뒤늦게 보고했다고 본인의
불찰을 인정했다.[125]

스탈린은 이 보고에 만족하지 않았다. 11월 20일 그로미코는 시
티코프에게 "상부의 지시를 전달한다"라면서 "38선에서 소동을 일
으키지 말라는 중앙의 지시를 이행"하지 않아 스탈린이 격노했다고
재차 전달했다.[126]

이처럼 소련의 북한에 대한 태도는 변함이 없었고 김일성과 박헌영은 그들의 '국토완정' 계획에 대한 스탈린의 지지를 얻지 못했다.

한국의
타진과 진정

서울에서는 미국 측, 한국 측 모두 다소 안정된 모습이었다. 9월에는 군사고문단장 로버츠가 1950년도 예산을 위해 제의한 한국군 추가 원조안이 논의됐다. 무초 대사는 9월 16일 워싱턴에 전보를 보내 남북 간에 군사 충돌이 발생할 경우 총액 1천만 달러로는 부족하다고 지적하고 공군에 대한 원조가 L-4기 7대의 구매비 2만 6,956달러뿐인 것을 비판했다. 북한 공군이 증강됐다는 정보를 입수했으니 확인 후 한국 공군 강화책을 고려해야 한다고 주장했다.[127] 무초 대사는 장제스와의 밀약도 있어 한국의 군사력 강화를 경계해 왔으나 비로소 이 시기에 이르러 과도한 경계심을 푼 듯 보인다. 9월 19일 무초는 진해회담의 실상에 대하여 다음과 같이 보고했다. 진해회담에서 장제스 측의 우궈전吳國楨 외무부 차관이 제주도에 중화민국 공군 기지를 설치하게 해 달라고 요청했으나, 한국 측의 해군력이 작고 기지 방위가 불충분해 장제스 주석이 놀랐으며, 다른 한편으로 한국군의 북진 시 공군을 얼마나 지원해 줄 수 있냐는 한국 측 외무부 장관의 질문에 소규모 지원만을 약속해 한국 측이 환멸감을 느꼈다는 것이다. 양국 간에는 어떠한 합의도 없었다. 그 밖에도 여러 소문이 떠돌았으나 이 대통령은 한국이 중국 내전에 휩쓸릴 생각은 없다며 높은 경계심을 드러냈다고 보고했다.[128]

이승만 대통령은 '북진통일' 정책 실현에 대한 미국의 지지를 얻지 못한 상황을 받아들이고 그 앞을 내다보고 있었다. 이승만 대통령은 공식 석상에서 꾸준히 '북진통일'을 언급했다. 9월 30일 외신 기자와의 회견에서 "대부분의 한국인은 북한 공산 정권의 타도를 희구하고 있는데, 그와 같은 행동을 개시한다면 유엔은 이에 합의할 것이다", "시간적 여유는 공산주의에 도움이 되고 있다" 등의 발언을 했다.[129] 같은 날 이 대통령은 비서 로버트 올리버Robert T. Oliver 에게 다음과 같은 서한을 보냈다.

> 나는 우리가 공격적 방책을 취해 북에 있는, 우리에게 충실한 공산군과 합류해 평양에 있는 다른 공산군을 일소하기에 지금이 가장 심리적[원문 그대로] 기회라고 통절히 느끼고 있습니다. 우리는 김일성의 병사 일부를 산악지대로 몰아넣어 서서히 보급로를 차단할 것입니다. 그 후 우리의 방위선을 두만강과 압록강을 따라 견고하게 구축해야 합니다. 우리는 100% 유리한 입장에 설 것입니다. 충분한 수의 항공기와 두 강의 하구를 지키는 2, 3척의 고속 군함과 제주도를 포함해 모든 해안선을 지키는 전투기가 있다면 강과 백두산을 잇는 천연 국경선을 철벽처럼 공고히 할 수 있을 것입니다.[130]

이 서한의 후반부에서는 소련의 냉전 방식은 위험하며 미국의 방식은 패배를 면치 못할 거라고 평가하고, 이제 수수방관만 할 수 없으며 궐기해야 할 때가 왔다고 강조했다.

이 편지를 받은 올리버는 10월 10일 다음과 같은 답장을 보냈다. 이 대통령의 북진론에 찬성하면서 "공격이 최선의, 때로는 유일한 방어라는 생각은 같습니다." 그러나 "그런 공격 또는 공격을 입에 담기만 해도 미국 관민의 지지를 잃을 수 있으며 타국의 국민 사이에서 우리의 입지가 좁아지리라는 것은 현 상황에서 자명합니다. …… 미국 관민의 지배적인 여론을 보건대 침략을 상기시키는 행위라면 무조건 피하기 위해 부단히 최선을 다해야 하며, 일어날 사건의 책임을 확실하게 소련에 떠넘겨야 합니다. 저는 4년이 흘렀지만 여전히 우리가 퇴각하고 계속 유화책을 쓸 수밖에 없는 현실에 대한 당신의 염증을 잘 알고 있습니다. 그러나 저는 변화가 일어나 소련이 퇴각할 날도 머지않았다고 진심으로 생각하고 있습니다."[131]

소련과 북한 측이 공격해 오면 한국의 반격, 북진은 미국의 지지를 얻을 수 있다는 것이다. 이 서한에 대한 답장(10월 24일)에서 이승만은 소련의 공격이 머지않았다고 강조하고 "만약 그들(한국인)이 물질적 지원은 말할 것도 없고 미국의 정신적 지지를 얻지 못한다면 무엇 하나 이룰 수 없다"라고 했다. 나아가 "만약 공격을 당한다면 미국이 함께 맞서고 한국을 희생하지 않겠다고 보장해 준다면 얘기가 달라진다"라고 했다.[132]

10월 31일 이승만은 인천에 기항한 미 해군 순양함 세인트폴에 승선해 다음과 같이 말했다. 소련은 제국주의 국가로 한반도의 북부를 점령하고 있으며 나머지 지역도 어떻게 하려는 계획을 획책하고 있다. 한국은 소련의 침략에 맞서 마지막까지 필요하다면 혼자서라도 싸울 것이나 바라건대 미국과 유엔의 지원을 받아 싸우고 싶다. 한국은 "한 몸뚱이가 양단된 셈"이며 "이런 모습으로는 더는 살아갈 수 없다." 무초가 이 발언의 진의를 확인하기 위해 이승만을 찾자 그는 "오늘내일 중에 북진할 계획은 없으나 한국은 필요하다면 싸울 것이고 무력으로 나라를 통일할 각오까지 가져야 한다는 생각을 전달하고 싶었다"라고 변명했다.[133]

이러한 대화에서도 이승만이 실제로 북진통일을 완수하기 위해서는 미국의 정신적 지지뿐만 아니라 미국 군대의 힘을 빌려야 하는데, 그것은 북이 남을 공격해 미국이 지원하러 올 때만 가능하다는 생각을 받아들이고 있었다는 것을 알 수 있다. 박명림의 연구에 따르면 이승만은 1949년 12월 30일의 기자회견에서 "우리는 새해에 통일을 이룩해야 하며 할 수 있다고 믿는다"라며 "일단 불가피한 시기가 도래하면 우리는 아마 유혈과 내란을 피할 수 없을 것이다. …… 우리는 부득이 자력으로 우리 영토를 통일하지 않으면 안 될 것이다"라고 역설했다.[134] '북진통일'론에 담긴 그의 생각은 변함이 없었다.

그러나 미국에서는 국가안전보장회의가 12월 23일에 제출된

〈NSC 48/1〉 문서를 승인했으며 29일에는 트루먼이 승인했다. 이 문서는 현재 아시아의 최대 위협을 소련으로 적시하고 소련의 팽창을 "봉쇄하고 가능한 선에서 축소"하는 것을 목표로 설정했다. 그리고 이를 실행하기 위해 '아시아의 연안 도서 연쇄 라인the Asian off-shore island chain' 유지, 일본·필리핀·오키나와의 확보를 주장했다. 특히 "일본이 가장 중요한 역할을 수행한다"라며 일본이 소련 블록에 편입되는 것을 막아야 한다고 역설했다.[135] 즉 한국과 타이완의 위상은 결정되지 않은 상태였다.

소련 또한 중국 혁명은 지지했음에도, 그리고 미국의 일본 단독 점령에 도전하겠다고 결정하고서도 한반도에 대해서는 북한의 무력통일 염원을 1949년 연말까지는 계속 거부했다.

제2장

개전으로 향하는 북한

중소
정상회담

동북아시아 정세 전반에 큰 전기를 가져온 것은 1949년 말부터 이듬해 초에 걸쳐 성사된 마오쩌둥의 소련 방문이었다. 스탈린은 승리한 중국 혁명을 그 지도자인 마오쩌둥을 통해 마주하게 됐다.

1949년 12월 6일 마오쩌둥은 비서 천보다陳伯達, 통역 스저師哲 등 수행원 몇 사람을 대동하고 기차로 베이징을 출발해 16일 모스크바에 도착했다. 이날 오후 6시 스탈린의 별장이 있는 쿤체보에서 즉시 스탈린과의 회담이 이루어졌다. 이 회담 기록은 공개됐다. 회담에는 몰로토프, 말렌코프, 불가닌, 비신스키가 동석했다. 인사를 나눈 뒤 대화가 시작됐다.

| 마오쩌둥 지금 가장 중요한 문제는 평화 확보 문제입니다. 중국은 3~5년간의 평화적인 휴식기가 필요합니다. 휴식기가 있다면 경제를 전쟁 전 수준으로 복구하고 국내 정세를 안정화할 수 있을 것입니다. 중국의 가장 중요한 문제가 해결될 수 있을지는 평화에 대한 전망에 달려 있습니다. 이와 관련해 중국공산당 중앙위원회는 저에게 스탈린 동지를 찾아가 국제 평화를 어떻게, 얼마나 확보할 수 있을지를 알아 오라고 일임했습니다.

| 스탈린 그렇다면 중국은 평화를 위한 전쟁을 진행 중인 거군요. 우리에게 평화는 이미 4년간 지속되고 있습니다만 평화 문제는 소연방의 관심사이기도 합니다. 중국에는 직접적인 위협이 현재 존재하지 않습니다. 일본은 아직 일어서지 못했기에 전쟁을 준비할 수도 없습니다. 미국은 큰소리로 전쟁을 부르짖고는 있지만 무엇보다 전쟁을 두려워합니다. 유럽은 전쟁에 벌벌 떨고 있습니다. 실제로 중국과 전쟁을 할 사람은 단 한 명도 없습니다. 김일성이 중국에 진격하겠습니까? 평화는 우리의 노력에 달려 있습니다. 사이좋게 지낸다면 평화는 5~10년은 거뜬하게, 아니 20~25년, 어쩌면 더 오래 유지할 수 있습니다.

스탈린은 마치 중국 혁명의 승리로 인해 낙관적으로 바뀐 것 같다. 그러나 이는 그의 본심이 아니었다. 마오쩌둥이 정말로 관심이 있는 문제를 꺼냈을 때의 반응을 보면 알 수 있다.

| 마오쩌둥 류사오치가 중국으로 돌아온 이후 중국공산당 중앙위원회에서 중소우호동맹상호원조조약 문제를 논의했습니다.
| 스탈린 그 문제는 논의해서 결정할 수 있습니다. 분명히 해야 할 것은 1945년에 맺은 현행 중소우호동맹조약을 유지할 것인지, 개정을 표명할 것인지, 현 상황에 맞게 고칠 것인지 택

하는 것입니다. 아시다시피 이 조약은 조약의 주요 규정(쿠릴 열도, 남사할린, 뤼순, 기타 문제)을 정한 얄타협정의 결과로 소련과 중국 사이에 체결됐습니다. 이는 해당 조약이 미영의 양해하에 체결됐다는 것을 뜻합니다. 이 같은 상황을 고려해 우리는 좁은 범위에서 당분간 이 조약의 조항을 일절 수정하지 않기로 했습니다. 왜냐면 한 조항이라도 수정했다간 미국과 영국에 쿠릴 열도, 남사할린, 기타 조항의 수정을 제기할 만한 법률적 빌미를 줄 수 있기 때문입니다. 그래서 현행 조약을 형식적으로는 유지하되 알맹이는 수정하자는 말입니다. 말하자면 군대의 뤼순 주둔이라는 소련의 권리를 형식적으로는 유지하되 중국 정부의 제의에 따라 그곳에 주둔한 소련 부대를 철수시키는 것입니다. 이러한 작전은 중국 측이 요청하면 실행할 수 있습니다. 중둥철도[中東鐵道, 창춘철도長春鐵道라고도 함 – 역자 주]도 마찬가지로 형식적으로는 유지하되 실질적으로는 중국 측의 희망을 반영해 해당 협정 조항을 수정할 수 있습니다. 그러나 이러한 구상에 중국 동지들이 불만이 있다면 제안해 주십시오.[1]

마오쩌둥은 스탈린의 의견에 이의가 없다는 듯이 무던하게 답했으나 스탈린의 발언에 큰 충격을 받았다. 스탈린은 중국 혁명을 인정하면서도 얄타협정을 더 중시하고 있었다. 이는 명백히 모순된 태도였다. 스탈린은 흥정을 하고 있었고 마오쩌둥 쪽도 물러서지 않았다. 마오쩌둥은 "당장 조약을 개정해서는 안 된다는 것이 확실해졌다"라고 말하면서 저우언라이의 모스크바 방문 건과 관련해 스탈린의 승인을 받아 냈다. 마오쩌둥은 끝까지 조약을 교섭할 심산이었다.

그 후 중국에 대한 차관, 해군과 공군의 창설 지원, 미영을 자극하지 않는 정책의 권고, 광물 자원과 고무 농장 건설 가능성, 마오쩌둥 저서의 번역과 편집 등을 의논했다.

이후의 회담에 대해서는 지금까지 확실한 설명이 없었으나 경비 책임자 왕둥싱汪東興의 일기를 통해 처음으로 정황이 밝혀졌다. 12월 18일 정치국원 미코얀과 비신스키 외상이 마오쩌둥을 방문해 식사를 했다. 그들이 돌아간 후 마오쩌둥은 본국에 하이난섬海南島 공격 작전 지시를 내렸다. 19일에는 국내 문제에 관한 지시를 작성했다. 20일에는 정치국원 몰로토프, 미코얀이 마오쩌둥을 방문해 스탈린의 70세 생일 기념행사에 대해 논의했다.

12월 21일은 기념행사 당일이었다. 볼쇼이극장에서 열린 스탈린 탄생 70주년 기념행사에서 마오쩌둥은 외국의 빈객 중에서 첫 번째로 스탈린을 칭송하는 연설을 했다. 22일에는 크렘린궁의 연회장에서 스탈린 탄생 축하 연회가 열렸다. 23일로 예고됐던 스탈린, 마오쩌둥의 제2차 회담은 12월 24일에 열렸다. 이 회담은 5시간가량 이어졌다. 이튿날인 25일 스탈린이 마오쩌둥에게 전화를 걸어 통역을 긴 회담을 진행했다. 제3차 회담은 26일 밤에 열렸고 이날도 약 5시간 동안 이어졌다. 왕둥싱의 기록은 다소 애매하나 27일에도 회담이 열린 듯하다. 마오쩌둥은 27일의 회담 후 왕둥싱에게 스탈린과의 회담에서 "우리는 관리 방면에서 불명확한 지방이 있으면 소련 선배에게 지원을 요청할 것이나 자주권은 절대 포기할 수 없다"라고 밝혔고, 스탈린은 마오쩌둥에게 감복하며 "잘 알았다"라고 말했다고 했다. 28일 스탈린은 코발레프가 작성한 〈중국 지도부 비판 의견서〉를 마오쩌둥에게 전달했다.[2]

그렇다면 중소조약 문제의 논쟁을 피한 이 당시 스탈린과 마오쩌둥은 여러 차례의 회담에서 무엇을 논의한 것일까. 통역을 맡은 니콜라이 페도렌코Nikolai Fedorenko에 따르면 회담은 전부 쿤체보에 있는 스탈린의 별장에서 밤에 열렸다. "대화 주제는 다종다양했다. 딱딱한 의사일정議事日程은 없었다. …… 대화 내용은 언제나 주인 쪽이 정했다."[3]

1956년 3월 31일 마오쩌둥은 소련의 철학자 파벨 유딘Pavel Yudin에게 스탈린의 당시 태도에 대한 불만을 내비쳤다고 한다. 스탈린은 저우언라이를 모스크바로 부르고 싶어 하지 않았고 "나와의 모든 회담을 피했다"라고 불평했다.[4] 독일의 연구자 디터 하인지그Dieter Heinzig는 유딘이 회담 기록에 수기로 추가한 메모에서 다음의 기술을 발견했다.

조선 문제에 대해서는 내가 모스크바에 있던 동안 남조선을 정복하자는 이야기가 아니라, 북조선을 대대적으로 강화하자는 이야기가 있었다.[5]

과연 이것이 맞을까. 마오쩌둥은 며칠 밤 이어진 회담의 존재조차 숨겼다. 페도렌코는 앞의 회상에 이어 "소탈한 회담 과정에서 대담자들은 군사 문제, 정치 문제, 경제 문제, 이데올로기 문제에 대한 판단을 교환했다", "예를 들어 대담 과정에서 언어와 사고의 프로그램도 논의됐다"라고 회고했다.[6] 이를 읽고 스탈린이 언어학에 관한 논문을 발표한 경위를 추적한 고르바네프스키M.V. Gorbanevskii는 이 마오쩌둥과의 회담에서 마르(Marr, 소련의 언어학자) 이론의 문제성을 토론한 것이 스탈린의 논문 발표를 이끈 계기였을 것이라고 추론했다.[7] 이는 마오쩌둥과의 회담이 스탈린에게 매우 중요한 사건이었음을 시사한다.

이 수차례에 걸친 회담에서 아시아 정세와 유엔 문제도 당연히 논의됐다. 당시 하바롭스크에서는 구 관동군 상층부를 피고로 세운 731부대[제2차 세계대전 당시 세균을 살포하고 포로 등을 대상으로 생체 실험을 자행한 일본의 세균전 부대 – 역자 주]의 세균전 준비를 심판하는 군사재판이 12월 25일에 시작됐다. 미국은 이 부대의 데이터를 입수하기 위해 관계자를 극동국제군사재판에 소추하지 않기로 했다. 그렇게 불문에 부쳐진 일본군의 만행을 다시금 재판하는 것은 소련이 일본에 대한 미국과의 협조 노선, 얄타회담 노선과 확실하게 결별

하겠다는 의사 표시였다. 이에 관해 마오쩌둥과 상의했을 것이다. 또 스탈린은 코민포름 기관지《영구 평화와 인민민주주의를 위하여》에 일본공산당의 노사카 이론을 규탄하는 논문을 게재할 준비를 하고 있었다. 그것에 대해서도 상의했을 것이다.

1950년 1월 1일 몰로토프, 미코얀이 마오쩌둥의 숙소를 찾아 레닌그라드행에 대해 상의했다. 이날 영국의 통신사가 스탈린이 마오쩌둥을 연금했다는 헛소문을 퍼뜨린 것에 대응하기 위해《프라우다》의 인터뷰에 응하는 형식으로 마오쩌둥이 작성한 글이 1월 2일에 발표됐다. 이 글에서 마오쩌둥은 확실하게 "현존하는 중소우호조약 문제"를 해결하겠다는 의지를 피력했다. 2일에 몰로토프, 미코얀이 마오쩌둥을 재방문한 것은 중소우호동맹조약 문제에 대한 마오쩌둥의 속내를 떠보기 위해서였다.[8] 스저의 회상에 따르면 당시 마오쩌둥은 (갑) 신조약을 체결한다, (을) 구조약에 관해 의견을 교환했다고 발표한다, (병) 양국 관계를 논의했다는 성명을 발표한다는 세 가지 안을 제의하고, 을과 병 안이라면 저우언라이가 오지 않아도 된다고 말했다. 몰로토프가 신조약 체결이 낫다고 답을 해 합의가 성사됐다. 저우언라이의 초청도 비로소 결정됐다.[9]

지난 여러 차례의 회담에서 한반도가 화두에 오른 것은 확실하다. 1월 초순 린뱌오가 모스크바의 마오쩌둥에게 보낸 전보의 내용이 북·중·소 3국 사이에 널리 알려졌기 때문이다. 린뱌오의 제4야전군 내 1만 6천 명의 "조선인 병사 중 일부가 화난華南 진격 후 고향으로 돌려보내 달라고 요청하는 움직임이 인정된다. 전쟁이 끝나려는 참이어서 린뱌오는 조선인을 1개 사단 혹은 4, 5개 연대로 묶어 조선으로 보내기를 원하고 있다"라는 것이다. 스탈린은 1월 8일 이건과 관련해 평양의 시티코프 대사에게 김일성과 상의하라는 전보를 보냈다.[10] 린뱌오의 전보 내용을 마오쩌둥이 스탈린에게 전한 것이다. 이미 작년에 김일이 교섭차 중국을 방문했을 당시 매듭짓지 못했던 부대 이관 문제였기에 중국과 북한은 이미 교섭 중인 사안을 린뱌오의 전보 형태로 소련 측과 상의한 것이다.

1월 9일 시티코프와 면담한 김일성은 중국 정부로부터 이미 이건과 관련한 통보를 받았으며 "북조선 정부가 원한다면 인도할 수 있다"라는 내용이었다고 말했다. 그리고 어떻게 해야 할지 조언을 구했다. 이는 김일성만의 방식이었다. 김일성은 곧바로 북한이 인도받고 싶다고 말했다. 가까운 시일 내에 대표 셋을 중국에 파견한다는 것이었다. 조선인 병사로 1개 사단과 2개 연대를 조직하고 나머지는 오토바이 연대와 기계화여단의 편성에 넣고 싶다, 시설 문제를 해결해야 하니 4월까지는 중국에 머물게 해 달라는 것이 김일성의 바람이었다.[11] 교섭 결과 최종적으로 1월 22일 모스크바의 마오쩌둥은 이들 조선인 부대가 무기를 소지한 상태로 북한으로 향하는 것을 인정했다.[12] 실제 1만 7천 명의 조선인 병사가 3월 정저우鄭州에 소집되어 제15독립사단과 1개의 독립단으로 편성된 뒤 4월 북한으로 향했다.[13]

어쨌든 이 건으로 마오쩌둥과 스탈린이 연락을 주고받았고 중소의 합의로 일이 진척됐다면 한반도 문제가 중소 회담에서 심도 있게 논의되지 않았을 리 만무하다.

이보다 앞서 1950년 1월 4일 《프라우다》에 베이징 노동조합회의에서 류사오치가 했던 연설이 실렸다. 이 기사는 무장투쟁과 대중투쟁의 결합이라는 중국 혁명의 길이 아시아 인민 해방의 '기본적인 길'이라는 논문의 주장을 소련공산당이 지지한다는 것을 표명한 것이었다.[14] 분명 이 건에 대해서도 논의했을 것이다. 이어서 1월 6일에는 코민포름 기관지 《영구 평화와 인민민주주의를 위하여》에 평론원의 서명이 들어간 논문 〈일본의 정세에 부쳐〉가 발표됐고 《프라우다》 1월 7일 호에도 실렸다. 이는 코민포름이 일본공산당을 비판하는 논문이었다.

코민포름의 비판은 지금까지 비밀리에 이어졌던 소련공산당과 일본공산당의 관계를 단숨에 수면 위로 끌어올리고 소련공산당이 일본공산당을 지도하고 있음을 보여 주는 것이었다. 더욱이 일본공산당의 노사카 이론, 미군 점령하의 평화혁명론을 단죄하고, 일본공산당에 대해 이 이론을 극복하고 미 점령군에 맞서는 철저한 대결 노선으로 전환하라고 지시한 것이었다. 노사카의 평화혁명론을 본인 스스로 '마르크스-레닌주의의 일본화'라고 부른 것을 거듭 비난했다. "이러한 마르크스-레닌주의의 '일본화'는 반동이 민주주의로, 제국주의가 사회주의로 평화적으로 성장하고 전화轉化한다는

…… 반마르크스주의적, 반사회주의적 '이론'의 일본판에 불과하다. 노사카 '이론'은 일본의 제국주의 점령자를 미화하는 이론이며 아메리카 제국주의를 찬미하는 이론이다. 그렇기에 일본 인민 대중을 기만하는 이론이다."[15]

이 논문의 발표는 스탈린이 마오쩌둥의 혁명이 성공했음을 인정하고 중국 혁명의 급진 노선에 따라 아시아의 혁명을 추진한다는 방향성을 우선 일본에 제시한 것과 다름없었다. 그리고 원래는 유럽의 조직인 코민포름이 아시아의 공산주의 운동에 직접 관여함으로써 미묘한 파문을 일으켰다. 마오쩌둥은 기본적으로 이를 환영했다. 1월 14일 마오쩌둥이 모스크바에서 베이징의 후차오무[胡喬木, 마오쩌둥의 선전 담당 비서 - 역자 주]에게 "우리 당은 의견을 발표해 코민포름 간행물의 오카노 스스무岡野進에 대한 비판을 지지해야 한다. 일본공산당 정치국이 아직도 이 비판을 수용하지 못하고 있는 작태에 유감의 뜻을 표명하고 일본공산당이 적절한 조치에 나서 조속히 오카노 스스무의 착오를 바로잡기를 희망한다"라고 써 보낸 것을 보면 알 수 있다.[16] 오카노 스스무는 노사카가 코민포름 시절에 사용했던 이름이다. 하지만 이 비판은 중국이 바라던 동방코민포름 활동을 견제하는 결과로 이어졌다. 그러나 일본공산당에 대한 코민포름의 비판에 가장 고무된 이들은 다름 아닌 김일성과 박헌영이었다.

애치슨 연설의 반향

1950년 1월 12일 딘 애치슨Dean G. Acheson 미국 무부 장관이 그 유명한 내셔널프레스클럽 연설을 했다. 미국이 그은 '불후퇴 방위선' 안에 알류샨 열도, 일본 본토, 오키나와, 필리핀을 포함시키고 한국은 타이완과 함께 포함시키지 않는다는 내용이었다.

커밍스는 애치슨의 연설에는 상대를 끌어들일 의도가 있었으나 북한 측은 이 연설을 '청신호'가 켜진 것으로는 생각하지 않았다고 주장했다.[17] 박명림은 커밍스의 북한 측 분석에 기본적으로 동의했고, 한국 측에서도 '불후퇴 방위선' 밖에 놓였으니 항의하겠다는 판단이 없었다는 것을 논증했다.[18] 커밍스에 따르면 북한은 당초 '불후퇴 방위선' 안에 한국도 포함된 것처럼 보도했다. 필자는 이전 책에서 이는 북한의 오해이고 별로 중시하지 않은 것처럼 꾸몄을지도 모른다고 분석하고, 이 연설은 김일성이 1월 17일의 행동에 나서는 전제를 제공했을지도 모른다고 설명했다.[19]

그러나 앞서 검토한 것에서 알 수 있듯이 김일성과 박헌영은 미군의 참전을 상정하지 않았다. 한반도에서 북한이 행동에 나선들 미국의 참전은 없을 거라 판단했으며 기껏해야 미국이 일본군을 파견할 것이라고 생각했다. 그렇기에 김일성 등은 애초에 이 연설에 관심을 보이지 않았다.

1949년 3월 북한 외무성의 일본 부장에는 1945~1946년에 일본 공산당 중앙위원 후보였던 송성철이 취임했다. 그는 《근로자》 19호 (1949년 10월 15일)에 일본을 분석한 글을 실었다. 이 글에서 그의 눈으로 바라본 조련 해산까지의 경위를 매우 냉철하면서도 현실적으로 논했다. 그리고 요시다 시게루吉田茂 총리의 정책을 '파쇼적'이라고 표현하면서 헌법 '개정'을 위해 의석의 3분의 2를 획득하고자 보수 연합을 획책하고 있다고 지적했다.[20] 송성철은 헌법 개정이 없다면 일본의 재군비도 없을 테고 한국전쟁에 곧바로 일본군이 출동할 리도 없다고 판단했다. 어쩌면 그의 분석이 김일성 등에게 전해져 일본군 개입 가능성에 대한 인식은 후퇴했을지도 모른다. 혹은 군사적 개입은 기본적으로 염려하지 않아도 된다고 생각했을 수도 있다.

그러나 일본군의 개입 가능성 등은 제쳐 두고 미국의 행동에만 관심을 기울이고 있던 스탈린은 애치슨의 연설이 미국의 불개입을 시사한 것으로 이해한 듯하다.

1월 8일 중공 정부의 유엔 대표권 요구 성명을 지지한 소련 정부는 1월 13일 중국의 대표권이 인정되기 전까지는 안보리 회의에 불참하겠다는 의사를 표명했다. 이는 계획된 행동이었다. 스탈린은 애치슨이 연설에서 소련이 중국의 내몽골과 신장新疆의 합병을 노리고 있다고 비판한 것을 거론하며 거세게 항의할 작정이었다. 1월 17일 스탈린은 몰로토프와 비신스키를 레닌그라드에서 막 돌아온 마오쩌둥에게 보내 애치슨 연설 텍스트를 전달하고 소련, 중국, 몽골 세 나라가 당국 명의로 성명을 발표하자고 제안했다. 비신스키의 성명과 몽골 외상의 성명은 1월 21일에 발표됐다. 마오쩌둥은 19일에 초고를 작성한 뒤 후차오무 신문총서장의 명의로 발표시켰다. 이에 소련 측이 외상 명의로 발표하지 않은 것에 불만을 드러내자 마오쩌둥이 역정을 냈다는 일화가 전해진다. 비신스키는 성명에서 애치슨은 "아시아 각국 국민의 '친구'인 척하면서 일본 그리고 류큐와 필리핀에 대한 침략적 계획을 적나라하게 드러냈다"라고 비난했다.[21] 이 대목에서 한국이 '방위선' 안에 포함되지 않은 것을 똑똑히 인식하고 있었다는 사실이 드러난다. 일부러 그 점을 언급하지 않고 있다. 이 문제로 마오쩌둥과 감정적으로 대립했다면 애치슨 연설에 대한 소련 측의 해석을 마오쩌둥에게 전달하지 않았을 것이다.

1월 20일 저우언라이가 모스크바에 도착해 중소조약 체결을 위한 협상에 들어갔다. 22일에 열린 정식 회담에서 기본 방향이 합의됐다. 당시 가장 이목을 끈 것은 소련이 국민당 정부와 체결한 동맹조약은 "불평등 조약"이라고 천명한 스탈린의 태도였다. 놀란 마오쩌둥이 이를 "개변했다가는 얄타회담의 결정에 반하게 되는 것 아니냐"라고 하자 스탈린은 다음과 같이 대답했다.

맞습니다. 어긋나게 됩니다. 하지만 될 대로 되라지요. 일단 조약 개변 입장에 선 이상 우리는 끝까지 밀고 나가야 합니다. 분명 이는 우리에게 약간의 불이익을 동반할 것입니다. 우리는 미국인과 투쟁해야 할지도 모릅니다. 하지만 우리는 이미 이를 받아들였습니다.[22]

스탈린은 아시아에서 미국과 대결할 결심을 마오쩌둥에게 확실하게 전달한 것이다. 마오쩌둥이 일본의 재침략 방지 조항을 조약에 삽입해야 한다고 제의하자 스탈린은 "옳습니다. 일본에는 요원이 남아 있는 만큼 미국이 대일 정책을 계속 이어 간다면 반드시 그들이 앞으로 나설 것입니다"라고 했다.[23] 스탈린은 향후 미국이 일본의 재군비를 추진할 것이라고 전망했다. 그러나 현재 일본군은 존재하지 않았다. 따라서 개입할 수 있는 것은 미국뿐이었고, 애치슨 연설은 그런 미국이 한국 방위에서 손을 떼겠다는 뜻이라고 이해했다. 그래서 스탈린은 미국을 세계 밀어붙일 수 있다고 판단한 듯하다. 중소조약과 관련 협정의 교섭 과정에서 스탈린은 뤼순, 다롄, 창춘철도에 대해 기본적으로 중국 측 요구를 수용했다.[24]

김일성의
필사적인 호소

김일성은 1949년 9월 소련공산당 정치국 결정으로 무력통일을 부정당한 이래 낙심하고 있었다. 12월 29일 김일성은 시티코프 대사에게 1950년에 1억 1,200만 루블치 무기 탄약의 제공을 요청하는 서한을 보냈다. 대금은 유색금속有色金屬과 희유 금속稀有金屬으로 지불하겠다고 밝혔다. 4월에는 대금에 대해 일언 반구도 하지 않다가 이 서한에서 원조가 아닌 매입이라는 형태로 발전한 배경에는 소련 측의 소극적인 태도가 작용했을 것이다. 시티코프는 이 요청을 받아들이라고 제안했다.[25]

그러나 새해가 밝고 일본공산당에 대한 코민포름의 비판이 나오면서 김일성과 박헌영에게 서광이 비치기 시작했다. 소련이 중국 혁명의 길을 지지하고 일본공산당에 미국 점령군에 도전하라고 지시했다면, 우리의 조선 통일 전쟁에 대한 태도도 바꾸지 않겠나. 지금은 남북의 군사적 역학 관계도 사뭇 달라졌다. 스탈린에게 다시금 허가를 요청할 때가 됐다. 이런 생각이 김일성을 사로잡았을 것이다. 결국 1950년 1월 17일 김일성은 결정적인 태도 표명에 나섰다. 1월 19일 시티코프는 이를 모스크바에 전달했다.

조선민주주의인민공화국 외상이 주최한 연회 자리에서 김일성이 드러낸 심경에 대해 알린다. 1월 17일 박헌영 외상은 이주연李周淵 대사가 중화인민공화국에 부임하기에 앞서 소수의 인사를 초대해 송별회를 열었다.

북조선 측에서는 김두봉, 김일성, 박헌영, 외무성 부상 박동초朴東楚 그리고 이주연이 참석했다. 또 연회에는 중화인민공화국의 통상대표 웬시젠溫士禎이 참석했다. 우리 측에서는 나와 대사관 참사관 이그나티예프A. M. Ignat'ev 와 페리센코V.I. Pelishenko가 참석했다. 연회는 우호적이었고 화기애애한 분위기에서 진행됐다. 김일성, 박헌영, 또 중국 통상대표는 건배사에서 북조선, 중국 인민에게 해방과 사심 없는 원조를 제공해 준 것에 대해 소연방과 스탈린 개인에게 애정과 감사의 마음을 전했다. ……

연회 내내 김일성과 그의 옆자리에 앉은 중국 통상대표는 수차례 중국어로 열띤 대화를 나눴다. 들리는 몇몇 단어에서 그들이 중국의 승리와 조선의 사태에 대해 대화를 나누고 있음을 짐작할 수 있었다. 연회 후 접견실에서 김일성은 이주연 주중 대사에게 중국에서의 활동에 대해 조언과 지시를 했다. 조선어로 대화하면서 김일성은 종종 러시아어로 마오쩌둥은 자기 친구이고 언제든지 북조선을 도울 것이니 중국에서 대담하게 행동하라고 했다. 이주연이 자리를 뜨자 김일성은 흥분한 표정으로 이그나티예프와 페리센코 두 참사관에게 말을 걸어 중국이 해방을 완수한 지금, 남쪽에 있는 조선 인민의 해방 일정이 시작되고 있다고 했다. 그리고 그는 이렇게 말했다.

"조선 남쪽의 인민은 나를 믿고 우리의 무력에 의한 원조를 기대하고 있다. 빨치산은 상황을 결정할 수 없다. 남쪽 인민은 우리가 좋은 군대를 가지고 있다는 것을 안다. 요새 나는 전토 통일 문제를 어떻게 풀어야 할지 고민하느라 잠을 자지 못하고 있다. 만약 남조선 인민 해방과 국토 통일 사업을 미룬다면 인민의 신뢰를 잃고 말 것이다." 나아가 김일성은 모스크바 방문 때 스탈린 동지가 굳이 남쪽을 공격할 필요가 없다, 이승만 군대가 북쪽을 공격하면 남쪽에 대한 반격을 실행에 옮겨도 된다고 직접 말씀하셨다고 말했다. 그러나 이승만이 지금까지 공격하지 않고 있어 남쪽의 인민 해방과 통일이 미뤄지고 있으므로 그(김일성)는 스탈린 동지를 찾아가 남조선 인민 해방을 목표로 한 인민군의 공격에 대한 지시와 허가를 받아야 한다고 생각하고 있다. 그리고 김일성은 자신은 공산주의자이고, 규율이 있는 사람이기 때문에 먼저 공격을 시작할 수 없으며, 스탈린 동지의 명령은 나에게는 법이라고 말했다. 이어서 혹시 스탈린 동지를 만나지 못한다면 마오쩌둥이 모스크바에서 돌아온 후에 그와 만날 계획이라고 했다. 김일성은 마오쩌둥이 중국에서 전쟁이 끝나면 지원하겠다고 약속했다고 강조했다. (김일성은 1949년 6월 그의 전권全權 김일이 마오쩌둥과 나눈 대화를 염두에 두었음이 틀림없다…….)

김일성은 마오쩌둥과는 다른 의제, 특히 코민포름의 동방국eastern bureau 신설 가능성 여부를 타진하는 문제로 대화를 나눌 것이라고 말했다.

그는 또한 이 모든 의제를 시티코프 동지와 상의할 것이며 시티코프 동지에게 스탈린 동지와의 면담을 요청할 작정이라고 했다.

이그나티예프와 페리셴코 두 참사관은 이러한 의제에 대한 논의를 피하고 화제를 일반적인 주제로 돌리려고 노력했다. 그러자 김일성은 나에게 다가와서는 나를 옆으로 데리고 가 다음과 같은 이야기를 시작했다. 스탈린 동지를 만나 남쪽의 정세 문제와 이승만군에 대한 공격 문제를 논의할 수 있겠는가. 우리 인민군은 이승만의 군대보다 훨씬 강하다. 지금 스탈린 동지를 만날 수 없다면 마오쩌둥을 만나겠다고 말했다. 마오쩌둥은 모스크바 방문 후에 모든 문제에 관한 지시를 받았을 게 분명하기 때문이라고 덧붙였다.

그리고 김일성은 나에게 옹진반도 공격을 허락하지 않는 이유를 물었고, 이곳이라면 인민군은 사흘 안에 함락할 수 있고 총공격할 경우 며칠 안에 서울도 입성할 수 있다고 역설했다.

나는 김일성에게 스탈린 동지와의 면담 문제는 지금까지 제기된 적이 없으며 만약 그가 그런 문제를 제기한다면 스탈린 동지도 그를 만날 것이라고 대답했다. 옹진반도 공격 문제에 대해 나는 해서는 안 된다고 답했다. 그 후 나는 이 문제에 대한 대화를 마무리 지으려고 노력했고, 다음을 기약하고 그만 집으로 돌아가자고 제안했다. 그것으로 대화는 끝났다.

연회 후 김일성은 약간 취기가 돈 상태였고 이 대화는 시종일관 흥분 상태에서 이어졌다. 그러나 그가 이런 대화를 시작한 것은 결코 우연이 아니었으며, 미리 숙고한 끝에 자신의 심정을 설명하고 이러한 문제에 대한 우리의 태도를 떠보기 위한 것이었다.

대화 과정에서 김일성은 조선 남부의 정세 문제에 대해 스탈린 동지의 조언을 받고 싶다는 바람을 거듭 강조했다. 늘 공격 구상을 짜고 있기 때문이라고 했다.[26]

시티코프 등에게 들으라는 듯이 이주연에게 구태여 러시아어로 "마오쩌둥은 자기 친구"라고 말한 것은 김일성의 흥정이다.

스탈린이 만나 주지 않는다면 마오쩌둥을 만날 작정이라고 말한 것도 김일성의 흥정이다. 또 동방코민포름 신설 문제를 토론하겠다며 적극적인 자세를 보인 것도 같은 목적을 띠는 동시에 소련공산당에 의한 코민포름의 일본공산당 비판이라는 새로운 사태를 확실하게 반영한 것이었다.

스탈린의
승인

       1월 28일 시티코프 대사는 첩보로 얻은 정보라며 1월 6일 남한 정부의 국가회의 논의를 모스크바에 보고했다. 1월 6일 영국 정부가 중화인민공화국을 승인한 문제를 논의한 것이었다. 이범석 국무총리는 머지않아 미국도 영국을 추종할 것이라고 봐야 하며 트루먼 대통령이 타이완을 버렸듯이 우리의 운명도 국민당 정부 꼴이 날 것이라고 말했다.

> 그러므로 우리는 미국에 과도한 기대를 걸어서는 안 된다. 우리 스스로 광범위한 통일전선을 조직해 그 도움을 받아 남북 평화통일을 이룩해야 한다. 이승만 대통령은 매우 명석했다. 그는 이렇게 말했다.
>
> 현 국제 정세는 전적으로 미소 관계에 좌우된다. 현 정치 상황은 우리에게 극도로 불리하다. 미국은 처음부터 한국을 위해 싸울 생각이 없다는 것을 밝혔다. 다행히도 한국은 일본과 가깝다. 그러므로 미국은 일본 문제가 해결되지 않는 한 한국을 버리지 않을 것이다. 우리가 단번에 남북통일 문제를 해결하더라도 일본 문제가 우리에게 이익이 되는 방향으로 해결되지 않는 한 한반도의 사태는 다시금 악화할 수 있다. 따라서 일본 문제는 특히 우리의 관심사다. 향후 우리는 일본 정부와 미국과 함께 광범위하게 반공 활동을 전개해야 한다.[27]

이 보고는 흥미롭기는 하나 스탈린의 판단에 결정적인 영향을 미쳤을 리는 없다. 김일성의 희망 사항을 전달한 시티코프의 보고에 스탈린은 1월 30일 본인 명의로 회신했다.

> 당신의 보고는 잘 받았다. 나는 김일성 동지의 불만을 이해한다. 그러나 그가 획책하고 있는 남조선에 대한 이런 대규모 사업에는 대규모 채비가 필요하다. 너무 큰 위험이 없도록 조직해야 한다. 그가 이 건으로 나와 대화를 나누고 싶어 한다면 그를 만나 대화할 용의가 있다. 이상을 모두 김일성에게 전달하고, 나는 이 건으로 그를 지원할 뜻이 있다는 말도 전해 달라.[28]

이는 거의 완전한 동의의 표명이다. 김일성은 두말할 나위도 없이 기뻐했을 것이다. 위는 전보의 첫 번째 단락이며, 두 번째 단락에는 효율적인 납의 주문에 대해 적혀 있다. 매년 2만 5천 톤의 납을 받고 싶으며, 김일성이 기술 원조와 전문가 파견을 요청하면 그에 응하겠다고 했다. 스탈린은 군사 원조의 대가를 전략 물자로 얄짤없이 받아 낼 심산이었다.

1월 30일 시티코프는 스탈린의 전문을 손수 김일성에게 전달했고, 김일성이 "대단히 만족해하며 받았다"라고 보고했다. "재차 확인하기 위해 김일성은 이 문제로 스탈린 동지를 만날 수 있냐고 나에게 물었다."[29] 정말 믿을 수 없을 만큼 기뻤을 것이다. 납 제공 건은 무조건 10일에서 15일 사이에 조치하겠다고 약속했다.

스탈린은 시티코프에게 추가 지시를 내렸다.

> 김일성 동지에게 설명해 달라. 현시점에서 그가 나와 대화를 나누고 싶은
> 문제는 비밀에 부쳐야 한다고. 북조선 지도부의 다른 누구에게도, 중국의 동
> 지에게도 발설해서는 안 된다고. 적에게 완벽히 숨기기 위해서는 그럴 필요
> 가 있다. 모스크바에 체류 중인 마오쩌둥과의 회담에서 우리는 조선민주주
> 의인민공화국의 군사력을 증강하고 국방력을 강화하기 위해 원조가 필요하
> 며, 그것이 가능하다는 의견을 교환했다.[30]

이 전보는 아나톨리 토르쿠노프가 최초로 발표한 것으로 스탈린
이 정보 누출을 극도로 우려했음을 시사한다. 그러나 김일성은 시
시콜콜 박헌영과 상의했다. 스탈린이 이 무렵 마오쩌둥과 북한 측
의 요청을 지지한다는 말을 꺼내지 않은 것은 당연했다.

개전 준비의 본격화

스탈린의 동의를 받아 내자마자 김일성도 곧바
로 요청 사항을 정리해 2월 4일 시티코프와 담판에 들어갔다. 우선
전부터 원하던 외채 20억 원의 모스크바 발행에 대해 소련공산당
중앙위원회가 결정을 내렸는지를 물었다. 이어서 3개 사단을 추가

로 편성해 10개 사단으로 병력을 늘리고 싶은데 어떠냐고 물었다. 시티코프는 힘든 일이니 그에 필요한 물질적 자원이 있는지를 꼼꼼하게 따져 봐라, 나도 답을 내기까지 시간이 필요하다고 대답했다. 김일성은 대수롭지 않다는 듯이 스탈린에게 1951년분으로 배정된 차관을 1950년에 앞당겨 사용할 수 있도록 허가해 달라고 요청하겠다는 뜻을 밝혔다. 1949년의 차관협정으로 3년간 매해 7,070만 루블의 차관을 받게 됐으니, 1951년분을 1950년분에 추가해 제공해 달라는 말이었다. 이것으로 추가 편성할 3개 사단용 장비를 매입하겠다는 것이 김일성의 구상이었다. 시티코프는 정부의 생각을 들어 보겠다고 답했다. 나아가 김일성은 2월 25일 최고인민회의를 개최할 예정이라면서 3건의 의제를 제시하고 이에 대한 스탈린의 의견을 듣고 싶다고 말했다.[31]

2월 9일 시티코프는 스탈린의 회신을 받았다. 외채外債 모집 문제에 대해 중앙위원회에서 긍정적으로 검토하겠다고 약속했다. "3개 사단 추가 편성은 착수해도 좋다." "1951년도 차관을 앞당겨 사용해도 무방하다." "최고인민회의의 의제에는 이견이 없다." 스탈린은 놀라울 정도로 김일성의 요청에 관대했다.[32] 이 회신을 받은 김일성은 뛸 듯이 기뻐했다. 시티코프는 "김일성은 내 통지를 듣고는 기쁨에 겨워 스탈린 동지에게 지원해 주어 감사하다고 전해 달라며 몇 번이나 부탁했다"라고 보고했다.[33] 2월 10일 김일성은 자신의 요청을 편지에 적어 시티코프에게 건넸다.

2월 20일경 바실리에프N. A. Vasil'ev 중장이 평양에 도착해 조선인 민군 수석 군사고문에 취임했다.[34] 그의 파견은 김일성의 방침에 대한 스탈린의 지지 표명이었다. 바실리에프는 독소전쟁 당시 모스크바 방위를 위한 최종 국면에서 제298사단장을 역임한 인물로 유명했다. 이어서 소장으로 승진하면서 동 사단을 이끌고 1942년 8월부터 스탈린그라드 방위전에 참전해 1943년 2월 승리할 때까지 끝까지 싸웠다. 그 후 스텝 전선군의 제24근위저격군 단장에 임명되어 하리코프 전투에 참전했고 1944년에는 제1발트연안방면군의 제1저격군 단장으로 빌뉴스 전투에 참전했다.[35] 종전 당시의 계급, 그 후의 계급은 알 수 없으나 이 전투 경력을 볼 때 수도 모스크바 방위전과 스탈린그라드 전투 경험이 그의 모든 경력으로 추정된다.

3월 9일 시티코프는 김일성의 비망록을 모스크바에 전달했다. 비망록에서 그는 1950년에 소련 정부에 이미 제출한 요청에 따라 1억 2천만~1억 3천만 루블치 무기의 제공을 요청하고 그에 대한 대가로 다음 물자를 인도할 것을 표명했다.

금	9톤	53,662,900루블
은	40톤	887,600루블
모나자이트	15,000톤	79,500,000루블
총액		[원문 그대로]133,050,500루블[36]

3월 12일 스탈린은 시티코프에게 전보를 보내 1951년분 차관을 앞당겨 제공하는 것에 동의한다고 김일성에게 전달하라고 명령했다. 김일성은 기회를 놓치지 않고 3월 14일 1951년도 차관을 1950년도 무기 탄약 구매에 앞당겨 사용하는 건과 관련해 구체적인 무기를 주문했다. 무기 목록은 상세했다.[37]

　한편 미군 철수 후 서울에 남은 주한미군사고문단 연락사무소KLO는 1950년 초반부터 북에 파견한 첩보원을 통해 정보를 수집하고 있었다. 3월 10일부터 15일까지 열린 북한 내무성 군부대 지휘관회의의 정보도 입수했다. 이 회의의 마지막 날 김일성은 다음과 같이 보고했다.

> 남조선 국군은 미군의 지원을 받고 있으나 사기가 떨어져 북조선을 공격할 생각은커녕 남조선 방위에 전념하고 있다. 남조선 국군이 북조선을 공격한다면 우리는 괴뢰 집단을 용이하게 격퇴할 것이다. 1949년에 우리는 북조선 방위만을 했다. 그러나 1950년에 우리는 분단된 조선을 융합시키기 위한 영웅적 투쟁을 시작해 영광의 완전 독립을 달성할 것이다. 영광의 승리를 획득할 유일한 길은 38선에서 소요를 일으켜 남조선 국군의 모든 주의를 그 지역으로 돌리고 그사이 우리 게릴라 부대가 후방에서 괴뢰군을 공격하는 것이다. 이것이 분단된 우리나라를 통일하는 유일한 길이다.[38]

　국경에서의 충돌을 언급하면서 결정적인 역할은 남쪽의 게릴라에게 맡기고 있다. 김일성은 이 단계에 스탈린과의 합의를 완벽하게 숨겼다. 그러나 1949년과 1950년의 차이를 언급한 점에서 은밀한 속셈을 드러낸 것도 분명하다.

KLO의 첩보원은 이미 2월부터 38선으로 향하는 도로와 교량의 건설이 시작됐다고 보고했다. 강원도의 한탄강과 임진강의 2개의 다리다.[39]

이와는 별개로 G-2는 3월에 북한 침공 정보를 확보한 상태였다. 3월 10일의 보고에는 "인민군이 남한을 1950년에 침공할 것이라는 보고를 확보했다"라고 기술되어 있다. 다만 다음과 같은 평가가 이어진다.

> 한반도에 대한 소련의 의도는 동남아시아 공산주의자의 프로그램과 긴밀하게 연결되어 있다고 확신한다. 만약 이 지점의 전투에서 승리해 소련이 만족한다면 그들은 아마도 조금 더 기다릴 것이고 남한이 미래의 수확을 위해 숙성되기를 기다리는 것이 유리하다고 볼 것이다. 만약 아시아의 이들 나라에서 펼친 작전이 저지당하거나 패배한다면, 그들은 그 노력의 대부분을 남한으로 돌릴 것이다. 그 결과는 인민군의 남한 침공이다.[40]

3월 25일의 보고에서도 "올봄 혹은 여름에는 한반도에서 내란이 일어나지 않을 거라 믿는다. …… 이 봄과 여름에 북한이 택할 가장 그럴듯한 행동 방침은 게릴라전과 심리전을 통해 남한 내부의 혼란

을 조장하여 남한 정부를 타도하는 기도를 부추기는 것이다"라고 평가했다.[41]

이 단계에서는 이렇게 판단할 수밖에 없었을 것이다.

김일성과 박헌영의
모스크바 방문

3월 20일 김일성과 박헌영은 시티코프를 만났다. 이 자리에서 김일성은 "박헌영과 함께 4월 초순에 소련을 방문해 스탈린과 회담하고 싶다"라고 요청했다. 또 이번에도 1945년의 방문 때처럼 비공식 방문으로 하고 싶다고 했다. 검토할 문제로는 세 가지를 들었다. 스탈린은 3월 23일 이를 허락했다.[42] 같은 날 시티코프는 김일성이 원하는 논의 사항을 스탈린에게 전달했다.《서울신문》은 3월 5일의 스탈린, 김일성 회담 기록 뒷면에 철해 놓은 수기 메모가 전문의 내용을 정리한 것으로 추정했다. 바자노프도 같은 문서를 인용한 한편 토르쿠노프는 전문을 인용했다.[43] 여기서는《서울신문》에 실린 사진을 인용한다.

스탈린 동지와 협의할 김일성의 문제들

1. 국토(남북) 통일의 방도와 방법에 대하여

   무력 방식으로 통일을 수행하려 함.[44]

2. 경제 문제

 1) 북조선 인민 경제의 향후 발전 전망에 대하여 어떤 계획을, 2년, 3년, 5년 중 몇 개년 계획으로 세워야 할 것인가? 계획에서 남조선을 어떻게 고려해야 할 것인가?

 2) 북조선에서의 전기 철도 운행에 대하여

 3) 향후 소련으로부터의 산업 시설, 자동차, 트랙터 등의 추가 수입에 대하여

 4) 북조선 농업의 향후 발전 방안에 대하여

 5) 소련 전문가들에 대하여

 6) 북조선 노동자들을 생산 실습을 위해 소련으로 파견하는 것에 대하여

3. 중국 북조선 관계

 1) 마오쩌둥과의 회담에 대하여

 2) 중국과의 조약에 대하여

 3) 중국에 살고 있는 조선인과 북조선에 살고 있는 중국인에 대하여

4. 아시아의 공산당과 노동자당의 정보국에 대하여

5. 해운주식회사에 대한 계약 재검토에 대하여……

그런데 스탈린은 김일성 일행을 만나기에 앞서 극동에서 다른 대표를 불렀다. 소련공산당 사할린주위원회 제1서기인 멜니크Melnik였다. 모스크바에 도착한 멜니크는 3월 26일 밤 10시 스탈린의 초대를 받았다. 말렌코프, 라브렌티 베리야Lavrentij P. Berija, 몰로토프, 카가노비치, 미코얀, 불가닌, 니키타 흐루쇼프Nikita S. Khrushchev 등이

동석했다. 스탈린은 사할린주에 대해서는 일반적인 상황을 물은 반면, "쿠릴 열도 문제, 쿠릴 열도의 방위, 쿠릴 열도의 군대 편성, 쿠릴 열도와 사할린 및 기타 방위력"에 대해서는 시시콜콜 질문했다. 스탈린은 "쿠릴 열도의 방위 강화책은 미흡하다고 평했다." 가장 주목할 점은 스탈린이 군인들에게 작성하도록 한 자료와 도면을 사용해 대륙에서 사할린까지 터널을 파 철도를 개통하는 안을 제시한 것이다. 회담은 사할린 지원책과 해협 횡단 철도 건설안의 작성을 정치국원에게 지시하면서 끝났다. 멜니크는 베리야 밑에서 이틀간 철도건설위원회의 작업에 동참했고 4월 2일에 열린 정치국 토의에도 참석했다. 그 자리에서 스탈린은 해협 횡단 철도 건설에 관한 그의 구상을 밝혔다.

> 우리에게는 라페루즈 해협(La Perouse Strait, 일명 소야 해협)을 통해 사할린 동쪽 기슭 및 쿠릴 열도와 연락할 수 있다고 기대할 권리는 없다. 그곳에는 상시 기뢰가 부설되어 있고 포격을 받을 우려가 있다. 극동의 국경에서 우리 국가를 지키고 쿠릴과 사할린의 우리 영토를 지키려면 사할린과 우연이 아니라 견고하게 연락하는 것이 필수적이다.

토의 결과 터널을 활용한 타타르 해협 횡단안이 채택됐다. 스탈린은 터널을 1953~1955년에 완공하겠다는 결의를 표명했다.

이는 다가올 미국과의 대결에서 쿠릴 열도를 군사력으로 계속 확

보하기 위한 것이었다. 이 직후 수형자를 동원하여 해협 횡단 터널 공사를 신속하게 착수했다.[45]

한편 김일성과 박헌영은 3월 30일 특별기로 평양을 출발했다. 보로실로프에서 시베리아 철도로 갈아타고 열흘이 걸려 모스크바에 도착했다. 4월 10일 두 사람은 통역 문일과 시티코프를 대동하고 스탈린, 말렌코프, 몰로토프, 비신스키와 회담했다.[46] 이후 베이징의 문의에 스탈린이 회신한 내용을 보면, 두 사람에게 무력 해방안의 지지를 표명했으나 최종적인 결론은 마오쩌둥과 상의해 결정하라고 지시한 것이 분명하다.

《서울신문》은 당시의 회담 내용에 대해 소련공산당 중앙위원회 국제국이 작성한 보고를 인용했고 바자노프도 동일 자료를 인용하고 있다.[47] 그 자료에 따르면 스탈린은 김일성에게 국제 환경과 국내 상황이 바뀌어 조선 통일을 위해 더욱 적극적으로 행동할 수 있게 됐다고 말했다. 구체적으로는 중국공산당이 승리했고, 또 현재 중국은 국내 문제로 인한 시름을 덜었기에 당의 관심과 에너지를 북조선 지원에 쏟을 수 있게 됐으며, 조선에 출병도 할 수 있다. 중국 혁명의 승리는 심리적으로도 아시아 해방의 기운을 증명했고 아시아의 반동 세력과 미국을 공포로 몰아넣었다. 중국 혁명에 개입할 수 없었던 미국은 이제 더는 새로운 중국에 도전할 수 없으며, 미국 내에서도 타국에 개입해서는 안 된다는 분위기가 주류를 이루고 있다. 또 소련의 원자폭탄 보유 소식도 불개입 분위기를 고조시켰다고 스탈린은 덧붙였다. 하지만 사태를 냉정하게 따져 봐야 하며 미군의 개입 문제는 추가적으로 검토해 중국 지도부의 승인을 받아야 한다. 또 중국이 지지해 주지 않으면 작전도 시작될 수 없음을 명심해 달라는 스탈린의 의견에 김일성은 미국은 개입하지 않을 것이라는 견해를 밝혔다. 소련과 중국이 북한 뒤에 버티고 있어 대규모 전쟁 개입은 불가능하다는 것이었다. 또 김일성은 마오쩌둥이 언제나 조선 해방이라는 자신의 바람을 지지했고, 중국 혁명이 완수되면 병력을 제공하겠다고 누차 말했다고 하면서도 통일은 자신의 힘으로도 완수할 수 있다고 역설했다.

또 스탈린은 3단계 공격 계획을 세워야 한다고 조언하면서 그의 구상을 피력했다. 첫 번째 단계에는 38선 부근에 병력을 집결시키고, 두 번째 단계에는 평화통일에 관한 새로운 제의를 잇달아 내놓아 상대방의 단호한 거절을 유도하며, 세 번째 단계에는 상대가 거절하면 기습 공격을 실행하되 옹진반도 점령부터 시작한다. 스탈린은 이것이 의도를 위장하는 데 도움이 된다고 보았다. 남조선이 반격해 오면 전선을 확대할 기회가 생긴다. 전쟁은 기습전으로 신속하게 진행해야 하고 남조선과 미국에 숨 돌릴 틈을 주어서는 안 되며 강력한 저항과 국제적 지원이 동원될 시간을 주지 말아야 한다.

스탈린은 소련이 직접 개입할 수는 없다고 못을 박고 마오쩌둥의 지지를 확보하라고 강조했다. 혹여 미국이 참전이라도 한다면 중국의 도움을 받아야 한다는 것이 스탈린의 생각이었다. 그러나 김일성은 그 가능성을 부정했다. 단 사흘이면 승리할 수 있다고 말했다. 그만큼 남한의 빨치산에 큰 기대를 걸었기 때문이다. 박헌영은 이 점을 상세히 설명하고 당원 20만 명이 대규모 폭동의 선두에 설 것이라고 말했다.

이 자료의 원문은 확인되지 않으나 앞뒤 자료와 모순되지 않아 사용했다. 다만 김일성 등에게 최종적인 공격 허가를 내린 것은 스탈린이었다는 점에 주목해야 한다. 이 회담 후 교외에 있는 스탈린의 별장에서 김일성 환영회가 열려 정치국원들이 모였다. 흐루쇼프가 회고록에 "김일성은 통일이 완수될 때 비로소 조선은 완전해진다고 말했고 우리는 김일성의 성공을 기원했다"라고 쓴 것도 이 시기다.[48]

김일성과 박헌영의 베이징 방문

모스크바 회담 결과 베이징 방문이 필요해졌다. 그러나 김일성의 모스크바 출발과 동시에 베이징의 이주연 대사는 김일성의 소련 방문은 숨긴 채로 마오쩌둥에게 김일성의 방중 희망을 전달했다. 마오쩌둥은 김일성에게 조선 통일에 대한 구체적인 계획이 있다면 방문은 비공식으로 하자고 제의했다.[49] 이는 건국 후 김일성의 첫 중국 방문이었다. 그래서 원래대로라면 공식 방문이어야 했다. 그러나 전쟁 계획을 위해서라면 당연히 비공식일 수밖에 없었다. 나아가 마오쩌둥은 3차 세계대전이 터지면 북한도 참전을 피할 수 없으므로 군사력을 준비할 필요가 있다고 말한 것으로 전해진다. 두 사람이 모스크바에서 북한으로 귀환한 것은 4월 25일이었으니, 모스크바에는 나흘 정도 체류한 셈이다.[50]

5월 12일 김일성과 박헌영은 시티코프 대사를 만나 이주연의 접촉은 대사관이 멋대로 내린 판단에 따른 것이므로 불러들여 주의를 주겠다고 말한 뒤 마오쩌둥이 이주연 대사에게 "조선 통일은 평화적 방법으로는 불가능하며 군사적 방법으로만 가능하다"라고 말했고 "미국은 두려워할 필요가 없다. 그들이 그런 작은 영토를 위해 3차 세계대전을 일으킬 리 없다"라고 강조했다고 전했다.[51] 소련 외무성의 1966년 8월 10일 자 조서에서는 마오쩌둥이 이 마지막 발언을 한 양 인용하고 있다. 필자는 이전 책에서 이 부분에 의구심을 드러낸 바 있다. 이 시점에서 김일성이 시티코프에게 직접 말했다고 하면 이해가 된다. 그것은 마오쩌둥의 판단이 아니었다. 시티코프는 김일성이 언급한 중요한 발언을 보고했다.

그 후 김일성은 중국에는 박헌영과 함께 가기로 결정했다고 했다. 마오쩌둥과의 면담은 중앙위원회에서 심의하지 않았고, 이 문제를 김책과 상의했을 뿐이라고 말했다.[52]

마오쩌둥과의 회견이라고 하나 애당초 무력통일의 결단과도 같았다. 만약 그렇다면 전쟁은 김일성, 박헌영, 김책 세 사람의 판단에서 시작된 것이 된다. 최용건이 등장하지 않은 것은 그가 당 밖의 사람이었기 때문이 아니었을까. 또 마오쩌둥과의 협의에서 지원을 요청할 것이냐는 질문에 김일성은 "마오쩌둥에게는 지원을 요청할 것이 없고 필요한 요청은 전부 모스크바에서 받아들여 줘서 충분한 원조를 받고 있다고 단호하게 말했다." 이 또한 김일성의 계산된 발언으로 볼 수 있다.

5월 13일 김일성과 박헌영은 베이징에 도착해 저녁에 마오쩌둥과 회담했다. 스탈린과의 합의를 들은 마오쩌둥은 직접 스탈린의 의향을 묻고자 했다. 그 결과물이 바로 5월 13일 자 베이징 주재 소련 대사 로시친N. V. Roshchin의 문의 전보이다.[53] 그리고 이에 대한 답신이 5월 14일 필리포프Filippov의 회신을 전달한 비신스키의 전보이다.[54] 필리포프, 즉 스탈린의 회신 내용은 다음과 같다.

마오쩌둥 동지

북조선 동지들과의 면담에서 필리포프 동지와 그 친구들은 국제 정세가 달라졌으니 통일에 착수하고 싶다는 북조선 동지들의 제안에 동의한다는 뜻을 밝혔습니다. 당시 이 문제는 최종적으로 중국의 동지들과 북조선의 동지들이 공동으로 결정해야 할 사안이며, 만일 중국의 동지들이 동의하지 않으면 새로운 검토가 있을 때까지 문제의 결정을 연기해야 한다는 보류안이 추가됐습니다. 구체적인 회담 내용은 북조선의 동지들이 귀하에게 설명할 것입니다.

필리포프

마오쩌둥과 김일성, 박헌영의 회담 기록은 공개되지 않았다. 로시친 대사는 이 회담 내용에 관해 박헌영과 저우언라이 두 사람에게서 들은 내용을 각각 기록해 5월 15일 모스크바에 보고했다.[55]

우선 박헌영에 따르면 회담에서 김일성이 3단계 계획을 작성했다고 설명했다. 첫 번째 단계에서는 병력을 준비, 결집하고 두 번째 단계에서는 평화통일을 제시하고 한국 측이 거부하면 세 번째 단계에서 군사행동을 개시한다. 이 계획은 모스크바에서 스탈린이 제안한 것이나, 김일성은 이를 스탈린과 본인들이 합의한 안이라고 마오쩌둥에게 설명했다. 마오쩌둥은 이 계획에 전적으로 찬성했다. 그리고 몇 가지 조언을 덧붙였다. 인민군을 치밀하게 준비시켜 병사, 지휘관 한 명 한 명에게까지 구체적인 임무를 철저히 부여하고, 인민군은 신속하게 행동해 대도시를 포위하되, 그곳을 점령하려고 시간을 낭비하지 않아야 하며, 적의 병력을 섬멸해야 한다는 것 등이다. 마오쩌둥은 일본군이 한반도에 투입될 듯하냐고 물었다. 김일성은 그럴 가능성은 적으나 미국이 일본군 2만~3만 명을 파견할 가능성은 배제할 수 없으며, 다만 그 정도로는 전세가 끄떡도 하지 않을 것이며, 이 경우 우리는 더욱 맹렬하게 싸울 것이라고 답했다.

마오쩌둥은 일본군 2만~3만 명이 한반도에 파견된다면 전쟁은 장기화될 것이나 그런 일은 없을 것이며, 만일 미군이 참전한다면 중국은 북한에 군대를 파견하겠다고 말했다. 소련은 미국과 38선 분할에 합의한 탓에 참전하기 껄끄럽지만 중국은 그러한 의무에 얽매여 있지 않아 도울 수 있다는 것이다.

반면 저우언라이에 따르면 마오쩌둥은 "일본군이 참전한다면 전쟁은 장기화될 것이라고 경고했고 일본군보다 미군 자체가 군사행동에 나설지도 모른다고 우려를 표명"했으나, 김일성은 극동에서 미국이 군사 개입할 뜻을 보인 적이 없으며 중국에서도 싸우지 않고 떠났으므로 한반도에서도 소극적으로 대응할 것이라고 말했다고 한다.

당시 김일성과 마오쩌둥 모두 일본군의 참전은 없을 것이라는 결론에 도달했다. 일본의 사정을 알고 있다면 당연히 일본군의 참전은 어림도 없다는 결론으로 귀결됐을 것이다. 그러나 김일성이 일본군이 참전하지 않는 이상 다른 외국 군대의 참전도 없을 것이라고 전망한 데 반해 마오쩌둥은 반대로 일본군이 아닌 미군의 참전 가능성을 전망하기 시작했다. 어쨌든 마오쩌둥은 김일성의 시도를 전면 지지하면서 미군이 참전하면 중국이 군사를 보내 지원하겠다고 약속했다.

준비에
박차를 가하다

김일성과 박헌영은 5월 16일 귀국했다. 그 후 맹렬한 기세로 준비에 박차를 가한 것으로 보인다.

4월에 이미 완전 무장 상태로 정저우를 떠나 새롭게 편성된 조선인 부대 중국인민해방군 제15독립사단이 북한에 도착했다. 18일에는 원산에 입성해 곧바로 인민군 제12사단으로 편성됐다. 사단장은 타오커푸(陶克夫, 한글 이름은 전우全宇), 참모장은 만주파 지병학池炳學이었다. 정치위원에는 조선인민군 문화총국 부국장이던 옌안파 김강金剛이, 포병단 단장에는 같은 옌안파인 최아립崔亞立이 임명됐다. 함께 정저우를 떠난 독립단은 옌안파 이권무李權武가 사단장을 맡고 있던 제4사단으로 편입되어 제18연대를 구성했다.[56] 이로써 조선인민군은 7개 사단 편성으로 증강됐다.

이때부터 개전까지의 러시아 자료는 미국인이 확보한 파일 안에는 포함되어 있지 않았으나 만수로프는 국방부 문서보관소에서 자료를 열람하는 데 성공했다. 그에 따르면 5월 17일 바실리에프 고문은 국방성 장관 바실렙스키와 참모총장 슈테멘코에게 작전 계획을 입안하라는 명령을 받았다. 만수로프는 바실렙스키와 면담한 결과 그들이 이 작전 계획을 입안할 당시 독소전쟁의 경험을 토대로 적을 불시에 공격하지 않고, 적의 병력을 과소평가하지 않으며, 적을 공격할 때는 적을 기만하는 수단을 강구하며, 공격을 전격적으로 시행해 서울을 함락시킬 것, 아군의 병력을 공격 전에 총동원할 것 등을 염두에 두고 지시를 내린 사실이 밝혀졌다고 설명했다.[57]

5월 29일 시티코프는 스탈린에게 지금까지의 준비 과정을 보고했다. 만수로프에 따르면 이 보고는 같은 날 시티코프와 김일성, 바실리에프 고문, 김책, 총참모장 강건, 국가안보위상 최용건 등이 만나 논의한 결과물이었다.[58] 필자는 이전 책에 드미트리 볼코고노프 Dmitry Volkogonov의 저서를 인용해 이 전보를 실었으나[59] 토르쿠노프가 직접 인용했으므로 여기서는 그것을 인용하겠다.

> 김일성은 나에게 공격 준비 경과를 알렸다. 이전에 합의한 무기와 장비는 도착했다. 김일성은 추가로 편성된 사단을 시찰한 결과 이 사단들도 6월 말이면 전투 행동 준비를 갖출 거라는 결론에 도달했다. 김일성의 명령에 따라 조선인민군 총참모부가 바실리에프 장군의 참석하에 전반적인 작전 계획을 입안했다. 김일성은 이 문서를 승인했다. 군 편성 문제는 6월 1일까지 해결되어야 한다. 조선인민군은 6월에는 완전히 총동원될 것이다. 김일성은 공격 개시를 6월 말로 잡아도 될 거라 보고 있다. 더 늦추는 것은 바람직하지 않다. 첫째, 군사적 준비가 적군에게 유출될 우려가 있으며 둘째, 7월이면 장마가 시작되기 때문이다. 김일성은 6월 8일에서 6월 10일 사이에 집결 지역으로 병력 이동을 시작하겠다고 제안했다.[60]

시티코프는 김일성과 만난 후 바실리에프, 포스트니코프Postnikov

를 만나 의견을 물었다. 두 사람은 7월이 적절한 공격 시기라고 판단했으나 앞서 김일성이 언급한 두 조건을 고려해 6월 말에는 공격을 시작해야 한다는 구상으로 기울었다. 시티코프도 이에 동의했다고 되어 있다. 만수로프는 당시 바실리에프가 보고한 작전 계획은 옹진반도에서 국지전을 시작해 동해안으로 이동하면서 마지막으로 서울 정면을 공격하는 것이었다고 설명했다.[61]

최용건도 이 회의에 참석했다. 그러나 한국의 연구자 박명림은 5월부터 9월까지 민족보위성의 중요한 명령이 부상 김일, 포병사령관 무정 등의 이름으로 하달된 점을 볼 때 최용건은 개전에 반대했다고 주장했다.[62] 만수로프도 이 회의에서 최용건이 평화적 교섭 가능성을 제기하며 개전을 서두를 필요가 없다고 주장했다고 했다. 그 근거로 임은林隱과 유성철을 들었다.[63] 그러나 이 회의에서 최용건이 개전을 지지하지 않았다면 그는 개전 자체에도 일절 참여하지 않았을 것이다. 5월 29일 회의 전까지는 의견 충돌이 있었을지도 모르나 이날 회의에서 의견이 통일됐다고 보는 것이 자연스럽다.

한편 김일성과 박헌영은 이러한 준비를 위장하기 위한 캠페인을 전개하기 시작했다. 6월 2일 김일성은 조국전선 아래에서 즉각적인 평화통일을 이룩하자고 촉구했다. 7일에는 조국전선이 평화통일 방안의 실현을 촉구하는 호소문을 발표했다. 1950년 8월에 남북 총선거를 실시하자고 거듭 제의하면서 이를 협의하기 위해 남북 정당 단체의 대표자회의를 6월 중순에 해주나 개성에서 열자고 촉구했다. 나아가 6월 10일 평양방송은 한국에 붙잡혀 있는 남로당의 김삼룡金三龍과 이주하李舟河를 평양에 억류된 조만식曺晩植과 상호 교환하자고 제안했다. 6월 11일 조국전선의 사절 세 사람이 38선을 넘어 한국의 반정부당파와의 접촉을 시도하다가 체포됐다. 이날 한국 정부는 조국전선의 총선거 제안을 거절한다고 발표했다.

6월 12일 인민군 총참모장 강건의 주최로 회의가 열려 김일성과 각 사단장, 사단 참모장, 포병사령관이 회합했다. 시티코프는 이튿날부터 인민군 부대가 38선 북쪽 10~15킬로미터 지점에 배치되기 시작했다고 스탈린에게 보고했다. 이 회의는 전쟁 계획을 전달하기 위한 것이었다.[64] 회의에 참석한 사단장, 참모장은 제1사단 최광(崔光, 만주파), 제2사단 이청송(李青松, 소련계, 하바롭스크파), 제3사단 이영호(李永鎬, 만주파), 제4사단 이권무(옌안파), 참모장 허봉학(許鳳學, 만주파), 제5사단 김창덕(金昌德, 옌안파), 제6사단 방호산(옌안파), 제12사단 전우(옌안파), 참모장 지병학(만주파) 등이었다.[65] 말할 것도 없이 최용건과 김일, 포병사령관 무정, 김웅 이하 민족보위성 국장들도 참석했을 것이다. 만수로프는 이 회의에 소련과 중국의 대사도 참석했다고 주장한다. 이날 사단장급에 개전 방침이 처음으로 설명됐다. 이 단계에서 실전 훈련이 시작됐다, 전선으로 이동하라는 명령이 각 사단에 하달된 듯하다.[66]

노획 북한 문서에 포함된 제655군부대 문화부의 '절대 비밀' 문서 〈전시 정치문화사업(참고재료)〉은 6월 13일에 작성된 것으로 연구자의 시선을 끌었다. 커밍스는 이 자료는 "조선인민군이 남측 공격을 계획한 것을 알려 주는 자료이나 놀랄 만한 자료는 아니다. 이는 그들이 먼저 공격했다거나 6월에 공격하려고 계획했다는 것을 증명하지 못한다"라고 주장했다.[67] 하기와라 료는 이를 본인이 "발견한 문서 중에서도 가장 중요한 것"이라며, 제6사단의 '남진계획서'였다고 주장했다. 박명림 또한 이를 "북한의 선제공격에 대한 핵심 증거가 되는 문서로 의심의 여지가 없는 자료"라고 주장했다.[68] 그러나 12일에 처음 개전 방침이 설명됐다면, 사단의 문화부에서 이튿날 바로 그 방침을 담은 문서를 작성해 등사판으로 12쪽의 책자를 만들어 내기는 어렵다. 물리적으로도 시간이 부족하다.

실제로 이 문서는 '제1계단 집결 구역 도착 이전 행군 시 정치문화사업' '제2계단 전투 명령 접수 전 집결 구역에서의 정치문화사업' '제3계단 전투 명령 접수 후 공격 개시 전까지의 정치문화사업' '제4계단 공격 전투 개시 후 종결까지의 정치문화사업' '제5계단 전투 종결 후 정치문화사업'으로 구성되어 있다. 분명 은밀히 집결해 전투 명령을 받아 공격한 후 전투가 끝날 때까지의 정치 공작을 상세히 설명한 문건이다. 우선 '계단'은 중국어로, 한글로 고치면 '단계'이다. 내용을 보면 '제1계단'에서 "야간 행군 시에는 군사적 비밀에 속하는 방음, 방광을 철저히 할 것"을 지시한 것은 당연하다고 할 수 있으나 "행군 중 적기 내습 등 일단 유사시에는 지휘에 절대복종할 것"을 명령하고 있다.[69] 이는 한반도의 상황에 맞게 작성됐다고는 볼 수 없으며 중국에서 파견된 사단이 중국의 전투 경험을 토대로 정리한 일반적 문서로 봐야 한다. 그리고 '제4계단'의 일부에는 "연대, 대대의 문화 책임자는 일부 간부로 하여금 이미 점령한 지역의 기반을 다지고 사상자와 전리품의 처리를 적절히 해결해야 하며 특히 점령 지구의 지방 정당, 정권 및 보위 간부와 연계하여 인민을 부추기는, 잠입한 암해분자暗害分子를 적발하여 처리할 것"이라고 적혀 있으나 한국에는 이러한 "지방 정당, 정권"은 존재하지 않았다. 또 '제5계단' 중 "점령 지역에 대한 공고 사업"에서는 "정치사상 동원을 진행시키고 면밀한 방위 조직을 수립해 어떠한 적의 반격 기도도 격퇴 봉쇄해야 한다"라고 적혀 있을 뿐이다. 내용상 도저히 남을 해방시키는 전쟁의 구체적인 계획서로 볼 수 없다. 이 점에서 문서 마지막에 "이상 제공하는 지도 참모 훈련 시에 사용되어야 할 전시 정치문화사업의 재료에 대해 관하官下 전체 문화 공작자는 심도 있게 연구해 집행해야 하며, 실제 훈련 과정 중 얻은 경험을 토대로 본 재료의 내용을 더욱 풍성하게 만들기를 바란다"라고 쓰인 대목[70]을 기존의 연구자는 무시했으나 타당하지 않다. '제3계단'에는 두 군데에서 "전투 명령(훈련)"이라는 표현이 등장하는 것으로 보아 이 문서는 훈련 연습용 교재인 것이 명백하다.

하지만 6월 16일 시티코프는 모스크바에 3단계 공격작전계획서를 전달했다. 토르쿠노프의 인용에 따르면 "6월 25일 이른 아침 공격을 개시할 것이다. 조선인민군 부대는 먼저 옹진반도에서 공격하고 이어서 조선의 서해안을 따라 주요 타격을 가할 것이다. 그 후 서울을 점령해 한강을 장악한다. 동시에 동부의 북조선군은 춘천, 강릉을 해방시킨다. 그 결과 적의 주력군은 서울 주변에서 포위되어 괴멸된다. 작전의 최종 단계에는 적군의 남은 병력을 격파하고 도시와 항만을 점령함으로써 조선의 나머지 지역을 해방시킨다"라는 것이었다.[71]

미군의 번역 자료에는 미군이 확보한 6월 20일 자 메모가 포함된 조선인민군 정찰국장이 작성한 러시아어 자료 〈조선인민군 공격작전을 위한 정찰 계획〉이 존재한다. 커밍스는 러시아어라는 이유로 이 자료에 의문을 제기했으나 이 자료는 명령 하달 전의 초고다. 그러니 러시아어로 기안되지 않았으리란 법은 없다. "Sov. sekretno", 즉 "Sovershenno sekretno(극비)"라고 쓰여 있으며 3단계 작전 계획에 호응하는 정찰 계획을 지시하고 있다. 이에 따르면 제1단계가 "적의 방어선을 돌파해 적의 주력 집단을 분쇄한다"이고, 제2단계는 "남조선에 대한 공격을 진전시켜 적의 예비 병력을 분쇄한다", 제3단계는 "분쇄된 적의 잔당을 남조선에서 일소해 남쪽 해안으로 전진한다"라고 설명되어 있다.[72] 시티코프의 16일 보고에 담긴 3단계 작전과 비교하면 1단계씩 밀려 있다. 이쪽은 처음부터 전면 공격한다는 버전이다. 즉 모스크바에 보고된 옹진 작전부터 시작한다는 계획과는 별개로 모든 전선에서 일제히 공격하는 작전 계획도 존재했던 것이다.

두 안 모두 서울 주변에서 한국군의 주력 부대를 괴멸시킨다는 계획에는 변함이 없다. 군사고문 바실리에프가 서울 전면을 한국군 주력 부대가 사수할 것이라고 가정하고 그곳에서 주력 부대를 괴멸시켜 서울 점령에 성공한다면 나머지는 적의 예비 병력뿐이라고 생각한 것은 그의 독소전쟁 경험에서 나온 것이다. 그는 모스크바 전면을 사수하는 전투와 스탈린그라드를 사수하는 전투에 참전했다. 그곳이 돌파당했다간 소련은 치명적인 타격을 입었을 것이었다. 그러한 경험에서 바실리에프는 한국군도 서울 사수 전투를 전개할 거라고 가정했다. 러시아의 전쟁사에서도 미하일 쿠투조프Mikhail Kutuzov가 나폴레옹 군대가 침공해 오자 모스크바를 버리고 퇴각한 후에 반격하는 전략으로 맞선 사례가 있음에도 이 수석 군사고문은 그것을 까맣게 잊고 있었다.

참고로 이 전반적 정찰 계획과 관련해 6월 18일에 작성된 각 사단에 대한 개별 정찰 명령서의 초안도 발견됐다. 이 또한 러시아어로 작성됐고 수신인은 제3경비여단, 제1, 4, 5, 6, 12사단, 제12자동차연대이다.[73]

인민군 각 사단의 배치

조선인민군 각 부대는 6월 10일을 전후로 실전

훈련 명목으로 일제히 38선 부근으로 전진했다고 알려져 있다.[74] 방선주가 발굴한 자료에서 제353부대 문화부 오이삼 부부대장이 제395군부대 문화부 부부대장에게 보낸 보고(1950년 6월 22일)를 재인용해 보겠다. 문화부란 정치부를 말한다.

군무자들의 사상 동향에 대하여

1. 행군 시에 있어서

평화적 조국 통일에 대한 조국전선의 제의가 성공하지 못하고, 더욱이 조국전선 선언서의 전달을 위해 파견됐던 연락원까지 체포됐다는 소식을 들은 우리 부대 군무자들은 언젠가는 행동이 있을 거라고 예측했다. 언제든지 이동할 수 있는 준비는 하고 있었으나 학습을 계속했기에 그렇게 갑자기 행동이 있으리라고는 생각지 못했다. 그러나 마침내 6월 17일 점심때부터 자동차에 적재하고 행군 준비를 시켰으나 당황하는 동무는 없었다. 침착하게 그러나 서둘러서 일체의 소지품과 전투 준비를 갖추고 본래 야영을 하고 있던 부대의 비밀을 지키기 위해 일체의 "쓰레기", "낙서" 등을 소각하는 것을 더욱 철저히 집행했다.

행군 준비를 4~5시간 이내에 완수하고 저녁 식사까지 다 마치고 6월 17일 19시 30분에 부대가 출발했다. 유명한 모로조프Morozov 공장 마크를 단 신형 포차에 분승한 우리 부대 전원은 포탄까지 정량을 싣고 완전한 전투 준비로 명령을 받은 목적지로 떠났다. …… 도착 시각은 6월 18일 2시였다.
……

2. 집결 구역에서의 군무자의 사상 동태

목적지에 도착한 즉시 포 참호 구축과 자동차 위장, 포좌지砲座地, 경제 조직

을 지휘관의 명령대로 단시간에 완료했다. ……

19일에 다시금 상부 명령에 따라 우리 구역을 500미터 전방의 위치에 두게

된 때도 역시 야간에 침착하게 이동했고 밤늦게까지 포좌지, 자동차 은폐,

위장 등에 모두가 한마음으로 협력하여 맹렬한 기세로 작업했다. …… 특히

20일에는 종일 비가 와 무기, 자동차를 잘 간직하고 자신들의 포좌지를 사

수하는 데에 적극적으로 매달렸다. 종일 비가 내리는 날에 운전수와 포수

동무들은 도하 기재機材를 나르는 것을 완료했고, 젖은 의복을 입은 동무들

은 최고인민회의 상임위원회가 남조선 국회에 보낸 결정서를 듣고 사기가

올라 괴로움을 느끼지 않고 야영 전투 준비를 완전히 갖추었다. ……[75]

6월 19일 북한의 최고인민회의는 한국 국회에 무조건적으로 합
동하자는 안을 제안했다. 이는 실현 가능성이 없는 것을 제의하는
제스처일 뿐으로, 병사들도 그것이 제스처임을 알았을 것이다. 마
침내 개전으로 가는 최종 국면에 다다랐다.

6월 20일 시티코프는 상륙 작전을 위해 해상 수송 수단이 필요한
데 승조원이 없으니 소련 해군 요원의 힘을 빌리고 싶다는 김일성
의 요청을 수용해야 한다는 전보를 보냈다.[76] 이날 밤 모스크바 시
각으로 20일 22시, 시티코프는 이례적으로 모스크바에 전화를 걸
어 2시간 전, 다시 말해 모스크바 시각으로 20시에 한국군에게 모

스크바 시각 23시에 북진 공격을 개시하라는 명령이 하달됐다고 전달했다. 시티코프는 이 정보는 명령이 암호화되지 않은 형태로 하달됐기 때문에 "의심스럽다"라고 덧붙였다.[77]

6월 21일 시티코프는 더 결정적인 전보를 보냈다.[78] "김일성은 남조선 방송의 수신 및 정보원의 보고를 토대로 남측이 조선인민군의 공격이 임박했음을 구체적으로 포착한 듯하다고 말했다. 이에 따라 남측은 군대의 전투력을 높일 방책을 짜고 있다. 방어선을 강화하고 옹진반도 방향에 추가 병력을 배치하고 있다. 이 점과 관련해 김일성은 원래의 작전 계획을 변경해 분할선 전역에서 일제히 공격하자고 제안했다."

이에 대해 스탈린은 미국에 간섭할 명분을 줄 수 있으니 상륙부대의 수송에 소련 해군을 투입해서는 안 된다고 하면서도 동시에 모든 전선에서 공격한다는 김일성의 안을 최종적으로 지지했다.[79]

남측에 정보가 유출된 이상 남측이 대응 태세를 갖추기 전에 공격하자는 것이 김일성의 의견이었다. 그러나 그런 정보는 존재하지 않았을 것이다. 이때 모든 전선의 일제 공격이라는 방안이 결정됐으나 앞서 살펴본 바와 같이 이 방안도 이미 구상이 끝난 상황이었다. 김일성 등이 일제 공격에 집착했다는 것이 진실일지도 모른다. 옹진에서 시작하는 방안은 국지적인 충돌과 전투가 이미 반복되던 곳이었기 때문에 남측의 공격에 응전했다고 쉽게 설명할 수 있다. 반면 모든 전선에서 일제히 공격을 개시할 경우 남측의 공격에 응전한 것이라고 설명하기는 어렵다. 그러나 그 길이 선택됐다.

전야의
미국

개전 전야前夜 미국의 동태 중 특기할 만한 것은 1950년 4월 14일 국가안전보장회의가 문서 〈NSC-68〉을 채택한 점이다. 이 문서는 향후 미국 국방 안보 정책의 기초가 된다. 주된 주장은 소련은 이미 원자폭탄을 보유하고 있으며 어쩌면 수소폭탄도 단기간 내에 보유하게 될 것이고, 그 결과 1954년까지 소련은 미국에 괴멸적인 선제공격을 가할 능력을 갖추게 된다는 것이었다. 소련의 위협은 "이전에 예측된 것보다 절박하다." 이러한 소련의 공세에 대항하기 위해서는 거대한 군사력 구축에 착수해야 한다고 제안됐다. 그러나 이를 위한 막대한 재정 지출은 트루먼 대통령의 보수적 재정 정책 기조와는 맞지 않았다. 피에르파올리는 "〈NSC-68〉은 당분간 광 속에 처박히는 신세가 됐다"라고 했다.[80]

그래서 전야의 미국의 움직임은 기민하지 않았다. 사람들의 관심은 오랫동안 미국이 북한의 동태를 포착하지 못했는지, 아니면 알면서도 방관했는지에 집중됐다. 알았지만 중시하지 않았다는 것이 진실에 가깝다.

미군 철수 후 한국에 남은 정보 수집기관인 KLO는 그 후 북한의 군비 증강, 38선 부근의 변화를 포착하고 있었다. 1950년 3월 말부터 첩보원들은 38선 방면의 주민 대피 동향을 보고했다. 3월 31일에는 한 첩보원이 2월 10일에 38선에서 북쪽으로 12킬로미터 떨어진 통천군의 주민 30%에게 3월 31일까지 원산, 철원으로 피란하라는 명령이 떨어졌다고 보고했다.[81] 다른 첩보원은 해주 지구의 주민 전원에게 3월 15일 피란 명령이 내려졌다고 보고했다.[82] 그리고 제3의 첩보원은 "북한 괴뢰정부는 38선의 북쪽 4킬로미터 이내에 거주하는 주민에게 피란 명령을 내렸다. 피란은 1950년 3월 15일부터 30일 사이에 이루어진다. …… 38선의 병력은 작년에 비해 3배 증강됐고 경계 4킬로미터 이내에는 민간인의 출입을 막는 것이 북한 정권의 의도라고 전해진다"라고 보고했다.[83] 4월에 들어서자 중국에서 들어온 부대, 옛 166사단의 인민군 제4사단에 관한 구체적인 정보가 입수됐다.[84] 또 북한 정부가 5월 31일까지 38선 지역의 모든 간선도로를 수리하고 교량을 설치하라고 명령했다는 보고가 도착했다.[85]

5월에는 보고가 폭발적으로 증가했다. 5월 10일의 첩보원 보고를 토대로 작성된 〈KLO 보고 518호〉가 가장 포괄적이었다. 1949년 8월에 중국에서 2개 사단이 북한으로 들어왔으며, 같은 해 12월에 3개 사단이 추가로 들어와 인민군에 편입되어 현재 7개 사단으로 늘어났고 향후 13개 사단으로 증강될 듯하다는 내용이었다. 여기에 미 극동군 총사령부 G-2는 다음과 같은 코멘트를 덧붙였다.

6개 정규 사단의 존재는 이미 파악됐다. 그리고 병영은 거의 38도선부터 39도선 사이의 벨트 지대에 위치한다. 나는 우리 육군과 KLO 쌍방의 비밀 첩보원이 깊숙이 침투하지 못한 게 아닌가 하고 의심했고 러시아와의 국경에 가까운 한반도의 북동부에 파견된 몇몇은 자취를 감추고 말았다. 그래서 나는 이 청진과 나진이라는 중요 항만을 가진 북동 지역이 신병 수용과 편성 지역일 뿐만 아니라 아마도 러시아제 장비, 특히 전차와 중화기의 반입 지점일 것이라고 추정한다. …… 우리는 13개 사단 이상의 총병력이 형성 과정에 있다고 합리적으로 추론할 수 있다. 이는 공격을 위해서는 2 대 1의 우위가 필요하다는 이론과 일치한다. 남한의 현 군사력을 …… 북의 공산주의자는 낱낱이 알고 있다. 따라서 그들은 불충분한 병력으로 공격할 리가 없다. 반대로 그들은 확실히 병력을 2배로 늘리려 하고 있다. …… 만주에서 민족적으로는 조선인인 잘 훈련된 공산주의자가 입국했다는 이전 증언은 필요한 병력을 공급하는 것이며, 압록강을 건넌 그런 입국에 대해서는 많은 보고를 입수했다. 또한 우리는 1949년 6월부터 1950년 3월까지 북한 사람의 계속된 징병 보고(<KLO 507호>)도 확보했다. …… 북한이 침공할지도 모른다는 소문이 끊임없이 돌고 있으며 이는 제3사단, 제2사단이 38선 서쪽으로 이동했다는 보고에 따른 것이다. 1월 5일 우리는 "북한 정부가 1950년 3월과 4월을 남한 침공 시기로 결정했다"라고 보고했다. 또 우리는 3월 10일에 "인민군이 1950년에 남한을 침공할 것이라는 보고를 받았다"라고 보고했다. 1949년 12월 8일에 우리는 다음과 같이 D/A에 보고했다. "침공이 임박했다고는 보이지 않으며 공공연한 침공 타이밍을 장기 예측하는 것은 타당하지 않다. 중국 공산주의의 충격으로 제반 요소가 급속히 변화하고 있기 때문이다. 중국에서 중국 공산주의자의 전쟁이 끝나는 동시에 더 많은 군대와 물자가 북한으로 향할 것이다. 남쪽 공화국의 위험은 그때 절정에 달할 것이라고 생각된다. 군사 작전에 가장 알맞은 기상 여건은 지나갔다(1949년 12월). 그러한 행동에 적절한 다음 시기는 1950년 4, 5월이다."[86]

북한의 병력은 7개 사단이며 추가로 3개 사단이 준비된 것을 볼 때 첩보원의 정보는 규모 면에서 정확하다고 할 수 있다. 그러나 G-2는 한국 병력의 2배 수준이 아니면 북한이 침공할 리 없다고 평가했다. 역시 기상 여건은 4, 5월이 적절하다고 지적했으나 1월 이후의 침공설을 열거한 것은 이 시점에서도 여전히 위험은 없다고 결론을 내렸던 것이다. G-2는 "북한 정부의 공격적인 태도는 자발적인 것으로 생각"되지 않으며, "북한 괴뢰정권의 모든 행동의 배후에는 크렘린에 있는 소비에트 주인의 강력하면서도 목적의식적인 지휘가 있다는 것이 늘 의식되고 계속해서 보고됐다." 따라서 침공 시기는 "모스크바의 러시아 최고사령부의 지령, 소련의 세계정세 평가, 다른 아시아 국가에서의 공산주의 투쟁 상황에 달려 있다고 주의 깊게 지적했다."[87]

G-2의 평가는 고의로 덧붙여졌다고 보는 견해도 있다. 커밍스는 그러한 견해를 지지하면서 더 많은 자료의 공개를 기다려야 하나, "도쿄와 워싱턴의 소수가 공격이 임박한 것을 포착해 거기에 대

비하면서도 공격이 시작되는 것을 방치하고 의회에는 그 당시에도, 그 이후로도 일절 알리지 않았을"[88] 가능성을 인정하고 있다. 방선주도 "미국은 남침의 윤곽을 알고 있었고 극동군 총사령부는 적어도 6월 23일에는 하루 이틀 새에 북한이 남침할 것을 알고 있었다고 필자는 추측한다"라고 했다.[89] 그러나 뒤에서 검토할 개전 직후 맥아더의 반응을 보더라도 그들은 북한의 행동에서 주도권을 쥔 쪽은 소련이라는 인식에 사로잡혀 있었다. 그래서 소련이 1950년 초여름 시점에 북한군의 공격을 지지할 리 없다고 생각한 게 아닐까. 이런 점에서 "전쟁 발발 직전 미국의 정보 분석자는 북한군의 침공 능력에 대해 부족하지만 꽤 많은 지식을 확보하고 있었다. 그러나 정보기관의 책임자와 정부 관계자는 공산 측의 의도에 대해 회의적이었다"라는 오코노기 마사오의 평가에 찬성한다.[90]

미국 중앙정보국Central Intelligence Agency, CIA도 6월 14일에 보고서를 제출하고 북한에는 전면적으로 남침할 능력이 있다는 판단을 제시했으나 의도에 대해서는 일언반구도 하지 않은 듯하다.[91] 그러나 존 포스터 덜레스John Foster Dulles 미 국무부 고문은 이 CIA 보고서를 읽었기 때문에 한국 방문을 결정했다고 한다. 6월 18일 한국을 찾은 덜레스는 곧바로 38선을 시찰했다. 북한 측이 이 움직임에 특별히 주목한 것은 잘 알려져 있다. 이튿날인 19일 그는 한국 국회에서의 연설에서 "이미 미국은 군사적인 침략을 당하지 않았음에도 강한 요구가 있었을 때 두 차례 자유를 방위하고자 무력으로 개입했었다. 우리는 조약 때문에 그런 의무를 진 게 아니다. …… 여러분은 혼자가 아니다. 여러분이 인간의 자유를 위한 위대한 설계에 걸맞은 역할을 꾸준히 수행하는 한 여러분은 앞으로도 결코 혼자가 아닐 것이다"라는 말을 남겼다. 한국인은 덜레스의 이 발언을 한국 방위를 보장한 것으로 받아들였다. 그러나 커밍스는 덜레스가 특별히 임박한 위험을 염두에 두었던 것은 아니라고 보았다.[92]

도쿄로 덜레스를 마중 나왔던 주한 미군 군사고문단 단장 로버츠 준장은 도쿄로 떠나는 덜레스를 배웅한 뒤 단장직을 내려놓고 6월 15일 서울을 떠났다. 후임은 아직 도착 전이었다. 단장 대리인 스털링 라이트W. H. Sterling Wright 대령도 19일 도쿄 출장 명령을 받고 6월 24일에 도쿄로 출발했다. 휴가를 보내기 위해서라는 설도 있다.[93]

CIA는 6월 19일 두 번째 보고서를 제출했다. 이 보고서에서는 "북한군은 현재의 구성과 지원 아래 서울 점령을 포함해 남한에 대한 단기간의 군사 작전에서 제한된 목적을 달성할 수 있는 능력을 갖췄다", "현재 북한군은 남한군과 전면전을 치를 정신적 결의를 다졌을 것이다"라고 설명하고 있다. 그러나 소련은 자국군의 참전을 원하지 않으며 중공군의 참전도 원하지 않는다고 하고 중소 양군의 참전 없이는 한국 전토를 장악할 수 없다고 보았고, 이때도 공격이 임박했는지에 대해서는 판단을 내리지 않았다.[94]

전야의
한국

　　　　　　1950년에 들어 북한은 개전 준비에 온 힘을 쏟은 데 반해 한국은 일종의 혼란 상태에 빠져 있었다. 인플레이션이 새해 벽두부터 큰 문제로 부상했다. 이승만 대통령은 5월로 예정되어 있던 국회의원 선거를 연기할 생각이었다.

　이승만 대통령은 줄곧 북진통일론을 견지하고 있었다. 이 대통령은 북한이 공격해 오면 북진통일의 기회가 생길 거라고 보았다. 그는 2월에 도쿄를 방문해 맥아더와 면담했다. 정일권 참모차장이 수행했다. 정일권의 회고에 따르면 이 대통령은 맥아더에게 소련은 "북을 부추겨 한국 공략의 대리전을 도발할 것이 틀림없다", 이를 억제할 수 있는 것은 미국의 "확고한 한반도 정책뿐이다"라고 말했다. 그러자 맥아더는 소련 혹은 중국이 전쟁을 일으킨다면 "원자폭탄까지 불사할 각오로 맞섭시다"라고 답했다고 한다.[95]

　3월에는 신태영申泰英 참모총장, 정일권 차장 체제에서 북의 공격에 대비하는 작전 계획이 수립됐다. 바로 1950년 3월 25일에 작성된 '육군본부 작전명령 제38호'이다. 이는 고급 군사기밀이었으나 근래에 공개됐다. 한국 국방군사연구소가 편찬한《한국전쟁》제1권(원저 1995년 간행)에 이 계획이 소개되어 있는데 "방위의 중점을 의정부 지구에 두고 방위 지대를 설정해 인민군의 공격을 진지 앞에서 격퇴해 38선을 확보할 방침"이라고 되어 있다.[96] 정일권 본인도 회고록에서 "방어 각오의 전수방위專守防衛를 원칙으로 하되 주저항선主抵抗線과 제2선을 가상 접근로의 중심과 겹치게 하는 구상이었다"라고 설명했다.[97] 그러나 박명림은 이 작전 계획의 본질을 "북한이 공격하면 후퇴 후에 반격"하는 계획이라고 처음 설명했다. 초기는 경계선 전투, 제2기는 주진지 전투, 제3기는 최후 저항선 전투로, 후퇴한 다음 반격에 나선다는 구상이었다. 박명림은 중앙에 그러한 계획이 있었을뿐더러 각 사단에도 같은 작전 계획이 있었다고 지적했다.[98] 이 작전 계획은 이 대통령의 구상과 완벽하게 일치하는 것이었다.

4월 들어 애치슨 미 국무부 장관은 3일에 이 대통령에게 각서를 보내 인플레이션 극복을 위한 근본적인 조치를 강구하지 않으면 경제 협력 원조 계획을 재검토하겠다고 압박했고 국회의원 선거 연기에 반대했다.[99] 한미 간에 긴장이 고조됐다. 이때 이 대통령은 이범석 국무총리를 해임하고 후임으로 이윤영李允榮을 지명했으나 4월 6일 국회에서 4표 차로 부결되고 말았다.[100] 이에 국방부 장관 신성모가 국무총리까지 임시 겸임하게 됐다. 이범석으로는 미국과의 관계가 악화될 수 있다고 판단해 신성모를 총리 대행으로 앉혀 한미 관계의 개선을 꾀한 것이다. 그러나 미국이 못을 박은 이상 국회의원 선거를 연기할 수는 없었다. 그래서 이 대통령은 민주국민당의 당세를 경찰기구를 써서 강화하려 했다는 구실을 내세워 김효석 내무부 장관을 해임하고 백성욱白性郁을 후임으로 임명했다.

김효석은 군 내부의 남로당원 적발 등을 적극 추진했으나 한국전쟁 중에 북으로 도망친 인물로, 북의 간첩이었던 것으로 보인다. 그의 뒤를 이은 백성욱은 승려 출신으로 매우 염세적인 인물이었다고 전해진다. 4월 10일 신태영을 대신해 채병덕이 참모총장으로 복귀했다.[101] 정일권 참모차장은 같은 달 미국 참모본부대학 유학을 명분으로 미국으로 출발했다. 정일권은 신성모 국방부 장관으로부터 "미국에 가서 국방부 요인에게 38선의 긴박한 위기 상황을 구체적으로 설명하고 군사 원조가 얼마나 시급한지 납득시켜 달라"라는 부탁을 받았다고 했으나[102] 진실은 알 수 없다. 전쟁의 위기가 고조된 시점에 현직 참모차장이 두 달 이상의 예정으로 나라를 떠났다는 것은 비정상적이다.

5월 초순에는 《U.S. 뉴스와 월드 리포트U.S. News & World Report》에 실린 미국 상원 외교위원회 위원장 톰 코널리Tom Connally의 인터뷰가 문제시됐다. 코널리는 "한국을 포기하자는 제안이 진지하게 검토될 거라고 생각하는가?"라는 질문에 "미국이 원하든 원치 않든 간에 그런 일은 일어날 수 있다고 생각한다. 그래서 진지하게 검토될 것이다"라고 답했다. "한국은 방위 전략상 필수 불가결한 지역이 아닌가?"라는 질문에는 애치슨 연설을 되풀이하며 일본, 오키나와, 필리핀 외에는 "절대적으로 필수 불가결하지는 않다"라고 답했다.[103] 한국 측의 불신감, 불쾌감은 정점에 이르렀고 애치슨과 무초 대사는 이러한 의견을 없애려고 필사적으로 애를 썼다. 이에 대항해 신성모는 5월 10일 기자회견을 열고 중국에서 2개 사단이 북측에 도착해 병력이 18만 3,100명으로 늘었으며 북은 173대의 전차와 195대의 공군기도 보유하고 있다고 발표했다.[104] 이 상황을 구체적으로 설명한 이는 이승만이었다. 그는 12일 다음과 같이 발언했다.

> 며칠 전 한 미국인 친구가 미국이 남한에 무기를 제공하면 남한이 북한을 침공하지 않을까 걱정된다고 말했다. 이는 남한을 모르는 일부 미국인의 쓸데없는 걱정이다. 우리가 현재 직면한 전쟁은 냉전이 아니라 진짜 서로 총을 겨누는 전쟁이다. 우리 군은 동원 가능한 모든 반격 조치를 취할 것이다. …… 북한은 38선 부근에 집결해 있다. 이들 북한 군대가 38선 가까이에 집결한 까닭이 일본이나 중국을 침공하기 위해서라고는 생각지 않는다. …… 굳이 말하자면 미국이 우리나라를 도와주고 싶다면 립서비스로 끝나서는 안 된다.[105]

드럼라이트 공사는 5월 11일 본국에 한국 국방부 장관의 발표는 "과장된 수치로" 미국에 추가 군사 원조를 압박하기 위한 것이라고 설명했다. 그리고 실제 북의 병사 수는 10만 3천 명, 전차는 65대라고 보고했다.[106] 한국 측 발표는 틀린 것이었다.

한국에서는 5월 30일에 제2대 국회의원 선거가 치러졌다. 내무부의 적극적인 선거 개입에도 불구하고 여당이 패배했다. 새 의원

210명 중 현직은 21명이었고 나머지는 전부 초선이었다. 그리고 여당은 대한민국당 24석, 대한독립촉성국민회 12석, 대한청년단 10석, 일민구락부 4석, 대한노동총연맹 2석, 조선민주당 2석, 대한부인회 1석, 중앙불교위원회 1석, 애국단체연합회 1석으로 총 57석을 차지했다. 야당은 한국민주당의 후진인 민주국민당 23석, 사회당 2석, 민족자주연맹 1석으로 총 26석을 차지했다. 한편 무소속이 127석에 달했다. 이 무소속 중에는 안재홍安在鴻, 원세훈元世勳, 여운홍呂運弘 등의 중간파, 조봉암曹奉岩, 장건상張建相 등의 혁신계 거물들이 의석을 차지했다. 의회의 반정부 성향은 의장 선거에서 드러났다. 제1차 선거에서 국민당의 신익희申翼熙가 96표, 사회당의 조소앙趙素昻이 48표를 얻었으나 정부가 지지한 무소속 오위영吳緯泳은 46표, 여당 후보인 이갑성李甲成은 고작 11표밖에 획득하지 못해 결선 투표에서 신익희가 의장으로 선출됐다. 게다가 조봉암은 부의장 중 한 명으로 선출됐다.[107] 북한의 시선에서는 한국 측의 분열이 커져 이 대통령의 권력이 갈수록 약화됐다고 보았을 것이다.

박명림은 '육군본부 작전명령 제38호'를 한 단계 더 발전시킨 SL-17로 알려진 작전 계획이 6월 19일 국방부에서 작성됐다고 클레이 블레어Clay D. Blair에 의거해 주장했다.[108] 이는 북한 인민군이 공격해 오면 부산까지 후퇴하여 방어선을 형성하고 인천 상륙 작전으로 반격하는 안이었다고 한다. 군사적으로 보면 당시의 무기 수준으로는 수도 사수 같은 작전 계획은 현실성이 없었고 후퇴 후 반격 계획이 타당했다고 할 수 있다.

그렇다면 소련인 수석 군사고문 바실리에프가 세운 북한의 작전 계획을 이미 앞질렀다는 말이 된다.

한국 측에 북한을 꾀어 침략을 유도하려는 적극적인 움직임이 있었는지의 문제에 대해, 박명림은 그런 움직임은 없었고 한국군 내부에서 활동하던 북의 첩자가 개문開門 정책을 시행한 것으로 보인다고 주장했다. "결론적으로 필자[박명림]는 남한의 일부 직위에 있던 사람들은 유도가 아니라 오히려 오열[五列, 적을 이롭게 하거나 적과 내통하는 자 - 역자 주]로 행동했다고 본다." 박명림은 특히 내무부 장관 김효석에 주목하여 남측 정부와 군 상층부에 북의 첩자가 숨어 있던 것은 분명하다고 주장했다.[109]

분명 한국군 수뇌의 행동은 기묘했다. 채병덕 신임 참모총장은 4월 22일 군 수뇌부 인사를 단행하고 백선엽을 제5사단장에서 제1사단장으로, 유승렬을 제1사단장에서 제3사단장으로, 이응준李應俊을 제5사단장으로, 김백일을 제3사단장에서 육군본부 참모부장으로 이동시켰다.[110] 이 이동은 특별히 문제가 되지는 않았다. 그러나 5, 6월 위기설이 공공연히 나돌고, 5월 13일에는 채병덕 본인이 5월 30일에 북의 공격이 예상된다고 발표한 상황에서 곧바로 6월 10일 군 수뇌부 이동을 다시금 단행한 것은 납득이 되지 않는 행동이다. 38선에 배치된 제8사단의 사단장은 이형근李亨根에서 이성가李成佳로, 제7사단의 사단장은 이준식李俊植에서 유재흥劉載興으로, 제

6사단의 사단장은 신상철申尙澈에서 김종오金鍾五로 전원 교체됐다. 결과적으로 능력 있는 군인을 임명했다는 견해도 있으나 신임 사단장의 입장에서는 부임 후 담당 지역을 한 차례 시찰하기도 전에 전쟁이 발발하게 된다.[111]

6월 20일 당시 한국 정부와 군은 특별한 행동을 보이지는 않았다. 도리어 6월 11일부터 이어진 특별 경계 태세가 6월 23일 금요일에 해제됐다. 정보국이 북한군의 동태에서 위험을 감지했다는 보고를 올렸지만, 참모총장은 중시하지 않았다고 한다.[112]

제3장

북한군의 공격

공격
개시

　　　　　　실전 훈련 명령을 받고 38선 부근으로 이동한 조선인민군은 먼저 서쪽으로는 개성 정면에 제6사단과 제1사단이, 동두천 정면에는 제105전차여단, 제4사단과 제3사단이, 춘천 정면에는 제2사단이, 인제 부근에는 제12사단이, 동해 연안에는 제5사단이 배치됐다. 이 중 방호산 사단장의 제6사단, 전우 사단장의 제12사단, 김창덕 사단장의 제5사단, 그리고 제4사단의 제18연대, 즉 총 21개 연대 중 10개 연대가 중국에서 돌아온 만주 조선족의 정예 부대였다. 그 밖에 내무성 경비대 3개 여단을 정규군의 제7, 8, 9사단으로 재편했으나 배치하지는 않았다.

　노획 북한 문서에 따르면 개성 정면의 제6사단 소속 제657부대와 제13연대는 1950년 6월 23일 18시 35분에 '구두 전투 명령'을 받았다. 첫 임무는 적의 참호와 16곳의 토목화점[土木火點, 기관총이나 포를 사격할 수 있도록 흙과 나무로 만든 시설물 - 역자 주]을 점령한 뒤 개성을 점령하고 경성(서울)으로 통하는 도로를 확보하는 것이었다. 공격 준비를 23일 24시까지 완료하라는 명령도 하달됐다.[1] 춘천 정면의 제2사단에 속한 제251군 부대와 공병 제3대대의 제1중대가 6월 24일 19시부터 6월 25일 4시까지 지뢰를 해체해 보병연대의 통로를 확보했다. 또한 제2중대가 6월 24일 22시부터 25일 오전 4시까지 보병연대장의 '전투 명령'에 따라 지뢰를 해체하고 연대의

통로를 확보했다. 이상은 6월 29일 대대장의 보고에 따른 것이다.[2]
이 2건의 문서에서는 다음의 사실을 짐작할 수 있다. 훈련 명령을
받고 전선으로 이동한 모든 보병연대는 6월 23일 저녁에 전투 명
령을 받았고, 이어서 25일 오전 4시부로 공격을 개시하라는 명령이
모든 부대에 하달됐으며, 공병은 곧바로 6월 24일 밤부터 지뢰 해
체 작업에 들어갔다.[3]

  1950년 6월 25일은 일요일이었다. 이날 오전 4시 40분 북한군은
38선상의 모든 지점에서 일제히 공격을 개시했다. 이 개전 상황에
관한 가장 중요한 자료는 6월 26일 평양의 시티코프 대사가 모스크
바의 소련군 참모 자하로프 제1차장에게 보고한 암호전보다.[4]

조선인민군의 군사 작전 준비와 진행 과정에 대해 보고합니다.

참모본부의 계획대로 인민군은 6월 12일부터 38선 지역에 집결을 시작하
여 23일에 완료했다. 부대의 이동은 사고 없이 조직적으로 수행됐다. 적의
간첩은 부대 이동을 포착했겠지만, 우리는 군의 작전 계획과 개시 시간을
숨기는 데 성공했다.

각 사단의 작전 계획 수립과 지형 정찰 과정에는 소련 고문이 참여했다. 6월
24일 작전 수행을 위한 모든 준비 작업이 완료됐다. 같은 날 사단 사령관에
게는 개전 '일시日時' 명령이 전달됐다.

각 군에서 민족보위상의 정치 명령이 낭독됐다. 거기에는 남조선군이
38선을 침범해 군사 공격을 도발해 왔기에 조선민주주의인민공화국 정부

는 조선인민군에게 반격에 나서라는 명령을 발령했다고 명시됐다. 조선인민군 장병은 이 반격 명령을 열렬히 환영했다.

부대는 6월 24일 24시까지 각 출발 위치에 도착했다. 군사 작전은 현지 시각 [25일] 오전 4시 40분에 시작됐다. 포격 준비가 끝나자 곧이어 직접 포격이 20~40분간 이어졌고 10분간 탄막 사격을 실시했다. 그 후 보병이 행동을 개시하여 패기 있게 돌격했다. 첫 3시간 만에 무려 3~5킬로미터나 이동한 부대도 있었다.

인민군 부대의 공격은 적에게 완전히 예상 밖의 공격이었다. 적은 고작 옹진, 개성[원문은 가이진], 서울 세 방면에서만 거세게 저항했을 뿐이었다. 적은 첫날 12시가 지나서야 조직적으로 저항하기 시작했다. 전투 첫날에는 옹진[원문은 오신](옹진 방면), 개성, 신읍리[포천] 마을을 점령했다.

춘천 방면에서는 인민군 부대가 12킬로미터를 진격했다. 동해안으로는 8킬로미터 전진했다.

첫날 북조선 해군은 동해안 연안 두 지점에서 상륙 작전을 전개했다. 제1 상륙 작전은 강릉 지역에서 해병대 2개 대대와 1천 명의 유격대원이 수행했다. 제2 상륙 작전은 울진 지역에서 유격대원 600명이 수행했다. 작전은 5시 25분에 시작되어 성공리에 실행됐다. 유격부대는 울진면사무소와 인접한 여러 지역을 점령했다.

상륙하는 과정에서 인민군 군함과 남조선군 함선 간에 전투가 발생했다. 이 전투로 남조선의 소해정 1척이 침몰하고 1척이 대파됐다. 북조선 해군에서는 피해가 보고되지 않았다.

6월 26일 인민군 부대는 계속 공격을 퍼부었고 전투하면서 남조선 영토 깊숙한 곳까지 전진했다.

6월 26일 중에 (좌측에서 우측으로 보면) 옹진반도와 강령[원문은 가이신]반도를 완전히 해방시키고 제6사단 부대가 만灣의 횡단을 강행해 김포비행장 방면의 주민 거주지를 점령했다.

서울 방면에서는 제1사단과 제4사단이 문산과 동두천 두 마을을 점령했다. 제2사단은 도의 중심지인 춘천을 점령했다. 동해안 연안에서도 진격을 계속했고, 주문진[원문은 투부리]항을 점령했다.

홍천[원문은 고센] 방면으로 향한 제12사단과 신읍리를 통과해 의정부 방면을 공격하던 제3사단 및 기계화여단과는 이날 하루 종일 통신 교신이 끊겼다.

이 보고는 노획 북한 문서에서 도출된 결론을 오롯이 뒷받침한다. 사전에 하달된 공격 명령 자체가 한국군이 공격해 왔기에 반격하라는 명령이었다는 것은 미리 계획된 이 공격 작전의 특징을 여실히 보여 준다. 그리고 이 보고에서는 모든 전투에서 승리한 이면에 노출된 북한군의 취약점도 솔직하게 지적했다.

인민군의 작전에는 실질적으로 다음과 같은 결함이 있음을 인정해야 한다.

1. 군사 작전을 개시해 각 부대가 진격함에 따라 상부에서 하부까지 참모 간 통신이 두절됐다. 인민군 참모본부는 이미 첫날부터 전투를 지휘할 수 없었다. 어느 사단과도 교신이 확실하게 이어지지 않았기 때문이다.

각 부대의 지휘관은 상급 참모부와 통신 연락을 하고자 애를 쓰지 않았다. 대대장 이상의 지휘소는 상급 참모부의 동의도 거치지 않은 채 임의로 변경됐다. 참모본부는 동해안 연안에서 작전 중이던 여단이나 제12사단과 아직도 통신 연락을 하지 못하고 있다.

2. 조선인민군의 지휘 간부는 전투 경험이 없어서 소련 군사고문이 철수한 후로는 전투 지휘부의 편성이 조악해졌고 전투 현장에서의 포병과 전차 사용에 능숙하지 않으며 통신 연락이 끊겼다.

3. 하지만 우리 군사고문들은 조선인민군 부대의 위대한 열정과 부여된 임무를 수행하고야 말겠다는 강한 열의에 주목하고 있다.

4. 군사 작전 개시 이후 북조선 인민들의 정치적 분위기는 고양되어 있으며, 북조선 정부에 대한 신뢰와 조선인민군의 승리에 대한 확신이 있다. 6월 26일 김일성은 조선민주주의인민공화국 정부 명의로 조선 인민에게 호소문을 발표했다. 그는 이 연설에서 국내 정세를 설명하고 적의 격멸과 조선 통일을 위한 임무를 제시했다.

5. 조선인민군 사령부는 통신 연락과 전투 지휘를 정비하는 조치를 취하고 있다. 이를 위해 인민군 지휘소는 철원[원문은 텝게스] 지역으로 이동했다. 민족보위상, 참모총장과 수석 군사고문은 한 무리의 장교들과 함께 이를 지휘하거나 남조선군과의 응전에 집중했다.

또 한국군의 응전에 대해서도 정리되어 있다.

남에 관한 결론

군사 작전 시작 후 첫 이틀간은 다음과 같은 상황이었다.

1. 적은 저항했고, 전투가 진행되면서 남조선 영내 깊숙이 퇴각했지만, 남
   조선 군대가 대거 항복하거나 포로가 되는 일은 발생하지 않았다.

2. 남조선 괴뢰정부 당국은 후방 깊숙한 지점에 부대를 투입하기 시작했고
   인민군의 전진을 저지하려 노력했다.

3. 인민군이 공격한 첫날, 남에서는 혼란이 일었다. 남조선 당국과 미 대사는
   직접 라디오 방송을 해서 남조선 국민에게 평정을 유지하라고 호소했다.
   남조선군 사령부는 남조선군이 승리하고 있다는 허위 보고를 발표했다.

6월 26일 김일성은 연설에서 "매국노 이승만 괴뢰정부군"의 "전
면적인 침공"을 경비대가 맞받아쳐 침공을 저지했다, 당장 공화국
정부의 결정으로 인민군에게 "결정적인 반격전" 명령이 하달됐다,
이승만 정권을 소탕해 "남반부를 해방시켜", "조선민주주의인민공
화국의 깃발 아래 조국 통일을 달성"한다, "우리가 수행하고 있는
전쟁은 조국의 통일과 독립과 자유와 민주주의를 위한 정의의 전쟁
이다"라고 호소했다.[5] 같은 날 "모든 인민의 역량을 신속히 동원할
목적"으로 군사위원회가 설치됐다. 김일성이 위원장으로, 박헌영,
홍명희, 김책 등 3명의 부수상, 최용건 민족보위상, 박일우 내상, 정
준택鄭準澤 국가계획위원회 위원장이 위원으로 선발됐다. 당의 넘버
3인 허가이가 빠진 것은 전시 내각이었기 때문일 것이다.[6]

한국군의 응전과
정부의 서울 포기

　　　　　　북한군의 공격 당시 한국군은 경계 태세를 푼 상태로 허를 찔렸다고 할 수 있다. 한국군은 기껏해야 옹진반도에 수도사단 제17연대(연대장 백인엽), 개성에 제1사단(사단장 백선엽), 동두천 방면에 제7사단(사단장 유재흥), 춘천 방면에 제6사단(사단장 김종오), 동해안에 제8사단 제10연대와 제21연대, 즉 3개 사단과 3개 연대, 총 12개 연대만이 38선 남쪽을 지키고 있었다. 나머지 3개 사단은 대전, 대구, 광주와 남부에 배치되어 있었다. 북한군 7개 사단, 21개 연대가 전격 공격을 감행했으니 병력은 한국의 2배에 달했던 셈이다. 더욱이 한국군에는 전차가 1대도 없었던 데 반해 북한군은 제105전차여단, 258대의 전차를 보유하고 있었다.[7] 한국군이 버티지 못한 것은 당연했다.

　6월 25일 오전 7시 참모총장 채병덕이 황급히 육군본부에 도착했을 때는 이미 개성이 조선인민군 수하에 넘어간 뒤였다. 신성모 국방부 장관은 문민文民이어서 전쟁 지휘 능력이 없었다. 만사가 채 참모총장의 어깨에 걸머져 있었다. 그러나 장비 조달이 전문으로 전투 지휘 경험이 없던 채병덕 또한 당연히 당황할 수밖에 없었다. 의정부의 제7사단 본부까지 직접 달려가서야 비로소 북의 전면 공격을 확인하는 형국이었다. 전선 시찰 후 육군본부로 돌아온 시각은 오전 10시였다.[8]

이 대통령은 신 국방부 장관의 보고를 듣고 즉시 미 대사에게 면담을 요청했다. 정오 직전 무초 대사는 이 대통령을 만나기 위해 관저를 찾았다. 이 대통령은 탄약과 장비 제공을 요청하고 오후 2시에 국무회의를 열어 서울에 계엄령을 선포할 예정이라고 했다. 이승만의 마지막 발언은 놀라울 정도로 냉정하고 분석적이었다.

> 그는 한국을 제2의 사라예보로 만들지 않으려고 노력해 왔으나 어쩌면 지금의 위기가 한반도 문제를 일거에 전면적으로 해결할 수 있는 최대의 기회가 될지도 모른다고 말했다. 그는 미국의 여론이 공산주의의 침략에 반대하는 쪽으로 하루가 다르게 거세지고 있다고 언급했다. 그는 미국이 "타이완의 현상 유지"를 위해 행동에 나서 주기를 희망했다. "중국의 공산주의자를 당분간 바쁘게 만들기 위해서다."

개전은 한국을 "제2의 사라예보"로 만들고, 국지전을 세계전쟁으로 발전시켜 한국군의 북진통일을 실현케 한다. 그렇기에 이는 "한반도 문제를 일거에 전면적으로 해결할 수 있는 최대의 기회"라는 것이다.[9]

오후가 되자 채병덕 참모총장은 남쪽의 3개 사단을 급히 불러들여 반격 태세를 갖추는 구상을 짰다. 오후 2시에 열린 국무회의에서는 채 총장의 보고로 북한군의 전면 공격을 확인하고 정부가 대통령령에 따라 비상사태를 선언했다. 한국군은 서울의 북쪽에서 필사적인 항전을 벌이고 있었으나 이날 밤 의정부 코앞까지 북한군이 밀어닥쳤다. 이승만 대통령은 같은 날 밤 단독으로 정부를 대전으로 옮긴다는 결정을 내려 장관들과 무초 대사를 경악하게 했다. 무초 대사는 서울 잔류를 설득했으나 이 대통령은 개인의 안전은 문제가 안 된다, 정부는 포로가 될 위험을 무릅써서는 안 된다라는 말만 반복하며 결정을 번복하지 않았다. 26일 오후 1시 의정부가 함락되자 서울은 풍전등화와 같은 상황에 놓였다. 이 대통령은 27일 새벽 서울을 탈출했다. 남은 신성모가 총리를 대행하고 비상국무의회를 열어 정부를 수원으로 옮기기로 결정했다. 서울을 탈출한 이 대통령의 목적지는 대전이 아니라 국토 남단의 해군 기지 진해였다. 그러나 대구까지 왔을 때 너무 멀리 도망쳤다고 반성한 대통령은 대전으로 발길을 돌렸다.[10]

자신이 포로가 되지 않는 한 미군과 함께 돌아올 수 있고 나아가 북진도 실현할 수 있다는 것이 이 대통령의 생각이었을 것이다. 북진통일이 실현성이 있다고 생각했다면 이는 실로 그가 원하는 전개였다. 그러나 미군의 지원이 서둘러 이루어져야 했다. 27일 오후 5시 대전에 도착한 미 대사관의 드럼라이트 대사대리는 먼저 와 있던 이 대통령을 찾았다. 그는 미군의 지원이 늦다는 조롱과 비난을 들어야 했다.[11]

인민군
서울을 점령하다

조선인민군 제105전차여단의 전차대와 중국에서 들어온 제4사단의 제18연대는 6월 28일 서울을 함락시켰다. 제18연대 본부는 덕수궁에 설치됐다.[12] 이어서 이영호의 제3사단도 입성했다. 전투를 피해 대피했던 시민들이 벌써 이날 집에 돌아왔다. 서울대학교 사학과 조교수 김성칠金聖七은 같은 날 일기에 다음과 같이 썼다.

> 낮때쯤 하여 아이들을 앞세우고 돈암동을 떠나 집으로 향했다. 거리에는 이미 붉은 기를 흔들며 만세를 부르는 사람이 있고 학교 깃대엔 …… 인공국기人共國旗가 바람에 나부끼고 있다. 되넘이고개(미아리고개)를 넘어서 동소문을 향하여 탱크며 자동차며 마차며 또 보병들이 수없이 많이 쏟아져 나오고 있다. 그들은 비록 억센 서북 사투리를 쓰긴 하나 우리와 언어·풍속·혈통을 같이하는 동족이며 …… 어디 멀리 집 나갔던 형제가 오랜만에 고향을 찾아오는 것만 같이 느껴진다. 그들이 상냥하게 웃고 이야기하는 걸 보면 아무래도 적개심이 우러나지 않는다.[13]

서울시임시인민위원회 위원장에는 공화국 사법상인 전 남로당 지도자 리승엽이 취임했다. 이는 어쩌면 당연한 인사였으나 부위원장에 평양시 인민위원회 부위원장이던 소련계 박창식이 임명된 것은 확실히 서울의 평양화를 위한 것이라 할 수 있다. 서울위수사령 관에는 옌안파 박효삼朴孝三이 임명됐다.[14]

서울시임시인민위원회는 6월 30일 고시 제3호로 정당·사회단체에 대해 등록을 요구하고 구성원, 임원 명단 제출을 의무화했다. 그리고 이날 고시 제6호로 전 한국 정부 관계자 및 공무원에게 자수를 촉구했다. "반동 통치로부터 해방된 오늘, 과거 조선민주주의인민공화국 주권에 적대적인 행동을 취한 자로서 자기의 과거 죄과罪過를 청산하고 조선민주주의인민공화국의 정책을 적극 지지하고 조국 통일에 헌신하려는 자는 시市 내무부 또는 내무서에 과거 자기의 죄과 내용과 함께 자수하여 청원서를 제출할 것." 시민에게는 몸을 숨긴 '반동분자' 적발 의무가 부과됐다. 21시부터 오전 4시까지의 야간 외출 금지 조치가 발령됐고, 유언비어를 유포하고 삐라를 뿌리는 등 "반동 선전 선동을 하는 자는 공화국 정부 정책과 인민군의 군사행동에 적대한 자로 인정"해 억압하겠다고 선포했다.[15]

신문 잡지는 모조리 발행이 정지됐다. 전 남로당 기관지 《해방일보》와 《조선인민보》, 평양의 《노동신문》 3종만이 발행됐다.[16] 《해방일보》 제1호는 7월 2일에 발행됐다. 1면에는 6월 26일의 김일성 연설 광경이 사진과 함께 게재됐고 그 하단에 6월 28일 서울 해방을 축하하는 김일성의 메시지가 실렸다. 김일성은 연설에서 남부 빨치산에게 "해방구를 확대해" "반역자들을 처단하고 인민의 정권 기관인 인민위원회를 부활시킬" 것을 호소했다. 2면에는 서울시임시인민위원회 위원장 리승엽의 방송 연설이 실렸다. 그는 조선민주주의인민공화국 군사위원회 서울시 대표도 맡고 있음을 밝히고 다음과 같이 선언했다.

> 지금부터 여러분은 조선민주주의인민공화국 깃발과 우리 민족의 절세의 애국자이시며 민족적 영웅이신 공화국 내각수상 김일성 장군의 영도 아래 통일되어 해방된 영광스러운 공화국 공민으로서 자유롭고 행복한 새 생활을 시작하게 됐습니다. ……
>
> 모든 시민은 우리 인민위원회 주위로 굳게 단결하여 조국의 통일 독립을 방해하는 매국 역도를 소탕하는 길에 용감하게 나아갈 것입니다. 승리는 우리 인민의 것입니다. 제주도까지 전 조선에 우리 공화국의 깃발이 나부끼는 날은 목전에 다가와 있습니다.[17]

이튿날인 3일의 제2호 1면에는 '창간에 부쳐'라는 인사와 함께 조선민주주의인민공화국 헌법 전문이 실렸다.

4일 제3호에는 1면의 좌측 절반에 사진과 함께 박헌영의 방송 연설이 게재됐다. 그는 짧게 '박헌영 선생'이라 소개됐을 뿐 북에서의 직책은 표시되지 않았다. 박헌영은 "노동당 중앙위원회의 위임으로" 남의 당원과 남의 인민에게 호소한다고 운을 뗐다. 그리고 남의 투쟁을 회고하고 "전투적이고 애국적인 인민 앞에 최후의 승리를 전취戰取할 수 있는 거대한 전변轉變의 시기가 왔습니다"라고 말했다. 인민군이 이승만이 일으킨 동족상잔의 내란을 신속하게 종결시켜 남반부의 해방전을 진행하고 있다고 했다.

> 이러한 엄숙한 시기에 남반부 전 인민이 어찌하여 총궐기하지 않는 것입니까. 무엇을 주저하고 있습니까. 모든 사람이 …… 이 전 인민적, 구국적 정의의 전쟁에 적극 참가해야 합니다.

박헌영은 "전쟁이 신속히 종결될수록 인민에게 유리하다는 사실은 군이 되풀이할 필요가 없다"라며 "신속히"를 강조했다.

> 당신들의 원수는 그야말로 미제의 앞잡이인 이승만 매국 도적입니다. 이때 인민의 측에 서지 않고 또 언젠가 올 날을 기다리시겠습니까. …… 통일과 독립의 때는 도래했습니다. 남반부 전 인민은 총궐기해 조선민주주의인민공화국 정부의 주위에 철석같이 단결하여 공화국의 깃발 아래 조국 통일의 위업을 성취하는 것에서 영예로운 지위를 차지해야 합니다.[18]

박헌영은 이 연설에서 김일성에 대해서는 일언반구도 않은 채 자신을 남의 공산주의 지도자라고 소개하고 남의 당원에게 호소하려 했으나 실제 내용은 공화국의 자동 확대, 남의 흡수 병합과 다름없었다.

미국의
반응

북한군의 공격 개시 소식은 6월 25일 아침 맨 먼저 도쿄의 맥아더에게 전달됐다. 맥아더는 이날 도쿄에 체류 중이던 국무부 고문 덜레스와 존 앨리슨John Moore Allison 극동담당 차관보에게 사태에 관한 자신의 평가를 말했다. "공격은 전면적인 노력이 아니고" "소련이 꼭 공격 배후에 있는 것은 아니며" "한국은 승리할 것이다"라고 했다.[19] 같은 날 오후 10시 무초 대사가 보낸 주한 미 부녀자 구출 요청 전보에 부응해 수송기와 해군 선박을 한국에 보낸 것이[20] 그가 취한 유일한 행동이었다.

맥아더는 북한의 공격을 예측해 곧바로 전면 반격에 착수하지 않았다. 나흘 후 덜레스가 분석한 바에 따르면 북한군 집결에 관한 정보 평가에 착오가 있었고 고정관념이 있었다. 미군은 한국군의 사기를 과도하게 신뢰했다.

> 도쿄의 GHQ는 신속하게 정보를 확보하지 못했고, 통보를 받은 뒤에도 서울이 적의 손아귀에 들어간 3일째까지 공격을 중대한 것으로 평가하지 않았다. 공격은 순전히 북한의 모험으로, 남한이 어떻게 저항하든 성공을 보장하는 소련의 계획, 준비와 지원은 없을 거라 간주했던 것 같다.[21]

덜레스 등도 25일 당일에는 일단 맥아더의 의견에 따라 한국이 자력으로 북한의 공격을 물리칠 수 있을 거라 여겼다. 다만 한국이 자력으로 격퇴하지 못한다면 설사 러시아의 반격을 야기한다 해도 미군을 투입해야 하며, 앉아서 한국이 무너지는 모습을 보는 것은 "세계전쟁을 유발할 개연성이 가장 큰 가공할 만한 연쇄적 사건을 일으키게" 될 것이라고 워싱턴에 상신했다.[22]

무초 주한 미국 대사가 서울에서 6월 25일 오전 10시에 친 첫 전보는 미국 시각으로 6월 24일 오후 9시 26분 워싱턴에 도착했다. 이 전보는 "공격의 속성과 공격이 개시된 방식을 고려해 볼 때 현 상황은 한국에 대한 전면적인 공격으로 보인다"라고 끝맺었다.[23] 이를 접수한 미국 정부의 첫 반응은 문제를 유엔 안전보장이사회에 제기한다는 것이었다. 애치슨 국무부 장관의 결단하에 국무부는 오후 11시 반 유엔 사무총장 트뤼그베 리Trygve Halvdan Lie에게 예비 연락을 취했다. 정식 이사회 개최 요청은 25일 오전 2시에 이루어졌다. 이때 트루먼 대통령은 미주리주에서 주말을 보내고 있어 부재중이었다. 커밍스는 "그 며칠 동안 애치슨이 정책 결정을 지배했다"라고 지적했다.[24]

유엔 안보리는 6월 25일 오후 2시에 개최되어 소련이 불참한 가운데 미국의 제안을 받아들여 결의를 채택했다. 이 결의문에서는 "한국에 대한 북한 군대의 무력 침공에 중대한 우려를 가지고 주목하고, 이 행위가 평화의 파괴를 구성한다고 단정하며" 북한에 적대 행위를 중지하고 38선 이북으로 철수할 것을 요구하고 이 결의의 실행을 위한 원조를 가맹국 전체에 요청했다. 미국의 원안에서는 "정당한 이유 없는 침략 행위an unprovoked act of aggression"라는 문구가 사용됐으나 각국의 반대로 이 문구는 사전에 삭제됐다.[25]

6월 25일 저녁 워싱턴으로 복귀한 트루먼 대통령을 포함해 블레어하우스(영빈관) 회의가 열렸다. 애치슨은 (1) 한국에 대한 무기와 탄약 공급, (2) 서울의 미 부녀자 철수 지원을 위한 미 공군의 출동, 그것을 방해하는 북한의 전차와 항공기에 대한 공격, (3) 안보리의 추가 조치, (4) 제7함대의 타이완해협 출동, (5) 인도차이나 지원 촉진이라는 5개 항목을 제안했다. 애치슨은 처음부터 이 공격이 공산 측의 아시아 대공격의 신호탄임을 간파했다. 합동참모본부 의장 조셉 콜린스Joseph L. Collins와 국방부 장관 루이스 존슨Louis Johnson이 그의 제안을 지지했고 대통령은 이를 승인했다.[26]

6월 26일 오후 애치슨은 홀로 미국 정부의 추가 대책을 강구했다. 커밍스는 애치슨의 결단은 "군 지도자의 압박에 의한 것이 아니라 오히려 고독한 숙고 끝에 스스로 도달한 것"이었다는 조지 케넌 George F. Kennan의 회고록을 인용하면서 그것이 "1947년에 처음 형성됐고 그의 내셔널프레스클럽 연설의 골격을 구성한 애치슨의 한반도 봉쇄 논리로 이어졌다"라고 지적했다.[27] 애치슨이 더 많은 숙고 끝에 내린 결과물은 이날 저녁에 열린 제2차 블레어하우스 회의에서 채택됐다. 즉 (1) 한국군 지원을 위해 미 해군·공군이 출동하고, (2) 타이완 공격을 저지하라고 제7함대에 명령을 내리며, (3) 필리핀, 인도차이나에 부대, 군사 사절단을 파견한다는 것이다. 그리고 애치슨이 이 취지를 담아 작성한 초안이 미 대통령의 성명으로 발표됐다.[28]

27일 정오 미 대통령은 성명을 통해 "남한에 대한 공격은 공산주의자가 독립 국가를 전복시켜 정복하는 단계는 이미 넘어섰고, 이제는 무장 침략과 전쟁을 활용할 것이라는 사실을 의심의 여지없이 명백히 보여 줬다. 북한의 공격은 유엔 안보리가 국제 평화와 안전을 유지하기 위해 내린 지시를 무시하는 행위이다"라고 밝혔다. 그리고 안보리 결정의 실행을 원조하라는 요청에 부응해 미국 정부는 해군·공군의 출동을 명령했다고 선언했다. 더 나아가 이런 분위기에서 "중공군의 타이완 점령은 태평양 지역의 안전과 …… 미국 군대에 직접적인 위협을 가하는 일이 될 것이므로 제7함대를 타이완 해협에 파견해 타이완에 대한 모든 공격을 저지하라고 명령했다"라고 밝혔다. 또 그 대신 중화민국 정부에 중국 본토에 대한 공군과 해군의 작전을 일체 중지할 것을 요구했다.[29]

이 결정 또한 한반도에 국한해 볼 때 '제한적 개입'을 뜻했고 이로써 전황이 안정될 것이라는 희망적 판단이 블레어하우스 회의 참석자들 사이에 널리 공유됐다고 보는 견해도 있다.[30] 그러나 도쿄의 맥아더의 반응과 워싱턴의 애치슨의 반응을 비교해 보면 애치슨 쪽이 더 정치적이며 더 적극적인 개입을 주장한 것으로 비친다. 커밍스는 애치슨의 1951년 발언을 인용하고 있다.

한반도는 국지적 상황이 아니다. 공격을 유발한 것은 한반도 자체에 큰 가치가 있기 때문이 아니다. …… 오히려 그것은 동양에서 시작되기는 했으나, 전 세계에 영향을 미치는 공산주의 지도 집단이 서방 측 권력 전체에 가한 압박의 창끝이다. …… 그것은 어느 쪽이나 전 세계적 목적의 전 세계적 전략이었다. 그것은 어느 쪽에도 한반도의 전쟁이 아니었다.

커밍스는 "그럼에도 불구하고 애치슨은 틀렸다. 그것은 북측에 그리고 남측 주민 대다수에게는 한반도의 전쟁이었다"라고 덧붙였다.[31] 남이건 북이건 주민의 심경을 단정 짓기는 어려우나 북한의 지도자 김일성, 박헌영 등에게는 명백히 중국 혁명의 연장선에 있는 한반도의 내전이었다. 그러나 그것이 스탈린의 은밀한 전면적 지지를 얻은 행동이었음을 고려하면 애치슨이 경계한 것도 당연하다고 할 수 있다.

그러나 한반도에 대한 개입 결단과 함께 타이완을 방어하고 중공에 대항하겠다는 정책 전환을 단행한 행동은 중대했다. 장제스 정권은 뛸 듯이 기뻐한 반면, 베이징은 격노했다. 저우언라이는 7월 28일 이는 "중국 영토에 대한 무장 침략이며 유엔 헌장을 철저하게 파괴하는 짓이다"라는 성명을 발표했다.[32]

27일 밤에 열린 안보리는 연이은 소련의 불참 속에서 미국의 제안을 받아들여 유엔 가맹국에 "무력 공격을 격퇴하기 위해 한국에 '필요한 원조'를 제공해 줄 것"을 권고하는 결의를 채택했다.[33] 그 결과 미국이 결정하고 실행에 나서고 있던 군사행동은 유엔의 승인을 받게 됐다.

소련의
움직임

소련은 1950년 1월 13일부터 중화인민공화국의 성명(같은 해 1월 8일)을 근거로 국민당 정부 대표를 안보리에서 쫓아내라고 요구하면서 안보리를 보이콧하고 있었다. 마오쩌둥이 소련을 방문 중이기도 했고 이는 중국과의 연대를 표명하는 행동이기는 했으나 보이콧한들 소련의 주장이 먹힐 리가 없었기에 어느 정도 지속하다가 중단할 필요가 있는 시위였다. 그러나 보이콧은 6월 25일까지도 여전히 계속되고 있었다. 스탈린이 북한의 무력통일 방침에 지지를 표명한 1월 30일 이후의 안보리 보이콧은 개전을 준비 중이던 소련에 다른 의도가 있었다고 추측해 볼 수 있다. 한반도에서 전쟁이 시작되면 당연히 문제는 안보리에 상정될 것이다. 그때 소련이 참석해 북한 측을 지지하는 한편 미국의 북한 비난 제의에 반대한다면 국제 여론을 크게 자극할 것이다. 소련의 반대는 거부권의 행사이므로 결의는 부결될 것이다. 그러면 소련은 철저하게 북한과 공모했다는 비난을 받고 궁지에 몰릴 수 있다. 이렇게 판단한 스탈린은 다른 이유로 시작한 안보리 보이콧을 이어 갔고 북

한의 행동 개시를 기다렸다고 볼 수 있다.[34]

제1 외무성 차관 그로미코는 6월 25일에 소집된 안보리 긴급회의를 둘러싸고 스탈린과 주고받은 문답을 그의 회고록에 남겨 놓았다. 그는 소집을 요청한 미국의 서한에 담긴 북한과 소련에 대한 비난을 결연히 물리치고, 역으로 북한 침략에 대한 미국의 개입을 비판하고 안보리에 북한 제재안이 상정될 경우 거부권을 행사하라는 훈령안을 작성했다고 보고했다. 그러자 스탈린은 "내가 생각하기에 소련 대표는 안보리 회의에 참석해서는 안 된다"라고 말했다. 그로미코가 거듭 야코프 말리크[Yakov A. Malik, 유엔 주재 소련 대사 – 역자 주]의 불참 중에 유엔군의 한국 파견 등이 결정될지도 모른다고 주장했으나 스탈린은 뜻을 바꿀 생각이 없는 듯했다. 스탈린은 말리크에게 내린 안보리 불참을 계속 이어 가라는 훈령을 직접 말했다고 한다.[35]

훈령에 따라 말리크는 6월 25일에 열린 안보리 긴급회의에 불참했다. 결국 첫 결의는 소련이 불참하고 유고슬라비아가 기권한 상황에서 채택됐다. 애치슨은 이날 모스크바의 대사에게 소련 외상과 만나 소련 대표의 결석에 항의하고, 소련이 이 건에 관여한 적이 없다는 것을 표명하고 북한에 행동을 중지하도록 영향력을 행사해 줄 것을 요청하라고 지시했다.[36]

미 해군과 공군의 한국군 지원을 표명한 미 대통령의 성명이 발표된 27일 오후 말리크는 유엔의 리 사무총장 등과 점심 식사를 같이하면서 대화를 나눴다. 말리크는 안보리의 25일 결의는 일방적이며 불법이라고 비난했다. 소련이 불참했고 중국의 정통 대표lawful representative of China가 참석하지 않았으니 불법이라는 것이다. 말리크는 북한의 행동은 남측의 월경 공격에 대한 대응이라고 주장하면서 미국이 북을 폭격하고 개입하고 있다고 주장했다. 그러나 리와 유엔 안보리 미국 대표 어니스트 그로스Ernest A. Gross가 반박하자 입을 다물었다. 리가 유엔 기구의 중재가 가능하냐고 묻자, 그로스는 중재의 전제 조건은 북한의 전투 중지와 철수라고 답했으나 말리크는 아무 말도 하지 않았다. 일언반구도 하지 못한 셈이다. 이 대화를 전한 유엔 주재 미국 대사 워런 오스틴Warren R. Austin은 다음과 같이 보고했다.

그로스[유엔 안보리 미국 대표]는 말리크에게 이 사태를 끝낼 수 있는 제안이 있는지 물었다. 그로스는 우리는 사태를 심각하게 생각하고 있으며, 미국인의 생명이 유엔의 결정으로 인해 위험에 처해 있다고 말했다. 말리크가 대답을 회피하자 리[유엔 사무총장]는 질문에 대답할 것을 종용했다. 말리크는 다시 안보리 결정의 불법성을 문제 삼았다. 그로스가 한반도 문제는 유엔 헌장을 수호하고 나아가 세계 평화를 지키는 문제를 명백히 내포하고 있으므로 중국 대표권 문제를 꺼내서 북한이 안보리 결정에 따르게 하는 것을 회피할 수 있는 시기는 이미 지났다고 말하자 대화는 종료됐다. 말리크는 그로스에게 자신은 7월 첫째 주에 휴가차 소련으로 갈 예정이라고 말했고,

얼마 동안 체류할 거냐는 질문에는 대답을 회피했다.[37]

말리크는 사태 대응을 회피하려는 모습을 여실히 드러냈다. 미국 정부의 요청에 소련이 응답한 최초의 성명은 6월 29일 그로미코 제1차관이 앨런 커크Alan G. Kirk 소련 주재 미국 대사에게 전달한 것이었다. 내용은 다음과 같다.

1. 소련 정부가 확인한 사실에 따르면 조선에서 벌어지고 있는 사태는 남조선 군대의 공격으로 인해 발생했다. 따라서 사태의 책임은 남조선 당국과 그 배후에 서 있는 자에게 있다.

2. 알려진 바와 같이 소련 정부는 미국 정부보다 앞서 조선에서 군대를 철수했고, 그렇게 함으로써 타국에 대한 내정 불간섭이라는 전통적 원칙을 확인했다. 그리고 지금도 역시 소련 정부는 외국 세력의 조선 내정 간섭을 허용할 수 없다는 원칙을 고수하고자 한다.

3. 소련 정부가 유엔 안보리 회의 참석을 거부했다는 것은 사실이 아니다. 참석하려는 의욕은 충분했으나 미국 정부의 입장 때문에 안보리가 중화인민공화국을 안보리 상임이사국으로 인정하지 않아 안보리가 합법적 결정을 내릴 수 없기에 소련 정부는 안보리 회의에 참석할 수 없었던 것이다.[38]

미국
참전하다

6월 28일 새벽 조선인민군의 서울 입성 소식을 들은 채병덕 참모총장이 서울을 탈출하자 한강에 놓인 다리들이 갑자기 폭파됐다. 민간인과 차가 다리를 건너던 상태에서 그대로 폭파됐음에도 철교 하나는 남았다. 서울을 탈출한 무초 대사는 28일 대전에서 이승만 대통령을 만났다. "한국인은 미국의 적극적인 군사 원조가 부족하다고 낙담하고 있다"라는 이승만의 발언이 워싱턴에 전해졌다.[39] 29일 오후 1시에는 그로미코의 성명을 접수한 소련 주재 미국 대사 커크의 전보가 워싱턴에 도착했다. 소련은 "타국에 대한 내정 불간섭이라는 전통적 원칙"을 확인했다는 그로미코의 성명은 애치슨에게 소련은 이 전쟁에 개입하지 않을 거라는 확신을 주었다.[40] 6월 29일 저녁에 열린 긴급 국가안전보장회의에서는 맥아더에게 38선 이북을 목표로 한 공군 작전 확대와 부산-진해에 한정된 미 지상군의 투입을 지시하는 명령을 결정했다.[41]

다음 작전을 결정한 이는 29일 도쿄 하네다에서 수원으로 날아가 전황을 시찰하고 돌아온 맥아더였다. 맥아더는 "한국군에는 반격 능력이 전혀 없으며 추가로 돌파당한다는 중대한 위험에 처해 있다. 적의 진격이 계속된다면 공화국의 붕괴에 심각한 위협이 될 것이다"라고 진단하고, 현재의 전선을 지키고 나아가 반격하기 위해서는 미 지상군의 투입이 필요하다고 보고했다. 즉시 1개 연대 전투단을 투입하고 2개 사단으로 증강할 준비를 해야 한다는 것이 그의 제안이었다. 이 보고는 6월 30일 정오쯤 타전되어 워싱턴 시각으로 30일 오전 1시 31분에 도착했다.[42] 이를 접수한 육군 장관의 요청을 받은 트루먼 대통령은 새벽에 1개 연대 전투단의 출동에 동의했다. 그리고 30일 아침에 열린 백악관 회의에서 대통령의 결단이 승인되어 맥아더에게 1개 연대 전투단과 지휘하의 지상군을 사용할 권한이 부여됐다. 북한에 대한 해상 봉쇄도 결정됐다. 이때 미군의 전면적인 출격이 결정된 것이다. 그리고 제7함대 파견으로 흥분한 장제스가 닷새 내에 3만 3천 명의 병사를 한국에 파견할 수 있다고 제안한 건은 거부하기로 했다.[43] 트루먼의 마음은 수용 쪽으로 기울어져 있었으나 결국 중공의 개입을 초래할 수 있다는 애치슨의 경계론이 통한 것이었다.

서울을 함락당한 후에도 한국군은 쓰디쓴 퇴각을 반복하고 있었다. 이 대통령은 30일에 급히 귀국한 참모차장 정일권을 채병덕 대신 참모총장에 임명했다. 정일권이 내린 첫 명령은 시간을 벌고 철수 시에는 "병사의 온존"에 중점을 두라는 것이었다. 회고록에서 그는 이 명령은 '육군본부 작전명령 제38호'에 따른 것이라고 밝혔다.[44] 대통령과 신임 참모총장 사이에 생각이 일치했음을 가늠할 수 있다. 그런데 이번에는 이 대통령이 대전에서 철수하지 않고 이곳에서 죽겠다며 고집을 피우고 나섰다. 무초 대사의 명령을 받은 해럴드 노블Harold J. Noble 1등 서기관이 신 국무총리 대행, 정 신임 참모총장의 도움으로 간신히 대통령을 설득해 7월 1일에 철수 동의를 받아 냈다. 이 대통령이 무초 대사와 미국 대사관 직원이 철수하지 않으면 한 발자국도 움직이지 않겠다고 주장한 것을 보면 이는 미국을 염두에 둔 이 대통령의 제스처였던 것 같다. 대통령 부부는 자동차로 목포까지 간 뒤 해로를 이용해 부산으로 건너갈 계획이었다. 노블은 미군 참전 소식을 듣고 뒤를 따랐다.[45]

당시 미 육군은 10개 사단 중 4개 사단을 일본 점령을 위한 제8군에 배치하고 있었다. 모두 3개 대대로 구성된 1개 연대이거나 2개 대대로 구성된 불완전한 편성이었다. 이 중에서 맥아더의 명령으로 윌리엄 딘William F. Dean 소장이 이끄는 제24사단 부대가 가장 먼저 출동했다. 이 부대는 규슈 고쿠라小倉에 사령부를 두고 있었다. 구마모토熊本에 주둔 중이던 제21연대 440명이 7월 1일 아침 이타즈케板付비행장에서 한반도로 출동했다. 무기는 대일전쟁 때 쓰던 낡아빠진 것이었다. 이 연대의 나머지 병사들은 7월 3일 사세보佐世保에서 배로 출발했다. 사세보에 주둔하고 있던 제34연대는 7월 1일 저녁 배로 출발했다. 딘 소장은 7월 3일 한국에 도착했다. 제24사단 1만 5,965명이 한국전쟁에서 싸운 최초의 미 지상군이었다.[46]

이렇게 개전 닷새째에 한국전쟁 전면 개입을 결정한 미국은 거의 열흘째에 병력을 현지에 투입했다. 이는 유엔 안보리 결의로 추인을 받은 미군의 단독 행동이었다. 미국에 이어서 오스트레일리아가 6월 29일에 해군 군함 2척을, 30일에는 공군 1개 중대를 한국에 파

병했다.[47]

7월 3일 애치슨 국무부 장관은 안보리 결의에 따라 파병할 유엔 가맹국의 군대를 미군 사령관의 통일적인 지휘하에 두고 통합군의 행동을 미국이 안보리에 정기적으로 보고한다, 5개국 대표로 구성된 소위원회를 안보리 내에 설치한다는 결의안을 미국의 유엔 대표에게 보냈다.[48] 미군의 행동을 유엔군의 행동으로 격상시키는 조치에 나선 것이다. 4일에는 기후岐阜, 사카이堺, 오쓰大津, 나라奈良에 주둔하고 있던 제25사단이 규슈의 항구를 출발했다. 같은 날 애치슨은 통합군이 유엔군의 깃발 아래 행동할 수 있는 방향으로 결의안을 더욱 강화했다. 영국과 프랑스의 유엔 대표는 이 결의안의 제안자를 자처했다.[49]

이 무렵 소련이 평화적 해결이라는 구실을 내세워 영국의 주의를 끌려고 한 행동은 주목할 만하다. 그로미코가 7월 6일 소련 주재 영국 대사를 불러 소련은 평화적 해결을 바라는데 제안할 방법이 없냐고 물은 것이다.[50] 영국 정부는 이 움직임을 눈여겨보았다. 클레멘트 애틀리Clement R. Attlee 총리는 트루먼에게 대소對蘇 태도에 보조를 맞추기 위한 대화를 제안했고, 어니스트 베빈Ernest Bevin 외무부 장관은 7월 7일 중국의 유엔 가입이 소련과의 거래 카드가 될 수 있다는 의견을 표명했다. 이미 중국을 승인한 영국의 입장에서는 타이완에 대한 미국의 태도가 불쾌했던 것이다.[51] 그러나 애치슨은 영국의 의견을 받아들이지 않았다. 소련과 대화하겠다면 지금까지의 안보리 결의에 따라 달라고 회신했다.[52] 유엔군 통합사령부를 꾸리는 결의안은 7월 7일 프랑스와 영국의 제안으로 안보리에 상정되어 찬성 7, 반대 0, 기권 3(이집트, 인도, 유고슬라비아)으로 가결됐다. 소련은 여전히 불참했다.[53]

이 시점에서는 미군 2개 사단을 제외하고는 오스트레일리아의 해군과 공군부대만 출동한 상태였다. 따라서 이 조치는 사실상 미군이 유엔군의 간판을 단 것과 다름없었다. 7월 14일 임시 수도 대구에서 이승만 대통령은 정일권 참모총장의 제안을 받아들여 한국군의 지휘권을 유엔군 사령관, 즉 미군 사령관에게 양도한다는 내용의 서한을 맥아더에게 보냈다.[54] 미군과 한국군이 유엔군으로 통합된 것이다. 이후 태국, 튀르키예, 오스트레일리아, 뉴질랜드, 필리핀, 캐나다, 프랑스, 영국, 그리스, 네덜란드, 벨기에, 에티오피아, 콜롬비아, 룩셈부르크가 지상군 부대를 유엔군에 파병하기로 결정했다.

7월 12일과 14일에는 도쿄 근교의 아사카朝霞에 기지를 둔 미 제1기병사단이 요코하마橫浜에서 출발했다. 당초 이 사단은 인천 상륙작전에 투입될 예정이었으나 선발 2개 사단의 지원에 나설 수밖에 없는 상황에 직면해 서둘러 출발한 것이었다. 일본을 점령 중이던 미 육군 중 홋카이도 마코마나이真駒内에 사령부를 둔 제7사단만 일본에 남게 됐다.[55]

개전과
일본

일본에서는 6월 25일 오후 라디오 뉴스를 통해 개전 소식이 전해졌다. 신문사는 호외를 내보냈다. 석간이 없던 때여서 이튿날 조간에야 본격적으로 보도됐다. 6월 26일 자 《아사히신문朝日新聞》 1면 머리기사의 제목은 〈북한, 한국에 선전 포고北鮮, 韓国に宣戦布告〉, 〈경성에 위기 다가오다京城に危機迫る〉, 〈38선 총공격 38度線総攻撃〉, 〈침입군 임진강 돌파侵入軍臨津江突破〉였다.[56] 당시 일본은 한국과 국교를 맺지 않아 외교관이 주재하지 않은 상황이었고, 신문사와 통신사에서도 기자를 파견하지 않고 있었다. 죄다 간접적인 정보뿐이었다. 그러나 그야말로 엄청난 사건이었기에 이날부터 15일 동안 연일 한반도의 전쟁 상황은 각지 1면 톱을 장식했다.

일본 국민 대다수가 강한 불안감을 느끼는 가운데 좌익의 일부는 흥분했다. 한 학생이 "해냈다"라고 외치면서 호외를 불끈 쥐고 와세다대학교의 학생자치회 본부로 황급히 들어왔다. 〈북한, 한국에 선전 포고〉라는 제목의 호외에 그 자리에 있던 학생 일동은 "이상한 긴장감에 휩싸여 달려들었다"라고 한다.[57] 도쿄대학교에서는 경제학부 학생자치회, 경우회経友会실 앞에서 공산당 단체의 책임자 도쓰카 히데오戸塚秀夫가 조선인민군의 투쟁은 방위전이 아니라 내전이자 혁명전쟁이며 제군들이 조선 인민의 해방과 통일을 지지해 달라고 연설했다.[58] 도쿄대학교는 공산당 주류파에서 분파로 규정된 국제파의 거점이었다. 이보다 앞선 6월 6일 GHQ 명령으로 간부 24명이 공직에서 추방되고 7일에는 《아카하타赤旗》[일본공산당 기관지 – 역자 주] 편집부의 17명이 같은 처분을 받자 공산당의 도쿠다, 노사카 등 주류파 간부들은 지하 잠행을 결정했다. 그러다 보니 나머지 임시 중앙지도부의 활동은 신중해질 수밖에 없었다. 6월 26일 자 《아카하타》는 〈조선공화국군朝鮮共和国軍〉, 〈전면적 반격을 명령全面的反擊を命令〉, 〈각처에서 한국군의 침입 격퇴各所で韓国軍の侵入撃退〉 등의 제목 아래 "한국군이 발포", "공화국군 7곳에 진출", "이승만 일본 망명 준비인가", "'통일'을 저해하는 이승만에 철퇴", "인민 해방에의 봉화" 등처럼 북한의 발표를 그대로 보도한 한편, 당으로서의 입장은 일절 표명하지 않았다.[59] 그러나 이러한 움직임에도 GHQ는 곧바로 반응했다. 같은 날 맥아더는 《아카하타》가 "한반도 사태를 논의하는 데 있어 진실을 왜곡"했으며 이로써 "외국의 파괴적 음모의 도구라는 증거를 여실히 드러냈다"라며 30일간의 정간을 명령했다. 요시카와 미쓰사다吉河光貞 법무부 특별심사국장은 예비대 1개 중대를 대동하고 요요기代々木의 일본공산당 본부로 출동하여 운전기를 봉인했다.[60] 이는 한국전쟁 개시 후에 내려진 최초의 정치적 조치였으나 이미 이달 초순부터 시행된 일련의 공산당 탄압 조치의 연장으로 여겨졌다.

일본 정부는 침묵을 지키고 있었다. 관방장관도 이렇다 할 담화를 내놓지 않았다. 경시총감만이 "치안에 만전을 기하고 있다", "유언비어에 휘둘리지 마라"라는 담화를 발표했다.[61] 일반 정당 역시 침묵했다.《아사히신문》은 26일, 28일의 사설에서 통일은 "민족의 요망"일 터이나 "무력 투쟁을 정당화할 근거는 없다", "무기를 거두고 원상 복귀의 길을 선택해야 한다"라고 주장했다. 더욱이 7월 1일에는 민중의 고통에는 동정을 금할 길이 없으나 일본은 이 전쟁과는 "무관한 제삼자의 입장이다", "무연無緣을 무연으로 보고", "지금의 우리가 과거 군국주의 일본의 주민이 아님을 스스로 되새기는 행위를 잊어서는 안 된다"라고 주장했다. 다음의 한 문장은 너무나도 특징적이다. "한반도의 사태는 어쩌면 더 심각해질 수 있으며 경우에 따라서는 전투기 한 대 정도 우리 본토로 잘못 들어올 일이 없다고 단언할 수 없다. 전쟁의 불길은 실로 가까이에 있다. 하나 지금 일본이 간섭할 수 없는 일이다."[62] 이처럼 정부와 여론 모두 한결같이 강 건너 불에 대해 국외 중립을 유지하는 것이 초기의 일반적인 태도였다.

그러나 전쟁 협력은 이미 시작되고 있었다. 해상보안청은 관구 본부 전체에 치안 유지를 명령했고 특히 제1(오타루小樽), 제7(모지門司), 제8(마이즈루舞鶴), 제9(니가타新潟) 본부에는 해상에서 이변을 확인하는 즉시 지역 점령군 사령부에 연락해 지시를 받아 처리하는 동시에 본청에 보고하라는 내용의 통지를 26일 오후 6시에 하달했다.[63] 맥아더 사령부는 해상보안청 제7관구 보안부에 직접 기타큐슈北九州의 엄중 경계를 명령했다.[64] 이와 같은 해상보안청의 공공연한 움직임은 예외적인 것으로, 전쟁 협력은 점령군의 명령에 대한 은밀한 복종이라는 형태로 이행됐다. GHQ 민간운수국, 제8군, 제3 철도수송사령부는 일본국유철도에 각기 군사 수송 협력을 요구했다. 일본 정부는 6월 29일 수송총국장 명의로 국철 각 철도 국장에게 〈조선동란 발발에 따른 긴급 수송에 대하여〉라는 제목의 통달을 내려보내고 GHQ 명령에 따라 군인과 군수물자를 최우선으로 수송하라고 지시했다.[65] 패전 후 100톤 이상의 일본 선박은 모조리 총사령부 일본상선관리국이 관리하고 있었다. 미군은 그 관리권을 활용해 일본 선박을 자유롭게 군사 수송에 동원했다. 관리국 산하에 설치된 상선관리위원회가 동원 기관 역할을 담당했다.[66]

일본은 미 공군의 출격 기지 역할도 수행했다. 개전 당시 조지 스트레이트마이어George E. Stratemeyer 장군이 이끄는 극동공군은 나고야名古屋의 제5공군, 가데나嘉手納의 제20공군, 필리핀, 클라크 기지의 제13공군으로 구성되어 있었으며 산하에 1,172대를 보유하고 있었다. 그중 전투기 F80C는 365대였으나, 전투기 중대 18개 중 한반도와 가장 가까웠던 규슈 이타즈케에는 4개 중대가, 나머지 14개 중대는 요코타横田, 미사와三澤, 나하那覇, 클라크 기지에 주둔해 있었다. 사이타마현埼玉県 존슨 기지에는 경폭격기 B-26의 부대가 있었으나 B-29 폭격기는 전부 괌의 앤더슨 공군 기지에 배치되어 있었다. 개전과 함께 전투기, 전투폭격기 중대는 즉시 기타큐슈의 이타즈케와 아시야芦屋로 이동했고, 괌에 있던 제19폭격대대의 B-29 폭

격기 20대는 오키나와의 가데나로 이동했다. 이미 6월 29일에는 한국군 지원을 위해 172차례나 출격했는데 존슨 공군 기지에서 아시야로 옮긴 B-26의 부대는 이날 벌써 평양비행장을 폭격했다.[67] 이공군 작전에는 엄격한 보도 통제가 적용됐다.《아사히신문》지면에는 6월 29일 〈남일본의 공군 기지에서南日本の空軍基地にて〉라는 AP 통신 기사와 함께 '후쿠오카시 덴진초天神町 상공'을 날아가는 '북한군 반격을 위해 출동하는 미 폭격기 편대'의 사진이 실렸을 뿐이었다.[68]

7월 들어 미 본토 서해안에서 제22폭격대대의 B-29가 가데나에, 제92폭격대대의 B-29가 요코타에 도착했다. 각각 20대 정도였다. 7월 14일 요코타의 B-29 10대가 9분 간격으로 이륙해 전주 부근의 북한군을 폭격했다. 16일에는 가네다에서 출격한 47대가 서울의 조차장을 폭격했다.[69] 그리고 8월 초순에는 미 본토에서 B-29 부대가 투입됐다. 제98폭격대대가 요코타에, 제307폭격대대가 가데나에 도착한 것이다. 8월 중순에는 요코타와 가네다에 무려 98대의 B-29가 집결해 있었다.[70]

요코타의 B-29에 탑재할 폭탄은 미 본토에서 실려 가나가와神奈川의 옷파마追浜에서 하역된 뒤 난부선南武線의 화물열차로 요코타에 도착했다. 연료 또한 마찬가지였다. 모조리 풀가동됐다.

가데나에서 요코타로 이동한 제31사진정찰중대의 RB-29도 연일 상공을 비행하며 정찰 임무를 수행하고 있었다. 이 또한 요코타 기지의 중요한 역할이었다.

그럼 시계를 조금 앞으로 돌려 일본 정부의 태도를 살펴보자. 일본 정부는 7월 3일이 되어서야 간신히 관계 각료회의, 차관회의 등을 열고 방공 조치, 비상사태선언의 필요성, 군사행동에 대한 협력 방안 등을 검토했다. 그러나 4일의 각료회의에서 미국의 군사행동에 대해서는 당분간 "행정 조치의 범위 내"에서 협력한다는 방침을 정했다.[71]

기묘하게도 일본공산당 또한 7월 5일에 〈전쟁의 위기를 앞에 두고 전 인민에게 호소한다戦争の危機に際して全人民に訴える〉라는 제목의 첫 호소문을 발표하여 "전란은 우리 국토에 위험을 미칠 것이다", "직접적이든 간접적이든 조선의 내전에 우리나라를 관여시켜서는 안 된다", "조선 내전에 대한 일체의 간섭에 반대"한다고 밝혔다.[72] 사회당도 이날 개최한 중앙집행위원회에서 〈조선 문제와 사회당의 태도〉라는 결정문을 채택하고 8일의 중앙위원회에서 정식으로 승인했다. 그 내용은 다음과 같았다. 첫째, 사회당의 입장은 "정의에 기초한 국제 평화를 옹호하는" 것이다. "무력행사에 의한 침략을 배척하고 유엔에 의한 법과 질서의 유지를 정신적으로 지지한다." 둘째, 조선동란의 "직접적 원인은 북조선인민공화국[원문 그대로]이 무력에 호소해 조선 통일을 감행하려 한 데 있다." 셋째, 일본은 현재 연합국의 점령하에 있으며 일본 정부와 국민은 점령군의 명령에 복종할 수밖에 없으나 "이 복종 의무 이상으로 유엔에 적극 협력하려

는 정부의 태도는 기꺼이 국제 분쟁에 개입하려는 것으로, 우리의 헌법 정신과 일본이 처한 환경에서 볼 때 극히 신중하지 못한 행태다." 넷째, 조선전쟁에도 불구하고 강화 문제에 대해서는 전면 강화라는 기존 방침을 그대로 추진한다.[73] 사회당의 방침은 마치 일본 정부의 입장을 예견한 듯하다.

7월 8일 맥아더는 일본 정부에 7만 5천 명 규모의 경찰예비대를 창설하고 해상보안청 인력을 8천 명 더 증원하라고 명령했다. 그 목적은 "일본의 경찰 조직은 민주주의 사회에서 공안 유지에 필요한 한도 내에서 경찰력을 증대, 강화해야 하는 단계에 도달"했기 때문이라고 간략하게 설명했다.[74] 그러나 실제로는 미군이 한반도에 출동하면서 허술해진 미군 기지의 경비를 맡기고, 일본 국내의 공산 세력 및 친親북한 세력의 공격에 대비해 기타큐슈 방면의 경계를 강화하려는 목적이었다. 이는 일본을 한국전쟁에 관여하게 하는 기본적인 방안이었다. 이러한 방안을 점령군 사령관이 지령으로 권고하는 것은 비정상적이었다. 그러나 요시다 내각은 두말없이 따랐다. 국회와 상의하지도 않은 채 포츠담 칙령에 따른 행정 절차로 경찰예비대 창설에 착수한 것이다.

7월 15일 개회한 중의원에서 요시다 총리는 시정방침 연설을 통해 입장을 처음으로 정식 표명했다. 총리는 북한군의 "침략"에 맞서 유엔이 무력 제재를 결의하고 오늘에 이른 것은 "결코 강 건너 불이 아닙니다", "적색 침략자"가 "마수를 뻗어" "우리나라 자체가 이미 위험에 노출되어 있습니다"라고 주장했다. 유엔의 이번 행동은 "군비 철폐의 결과 우리의 안보는 어찌 되는 것이냐"라는 국민의 우려를 불식시켜 줬다고 말했다. 그리고 "우리나라는 현재 적극적으로 이에 참여하고 있는 유엔의 행동에 동참할 입장은 아닙니다만 가능한 범위에서 협력하는 것은 극히 당연하다고 생각합니다"라고 마무리 지었다. 요시다는 이와 관련해 "이런 사태에 직면해 지금도 전면강화라든가 영세 중립永世中立 등의 논의가 나오고는 있습니다만" 이는 "현실과 유리"된 것으로 "공산당의 책략에 빠진 위험한 사상" 이라고 지적하고 공산당 계열의 활동을 엄격하게 단속해 나가겠다고 밝혔다.[75] "적극적으로" 참여하지는 않되 "가능한 범위에서" 협력한다는 방침에 대한 충분한 설명은 없었다.

이 요시다 연설에 대해 《아사히신문》은 사설에서 어떤 자격으로 유엔에 협력할 것인지 불명확하다고 지적하고 공산당의 "반미적 활동은 철저히 배격되어야 하지만" 공산주의 증오에 불타 자유주의 사상까지 탄압해서는 안 된다고 주장했다.[76] 16일의 대표 질문에서 사회당의 스즈키 모사부로鈴木茂三郎는 총리가 헌법 전문과 제9조의 "중립과 평화" 정신을 망각했으며 일본은 신헌법의 중립과 평화를 견지해 "유엔의 집단 안전보장 체제 속에서 일본의 영토와 민족을 세계의 분쟁과 내란과 전쟁의 고통스러운 참해慘害로부터 방어해야 할 입장"에 있으며, 이는 "두 번 다시 전쟁에 휩쓸리고 싶지 않다……는 국민감정"과도 일치한다고 역설했다. 그리고 "우리는

…… 무력에 의한 침략을 불확대 방침에 따라 부단히 제압하려 하는 유엔의 방침을 정신적으로 지지"하나 "점령하에 있으므로 국가의 의사를 발표할 만한 지위"를 갖지 않고 "항복문서에 기초한 점령군의 명령에 복종하는 것 말고는 다른 태도와 조치는 있을 수 없다"라고 했다.[77]

요시다 총리의 태도는 같은 날 가와사키 히데지川崎秀二 의원이 한 질문에 대한 답변에 더욱 또렷하게 드러났다. "유엔과의 협력은 어떤 현실에 대비하는 것이냐고 물으셨습니다만 …… 국민은 유엔의 행동에 찬동할 것이며 나아가 그 목적의 실현을 위해 정신적으로 협력할 것입니다. 다만 우리나라는 적극적으로 어떠한 행동을 일으킬 명분이 없으므로 정신적으로 협력하거나 가능한 범위에서 협력할 생각입니다."[78]

요시다 총리는 정신적으로는 유엔과 한미 측을 지지하고 공산주의 진영에 반대해 유엔에 협력해야 한다고 주장했다. 한편 스즈키가 이끄는 사회당은 유엔을 정신적으로 지지하되 헌법에 따라 중립을 지키라고 주문했다. 그러나 양자의 주장에는 확실하게 일치하는 점이 있었다. 유엔에 대한 협력은 "정신적으로 협력"하는 것일 뿐, 일본은 유엔의 행동에 적극적으로 협력할 입장이 아니라는 점이다. 요시다 총리는 7월 21일의 중의원 외무위원회에서 당시 이슈로 떠오른 일본인 의용병 모집과 한국 파견 구상에 대해 다음과 같이 의견을 밝혔다.

우리는 용납할 수 없다고 생각하고 있습니다. 그럴 일은 없겠지만 일본이 재군비라든가 또다시 세계 평화를 위협하지 않겠냐는 의구심이 …… 대일 강화, 조기 강화의 실현을 방해하는 원인이지 않나 생각합니다. 따라서 의용병 모집 같은 것을 정부가 나서서 찬성하는 …… 일은 제가 정치적으로 생각해 봐도 바람직하지 않다고 보이므로 저는 …… 허락할 수 없고, 허락할 마음도 없습니다. …… 군비는 …… 헌법에서 확실하게 포기했습니다. 저는 이 헌법의 군비 포기, 전쟁 포기 조항은 대단히 이로운 조항으로 국민이 끝까지 지켜야 한다고 생각합니다. 따라서 밖에서 설사 재군비를 요구해도 …… 일본 국민은 수락하지 않는 편이 낫다고 생각합니다.[79]

이날 자유당의 나카무라 도라키치中村寅吉 의원이 기타큐슈는 연합군의 기지로, "북선군北鮮軍[원문 그대로]의 침입이 예상되지 않는 것은 아닌" 이상 어떻게 그것을 막을 거냐고 물었다. 이에 요시다 총리는 "저도 규슈의 민심이 극도로 불안정하리라는 것은 짐작됩니다만, 미군이 점차 북상하면서 민심도 안정을 되찾을 거라 봅니다"라며, 미래는 어디까지나 가정이니 지금 당장 논의할 필요가 없다고 반박했다.[80] 기타큐슈까지 공산군이 쳐들어올 일은 없을 것이라는 말이다.

정부와 사회당의 의견이 일치하는 것은 이뿐만이 아니었다. 유엔에 "정신적으로 협력"하는 방침 외에 점령군의 명령에는 어쩔 수 없이 따라야 한다는 점에서도 의견이 일치했다. 7월 26일 중의원 외무위원회에서 사회당의 와타나베 요시미치渡部義通 의원이 맥아더의 점령군 사령관과 유엔군 사령관으로서의 입장 차에 대해 묻자, 오하시 다케오大橋武夫 법무부 총재는 "맥아더 원수가 국내에서 내린 모든 지령은 유엔군 총사령관이라는 자격에 근거하지 않고 연합국 최고사령관이라는 자격에 근거한다", "일본의 정부와 사인私人은 이에 대해 1945년의 '일반명령 제1호'의 제12항에 따라 전원이 신속하고도 성실하게 복종할 의무를 진다"라고 답변했다.[81] 29일에는 공산당의 가자하야 야소지風早八十二가 똑같이 지령에 복종하더라도 한계가 있지 않냐고 묻자, 오하시는 "형식만으로 이를 판단해야 하며 실질적으로는 이를 판단할 만한 여지가 없다"라고 답했다. 그는 "한반도 문제에 관해 유엔에 정신적으로 협력한다는 말은 일반명령에 따른 지시를 실행하는 것과는 사뭇 다르다", 전자는 "일본 정부의 하나의 정책"이며 후자는 "일본 정부의 의무"라고 설명했다.[82] 즉 정책적으로 협력하는 것은 정신적인 협력이며, 실질적으로 무한대로 협력하는 것은 의무로서 점령군의 명령에 복종하고 있을 뿐이라는 말이다. 결과적으로 사회당이 바라는 것과는 차이가 있었으나 논리적으로는 같았다. 요시다는 어디까지나 은밀히 협력하는 것이었고 사회당은 그것을 못 본 척하는 것이었다.

일본 전 국토는 이렇게 점차 한국전쟁의 기지로 변모해 갔다. 해상보안청, 국철, 선박, 지자체, 일본적십자사의 간호부 등이 후방 지원에 동원됐다. 그러나 이는 자발적인 정책이 아니라 의무로 강요된 것이었고 점령군의 명령에 복종한 것에 불과했다. 그 결과 일본이 한국전쟁에 실질적으로 참전하면서도 일본 정부는 끝까지 이를 인정하지 않고 일본 국민은 이를 인식하지 못하는 독특한 구조가 만들어졌다.

7월 18일 맥아더는 거듭 서한을 보내 《아카하타》의 무기한 정지처분을 내렸다. 이보다 앞선 7월 15일 오사카의 NHK 방송국에서는 맥아더의 명령이라며 공산당원의 시설 내 출입을 금지시켰다. 7월 24일 GHQ 민정국Government Section의 잭 네이피어Jack P. Napier 공직심사과장이 신문·방송사의 경영자들을 모아 놓고 '레드 퍼지red purge' 방침을 내비쳤다. 그에 따라 7월 28일 아사히신문사 104명을 비롯해 중앙의 8개 신문사에서 공산당원과 그 동조자로 지목된 직원 총 336명이 해고됐고, 8월 말까지 전국 50개사에서 704명이 해고됐다. 그 후 추방은 일반 민간기업과 관청으로 확대되어 연말까지 약 1만 3천 명이 직장에서 쫓겨났다.[83]

개전과
타이완

한국전쟁 개전 소식에 가장 순수하게 기뻐한 것은 타이완의 중화민국 정부였다. 개전 전에는 장제스 정부와 미국 사이에 극도의 긴장감이 흐르고 있었다. 커밍스에 따르면 트루먼 대통령과 애치슨 국무부 장관은 타이완의 공산화에는 반대하면서도 부패하고 비민주적인 장제스 정권의 옹호에는 찬성하지 않았다. 1950년이 되자 중공이 당장이라도 타이완을 공격할 수 있는 상황으로 정세가 급변했다. 그러나 트루먼과 애치슨은 타이완에 대한 무기 판매를 허가할 수 없다면서 지원 거부 방침을 표명했다. 타이완 정부는 두려움에 떨어야 했고 미국의 타이완 로비스트는 사태를 우려했다.[84] 커밍스는 전략사무국Office of Strategic Services, OSS을 탄생시킨 윌리엄 도너번William Joseph Donovan과 그의 밑에서 특수 활동을 담당한 밀러드 굿펠로우Millard P. Goodfellow, 특수 항공회사 '플라잉 타이거 항공Flying Tiger Line'의 창설자 클레어 셔놀트Claire Lee Chennault 장군과 서태평양 함대 사령관이었던 찰스 쿡Charles M. Cooke 등의 공작을 빠짐없이 검토했다.[85] 그들은 애치슨의 정책을 비판하고 극동에서 소련에 맞서기 위해 타이완과 한국을 묶으려 했다.

1950년 5월 타이완 주재 미국 대사 로버트 스트롱Robert C. Strong은 6~7월에 중공이 타이완을 침공할 거라고 보고했다. 국무부 역시 사태의 타개를 바라며 이달 전해진 반反장제스 쿠데타 계획을 지지하는 쪽으로 기울어져 있었다. 장제스 정권이 더 나은 정권으로 교체된다면 미국이 지원할 명분도 생길 것이라는 판단이었다. 국무부 내에서는 데이비드 딘 러스크David Dean Rusk 차관보가 이 구상을 적극적으로 지지했다고 알려져 있다. 그리고 애치슨도 러스크의 구상을 허락했다. 그러나 이 계획에는 장제스를 대체할 쿠데타의 주역이 정해지지 않았다는 난점이 있었다. 미국인이 고른 후보자는 후스胡適와 쑨리런孫立人이었는데 모두 주인공 역할을 거절했다. 러스크가 후스에게 마지막으로 설득을 시도한 것은 6월 23일이었다.[86]

그렇기에 한국전쟁 개전은 타이완에게는 실로 천우신조였다. 한국 주재 중화민국 대사 샤오위린邵毓麟은 개전 전날 밤의 심경을 다음과 같이 회고했다.

한국전쟁은 타이완에는 백 가지 이익만 있을 뿐 단 하나의 해도 없다. 우리가 처해 있는 중공의 군사적 위협과 우방 미국이 우리나라를 버리고 중공[匪偽]을 승인할 외교적 위기에 한국전쟁이 발발해 국면이 180도 바뀌면서 전환점이 됐다. 한중은 슬픔과 기쁨을 함께한다. 향후 한국전쟁이 혹여 남한에 유리하게 전개된다면 우리도 필시 유리해질 것이다. 만약 한국전쟁이 미소 세계전쟁으로 발전한다면 남북한은 필연적으로 통일될 뿐 아니라 우리도 압록강, 동북 지방을 지나 중국 대륙으로 다시 돌아갈 수 있을 것이다. 또 혹여 한국전쟁이 불행히도 남한에 불리하게 돌아간들 결국 미국과 자유국가의 경계심을 높여 한국에 대한 지원 강화로 이어질 것이니 국제공산당이 바다를 건너 타이완을 침공하는 사태는 벌어지지 않을 것이다.

문제는 이승만 대통령의 정치 기반이 약하고 군사력도 취약해 서울은 물론이거니와 남한 전체가 "북한 공산군의 수중"에 떨어질 수 있고 "다시 망국의 참극이 재현될" 우려가 있다는 것이다. "유일한 결론은 남한에는 외국의 원조가 필요하며, 반드시 신속하게 이루어져야 한다는 것이다." 제일 먼저 미국이 원조할 것이다. 중국이 이를 이어 원조해야 한다.[87]

6월 26일 장제스는 이승만 대통령에게 격려의 전보를 보냈고, 27일에는 천청陳誠 행정원장이 담화를 발표해 대한민국을 지원하기 위해 전력을 다하겠다는 의사를 표명했다.[88] 그리고 같은 날 워싱턴에서 트루먼 대통령이 제7함대의 타이완해협 파견 성명을 발표하자 타이완 정부는 뛸 듯이 기뻐했다. 기대를 넘어서는 것이었기 때문이다. 28일 외교부장 예궁차오葉公超는 성명을 발표하고 미국의 성명을 원칙적으로 수용한다는 뜻을 밝혔다. 또 해군, 공군은 중국 본토를 공격하지 않을 것이라고 약속했다. 이튿날 타이완 정부는 안보리 촉구에 부응해 한국에 지상군 3만 3천 명을 파견하기로 결정했다. 주미 타이완 대사 구웨이쥔(顧維鈞, 웰링턴 쿠)은 발 빠르게 미 국무부와 교섭에 들어갔다.[89] 그러나 미 정부는 중공의 개입을 유발할 우려가 있다며 수용하지 않았다.

결과적으로 한국전쟁 발발로 타이완은 한반도에 출병도 하지 않는 등 조금의 희생도 없이 미국으로부터 자국의 안전을 충분히 보장받는 실로 고마운 상황에 놓이게 됐다.

미국 참전에 대한
소련과 중국의 반응

미국 대통령이 6월 27일 성명을 발표하자 중국은 6월 28일 중앙인민정부위원회를 개최했다. 저우언라이, 마오쩌둥 등은 '미 제국주의'의 개입을 비난하고 중국이 기필코 타이완을 해방시키겠다는 입장을 표명했다.[90] 중국은 바다를 건너 타이완을 해방시킬 작전 준비에 착수했다. 그러나 공격 개시를 목전에 둔 것은 아니었다. 제3야전군의 5월 17일 자료를 보면 1950년 7월부터 훈련을 시작해 1951년 4, 5월에 해군과 공군의 합동 작전으로 타이완에 상륙한다는 계획이었다. 6월 28일 저우언라이는 해군 사령관 샤오진광肖勁光에게 외교적으로는 미국의 타이완 침략을 비난하는 한편 "군사적으로는 육군을 계속해서 복원復員하고 해군과 공군을 건설해 타이완 해방 시간을 늦춘다"라는 중앙의 새로운 방침을 전달했다.[91] 타이완 해방이 쉽지 않다는 것을 이미 인식하고 있었을지도 모르나 미국의 태도가 중국의 방침 전환을 유발한 것은 확실하다. 중국의 지도자는 한반도의 전쟁 상황을 지대한 관심을 가지고 지켜보고 있었다.

스탈린 쪽은 미군의 개입 움직임에 마음을 졸이고 있었다. 7월 1일 스탈린은 핀시Fyn-Si라는 이름으로 시티코프에게 "당신은 조선군 사령부가 어떤 계획을 갖고 있는지 전혀 알리지 않았다"라고 분노를 쏟아내면서 그들이 계속해서 전진할 심산인지 아니면 공격을 중단할 심산인지를 물었다. 그리고 "우리 생각은 물론 무조건 공격을 계속해야 한다는 것이다. 남조선이 일찍 해방될수록 간섭 기회도 줄어든다"라고 했다. 또 북한이 요구한 무기와 탄약은 7월 10일까지 보내겠다고 김일성에게 전하라고 지시했다.[92]

같은 날 시티코프는 해방된 지역의 주민들은 인민군을 환영했고 인민위원회가 부활했으며 빨치산 활동도 활발해지고 있다는 낭보를 전했다. 동시에 미군의 라디오 방송을 통한 반反공화국 선전과 공중폭격의 영향으로 "정치적 분위기는 다소 악화됐다", "최종 승리에 불확실한 기운"이 드리워지기 시작했고 해방 지역의 일부 주민은 "기회주의적 태도"를 취하고 있다는 심각한 관찰 결과를 스탈린에게 보고했다. 김일성, 박헌영, 박일우, 김책, 최용건, 강건의 태도는 옳으나 "일부 지도자, 김두봉과 홍명희는 북조선의 힘만으로는 미군과 전쟁하기 힘들다는 의견을 피력하고 김일성에게 이 건에 관한 소련의 태도는 무엇인지를 신중하게 물었다." 나는 김일성에게 소련 정부는 무기와 탄약을 원조할 것이라고 약속했다. "전반적으로 정세는 좋은 쪽으로 유지되고 있다"라고 시티코프는 보고했다.[93] 실제로 7월 1일부터 전진을 재개한 인민군 제4사단은 4일에는 수원을 점령했다.

한편 중국은 개전 일시를 사전에 연락받지 못한 듯 보인다. 7월 2일 저우언라이는 로시친 대사에게 면담을 요청했다. 저우언라이는 중국 측의 평가에 따르면 미국이 일본 점령군 12만 명 중 절반인

약 6만 명을 조선에 투입할 가능성이 있으며 부산, 마산 혹은 목포에 상륙해 철도를 통해 북상할지도 모른다고 운을 뗐다. 그러니 북조선군이 이들 항구를 점령하기 위해 신속히 남쪽으로 진군해야 하며, 마오쩌둥은 서울을 방어하기 위해 미군이 상륙할 수 있는 인천 지역에 강력한 방어 진지를 구축해야 한다는 생각이라고 전했다. 로시친이 일본은 참전하지 않겠냐고 묻자 저우언라이는 일본이 조선전쟁에 참전할 만한 태세를 갖췄다는 정보는 없다고 답했다. 만일 미군이 38선을 넘어온다면 중국군이 북조선군으로 위장해서라도 미군에 대항할 의용군을 파견할 것이며, 이를 위해 중국 지도부는 이미 펑톈 지구에 3개 군 12만 명의 병력을 집결시켰다고 말했다. 저우언라이는 소련 공군의 엄호를 받을 수 있는지를 조사해 달라고 요청했다. 또 북조선 측은 미국의 군사 개입 가능성을 과소평가해 왔으나 마오쩌둥은 1949년 5월과 1950년 5월에 이를 경고했다고 피력했다. 이 로시친의 정보는 공개된 적이 없고 바자노프가 책에 인용했을 뿐이나[94] 중국 측의 심정을 능히 짐작할 수 있는 내용이다. 그러나 펑톈 지구에 3개 군을 집결시켰다는 것은 사실이 아니었다. 저우언라이가 그렇게 말했다면, 중국을 무시하지 말라는 의도가 깔려 있었을 것이다.

조선인민군의 진격과
미군의 응전

　　　　　　　미군의 개입을 예상치 못했던 김일성은 미군이
개입하자 당황했다. 7월 3일 김일성과 박헌영은 시티코프를 만났
다. 김일성은 내내 군대의 전진 속도가 느리다고 걱정했고, 민족보
위상 최용건이 한강 도하 작전을 현지에서 직접 지휘했음에도 체계
적이지 못했다고 불만을 터뜨렸다. 그리고 전선과 해방 지역의 상
황도 심각해 미군이 군의 후방과 북한의 항구에 상륙할지도 모른다
며 무기와 탄약의 지원을 서둘러 달라고 요청했다. 2개 사단, 12개
해병대대를 새롭게 편성하기 위한 무기가 필요하다고 했다. 또 김
일성은 "이 난관 속에서 군대의 지휘를 어떻게 개선할 수 있을지 조
언을 구했다." 인민군은 필연적으로 미군과 싸워야 하므로 군의 지
휘를 강화할 필요가 있다고 고심하기 시작했던 것이다. 시티코프는
수석 군사고문 바실리에프와 상의해 다음과 같은 사령부 조직을 제
안했다.

1. 2개 군단을 조직해 각 군단에 4개 사단 내지 6개 사단을 소속시킨다.

2. 참모본부를 전선사령부로 개조한다.

3. 민족보위성은 남겨 두고 보급과 훈련, 북조선의 해안 방위를 맡긴다.

4. 최고사령관직을 만들고 김일성이 취임한다.

5. 좌익 군단장에는 포병 담당 부상 무정, 우익 군단장에는 참모차장 김웅

[원문에는 김구라고 되어 있다], 전선사령관에는 부수상 겸 산업상 김책, 참모장에는 총참모장 강건을 임명한다. 민족보위상[최용건 - 필자 주]은 유임한다.

북한군의 전시 편제는 개전하기 전에 확정됐다고 여겨져 왔으나, 개전 후 미군의 개입이 현실화되고 나서야 소련 측의 결정을 받아들여 구성했다. 이는 전쟁 준비가 얼마나 관념적이고 조악했는지를 가늠케 한다. 김일성과 박헌영은 이 안에 동의하고 4일에서 5일쯤 열릴 군사위원회에 상정해 결정할 계획이라고 말했다. 시티코프는 전선사령부가 서울로 이동할 예정이니 수석 군사고문 바실리에프의 서울 이동을 허가해 달라고 요청했다.[95]

이 편성 교체는 7월 4일에 확정됐다. 2개 군단, 전선사령부의 설치와 인사가 결정됐고 김일성의 최고사령관 취임도 발표됐다.[96] 이때 군단장으로 임명된 두 사람 모두 옌안파였다. 무정은 1905년생으로 서울의 중앙고보에서 수학했으며, 1923년에 중국으로 넘어가 북방군관학교 포병과에 입학했다. 1925년에는 중국공산당에 입당해 펑더화이彭德懷의 홍군 제5군에서 포병지휘관으로 대장정에 참여했다. 1942년에는 조선독립동맹과 조선의용군 창설에 몸담았다. 1945년 옌안에서 총사령관으로 조선의용군을 이끌고 펑톈까지 이동했으나 명령을 받고 곧바로 귀국해 조선공산당 북부조선분국 간부부장에 취임했다. 그러나 당무에는 맞지 않아 군대 창설 쪽으로 옮겼다. 인민군 창설 이후에는 포병사령관을 맡고 있었다.[97] 국공내전 당시 대군을 지휘한 경험이 없었던 그는 맡은 지위를 잘 수행할수 있을지 의문시됐다. 이에 반해 김웅은 1912년생으로 1933년부터 1937년까지 황포군관학교에서 수학한 군인이었다. 그 후 옌안의 항일군정대학에서도 공부했으며 공산당에 입당했다. 조선의용군이 창설되자 제1대의 대장으로 임명됐다. 그 후 신4군新四軍에서일본군과 싸웠다. 그는 신4군에서 최고위직에 올랐던 조선인이었다. 1945년에 동북조선의용군이 조직되자 방호산이 정치위원을 맡고 있던 제1지대의 대장에 취임했다. 만주에서 국공내전에 참전했으며 강건과 같은 시기에 귀국했다. 군대 창설에 참여해 민족보위성의 전투훈련국장으로 임명됐고 부상도 겸하고 있었다.[98] 군인으로서는 그가 무정보다 우수했던 것 같다.

스탈린은 7월 6일의 전보에서 바실리에프의 거처는 평양이라며서울행을 허락하지 않았다.[99] 소련은 철저하게 제삼자라는 자세를견지하고자 한 것이다.

스탈린의 불안은 커져만 갔다. 그는 중국으로 눈을 돌렸다. 7월5일 스탈린은 베이징의 로시친 대사에게 암호전보를 보내 중국 측이 적이 38선을 돌파하면 북한 영내에서 의용군으로서 행동하기 위해 9개 사단을 북중 국경에 집결시키기로 정한 것은 잘한 일이며, "우리는 이들 부대에 대한 공군의 엄호를 보장하기 위해 노력하겠다"라고 약속했다.[100]

실제로 중공 군사위원회는 7월 7일 동북야전군의 주력 부대인 제13병단의 38군, 39군, 40군으로 동북변방군을 편성하고, 그 사령관에 하이난섬 해방 작전을 지휘한 제15병단 사령 덩화鄧華를 앉히기로 정하고 마오쩌둥의 비준을 받았다.[101]

7월 8일 김일성은 스탈린에게 인민군의 전선사령부와 2개의 군단사령부에서 소련인 군사고문 25~35명이 일할 수 있게 해 달라고 거듭 허가를 요청하는 서신을 보냈다.[102] 스탈린이 어떻게 답했는지는 알려지지 않았으나 아마도 승인한 듯하다.

7월 13일 스탈린은 북한군이 38선까지 철수한다면 한반도 문제를 평화적으로 해결할 수 있다고 영국이 제안해 왔으나, 이를 수용하지 않고 역으로 안보리에 중국 대표와 북한 대표를 추가해 토의하자고 제안하면 어떨지 묻는 전보를 마오쩌둥에게 보냈다. 그리고 "당신이 중국의 9개 사단을 북조선 국경에 배치하기로 결정했는지 어떤지 우리는 모릅니다. 만약 당신이 그러한 결정을 채택했다면 이들 군대를 엄호하기 위해 소련 측은 124대의 제트 전투기로 구성된 항공사단을 파견할 용의가 있습니다"라고 첨언했다.[103] 영국의 제안에 대한 회신안과 관련해서는 같은 날 시티코프에게 전보를 보내 김일성의 의견도 들어보라고 지시했다. 14일 김일성은 동의한다는 답신을 보냈다.[104]

그런데 미군이 참전했음에도 불구하고 인민군은 계속해서 진격했다. 전선이 남하함에 따라 최소한의 살림살이만 챙겨 피란하는 난민이 발생했다. 전투 지역을 빠져나가려는 그들 앞에는 가혹한 운명이 기다리고 있었다. 또 철수하는 한국의 군과 경찰은 형무소 내의 좌익 정치범들을 살해하기도 했다.

한국 정부가 떠나간 충청남도 도청 소재지 대전은 7월 20일에 함락됐다. 이곳을 지키던 미 제24사단은 괴멸적인 타격을 입었고, 사단장 딘 소장은 행방불명됐다가 이후 인민군에게 붙잡혀 포로가 됐다.[105] 2000년 1월 기밀 지정이 해제된 미군 문서를 통해 대전형무소에 수용되어 있던 정치범 1,800여 명이 당시 사흘에 걸쳐 살해된 사실이 밝혀졌다.[106]

그사이 도쿄 근교의 아사카에 위치한 캠프 드레이크에 사령부를 둔 제1기병사단이 포항에 상륙했다. 그 일부인 제5기병연대는 대전 함락일에 대전의 남쪽 마을 영동에 도착했다. 이 부대에는 대구로 통하는 간선도로를 지켜 북한군의 진격을 저지하라는 임무가 주어졌다. 그러나 7월 25일 격전 끝에 영동도 빼앗기고 말았다. 제1기병사단의 투입으로 한반도에 출동한 미군은 총 3만 9천 명 정도로 늘었으나 북한군의 진격을 저지하기에는 역부족이었다.[107]

미군의 전쟁사에는 영동 공방전 당시 "대량의 한국인 난민이 의심의 여지 없이 적군이 제1기병사단 진지로 침투하도록 도왔다"라고 기록되어 있다. 7월 24일 임신한 아내를 대동한 남자를 신문한 결과 여인이 배 속에 감춘 것은 통신기였다는 사례를 들고 있다. "제8군은 한국 경찰을 통해 난민의 움직임을 통제하고자 했는데,

주간에만 정해진 규칙에 따라 움직이라고 했다."[108] 이렇듯 난민을 적대시하는 분위기에서 발생한 사건이 또 다른 비극인 노근리 양민 학살 사건이다. 영동 시내에서 동쪽으로 12킬로미터 떨어진 곳에 위치한 영동군 노근리에서 철교 밑 터널에 숨어 있던 피란민 100여 명을 7월 26일부터 29일에 걸쳐 미군이 무차별적으로 학살한 사건이다. 이 사건은 북측의 《조선인민보》 1950년 8월 10일 호에 최초로 실렸으나, 1999년 9월 AP통신이 고발 기사를 게재하면서 한국에서 큰 화제가 됐다.[109]

한국 정부는 남쪽으로 더 밀려났고 인민군은 거침없이 진격했다. 7월 26일 진주를 지키기 위해 하동고개로 향하던 미 제29연대 1개 대대가 인민군의 매복 공격으로 궤멸당했다. 이때 수행했던 전 한국군 참모총장 채병덕 소장이 전사했다.[110]

당연히 인민군 측에도 희생은 있었다. 7월 초순에 전우를 대신해 12사단장으로 임명된 최춘국崔春國이 7월 30일 지뢰를 밟아 전사했다. 이어서 강건 총참모장이 대전 점령 직후에 금강 기슭에서 지뢰를 건드려 전사했다. 강건은 만주에서 동북항일연군에 참여했고 전후에는 한동안 만주에서 국공내전에 참전해 군사적 경험을 쌓으면서 두각을 나타내 이 지위에 오른 인물이었다. 총참모장의 전사는 9월 초까지 비밀에 부쳐졌고 유성철이 총참모장 대리로 임명되어 한 달 남짓 직책을 수행했다고 알려진다.[111] 그는 소련파로 중학교에서 교편을 잡고 있었으나 독소전쟁이 한창일 때 동원되어 특별훈련을 받고 극동군의 첩보부에 배속된 인물이다. 소련으로 도망친 동북항일연군이 88특별여단으로 편성되자 그곳에 배속됐으며 김일성의 통역을 맡았다.[112] 해방 후에는 북한으로 건너와 민족보위성의 작전국장을 역임했으나 실전 경험은 전무했다. 따라서 그의 실질적인 역할은 김일성과 수석 군사고문 바실리에프 장군 사이의 통역이었을 것이다.

중요한 것은 7월 20일까지 미 공군이 북한 공군을 완전히 무력화시켰다는 점이다. 개전 당시 북한 공군은 보유한 전투기 132대를 이용해 서울을 공습했으나 미 공군의 반격으로 다수의 북한 전투기가 지상에서 파괴됐다. 7월 중순에는 한국 상공에서 북한 전투기가 미 공군에 맞서는 일도 있었다. 그러자 미 공군은 7월 18, 19, 20일에 출격해 북한 공군을 궤멸시켰다. 이로써 미 공군은 이 전쟁의 제공권을 장악했고 이후 단 한 번도 빼앗기지 않았다.[113] 이는 점차 전쟁의 추이에 결정적 영향을 미치게 된다.

7월 24일 맥아더는 도쿄에 유엔군 사령부를 설치한다고 선언했다.[114] 7월 26일 오스트레일리아가 일본 점령에 참여했던 보병 1개 대대를 파견했다.[115] 7월 27일 마침내 말리크는 리 사무총장에게 5일 이내에 안보리에 복귀하겠다고 통보하고 8월 1일 복귀했다. 유엔군 성립이 공산 측에 심각한 타격을 줬던 것이다.

전라남도 광주까지 점령한 방호산 사단장의 조선인민군 제6사단은 7월 말 지리산의 남측 방면에서 진주를 돌파하고 마산 북쪽까지 진출했다. 이권무 사단장의 제4사단도 8월 초순에는 낙동강 부근, 영산의 서쪽 방면에 도착했다. 이권무와 방호산 모두 같은 만주 출신의 옌안파로 오랜 동지였다. 두 사람은 함께 중공에서 모스크바로 파견되어 동방노력자공산대학에서 배우고 돌아와 중공중앙해외위원회의 연구반 조선조에서 근무했다. 이권무는 방호산보다 일찍 귀국했다.[116] 어쨌거나 두 사람이 조선인민군의 남진을 선도했다.

8월 초 후발대 인민군 제3사단, 제10사단, 제2사단, 제15사단은 대구 서쪽에 진지를 구축했다. 상주부터 영덕까지를 잇는 선의 북쪽에는 제13사단, 제1사단, 제8사단, 제12사단, 제5사단이 진을 쳤다.[117] 제4사단에 종군해 당시 제6사단에 와 있던 작가 김사량金史良은 마산을 지척에 둔 서북산 700고지의 진지에서 "바다가 보인다. 거제도가 보인다. 바로 여기가 남해 바다이다"라고 기록했다.[118] 통일의 승리가 눈앞에 펼쳐져 있었을 것이다.

한편 미군 측은 8월 3일 제5공군이 인민군의 보급로를 끊기 위한 공격을 시작했다. 평양, 함흥, 원산, 서울의 조차장, 44개의 다리 등 지정된 목표물을 향한 대대적인 폭격에 나섰다. 8월 2일, 4일에는 요코타의 폭격기까지 가세해 서울 조차장을 집중 폭격했다. 7일에는 요코타, 가데나에서 날아온 B-29가 평양 조차장을 폭격했고 10일에는 원산정유소, 조차장을 폭격했다. 흥남의 화학공업지대에도 한 달 반 사이에 1,761톤의 폭탄이 투하됐다. 그 결과 북한의 수송센터에 보관되어 있던 방대한 보급물자가 파괴됐다. 이어서 8월

12일부터는 다리 폭격이 시작되어 9월 4일, 제1차 작전이 종료될 때까지 지정된 목표물 44개의 다리 중 37개가 파괴됐다. 일반적으로 8월 말까지 서울과 전선 사이에 놓여 있던 140개의 다리가 통행 불능 상태가 됐다고 본다. 8월의 폭격은 전쟁의 추이를 결정짓는 데 가장 큰 영향을 미친 공중폭격으로 평가된다.[119]

이에 인민군 측은 야간에 물자를 운반하는 방법으로 맞섰으나 미군은 8월에 들어서자 야간 폭격을 시작했다. 그러나 초반에는 주간 폭격만큼 성과를 거두지 못했다. 인민군의 전진은 계속됐다.[120]

조선인민군의 진격은 거침이 없었다. 그러나 중국에서는 여전히 우려의 시선으로 사태를 예의 주시하고 있었다. 8월 4일에 열린 중국공산당 정치국 회의에서 마오쩌둥은 미국이 한반도에 원자폭탄을 사용할 수도 있으나 두려워하지 말고 전쟁에 대비하라고 주문했다.[121] 이튿날 전략예비대에 새 지령이 하달됐다. 총참모장 녜룽전聶 榮臻은 다음과 같이 기록하고 있다. "미 제국주의는 결단코 실패에 안주하지 않을 것이다. 그들의 해군력과 공군력은 우세하다. 반격할 수 있다. 조선인민군은 고군분투하고 있으나 후방은 취약하다. 조선은 곡절을 겪고 전세가 역전될 수도 있다. 그래서 나는 8월 5일 군사위원회의 결정에 따라 전략예비대에 군령을 내렸다. '이달 안에 준비 공작 일체를 완료하고 출동 작전 명령을 기다리라고.'"[122]

8월 13일에는 동북변방군의 간부회의가 열렸다. 이것은 한국전쟁 참전 문제를 둘러싼 첫 합동군사회의로 평가된다. 회의에서는 수적으로 우리가 우세하며, 부대의 질도 우세하고, 보급 면에서도 우세하고, 정의도 우리 편이라는 결론을 도출했다. 원자폭탄 문제는 다음과 같이 평가했다.

1. 전쟁의 승패를 결정짓는 것은 병사이며 한두 발의 원자폭탄이 아니다.
2. 원자폭탄을 전쟁터에서 사용한다면 상대방뿐 아니라 자신들도 피해를 입는다.
3. 전 세계 인민이 원자폭탄에 반대하고 있어 미국은 눈치를 보지 않을 수 없다.[123]

원자폭탄을 보유한 미국과의 전쟁을 의식하면서 정신적 긴장감은 고조되어 있었다.

그러나 현실적으로 준비 공작에는 여러 가지 장애물이 버티고 있었다. 8월 18일 녜룽전은 동북변방군 사령원으로 임명된 덩화에게 다시 9월 30일까지 준비 공작을 완료하라며 시간적으로 여유를 주었다.[124] 이는 8월 중순 이후 마오쩌둥이 한때 전세를 낙관적으로 인식한 것과 관계가 있지 않을까 싶다. 8월 19일 마오쩌둥은 소련의 철학자 유딘과 만난 자리에서 미국의 두 가지 선택지를 설명했다. 하나는 지금 수준의 병력으로 전투를 계속하다가 한반도에서 철수하는 길, 다른 하나는 어떤 희생을 치르더라도 승리하기 위해 30~40개 사단을 투입하는 길이다. 후자를 고른다면 북한 홀로 대항하기에는 힘이 부치니 중국의 지원이 필요하다. 중국의 지원이 있다면 미군은 패배하고 제3차 세계대전은 뒤로 미루어질 것이다.[125] 당시 마오쩌둥은 국제적 선전을 강화한다면 두 번째 선택지를 막을 수 있다고 본 듯하다.

점령지의
북한화

점령지에서는 먼저 의용군 모집이 시작됐다. 서울에서는 7월 3일 금화국민학교에 학생 1만 6천 명이 모여 '전선에 지원하라'라는 슬로건을 내걸고 시가행진을 벌였다. 그리고 행진 후 동대문과 광화문 앞에서 '애국 학생 궐기대회'를 열고 의용군 참가를 결의했다. 7월 6일에는 노동당이 〈의용군 초모招募 사업에 대하여〉라는 결정서를 채택했다. 18세 이상의 청년을 대상으로 각각의 도道에 할당할 징모 수를 결정하고 모집을 추진하라는 지시였다. 7월 10일 자《민주조선》은 〈해방 지구의 청년들, 전선으로! 의용군 참가를 계속 탄원〉이라는 제목으로, 6월에 열린 서울 시내 20여 개 학교의 학생 3천 명이 참가한 '미 제국주의 군대 구축 서울시 학생 궐기대회' 광경을 보도했다.[126] CIA의 보고도 학생들의 열정적인 지원 양상을 인정하고 있다.[127] 순진한 학생이 교묘한 선동에 이끌려 즉석에서 입대를 지원하고 부모에게 작별 인사도 없이 출발

해 버리는 일도 적지 않았다. 하지만 뒤로는 온갖 압박이 가해지고 있었던 듯하다.[128]

인민군이 점령한 지역에서는 인민위원회 선거와 토지 개혁이 서둘러 추진됐다. 7월 4일 평양의 최고인민회의 상임위원회가 정령 〈공화국 남반부 지역에 토지 개혁을 실시함에 관하여〉를 공포했다. 공화국 헌법 제7조에 따라 실시하며 "토지 개혁은 무상 몰수, 무상 분여의 원칙에 의거한다"라고 정했다. 북에서 시행된 제도와 마찬가지로 소작지를 모조리 몰수해 농업 노동자, 토지가 없는 농민, 토지가 적은 농민에게 분여하되 동(리)별로 그들로 구성된 총회에서 방침을 정한 다음 농촌위원회를 꾸려 실행을 맡긴다는 내용이다. 그때 상부인 인민위원회의 승인이 필요하다.[129] 토지 개혁은 북과 마찬가지로 단시일 내에 시행하여 경기도, 남강원도, 황해도 등지에서는 8월 20일쯤 완료하고 전라도와 경상도가 그 뒤를 이을 예정이었다. 남강원도에서는 7월 말에 농민대회가 열렸다. 경기도에서는 토지 개혁이 8월 초순에 완료됐고, 경상북도에서는 8월 말에 개혁이 한창 진행 중이었다.[130]

인민위원회 선거는 7월 14일 최고인민회의 상임위원회가 정한 〈남반부 해방 지구의 군, 면, 리(동) 인민위원회 선거〉 실시에 관한 정령에 따라 치러졌다.[131] 도道 인민위원회는 1948년의 지하선거에서 선발된 후보를 중심으로 해서 상부에서 지명할 계획이었던 듯하다. 군郡 인민위원회 선거는 경기도의 13개 군과 남강원도의 10개

군에서는 8월 초순에 완료됐으며 전라남도 전체 군에서는 9월 초에 치러졌다.[132]

8월 18일에는 공화국 내각 결정에 따라 노동법령이 남측에 적용됐다. 결정은 "위대한 소련군의 무력에 의해" 해방된 "공화국 북반부"의 노동자는 노동법령의 시행으로 8시간 노동과 의무적 사회 보험을 획득했다며, "공화국 북반부에서 현재 시행되고 있는 노동법령"을 남반부에서 시행한다고 표명했다. 같은 날 농업현물세제의 시행이 공포됐는데, 각도各道의 공정한 세금 부과와 징수를 보증하는 책임자로 북측의 중요 간부가 임명됐다.[133]

이렇듯 북의 조선민주주의인민공화국의 질서가 그대로 확대되어 가는 가운데 서울에 남아 있던 한국의 야당계 국회의원 60여 명이 독자적으로 활동할 수 있는 여지는 거의 없었다. 그들은 서울중앙방송 출연을 강요받고 사태에 관한 그들의 의견을 밝혔다. 서울대학교 조교수 김성칠은 7월 27일의 일기에 이 방송을 들은 소감을 다음과 같이 적었다.

> 모두들 원고를 마음대로 쓸 수 있는 건 아니겠지만, 그래도 전에 대한민국 내무부 장관을 지냈다는 김효석은 그 지나치게 비굴하고 치사스러운 주책 덩어리의 내용에 비기어 안재홍, 조소앙 씨 등 소위 중립파들의 방송이 오히려 김효석보다 대한민국을 덜 욕하고 인민공화국에 덜 아첨하여서 듣기 좋았다. 이는 그 개인의 인금(됨됨이)에 달린 문제이기도 하지만, 이래서 중

립이란 귀한 것이 아닐까 싶었다. …… 김규식 박사의 방송은 그 어조조차 침통했고, 또 그가 …… 말하는 말은 …… 폐부에서 우러나오는 불만의 폭발인 것 같아서 듣는 이로 하여금 감개무량하게 했다.[134]

김규식金奎植의 방송은 7월 16일에 전파를 탔다. 그는 "불초 무능한"몸으로 조선 독립과 민족의 자유를 위해 진력을 다해 온 자로서 의견을 말한다면서 방송을 시작했다. 1948년의 단독 선거, 이승만 정권 수립은 "그 자체가 불법일뿐더러 조선 민족의 의지와 이익을 전적으로 무시하는 처사로 38선으로 국토 분단을 고착화했기에" 우리는 "찬성하지 않고" 참가를 "거부"해 왔다. 이승만 정권은 한미 협정으로 민족의 이익을 팔아치웠고 애국자를 투옥, 학살했으며 공포 정치를 시행하는 등 "국가와 민족의 원수로 규정되어 마땅하다." 김규식은 미국이 유엔의 이름으로 "타국의 내란에 기어코 무장 참가해 무고한 대중을 폭격, 학살하고 있다"라고 비난했다.

우리는 즉시 외국의 불법적인 무장간섭을 중단하고 완전히 철수할 것을 국제 정의에 호소하며 조국 통일 민주주의 방안으로 남북 통일선거를 실시해 완전한 자주 통일 정부를 수립해야 한다.[135]

그러나 이 제안은 이미 과거의 것이었다. 결국 7월 말에 국회의원 48명은 조선민주주의인민공화국 지지를 표명하는 집회를 열기에 이르렀다. 커밍스에 따르면 김용무金用茂, 원세훈元世勳, 백상규白象圭, 장건상張建相, 조소앙, 김규식, 안재홍 등이 이 집회에 참여했다.[136]

8월 14일 조국통일민주주의전선이 "미제의 무력 침공"에 반대하며 미군을 조선에서 철퇴시켜 미국을 돕는 "민족 반역자들을 인민재판에 회부"하겠다는 내용의 성명문 〈조선 인민 성명서〉를 발표하고 지지 서명 운동을 촉구했다.[137] 이 운동은 남한에서도 전개되어 유명 인사들도 서명했다. 8월 23일 자 《해방일보》는 김규식, 조소앙, 안재홍 등의 서명 모습을 촬영한 사진을 곁들여 다음과 같이 보도했다.

성명서에 서명한 김규식 씨는 다음과 같이 말했다. 미제 침략군이 조선에 아무런 사전 통첩도 없이 동족 간의 내란에 관여해 일방적으로 무장간섭을 감행하고 있는 행태는 용인할 수 없다. 그리고 외적을 적극적으로 방조하고 …… 동족상잔의 내란을 도발시킨 이승만의 민족 반역죄는 인민의 이름으로 처단되어야 한다. 나는 남반부 각계 대표자들이 한자리에 모여 이승만 등 반역자들의 규탄 군중대회를 열고 죄상을 폭로 규탄할 것을 제의한다.

안재홍도 "외국의 개입으로 인해 인민의 희생과 국가 시설의 파괴가 심각하다"라며 "우리는 …… 이승만 역도를 인민의 이름으로 숙청 처단함으로써 민족의 원한을 풀어야 한다"라고 발언했다.[138]

이러한 발언이 과연 김규식, 안재홍 본인의 뜻인지 의심스럽다.

남을 북의 논리로 뒤덮으려는 경향이 제3세력의 인물들이 전개해 온 독자적인 역할을 헛되게 만들어 버렸던 것이다.

인민군,
벽을 깨지 못하고

8월 15일 임시 수도 대구에서 광복절 행사를 거행한 한국 정부는 17일 이곳에서 철수해 부산으로 도망쳤다.[139] 한국군과 미군은 낙동강 동쪽으로 후퇴해 대구까지 아우르는 최종 방어선을 구축했다. 이곳에 미군 제25사단, 제24사단, 제1기병사단과 본국에서 도착한 제2사단, 그리고 한국군 제1, 제6, 제8, 수도, 제3사단이 진을 쳤다.[140] 이승만 정부는 부산에 진입했다. 이곳에서 한미군은 한 달간 대치전을 버텨 냈다. 그사이 공군의 공격은 더 큰 위력을 발휘했다. 대치 중이던 북한군을 향한 융단 폭격이 펼쳐졌다. 8월 16일 왜관 지역의 북한군을 목표로 요코타와 가데나에서 출동한 98대의 B-29 폭격기가 30분간 500파운드 폭탄 3,084발과 1,000파운드 폭탄 150발을 투하했다. 이는 "노르망디 상륙 작전 이래 최대의 지상군 지원을 위한 공군력 행사"였다고 평가된다.[141] 《아사히신문》은 이 폭격에 대해서만 보도했다. 〈B-29, 왜관 부근을 맹폭B二九倭館付近を猛爆〉이라는 제목 아래 극동공군의 B-29 폭격기 99대가 출격해 500파운드 폭탄 850톤을 투하했고, 이 B-29는 "오키나와 기

지를 출발한" 것과 "일본의 기지를 출발한 다른" 폭격기가 합류한 것이라고 전했다.[142] 요코타 출격 사실은 검열 탓에 밝히지 않았다.

한미군은 그간 병력을 증강하고 무기를 현대화했다. 병력 총수는 8월 14만 1,808명에서 9월 1일에는 미군 8만 6,655명, 한국군 9만 1,696명, 영국군 1,578명으로 총 17만 9,929명으로 늘었다.[143] 커밍스는 이 무렵 미군의 전차 대수는 북한군이 보유한 대수의 5배에 달했다고 지적했다.[144]

그렇다면 인민군이 한미군의 낙동강 방어선을 뚫지 못한 것은 당연한 일이었다. 8월 말 공산 측에서는 문자 그대로 비관적인 분위기가 감돌기 시작했다. 8월 28일 마오쩌둥은 유딘에게 미군이 한반도 주둔군을 대대적으로 증강한 탓에 두 번째 선택지도 배제할 수 없게 됐다고 토로했다.[145] 덩화가 보낸 8월 31일 자 한반도 정세 분석도 비관적이기는 매한가지였다.

> 반도는 좁고 길며 또 산지여서 우세한 병력을 투입하는 데 한계가 있다. 동시에 우리는 내선內線 작전을 펼쳤고 전투에서 주동적으로 진공하고 있으나 삼면이 바다로 둘러싸여 있고 적은 또 바다와 하늘에서 우세해 우리의 약점을 칠 수 있다. 우리의 측면과 후방 쪽에 상륙한다면 외선外線 작전의 성과를 올릴 수 있을 것이다. …… 적의 향후 반격 의도를 고찰할 때 일부 병력이 북조선 연안 측에 상륙해 교란, 견제하는 사이에 주력 병력은 현 지점에서 남과 북의 주요 철도선을 따라 공격할 것이다. 어쩌면 적은 병력이 현 지점에

서 …… 인민군과 싸우는 사이에 주력 병력은 측면에서 (평양 또는 서울 지구에) 대거 상륙해 전후에서 공격할 것이다. 그 결과 인민군의 상황은 극히 곤란해질 것이다.[146]

당시 상황을 가장 걱정한 이는 다름 아닌 김일성 본인이었다. 8월 25일 김일성은 시티코프와 만나 미군의 2개 사단이 도착했다는 정보를 확보했고, 우리는 사단을 모조리 동원한 탓에 혹여 미군이 반격한다면 버틸 수 없을 것이라고 토로했다. 시티코프가 전선에서 사단 몇 개를 후퇴시켜 병력과 무기를 내실화해야 한다고 조언하자 김일성은 김책이 명령을 듣지 않아 사단의 후퇴가 마음대로 되지 않는다고 답했다. 김일성은 눈물까지 글썽이면서 일을 처리하는 게 몹시 힘들다고 한탄했다.

상의할 상대도 없다. 부수상들도 도움이 되지 않고 장관의 일하는 모양새도 허술하다. …… 박헌영은 믿을 만하나 일을 잘 못해 몸소 문제를 처리할 줄 모른다. 업무를 맡기면 금세 부하에게 돌려 버린다. 어려운 문제를 상의해도 본인 의견은 말하지 않고 뭐든 내 말에만 동의한다.

시티코프는 자신의 관찰 결과와 방침을 다음과 같이 덧붙였다.

북조선 지도부 일부는 전쟁에서 손쉽게 승리할 거라 전망했으나 지금은 당혹감과 자신의 역량에 불신감을 품기 시작했으며 전쟁의 장기화를 두려워하고 있다. 그래서 책임을 회피하려 하고 자진해서 지도력을 발휘하지 않고 일일이 김일성의 명령에 따른다. 김일성과 박헌영은 남측 상황을 두고 의견 대립을 보이고 있다. 김일성은 남에는 노동당 조직이 없고 변절자가 많으며 빨치산 전쟁을 열렬히 외치면서도 실제로는 아무런 도움이 되지 않고 있다며 박헌영을 비난했다. …… 이는 큰 틀에서는 맞는 말이다. 그러나 김일성이 놓치고 있는 부분은 남조선에서는 테러와 폭력이 난무하고 노동당의 탁월한 활동가가 다수 살해되고 체포됐다는 점이다. 박헌영은 남측 상황에 책임을 통감하기에 다소 동요하기 시작했다. …… 김일성 본인은 열심히 일하고 업무에 애쓰고 있다. 군사에 전념하느라 중요하고 절실한 민생 문제는 뒷전이며 그의 업무 방식에서는 경험 부족과 미숙함이 느껴진다. 우리는 가능한 한 그를 전면적으로 지원하려 하고 있다. …… 내가 박헌영을 만나 그가 …… 더 적극적으로 나서서 지도력을 발휘할 필요가 있다고 신중하게 조언하는 것을 허가해 주기를 바란다.[147]

시티코프가 이 보고서를 보낸 8월 28일 스탈린은 소련공산당 중앙위원회 명의의 축사 전달을 시티코프 대사에게 맡겼다. 구두 전달이 바람직하나 혹시 북한 측이 문서로 넘겨 달라고 요청하면 본인의 서명은 지우고 전달하라고 지시했다. 스탈린도 긴박한 정세를 눈치채고 있었을 것이다. 그는 김일성을 격려할 생각이었다.

"전 연방 공산당(볼) 중앙위원회는 김일성 동지가 조선 인민의 위대한 해방 투쟁에서 빛나는 성공을 거둔 것에 대해 김일성 동지와 친구들에게 축하의 뜻을 표합니다. 동 위원회는 간섭자들이 조만간 조선에서 비참하게 쫓겨날 것임을 믿어 의심치 않습니다."

그리고 흥미롭게도 연전연승하지 못한다고 하더라도 신경 쓰지 말라고 김일성을 위로하고 있다. 소련의 내전이나 독소전쟁도 매한가지였다고 말하면서 조선은 아시아의 반제 해방 운동의 "깃발"이 되어 "모든 피억압 인민의 군대"가 제국주의자에게 "결정적인 타격을 가하는 전술을 배우러 올 것"이라고 추켜세웠다.[148]

이 서신을 받은 김일성은 감격했다. 그는 시티코프로부터 전문을 받자마자 먼저 박헌영을 호출해 보여 주었다. 그러고는 정치국원들에게 알려도 되는지 물었다. 시티코프는 일부 정치국원의 "분위기가 좋지" 않으니 이 축사를 알려 주는 편이 유익할 것이라고 답했다.[149] 8월 31일 노동당 중앙위원회 정치국이 위임하여 김일성이 작성한 감사 답신이 스탈린에게 전해졌다.

"조선을 또다시 예속화하려는 미국 간섭군과의 투쟁에서 최후의 승리를 거머쥐겠다는 결의로 가득합니다. 독립과 자유를 위한 숭고한 투쟁에서 우리는 당신의 어버이 같은 배려와 원조에 늘 고마움을 느끼고 있습니다."[150]

마오쩌둥 쪽은 8월부터 9월 초에 걸쳐 북한 정부의 대표를 만나 여러 방면에서 조언하고 있었다. 로시친은 9월 3일 이에 대해 보고했다.[151] 마오쩌둥은 북한 대표에게도 두 가지 가능성을 개진한 후

제2의 가능성에 대비하라고 강조하고, 예비 병력을 충분히 확보해 '제물포(인천)-서울 간', '진남포-평양 간' 등 상륙 예상 지점의 방어 체제를 구축하라고 권고했다. 인민군의 잘못은 모든 병력을 투입해 모든 전선에 동등하게 배치하여 적군을 궤멸시키는 게 아니라 영토 해방에 급급해한다는 것이다. 이미 한 달 이상 같은 지점에서 전투를 벌이고 있는 것도 문제이며, 병력을 재편해 새 전선을 구축하기 위해 신속히 철수하는 방안도 신중하게 검토하라고 요구했다.

이러한 중국의 경고는 알려져 있었으나, 그것이 소련에도 전달됐다는 것은 흥미로운 일이다.

일본 외무성과
평화문제담화회

공산군이 부산을 위협하던 8월 중순, 일본 외무성은 한국전쟁에 대한 태도를 공식적으로 표명했다. 바로 8월 19일자 견해 〈조선동란과 우리의 입장朝鮮動乱とわれらの立場〉이다. 한반도의 전쟁 상황에 위기의식을 느껴 발표한 것으로 추정된다. 이 견해는 "북한 공산군"의 침략을 "방관하는 행위"는 "민주주의의 자살과 다르지 않다"라고 단언하고 있다. 미국은 "세계 평화와 민주주의를 수호하기 위해 무력에 맞서 무력으로 일어섰다." 유엔도 "실효적 조치에 나섰다." 이 "두 세계"의 "실력적 대결"은 "사상전"을 동반하고

있으며, 이와 관련해 "민주주의 세계에 거주하는 우리 전원이 이미 전쟁터에 있다 할 것이다." 따라서 이 전쟁에 애매한 태도를 취하는 것은 "적의 바로 앞에서 도망치는 행위와 같은 결과를 낳아" 공산 세력을 이롭게 한다고 주장했다. 전쟁은 "두 세계"가 공동으로 일본의 안전을 보장하지 않는다는 것을 보여 줬으므로 공산주의 세계에 굴복할지 아니면 유엔에 협력해 그 안전보장 아래에 설지 양자택일해야 한다. "민주주의를 위한 한반도의 전쟁은 곧 일본의 민주주의를 지키는 전쟁이다. 한반도의 자주와 독립을 수호하기 위해 싸우고 있는 유엔군에게 허용되는 범위 안에서의 협력을 다하지 않고 어떻게 일본의 안전을 지킬 수 있겠는가."[152]

"가능한 범위에서" 협력하겠다, "정신적으로 협력하겠다"라고 했던 과거의 표현에서 "허용되는 범위 안에서의 협력"으로 표현의 수위는 한 단계 높아졌으나 일본이 이 전쟁에 구체적으로 어떻게 협력하고 있는지에 관한 대목은 전혀 찾아볼 수 없다. 나아가 향후 어떤 협력을 할지에 대한 언급도 없다. 따라서 이 견해도 일본 정부의 기본 방침에 따른 것이라 할 수 있다.

그런데 요시다 총리는 이 외무성 견해가 발표된 후인 8월 29일 맥아더에게 비밀리에 서한을 보내 다음과 같이 말했다.

일본 정부와 국민은 귀관이 필요로 하는 어떠한 시설이나 노무를 제공할 용의가 있으며, 이를 진심으로 바라고 있습니다. 저는 우리가 공산주의자의 침략에 맞서고 있는 유엔의 십자군에 더 많이 협력하지 못하는 것이 애석할 따름입니다. 최상의 전과를 기원하는 바입니다.[153]

맥아더의 명령에는 두말없이 따를 것이며 시설과 노무를 제공하겠으나, 애석하게도 그 이상의 협력은 할 수 없다는 말이다.

외무성의 견해에 대해 사회당 가쓰마타 세이치勝間田清ー 정책심의회장은 신문기자에게 이는 세 가지 독단으로 가득 차 있다고 비판했다. 첫째는 "세계가 지금 유엔을 통해 세계 평화를 유지하고자 희망과 눈물겨운 노력을 기울이고 있는 때에 완전히 눈을 감고 있다"라는 것이다. 둘째는 "반동과 파시즘이 전쟁을 유발하고 요시다 내각이 그것을 조장하는 역할을 하고 있는데도 아무런 반성도 없다"라는 것이며, 셋째는 이 서한에 드러난 자유는 "자본가 계급에 유리한 자유이며 노동자 계급은 그런 '자유'를 요구하고 있지 않다"라는 것이었다. 사회당의 좌파를 대변하는 이 의견은 매우 이데올로기적인 주장으로 설득력이 없다. 이에 대해 우파를 대표하는 아사누마 이네지로浅沼稲次郎 서기장은 20일 연설을 위해 규슈로 향하던 도중 기자단에게 다음과 같이 말했다.

사회당은 조선의 사태와 관련해 무력행사에 의한 침략을 배척하며 유엔에 의한 법과 질서 유지를 정신적으로 지지한다는 기본 입장에 서 있다. 정부가 발표한 외무성의 견해는 앞장서서 세계를 완전히 양분해 일본이 그 한편에 서야 한다고 단정 짓고 있으나, 이는 정부가 국민의 호전성을 부추겨 자발적으로 국제 분쟁에 개입하려는 조심성 없는 태도라고 단언하지 않을 수 없다.[154]

외무성의 팸플릿은 한국전쟁에서 중립은 없으며 유엔군에 협력한다고 주장하면서도 일본의 구체적인 행동에 관한 설명은 한 구절도 찾아볼 수 없는 데 반해, 사회당 우파의 아사누마는 유엔군의 행동은 지지한다고 하면서 전쟁에 개입해서는 안 된다고 주장하고 있다. 두 쪽 모두 기본적으로 요시다 총리의 입장에서 벗어난 것은 아니었다.

당시 일본의 지식인 그룹은 중요한 문서 한 건을 준비하고 있었다. 평화문제담화회平和問題談話會의 〈세 번째 평화에 대하여三たび平和について〉이다. 평화문제담화회는 1948년 봄 유네스코에서 위촉받아 토론에 참여한 동서 진영 8명의 사회과학자들이 평화에 대한 성명을 발표하자, 이에 호응해 일본의 과학자들이 잡지《세카이世界》의 요시노 겐자부로吉野源三郎의 발기로 1949년에 공동 성명을 발표하면서 시작됐다. 평화문제담화회 명의로 발표된 첫 성명은《세카이》1950년 3월 호에 실린 강화 문제에 관한 성명이었다. 그 성명에서는 전면 강화를 요구하며 강화 후 중립 불가침과 유엔 가입을 통해 어떠한 나라에도 군사 기지를 제공해서는 안 된다고 주장했다. 헌법 9조와 평화 정신을 강조한 것이다. 여기에는 아베 요시시게

安倍能成, 아마노 데이유天野貞祐, 와쓰지 데쓰로和辻哲郎, 류 신타로笠信太郎 같은 인물들이 이름을 올렸으나 주축은 시미즈 이쿠타로清水幾太郎였으며 공산주의자까지 포함하고 있었다.[155]

평화문제담화회는 한국전쟁 발발 후 8월의 토론을 바탕으로 9월에 〈세 번째 평화에 대하여〉라는 제목의 의견서를 정리했다. 그리고 11월에 발매된《세카이》1950년 12월 호를 통해 발표했다. 원안 작성에는 시미즈 이쿠타로와 마루야마 마사오丸山眞男, 쓰루 시게토都留重人, 우카이 노부시게鵜飼信成가 중요한 역할을 맡았다.[156]

이 의견서는 북한군이 파죽지세로 진격하던 시기에 작성됐음에도 한국전쟁의 현실과 앞으로 닥칠 결말에 관한 구절은 찾아볼 수 없다. 추상적으로 "전쟁은 …… 지상 최대의 악이 됐다"라며 평화를 말하고 있을 뿐이었다. 미소는 전면 충돌을 회피하고자 애쓰고 있으며 "두 세계"의 병존을 고도화해 나갈 필요가 있다. 유엔이 그것을 위한 역할을 할 수 있으며 "평화적 공존" 속에서 양 체제의 접근과 융합이 실현될 것이라고 역설하고 있다.[157] 미소의 전쟁 회피, 평화 공존이 주된 관심거리였고, 한반도에서 벌어지고 있는 전쟁은 '조선 사건'으로 치부하고 이를 교섭을 통해 해결하자는 인도의 외교 자세를 평가할 뿐 다른 언급은 없다. 의견서의 초안을 작성한 인물들은 명백히 한국전쟁이 미소 전쟁으로 번질 리 없다는 낙관론을 가지고 있었다. 이는 요시다 시게루의 전망과 일치했다.

더욱이 의견서 기초자들은 한국전쟁이라는 눈앞의 현실에서 억지로 몸을 빼내, 미소 냉전이라는 한 단계 위의 현실로 올라가 그 속에 배태된 미래의 가능성을 꺼내 눈앞의 현실을 비판하는 방식을 취하고 있다. 이는 유토피아주의라 말할 수 있다. 그러한 방식을 채택함으로써 이 의견서는 일체의 전쟁을 포기한 헌법의 '영구평화주의'에 입각해 일본은 두 세계로부터의 '중립'을 주장하고 일본의 안보를 전적으로 유엔에 의탁해야 한다고 말하고 있다.[158] 여기서 유엔이란 한반도의 평화와 통일의 실현이라는 목표를 내걸고 싸우고 있는 현실 속 유엔이 아니라 이상세계 속의 유엔이다. 의견서는 "한국전쟁과 같은 사태"의 진전 속에서 어떻게 할 것인가라는 질문을 다시금 던지면서도, 헌법에 따라 군비를 보유해서는 안 되며 유엔이 경찰력을 갖춰야 한다고 말하고 있을 뿐이었다. 철저한 유토피아적 평화주의다.

의견서의 주된 주장은 현실적이면서도 실행 가능한 정책적 대안이 아니라 현실의 단독 강화, 전쟁 협력, 재군비 움직임을 비판하는 추상적이고 이상적인 대안에 불과했다. 그리고 이 비판은 제한적이어서 현실주의적 정치에 대한 비판적 보완 역할을 하는 데 머물 수밖에 없었다. 이러한 입장을 야당인 사회당 좌파와 노동조합총평의회(총평)가 받아들인 것은 자연스러운 귀결이었다. 이가라시 다케시五十嵐武士는 평화문제담화회의 입장을 "일본의 국제적 존립 이념의 확립을 설파하고 일본인의 국제적, 정신적 자립을 촉구하는 입장"이었다고 말하지만,[159] 유토피아적 평화주의는 반反정부 야당의 이

념으로 발전했을 뿐 일본 국가의 이념이 되지는 못했다.

하지만 사회당의 입장은 일부 국민 사이에서 확고한 지지를 얻어 냈고 평화문제담화회의 의견은 지식인층 사이에서 폭넓은 지지를 받았다. 요시다 정부조차 한국전쟁에 대한 "정신적 협력"만을 읊조리는 현실에서 실질적 협력은 비공개적으로 강요됐고 국민에게 지지를 구하지도 않았다. 일본 국민의 전쟁 경험에서 파생된 전쟁과 군대에 대한 혐오감은 그만큼 강렬했다. 한국전쟁에서 할 수 있는 게 아무것도 없지만, 어느 전쟁에도 협력하고 싶지 않다는 현실 반발적인 국민감정이야말로 유토피아적 평화주의 담론을 뒷받침했으며, 요시다 노선을 저변에서 떠받쳤다. 또 이러한 감정은 일본 국민이 한국전쟁 중에 경제 붐에 몰입하도록 부추겼다. 한국전쟁은 전쟁 기지에서 살아가는 일본인에게는 보이지 않는 전쟁이었다. 일본인은 전쟁의 소용돌이 속에 국토와 몸을 내맡기면서도 머리로는 휩쓸리지 않았다고 착각하고 있었다.

미군,
인천에 상륙하다

보급로가 거의 다 파괴되고 미 공군의 끊임없는 공격에 노출되어 있던 북의 인민군은 승리를 위해 서둘러야 했다. 하루를 잃는 것은 패배로 가는 지름길과 다름없었다. 이에 인민군은 김일성의 명령 아래 최후의 총공격을 시작했다. 제1군단은 8월 31일부터, 제2군단은 9월 2일부터 낙동강 방어선 돌파를 위한 결전에 나선 것이다. 맹공을 당한 미군 제2, 제25사단은 공군에 폭격 지원을 요청했다. 9월 1일 제5공군의 전투폭격기가 두 사단이 지키는 전선을 따라 167차례 출격하여 공대지空對地 공격을 실시했다. 9월 2일에도 B-29 폭격기 25대가 김천, 거창, 진주를 폭격했고 두 사단을 지원하기 위해 300차례나 출격했다. 그 결과 두 사단은 끝까지 버텨 냈다.[160]

한편 북쪽에서는 인민군이 대구를 향해 맹렬한 공격을 퍼붓고 있었다. 이곳에도 어김없이 제5공군이 지원에 나섰다. 대구의 동쪽을 지키던 한국군을 지원하기 위해 9월 4일 160차례, 5일에는 51차례, 6일에는 183차례 출격했다. 6일 한국군은 반격에 나섰다. 11일 미 공군은 왜관 지역의 인민군을 목표로 683차례 출격해 공격했다. 12일 인민군은 절망 속에서 패주하기 시작했다. 2주간 이어진 최후의 결전이 패배로 끝난 것이다. 한국전쟁 중 활약한 미 공군의 역사를 저술한 퓨트렐은 "공산군의 공격 모멘텀은 9월 12일에 바닥이 나고 말았다. 적은 반격하는 제5공군 앞에서 점차 퇴각했다"라고 기록하고 있다.[161]

이즈음 미군은 인천 상륙 작전을 준비하고 있었다. 맥아더는 이미 7월 초 참모들에게 이 작전 구상을 내비쳤다고 전해진다.[162] 분명 중국 측도 일찍이 이러한 작전의 실행 가능성을 지적했으며 마지막에는 김일성조차도 이를 경계하고 있었다는 것을 생각하면, 극히 표준적인 반격 작전이었던 셈이다.

맥아더는 8월 21일 국방부에 작전 승인을 요청했고, 승인을 받자마자 8월 하순부터 일본에 남아 있던 모든 예비 병력을 결집해 작전 준비에 들어갔다. 작전의 주력 부대는 8월 10일부터 월말까지 일본에 도착한 제1해병사단과 제7보병사단이었다.[163] 8월 말 고베, 사세보, 요코하마는 공격부대의 준비 거점으로 변모했다. 제1해병사단은 고베에서, 제7보병사단은 요코하마에서 출발하는 것으로 정해졌다. 제5해병연대만 부산에서 출발하고 포병이나 보조 부대는 사세보에서 출발하기로 했다. 작전 결행일이 9월 15일로 정해지면서 일본 출발은 9월 10일로 결정됐다. 태풍 제인의 영향으로 선단은 9월 11일에야 출발했다. 해병대를 수송하는 전차상륙함Landing Ship Tank, LST은 47척에 달했다. 이 중 37척에는 일본인 선원이 승선하고 있었다.[164] 영국의 저널리스트인 맥스 헤이스팅스Max Hastings는 이 37척은 일본 기업에 불하된 제2차 세계대전 때의 노후 함정이며 일본인 승조원까지 뭉텅이로 동원됐다고 설명했다.[165] 이 선박과 승조원의 동원은 상선관리위원회를 거쳐 이루어졌다.[166] 47척 중 37척이라는 것은 인천 상륙 작전에 투입된 해병대원의 79%를 일본인 선원이 상륙 지점까지 실어 날랐다는 뜻이다. 인천 해안은 수심이 얕아 이 해안을 잘 아는 일본인이 함선 조종 기술을 발휘한 것이다. 이는 일본인이 한국전쟁에 참여한 최대의 사례이다.

선박 260척, 병력 7만 명이 투입된 인천 상륙 작전은 9월 15일에 개시됐다. 새벽에 제1진이 월미도에 상륙했고 저녁이 될 때를 기다려 만조 무렵에 제2진이 다른 해안에 상륙했다. 인민군의 방어선은 깨졌고 미군은 서울을 향해 진격했다. 작전은 대성공이었다. 요시다 총리는 22일 전선에서 돌아온 맥아더에게 그 "대담한 공격"을 치켜세우고 "이 반도에 평화가 돌아올 날도 멀지 않았다는 희망이 한껏 커졌다"라며 축하의 말을 전했다.[167]

이 사태에 대해 스탈린은 9월 16일 이 상륙 작전의 목적은 북한 인민군을 북한에서 떼어 내는 데 있으며, 즉시 4개 사단만이라도 후퇴시켜 서울의 동쪽과 북쪽에 전선을 구축한 뒤 부대 전체의 철수를 실현하고 38선을 확보하라고 지시했다.[168] 저우언라이는 18일에 로시친 대사와 군사고문 코토프-레고니코프Kotov-Legon'kov, 콘노프 I. P. Konnov를 불러 미군의 상륙에 관한 정보가 있는지 물었다. 그들은 신문 보도와 평양방송 외에 정보를 받은 적이 없다고 답했다. 저우언라이는 북한이 마오쩌둥의 충고와 예측을 무시했다며 불만을 터뜨렸다. 그리고 다음 사항을 지적했다. 만약 북이 서울과 평양 지구에 예비 병력 10만 명을 보유하고 있다면 상륙한 미군을 분쇄할 수 있을 것이다. 반대로 병력이 없다면 주력 부대를 북쪽으로 철수시켜 미군을 방어 지역에서 저지하고 흩어져서 각개격파로 공격한다. 주력 돌격 군단을 조직해 숨어 있다가 결전에 대비한다. 현재 미국, 영국, 프랑스 세 나라는 소련과 중국이 참전할지도 모른다는 극도의 불안감에 휩싸여 있다. 그들은 장기전에 취약하다. 그러한 공포심을 역이용해 우리 측의 의도를 시사하는 손을 써야 한다. 중국군의 만주 집결은 미국과 영국에 불안감을 주고 있다.[169]

평양에서는 이날 김일성이 북한 주재 중국 대사 니즈량倪志亮을 만나 전쟁 상황을 설명하고 장기전을 준비하고 있다고 말했다. 이 보고를 받은 저우언라이는 마오쩌둥의 승인을 받아 9월 20일 처음으로 김일성에 대한 조언을 대사에게 타전했다. 장기 작전 구상이 옳다며 로시친에게 언급한 지구전론을 개진하고 있다.[170] 한편 로시친은 저우언라이의 발언을 모스크바에 보고했고, 9월 20일 모스크바의 회신을 받았다.[171] 한반도의 전쟁 상황 정보를 북한 측이 중국 측에 꼼꼼하게 전달하지 않은 것은 "정상적이지 않다"라고 평가했는데, 이는 김일성이 정보 전달을 꺼려서가 아니라 전선과의 교신이 어려웠기 때문이라고 변호하고 있다. 인천에서의 패배도 상대가 한국군만이 아니라 미군, 영국군인 이상 불가피했다는 듯이 변호하고 있다. 주력 부대를 철수시켜 서울의 동부와 북부에 철통같은 방어선을 구축해야 한다는 주장도 담겨 있었다. 로시친은 이 전문을 21일 저우언라이에게 전달했다. 저우언라이는 한반도의 전쟁 상황을 둘러싼 양국의 의견은 완전히 일치하며 우리도 19일에 평양에 같은 내용을 권고했다고 전했다.[172]

한편 인천에 상륙한 미군은 20일에는 한강을 넘어 서울 탈환 공격에 들어갔다. 스탈린은 이 위기에 맞서 소련 공군의 전투기 연대를 평양에 급파하라고 참모본부에 명령했다. 바실렙스키 참모총장은 9월 21일 연해주에 주둔하고 있던 제147공군사단 제34전투기 연대의 Yak-9 전투기 40대를 파견하는 것이 가장 합당하다고 스탈린에게 보고했다. 그러나 그 후 다시 생각한 것인지 23일에는 제32공군사단 제304전투기 연대 La-9 전투기 40대를 파견한다고 수정 보고했다.[173] 어쨌든 이는 과감한 결단이었다.

유딘은 22일 마오쩌둥을 만나 주고받은 대화 내용을 모스크바에 전달했다. 마오쩌둥은 미국과 영국의 모순에 주목했다. 영국은 한반도에서의 미군의 행동을 지지하기는 하나 중국을 승인하고 있어 미국의 중국 침략을 지지하지 않을 것이라는 견해를 피력했다. 미국은 한반도에서 장기적으로 대규모 전투를 벌일 수 없다. 이는 소련, 중국의 반응을 떠보려는 '시험'이기에 미국은 한반도에서 타협을 통해 사태를 수습하려 할 수도 있다. 그때는 중국을 유엔에 가입시킬 것이다. 중국을 유엔에 가입시키지 않으면 중국은 아시아에서 미 제국주의에 도전할 것이다. 유엔 가입은 중국에게는 '(개)목걸이'다.[174] 마오쩌둥은 이때까지도 낙관적이었다.

그러나 전황은 갈수록 악화됐다. 이 무렵 스탈린이 파견한 소련 군사시찰단이 북한에 도착했다. 단장은 마트베예프Matveev라는 가명으로 자료에 등장하는 참모차장 마트베이 바실레비치 자하로프Matvei Vasilyevich Zakharov 대장이었다. 그는 독소전쟁 때는 제2 우크라이나 방면군 참모장으로, 대일전쟁 때는 로디온 말리놉스키Rodion Y.

Malinovsky가 이끄는 자바이칼 방면군의 참모장을 지낸 거물이었다. 훗날 소련군 참모총장 자리에 오르는 자하로프는 9월 26일 첫 보고를 타전했다.[175]

그 보고에 따르면 서울 방면과 부산 방면 조선인민군의 상황은 심각했다. 인천으로 상륙한 미군과 대구의 북서쪽에서 공격에 나선 미군은 인민군의 주력 부대를 포위, 섬멸하기 위해 충주[원문은 춘슈] 방면으로 집결했다. 제공권을 완전히 장악한 미군의 폭격으로 인민군 내부에서는 공습공포증이 퍼졌다. 제1군단은 포위될 위기에 처해 있었다.

> 적의 공군에게 큰 타격을 입은 인민군 부대는 거의 모든 전차와 포 대부분을 잃은 채로 힘겨운 저지전을 펼치고 있다. 부대는 탄약과 연료 부족을 절감하고 있었으나 보급은 완전히 끊겼다. 무기와 탄약의 현 보유량은 제대로 파악되지 않고 있다. 군의 상하 통솔 체계도 형편없다.

9월 26일 시찰단은 시티코프와 함께 김일성, 박헌영을 만났다. 이 자리에서 김일성의 최고사령관과 민족보위상 겸직이 결정됐다. 최고사령관 밑에 참모부를 설치하여 후방 조직에 주의를 기울이기로 했다. 북한에서 6개 사단을 편성하기로 하고, 남측의 인원으로 9개 사단을 편성하는 것은 중단했다. 그런데도 김일성은 북에서 사단을 편성하기 위해 남측 인원을 북으로 끌고 오라고 명령했다. 트력 3,400대가 북에 이미 도착한 상태였으나 운전수가 없었다. 김일성이 중국 측에 운전수 1,500명을 파견해 달라고 요청하면 어떨지 물었다.

이 전보가 도착하기 전인 9월 27일 스탈린은 정치국 결정에 따라 장문의 전보를 자하로프와 시티코프에게 보냈다. 그는 조선인민군의 곤경은 전선사령부, 양 군단사령부, 각 사단사령부가 군의 지휘와 전술에서 "중대한 실수를 범한 결과"라고 지적했으나 "이 실수의 책임은 누구보다 우리 군사고문에게 있다"라며 통렬히 비판했다. 군사고문들은 4개 사단을 남쪽에서 후퇴시켜 서울을 방어하라는 최고사령관의 명령을 무시했다. 7일을 허비했다. 전차의 활용 면에서도 미리 포격으로 전장을 청소한 후에 전차를 전진시키지 않아서 전차가 어이없이 공격당하고 불에 타는 실수를 범했다. 정찰도 미흡했다. "적의 인천 상륙 작전의 전략적 목적을 이해하지 못한 채 상륙 작전의 중대한 의의를 부정했다. 시티코프는 《프라우다》에 미군 상륙에 관한 기사를 쓴 필자를 재판대에 세우라는 제안까지 했다. 이러한 맹목성과 전략적 경험 부족 탓에 남쪽에서 서울 지구로 병력을 돌릴 필요성이 의문시되어 결과적으로 실행이 지연됐다. 그 결과 7일을 …… 허비한 것이다." 소련인 군사고문들은 조선인민군 사령부에 응당 해야 할 지원을 하지 않았다. "그 결과 조선인민군 부대는 사실상 거의 통솔 없이 맹목적으로 전투했고 서로 다른 병종 간의 연계 행동을 조직할 수 없었다." 스탈린은 이를 특별히 바실리에프에게 전달하라고 강조했고 나아가 8가지 사항에 걸쳐 세세한 지시를 내렸다.[176] 스탈린은 북한 지도부를 동정하고 있었다.

서울 철수와
원군 요청

미군이 인천에 상륙한 이후 서울의 점령 당국은 철수하기 시작했다. '반동분자'라며 감옥에 가둬 둔 사람들은 북으로 끌고 갔다. 일부는 처형하기도 했다. 또 많은 사람에게 북으로 가자고 설득하거나 강권하기도 했다. 말할 것도 없이 북한의 점령 기간 중에 점령 당국에 동조했던 사람은 남았을 때의 복수가 두려워 서울을 버리고 따라갔다. 이른바 '납북인사'가 대거 나왔다. 전 내무부 장관 김효석 같은 인사에게는 도망치는 길 말고는 선택지가 없었으나 김구의 동지 김규식은 신념에 따랐을 것이다. 공화국 지지를 표명한 48명의 국회의원 중 김용무, 원세훈, 백상규, 조소앙, 안재홍, 김경배金庚培, 김웅진金雄鎭, 김칠성金七星, 유기수柳驥秀, 이상경李相慶, 이종성李宗聖, 정인식鄭仁植, 조규설曺圭卨, 조종승趙鐘勝, 조헌영趙憲泳, 최병주崔丙柱 등 16명도 북으로 향했다.[177]

물론 적극적으로 인민군을 지지하고 자원해 의용군에 입대한 사람들은 다시 돌아올 날을 믿고 인민군과 함께 철수했다. 김성칠은 9월 23일의 일기에 다음과 같이 썼다.

밤이면 미아리고개를 넘어서 자동차와 화물자동차가 쉴 새 없이 북으로 향하여 움직이고 있다는 소문이다. 그도 벌써 여러 날 밤째인데 이미 얼마나 많은 사람과 화물이 흘러나갔는지 모른다는 것이다. 그중에서도 가슴 아픈 이야기는 밤마다 수없이 많은 죄수들을 걸려서 끌고 가는데, 보아하니 상당한 신분과 지위를 가진 사람이 대부분인 것 같으나 꼬지 꿰듯 줄에 엮어서 강행군을 시키고 몸이 불편하거나 마음이 내키지 않아서 지체하는 일이 있으면 욕설을 퍼붓고 채찍으로 갈기며, 무넘이고개를 넘어서는 정 말을 듣지 아니하면 그 자리에서 총살해버리고 간다는 것이다.[178]

9월 27일 한미군은 서울을 탈환했다. 9월 29일 맥아더와 이승만 대통령이 참석한 가운데 환도식이 거행됐다. 식이 끝난 후 이 대통령은 맥아더에게 한국군이 적을 추격하여 38선을 넘는 것을 허락해달라고 요청했다. 맥아더는 북한에 항복 권고를 했으니 이틀 정도 기다리라고 요구했다. 그러나 이 대통령은 다음 날 정일권 참모총장에게 즉시 북진하라고 명령했다.[179]

29일 평양에서는 시티코프가 김일성과 박헌영의 청을 받아들여 그들을 만나고 있었다. 김일성은 적이 차령산맥을 점령하여 제2군단의 후방까지 진출한 심각한 상황이라고 설명했다. 이전에는 질서정연하게 퇴각할 수 있을 줄 알았으나 규율이 무너져 명령이 이행되지 않고 있다. 적은 제1군단에 이어 제2군단까지 차단했다. 서울의 상황 역시 불분명하다. 최용건이 현지에 있는데도 무선 교신이 되지 않는다. 이런 설명을 들은 시티코프는 각 사단이 현재 어디 있는지를 모르니 의견을 제시하기도 어려우나 38선의 방어를 강화하는 것만이 방법이라고 지적했다. 그러자 김일성은 적이 38선을 넘어올 것 같냐고 물었다. 또 자신은 여전히 조국의 통일을 원하며 15개 사단을 편성해 전투를 계속하고 싶으나, 적이 38선을 넘어온다면 사단도 편성할 수 없고 적을 격퇴하지도 못한다며 비관론을 털어놓았다. 자신은 38선을 넘었으면서 상대는 38선 지점에서 멈춰 주기를 바란다는 것은 김일성이 당황했다는 증거일 것이다. 김일성은 스탈린에게 보내는 서신을 썼으니 읽어 봐 달라고 간청했다. 그러나 시티코프는 거절했다. 박헌영은 조선노동당 정치국에서 검토한 서신이라며 거듭 요청했다. 그런데도 시티코프는 그것은 정치국의 일이라며 딱 잘라 거절했다. 시티코프는 보고서에 다음과 같이 덧붙이고 있다. "김일성과 박헌영은 초조해하고 있다. 어려운 상황을 직면하고 망연자실해 앞을 내다보는 눈까지 잃어버린 듯 느껴졌다."[180]

이튿날인 9월 30일 스탈린에게 보내는 김일성과 박헌영의 연명 서신이 시티코프에게 전달됐다. 이는 한글로 쓰여 있었다.[181] 시티코프는 그대로 모스크바로 보냈다.

존경하는 I. V. 스탈린 동지에게

조선 해방의 은인이시며 전 세계 근로인민의 수령이신 당신께서 자기 조국의 독립과 해방을 위하여 싸우는 우리 조선 인민을 항상 고무 격려하여 주시고, 우리에게 배려를 베풀어 주시며, 각 방면으로 원조해 주시는 데 대하여 조선로동당을 대표하여 우리는 충심으로 감사를 드리는 바입니다.

미국 침략자들을 반대하는 우리 인민의 해방전쟁의 금일 정황에 대하여 당신에게 간단히 말씀드리려고 합니다. 미 침략군이 인천에 상륙하기 전에는 우리의 형세가 나빴다고는 볼 수 없습니다. 적들은 패전에 패전을 거듭하여 남조선 최남부의 협소한 지역으로 몰리게 되어 최후 결전에서 우리가 승리할 가능성이 많았고 미군의 위신은 여지없이 추락됐습니다.

이에 미군은 자기의 위신을 만회하며 조선을 자기의 군사 기지화하려는 본래 목적을 기어이 달성하기 위한 대책으로 태평양 방면의 미국 육해공군의 거의 전부를 동원하여 9월 16일 대병력을 인천에 상륙시켜 서울시를 침입해 시가전을 벌이고 있습니다. 전황은 참으로 엄중하게 됐습니다. 우리 인민군 부대들은 상륙 침입한 미군 진공에 대항하여 용감히 싸우고 있습니다.

그러나 전선에는 참으로 우리에게 불리한 조건이 있다는 것을 말씀드립니다. 적들은 약 1천 대의 각종 항공기를 매일 주야를 구분하지 않고 출동시켜 전선과 후방 할 것 없이 마음대로 폭격을 감행하고 있습니다. 그러나 우리 편에는 대항할 항공기가 없으므로 적들은 공군의 위력을 참으로 충분히 발휘하고 있는 것입니다. 각 전선에서는 백여 대 편성의 항공부대의 엄호하에 적의 기계화 부대들이 활동합니다. 특히 저공비행으로 우리 부대를 다수 살상했습니다. 후방에서 적의 항공기들은 교통, 운수, 통신 기관들과 기타 시설들을 마음먹은 대로 파괴합니다. 적군의 기동력은 최대한도로 발휘되는 반면에, 우리 인민군 부대의 기동력은 약화 마비되고 있습니다. 이것은 각 전선에서 우리가 체험한 바입니다.

적들은 우리 군부대들의 교통, 운수, 연락망을 차단하고 진격하여 인천 방면에서 상륙한 부대들과 남부 전선에서 진공하던 부대들이 연결됨으로써 서울을 점령할 수 있는 현실적 가능성을 가지게 됐습니다. 남반부에 있는 우리 인민군 부대들은 북반부로부터 차단되고 남부 전선에 있는 부대들도 각각 분단됐습니다. 그리하여 우리 군부대들은 무기, 탄약, 식량 등을 공급받지 못하고 있을 뿐만 아니라 몇 개 부대들은 상호 분산되어 있으며 그중 일부는 적에게 포위된 형편에 처하여 있습니다.

서울시가 완전히 점령된다면 적은 38선을 넘어 북조선을 침범할 것입니다. 따라서 우리에게 금일과 같은 불리한 조건이 지속된다면 적의 침입은 결국 성공할 것이라고 봅니다.

우리의 운수 공급 문제를 해결하고 기동력을 보장하려면 무엇보다도 이에 상응하는 공군력을 가져야 합니다. 그러나 우리에게는 양성된 비행사가 없습니다.

친애하는 이요시프 비싸리요노비치시여!

우리는 어떠한 난관에 봉착하더라도 그것을 극복하여 조선을 미 제국주의자들의 식민지와 군사 기지가 되게 하지 않을 것입니다. 우리의 독립, 민주, 인민의 행복을 위해서는 최후의 피 한 방울까지도 아끼지 않고 싸울 것을 우리는 굳게 결심하고 있습니다.

우리는 전력을 다하여 새 사단들을 많이 조직, 훈련하고 남반부에 있는 십여

만의 인민군 부대들을 작전상 유리한 일정 지역으로 집결시키고 전 인민을 총무장해서라도 장기전을 계속할 모든 대책을 강구하고 실시하겠습니다.

그러나 적들이 금일 우리가 처해 있는 엄중하고 위험한 형편을 이용하여 우리에게 시간적 여유를 주지 않고 계속 진공하여 38선 이북을 침공한다면 우리 자체의 힘으로는 이 위기를 극복할 가능성이 없습니다. 따라서 우리는 당신께 특별한 원조를 요청하지 않을 수 없게 됐습니다. 즉 적군이 38선 이북을 침공할 경우 소련 군대의 직접적인 출동이 절대적으로 필요합니다. 만일 그것이 어떠한 이유로 불가능하다면 우리의 투쟁을 원조하기 위하여 중국과 기타 민주주의 국가들이 국제의용군을 조직하여 출동하도록 원조하여 주시기를 바랍니다.

이상과 같은 우리의 의견을 당신께 감히 제의하오니 이에 대한 당신의 지시가 있기를 바라는 바입니다.

1950년 9월 29일

조선로동당 중앙위원회 김일성, 박헌영

물론 김일성 등은 소련군이 직접 개입해 주리라고는 기대하지 않았다. 목적은 중국에 원군을 요청할 때 스탈린도 영향력을 행사해 달라는 것이었다. 이미 이날 10월 1일 김일성, 박헌영이 연명으로 작성한 중국인민해방군 출병 요청서를 들고 박일우가 베이징에 도착해 있었다. 요청서의 내용은 스탈린에게 보낸 전문과 동일했으며 "적군이 38선 이북 지구를 침공할 경우 중국인민해방군이 직접 출

동해 우리 군의 작전을 원조하여 주기를 바랍니다"라고 끝을 맺고 있다.[182]

9월 30일에는 소련공산당 정치국 결정으로 김일성이 최고사령관과 민족보위상을 겸임하고 6개 사단을 신규 편성하기 위해 남측에서 인원을 끌고 오는 구상이 승인됐다.[183] 이에 따라 10월 1일에는 서부 지역 사령관에 민족보위상을 지낸 최용건이 임명됐고 동부 지역 사령관은 전선사령관인 김책이 겸임한다는 명령이 하달됐다.[184] 그리고 그때까지 공석이던 총참모장에는 해체된 제2군단장 김웅이 임명됐다.[185]

스탈린은 10월 1일에 장문의 전보를 시티코프에게 보냈다. 시티코프가 서신을 읽어 봐 달라는 김일성의 요청을 거부한 건과 관련해 "잘못했다"라고 비판하고 "지금의 혹독한 정황에서 북조선의 동지들이 조언과 원조를 요청하는 것은 자연스럽다", 그것을 거절하면 "북조선 지도부의 자신감 상실을 부추긴다"라고 설명했다. 스탈린은 곧바로 김일성과 박헌영을 찾아가 다음의 네 가지 사항을 전달하라고 지시했다.

1. 적은 38선 이북으로 진격해 "북조선을 정복하려 할 것"이라고 봐야 한다. 전력을 동원해 이를 저지하라. "조선공화국의 방어 조직 사업에서 힘과 능력을 과소평가해서는 안 된다." 새 부대를 편성하라. 무기는 전면적으로 제공하겠다. "북조선이 38선과 그 이북에서 저항할 수 없다고 생각하는 것은 옳지 않다. 북조선 정부에는 힘이

있다. 다만 그것을 조직해 방어를 위해 모든 가능성을 이용하는 것이 필요할 뿐이다."

2. 남쪽에서는 적의 후방에서 빨치산 전쟁을 조직해야 한다. 현지 주민 중에 빨치산인 자와 그곳에 남은 군대를 이용해야 한다.

3. "현 상황에서는 강고한 지도부가 필요하며 철통같은 방어 조직이라는 새로운 임무에 맞춰 지도부를 재건할 필요가 있다. 이를 위해서는 무엇보다 현 지도부의 자신감을 상실한 분위기를 떨쳐 없애고, 지도하는 동지들의 의무를 엄격하고 정확하게 규정해 각자에게 국가 방어의 개별 문제에 대한 명확한 임무와 책임을 부과할 필요가 있다." "정부는 신뢰할 수 있으며 정부에 헌신한 사람들로 구성된 강력한 전사의 주먹을 쥐어야 한다." 중요한 항구와 상륙이 예상되는 해안에 수뢰를 설치하라. 필요한 원조를 하겠다.

4. "김일성이 편지[스탈린]에게 보낸 서신에서 제기한 군사 원조 문제 중 우리가 가장 손쉽게 수용할 수 있는 원조 형태는 의용군 부대의 지원이라고 생각한다. 우리는 우선 이 문제를 중국의 동지와 상의해야 한다. 김일성 동지의 서신에 대한 답장은 근일 내에 보내겠다."[186]

스탈린은 북한 지도자를 격려하면서 자신감을 갖고 침착함을 되찾으라고 말하고 있다. 이는 스탈린 본인에게도 해당하는 문제였다. 지원군 파견에 관해서는 중국에 의용군 파견을 요청하겠다고 약속했다.

같은 날 스탈린은 마오쩌둥과 저우언라이에게 요청 전문을 발송했다. 스탈린은 "나는 북조선 동지들이 갈수록 절망적인 상태에 빠지고 있다고 판단하고 있다"라며, 김일성에게 인천 상륙 작전 후의 대책을 권고했고 김일성이 이를 명령했는데도 제1, 제2군단장이 무시했다고 설명했다. "서울 지역에는 북조선 동지들이 적에 대항해 싸울 만한 부대가 전혀 남아 있지 않다. 38선 방면으로의 길은 열어 놓은 것이나 다름없다고 봐야 한다. 만약 당신들이 현재 상황에서 조선에 군대를 지원하는 것이 가능하다고 판단한다면 최소한 5~6개 사단을 즉시 38선 쪽으로 출동시켜야 할 것이다. 그래야 북조선 동지들은 당신들의 엄호 아래 38선 이북에서 예비 부대를 조직할 수 있을 것이다. 중국 사단은 물론 중국 사령부를 중심으로 한 의용군으로서 출정하는 것이 좋을 것이다."[187]

이렇듯 중국에는 평양의 특사 요청과 모스크바의 요청이 동시에 도착했다. 다만, 스탈린은 7월에는 중국군이 참전한다면 소련 공군의 엄호를 제공하겠다고 했었으나, 이번 요청 때는 해당 지원을 언급하지 않았다.

총퇴각하는
인민군

인천에 상륙한 미군이 진격하면서 북한과의 교

신과 보급이 끊긴 인민군은 완전히 붕괴해 퇴각했다. 이 과정은 처참하기 그지없었다. 제6사단에 배속되어 종군기자로 참전한 작가 김사량은 실종되어 사망한 것으로 추정된다. 전선 부대를 위문하러 왔던 무용가 최승희와 그녀의 딸 안성희는 구사일생으로 탈출해 가까스로 북한에 도착했다.[188]

　남한 각지에는 인민위원회 조직이나 노동당 조직에서 일하던 사람들이 많았다. 그들도 인민군과 함께 철수했으나 남겨진 사람들도 적지 않았다. 그들은 빨치산과 접촉해 거기에 가세해 싸웠다. 《남부군南部軍》의 저자 이태李泰는 서울의 합동통신사 기자였다. 북이 점령한 이후 좌파 동조자였던 그는 조선중앙통신사의 기자가 되어 전라북도 전주지국에서 근무했다. 그는 철수 도중 회문산에 있던 빨치산의 도움을 받으면서 그대로 빨치산이 됐다.[189]

　패주 상황에서 군의 규율도 무너졌다. 평양에서는 인민군 내부의 당 조직 지도 계통을 한층 더 체계화해 중앙의 민족보위성 문화훈련국을 총정치국, 각 부대의 문화부를 정치부로 개편하여 규율을 재건해야 한다는 목소리가 제기된 것으로 보인다. 실제로 퇴각의 혼란 속에서 조직을 개편할 만한 여유가 있을 리 만무했다. 이러한 형식적 의견을 제시한 이는 그즈음 당무를 전담하던 소련계 허가이가 아니었을까. 어쨌든 맨 먼저 행동에 옮길 수 있는 것은 그 전까지의 문화훈련국장 김일을 해임하고 군의 총정치국장직에 새로운 인물을 임명하는 것이었다. 당 부위원장으로 정부의 넘버 2이던 박헌영이 그 직책에 취임했다. 문헌에 따르면 10월 21일에 열린 노동당 중앙위원회 정치위원회에서 조직 개편이 결정됐다.[190] 하지만 김일성 최고사령관과 박헌영 총정치국장이 서명한 명령이 10월 14일에 발표된 적이 있다. 덧붙여 이 결정은 종래 전쟁을 추진해 온 김일성과 박헌영 두 사람이 패배한 군대의 지휘에 대해서도 함께 책임을 지겠다는 것을 의미했다. 김일성이 박헌영은 책임을 지려고 하지 않는다며 불만을 내비쳤던 것을 고려하면, 박헌영을 군의 요직에 끌어들인 것이라고도 볼 수 있다.[191]

두 사람이 서명하여 처음 하달한 10월 14일 명령 내용은 엄격했다. 우선 적의 반격에 맞서 대비하지 않은 장관, 정치 공작원의 책임을 추궁하고 "악화된 새로운 정세에 당황하여 적과의 투쟁에서 비겁함을 드러내고 군대의 지휘를 포기하고 …… 병사로 변장해 몸을 숨기거나 무기를 반납하고 견장을 떼어 내어 자기의 비루한 목숨을 구했다"라든가 "병사들에게서 이탈해, 군대 내부에서 발생한 혼란에 대처하고 적절한 방책을 마련해 군의 사기를 진작하고 경계심을 높여 겁쟁이, 불평분자에 반대하는 등의 투쟁을 조직하지 못하고 자기 부대를 방어전에 유효 적절히 동원하지 못했다"라고 지적했다. 이처럼 전선 지휘관이 한심스러우니 1,700만 명이 거주하는 지역이 적에게 점령당했다고 하면서 도망치는 지휘관은 총살하라는 방책을 정했다. 여섯 항목의 지시를 나열하면 다음과 같다.

첫째, 한 발짝도 물러서지 마라. 우리에게는 더 이상 물러설 곳이 없다. 조국과 인민은 자기의 무장력인 인민군이 최후의 피 한 방울이 다할 때까지 진지를 사수하기를 원하고 있다. 둘째, 불평분자와 타인을 현혹하는 말을 하는 자는 전투에서 위험한 우리의 적이다. 부대 안에서 혼란을 유발하고 무기를 버리고 명령 없이 전투지를 이탈하는 자는 직위 고하를 불문하고 모조리 인민의 적으로 보고 즉각 처형하라. 셋째, 각급 군관은 일상적으로 전투원과 접촉해 직접 전투지에서 전투를 지휘하며, 직접 자기[원문 그대로]의 모범으로서 활발하고 강력한 반격을 개시해 압박전을 통해 적에게 잇따라 심각한 타격을 가하라. …… 다섯째, 전선 또는 군단, 사단 지휘관은 금년 10월 15일 전에 독전대를 조직해 후방 경계선에서 방어하는 부대와 연합부대에 소속시켜라. …… 독전대의 지휘관에는 군사검찰소, 재판소 관계자와 함께 전투지에서 도주하는 모든 군 근무자에게 그 자리에서 그들의 죄상에 따라 사형하거나 형벌부대로 보내거나 그들의 원래 부대로 돌려보내는 처벌을 집행할 권리를 부여하라. 여섯째, 이 명령서를 부대장과 부부대장을 포함한 상급 군관 전원이 서명해 배포하고 이 명령서를 수령한 군관은 자기 부대 앞에서 명령서를 반드시 낭독해 이 명령서의 의의를 군 근무자 전원에게 깊이 침투시켜라.[192]

군대라는 조직의 논리는 장교, 병사가 적 앞에서 도망치는 경우 총살하는 형태로 나타난다는 것을 떠올릴 필요가 있다. 그런 명령 중에서도 이 명령은 확실히 준엄하다고 말할 수 있으나 이 명령에는 애당초 원형이 존재했다. 8월 13일에 발령됐던 최고사령관 명령 제81호도 낙동강 대치전 중 "점령한 지역과 자기의 진지에서 한 발짝도 물러서지 마라", "자기의 전투 진지에서 상부의 명령 없이 무기를 버리고 퇴각하는 자"는 군사재판에 회부해 총살하라고 지시했다.[193]

나아가 이들 명령에는 확실히 모델이 존재했다. 독소전쟁에서 싸운 소련 군인 고문들은 독소전쟁의 첫 전투에서 패배했을 때 스탈린이 내린 매서운 명령을 기억하고 있었다. 1941년 8월 16일에 하달된 최고사령관 사령부 명령 제270호는 "전투 시 계급장을 떼어내고 후방으로 퇴각하거나 적에게 투항한 사령관과 정치장교"는 "그 자리에서 총살"하며 또한 그 가족을 체포하고 투항한 병사의 가족도 "국가 급부금과 보조를 박탈한다"라고 선언했다.[194] 그리고 스탈린그라드 방어전이 시작된 1942년 7월 28일 스탈린의 지시로 발령된 소련 국방인민위원회 명령 제227호는 다음과 같이 선언했다.

이제 후퇴를 멈춰야 할 때이다. 한 발짝도 물러서지 마라! 이 말이 곧 우리의 핵심 구호가 되어야 한다. …… 더 이상 멋대로 전투 부서를 포기하는 부대의 사령관, 코미사르, 정치장교를 용납해서는 안 된다. …… 공포를 퍼트리는 놈들과 겁쟁이들은 그 자리에서 처형되어야 한다. 상부의 명령 없이 자기의 전투 부서에서 후퇴하는 …… 사령관, 코미사르, 정치장교는 조국의 반역자들이다.

이 명령은 그런 지휘관은 해임해 후송하며, 그들을 형벌부대로 보내 위험한 전선으로 파견하라고 요구하고 있다.[195] 소련의 전쟁 역사가는 전선의 유지를 위해 이런 엄격한 명령이 필요했다고 보고 있다. 어쩌면 소련인 군사고문이 독소전쟁의 기억을 떠올리며 10월 14일 명령을 김일성과 박헌영을 위해 기초한 것은 아닐까.

이 명령이 얼마나 실행되고 얼마나 효과가 있었을지는 의문이다. 남쪽에 있던 조선인민군 중 통솔력이 약한 부대는 괴멸됐고 방호산의 제6사단 같은 단련된 부대는 조직을 지키면서 태백산맥을 따라 북쪽으로 철수했다.

그러나 10월 21일의 당 정치위원회 결정으로 군대 안에 노동당 조직을 설치하기로 정한 것은 만주파 군대라는 성격에서 벗어나지 못했던 인민군에 대해 당의 통제를 일원적으로 확립하는 단초가 됐다. 이는 인민군의 재건, 재편 과정에서 큰 의미를 갖게 된다.[196]

제4장

한미군의 북진과 중국군 참전

한미군의
북진

북한군을 격퇴한 한미군이 38선을 회복한 후 그 지점에서 멈출지 아니면 북진할지는 미국 정부 내에서도 전쟁 목적과 관련해 일찍부터 논의되고 있었다.

가장 강경한 '반격파rollback'인 존 앨리슨 국무부 동북아과장은 8월 12일 각서에서 다음과 같이 주장했다. "한반도의 상황은 이제 미국과 자유세계에 소비에트 블록으로부터 영토를 되찾을 첫 기회를 제공하고 있다. 미국의 기본 정책이 아시아 및 그 외 지역에서 소련의 우세한 힘을 견제하고 축소시키는 데 있는 이상, 유엔이 한반도에서 전개하는 작전은 소비에트가 지배하는 지역에 비공산주의가 침투하기 위한 발판을 제공할 것이다."[1]

케넌은 정책기획실장을 그만둔 상태였으나 국무부를 떠나는 8월 하순까지 신중한 '봉쇄파containment'로서 '반격'에 반대했다. 소련을 과도하게 자극하면 소련이 반응하는 것은 당연지사라 생각했다. 38선을 돌파해 북진한다면 소련군의 개입이나 중국 공산군의 개입이 있을 거라는 것이다. "이는 소비에트의 눈에는 우리나라가 블라디보스토크와 지극히 가까운 거리에 있는 북한의 북부 국경 지역에 맥아더 장군의 완전한 군사적, 경찰적 권력을 수립하려는 의도로 보일 것이다. 소비에트는 여기에 절대 동의하지 않을 것이다."[2]

그러나 이미 8월 중순에 앨리슨파의 주장이 트루먼 대통령과 애치슨 국무부 장관의 지지를 얻고 있었다.[3] 커밍스는 "남은 문제는 북한을 향한 반격 여부가 아니라, 누가 그것을 통솔할 것인가였다"라고 보았다.[4] 맥아더, '중국 로비', 이승만이 원하는 대로 둘지, 아니면 그들을 억제할지의 갈등이었다. 커밍스가 '중국 로비'라 일컬은 것은 국방부 장관 존슨이었다.

존슨은 7월 20일 워싱턴 주재 중화민국 대사에게 미국 정부는 북진을 결정했다고 전달했다. 커밍스는 타이완 정부 내에 첩보망을 보유한 베이징이 이를 눈치챘을 가능성이 있다고 추정했다.[5] 맥아더는 7월 13일 콜린스 육군 참모총장에게 북한 전 국토 점령의 전망을 밝혔고,[6] 17일에는 한반도 통일이 필요하다는 견해를 제시했다.[7] 맥아더는 7월 말에 타이완을 방문해 장제스와 회담했다. 맥아더는 한국전쟁을 계기로 중국 본토로 쳐들어갈 생각이었다. 트루먼과 애치슨은 맥아더의 행동을 경계해 8월 초순 윌리엄 해리먼William A. Harriman 전 소련 주재 미국 대사를 도쿄로 급파해 맥아더에게 전쟁은 한반도에 국한되어야 한다는 전언을 전했다.[8] 맥아더는 한반도에서는 북한군을 괴멸시켜 서울을 탈환한 뒤 2개월 안에 북한에서 선거를 치러 100석을 보충하여 한국 주도로 통일할 수 있다고 설명했다.[9] 또 중국에 대해서는 미국은 "중국 내부의 분열을 더욱 공격적으로 추진"해야 하며, 설사 장제스군의 반격이 실패해도 미국은 골칫거리를 없앨 수 있으니 좋은 게 아니냐고 말했다.[10] 맥아더는 소련도, 중국도 직접적으로 개입하지 않을 거라는 것을 전제로 말했다. 맥아더는 타이완 방위에 관한 워싱턴의 정책을 비판하는 메시지를 8월 27일의 재향군인회 연차총회에서도 발표했다. 그러나 트루먼은 맥아더에 대한 조치 없이 9월 1일 존슨 국방부 장관의 경질을 결정했다.[11]

미 정부 내의 의견은 9월 1일 국가안전보장회의 직원이 회의를 위해 제출한 정책문서 〈NSC 81〉로 정리됐다. 〈NSC 81〉에서는 "한반도에서의 향후 행동 방침에 대해서는 최종적인 결정을 내릴 수 없다"라고 전제를 단 뒤 중공 또는 소련이 참전한다면 재고할 것이라고 했다. 유엔군의 목적은 안보리 결의에 따라 "북한군을 38선 너머로 격퇴하는 것"이며 "이 사명을 완수하는 데 필요한 38선 이북에서의 군사행동을 취할 법적 근거"가 있다고 봤다. "한국 주도의 한반도 통일"이라는 목표를 달성하기 위한 북진은 안보리 결의에 의해 확실히 승인된 것이 아니므로 새로운 결의가 없는 한 그와 같은 군사행동은 취할 수 없다고 봤다. 따라서 중공, 소련이 개입하거나 개입할 위협이 없으면 북한군을 북쪽으로 철수시키거나 패배 defeat시키기 위해 38선 이북으로 지상전을 확대하는 것이 인정됐다. 그러나 유엔군의 작전은 만주 국경과 소련 국경에 근접한 지역으로까지 확대돼서는 안 됐다. 그리고 소련과 중공이 북한의 재점령에 나선 경우에는 38선을 넘어 지상전을 확대해서는 안 됐다. 이 부분은 상당히 신중했다. 북한군의 조직적인 저항이 실질적으로 끝나게 되면 미군은 파병을 축소하고 새로운 유엔의 결정에 따라 북한군의 무장 해제를 남한군에게 맡겨야 한다고 했다. 유엔의 감독 하에서 자유선거를 치러 한반도의 통일이 이루어져야 하며, 그러한 안정된 독립 국가가 탄생할 때까지 유엔군은 한반도에 주둔해야 한다고 명시했다.[12]

이 문서는 국가안전보장회의에서 9월 7일에 검토됐다. 합동참모본부는 맥아더와 상의한 후 이 문서가 "비현실적"이라는 의견서를 제출했다. 맥아더의 강력한 뜻이 반영된 것이었다. 맥아더는 "북한군의 파멸destruction"이 목표라고 주장하고, 이를 위해서는 당연히 38선 이북에서 군사 작전을 전개해야 한다고 봤다. 북에서의 지상전은 한국군에게 맡기면 된다는 것이 그의 견해였다. 이승만 대통령과 이미 합의한 사항이라고 하면서 한국 정부가 서울로 복귀하면 "한반도의 유일한 정부"임을 선언할 것이고, 국회의 공석으로 남아 있는 100석을 채우기 위해 북에서 선거를 치를 계획이라고 말했다. 유엔군이 북한군을 괴멸시키면 나머지는 한국군이 처리하고 미군은 신속하게 철수한다는 구상이었다.[13] 애치슨은 나진 폭격 등 북한 폭격이 승인되자 군부에 양보하는 자세를 보이면서 원안의 수정을 인정했다.[14] 이에 따라 유엔군 사령관이 북진 작전을 추진하기 위해서는 대통령의 승인을 받아야 한다는 문장이 추가됐다. 유엔군의 작전은 만주 국경, 소련 국경을 넘어서는 안 됐다. 그리고 한국군이 포함되지 않으면 국경 부근 지역에서도 작전을 수행할 수 있게 됐다. 수정된 문서는 〈NSC 81/1〉로 9월 9일 대통령에게 제출됐다.[15]

합동참모본부는 〈NSC 81/1〉을 바탕으로 검토를 진행하여 인천 상륙 작전이 성공한 후인 9월 27일 대통령의 승인을 받아 맥아더에게 한반도에서의 행동에 관한 지령을 내렸다.[16] "귀관의 군사적 목표는 북한군의 파멸"에 있음을 강조했다.

그사이 한국 정부가 북진의 목적 재검토를 강력하게 주장하면서 그것이 유엔에서 논의되고 있었다. 9월 18일 주유엔 미국 대표부에서 덜레스, 앨리슨과 주미 한국 대사 장면張勉이 회동했다. 장면 대사는 유엔군의 북진을 강하게 요구하고 유엔의 감독 아래 북한에서 선거를 치러 한국의 관할권을 북쪽으로 확대해야 한다고 주장했다.[17] 이에 이튿날 주유엔 미국 대표부가 작성한 성명서에는 유엔 총회가 자유, 독립, 통일 한국을 실현하기 위해 한국인을 돕겠다는 내용의 결의를 채택하는 것이 바람직하다는 견해가 담겼다. 군사적 수단으로 통일을 달성하겠다는 태도를 취해서는 안 된다고 명시됐으나, 이 국면에 이르러 한반도의 통일을 유엔 총회에서 결의하는 것은 유엔군의 북진에 새로운 정통성을 부여하는 결과를 낳았다. 단, 한국의 관할권은 38선 이남으로 한정된다는 판단을 따라야 한다고도 주장했다.[18] 이 점에서 한국 측과 큰 이견을 보였다.

덜레스는 유엔군의 북진에 새로운 목적을 부여하는 것에는 찬성했으나, 그 실현 여부는 소련이나 중국의 태도에 달려 있다는 것을 인정하고, 그렇다면 미국이 앞장서 결의를 주도하는 모양새는 피하는 것이 바람직하다고 제안했다.[19]

10월 1일 맥아더는 본국 정부와 상의한 후 방송을 통해 북한군 최고사령관 김일성에게 항복을 권고했다. "귀하의 군대와 전투 수행 능력이 머지않아 총체적으로 패배하고 완전히 파괴되는 것은 이제 피할 수 없게 된" 이상, 본인은 "귀하와 귀하의 지휘 아래 있는 군대에 대해 한반도의 어느 곳에 있든지 본인이 지휘하는 군사적 감독하에 즉시 무기를 버리고 적대 행위를 중지할 것을 요구한다." 그리고 전쟁 포로들과 민간인 억류자들을 즉각 석방할 것을 요구했다.[20] 한편 명령을 받은 한국군은 이날 김백일의 제1군단이 38선을 넘어 원산 방면을 향해 진격했다.[21]

10월 2일 맥아더는 유엔군 전 부대에 일반명령을 내렸다. "6월 27일의 유엔 안보리 결의 조항에 따르면 우리가 군사 작전을 전개하는 곳은 군사적 필요와 한반도의 국제적 경계에 의해서만 제한된다. 따라서 소위 38선은 우리 군의 군사적 운용 측면에서 고려할 요소가 아니다. 적을 완전히 패배시키기 위해 귀하의 부대는 그 경계를 …… 언제든지 넘어도 좋다. 적이 10월 1일의 나의 메시지에서 정한 항복 조건을 수용하지 않는다면 우리 군은 적군이 한반도의 어느 곳에 있든지 찾아내 괴멸시킬 것이다."[22]

이로써 한국군의 북진은 추인됐다. 맥아더는 미 제10군단에 서울 지역에서 방향을 틀어 부산으로 돌아가 그곳에서 해로를 이용해 원산으로 진격하라고 명령했다. 이에 따라 한국군 제1군단은 홀로 맹렬히 진격해 원산으로 향했다.[23]

10월 7일에 열린 유엔 총회에서 영국, 오스트레일리아 등 8개국이 제안한 결의안은 찬성 47, 반대 5, 기권 7로 가결됐다. 반대표를 던진 쪽은 소련과 그 동맹국이었고 유고, 인도, 그리고 아랍의 다섯 국가가 기권표를 던졌다. 결의는 맥아더 유엔군 총사령관의 북진 명령에 대해서는 일언반구도 하지 않은 채 사실상 이 명령을 추인했고, 나아가 그 북진 작전에 목적을 부여했다. 결의는 특히 한국 정부를 승인한 1948년 12월 12일의 유엔 총회 결의(제195호의 Ⅲ)를 언급하고 한국이 유엔이 감독한 지역에서 치러진 자유선거 위에 수립된 "합법적인 정부"임을 재확인하고, 1950년 6월 27일의 안보리 결의에 따라 유엔군이 한반도에서 "무장 침략을 격퇴하고 그 지역에서의 국제 평화와 안보를 회복하기 위해" 활동하고 있다고 확인했다. 또한 과거의 총회 결의의 근본적 목표는 "통일되고 독립적이며 민주적인 한국 정부 수립이었다는 점"을 상기했다. 나아가 "전 한반도에 걸친 안정 조건을 확보하며", "한반도 주권 국가로서 통일되고 독립적이며 민주적인 한국 정부를 수립하기 위해 유엔 후원 하의 선거 실시를 포함해 모든 입헌적 조치를 취하"라고 권고했다. 유엔한국위원회United Nations Commission in Korea, UNCOK를 대신해 새로이 유엔한국통일부흥위원회United Nations Commission for the Unification and Rehabilitation of Korea, UNCURK가 설치됐다. 이 위원회의 위원으로는 오스트레일리아, 칠레, 네덜란드, 파키스탄, 필리핀, 태국, 튀르키예의 대표가 지명됐다.[24] 이 결의는 유엔의 무력통일 노선과 공산 정권

전복 노선을 드러내는 것이었다.

10월 9일 맥아더는 또다시 방송을 통해 항복 권고를 발표했다. "유엔의 결정"을 실현하기 위해 항복 권고를 통고한다며 "모든 북한인에게 통일되고 독립된 민주 정부를 수립하기 위해 유엔에 전면 협력할 것을 요구"했다. 북한 정부의 답변이 없으면 "즉시 유엔 명령을 이행하는 데 필요한 군사적 조치에 착수하겠다"라고 했다.[25]

같은 날 아침 제1기병사단 본대는 금천을 목표로 38선을 전면 돌파했다.[26] 평양을 향해 본격적으로 진격하기 시작한 것이다.

10월 10일 앞서고 있던 한국군 제1군단의 제3사단과 수도사단은 북한의 주요 항만 도시 원산을 재빨리 점령했다.[27] 그보다 하루 늦은 11일 한국군 제1사단이 38선을 넘었다. 사단장은 백선엽이었다. 해방 후 얼마간 평양에서 근무[28]했던 백선엽은 평양 첫 입성을 꿈꾸고 있었다.

이날 김일성은 라디오 연설을 통해 미군의 총공격에 "우리 인민군은 전투를 이어 가면서 부득이하게 후퇴할 수밖에 없는 상황이다", "현재 우리 전선은 심각한 국면에 직면했다. 우리 조국의 앞에는 중대한 위기가 닥쳐 있다"라고 인정했다. 또 인민군 병사에게는 "최후의 피 한 방울이 다할 때까지 용감하게 싸우라"라고 요구했다. 점령지에서는 유격전을 전개하고 후방에서는 "간첩, 파괴분자"의 적발, 체포, 소탕을 촉구했다. "각종 유언비어를 유포하는 자, 우울해 기력을 상실한 자, 낙담하고 있는 자, 도피분자, 비겁한 자 등과 가차 없는 전투를 전개해야 한다." 항복 따위는 있을 수 없으며 반드시 반격하라고 위협했다.

> 안녕하십니까. 우리의 중요한 과제는 우리 조국의 작은 땅 한 조각이라도 피로써 사수하고 적에게 새로운 결정적 타격을 가하기 위해 모든 역량을 준비해 미국 무력 간섭자들과 그 앞잡이 이승만 일당을 우리 국토에서 일거에 그리고 영원히 토벌하는 것입니다.[29]

이는 맥아더의 항복 권고를 거부하는 북한의 답변이었다.

10월 15일 트루먼 대통령과 맥아더 사령관은 웨이크섬Wake Island에서 회동했다. 맥아더는 이 자리에서 평양은 곧 함락될 것이며, 소련과 중국이 참전할 가능성은 없고 미군은 크리스마스 때까지 기본 작전을 마무리하고 철수할 수 있을 것이다, 내년에는 유엔이 총선거를 치르게 될 것이라고 전망을 밝혔다. 트루먼 대통령은 중국의 참전 가능성은 없냐고 몇 번이나 확인했고, 결국 '완전한 의견 일치'에 도달했다. 그러나 이는 어설픈 합의였다.[30]

중국,
참전을 토의하다

　　　　　　　　10월 2일 한국군이 38선을 돌파한 날, 중공 정

치국 확대회의에서는 한국전쟁 참전 문제를 논의했다. 이날의 논의에 대해서는 마오쩌둥이 10월 2일에 작성한 참전 결정 문서가 잘 알려져 있다. 이 문서는 《마오쩌둥 군사문선毛澤東軍事文選》에 처음 발표됐는데, 다음과 같이 시작된다.

1. 우리는 지원군 명의로 일부 군대를 조선 영역 안에 파견해, 미국과 그 앞잡이 이승만 군대와 싸워 북조선 동지를 원조하기로 결정했다. 우리는 이것이 필요하다고 본다. 혹여 조선이 미국인에게 점령되기라도 한다면 조선의 혁명 역량은 근본적인 패배를 맛보게 되기 때문이다. 그 결과 침략자 미국은 갈수록 광폭해져 전 동방이 불리한 상황에 직면할 것이기 때문이다.

2. 우리는 다음과 같이 생각한다. 중국 군대를 조선에 파병해 미군과 싸우기로 결정한 만큼 첫째, 다음 과제를 해결해야 한다. 즉 조선의 영역 안에서 미군과 그 밖의 나라의 침략군을 섬멸해 쫓아낼 준비를 해야 한다. 둘째, 중국 군대가 조선의 영역 안에서 미군과 싸우는 …… 이상 미국이 중국에 전쟁을 선포할 것에 대비해야 한다. 미국이 적어도 공군을 움직여 중국의 여러 대도시와 공업지대를 폭격하고 해군을 움직여 연안 지방을 공격할 수 있으므로 이에 대비해야 한다.

3. 이 두 가지 과제 중 첫 번째 과제는 중국군이 조선에서 미군을 섬멸할 수 있을지, 효과적으로 조선 문제를 해결할 수 있을지와 관련이 있다.[31] ……

그 아래에는 중국군 12개 사단의 출병, 한반도에서의 미군의 전투 작전이 제6항까지 기술되어 있다.

이를 발굴한 중국의 연구자는 이 글을 스탈린에게 보내는 전문이라고 주장했다. 《마오쩌둥의 한국전쟁》의 저자 주지엔룽은 이 전보에는 "일부 삭제된 부분이 있으며 무기 장비의 제공, 공군 출동 요청 등의 내용도 담겨 있었다"라는 베이징 군軍 연구자의 말을 인용하고, 이 서신이 실제로 2일에 발송됐는지는 의문이라고 덧붙였다. 필자도 이전 책에서 이 판단에 동의했다.[32] 분명 두 번째 과제인 중국 대도시, 공업지대, 연안 지방에 대한 미국의 공격에 대비하는 대책을 언급하는 문장이 이 앞에 있는데도 생략된 것이다.

2000년 10월 펑셴즈·리지에의 저서 《마오쩌둥과 항미원조》에 이 글의 원문 중 1쪽과 마지막 쪽의 사진판이 공개됐다. 두 저자는 이것이 마오쩌둥의 자필 초고이며, 이 초고는 2일 회의에 앞서 미리 작성됐으나 회의에서는 반대 의견이 거세 채택되지 못했고 그래서 발송되지 않았다고 주장했다.[33] 사진판에 따르면 생략된 첫머리는 다음과 같다. "필리포프 동지 10월 1일 보내 주신 전보 잘 받았습니다. 우리의 의견을 다음과 같이 회신합니다."

결국 이 문서는 마오쩌둥이 10월 1일 자 스탈린의 출병 요청에 대한 답신으로 작성한 것임이 밝혀졌다. 2일 회의 전에 초안을 작성한 것이다. 마지막 부분은 다음과 같다.

…… 때는 많은 공군을 투입해 우리가 위의 모든 지점을 방어할 수 있도록 도와주실 수 있을지(우리에게는 방공 설비가 전혀 없습니다) 회신해 주십시오. 건강을 빕니다.

1950년 10월 2일

마오쩌둥

이 마지막 쪽의 문장을 보면, 마오쩌둥은 미 공군이 중국의 대도시, 공업지대, 연안 지방을 폭격할 가능성에 대한 대비책으로 소련 공군에 중국 방위를 위해 출동해 줄 것을 요청한다는 생각을 밝히고 있음을 알 수 있다.

재미 중국인 학자 천젠도 마오쩌둥이 직접 작성한 이 전문의 원본을 중국의 문서관에서 입수해 2001년 6월에 출판한 저서 《마오쩌둥의 중국과 냉전》에 실었다. 마지막 2쪽 분량은 복사가 허락되지 않았으나 거기에는 중국이 참전 조건으로 소련 공군이 중국 본토의 모든 해안선을 미국의 공격으로부터 방어해 줄 것을 요구하는 내용이 기술되어 있었다고 한다.[34]

마오쩌둥이 중국 참전의 반대급부로 소련으로부터 얻어 내려 한 것은 미국의 중국 본토 공격 방어전에 소련이 참전하겠다는 약속이었다. 소련은 애당초 중소우호동맹조약에 따라 공군을 파견할 의무가 있었으나, 그렇게 했다가는 미소 세계전쟁으로 비화하리라는 것은 불 보듯 뻔했다. 스탈린은 그러한 사태를 무조건 피하고 싶었다.

중국 측의 이 요구는 중소 간 교섭의 수수께끼를 풀 열쇠를 제공해 주는 것이었다.

2일에 열린 회의에서는 참전 반대론이 거세 마오쩌둥의 의견은 통과되지 못했다. 그래서 마오쩌둥은 초안을 폐기할 수밖에 없었고, 다음과 같은 정반대의 내용을 담은 전보를 3일에 보냈다.

1950년 10월 1일 자 당신의 전문은 받아 보았습니다. 우리는 처음에는 적이 38선을 침범하면 북조선을 원조하기 위해 몇 개의 지원군 사단들을 조선에 파병할 계획이었습니다.

그러나 면밀히 검토한 결과, 현재는 그런 식의 군사행동이 매우 심각한 결과를 초래할 수 있다고 판단하고 있습니다. 첫째, 단 몇 개의 사단으로 조선 문제를 해결하기는 매우 어려울 것입니다(우리 군의 무장 상태는 취약하며 미군과 접전을 벌일 경우 승리할 것이라는 확신도 없습니다). 적은 우리를 후퇴시킬지도 모릅니다. 둘째, 더욱 확실한 것은 이것이 미국과 중국 간의 공공연한 충돌을 야기할 것이라는 사실입니다. 나아가 소련 역시 전쟁으로 끌어들이는 결과로 이어질 것이며, 그렇게 되면 문제는 극대화될 것입니다.

중국공산당 중앙위원회의 많은 동지는 이에 매우 신중할 필요가 있다고 생각하고 있습니다.

물론 현재 저러한 곤경에 처한 북조선 동지들은 우리가 군대를 보내 원조하지 않는다면 몹시 곤란한 지경에 이를 것입니다. 우리 역시 그 상황을 가엽게 여기고 있습니다. 그러나 만약 몇 개 사단을 파병한다면 우리는 미군에 쫓겨 퇴각하게 될 뿐만 아니라 미국과의 공공연한 충돌을 불러일으킨다면 우리의 평화적인 건설 계획은 완전히 무산되고 국내의 많은 이들이 큰 불만을 품을 것입니다. 인민들이 전쟁으로 입은 상흔은 아직 치유되지 못했으므로 평화가 필요합니다.

따라서 지금은 군대를 보내지 않고 인내하면서 적극적으로 힘을 기르는 편이 낫습니다. 그 편이 적과의 전쟁에서 유리할 것입니다.

북조선은 잠시 패배하겠지만 투쟁 방식을 유격전으로 전환해야 할 것입니다. 우리는 중앙위원회 총회를 소집했으며 회의에는 중앙위원회 각 부서의 책임 동지들이 참석할 예정입니다. 즉 이 문제에 관한 최종 결정이 나온 것은 아닙니다. 이것은 우리의 예비 전문이며 동지와 계속 협의하기를 바랍니다.

동지께서 동의하신다면 우리는 즉시 항공편으로 저우언라이와 린뱌오 동지를 당신의 휴양지로 파견해 당신과 이 문제에 관해 협의하고 중국과 북조선의 상황을 보고하도록 하겠습니다.

회신을 기다리겠습니다.

1950년 10월 3일

마오쩌둥[35]

로시친 대사는 이 전보를 스탈린에게 보내면서, "이는 '중국의 당초의 입장 변경'을 뜻한다, 중국은 틀림없이 5~6개 사단보다 더 많은 사단을 파견할 수 있을 것이다, 장비와 대전차포 등이 부족한 것이 문제일지도 모른다, 중국이 입장을 바꾼 원인은 파악되지 않는다"라는 견해를 덧붙였다.

마오쩌둥의 글은 논리적이지도 않고 설득력도 없다. 본인이 원하는 대답을 기대할 수 없으므로 마지못해 쓰면서도, 동시에 소련으로부터 무엇을 얻을 수 있을지를 가늠해 보려 하고 있다. "최종 결정"은 아니라면서 저우언라이의 소련 방문을 제안한 부분은 특히 중요하다.

마오쩌둥은 10월 4일에는 스탈린에게 본인의 저작집 편찬을 돕기 위해 중국에 파견된 유딘의 중국 각지 시찰과 넉 달간의 체류를 허가해 달라는 전보를 보냈다.[36]

스탈린은 10월 3일 자 마오쩌둥의 전보에 대한 답신을 보냈다.[37] 이 전문이 중국공산당의 5일 결정에 영향을 미쳤다고 추측되므로 3일 또는 4일에 발송된 것으로 보인다.[38] 스탈린은 5~6개 사단 파병을 요구한 이유는 당신 쪽에서 그것을 수차례 확언했기 때문이라고 설명하고, 다음의 네 가지 판단 기준을 들어 설득했다.

1. 조선 사태를 볼 때 미국은 현재 큰 전쟁을 치를 준비가 돼 있지 않습니다.
2. 군국주의 세력이 아직 부활하지 않은 일본은 미국에 군사 원조를 할 여력이 없습니다.
3. 그래서 미국은 조선 문제에 관한 한 동맹국 소련을 배후로 둔 중국에 양보할 수밖에 없어 북조선에 유리하며, 적국에 조선을 도약대로 삼을 가능성을 주지 않고자 조선 문제 조율 조건을 수용할 것입니다.

4. 같은 이유로 미국은 타이완을 단념하고 나아가 일본 반동 세력과의 단독 강화를 단념할 것입니다. 또 일본 제국주의를 부활시켜 일본을 극동에서의 자국의 교두보로 삼겠다는 계획도 포기할 수밖에 없을 것입니다.

스탈린은 중국이 "수동적으로 기다려서"는 이 네 가지를 얻을 수 없으며 "진지한 투쟁"과 "새로운 인상적인 힘을 과시"할 때만 이러한 양보를 얻어 낼 수 있다, 그렇지 않을 경우 타이완조차도 되찾지 못할 것이라고 지적했다. 또 스탈린은 중국을 설득하기 위해 진심으로 회피할 모든 수단을 모색하겠다고 약속했다.

애당초 미국은 대규모 전쟁을 수행할 준비가 되어 있지 않다고 하나 자신들의 체면 유지를 위해서 대규모 전쟁에 휩쓸릴지도 모릅니다. 그렇게 되면 중국도 전쟁에 휩쓸리며, 그와 함께 중국과 상호원조조약을 맺은 소련까지 전쟁에 휩쓸리게 될 것이라고 봅니다. 이를 과연 두려워할 필요가 있을까요. 내 생각으로는 그렇지 않습니다. 우리 양국은 미영보다 더 강하며 현재 미국을 도울 수 없는 독일을 제외하면 나머지 유럽의 자본주의 국가들은 막강한 군사력이 없습니다. 만약 전쟁이 불가피하다면 수년 뒤가 아니라 지금 하는 게 유리합니다. 몇 년 뒤에는 일본 군국주의가 재건돼 미국의 동맹 역할을 할 것이며 미일 양국이 이승만 정권의 도움으로 대륙으로 진출할 군사적 도약대를 마련할 것입니다.

미국이 전쟁을 확대하여 중국을 공격한다면 소련은 조약상의 의무에 따라 중국을 위해 참전할 것이며, 중소가 힘을 합친다면 미국에 승리할 것이라고 강조했지만, 이는 스탈린의 진심이 아니었다고 생각된다. 스탈린에게는 한국전쟁에 참전해 미국과 싸울 생각이 없었으며 한국전쟁이 중국 본토로 확대되는 것도 바라지 않았다. 소련도 함께 싸우겠다는 표현은 중국의 참전을 독려하기 위한 공수표였다.

그사이 마오쩌둥은 필사적인 나날을 보내고 있었다. 10월 4일 정치국 확대회의가 속개됐으나 중국공산당과 정부에서는 출병 신중론이 거세 마오쩌둥의 필사적인 설득도 통하지 않았다. 회의 막바지에 시안西安에서 호출된 펑더화이가 출석했지만 그 또한 침묵을 지켰다. 간신히 10월 5일 마오쩌둥의 뜻을 받아들인 펑더화이가 출병 찬성론을 주장했고, 정치국도 마침내 마오쩌둥의 제안대로 의용군의 즉각적인 파병을 결의했다. 또 마오쩌둥의 제안을 받아들여 펑더화이가 총사령관으로 임명됐다. 회의 후의 대화에서 마오쩌둥은 저우언라이를 소련에 보내 소련의 참전을 협의하겠다고 제안했다.[39] 스탈린의 전보를 읽고 적어도 소련 공군의 참전은 기정사실이라고 여긴 듯하다.

10월 7일 마오쩌둥은 스탈린의 의견에 동의해 파병 결정을 내렸다고 스탈린에게 알렸다. 이 내용을 담은 전문은 공개된 적이 없다. 스탈린이 김일성에게 보낸 서신에 따르면, 마오쩌둥은 6개 사단이 아닌 9개 사단을 파병하되 파병 시기는 지금이 아니고 얼마 후가 될 것이며 그 전에 저우언라이를 보내 협의하고 싶다고 요청했다. 마오쩌둥은 소련에서 받을 것은 기필코 받아 낼 심산이었다.

스탈린은 10월 8일 마오쩌둥과의 그간의 교신과 7일 자 마오쩌둥의 답신을 김일성에게 전달했다. 스탈린은 김일성을 격려하면서 "당신은 땅 조각 하나라도 빼앗기지 말고 버텨야 합니다"라고 말했다.[40]

저우언라이의 소련 방문과 중국의 출병

10월 8일 펑더화이를 총사령관으로 하는 중국 인민지원군의 설립에 관한 명령이 하달됐다. 그리고 마오쩌둥은 평양의 니즈량 대사 앞으로 김일성에게 출병을 전하는 전보를 보냈다.[41] 또 이날 마오쩌둥은 저우언라이를 소련에 파견했다. 저우언라이는 출병 소극파인 린뱌오를 대동했다.

이 저우언라이의 소련 방문을 두고 다양한 설이 제기됐으나 필자는 통역으로 동행한 스저의 회고록이 진실에 가깝다고 생각한다.[42] 소련의 새로운 자료는 스저의 증언과 일치하나, 스탈린과 저우언라이의 회담 기록은 발견된 바 없다.

저우언라이는 린뱌오와 함께 10월 10일 모스크바에 도착해 이튿날 흑해 부근의 휴양지로 날아가 스탈린을 만났다.[43] 스저에 따르면 모스크바에서부터는 불가닌이 동행했다. 스탈린 곁에는 정치국원 대부분이 모여 있었고 전원이 회담에 동석했다. 우선 스탈린이 조선 전선의 상황을 설명했다. 북조선 동지들 사이에서는 모든 전투에서 승리하면서 적을 과소평가하는 분위기가 형성됐다. 미군의 인천 상륙 작전 이후 북조선은 극심한 타격을 입었고 전세는 실로 심각해졌다. 중국 동지의 의견을 듣고 싶다. 스탈린의 이 발언에 저우언라이는 중국의 내부 상황과 주관적 요소를 고려하면 출병하지 않는 편이 낫다고 답했다. 중국 내전의 장기화로 인한 피해가 크고 국가 경영과 민생 문제도 해결하지 못한 와중에 전쟁에 따르는 소모적인 짐을 지는 것은 곤란하며 군대의 무기, 장비, 보급은 힘들다고 했다. 지금 전쟁에 돌입했다가는 쉽게 빠져나올 수 없으며 끝장이 나지 않으면 형제국에도 영향을 미칠 것이라고 강조했다.[44]

중국공산당 정치국이 지원군의 파병을 이미 결정했는데도 저우언라이가 이렇게 말했다면, 마오쩌둥의 10월 3일 자 전보를 다시 언급해 소련 측도 스탈린의 답장대로 참전 입장을 보여 달라고 압박하기 위해서일 것이다. 소련도 참전하니 중국도 파병해 달라는 말을 소련 측으로부터 끌어내려는 작전이었다.

반대로 스탈린은 중국 측을 압박했다. 스저의 회고는 이어진다. 적이 조선 전역을 점령해 한미군이 압록강, 두만강에 군을 배치한다면 중국 동북 지역의 안녕을 기할 수 없으며 경제 재건 작전도 물

건너갈 것이다. 북조선 동지들이 버티지 못해 결국 희생될 수밖에 없다면 조직적, 계획적으로 철수시키는 편이 낫고 "그들의 주요 역량, 무기, 물자, 일부 간첩, 간부를 중국 동북부로 철수시키고 노약자, 부상자는 소련 영내로 철수시키는 것에 동의하는 편이 바람직하다. 중국 동북부에서는 북조선으로 진입하는 게 소련보다 수월하다. 요컨대 우리 양국이 이 짐을 나누어지는 것에 동의해야 한다." 스탈린은 철수하려면 당장 김일성에게 전보를 쳐야 하는데 어떻게 생각하냐고 압박했다.

이 물음에 린뱌오는 북조선에는 산이 많으니 산속으로 들어가 장기간 유격전을 펼치면 어떻겠냐고 운을 뗐다. 스탈린은 그래서는 괴멸당한다면서 다음과 같이 말했다.

우리는 훨씬 전에 우리 군이 이미 조선에서 완전히 철수했다고 선언했습니다. 이제 와서 재출병해 조선으로 가는 것은 곤란합니다. 이 같은 행위는 우리가 미국과 직접 교전하는 것과 다름없기 때문입니다. 그러니 중국은 일정 병력을 파견할 수 있다고 봅니다. 우리는 무기 장비를 공급하고 군사 작전 때는 일정 수의 공군을 보내 엄호할 수 있습니다. 당연히 이는 후방과 전선 근처에 국한되며 적의 배후로 깊숙이 침투할 수는 없습니다. 그래야 적에게 격추되어 포로가 되는 사태를 피할 수 있습니다. 포로로 잡힌다면 국제 정세에 악영향을 끼치기 때문입니다.

스탈린은 먼저 카드를 내보였다. 그는 중국의 출병을 전제로 장비 제공을 구체적으로 제안한 뒤 자세한 사항은 불가닌과 협의하라고 말했다. 그러나 만약 중국 측이 출병에 반대한다면 "우리의 협의 결과와 제안을 당장 북조선 동지들에게 알려 기회를 놓치지 말고 하루라도 빨리 후퇴 준비를 하라고 촉구해야 한다"[45]라고 했다.

공군의 지원에 대해서는 이후의 마오쩌둥의 전보를 보면 오고 간 내용이 달랐던 듯하다. 저우언라이는 조선에서 지상전을 전개할 때에 소련 공군의 지원을 요구했고, 이에 더해 마오쩌둥의 오랜 염원이던 미군의 중국 본토 공격에 대항하는 소련 공군의 지원까지 요구했던 듯하다. 스탈린은 북조선에 대한 공군 엄호 준비에만도 두 달에서 두 달 반은 걸린다고 답했다.[46] 그리고 중국 본토에 대한 공군 파견은 유야무야 넘어가 버렸다. 저우언라이는 그것으로 만족할 수 없었기에 끝내 중국 참전을 확언하지 않았다. 결국 장비 제공에 관한 사항과 북한에 대한 소련령과 만주로의 철수 권고에 합의하는 데 그쳤다. 전자는 스탈린과 저우언라이의 연명 전보로 11일 베이징에 전해졌다. 저우언라이는 회담 결과를 동시에 베이징에 타전했을 것이다. 후자는 스탈린 명의의 중소 지도자의 합동 권고로 김일성에게 전해졌다. 저우언라이는 그쯤에서 대화를 마무리 짓고 이튿날 모스크바로 돌아갔다.

스탈린은 10월 13일 김일성에게 전보를 보냈다. 이 전보는 토르쿠노프가 발견했다.

우리는 저항을 계속하는 것은 전망이 없다고 봅니다. 중국 동지들은 군사적 참가를 거절했습니다. 이 여건에서 제군은 중국과 소련으로 또는 소련 아니면 중국으로 전면 철수하기 위한 준비를 해야 합니다. 가장 필요한 것은 전군과 군의 장비를 반출하는 일입니다. 이를 위한 구체적인 계획을 세우고 그에 따라 부단히 움직여야 합니다. 향후 적과 싸울 잠재력을 보존해야 합니다.[47]

시티코프는 김일성과 박헌영에게 이 전보를 읽어 줬을 때의 인상을 보고했다.

대담에는 박헌영도 동석했습니다. 제가 당신의 전보 내용을 읽어 줬습니다. 그 내용은 두 사람에게는 매우 뜻밖의 것이었습니다. 김일성은 이것이 몹시 고통스러운 일이기는 하나 그런 조언을 받은 이상 수행하겠다고 했습니다. 김일성은 실질적인 조언만 다시 읽어 달라고 부탁했고 박헌영에게 적으라고 했습니다. 그리고 이 문제에 대한 대책 마련을 위한 도움을 요청했습니다.[48]

한편 베이징에서는 12일 밤 펑더화이가 합류한 가운데 정치국 긴급회의가 열렸다. 펑더화이는 소련의 태도에 강한 불만을 드러냈으나 마오쩌둥은 소련의 지원 태세를 설명하고 조선 출병을 주장했다. 회의는 마오쩌둥의 의견으로 통일되어 최종적으로 중국의 참전이 결정됐다. 마오쩌둥은 이 결정을 모스크바에 체류 중인 저우언라이에게 전하고 교섭을 지시했다.

1. 가오강, 펑더화이 두 동지와 그 외 정치국 동지들과 검토한 결과 우리 군은 역시 조선에 출병하는 편이 유리하다는 일치된 인식에 도달했다. 제1기에는 위군[僞軍, 한국군]에 타격을 입힐 수 있다. 우리 군은 위군에 대항할 자신이 있다. 원산, 평양 경계 이북의 산악지대에 근거지를 설치하고 조선 인민을 분기시켜 인민군을 또다시 조직할 수 있다. …… 제1기에는 위군 수 개 사단만 섬멸해도 조선 정세에서 우리에게 유리한 하나의 변화가 일어날 수 있다.

2. 우리가 상술한 작전을 적극적으로 채택한다면 중국에도, 조선에도, 아시아에도, 세계에도 전부 매우 유리하다. 만약 우리가 출병하지 않는다면 적은 압록강 유역마저 제압할 것이고 국내외의 반동 세력은 갈수록 불어나 어느 방면에서나 불리해진다. 무엇보다 동북 지역의 정세가 점차 불리해져 동북변방군 전체가 옴짝달싹하지 못하게 되어 남만주의 전력도 제압되고 만다.

3. 어제 받은 필리포프와 당신의 연명 전보에 언급되어 있던 소련 측이 우리의 비행기, 대포, 전차 등의 장비 요구를 완벽히 만족시킬 수 있는가에 대해. …… 그게 실현된다면 우리 군은 안심하고 조선에 들어가 장기전을 치를 수 있으며 국내에서도 인민의 단결을 유지할 수 있다.

4. 다만 소련이 두 달이나 두 달 반 사이에 지원 공군을 보내 우리의 조선

작전을 원조하고 또 엄호 공군을 베이징, 톈진, 선양, 상하이, 난징, 청두 등의 지역에 보낼 수 있다면 우리는 모든 공습을 두려워하지 않아도 된다. 그러나 두 달 혹은 두 달 반 사이에 미군이 공습한다면 얼마쯤은 손해를 각오해야 할 것이다.

5. 요컨대 우리는 참전해야 하며 참전하지 않으면 안 된다. 참전만 한다면 이익은 매우 클 것이고 참전하지 않을 때의 손해는 매우 크다.[49]

마오쩌둥은 대단히 신중하게 참전하는 방향으로 모두를 설득한 듯 보인다. 마오쩌둥은 스탈린에게도 전보를 보냈다. 이 전보는 발표된 적이 없다. 스탈린은 안도했다. 10월 13일 그는 평양의 시티코프에게 김일성 앞으로 보내는 전보를 쳤다.

방금 마오쩌둥의 전보를 받았습니다. 전보는 중국공산당 중앙위원회가 정세를 재토의한 결과 중국군의 장비가 부족한데도 불구하고 북조선 동지들에게 군사 지원을 하기로 결정했다고 통보하는 것이었습니다. 이 건에 대한 구체적인 통지를 마오쩌둥이 보내오기를 기다리고 있습니다. 중국 동지들의 이번 결정과 관련해 어제 당신에게 보낸 전보에서 권고했던 북조선의 철수와 북조선군의 북쪽으로의 철수 이행을 일시적으로 취소해 주기를 바랍니다.

핀시[50]

스저의 회고에 따르면, 모스크바로 돌아온 저우언라이는 마오쩌둥에게서 중국이 소련 공군의 엄호와는 상관없이 파병을 결정했다는 통지를 받고 놀랐다고 한다. 마오쩌둥의 전보에 따라 몰로토프와의 재교섭이 시작됐다.[51] 두 달에서 두 달 반 안에 소련 공군을 조선 작전 지원을 위해 파견해 주고 그 외에 중국 본토에도 파견해 달라고 요청하기 위한 교섭이었다. 그러나 스탈린은 소련이 공군을 중국 영내에 주둔시켜 방위할 수는 있으나 두 달에서 두 달 반 후에도 조선의 영내에 들어가 작전하는 것은 준비하기 어렵다고 답했다.[52]

이튿날인 14일 베이징의 로시친 대사가 마오쩌둥의 추가 전언을 스탈린에게 보냈다.

추가로 마오쩌둥은 다음과 같이 언급했습니다.

"우리 측 지도자 동지들은 만약 미국이 중국과의 국경선까지 진격한다면 조선은 우리에게 커다란 오점으로 남을 것이며, 동북 지역은 지속적인 위협 아래 놓일 것으로 판단하고 있습니다. 지난번에 우리 동지들이 망설였던 것은 국제 정세, 소련 측의 무기 지원 문제, 공군의 엄호 등의 문제가 불투명했기 때문입니다. 이제는 이 모든 문제가 명확해졌습니다."

마오쩌둥은 이제는 조선에 중국군을 파견하는 것이 이익이 될 것이라고 지적했습니다. …… 마오쩌둥은 그들에게 가장 필요한 것은 자신들을 엄호해 줄 공군이라고 말했습니다. 그는 공군이 좀 더 일찍, 늦어도 두 달 안에 도착하기를 원했습니다.

계속해서 마오쩌둥 동지는 공급받은 무기 대금에 대해 중화인민공화국 정
부가 현재로서는 현금으로 지불할 수 없다고 했습니다. 그들은 이를 차관으
로 구입하기를 원했습니다. ……

결론적으로 마오쩌둥은 중국공산당 중앙위원회 지도자 동지들은 중국이 북
조선 동지들의 힘겨운 투쟁을 도와주어야 한다고 여기고 있으며, 이를 위해
저우언라이가 필리포프 동지와 이 문제를 다시 논의해야 한다고 말했습니
다. 저우언라이에게 새로운 지시를 보낼 것이라 합니다.[53]

마오쩌둥은 이 글에서 저우언라이를 스탈린과의 줄다리기를 위한
도구로 썼다는 것을 밝혔다. 스탈린도 그것을 알고 있었을 것이다.

같은 날 스탈린은 김일성에게 다시 다음과 같은 전언을 보냈다.

망설임과 일련의 잠정적인 결정 끝에 중국 동지들이 마침내 군대를 보내 북
조선을 지원하기로 최종 결정했습니다. 나는 마침내 북조선에 유리한 최종
결정이 내려진 것을 기쁘게 생각합니다. 이와 관련해 당신도 알고 있는 중
국과 소련의 지도자 동지의 회합 권고는 취소됐다고 여겨야 합니다. 중국군
의 행동과 관련된 구체적인 문제는 당신과 중국의 동지가 결정하게 될 것입
니다.[54]

철수 권고의 취소를 또다시 강조하고 있다. 말할 것도 없이 김일

성과 박헌영은 최종적으로 중국군의 지원이 결정됐다는 사실에 기뻐했을 것이다.

일본인의
전쟁 참여

인천 상륙 작전의 성공으로 일본인의 불안감은 일거에 해소됐다. 이 무렵《아사히신문》은 9월 21일부터 24일에 걸쳐 여론조사를 실시했다. 한국전쟁과 관련해 유엔에 협력해야 한다고 생각하냐는 질문에 협력해야 한다가 56.8%, 협력할 필요 없다가 9.2%였다. 협력해야 한다는 응답 중 전면적 협력이 10.9%, 군대에 의한 협력이 11.3%, 방공防共과 사상적 협력이 6.1%, 기지基地 협력이 4.1%, 인적 자원 협력이 2.9%, 경제적 협력이 17.5%, 정신적 협력이 11.4%, 기타가 7.6%, 모르겠다가 28.2%였다. 첫 세 그룹인 적극 협력 여론이 28.3%인데 반해 나머지 소극적 협력 여론은 35.9%, 모르겠다까지 합하면 64.1%로 압도적인 다수를 차지했다. 요시다 정권의 방침이 지지를 받았다는 것을 알 수 있다. 참고로 강화 방식으로는 단독 강화가 45.6%로 전면 강화 21.4%를 압도했고 모르겠다가 33.0%였다. 이 질문에서도 요시다 정권의 노선이 지지를 얻고 있으나 재군비만 보면 찬성 53.8%, 반대 27.6%, 모르겠다 18.6%였다. 또 강화 후 미국에 기지를 제공하는 문제에 대해서는 찬성

29.9%, 반대 37.5%, 모르겠다 32.9%였다. 요시다 정권의 노선과는 달리 자주국방론이 주류를 이뤘다. 그러나 군대의 임무에 대해서는 공격을 받은 경우에만 방위력을 행사하는 전수방위가 73.9%로 압도적이었고 국외 파병은 18.5%만이 지지했다.[55]

미군이 반격에 성공한 시기에 미국 정부는 오래된 현안인 대일 강화를 둘러싸고 각국과 비공식 협의를 시작한다고 공식 표명했다. 이에 따라 일본 외무성은 일본 측의 최후 구상을 정리하는 작업에 착수했다. 10월 초순부터 문서를 작성했는데, 외무성의 니시무라 구마오西村熊雄 조약국장 등은 강화 후의 미군 주둔은 유엔의 테두리 안에서 이뤄져야 한다고 생각했다. 도요시타 나라히코豊下楢彦의 새로운 연구에 따르면, 요시다 총리는 10월 5일에 면담한 고이즈미 신조小泉信三, 이타쿠라 다쿠조板倉卓造, 아리타 하치로有田八郎, 쓰시마 주이치津島壽一 등 전문가들에게 일본의 "완전한 안보 약정—소련 관계를 고려해 국민도 안심할 수 있는—을 만들어라", "미국 측이 원하면 언제라도 제출할 수 있게 일본에서 볼 때 이상적인 안보 약정을 작성하라"라고 지시했다. 이 내용과 관련해 요시다는 "한반도의 비무장을 구상하면 어떠냐. 소련의 일부 비무장도 함께 구상하면 어떠냐"라고 문제를 제기했다. 10월 21일 요시다는 니시무라에게 "(가) 일본·한반도의 비무장, (나) 일정 지역의 공군 기지 철폐, (다) 서태평양의 해군 축소를 기본으로 하는 안보조약안"의 작성을 지시했다.

이에 따라 외무성 조약국은 시모무라 사다무下村定 전 육군 대장, 가와베 도라시로河辺 虎四郎 전 육군 중장 등 군사 전문가 그룹의 토의 내용을 참고해 10월 31일 〈북태평양 6국 조약안〉의 작성을 마무리 지었다. 이 조약안은 일본, 한국, 중국, 영국, 미국, 소련 등 여섯 나라가 체결하는 것으로, 일본과 한국을 비무장화하고, 북위 20도부터 북극까지와 동경 110도부터 베링해협에 이르는 지역을 '군비 제한 지대'로 설정하고, 육해공군의 현상 유지와 폭격기의 주둔 금지를 정하며, 중소와 한국의 국경선으로부터 100킬로미터의 지역과 남쿠릴南千島을 비군사화하고, 이를 감시할 책임은 유엔에 위탁한다는 등의 내용이 담겼다.

이 베일에 싸여 있던 작업을 최초로 밝힌 도요시타 나라히코는 이 조약안에서 중국은 중화민국(타이완)을 가리킨다면서 이 구상을 "망상"이라고 표현했으나, 소련과 국경을 접한 중국이란 중화인민공화국을 가리킨다. 이 조약안은 한미군이 북진하고 있으니 북한, 조선민주주의인민공화국을 쓰러뜨릴 날도 멀지 않았다는 전망을 전제로 하고, 소련과 베이징에 압박을 가해 소련령, 중국령을 비군사화하는 시점에 맞춰 일본과 통일 한국을 전면 비군사화하려는 구상이었다고 한다면 완전히 허풍이라고 치부할 수는 없다. 그러나 중요한 것은 현재 전쟁 중인 한반도를 일본과 마찬가지로 비무장화하겠다는 방안을 그렸다는 자체가 한국인을 얕보는 일본인의 자만을 드러낸다.

어쨌든 이 조약안이 얼마나 현실성이 떨어지는지는 중국의 참전 이후 명백해졌다. 그런데도 11월 7일 〈북태평양 지역의 평화와 안전 강화를 위한 제안〉이 작성되어 수정 후 12월 26일 답신으로 제출됐다. 더욱이 그 과정에서 평화조약에 따라 일본에서 분리되는 지역은 모두 비무장화한다는 규정이 마련됐다. 오키나와에 대한 미국의 관심을 반영해 오키나와는 대상에서 제외했다. 최종적으로 비무장화 지역은 원래 안대로 일본과 한반도로 한정했다.[56] 이 한일 비무장화 구상은 요시다와 그의 브레인까지 사로잡은 비무장주의의 강력함을 보여 주는 일화라 할 수 있다.

이러한 논의와는 상관없이 한국전쟁에 대한 일본인의 관여는 아무도 모르는 곳에서 더욱 깊어지고 있었다. 해상보안청 직원이 전투 지역의 기뢰 제거 작업에 투입된 것이다.

인천 상륙 후 한미군이 반격하기 시작하면서 북한 연안에 기뢰가 부설된 사실이 드러났다. 미 해군 함정 3척이 기뢰를 건드려 대파된 것이다. 계획된 원산 상륙 작전을 수행하기 위해서도 기뢰를 제거해야 했다. 미군은 10월 초순 제7합동기동부대 JTF7을 편성해 원산에서 소해掃海 작전을 전개하기로 결정했다. 이 부대에는 미 해군의 소해정 10척과 일본의 소해정 8척, 한국의 일반 선박이 배속됐다.[57] 일본의 소해정은 전후 일본 연안의 유기 기뢰를 제거하던 해상보안청의 소해정이었다. 일본 소해정의 한국 작전 투입은 미 극동 해군사령부 참모부장 알레이 버크Arleigh A. Burke 소장이 10월

2일 오쿠보 다케오大久保武雄 해상보안청 장관을 불러 소해정의 출동을 지시하여 성사됐다. 오쿠보 장관은 요시다 총리를 만나 보고했다. "요시다 총리는 나의 보고에 대해 '유엔군에 협력하는 것은 일본 정부의 방침이다'라며 …… 버크 소장의 제안에 따르는 것을 허락했다. 당시는 덜레스 특사가 종종 일본을 찾아 …… 요시다·덜레스 회담이 열리는 등 …… 국제적으로도 입장이 미묘했기에 일본 특별 소해정의 작업은 극비리에 추진하기로 정했다."58

오쿠보는 '제안'이라고 표현했으나 사실은 '지령'이었다. 오쿠보는 당일 즉시 전국의 소해정 20척에 대해 모지에 집결해 2진으로 나눠 부산을 향해 출항하라는 지령을 내렸다. 정식 지령은 10월 4일 미 극동해군 찰스 조이Charles T. Joy 사령관이 야마자키山崎 운수 대신에게 하달했다. 〈일본 소해정을 한반도 소해에 사용에[원문 그대로] 관한 지령〉에는 단도직입적으로 일본 정부에 소해정 20척, 기타 순시정 5척을 모지에 집결시키라고 적혀 있었다.59 10월 6일에는 맥아더 최고사령관의 지령이 일본 정부에 하달됐다. 거기에는 "연합군 최고사령관은 한반도 수역에서 일본 소해정 20척……의 사용을 허가하고 지시했다. …… 일본 정부는 모지에 집결한 이들 선박에 필요한 명령을 내릴 것을 지령한다"라고 쓰여 있었다.60 오쿠보 장관은 집결한 소해정 20척의 선장에게 해상보안청 장관 명의로 출동 명령을 내렸다.61

이날은 우선 10척의 소해정과 1척의 모함이 모지를 떠났고 이 중

8척은 제7합동기동부대에 배속되어 10월 10일부터 원산항 부근에서 소해 작업에 착수했다. 승조원 207명은 국가공무원의 기본 업무의 연장선에서 이 작전에 참여했다.

원산은 같은 날 상륙한 한국군이 점령하고 있었으나 아직 주변까지는 제압하지 못한 상태였다. 그런 상황에서 진행된 소해 작업은 극도의 위험을 동반했다. 근해에서 시작된 소해 작업 후 10월 12일 항공모함 2척에 실려 있던 39대의 함재기가 해상에 폭탄을 투하해 기뢰를 폭파하고 나서 소해정이 투입됐지만, 미 해군 소해정 2척이 남아 있던 기뢰를 건드려 순식간에 침몰하고 말았다. 이어서 세 번째 소해정이 해안에 다가가자 북한 포대에서 포탄이 날아들었다. 2척에 타고 있던 승조원 중 13명이 사망하고 33명이 부상당했다. 지상에서의 포격은 원산을 점령한 한국군이 17일에 주변 포대까지 제압하고 나서야 사라졌다.[62] 하지만 소해 작업은 여전히 위험했다. 같은 날인 17일 소해 작업을 시작한 일본 소해정 MS 14호가 기뢰를 건드려 폭발한 뒤 침몰했다. 이 사고로 조리원 나카타니 사카타로(中谷坂太郎, 25세)가 사망하고 18명이 부상당했다. 18일에는 한국 선박 1척이 기뢰를 건드려 침몰했다. 일본 소해정 사이에 동요가 일어나 8척 중 3척이 명령을 거부하고 귀국해 버렸다.

10월 20일 일본 소해정 2진의 8척이 작전에 투입됐다.[63] 미군의 원산 상륙 작전은 10월 26일이 되어서야 시작됐다. 그 후로도 소해 작업은 계속됐고, 11월 26일 원산항 어귀에서 가장 큰 폭발이 발생했다. 예인선에 연결된 크레인선이 기뢰를 건드려 30명이 사망한 사건이었다.[64] 일본 소해정 2진은 이날 작업을 마치고 귀국했다. 나머지는 3진이 남아 12월 4일까지 작업을 이어 갔다. 일본인 희생자는 더는 나오지 않았다.

1명의 사망자를 냈다는 사실은 소해정의 작업 수행 사실과 함께 그대로 묻혔다. 나카타니 사카타로의 장례식은 10월 27일 비밀리에 치러졌다. 오쿠보 장관은 고인은 "미 극동 해군사령부의 명령에 따라 중요한 특별 소해 임무에 종사 중" 순직했다는 조의문을 낭독했다.[65] 훗날 국회의원에 당선되어 노동대신까지 역임한 오쿠보 다케오는 1978년이 되어서야 저서 《해명의 날들海鳴りの日々》에서 이 작전을 최초로 고백했다. 1979년 나카타니 사카타로는 일본 국내의 소해 작전에서 순직한 3명과 함께 전몰자 서훈 대상에 포함되어 훈8등勳八等 백색동엽장白色桐葉章을 받았다.[66]

해상보안청 특별 소해대는 인천(10월 11~30일), 군산(11월 22일~12월 4일), 해주(12월 1~6일), 진남포(11월 7일~12월 3일)에서도 소해 작업에 참여했다. 총 54척이 투입되어 도합 1,200명의 대원이 참여했다. 그리고 구 일본 해군 장교 50명이 핵심 역할을 맡았다.[67]

이 소해 작전에의 참여는 한미군의 북한 영내 진격을 지원한 것이라는 점에서 큰 의문을 던졌다.

평양
함락

　　　　한국군 제1군단의 제3사단과 수도사단은 좀 더 북진해 10월 17일에는 주요 공업 도시인 함흥과 흥남을 점령했다.[68] 북한의 도시는 미 공군의 폭격으로 철저히 파괴됐다. 10월 18일 평양 상공의 정찰기에 동승한 AP통신 기자는 이 도시를 내려다본 인상을 다음과 같이 보도했다.

> 포위된 북한의 수도는 공중에서는 죽음이 지배하는 텅 빈 성채처럼 보인다. 그곳은 더는 도시가 아닌 듯하다. 그곳은 산 자는 죄다 급작스러운 페스트로부터 도망쳐 버린 죽은 자들의 어두운 공동체, 검게 탄 유령도시 같았다. …… 두 개의 철도 선로는 시의 심장부에서 교차하고 있었고 조차장은 하나의 커다란 얼룩이었다. 뒤틀리고 엎어진 기관차와 화물차, 객차의 잔해가 늘어서 있었다. 다른 검게 탄 빌딩과 공장들이 이 도시 속에 암덩어리처럼 퍼져 있었고 도시 전체가 더는 가망이 없는 암의 병터 같았다.[69]

　　한국군 제1사단은 10월 19일 평양 돌입 작전에 들어가 미 제1기병사단과 함께 20일 평양을 점령했다.[70]

　　곧바로 점령 행정을 어떻게 할 것인가 하는 문제가 부상했다. 이를 둘러싼 대립은 이미 시작된 상황이었다. 한국 정부는 당연히 한반도 유일의 합법 정부인 한국 정부의 행정권이 북한에까지 미친다고 주장했다. 10월 10일 조병옥 내무부 장관은 북에 경관 3만 명을 파견할 준비를 진행 중이라고 발표했다.[71] 앞서 살펴본 것처럼 유엔은 10월 7일의 총회 결의에서 한국 정부의 관할권을 남한으로 한정하고, 통일된 독립적이며 민주적인 정부를 수립하기 위해 유엔의 관리 아래 선거를 실시한다고 결정했다. 또 10월 12일에는 유엔 한국임시위원회가 유엔군 사령부에 북한의 "통치와 민사 행정 책임 전반을 임시로 담당하라"라고 권고했고, 민사 행정을 위해 수립된 모든 기관과 유엔 참전국 파견 관리를 제휴시키기 위해 즉각적인 조치를 취하라고 조언하는 결정을 채택했다.[72] 한국은 이 결정에 반발했고 이승만 대통령은 16일 맥아더에게 항의 서한을 보냈다. 위원회의 결정은 "북에서 공산주의를 보호하고 부활시키는 제안"이라고 지적하고 한국 정부는 2년 전에 임명한 이북5도지사를 파견하겠다고 주장했다.[73] 미 정부는 필사적으로 한국 측을 설득했다. 유엔에서 한국 정부의 평판을 실추시키는 행동을 하지 말고, "배를 흔들지rocking the boat" 말라고 요청했다. 무초 대사는 20일 이승만 대통령으로부터 더는 공개 석상에서 유엔 결의를 비판하지 않을 것이며 유엔군 사령관이 요청하지 않으면 경찰관을 파견하지 않겠다는 약속을 받아 냈다고 보고했다.[74]

그러나 유엔군 측, 즉 미군 측 방침은 분명 매우 관념적이고도 비현실적이었다. 38선을 돌파한 미 제1군단의 사령관 프랭크 밀번 Frank W. Milburn 소장은 10월 13일 북진 도중 문산에서 포고 제1호를 발표했다. "현행 법령의 규율은 점령군 당국에 의하여 폐지, 정지, 금지되지 아니하는 한 효력을 갖는다", 북한의 "행정 당국 요원은 …… 부과된 직무를 지키며 연합군 당국에 의하여 대체될 때까지 필요한 행정적 기능을 수행하여야 한다"라는 내용이 담겨 있었다.[75] 북한 측이 이에 따를 리 만무했다.

10월 21일 평양 점령 직후 밀번은 포고 제2호에 따라 평양 시정 위원을 임명하고 전 시민에게 이 위원회의 명령에 복종하라는 성명을 발표했다. 시장에는 임정득林正得, 부시장에는 우제순禹濟順, 오진환吳振煥, 경찰부장에는 김영일金永一 등이 임명됐다.[76] 이 인선은 민정 장교 아치볼드 멜콰이어Archibald Melchior 대령의 작품이었다.[77]《뉴욕타임스》기자에 따르면 임정득 시장은 "과거 공직에 몸담은 적이 없는 65세의 학교 교사"였다.《런던 타임스》기자에 따르면 우제순은 이전에 텅스텐 광산을 소유했던 기업가이며 북한 민족주의의 거물인 조만식의 친구였다. 또 오진환은 해방 전 만주에서 회사를 경영했고 평양 2곳에서 대규모 농장을 운영하던 인물이었다.[78] 10월 26일에는 멜콰이어가 김성주金聖柱를 평남도지사로 임명했다. 한국 정부는 2년 전에 우제순의 동료였던 김병연金炳淵을 평남도지사로 임명한 바 있었으나 이 또한 다시 인선이 이루어진 것이다.[79] 그러나 김성주는 북에서 남으로 도망친 무리들 중에서도 가장 극단적 반공 단체인 서북청년회의 간부였기에[80] 이 인선은 갈등을 증폭시켰다.

10월 27일 이승만은 평양을 찾았다. 옛 평양시청 앞 광장에 5만 명이 운집한 가운데 이승만 대통령 평양 입성 환영 대회가 열렸다. 시청사 정면에는 "대한민국 정부만이 우리의 정부다", "우리의 영도자 이승만 대통령 만세"라는 플래카드가 내걸렸다.[81] 이승만은 먼저 "한인들 중에서 인면수심인 …… 노예가 되려고 하는 분자들이 …… 있었습니다", "한인으로 공산당이 된 사람은 한인 대우를 받을 수 없습니다"라고 말했다. 전쟁 초기의 퇴각에 대해서는 "서울을 떠나 피신해서 정부를 남으로 옮겼던 것"이며 "세계 53개국이 전쟁을 준비하고 무기와 군용물자가 들어왔기에" 반격에 나섰다고 해명했다. 유엔에서 이북은 총선거를 할 때까지는 군정이 주간하기로 결정했기에 그 선에서 계속 교섭하고 있다고 했다. "또 이제는 남이니 북이니 하는 당파심은 모두 버리고 오로지 생사를 함께하겠다는 결심을 가지고 공산당이 발붙일 곳 없게 해서 우리의 자유를 침해치 못하도록 해야 할 것입니다"라고 했다. 마지막으로 거듭 방침을 밝히면서 연설을 마쳤다.

> 과거에 모르고 공산당의 꼬임에 빠져들어 간 자들은 모두 회개하고 우리 조상의 유업인 이 강토를 우리끼리 보전해야 할 것이니 회개하고 돌아서는 자는 포용하고 용서하여 포섭할 것이나, 살인 방화한 자는 일일이 적발해서 재판으로 징치할 것이고, 국가와 민족을 배반하고 남의 나라에 빌붙고자 하는 자는 우리가 결코 포용하지 않을 것입니다.[82]

39년 만에 평양에 갔던 이 대통령은 오전 8시 35분에 공항에 도착하여 이 대회에 참석한 뒤 12시 20분에 돌아오는 비행기에 올랐다.

평양을 점령한 한미군은 진격을 계속했다. 미 제1기병사단과 한국 국군 제7사단은 평양에 머물렀으나 미 제24사단, 국군 제1사단, 영국군 제27여단은 10월 23, 24일에 안주를 점령하고 10월 30일에는 정주를 함락시켰으며 11월 1일에는 정차동까지 치고 올라갔다. 신의주를 코앞에 두고 있었다. 다른 방면에서는 국군 제6사단이 원산까지 곧장 북상해 10월 26일 북중 국경, 압록강변의 초산에 도착했다.[83]

북한 내 전략 폭격 목표가 사라지자 10월 25일 요코타의 제92폭격대대가 미 본토의 페어차일드 공군 기지로 돌아갔고, 가데나의 제22폭격대대는 캘리포니아의 마치 공군 기지로 귀환했다.[84] 그러나 남은 3개 대대에 B-29가 추가 배치됐던 것인지 도합 95대 수준은 유지됐다.

유엔군의 북한 관리는 원활히 이루어지지 않았다. 북한에서 기존의 행정 기관을 이용하겠다는 점령군의 방침은 완전히 실패했다. 《뉴욕타임스》 기자는 10월 30일 평양에서 다음과 같이 타전했다.

미군과 한국군이 이 도시에 입성했을 때 시민 60만 중 약 절반이 남아 있었다. 그 후 매일같이 수천 명의 난민이 돌아오면서 상황은 갈수록 악화됐다. 공산 정부 아래서 모든 민정 직책은 당원이 장악했고 얼마쯤 노하우가 필요한 업무는 정치적으로 믿을 만하다고 여겨진 사람에게 한정됐다. 공산군이 이 도시를 떠나면서 도시 서비스를 운영할 수 있는 민간인을 모조리 데려간 것이다.[85]

10월 25일 한국의 각 신문사 편집국장들이 초대되어 평양과 함흥을 시찰했다. 《동아일보》의 주필 김삼규金三奎는 〈평양과 함흥〉이라는 제목의 기사를 연재했다. 김삼규는 두 도시 모두 자치위원회가 있으며 그 아래에 중견 청년으로 조직된 자위대가 있다고 설명하고, 미군의 군단 민사처의 유엔 고문관과 한국군 책임자가 협조해 민정을 감독하는 체제가 잘 굴러가고 있다고 썼다. 한국 정부의 행정관이 직접 관여할 수는 없으나 자치위원회의 조직 체계가 한국의 행정 체계와 흡사하니 통합이 수월할 것이라고 전망했다.[86] 하지만 다음과 같은 문제점도 지적했다.

탄압과 공포의 5년 동안 그들의 대한민국에 대한 동경은 흡사 지상천국에 대한 그것이었다. 그런데 국군이 입북한 이후 물가는 고등하여 민생고는 심하여지고 특권 기관, 특권 인사의 방약무인한 태도는 그들에게 마치 패전 국민의 비굴감을 주었다. …… 그들이 심각한 안색으로 강조하는 것은 인민군의 대부분은 강제로 끌려간 자제들이니 이들 포로에 대하여 관대한 조치가 있기를 원한다는 것이었다. 숙청해야 할 빨갱이의 한계를 어디다 두면 좋겠느냐는 질문에 대하여 설혹 당원이라도 책임적 지위에 있던 사람만 숙

청하고 나머지는 일정한 시기에 다시 포섭했으면 좋겠다는 것이며, 사실상
악질분자들은 다 도망갔다는 것이었다.[87]

이 기사에는 숙청 공작의 문제점이 잘 드러나 있다. 무초 대사는
11월 1일 유엔 임시위원회에 남에서 북으로 넘어갔던 경찰관은 맥
아더의 통일 지휘하에 들어가고 "정치적 목적으로는 사용되지 않는
다", "한국 정부는 죄수를 공정하게 다루고자 전력을 다하고 있다"
라고 설명했다.[88] 그러나 한국의 전쟁사 연구자 안용현은 "평양 헌
병대장 김종원이 '공산당은 두말할 것도 없고 직업동맹, 여성동맹,
청년동맹, 농민동맹 등 각 조직에 가담한 자는 모조리 처벌하라'고
발표해 평양 시민을 공포의 도가니에 빠뜨렸다"라고 서술했다.[89]

부역처리법 역시 영향을 미쳤다. 이 법률은 9월 28일 한국 국회
를 통과했다. 이는 "역도가 침략하여 점령한 지역에서 그 점령 기간
중 역도에게 협력한 자"를 처벌하기 위한 법률이었다. 수사기관이
체포한 자의 기소 여부는 지방의 심사위원회에서 결정한다고 정해
졌다.[90] 이 법률은 당연히 북한에도 적용됐다. 10월 16일 원산을 찾
은 조병옥 내무부 장관은 북의 행정기관에서 근무했던 자는 부역처
리법에 의거해 처리할 것이라고 발표했다.[91]

중국군
압록강을 넘다

10월 25일 소련공산당 정치국은 미군이 일본 군인을 종군시키고 있다는 북한 외상 박헌영의 고발을 유엔과 극동 위원회에서 지지하겠다는 결정을 채택했다. 구체적으로는 일본 군인이 서울 지구 전투에 미군과 함께 참여했고, 철원 지구에서는 일본인 1개 중대가 참여했으며 한국군 제7, 제8사단에 다수의 일본인이 참여했다고 고발한 것이다.[92] 재일 한국인 의용병이 한국군에 참여한 것은 사실이었다. 남기정의 박사 논문에 따르면, 재일본대한민국거류민단在日本大韓民國居留民團은 1950년 9월 아사카 캠프에서 훈련받은 재일 한국인 '자원군' 제1진 546명을 보내 인천 상륙 작전에 투입했다.[93] 또 미 극동군은 병력 부족에 시달리던 각 사단의 병력 보충을 위해 한국인 3만~4만 명을 모집하는 안을 수립했다. 특히 인천 상륙 작전에 일본에서 투입될 제7사단을 위해 한국에서 모집한 청년 8,625명을 부산에서 요코하마로 실어 날랐다. 8월 15일부터 24일에 걸쳐 요코하마에 도착한 그들은 히가시후지東富士 연습장으로 보내져 기초 군사 훈련을 받고 9월 11일 본대와 함께 인천으로 출격했다.[94] 미군과 함께 일본에서 들어온 몸집이 작은 한국인 병사를 일본 군인으로 착각한 게 아닐까. 제7사단 외에 3개 사단에도 모집된 한국인 총 8,300명 정도가 병사로 배속됐기에 그런 인상이 더욱 짙어진 것이다.

그러나 일본 군인의 지상 전투 참여는 알려진 바가 없다. 박헌영의 비난은 사실상 오해에 근거한 것이었다. 북한과 소련이 이 시점에 고발을 꺼내 든 것은 중국군의 참전을 위한 분위기를 조성하려는 의도가 깔려 있었을지도 모른다. 이후 일본 해상보안청 소속 소해정이 11월 7일부터 북한의 진남포항에서 소해 작업에 착수했다. 거기서 중추적 역할을 한 것은 구 일본 해군의 장교였다.

북한이 심각한 위기에 처했을 때, 10월 19일 중국인민지원군, 제40군, 39군의 6개 사단이 안둥安東에서, 제42군, 38군의 6개 사단이 지안輯安에서 압록강을 건너고 있었다. 일주일 후에는 추가로 제66군, 50군의 6개 사단이 안둥에서 북한으로 들어왔다. 총 18개 사단, 26만 명에 달하는 대규모 병력이었다.[95]

10월 21일 펑더화이와 김일성의 첫 회동이 성사됐다. 이때 펑더화이는 조선인민군과의 협조를 위해 북조선 동지를 지원군의 지도부에 편입하고 싶다고 제안했고, 김일성이 이를 수용하면서 박일우의 지원군 편입이 결정됐다.[96] 박일우는 옌안파로 중국공산당이 가장 신뢰하는 인물이었으나 북한에서는 현직 내무상으로 치안 유지와 경비 분야를 맡아 군과는 인연이 없었다. 이러한 인물의 발탁은 북한 정부와 인민군의 서열을 무시하는 처사로, 김일성에게 강한 인상을 남겼을 것이다. 10월 25일 마오쩌둥의 정식 명령이 하달됐다. 박일우는 중국인민지원군 부사령원 겸 부정치위원에 13병단장 덩화와 함께 임명됐다. 당위원회에서도 펑더화이가 서기, 덩화와 박일우가 부서기로 임명됐다.[97] 그렇게 박일우는 중국인민지원군의 넘버 3 자리에 올랐다.

중국인민지원군은 야간에만 전진하고 낮에는 몸을 숨기면서 은밀히 공격 개시에 유리한 진형을 갖출 계획이었다. 하지만 10월 25일 평안북도 운산 방면에서 한국군 제1사단과 맞닥뜨리면서 첫 번째 전투가 시작됐다. 펑더화이는 서둘러 진형을 구축하고 11월 1일 전투 명령을 내렸다. 예상치 못한 중공군 대군의 공격으로 한미군은 심각한 타격을 받았고 서부에서는 덕천, 개천, 안주 부근까지 밀려나고 말았다. 이 제1차 전역[戰役, 전쟁 상황에서 전략적 목표를 달성하기 위해 실시하는 일련의 연관된 대규모 군사 작전 – 역자 주]은 11월 4일에 종결됐다.[98]

이때 마오쩌둥은 지원군 병력을 추가 증강했다. 제9병단의 제20군, 26군, 27군의 3개 군 12개 사단이 파견되어 11월 7일부터 19일까지 지안, 린장臨江을 통해 북한으로 들어왔다. 이로써 총병력은 30개 사단, 약 38만 명을 헤아렸다.[99]

한편 전쟁의 새로운 국면은 공중전의 시작을 알렸다. 개전 이래 미군은 제공권을 장악하고 있었다. 미국 측이 확인한 바에 따르면 10월 31일 소련제 제트전투기 미그-15(MiG-15)가 신의주 지구에서 미 공군기를 처음으로 요격했다. 11월 8일 안둥과 신의주 사이를 잇는 압록강 철교를 파괴할 목적으로 출격한 미군의 B-29 폭격기 79대를 미그-15가 요격하면서 호위하던 미군 전투기 F-80 간에 사투가 거듭됐다고 한다.[100] 소련의 개량형 제트전투기 미그-15는 미국의 구형 제트전투기 F-80C를 성능 면에서 훨씬 능가했다. 이는 중국 공군으로 위장한 소련 공군이었다. 소련의 자료를 보면 1950년 11월 15일 자 참모총장 명령에 따라 벨로프Belov 장군이 이끄는 제64전투비행군단이 중국령 안둥에 파견되어 24일까지 전투 임무에 종사했다.[101] 여하튼 한반도 상공에서 벌어진 미소 전쟁은 이때부터 시작됐다. 지상에서 전개되던 미중 전쟁은 제2 국면에 돌입했다.

미군은 맥아더의 제안으로 11월 24일을 기해 북한군에 총공격을 퍼부어 압록강변까지 완전히 해방시킨다는 작전 계획을 세웠다. 막 실행에 옮기려던 찰나에 중국군과 접촉하게 되자, 워싱턴에서는 작전을 그대로 밀고 나갈지를 고심했다. 결국 11월 9일 국가안전보장회의는 맥아더의 원안대로 작전을 실행할 것을 승인했다. 극동군은 참전한 중국군을 최대 7만 명으로 추산했다.[102] 11월 24일 미 제8군 7개 사단, 한국군 6개 사단, 영국-튀르키예군 3개 여단으로 구성된 유엔군이 공격을 개시했다. 그러나 중국인민지원군 30개 사단은 압도적인 병력이었다. 펑더화이는 미군을 동서 깊숙이 자신들의 진영으로 끌어들인 다음 가차 없이 타격을 가한다는 작전을 세웠다. 특히 제9병단에는 장진호長津湖 방면으로 이동하여 그곳에서 매복 공격을 전개하라는 명령이 하달됐다. 11월 25, 26일 지원군은 역으로 먼저 제2차 전역을 개시했다. 한미군은 괴멸적인 타격을 입고 패주하기 시작했다. 장진호 부근에서는 제10군단의 주력 제1해병사단이 눈 속에서 고난의 퇴각 행군을 계속해 병력의 절반을 잃었다. 물론 중국군의 손해도 컸다.[103] 11월 25일 지원군 사령부에서 근무하던 마오쩌둥의 장남 마오안잉毛岸英이 공습으로 전사한 것이 가장 상징적이다.[104]

제2차 전역에서도 중국인민지원군이 거의 주체가 되어 싸웠으나 그 과정에서 남쪽에서 탈출해 온 조선인민군 부대가 합류했다. 방호산의 제6사단이 귀환하자 11월 15일 방호산에게 이중영웅二重英雄 칭호와 국기훈장 제1급이 수여되고 제6사단에는 근위사단 칭호가 부여됐다.[105] 11월 22일에는 귀환한 제5사단과 제10사단의 표창식이 거행되어 제5사단 사단장 김창덕金昌德, 제10사단 사단장인 옌안파 이방남李芳南에게 국기훈장 제1급이 수여됐다.[106] 이후 제3차 전역에 대비해 사단을 재정비하여 군단으로 재편했다. 제6사단을 주축으로 제5군단이 편성됐고 군단장에는 방호산이 임명됐다. 전前 제2사단장 최현崔賢은 군단장에 임명되어 제2군단을 맡았다. 이 두 군단은 동부에 주둔했다. 제1군단은 제4사단장 이권무가 군단장을 맡았으며 서부에 배치됐다.[107] 중국 측의 평가에 따르면 약 7만 5천 명의 병력이었다.[108]

이 외에 만주에서는 인민군 신규 사단이 편성됐다. 10월 31일 자 시티코프의 보고 내용에 따르면 완거우[灣溝, 원문은 칸쿠] 지구에 3개 사단, 허룽[和龍, 원문은 하이룬] 지구에 3개 사단, 옌지 지구에 3개 사단과 총 5천 명으로 구성된 특과부대가 편성됐고 퉁화通化 지구에는

5천 명 규모의 보병학교와 1,500명 규모의 정치학교가, 왕칭[汪淸, 원문은 핀푸와] 지구에는 1,500명 규모의 전차병학교, 옌지 지구에는 2,600명 규모의 항공병학교가 설치됐다. 이 편성 사업을 진두지휘한 총책임자는 민족보위상 자리로 돌아온 최용건이었다. 시티코프는 이곳에 소련 군인을 고문으로 파견해 달라고 요청했다.[109] 이에 스탈린은 11월 1일 중국의 생각은 어떨지 물었고, 김일성에게도 의견을 강요해서는 안 된다고 지시했다. 이 건에 관해 김일성도 11월 2일에 핀시 앞으로 요청문을 발송했다.[110]

중국군은 소련으로부터 무기와 탄약을 확보하기 위해 필사적이었다. 11월 8일 마오쩌둥은 스탈린에게 서신을 보내 중국인민지원군이 12개 군, 36개 사단 규모인데, 장비가 적에게서 빼앗은 전리품인 탓에 탄약 생산에 곤란을 겪고 있어 소련제 무기로 통일하고 싶다며 36개 사단의 1951년도분으로 라이플 14만 정과 그 탄약 5,800만 발, 자동 소총 2만 6천 정과 그 탄약 8,000만 발 등등을 공급해 달라고 요청했다. 16일에는 저우언라이가 약속한 트럭 5천 대의 제공과 추가로 자동차용 가솔린 1만 톤을 공급해 달라고 요청했다. 17일에는 긴급히 500대만이라도 보내 달라고 요청했다.[111] 36개 사단이 됐다는 것은 과장으로, 당시에는 아직 30개 사단에 불과했다. 스탈린은 이날 11월 26일까지 트럭 500대를 보내겠다고 약속했다.[112]

미군에게 제공권을 완전히 빼앗긴 상황에서 공군력도 서둘러 확보해야 했다. 김일성이 11월 18일 소련에 있는 북한 유학생 중에서 200~300명을 선발해 공군 조종사로 양성해 달라고 요청하자[113] 스탈린은 이를 받아들이겠다고 답한 뒤 만주에서 양성하는 편이 낫다며 출국 수속을 서두르라고 지시했다.[114]

마지막으로 대유엔 정책이 문제로 제기됐다. 중국의 유엔 회의 참석 문제에 대한 저우언라이의 문의에 스탈린은 정치국 결정에 근거하여 11월 10일 자 전보로 회신했다. 두 가지 안을 제시하고 한쪽을 채택하라고 했다. 첫 번째 안은 안보리의 초대장으로는 한국전쟁과 타이완 문제에 관한 발언권이 허락되지 않으니 거부하는 것이었고, 두 번째 안은 참석해서 발언하다가 제지당하면 퇴장하는 것이었다. 스탈린은 첫 번째 안을 권했다.[115] 그러나 중국은 두 번째 안, 즉 참석이라는 선택지를 골랐고 우슈취안伍修權이 대표로 임명되어 유엔으로 향했다. 11월 28일 우슈취안은 안전보장이사회에서 처음으로 연설했다.[116]

한미군의
퇴각

12월 5일 미군은 평양을 포기했다. 우선 제8군이 대동강 남쪽 기슭으로 이동했다. "시내 곳곳에서 12월 5일 오전 7시 30분까지 불을 질렀다. 이때 후위경비부대가 대동강의 마지막

다리를 파괴하고 강 하구 지역에서 마지막 파괴 작전을 시작했다." 진남포에서는 이미 12월 2일부터 철수가 시작되어 전차상륙함, 일본의 상선, 미 해군의 병력 화물 수송선, 한국의 범선 100여 척이 부상자, 죄수, 평양에서 반출할 화물, 약 3만 명의 피란민을 싣고 철수했다. 운반이 여의치 않은 물자와 항만시설은 파괴했다.[117] 그 후 부대는 38선을 향해 퇴각했다. 동부에서는 제10군단이 12월 8일 자 맥아더의 명령에 따라 흥남에서 철수했다. 군인 10만 5천 명, 차량 1만 8천 대, 화물 35만 톤, 피란민 8만 6천 명을 수송했다. 남은 폭약, 폭탄, 가솔린은 흥남 시가와 항만시설 파괴에 사용됐다.[118] 미군에게 평양과 흥남은 적의 도시에 불과했고 적에게는 무엇 하나 건네줄 수 없었기 때문이다.

한미군의 퇴각과 함께 대량의 피란민이 북한을 떠나 남한으로 향했다. 한미군의 철수를 따라 해로로 도망친 사람들은 한미군과 특별한 관계를 맺은 사람들이었던 듯하다. 그러나 일반 시민 중에서 북한 체제에 불만을 가진 사람, 남한에 있는 가족의 품으로 돌아가고 싶은 사람, 미군이 원자폭탄을 투하할 것이라는 소문에 떨던 사람 등이 육로를 통해 도망쳤다. 혼란스러운 상황에서 일가족 모두가 도망친 경우는 드물었다. 아버지가 처자를 남겨 두고, 아들이 부모 형제를 남겨 두고 피란길에 올랐다. 이때 월남한 사람들이 도합 몇 명인지는 정확히 알 수 없다.

한국 작가들은 이들의 운명을 숱한 작품으로 남겼다. 황석영黃晳

暎의 소설 《한씨연대기韓氏年代記》가 유명하다. 작가 이호철李浩哲은 자신의 운명을 "월남 실향민"이라 표현했다.[119]

북중군의 평양 해방

북한군과 중국군은 12월 6일 평양을 수복했다. 조선인민군 기관지 《조선인민군》은 12월 9일 〈민주 수도 평양은 해방됐다〉라는 제목의 사설을 실었다.[120] 서울이 헌법상의 수도라면, 이제는 평양을 자신들의 수도로 뼛속 깊이 느끼게 된 것이다.

이보다 앞서 12월 1일 스탈린은 마오쩌둥에게 전보를 보내 전쟁 상황 보고에 감사를 전하고는 "당신들의 성공은 나와 우리 지도부 동지들뿐만 아니라 모든 소련 인민의 기쁨일 것이다"라고 축하했다. 소련군이 독일군과의 전쟁에서 현대전의 경험을 획득했듯이 중국인민해방군도 미군과의 전투에서 "현대전의 풍부한 경험을 쌓고, 최신 무기로 잘 정비된 군대로 탈바꿈할 것을 믿어 의심치 않는다"라고 덧붙였다.[121]

물론 가장 기뻐한 쪽은 북한 지도부였다. 김일성은 12월 3일 베이징을 찾아 마오쩌둥, 류사오치, 저우언라이와 회동했다. 중국인민지원군의 참전 결정과 그들의 분투에 진심으로 감사를 표시했을 것이다. 중국 측은 이 기회를 놓치지 않고 군사 지도권의 일원화 문제를 꺼냈다.[122] 조선인민군이 신규 편성 부대까지 포함해 전투에 합류한다면 지휘권의 통일은 불가피했다. 조선인민군이 중국인민 지원군을 실수로 쏘는 사건까지 발생한 상황이었다.[123] 마오쩌둥은 북중군의 통일 지휘부를 꾸려야 한다며 운을 뗐다. 김일성은 못마 땅했으나 어쩔 수 없이 동의했을 것이다. 이 건은 김일성의 귀국 후 12월 7일 펑더화이와의 회담을 통해 최종적으로 결정됐다. 그 결과 중국인민지원군과 조선인민군의 연합사령부가 조직됐다. 저우언라 이가 기안한 합의문은 다음과 같다.

1. 공동의 적에게 한층 더 효과적인 타격을 가하기 위해 중국과 북조선 쌍 방은 연합지휘부를 창설하여 조선 영내에서의 작전 일체와 그 관련 사항 을 통일 지휘하는 데 동의한다.

2. 북중 쌍방은 펑더화이를 연합지휘부 사령원 겸 정치위원에, 김웅을 연합 지휘부 부사령원에, 박일우를 연합지휘부 부정치위원에 임명하는 데 상 호 동의한다.

3. 조선인민군 및 모든 유격부대와 중국인민지원군은 연합지휘부의 통일 지휘를 받는다. 연합지휘부는 명령 일체를 조선인민군 총사령부와 중국 인민지원군 사령부를 통해 하달한다.

4. 연합지휘부는 관계된 작전 일체에 대하여 교통 운수(공도公道, 철도, 항만, 비행장, 유선·무선 전화와 전신 등), 식량 계획, 인적·물적 자원의 동원 등과 같 은 사항을 지휘할 권한을 갖는다. ······

5. 일반적으로 조선 후방의 전선 지원 동원, 보충 훈련과 지방 행정 재건 등
   의 공작은 연합지휘부가 실제 상황과 전쟁의 필요에 따라 북조선 정부에
   보고와 제안을 한다.

6. 일반적으로 작전에 관한 신문 보도는 통일하며 연합지휘부가 지령하는
   기관이 책임을 지고 편집한다. 그 후 북조선의 신문 기관에 전달하여 조
   선인민군 총사령부 명의로 통일 발표한다.

   주. 비밀 유지를 위하여 펑더화이, 김웅, 박일우가 서명한 명령은 조선인민군 총사령
   부와 중국인민지원군 사령부에 한하여 전달하며, 하달 시는 연합지휘부 명령을 단순
   히 옮겨 적고 3명의 성명은 표시하지 아니한다.[124]

두핑杜平은 "연합사령부 창설 후 모든 작전 범위와 전선에 속하는
활동 일체는 연합사령부의 지휘에 귀속됐고 후방의 동원, 훈련, 군
정 경비 등은 북조선 정부의 직접 관할에 편입됐다. 연합사령부의
존재는 대외적으로 비밀에 부쳐졌다"라고 설명했다.[125]

김웅 조선인민군 총참모장이 연합사령부 부사령원 자리에 임명
된 것은 합당한 처사였다. 실력을 인정받았을뿐더러 옌안파라는 점
도 영향을 미쳤을 것이다. 김일성은 명목상 조선인민군 최고사령관
이라는 직책은 유지했으나 김웅과 박일우의 지휘를 받게 되면서 작
전의 지휘, 지도에서 완전히 배제됐다. 김일성은 중국 측이 자신의
작전 지도를 못마땅하게 여긴다는 것을 눈치챘다.

김웅이 연합사령부 부사령원으로 임명된 후 전 교육성 부상 남일
南日이 조선인민군 총참모장으로 임명됐다. 소련파였던 남일은 소

련에서도 교육 분야에만 종사했던 인물로 군사 분야에서는 완벽한 아마추어였다. 유성철은 남일을 "체계적인 군사 상식은 없었지만 고등 지식 소유자로 일반적인 문화 소양이 높고 대단히 현명한 사람이었다. 그래서 그는 그런 어려운 시기에도 최고사령부 총참모장 직책을 훌륭히 수행했다"라고 평가했다.[126] 매우 유능한 인물로 김일성과 합이 잘 맞았던 듯하다. 그리고 조선인민군은 더 이상 작전 지도에 관여할 수 있는 처지가 아니었다. 그래서 남일은 김일성과 소련인 고문 사이의 의사소통이나 연합사령부와 인민군 각 부대의 연락 등에서 능력을 발휘했을 것이다. 남일이 총참모장으로 임명된 것은 조선인민군 총사령부가 작전 지도에 간섭할 수 없게 된 사실을 여실히 보여 준다.

미국의 충격

패배한 쪽의 충격은 컸다. 미국은 압록강 부근까지 북진하여 북한이라는 나라를 차례차례 쓰러뜨리고 유엔의 깃발 아래 한반도의 통일을 이룩할 날도 머지않았다는 기대감에 한껏 부풀어 있었다. 그때 그야말로 예기치 않게 중국군이 참전하면서 그 노도와 같은 진격에 밀려 퇴각한 사태는 맥아더 사령관에게나 트루먼 대통령에게나 또 유엔에도 똑같이 충격 그 자체였다. 맥아더는 11월 28일 합동참모본부에 "우리는 이제 완전히 새로운 전쟁 an entirely new war에 직면했다"라고 적어 보냈다. "중국의 궁극적인 목표는 의심할 여지 없이 한반도에 있는 모든 유엔군의 완전한 괴멸을 목적으로 하는 단호한 활동이다." "중국의 선전포고 없는 전쟁에 대처하기에 우리의 전력이 충분하지 않다는 것은 매우 분명한 사실이다. …… 본 사령부는 그 역량 안에서 가능한 모든 일을 수행했으나, 이제 그 통제와 전력을 벗어나는 상황에 직면해 있다."[127]

워싱턴에서는 같은 날 긴급 국가안전보장회의가 열렸다. 군 지도부는 만주에 있는 중국 공군 기지로부터의 공격을 우려했다. 어쨌든 중국을 불필요하게 도발해서는 안 되며 이쪽에서 중국 영내를 공격해서도 안 된다는 의견이 제기됐다. 애치슨 국무부 장관도 군 지도부의 신중론에 동조했다. 회의는 확실한 권고를 정리하지 못한 채 끝났다.[128]

맥아더는 이 워싱턴의 의견에 반대했다. 그는 전선을 확대하여 우회할 계획이었다. 11월 29일 맥아더는 합동참모본부에 타이완의 국민당군을 한반도 전선에 투입하자고 제안했다. 2주 안에 많은 병력을 동원할 수 있다면서 타이완 정부와 교섭할 권한을 부여해 달라고 요구했다.[129] 합동참모본부는 당일 영국군은 타이완군과 함께 싸우는 것을 받아들이지 않을 것이며, 혹시라도 이 방침을 밀고 나간다면 유엔 내에서 미국의 위상은 크게 손상될 것이라며 불허한다는 답변을 보냈다.[130]

트루먼은 11월 30일의 정례 기자회견에서 유엔군이 한반도에서 맡은 사명은 "전 인류의 희망을 위협하는 침략을 격퇴하는" 데 있다고 강조하고, 미국은 다른 지역에서의 침략을 저지하기 위해 자유 국가들의 방위력 증강을 원조하고 자국의 군사력을 신속히 증강하겠다고 표명했다. 이를 위해 의회에 예산 조치를 요청할 뜻도 밝혔다.[131] 그러나 원자폭탄 사용에 대해 묻는 기자의 질문에 "늘 원자폭탄 사용을 고려해 왔다. 본인은 원자폭탄이 사용되는 것을 원치 않는다. 그것은 끔찍한 무기다"라고 대답했으나, 이 무기는 유엔이 승인한 경우에만 사용될 수 있냐는 질문에는 "무기 사용에 대한 책임은 통상적으로 야전사령관이 지게 된다"라고 답했다.[132] 실제로 중국군이 참전하면서 참모본부는 원자폭탄 사용을 본격적으로 검토하고 있었다. 해당 안건의 검토를 건의한 콜린스 육군 참모총장은 12월 1일에 열린 제2차 펜타곤 회의에서 중국의 기지를 공격해 중국 공군, 나아가 소련 공군의 참전을 유발한다면 "우리를 구할 마지막 남은 기회는 원자폭탄 사용 또는 원자폭탄을 사용하겠다는 위협이다"라고 강조했다. 그렇기에 사소한 건은 인내하고 "중국 영내를 폭격하는 작전은 자제해야 한다"라고 결론 내렸다. 또한 그는 "러시아가 블라디보스토크와 다른 해안에 몇 개의 진지를 보유하고 있는 이상 한국은 한 푼의 가치도 없다"라고 보고, 한국을 포기해도 일본은 지킬 수 있다는 견해를 드러냈다.[133]

트루먼의 기자회견이 혹여나 긁어 부스럼이 될까 우려한 백악관은 즉각 수정한 보도자료를 발표하고 원자폭탄은 대통령의 승인이 있어야만 사용할 수 있다고 해명했으나[134] 영국 정부가 경악하는 것을 막기에는 역부족이었다. 12월 4일 다급히 워싱턴을 찾은 애틀리 영국 총리는 트루먼 대통령에게 강력히 항의했다. 이에 12월 7일 트루먼은 원자폭탄을 사용하는 문제는 파트너인 영국, 캐나다와 반드시 협의하겠다고 약속했다. 애틀리는 서면 약속을 요구했으나 트루먼은 구두 약속만 했다.[135]

맥아더는 한반도 사태가 급변했으니 본토로 귀환한 2개 폭격대대를 한반도에 재배치해 달라고 요청했으나, 미 공군 사령부는 유럽 방면에서 전쟁이 발발할 것을 우려해 B-29 부대의 재배치를 거절했다.[136] 공군 사령부는 미그-15에 대항하기 위해 최우수 제트전투기 F-86A 세이버와 F-84E 선더제트 두 기종을 보내기로 했다.[137] 그렇게 미소 간에 치열한 공중전이 시작됐다. 맥아더는 이 정도로는 만족할 수 없었다. 그는 12월 9일 한반도에서 원자폭탄을 사용할 수 있는 사령관의 재량권을 요구했고, 24일에는 목표 지점 목록을 제출하고 26개의 원자폭탄을 요구했다.[138]

이승만 대통령은 중국공산당의 개입을 예상하고 있었다는 설이 있다. 정일권 참모총장이 신판 회고록에서 밝힌 내용을 보면, 이승만은 운산에서 장진호에 걸친 전투 결과를 듣고서도 태연하기만 했다. "이렇게 된 이상 이번에는 겁쟁이 트루먼도 단전에 힘이 들어갈 것이다", "걱정할 필요 없다. 맥아더는 잘 알고 있으니 알아서 할 것이다"라고 정일권에게 말했다. 그리고 맥아더는 중국군의 개입 가능성을 예상했지만 북진에 대한 트루먼의 비난을 피하고자 중공의 개입은 말도 안 된다고 부인했다면서 본인과 맥아더 사이에 주고받은 중국군 참전 문제에 관한 서한을 보여 줬다고 한다.[139] 이 에피소드의 진위는 확인할 길이 없으나 북한의 침략이 제2의 사라예보 사건으로 발전해 세계전쟁으로 확대된다면 한반도의 통일이 실현될 수 있다고 본 이승만이라면 중국 공산군과의 충돌은 각오했었다고 보는 것이 합리적이다.

그렇다면 희망은 원자폭탄 사용까지 불사하면서 전선을 확대하는 것이었다. 이승만은 11월 30일에 트루먼 대통령이 한 원자폭탄 사용 발언을 환영했다.

"원자폭탄이 가공스럽다는 것을 나도 잘 알고 있다. 또한 그 죄악스러운 점도 알고 있다. 하나, 침략을 일삼는 사악한 무리에게 사용할 때는 오히려 인류의 평화를 지킨다는 점에서 이기利器가 될 수도 있다."[140]

그러나 사태는 그의 바람대로 흘러가지 않았다. 맥아더의 의견은 채택되지 않았고 한미군은 중국군에 밀려 후퇴하는 뜻밖의 상황이 전개됐다. 이승만은 매우 초조해졌다.

한편 일본의 분위기는 이러한 위기감과는 거리가 멀었다. 《아사히신문》은 10월 21일 자 사설에서 평양 함락 후 남은 일은 "패적敗敵의 소탕전"이며 "한반도에서 패배한" 공산주의자는 뼈아픈 교훈을 얻었을 것이라고 평가한 뒤 "자유롭고 자족적인 통일 조선의 재건은 유엔의 가장 큰 시련이며, 유엔이 새로운 조선의 창건에 성공한다면 일본의 민주적 전개에도 바람직한 조건 하나가 추가될 것"이라며 낙관론을 펼쳤다. 그러나 11월 5일 1면 톱기사로 "중공군 전투에 참가"를 보도한 이후 7일 자 사설에서는 중공군의 참전은 "국제법의 무시"이며 "북한의 멸망은 곧 중국에 위협이 된다"라는 생각은 "피해망상증에 사로잡힌 결과"라고 비난하고 "불장난"에서 즉각 손을 떼라고 주장했다.[141] 죄다 말뿐이었다.

전진할 것인가
아니면 휴식할 것인가

12월 4일 왕자샹 대사는 중국으로 떠나기 전에 그로미코 외무성 차관을 방문했다. 왕자샹은 몇 가지 질문을 던졌는데, "미국이 조선 문제로 중소에 교섭을 요구할 것인가"와 "38선을 넘어 공격해야 하는가"가 핵심 질문이었다. 그로미코는 전자의 질문에 대해 현재는 추측만 할 뿐이고 아직 미국이 제안해 오지 않았다고 답했다. 후자의 질문에는 사견일 뿐이라는 사족을 달고는 "철은 뜨거울 때 쳐야 한다"라는 속담이 들어맞는다고 답했다. 왕자샹은 민주당파에서조차 "긍정적인 분위기"가 형성되고 있다면서 조선 전선에서 보내 온 서신을 인용하며 "미군은 허술한 군대voiaki로,

중국 동지들의 의견에 따르면 그들의 전투 방식은 일본군보다 훨씬 못하다고 한다"라고 말했다.[142]

왕자샹과 그로미코의 문답은 중국군이 어느 지점까지 진격할 것인가를 둘러싸고 당시 되풀이되던 논쟁과 관련이 있다. 중국 문헌에서는 이것이 펑더화이와 시티코프 대사의 갈등으로 서술됐다. 38선까지 한미군을 쫓아내는 데 성공한 펑더화이는 추격전을 중단시켰다. 휴식과 보급이 필요하다는 이유에서였다. 이때 시티코프는 계속 추격해 38선을 넘어 서울을 점령할 것을 원하면서 갈등이 불거졌다고 한다.[143]

평양의 시티코프 대사가 모스크바에 보낸 전보는 11월 22일을 끝으로 끊겼고, 김일성이 시티코프에게 보낸 마지막 서신은 11월 27일의 것이다. 새로운 평양 주재 소련 대사 블라디미르 라주바예프가 보낸 소식을 1951년 1월 5일 비신스키가 스탈린의 비서에게 보고하기까지 평양-모스크바 간, 평양 내에서의 통신은 단 1건도 공개되지 않았다.[144] 베이징-모스크바 간 통신도 12월 7일부터 1951년 1월 5일까지는 발표되지 않았다. 공개하고 싶지 않은 자료가 숨겨져 있어서다.

1996년 관련 자료를 발표한 러시아의 역사 자료 잡지《이스토치니크Istochnik》의 편집인은 시티코프가 경질된 날짜를 11월 29일이라고 주석에서 지적했다.[145] 이는 다소 이른 감이 있다. 시티코프는 대사를 그만둔 후 연안지방당위沿海地方党委 제1서기로 전보됐다고 알려졌다.[146] 엄격한 처벌적 성격을 띤 경질이 전혀 아니었다. 한편, 후임으로 임명된 라주바예프 중장은 시티코프보다 일곱 살이나 많은 50세였고 군대에서 잔뼈가 굵은 인물로 독소전쟁 종결 당시 제1돌격군 사령관이었다.[147] 따라서 이 교체는 당원에서 군인으로의 교체를 뜻했다. 역시 이 경질에는 펑더화이와 시티코프의 논쟁이 영향을 미쳤다고 보는 편이 옳을 것이다. 두말할 나위도 없이 시티코프가 한 주장의 배경에는 김일성과 박헌영의 바람이 있었다.

12월 7일 베이징에서 돌아온 김일성은 펑더화이를 만나 추격전을 요구했다고 전해진다.[148] 펑더화이는 찬성하지 않았다. 펑더화이는 다음 날인 12월 8일 38선을 넘지 않겠다는 방침을 제출하고 마오쩌둥의 지령을 기다렸다.[149] 마오쩌둥은 우선 12월 11일 펑더화이에게 미 육군 참모총장 콜린스가 일본과 한반도 전선을 시찰하고 맥아더와 월턴 워커Walton H. Walker 제8군 사령관과 회동한 건에 관한 비밀 정보를 전달했다. 콜린스가 북중군의 진격 속도와 범위를 감안할 때 "미군은 인력과 장비 면에서 막대한 손실을 보았고 사기는 극도로 저하됐다. 미군은 장기간 방어할 여력이 없다"라고 평가하고 참모본부에 보고했으며, 맥아더에게 철수에 필요한 함선을 한국의 항구에 집결시키라고 명령했다는 것이다. "외신 보도에 따르면 서울은 철수 준비 중이다. 이 정보의 사실 여부는 아마도 얼마 안 가 증명될 것이다."[150]

이는 과장된 정보였다. 콜린스는 12월 4~6일 한국을 찾아 워커

등과 회동한 뒤 도쿄로 돌아갔다. 7일에는 맥아더와 회동했는데 이 도쿄 회의에서는 서울의 북쪽에서 중공군의 공격을 저지하고 제8 군이 남쪽으로 후퇴할 수밖에 없는 경우에만 서울에서 철수한다 는 결론이 도출됐다.[151] 이제 단 한 방이면 미국이 한반도에서 철수 할 거라 예상한 마오쩌둥은 무리라는 것을 알면서도 추격해야 한다 고 봤으나 미국은 그렇게까지 나약하지 않았다. 12월 13일 마오쩌 둥은 영국과 미국이 38선 북쪽에서 멈추라고 요구한 이상 기필코 38선을 넘어야 하며 개성 지구까지 진격하라고 지시했다.[152] 펑더화 이는 15일 "마 주석의 명을 받들어 계속해서 38선 이남을 향해 전진 하겠다……고 결심했다"라고 보고했다.[153] 그러나 여전히 신중론을 버릴 생각은 없었다. 12월 19일 펑더화이는 2,200자에 달하는 장문 의 전문을 작성해 마오쩌둥에게 보냈다.

두 번의 대승 후 북조선의 당 정부, 군대, 민간의 분위기는 한껏 고양되고 중 국 지원군의 영향력은 높아졌습니다. 한편으로 속승速勝과 맹목적인 낙관론 도 각 방면에서 퍼지고 있습니다. 소련 대사는 미군이 잇따라 퇴각하고 있 으니 우리 군은 계속 전진해야 한다고 주장하고 있습니다. …… 제가 보는 바로는 전쟁은 꽤 장기간에 걸쳐 치열하게 전개될 것입니다. 적이 공격에서 방어로 전환하고 전선을 축소하고 병력을 집중해 정면을 좁히면 자연스럽 게 깊이가 늘어나 연합병종連合兵種 작전에 유리해집니다. 미군의 사기는 전 보다 떨어졌으나 지금도 26만 안팎의 병력을 보유하고 있습니다. 적이 곧바로 조선을 포기하는 것은 제국주의 진영에 정치적으로 매우 불리합니다. 영국과 프랑스도 미국이 그러기를 원하지 않을 것입니다. 혹여 한두 차례 또 패배를 맛본들 2, 3개 사단이 또 섬멸된들 퇴각해 몇몇 교두보(부산, 인천, 군산)를 수호할지도 모릅니다. 즉시 조선에서 완전히 철수할 리가 없습니다. 우리 군은 지금 신중하게 전진하는 방침을 채용해야 합니다.[154]

마오쩌둥은 펑더화이의 구상이 옳다며 21일에 "완전히 동의한다"라는 회신을 보냈다. 다만, "미국과 영국은 사람들 사이에 퍼져 있는 38선에 관한 해묵은 감정을 정치 선전에 이용해 우리를 정전으로 유도하려고 획책하고 있다. 따라서 우리 군은 이 기회를 살려 38선을 넘어 재차 일격을 가한 다음 휴식 정돈해야 한다"라고 했다.[155] 마오쩌둥도 서울 재점령은 피해도 좋다고 생각한 것이다.

상술한 바와 같이 이 기간에 평양과 모스크바, 베이징과 모스크바 간에 오고 간 전보는 한 번도 공개된 적이 없다. 그리고 마오쩌둥은 12월 29일 펑더화이에게 전보를 보내 스탈린이 "지원군의 영도領導는 옳다고 평가했고, 잘못된 많은 논의를 비판했다"라고 전하며 펑더화이의 의견에 재차 동의했다.[156] 북한과 시티코프 대사가 추격전의 속행, 나아가 서울 재점령에 집착한 것은 분명한 사실이었다. 마오쩌둥은 펑더화이의 의견에 수긍하고 스탈린에게 시티코프는 군사 문제에 대해 아는 게 없다고 비판했을지도 모른다. 스탈린은 그 비판을 수용해 "그릇된 의견"이 있었다며 대사의 잘못을 인정했다. 따라서 스탈린이 시티코프 대사의 경질을 단행한 시점은 펑더화이가 서신을 보낸 19일 이후인 12월 하순으로 추정된다.[157] 물론 서울 재점령은 스탈린의 바람이기도 했다. 시티코프에게 표면상의 책임을 지운 것이다.

유엔 가맹국들도 중국의 참전에 당혹감과 동요를 보였다. 인도, 영국, 스웨덴 대표와 리 사무총장은 유엔 중국 특파대사 우슈취안에게 접근해 한반도에서의 군사행동을 멈추기 위한 조건을 타진했다. 이에 저우언라이는 12월 7일 로시친 대사를 불러 중국 측 견해를 전했다. 그는 이들 국가의 의도는 38선에서 수습하려는 것이니 유리한 입장에서 주도권을 놓치지 않기 위해 다음과 같이 제안하겠다고 말했다.

1. 전 외국 군대의 조선에서의 철수
2.. 미군의 타이완해협에서의 철수
3. 조선 문제는 조선 인민이 해결해야 한다.
4. 중화인민공화국의 유엔 가입과 장제스 대표의 유엔 추방
5. 대일평화조약 준비를 위한 4개국 외상회담 개최
이상의 군사행동 중지 다섯 가지 조건이 수용되면 5개국은 정전협정 조인을 위한 회의에 대표를 파견한다.[158]

저우언라이는 소련의 의견을 요청했다. 스탈린은 같은 날 "우리

는 당신이 작성한 조선에서의 군사행동 중지 조건에 완전히 동의한다"라고 전제한 다음, 중국의 속내를 감추기 위해 당분간은 조속한 정전을 환영하는 체하고 유엔과 미국이 구상 중인 조건을 알고 싶다고 회신하라고 조언했다.[159] 하지만 같은 날 유엔에 출석 중이던 비신스키 외상에게는 정치국 결정이라며 정전 조건은 위의 다섯 가지 조건 중 1과 3이라는 지시를 보냈다.[160] 12월 16일 우슈취안은 기자회견에서 정전 조건으로 1, 2, 5를 제안했다.[161]

노동당 중앙위원회
전원회의

김일성은 전쟁의 작전 지휘권을 잃은 가운데 박헌영과 함께 지금까지의 전쟁을 총괄하는 동시에 내부 결속에 나섰다.

1950년 12월 21일 노동당 중앙위원회 제3차 전원회의가 1년 만에 개최됐다. 김일성은 그동안의 전쟁 경과를 총괄 보고했다.[162] 김일성은 우선 모든 전투의 성공을 밝히고 이영호의 제3사단, 이권무의 제4사단, 방호산의 제6사단, 류경수柳京洙의 제105전차여단을 칭송했다. 잇따른 패배에 대해서는 김일성 본인의 책임이 가장 컸는데도 모든 책임을 전선의 지휘관에게 전가했다. 제2군단장 무정은 후퇴 당시의 혼란 속에서 부하를 함부로 총살했다는 이유로, 전투기 없이는 적과 싸울 수 없다고 주장한 인민군 문화정치공작 담당 민족보위성 부상 김일은 투항주의에 빠졌다는 이유로, 만주파의 제1사단장 최광과 옌안파의 예비사단장 김한중金漢中은 자신의 생명을 보전하고 부하를 버리고 도망쳤다는 이유로, 만주파의 북강원도 당위원장 임춘추林春秋는 후퇴를 준비하지 않고 망설였다는 이유로 비판하고 해임을 발표했다. 김일성은 패배 원인을 전적으로 지도자의 용기 부족에서 찾았다. 체제 문제는 쏙 빼놓고 난국을 타개하려 했다. 김일의 해임이 10월에 결정된 군의 당화党化와 관련이 있는데도 그 개혁의 시행에 대해서는 입도 벙긋하지 않았다.

한편 남한의 빨치산 부대에 대해 다음과 같이 표현한 점이 주목된다. "인민군의 공격 시 남조선의 지하당 조직이 곳곳에서 봉기해 빨치산 투쟁을 급속히 확대, 강화하여 적의 후방에서 혼란을 유도하면 인민군이 수월하게 승리할 수 있다고 우리가 상정한 것은 사실이다." 그러나 이승만 정권의 탄압으로 많은 당원이 살해됐다. "그러한 악조건 속에서 남조선의 우리 당 조직은 주민을 신속히 동원해 광범위하게 빨치산 투쟁을 조직하는 데 실패했고 그 결과 우리 인민군은 작전을 관철하면서 또 다른 난관에 봉착했다." "당의 정치위원회는 적의 후방을 와해시킬 강력한 빨치산 부대 조직의 중요성을 인정하여 당 중앙위원회 최정예 멤버의 지휘 아래 빨치산 부대를 특별히 조직해 파견했다. 그러나 허성택許成澤 동지 이하 빨치산 부대의 지도자는 당의 지시대로 적의 후방에서 싸우지 않았다."[163]

남한의 정세에 관한 결정적인 판단 오류가 숨은 원인인데도, 이는 묵과한 채 북에서 파견한 빨치산 부대의 책임만 추궁하고 있다. 김일성과 박헌영은 무사했다.[164] 해임된 무정은 7군단장으로 임명되어 만주의 신병 훈련을 맡게 됐다. 김일은 내무성 정치국장으로 전환 배치됐다.[165]

서울
재점령

12월 22일 펑더화이는 제3차 전역 명령을 내렸다. 제42, 66군을 좌종대左縱隊로 춘천 서북쪽에 집결시키고 제38, 39, 40, 50군을 우종대右縱隊로 서울 방향으로 전진시켰다. 인민군 제5, 2군단에는 동해안 쪽을 맡겼다. 공격 구역 안에 절대적으로 우세한 병력을 집중시킨 뒤 31일에 공격을 개시했다.[166] 미군 측은 워커 제8군 사령관이 12월 22일 지프와 트럭의 충돌 사고로 사망한 이후 매슈 리지웨이Matthew B. Ridgway가 후임으로 임명되어 지휘를 맡았다. 미 공군은 하늘에서 중공군을 향해 맹폭격을 퍼부었다. 서울로 다가오는 중공군을 겨냥해 1951년 1월 1일에만 전투기, 전투폭격기가 564차례 출격했고 2일에는 531회, 3일에는 556회, 4일에는 498회, 5일에는 447회 출격했다. 같은 시기 평양에서는 3일에

63대, 5일에 60대의 B-29가 출격해 폭격을 퍼부었다. 그래도 북중 연합군의 전진은 멈추지 않았다.[167]

펑더화이는 28일 마오쩌둥에게 38선을 점령하여 만약 한미군이 서울을 자발적으로 포기한다면 인민군 제1군단에 점령 임무를 맡기고 주력 부대는 38선 이북으로 돌아가 휴식하는 안을 제안했다.[168] 리지웨이는 1951년 1월 1일 서울 철수를 명령했다. 1월 4일 한강의 마지막 다리가 폭파됐다. 이날 서울은 또다시 점령당했다.[169] 이번 점령자는 북중 연합군이었다.

펑더화이, 김웅, 박일우가 마오쩌둥에게 이 사실을 보고한 전문은 1월 8일 스탈린에게 전송됐고, 스탈린은 그 전문 위에 "진심으로 서울 점령을 축하한다. 이는 반동 세력에 대한 인민=애국 세력의 대승리이다"라는 회신 문장을 썼다.[170]

서울 점령 후 북위 37도선 지점까지 진출한 시점에서 1월 7일 펑더화이는 진격 중지를 명령했다. 이렇게 제3차 전역이 끝났다. 펑더화이가 다시금 진격을 멈춘 까닭은 미군 측이 남하를 유도하여 인천 상륙 작전의 재현을 획책하고 있다고 판단했기 때문이다.

이때도 평양 주재 소련 대사 시티코프가 계속해서 남하할 것을 주장했다는 설이 있다. 그러나 소련 대사는 이미 교체된 후였고, 새로운 대사가 갑자기 강경론을 주장하는 것도 이상하다. 그러니 이는 북한 측의 의견으로 보는 것이 타당하다. 예위밍葉雨蒙과 헝쉐밍衡學明의 설명이 다르기는 하나, 북한 측이 소련 대사의 의견을 인용하는 식으로 남진을 계속해야 한다고 주장했고, 김일성보다 박헌영 쪽이 더 강경했다는 점에서는 일치한다. 헝쉐밍은 북한 측이 일단 물러나기는 했으나 펑더화이에게서 북중 연합군의 고급간부회의를 개최하겠다는 약속을 받아 냈다고 주장했다.[171]

이 서술들이 진실에 얼마나 가까운지는 판단하기 어렵다. 소련 문서에서는 단 1건의 증거도 발견되지 않았으며 대사의 이름이 잘못되어 있는 것도 꺼림칙하다. 그러나 곰곰이 생각해 보면 김일성 또한 추격과 전면 승리를 바란 것은 확실하나 명백히 실패했던 경험이 있어 조심스러울 수밖에 없었을 것이다. 반면 박헌영이 더 강경론을 토로하면서 이때부터 중국 측에 눈엣가시가 된 것은 분명해 보인다. 의견의 불일치를 해결하고자 펑더화이는 마오쩌둥과 상의했고, 그 결과 사상 통일을 위해 양군 합동 고급간부회의를 소집하기로 했다고 보는 편이 맞다.

미국의 동요와
일본의 분위기

미국의 위기감은 12월부터 이듬해인 1951년 1월에 걸쳐 최고조에 달했다. 38선이 뚫려 서울을 다시 빼앗긴 패배 국면에서 12월 15일 트루먼은 텔레비전과 라디오 방송을 통해 사태의 심각성을 설명하고 이튿날 정식으로 국가비상사태를 선언했다. "공산주의적 제국주의의 세계 지배"와 싸우겠다는 결의를 피력하고 새로운 동원 기관으로 국방동원국Office of Defense Mobilization의 창설을 발표했다. 트루먼은 〈NSC 68〉의 제언을 수용했다.[172] 그러나 한반도 사태를 타개할 방책은 내놓지 못했다. 조지 마셜George C. Marshall 국방부 장관을 비롯한 3군 수장들의 견해는 소련이 공격해 올 것으로 예상되는 일본에 병력을 파견하고 한반도에서는 철수하는 편이 바람직하다는 쪽으로 기울었다.[173] 12월 29일 합동참모본부는 맥아더에게 가능한 한 적에게 타격을 주면서 만약 금강 경계까지 적이 남하하면 한반도에서 철수하라는 지령을 발송했다.[174] 적극적인 대책은 어디서도 발견되지 않았다.

일본 내부에서는 아시다 히토시芦田均 민주당 총재가 움직이기 시작했다. 아시다는 GHQ가 접근하자 12월 초순 의견서를 작성했다.

한반도 사건으로 공산주의 국가의 침략적 의도는 명료해졌고 일본도 그 위협에 적나라하게 노출되어 있다. 최근 수년간 제3차 세계대전이 발발할 가능성은 극도로 높아졌다. 세계 각국이 이러한 전망 위에 준비를 서두르고 있는 때에 일본만 방관자 같은 태도를 취하는 것은 허락되지 않는다. 국민 여론을 반드시 통일해야 한다. …… 내가 요시다 총리에게 원하는 바는 국민 여론을 이 방향으로 이끌라는 것이다. 정부가 일본이 위기에 직면했고 일본인 스스로 나라를 지킬 자세가 필요하다고 국민을 설득하여 정부가 선두에서 깃발을 흔드는 것이 급선무다. …… 자민당도 사회당도 '유엔 협력'

을 표방하고 있다. 그러나 구체적으로 공헌한 게 뭐냐고 묻는다면 적극적인 협력은 단 하나도 …… 없다. 이래서야 어디 미국과 영국의 신뢰를 유지할 수 있겠는가.

아시다는 자민당, 사회당, 민주당이 협력해 전개하는 국민운동의 주도권을 정부가 맡으라고 제안했다. 이 제안서를 GHQ 민정국에 제출하고 12월 7일에는 요시다 총리에게도 보냈다.[175] 아시다와 요시다는 12월 14일 총리 관저에서 회동했다. 아시다는 한반도 문제로 일본이 심각한 위기에 직면해 있으니 거국일치 내각이 필요하다고 건의했다. 요시다는 공산당의 비합법화가 필요하다는 생각을 슬며시 비추면서도 사회당과의 대화가 껄끄럽고 이 제안을 실행하기에는 본인의 능력이 부족하다고 답했다. 아시다는 "조국을 위해서라면 팬티 한 장만 걸치고 긴자[銀座, 도쿄에 있는 번화가 – 역자 주] 거리를 내달릴 수 있어야 하지 않냐"라고 설득했지만[176] 그것은 요시다의 방식이 아니었다.

요시다는 한반도 사태가 이 지경에 이르렀는데도 위기의식이 없었다. 요시다는 12월 16일 국회가 자연 휴회에 들어가기에 앞서 열린 비밀의원총회에서 아시다의 거국일치 내각 제안은 "일본의 현 사태에 부합하지 않는 언동"이라면서 한국전쟁이 별로 위험하지 않다는 의견을 표명했다. "세간에는 한반도 문제가 중대한 국면에 들어섰고 제3차 세계대전은 당연한 수순이라고 보는 사람도 있는 듯하나 전쟁이 그리 쉽게 일어날 리가 없다. 사태는 우려할 수준은 아니다. 중공이 최후에 승리를 거둘 일도, 조선동란이 영원히 이어질 일도 없을 것이다. 적절한 지점에서 타결될 것이다."[177]

아시다 히토시 쪽의 생각은 달랐다. 아시다는 GHQ에 제출한 의견서 공개에 맞춰 12월 28일 담화를 발표했다. "이제 중공은 한반도 지배뿐만 아니라 다음 차례로 미국이 점령한 일본까지 해방시키겠다고 부르짖고 있다." "스스로 지키지 못한 민족을 타 국민이 피의 희생으로 지켜 준 사례는 적다." 그러므로 공산당을 배제하고 사회당을 규합해 국민운동을 벌여 "자주적 자위력의 정비 강화"로 나아가야 한다.[178]

이 아시다의 의견에 아사누마 사회당 서기장은 "한반도의 최근 동향에 우리나라가 무관심할 수 없는 것은 사실이나 신헌법으로 평화 비무장을 선언한 우리나라는 끝까지 평화에 대한 확신과 자신감을 고수해야 한다", "연합국의 관리하에 있는 일본은 안보를 전적으로 유엔의 손에 맡겨야 한다고 확신하며 아시아의 동향을 예의 주시해야 하며 연합국이 먼저 제기하기 전에 군비를 입에 올리는 짓은 진심으로 나라를 걱정하는 정치인이 취할 태도가 아니다"라고 비판했다. 요시다 또한 28일 기자단과 만난 자리에서 "큰일 났다, 큰일 났다며 난리 법석을 피우다가 대동아전쟁이 일어났다"라고 비꼬면서 위기의식을 부채질하지 말라고 경고했다. 그리고 "무엇보다 헌법의 정신을 지킬 생각이며 경솔하게 재군비 문제를 입에 올려서는 안 된다"라고 강조했다. 그러나 요시다는 공산당과 조선인의 시위 진압을 주장하면서 "특히 일부 조선인은 다른 사람의 나라에 와서 치안을 어지럽히고 있어 괘씸하기 짝이 없다. 국가의 자위 면에서도 상응의 처치를 해야 한다"라고 역설했다.[179] 이처럼 요시다와 사회당의 의견이 헌법을 지키고 재군비에 반대하는 선에서 일치하면서 아시다의 자주자위 노선은 여지없이 고립될 수밖에 없었다.

일본 신헌법의 전쟁 포기, 전력 불보유 규정은 일본을 무너뜨린 연합국, 미영중소가 공동으로 일본의 안전을 보장한다는 전제 위에 성립됐다. 그 연합국 중 미국과 중국이 한반도에서 전면전에 돌입한 상황은 헌법 9조의 토대를 파괴하는 사태였다. 유엔에 기댄들 유엔은 중국을 상대로 전쟁 중이었다. 유엔에 안전을 기대고 싶다면 유엔의 전쟁에 협력해 동참해야 한다. 요시다의 구상은 미국에 의한 안전보장에 의존하는 것이었다. 길은 그야말로 미일안보조약을 향해 열려 있었다. 반면 사회당 쪽은 현실적인 안전보장론이 아닌 유토피아적 평화주의에 경도되어 있었다. 12월 28일 당의 중앙집행위원회는 차기 대회의 토의 안건으로 전면 강화, 중립 견지, 군사기지 제공 반대라는 평화 3원칙을 담자는 좌파의 제안을 채택했다. 그러나 우파의 주장도 무시하지 못해서인지 뉘앙스는 미묘해졌다. 강화 후의 안전보장은 유엔의 집단안전보장에 의존해 유엔에 가입하되 일본국 헌법의 특수성을 승인해 달라고 요청하자는 것이었다. 또 재군비에 대해서는 자위권은 있으되 헌법 9조에 비춰 현 상황에

서는 문제가 되지 않는다고 봤다.[180]

이 무렵 맥아더는 12월 30일 한반도에서 철수해 일본 방위에 집중하는 안과 중국 본토를 향해 먼저 제한전에 나서는 안 중 하나를 고르라고 워싱턴을 압박하고 있었다. 후자의 안은 중국 연안의 봉쇄, 중국의 항전을 떠받치는 산업 생산 능력에 대한 함포사격과 공중폭격에 의한 파괴, 국부군의 한국전쟁 투입, 국부군의 대륙 공격 허가로 구성되어 있었다.[181] 합동참모본부는 1951년 1월 9일 실질적으로 거절 의사를 회신했다.[182] 맥아더는 애가 타 바로 다음 날 "미국은 한반도에서 철수할 작정이냐 아니면 그 반대냐", "한반도에서의 군사적 지위를 영원히 유지한다, 일정 기간만 유지한다, 아니면 가급적 신속하게 철수를 완료해 손실을 최소화한다, 이 중 어느 쪽이 미국의 현 정책인지" 결정하라고 답신을 보냈다.[183]

유엔은 미국의 제재론에 안일하게 동조한 결과 무시무시한 전쟁으로 발전했다며 정전을 원했다. 12월에 설치된 정전 3인 위원회(이란, 캐나다, 인도 대표)는 1951년 1월 11일 다섯 항목으로 구성된 제안서를 총회 제1위원회에 제출했다. (1) 즉시 정전Cease-fire. 이러한 휴전이 새로운 공세를 위한 연막으로 사용되지 않도록 보장한다. (2) 정전이 실현되면 그로 인한 이점은 평화 회복을 위한 방책을 추구하는 데 사용한다. (3) 외국 군대의 단계적 철수. 유엔의 원칙에 따라 한국 국민이 미래 정부와 관련하여 자유의사를 표명할 수 있게 한다. (4) 한국의 행정과 평화·안전보장을 위해 유엔의 원칙에 따른 과도적 조치를 마련한다. (5) 협정이 성립되면 총회는 타이완 문제, 중국의 유엔 대표권 문제 등 극동의 제반 문제를 해결하기 위해 영국, 미국, 소련, 중국을 포함하는 적절한 기구를 설립한다. 애치슨 미 국무부 장관은 같은 날 이 제안에 대한 미국의 지지를 표명했고, 오스틴 유엔 대사는 제1위원회에서 이 제안을 베이징에 송부하는 데 찬성한다고 발언했다.[184]

1월 11일 미 합동참모본부가 작성한 〈공산 중국과 한국에 관한 행동 방침Courses of Action Relative to Communist China and Korea〉이라는 제목의 문서를 보면 미국이 얼마나 궁지에 몰려 있었는지가 여실히 드러난다. 문서는 목표로 (1) 일본-류큐-필리핀으로 이어지는 해안 방어선의 방위를 지속한다, (2) 타이완이 공산 측에 넘어가는 것을 허락하지 않는다, (3) 러시아와의 전면전은 군사 동원과 산업 동원이 필요한 수준에 도달할 때까지 지연시킨다, (4) 아시아 대륙(특히 인도차이나, 태국, 말라야)에서 공산주의 세력의 확산을 막는다, (5) 최대한 한국을 지원하며 부득이한 경우 망명한 한국 정부를 지원한다, (6) 미국에 우호적인 정권이 중국에 수립될 수 있도록 지원한다는 것을 내걸었다. 또 조치로 제안된 것은 중국에 대한 경제 봉쇄 시행과 중국은 침략자라는 유엔 결의의 채택 정도였다.[185]

한국을 잃고 어딘가에 망명 정부를 세우게 하는 상황이라면 중국에 친미 정권을 세우겠다는 계획이 실현될 리 만무했다. 이 방침은 미국의 혼란만을 드러냈다.

강경한
마오쩌둥

　　1951년 1월 11일 스탈린은 정전 문제에 관한 메모를 마오쩌둥에게 보냈다. 유엔의 움직임에 대한 의견이 적혀 있었을 것이다. 중국 측에 메모를 전달했다는 보고만 있을 뿐[186] 실물 메모는 공개되지 않았다. 13일 로시친이 저우언라이의 반응을 보고했다. 저우언라이는 "조언과 상담"에 감사하며 북조선 동지에게도 알릴 것이고, 마오쩌둥은 김일성과 펑더화이를 베이징으로 호출해 메모에 담긴 사항을 협의할 생각이라고 전했다.[187]

　애당초 마오쩌둥은 정전할 의사가 전혀 없었다. 마오쩌둥은 이 전쟁에서 승리하고 싶었다. 1월 14일 그는 펑더화이에게 전보를 보내 김일성에게 보여 주라고 당부했다. 동시에 그 사본을 스탈린에게도 보냈다.

　펑더화이 동지, 다음 전보 내용을 김일성 동지에게 전달해 주시오.

　중국 동북부에서 훈련 중인 북조선 신병 10만여 명은 앞으로 두세 달의 휴식과 재정비 시기에 인민군 각 군단에 편입되어야 합니다. ……

　북조선군에는 사단, 여단 형태의 부대가 과도하게 많습니다. 병사 전원을 15개 사단(거의)으로 나눠 소련제 무기를 공급하여, 이들 북조선 사단이 춘계 공세(4~5월)에 중국 지원군과 상호 협력해 남조선 문제를 최종적으로 해결할 수 있도록 이 군을 대대적으로 지원할 필요가 있습니다.

앞으로 두세 달 동안 중국 지원군과 북조선군은 중대한 임무를 관철해야 할 것입니다. 즉 부대를 훈련받은 신규 병사로 보충하고, 고참병에게서 경험을 얻도록 하고, 군의 장비를 강화하고, 철도를 재건하고, 식량과 탄약을 조달하고, 수송과 후방 서비스를 개선해야 합니다. 이 임무를 관철한다면 최후의 승리를 거머쥘 수 있습니다.

아마도 적의 사령부는 후속 군사 작전을 수행하기 위한 두 가지 대안을 가지고 있을 것입니다.

하나는 중국·북조선군의 압력에 소규모로 저항하다가 조선에서 철수하는 것입니다. 이렇게 된다면 우리의 총체적 준비는 결실을 맺게 됩니다. 우리의 완전한 준비 작업에 관한 정보를 확보한 적이 우리 병력이 한층 더 강화됐다고 확신해, 곤란이 두려워 조선에서 철수할 것이기 때문입니다.

다른 하나는 그 저항이 헛수고라는 인식에 도달할 때까지 부산-대구 지역에서 끈질기게 저항하다가 조선에서 철수하는 것입니다. 이 경우 우리는 계속 싸울 수 있게 준비를 탄탄히 해야 합니다. 그렇지 않으면 1950년 6월부터 9월 사이에 인민군이 저지른 실수를 반복하게 됩니다.

그러나 객관적 요소를 고려할 때 우리는 2월에 1회 전역을 기도한 후 마지막 전역을 위한 준비를 완료하려면 재차 휴식과 재정비 시간을 가져야 할지도 모릅니다. 이 점도 계산에 넣어야 합니다. 그러나 그렇지 않으면 두세 달 내에 필요한 준비를 마친 후 최후의 결정적 전역을 해야 할 수도 있는데, 이는 현실적이기도 합니다.

중국과 북조선의 동지들은 인내심을 갖고 필요한 준비를 마쳐야 합니다.

당신의 의견을 듣고 싶습니다.

마오쩌둥[188]

마오쩌둥은 제4차 혹은 제5차 전역을 통해 미군을 한반도에서 쫓아내 '최후의 승리', '최종 해결', 즉 한반도 통일을 실현할 심산이었다. 그래서 미국 측이 정전 교섭을 단념하도록 하기 위한 방안을 모색했다. 마오쩌둥과 저우언라이가 준비한 것은 다음의 4가지 대항안이었다.

> (갑) 조선에서 외국 군대 전체를 철수시키고 조선의 내정은 조선 인민이 스스로 해결한다는 기초 위에 관계국이 협의하여 조선에서의 전쟁을 종결하는 데 동의한다.
>
> (을) 협의 내용에는 미군의 타이완과 타이완해협에서의 철수, 극동 문제가 포함된다.
>
> (병) 협의에는 중화인민공화국, 소련, 영국, 미국, 프랑스, 인도, 이집트 등 7개국이 참여하며 유엔에서의 중국의 합법적 지위는 이 회의 실행으로 미리 확정된다.
>
> (정) 7개국 회의 장소는 중국으로 한다.[189]

1월 14일 이 내용이 담긴 각서를 북한에도 보냈다. 마오쩌둥은 저우언라이에게 송부를 요청하며 "차후에 전보를 보내 김일성의 동의를 구해 보겠다"라고 말했다.[190] 김일성에게는 "이미 소련 정부가 동의했으니 지지해 주기를 바란다"라고 전보를 쳤던 듯하다.[191] 이와 관련된 자료는 공개된 바 없다. 김일성은 마오쩌둥의 제안에 찬성했을 것이다.

1월 13일 유엔 총회 제1위원회는 미국의 찬성표까지 합해 찬성 50표, 반대 7표, 기권 1표로 앞에서 언급했던 다섯 항목의 제안을 가결했다.[192] 1월 17일 저우언라이는 앞의 4가지 대항안을 발표했다. 다섯 항목의 제안을 거부한 것이다. 애치슨이 항의 성명을 발표했지만 어찌할 도리가 없었다.[193]

1월 15일 콜린스 참모총장은 다시 도쿄를 방문해 맥아더와 협의했다. 콜린스는 대통령과 상의한 방침을 맥아더에게 전달했다. "제8군을 위험에 빠뜨려 일본의 안전을 위협하지 않는 선에서 최대한 철수를 지연시키는 것이 바람직하다. 중공군을 징벌해야 한다. 철수한다면 한국군뿐만 아니라 한국 정부와 경찰 간부까지 철수시켜야 한다. 약 100만 명 이상을 한국에서 빼내게 된다." 그 후 콜린스는 도쿄에서 대구로 날아가 워커를 대신해 제8군 사령관으로 임명된 리지웨이와 만났다. 리지웨이는 투지에 불타고 있었고 콜린스도 이 회담 후 조금이나마 자신감을 회복한 듯하다.[194]

한편 북한 현지의 사령관 펑더화이는 마오쩌둥의 강경한 정세 인식에 동의하지 않았다. 마오쩌둥의 전보를 김일성에게 전달하는 와중에 본인의 생각도 밝힌 펑더화이는 1월 19일 마오쩌둥에게 서신을 보냈다. 그는 16일에 김일성을 만나고 18일에 돌아와 이 서신을 썼다. 마오쩌둥은 펑더화이의 서신을 27일 스탈린에게 보냈다.

> 김일성 동지와 그의 동지들은 퇴각하는 미군과 괴뢰군을 조선인민군의 병력만으로 추격하는 것은 불가능하다고 보고 있습니다. 이것은 또한 모험적 성격을 띠고 있습니다. 그들은 정치국 회의에서 두 달간 휴식과 재정비를 거친 뒤 서두르지 않고 신중하게 전진하라는 나의 제안이 옳다고 판단했다고 밝혔습니다. 박헌영 동지는 독자적인 의견을 피력했습니다만, 1월 17일에 내가 준비 없이 위험을 무릅쓰고 전진하는 안과 사전 준비 후 신중하게 전진하는 안의 긍정적인 면과 부정적인 면을 두 차례 설명하자 그도 만족해했습니다.
>
> 소련의 고문도 다음 전역이 결정적이라며, 조선노동당 정치국이 승인해 준다면 전역을 더욱 훌륭하게 치를 수 있다는 데 동의했습니다.[195]

여기서 펑더화이 또한 박헌영이 남한 해방에 강하게 집착했고 이미 김일성과 이견을 보였음을 확인하고 있다.

**북중군
고급간부연석회의 전후**

다음 전역을 위한 준비와 휴식 기간에 북한과

중국은 의견 통일을 목적으로 1951년 1월 25일 중국인민지원군과 조선인민군 합동 고급간부연석회의를 열었다. 펑더화이, 가오강, 쑹스룬宋時輪, 덩화, 김일성, 김두봉, 박헌영, 김웅, 박일우 등 9명이 주석단에 앉았고 두핑이 대회 비서장을 맡았다. 첫날에는 김두봉이 개회사를 한 후 연합사령부 총사령관 펑더화이가 '3차 전역의 총괄과 향후 임무'에 대해 보고하고, 조선인민군 총정치부장 박헌영이 인민군의 정치 공작에 대해, 연합사령부 부사령관 덩화가 미군과 한국군의 작전에 관한 초보적 경험에 대해, 중국 지원군 정치부 주임 두핑이 3차 전역에서 지원군이 전개한 정치 공작에 대해 보고했다.[196]

펑더화이는 3차 전역은 "위대한 승리"였으며 7만여 명의 적을 섬멸하고 조선의 3분의 2를 "수복 해방"했다고 자평했다. 그리고 이 승리로 "더 큰 승리의 발판"을 마련했다고 하면서 승리는 "중국의 국방을 공고히 하고 미 제국주의의 약점을 폭로한" 것이라고 강조했다. 펑더화이는 현실주의자였다. 그는 승리는 "우세한 병력을 집중해 적의 분열을 조장하고 포위해 각개 섬멸하는" 정확한 "군사지도 원칙"의 결과라고 하면서도, 추격전 문제에 대해서는 "현대식 무기로 무장한 적을 도보로 추격한들 큰 성과를 얻을 수 없다", "교통 수송, 보급 문제를 확실히 해결해 부대의 체력을 회복하고 해안의 방비를 단단히 하고 후방의 안전을 다지는 것이 눈앞의 과제임을 생각할 때 우리가 맹추격과 연쇄 공격 방침을 선택하지 않은 것은 전적으로 옳았다"라고 역설했다. "적의 우세한 장비의 효과를 깡그리 무시하고 전술을 고려하지 않는 것은 옳지 않다"라면서 야간 전투, 대담한 우회 포위 분열 작전, 적의 후방에 대한 기습 공격 작전, 정예 소부대의 포병 진지와 지휘소 공격 등을 열거했다.[197] 두핑 역시 "속승速勝 사상을 극복하고 …… 지구持久 전략을 수립할 것"을 강조했다.[198] 이에 대해 박헌영이 어떻게 반응했는지는 알려지지 않았다. 완곡하게나마 제3차 전역의 최종 단계에 추격전을 중단한 것에 대한 불만을 토로했을 가능성도 있다.

둘째 날인 26일에는 지에팡解方이 조련 계획과 사령부 공작에 대해, 한센추韓先楚가 전술 문제에 대해, 홍쉐즈洪學智가 보급 공작 문제에 대해 보고했다. 홍쉐즈는 "부대는 보편적으로 '삼파(三怕, 세 가지 걱정)'를 보고해 왔다. 첫 번째 걱정은 식량이 없다는 것이고, 두 번째 걱정은 쏠 탄환이 없다는 것이고, 세 번째 걱정은 부상을 입어도 후송되지 않는다는 것"이라고 설명했다.[199] 이는 펑더화이의 방침을 옹호하는 발언이었다.

이 무렵 유엔군이 다시 반격에 나섰다. 제8군 사령관 리지웨이는 북중군의 배치를 조사할 목적으로 1월 25일 북중군 고급간부연석회의 개최일에 선더볼트 작전Operation Thunderbolt을 개시했다. 후퇴한 미군이 오산에서 수원으로, 즉 서울 방향으로 공세를 퍼부었다. 서울 탈환은 목표에서 빠져 있었으나 허를 찔린 북중군은 퇴각했다.[200]

북중군 고급간부연석회의 사흘째인 27일에는 분조分組 토론이 이어졌다. 이날 사태를 우려한 펑더화이는 마오쩌둥에게 전보를 보내 정전을 고려할 것을 건의했다.

제국주의의 내부 모순을 증폭시키기 위해 북중 양군은 기한부 정전을 지지하며, 인민군과 지원군은 오산, 태평리, 단구리(원주 남쪽) 경계에서 북쪽으로 15~30킬로미터 철수했다고 발표하시는 게 어떻겠습니까? 동의하신다면 베이징에서 방송해 주십시오. …… 적이 계속 북진한다면 우리가 전력을 다해 출격한들 소멸시킬 수 있는 것은 고작해야 1개 사단입니다. 교두보를 지키는 것은 몹시 힘듭니다. 출격한다면 정돈과 훈련 계획이 무너지고 맙니다. …… 적의 북진을 저지하지 못한다면 정치적으로 서울, 인천을 포기하지 않는 이상 각 부서는 반격에 내몰릴 것입니다. 각 방면의 상황을 고려했을 때 이는 도저히 불가능한 일입니다.[201]

28일 이어진 회의에서 김일성은 아무 일도 없다는 듯이 〈조선노동당의 향후 공작 방침〉에 대해 보고했다. 가오강도 〈지원군 후방 지원 활동가의 한 사람으로서〉를 발표했다. 김일성은 "전쟁에서 기필코 승리하겠다"라고 역설했고,[202] 가오강 역시 "우리에게는 적의 최종 섬멸에 필요한 모든 것이 있다"라고 강조했다.[203] 그러나 가오강이 평화협상에 대해 "적이 북중의 힘이 두려워 본인들의 힘을 준비하기 위해 제기한 것"이라고 강변하면서도 덧붙인 다음의 발언은 펑더화이의 생각과 일치한다.

> 우리의 힘은 강하다. 우리는 전쟁을 두려워하지 않으며 평화협상을 거부[원
> 문 그대로]하는 것도 두려워하지 않는다. 우리는 승리자이며 평화협상은 우
> 리에게 타격을 주지 못한다. 그러나 우리는 적극적으로 전투 행위를 준비
> 해야 한다. 평화협상은 부차적 사안이다. 협상이 결렬된다면 싸울 것이다.
> …… 일말의 환상도 품어서는 안 된다.[204]

그러나 마오쩌둥은 펑더화이의 정전협상안을 받아들이지 않았
다. 오히려 같은 날 반격 준비에 착수하라고 명령했다.

> 2. 우리 군은 즉각 제4차 전역의 실행을 준비해야 한다. 2만에서 3만의 한
>   미군을 섬멸해 대전-안동 경계 이북 지역을 점령하는 것을 목표로 한다.
> 3. 이 전역을 준비하는 과정에서 제물포, 한강 남쪽 기슭의 다리 앞 보루와
>   서울시를 사수하고 적의 주력 부대를 수원-이천 지구로 끌어들여야 한
>   다. 전역 시작 후에는 북조선·중국군의 주력 부대는 원주 지구에서 적의
>   방어선을 뚫고 영주와 안동 방향으로 공격을 전개해야 한다.
> 4. 중국·북조선군을 북쪽으로 15~30킬로미터 철수시켜 군사 작전의 일시
>   중단 제안을 지지한다는 통지를 발표하는 구상은 우리에게 불리하다. 적
>   은 우리 군이 일정 거리만큼 북으로 철수해 그들이 한강을 봉쇄할 수 있
>   을 때만 군사 작전의 중단을 원하기 때문이다.

5. 제4차 전역이 끝나면 적은 우리와 조선 문제 해결을 위한 평화협상을 진행할 것이다. 그때는 협상하는 편이 중국과 북조선에 유리하다. ……

7. 중국군과 북조선군은 대전-안동 경계 이북 지역을 점령한 뒤 다시금 두세 달간 준비해야 하며 그 후 결정적인 의미의 제5차 전역을 완수해야 한다. 이것은 모든 면에서 유리하다.[205]

스탈린은 마오쩌둥이 펑더화이에게 보낸 이 전문(1월 28일 자)을 받고 "당신의 의견에 동의한다. 국제적 관점에서 보자면 적의 제물포 및 서울 탈환을 저지하고 북중군이 공격해 오는 적군에게 중대한 타격을 입히는 것이 절대적으로 목적에 부합한다"라고 회신했다.[206]

재미 중국인 학자 장슈광은 이 마오쩌둥의 명령을 "야심적이나, 비현실적인 목표였다"라고 평가했는데[207] 타당한 견해다.

1월 29일 회의 마지막 날에는 조선인민군 제5군단장 방호산이 조선인민군 제6사단의 작전 경험을 보고하고, 중국인민지원군의 두 부사단장이 작전 경험을 보고했다.[208] 이로써 회의는 끝났고 북중군 간부는 서둘러 해산했다. 미군의 진격은 계속되고 있었다. 31일 북중군은 수원 북쪽까지 밀려났다.

같은 날인 1951년 1월 31일 개전 직후 조선인민군 전선사령관을 역임한 만주파의 거물 김책이 숙소에서 심장마비로 사망했다. 김일성에게는 크나큰 손실이었다.[209]

31일 펑더화이는 사태의 심각성을 마오쩌둥에게 보고했다. "적은 대량의 비행기, 전차, 대포를 이용해 진격하고 있습니다. 우리는 고작해야 소총, 기관총, 박격포와 산포 몇 문만 보유하고 있을 뿐이며 탄약이 부족한 정황에서 저항하고 있습니다. …… 그러나 화력이 맹렬해 우리 측 사상자가 대단히 많습니다." "우리 군에는 군화, 탄약, 식량이 전부 공급되지 않고 있습니다. …… 무엇보다 맨발로는 눈밭을 행군할 수 없습니다." 그러나 제4차 전역 명령이 하달된 상황이어서 2월 6일에는 강행한다면 보급이 제때 도착할 것 같으며, 13병단은 7일 밤 출동해 12일에 공격을 개시할 수 있을 듯하다고 전했다.[210]

부대 재편성을 위해 필사적인 노력이 이루어지고 있었다. 조선인민군 부대를 어떻게 지원군 부대에 편입할 것인지가 문제였다. 1월 30일 스탈린은 라주바예프에게 전보를 보내 조선인민군의 재편성을 김일성과 협의하라고 주문했다. 스탈린은 현행 28개 사단(전선에 19개 사단, 만주에서 훈련 중인 9개 사단)은 지나치게 많으니 최대 23개 사단으로 줄이라고 했다. 이는 마오쩌둥의 극단적인 방안을 다소 완화한 것이다.[211] 마오쩌둥도 이 전보를 받았다.[212] 김일성은 곧장 이 안을 수용했다. 31일 라주바예프는 해당 취지를 회신했다.[213]

결국 서부 전선에서는 중국인민지원군 부사령관 한셴추의 지휘하에 한집단韓集團을 꾸리고 이권무의 조선인민군 제1군단을 편입시켰다. 인민군 제6군단은 그 후비군後備軍으로 배치됐다. 동부 전선에는 연합사령부 부사령관 덩화가 지휘하는 인민지원군의 덩집단鄧集團과 조선인민군 제2, 3, 5군단을 연합사령부 부사령관 김웅이 지휘하는 김집단金集團이 배치됐다. 신규 편성된 인민군 제3군단의 군단장은 만주파의 김광협金光俠이었다.[214]

2월 5일 펑더화이는 마오쩌둥에게 다음과 같이 보고했다. 어제 적의 공격을 저지하고, 전세를 호전시켜, 시간을 들여 결정적인 전역을 준비한다는 계획에 대해 김일성과 협의한 결과, 그는 동의했고 "3번에 걸친 이전 전역에서 손쉽게 얻은 승리의 결과로 한때 고양된 분위기는 이미 소멸했다고 말했다."[215] 김일성은 바짝 긴장하고 있었다.

김일성이 긴장한 것도 당연했다. 그사이 한미군은 2월 1일 '선더볼트 작전'의 2단계에 들어가 서울 근교를 향해 전선을 밀어 올렸다. 마침내 2월 11일에는 한강 남쪽 기슭에 도달해 서울을 눈앞에 둔 지점까지 바짝 다가와 있었다. 펑더화이의 발언은 제4차 전역의 목적을 확실하게 수정하는 것이었다.

북중군의 제4차 전역은 2월 11일에 시작됐다. 이날 동부 전선에서 북중군은 횡성을 목표로 반격에 나섰다. 한국군 제8사단은 괴멸됐고 북중군은 횡성을 점령한 후 원주를 향해 전진했다. 양군 간의 격돌은 16일까지 이어졌다. 한미군은 원주를 사수했다. 원주를 코앞에 두고 북중군은 기동방어전 태세로 전환하지 않을 수 없었다.[216] 2월 20일 한미군의 반격 작전인 '킬러 작전Operation Killer'이 시작됐다. 북중군은 퇴각했다.

2월 20일 베이징으로 귀환한 펑더화이는 마오쩌둥을 설득했다. 마오쩌둥도 생각을 바꿀 수밖에 없었다. 마오쩌둥은 협의 결과를 3월 2일 스탈린에게 알렸다.

조선의 전장에서 벌어진 최근의 전역 과정은 거의 모든 적군이 괴멸되지 않는 이상 적은 조선에서 철수하지 않으리라는 것을 보여 줬습니다. 적의 군대 대부분을 파괴하기 위해서는 어느 정도 시간이 필요합니다. 그러니 조선의 군사 작전은 장기적인 성격의 것이 될 가능성이 있습니다. 우리는 적어도 2년은 걸릴 것으로 상정해야 합니다.

이미 장기전 체제가 구상되어 실행되고 있었다. "적의 의도를 분쇄하고 장기 작전을 견지해 한 걸음 한 걸음 적을 섬멸하는 것을 목적으로" 윤번 작전 방침을 채택했고 이미 3교대로 전환할 계획이라고 설명했다. 한반도에 있는 9개 군단, 30개 사단으로 제1그룹을 결성하고 중국에서 6개 사단을 이동시켜 한반도에 있는 3개 군단을 더해 제2그룹을 구성한다. 제1그룹과 제2그룹은 4월 초순에 교대한다. 조선인민군 8개 군단을 6개 군단으로 재편해 3교대제에 편입시키기로 펑더화이와 김일성이 합의했다. 제2그룹이 교대한 뒤 공세에 나설 것이며, 혹시라도 적이 서울을 탈환하는 데 성공한다면 사기에 영향을 줄 것이다. 마오쩌둥은 소련 공군에 평양, 원산 경계 이북을 지키기 위해 북한 영내로 이동해 줄 것을 요청했다.[217]

스탈린은 마오쩌둥의 요청에 즉각 지원하겠다며, 3월 3일 벨로프 장군이 이끄는 공군 2개 사단이 북한 영내로 이동할 것이라고 회신했다.[218] 그러나 실제로 소련 공군이 안둥을 떠난 흔적은 발견되지 않는다. 어쩌면 출동 구역을 당초 안둥에서 선천宣川까지로 설정해 놓고는 이후 안주安州에서 평양까지로 변경했는지도 모른다.[219]

3월 초순 동부 전선에서 전개된 유엔군의 '킬러 작전'이 종료됐고, 북중군은 횡성을 빼앗기고 말았다. 3월 7일 서부 전선에서 유엔군의 '리퍼 작전Operation Ripper'이 시작되어 북중군은 결국 서울을 포기해야 했다. 3월 말 북중군은 거의 모든 전선에서 38선 이북으로 쫓겨 올라갔다. 더는 만회하지 못한 상태로 4월 21일 제4차 전역은 종료됐다.[220] 이렇게 중국이 승리하지 못하면서 미중 전쟁의 승패는 무승부로 끝났다.

제5장

정전회담을 하면서 하는 전쟁

미국과 소련의
태도

유엔군의 반격으로 서울을 회복하고 38선에 근접했을 때, 미국 정부는 또다시 정전회담을 촉구하는 대통령 성명을 준비했다. 1951년 3월 23일 애치슨이 트루먼에게 전달한 성명안에는 "대한민국과 유엔에 자행된 침략"을 격퇴했다며, 1950년 6월 27일의 유엔 안보리 결의로 돌아가, 지역 평화와 안전을 회복하기 위해 유엔군 사령부는 전투를 중단하는 협상을 시작할 의사가 있다는 내용이 담겼다.[1] 바로 다음 날 한반도 전선을 시찰하러 가던 맥아더는 비행장에서 중국의 연안 지역과 내륙부에 대한 폭격을 주장하는 위협적인 성명을 발표했다.

이제 유엔이 전쟁을 한반도만으로 봉쇄하기 위해 노력했던 것을 멈추고, 우리의 군사 작전을 중국의 연안 지역과 내륙 기지로 확대하기로 결정하면, 공산 중국은 틀림없이 군사적으로 붕괴 위험에 빠질 것이라고 고통스럽게 인식하고 있을 것이다. 이러한 기초적 사실이 확인된다면 …… 한반도 문제에 대한 결단을 내리는 데 극복하기 어려운 어려움은 없다.[2]

트루먼은 이 성명을 보고 격분했다. 그러나 결정적인 방책은 한동안 취해지지 않았다. 4월 5일 공화당 하원의원 조셉 마틴Joseph W. Martin이 의회 연설에서 맥아더로부터 받은 3월 20일 자 편지를 읽었다. 그 편지에서 맥아더는 타이완의 중국군을 이용해야 한다는 마틴의 제안에 지지를 표명하고, "이곳 아시아는 공산주의 음모가들이 세계 정복을 목표로 하는 승부를 위해 선택한 곳이라는 사실", "만약 우리가 아시아에서 공산주의와의 전쟁에서 패배한다면 유럽의 멸망이 불가피하다는 사실"을 모르는 "일부 사람들"을 비난했다.[3]

맥아더가 공공연하게 정부를 비판하자 트루먼은 4월 11일 맥아더 해임을 발표했다. 미국의 방침은 아시아에서의 대립을 '제3차 세계대전'으로 발전시키지 않겠다는 것이며, 미국은 정전을 하고 재침략 방지 대책을 세워 평화를 달성하고자 한다고 설명했다.[4] 맥아더의 후임에는 제8군 사령관 리지웨이가 임명됐다. 미국은 정전협상을 위한 계기를 필사적으로 찾았다. 이따금 평화를 제안한 소련에 기대를 걸었다.

트루먼의 맥아더 해임과 트루먼의 성명으로 스탈린은 일단 안도했을 것이다. 그러나 커밍스에 따르면, "1951년 4월 미국은 핵무기 사용에 가장 근접했었다"라고 한다. 사실 워싱턴은 이달 다시 원자폭탄 사용을 염두에 두고 있었다. 3월 31일 이미 스트레이트마이어 장군은 맥아더에게 오키나와의 가데나 공군 기지를 원자폭탄 격납고로 사용할 수 있게 됐다고 보고했다. 4월 5일 합동참모본부는 만약 중국이 대량으로 새로운 병력을 투입하거나 중국 영토에서 발진하는 폭격기가 미군을 공습한다면, 즉각 원자폭탄을 사용해 보복하라고 명령했다. 4월 6일 트루먼 대통령은 합동참모본부의 명령을 승인하고 일정 수량의 완성된 원자폭탄을 군에 넘기도록 허용하는 명령을 내렸다. 그러나 이 명령은 맥아더 경질 후의 혼란으로 집행되지 않고 끝났다.[5] 상황에 따라서는 원자폭탄이 사용될 가능성이 있었던 것이다. 스탈린은 그 대상이 한반도뿐만 아니라 중국, 소련도 될 수 있다고 느꼈을 것이다. 스탈린은 맥아더의 해임으로 원자폭탄 사용 가능성이 완전히 사라졌다고는 생각하지 않고, 일단 중단됐지만 현실의 선택지로서는 엄연히 존재한다고 결론 내렸을 것이다.

중국군의
제5차 전역

마오쩌둥이 '최후의 전역'이라고 부르며 한반도에서 미군을 몰아내려 했던 제5차 전역은 맥아더 해임 하루 뒤인 4월 22일에 시작됐다. 미 공군은 서부 전선에서 38선을 다시 돌파해 임진강을 건너는 북중군을 상대로 23일 새벽부터 1,100차례 출격해 공격했다. 이날 하루 동안 2,200명의 북중군 사상자가 발생했다고 한다. 미 공군의 공격은 계속됐다. 이제는 전투기, 전투폭격기, 폭격기가 밤낮없이 출격해 시한폭탄, 유도폭탄, 네이팜탄을 투하했다. 공군은 지상군과 하나가 되어 공격했다.[6] 조선인민군 제1군단, 중국인민지원군 제19병단의 64군, 65군, 63군은 엄청난 손실을 입으면서도 서울 북쪽에 있는 북악산까지 전진했다. 그 동쪽에서는 제3병단, 제9병단의 8개 군이 38선을 돌파하여 서울 방면으로 압력을 가했다. 이 일주일간의 전투에서 중국과 북한 측은 2만 3천 명을 섬멸했다고 밝혔다. 하지만 미군 측의 보고를 보면, 미군 사망자는 314명, 부상자는 1,600명에 불과하고, 북중군 사망자는 2만 3,829명이며 부상자도 포함하면 사상자는 7만 5천~8만 명이라고 한다.[7] 한국군의 손해는 밝혀지지 않았다.

어쨌든 이 정도의 희생을 치르고도 서울까지는 진격할 수 없었다. 4월 29일 북중군의 전진은 중단됐다. 잠시 대치한 끝에 5월 16일 동부 전선 소양강 남쪽 지구에서 중국인민지원군 제3병단, 제9병단, 조선인민군 제3, 제5, 제2군단이 공격에 나섰다. 5일간의 밤낮 연속 공격으로 전선을 남쪽으로 상당히 밀어 내렸지만, 거기서 모든 힘을 다 썼다. 5월 19, 20일에는 야간에 출동한 B-29가 공격을 위해 집결한 북중군을 유도탄으로 폭격하여 공격이 불가능하게 만들었다. 5월 21일 펑더화이는 전역을 수습하라고 명령했다.[8]

북중군의 소모는 심각했지만 유엔군은 힘을 온존하고 있었다. 5월 23일 제임스 밴 플리트James Alward Van Fleet 중장이 이끄는 미 제8군은 반격을 개시했다. 가데나에서 출격한 B-29 폭격기 22대가 야간 폭격을 해 전선을 돌파했다.[9] 북중군은 어쩔 수 없이 38선 방향으로 후퇴했다. 이때 미군 기계화부대에 포위된 인민지원군 제180사단이 궤멸당했다. 사단 병력 9천 명 가운데 5월 27일 포위를 뚫고 탈출할 수 있었던 것은 1천 명에 불과했다. 5월 말에는 유엔군이 38선을 세 차례 돌파했다. 6월 중순 서부 전선에서는 인민군 제1군단이 38선 이남으로 내려왔고, 동부 전선에서도 38선에 부분적으로 접근했다.[10] 그러나 1월 중순의 상태를 회복하는 것은 더는 불가능했다. 제5차 전역은 완전한 실패로 끝났다.

스탈린은 한반도에서 미군을 몰아내고 통일을 달성한다는 전쟁 목적을 실현하는 것은 이제 불가능하다고 인식했을 것이다. 미국 내부의 전쟁 확대 충동을 억제할 수단을 강구해야 할 필요성도 절감했을 것이다. 그래서 아직 제5차 전역이 진행되고 있음에도 스탈린은 말리크 유엔 대표를 미국 유엔 대표와 만나게 했다. 5월 2일 말리크는 자신의 차에 미국 유엔 대표부원을 태우고 한국전쟁 문제를 포함하여 많은 문제가 미소 양국 정부의 대화로 해결될 수 있으며, 그렇게 해야 한다고 말했다.[11] 미국 측의 정전 의지를 살피기 위함이었다. 물론 이는 소련의 단독 행동으로, 중국과는 상의하지 않았다.

대일 강화
준비

이때 대일 강화 준비도 막바지에 이르렀다. 미국은 한반도에서 전쟁을 수행하면서 일본 점령 상태를 활용하여 일본 국토를 전쟁 수행을 위해 자유롭게 사용했다. 오키나와에서는 직접 군정을 실시하고 있다는 점을 이용하여 공군 기지를 대대적으로 확장했다. 따라서 일본과 강화를 추진하게 되면 점령이 끝난 후에도 미군이 일본 본토의 기지를 사용하고 오키나와는 미국이 단독으로 통치하여 완전 기지화할 수 있는 조건을 확보하는 것이 필요해졌다. 미국은 일본을 경제적으로 부흥시키기 위해 배상 지불을 면제하고, 재군비를 시키는 것이 바람직하다고 생각했다.[12] 반면, 공산 중국을 강화에서 배제하는 것은 당연했지만, 소련을 강화에서 배제하는 것은 자동적으로는 되지 않는다고 생각했다. 이 때문에 복잡한 게임을 진행할 필요가 있었다.

1951년 1월 덜레스는 일본을 방문해 요시다 정부와 협의했다. 그때 요시다 정부가 먼저 '우리 쪽 견해'를 제시했다. 거기에는 "일본은 자력으로 국내 치안을 확보하고 대외적으로는 유엔 혹은 미국과 협력(군대 주둔과 같은)하여 나라의 안전을 확보하고자 한다", "대등한 파트너로서의 미일 간 상호 안전보장 협력을 규정하는 협정이 평화조약과는 별개로 체결되어야 한다"라는 내용이 포함돼 있었다. 오키나와에 대해서는 신탁통치안의 재고를 요구하고 신탁통치를 할 필요가 없어지는 대로 반환해 달라고 했다. 재군비에 대해서는 "당장은 불가능하다"라며 그 이유로 "대중의 감정"을 고려할 필요가 있고, 재군비에 따르는 경제 부담이 국민을 피폐하게 해 공산주의자가 원하는 사회 불안을 야기할 수 있으며, 주변 국가들은 일본의 침략이 재현될까 봐 두려워하고 있고, 국내적으로 군국주의의 부활 가능성을 걱정할 필요가 있다는 세 가지 점을 들었다.[13] 덜레스는 미군의 주둔을 인정하는 안전보장 협정을 맺겠다고 표명한 것을 기뻐했지만, 미일의 대등한 협정은 원치 않았고 오키나와에 대해서는 일본 측의 재고 요구를 단호하게 거절하고 재군비를 적극적으로 추진하도록 압박했다.

요시다가 이때 "대중의 감정"이라고 말한 것이 무엇을 의미하는지는 그가 강화회의 직전에 일본을 방문한 동북아시아국장 존 앨리슨에게 한 다음의 말에서 추측할 수 있다.

> 최근 미국의 저명한 인사가 일본의 재군비론을 제기했다. 그에 따라 일본에서도 옛 군인들이 재무장을 위해 분주히 움직였다. 그러나 민중은 따라가지 않았다. 정치권 인사 중에도 아시다 전 총리처럼 재군비를 선도한 사람이 있었다. 그러나 민중은 호응하지 않았다. 민중은 의외로 현명하다.[14]

요시다는 일본 국민의 군대와 전쟁에 대한 혐오 감정이 강하다는 것을 인식하고 있었다. 따라서 덜레스의 강한 재군비 요구 때문에 요시다는 급히 보안대 5만 명을 창설하는 방안을 〈재군비의 1단계 계획〉으로 작성해 2월 3일 미국 측에 제시하기로 했지만,[15] 기본적으로 국민감정을 중시해 재군비를 미루겠다는 입장에는 변함이 없었다. 미국에 기지를 제공하고, 미일안보조약에 의존하여 개헌이 필요 없는 범위 내의 경무장으로 가고, 경제 재건에 전력을 다한다는 요시다 노선이 굳어졌다.

귀국한 덜레스는 1951년 3월 그의 첫 대일 강화안, 즉 3월안을 마련했다. 이 안은 오키나와를 미국을 행정권자로 하는 유엔의 신탁통치 아래 두고, 소련에는 남사할린과 쿠릴제도를 인도하는 것으로 되어 있었다. 또 일본에는 배상을 지불할 만한 경제력이 없다는 것도 인정했다. 이 안은 3월 23일 각국에 보내졌다.[16] 소련이 영토 조항 때문에 참여한다면 중국과 소련을 갈라놓을 수도 있었다.

소련은 중소우호조약에 따라 대일 강화에서 중국과 공동보조를 취해야 했다. 더욱이 스탈린으로서는 한국전쟁의 정면에 중국을 내세우고 있는 입장이었기에 대일 강화에서 소외된 중국과 같은 태도를 취할 필요가 있었다. 스탈린은 미국이 남사할린과 쿠릴제도의 영유권을 인정해 준다고 해서 중국을 배신할 수는 없었다. 그래서 영국과 미국이 추진하는 대일 강화는 거부하고, 미국이 장악한 일본 내부에서 공산당의 반미 투쟁을 한층 더 강화하는 방향으로 추진했다.

1950년 6월 한국전쟁 발발 전날 밤에 주류파 간부들이 지하로 숨어든 일본공산당은 분열로 인해 혼란스러웠고 한국전쟁에 대해 명확한 노선을 내놓지 못했다. 조선인을 포함한 하부 당원들과 학생 가운데 국제파가 적극적이었다는 것만이 주목받을 뿐이었다. 이윽고 베이징에 망명 지도부를 만든 도쿠다 규이치와 노사카 산조 등

은 중국 노선을 받아들여 반미 무장투쟁 방침을 취했다.[17]

1951년 2월 23일부터 3일간 일본공산당은 비합법적으로 제4차 전국협의회를 개최했다. 채택된 일반투쟁 방침에서 "조선은 이제 '평화'와 '전쟁'이 대립하는 두 진영의 정책이 그 승패를 결정하는 전 세계 계급투쟁의 초점"이라고 규정했다. 따라서 한국전쟁을 "강 건너 불구경으로 여기거나 이에 협력하는 것은 '민족의 위기'를 심화시켜 '민족의 파멸'에 협력하게 된다"라며, 일본 앞에는 두 가지 길밖에 없다고 했다. "하나는 국제독점자본의 지배를 감수하는 '전쟁과 노예'의 길이고, 또 다른 하나는 평화를 사랑하는 전 세계 민주세력과 연계하는 '평화와 독립'의 길이다. 결코 제3의 길은 없다"[18]라고 했다. 즉 미국을 도와 전쟁에 협력하는 요시다 정부의 길이냐, 소련과 중국, 북한과 연합하여 반미 투쟁을 하는 공산당의 길이냐, 이 두 가지가 현실주의라는 것이다.

군사 방침에 대한 결의[19]에서는 핵심 자위대 조직, 평화옹호 투사단과 애국 투사단 결성, 유격대 조직에 의한 폭력적 투쟁과 노동자 농민운동과의 결합을 주장했다. "유격대는 반미 구국의 민족통일전선 발전의 무기이며, 인민해방군으로의 발전을 목표로 한다." 더 나아가 미군에 대한 공작, 경찰예비대에 대한 공작, 경찰에 대한 공작을 장려했다.

4월이 되자 스탈린은 베이징에 망명한 주류파 간부 도쿠다, 노사카, 니시자와 류지西沢隆二 등과 반대파인 국제파에서 파견된 대표하카마다 사토미袴田里見를 따로따로 모스크바로 불러들였다. 중공의 연락부장 왕자샹과 부부장 리추리李初梨도 동행했다. 스탈린은 도쿠다 등에게 제4차 전국협의회 결의를 발전시켜 새로운 당 강령을 작성하도록 요청했고, 하카마다에게는 이에 동조할 것을 요청했다.[20] 일본공산당의 반미 투쟁을 격화시켜 미군을 배후에서 위협하는 것이 스탈린의 바람이자 중국과 소련 양당의 바람이었다.

5월 3일 미국과 영국의 새로운 대일 강화조약안이 마무리됐다. 앞의 3가지 원칙에는 어떠한 변화도 없었다.[21] 이 방안 제시에 따라 소련은 마지막 답변을 내놓아야 했다. 5월 6일 스탈린은 마오쩌둥에게 대일 강화 문제와 관련된 미국의 편지에 대한 답변안을 보내서 지지를 요청했다. 답변안의 골자로 다음 사항들이 거론됐다. (1) 강화조약의 단독 준비에 반대하고, 중·소, 미·영의 공동 준비를 요구한다. (2) 중국의 타이완에 대한 권리를 명기하라. (3) 일본령 오키나와를 미국 통치하에 두는 것에 반대한다. (4) 일본 군사력의 한계를 명기하라. (5) 일본은 군사동맹에 가입해서는 안 되며, 강화 후 1년 이상 점령군이 머물러서는 안 된다.[22] 마오쩌둥은 이 전보를 받고 당일 "완전히 동의한다"라는 답변을 보냈다.[23] 5월 7일 소련의 답변이 미국 대사에게 전달됐다.[24] 미영이 제시한 안에도 소련의 남사할린, 쿠릴제도 영유가 명기되어 있었지만 스탈린은 중소 공동의 대의를 위해 이 기회를 걷어찼다.

미국은 소련의 불참을 확인하고 6월 14일에 완성된 대일 강화 최종안에서는 남사할린과 쿠릴제도는 일본이 포기하도록 하는 것만을 명기하고 소련의 영유라는 규정은 삭제했다.[25]

한국 내정의 위기

이때 한국의 이승만 정권은 전시 상황에서 가장 큰 위기를 겪고 있었다. 정부가 얼버무리려 했던 두 가지 비리가 3월 말 국회에 의해 드러났기 때문이다. 그중 하나가 국민방위군 사건이고 또 하나가 거창 사건이다.

국민방위군은 1950년 12월 21일 공포된 국민방위군 설치법에 따라 현역 군인과 경찰관, 학생을 제외한 모든 17세 이상 40세 미만의 장정 50만 명을 제2국민병으로 총동원해서 편성했다. 이 조직 간부에는 대한청년단 간부가, 방위군 총사령관에는 대한청년단 단장 김윤근金潤根이 임명되어 준장 지위가 주어졌다.[26] 1951년 1월 9일에는 이승만 대통령이 중국의 '인해전술'에는 '인해전술'로 맞서자는 담화를 발표하고 국민방위군에 대한 기대를 밝혔다. 김윤근 사령관도 "앉아서 죽음을 기다리는 위험한 길을 선택하지 말고" 늦기 전에 결연히 일어나자, 국민방위군 50만의 뒤에는 100만 장정이 있다고 격려했다.[27]

하지만 김윤근 사령관은 초등학교만 졸업한 씨름 선수로, 이승만 대통령이 좋아하기는 했지만 도저히 50만 명의 군을 통솔할 역량은 없었다. 국민방위군은 동원된 50만 명의 장정에게 경상남북도에 있는 51개의 훈련대를 목표로 도보 행군을 하라고 명령했다. 1월 4일 서울이 다시 함락되는 상황에서 조직은 혼란스러웠다. 동원된 대원에게는 어떠한 수당도 제공되지 않았고 피복과 식량도 제공하지 않았다. 이들은 최종 목적지로 지정된 지점을 걸어서 찾아가는 대규모 난민 집단이 됐다. 그러는 사이에 국민방위군에 배당된 예산의 상당 부분을 정부와 군 간부 일부가 착복했다. 결국 국민방위군 대원들의 비참한 모습이 사람들의 눈에 띄게 됐다.[28]

당시 지리산의 공산 게릴라군 소탕 작전을 벌이고 있던 제11사단 제9연대의 통역관 이영희李泳禧는 "진주시 안팎의 학교 건물과 운동장은 해골처럼 마른 사람들로 꽉 찼다. 인간에게서 악취가 난다는 것을 처음 알았다. 갑자기 끌려온 그들의 옷은 너덜너덜해졌고, 천리 길을 걸어오는 동안 신발은 해어져 맨발로 빙판길을 걷고 있었다"라고 회상했다. 1천 명 이상의 사망자, 다수의 환자가 발생했다고 한다.[29]

문제가 드러났어도 김윤근 사령관은 1월 20일 기자회견을 개최해 "백만 국민병을 편성하여 훈련 중이다. 그런데도 일부 불순분자가 각종 루머를 퍼뜨리고 있는 것은 참으로 유감이다"라고 주장했다. 국방부 장관 신성모도 26일의 국회 답변에서 국민병을 문제 삼는 것은 "오열五列의 책동"이라고 규정했다. 국회는 이에 반발해 국방부 장관 파면 안건을 제기했다. 대통령은 어쩔 수 없이 헌병사령 관 최경록崔景祿에게 조사를 명령했다. 하지만 김윤근을 감싸는 태 도를 보였고 신성모 장관도 대통령의 뜻에 따라 조사에 개입했다.[30] 국무총리는 그해 1월 말부터 미국이 선호하는 전 주미 한국 대사인 장면으로 바뀌었는데, 그가 이 국면에서 주도권을 행사했다고는 보 이지 않는다.[31]

거창 사건은 경상남도 거창군 신원면에서 공산 게릴라 소탕 작전 중이던 제11사단 제9연대 제3대대가 1951년 2월 10일과 11일 밤에 공산 게릴라와는 관계가 없는 면 주민 다수를 살해한 사건이다. 2월 하순 국회의원들이 이 사건을 알게 되자, 신성모 장관도 현지 조사 를 하지 않을 수 없었다. 신성모 장관은 이 사건도 가능한 한 무마하 려 했다. 3월 29일 국회는 거창 사건 조사단 파견과 국민방위대 사 건 진상조사위원회 설치를 만장일치로 결정했다.[32] 한국군은 조사 를 방해하기 위해 공산군으로 위장해 거창 사건 조사단을 공격하 기까지 했다. 4월 초 국회와 정부의 합동조사단이 파견됐고 국방부 에서는 경상남도 계엄사령부 민사부장 김종원金宗元이 가세했다. 그 는 평양 점령 당시 헌병사령관이었던 인물이다. 그는 신 장관의 뜻 에 따라 사건을 축소하려 했다. 이 조사단은 거창 사건의 사망자는 187명이며 그들은 "합법적인 절차에 따라 처단된 공비 협력자"였 다고 조사 결과를 발표했다.[33]

하지만 이것으로 사태가 해결되지는 않았다. 두 사건에 대한 분노가 정부로 향했다. 국회와 언론계는 격렬하게 비판했다. 4월 24일에는 초조해진 김종원이 연합신문사 기자를 구타하는 사건을 일으켜, 기자들이 대통령에게 항의문을 보내는 소동이 벌어졌다. 이승만 대통령은 4월 24일 거창 사건의 책임을 물어 신성모 국방부 장관, 조병옥 내무부 장관, 김준연金俊淵 법무부 장관에게 사퇴를 요구할 수밖에 없었다. 한민당 계열이고 대통령과 신성모 국방부 장관에게 비판적인 조병옥과 김준연 장관은 즉각 사퇴했다. 3군 총사령관 이하 각 사단장은 신성모 장관의 유임을 요구하는 연판장連判狀을 대통령에게 보냈다. 국회는 군인의 정치 관여라며 거세게 반발하고 신성모 장관 유임 반대를 결의했다. 결국 신성모 장관도 사퇴해야 했다. 그는 주일 대표부 책임자로 발령이 났다. 4월 26일 국회 특별조사위원회는 국민방위군 사건의 중간보고를 했다. 대원의 80%가 노동 불능 상태가 됐고 20%는 생명 유지가 불가능해졌다며, 방위군 간부의 책임을 명확히 하고 "책임자는 할복해서 사과하라"라는 엄중한 내용이었다. 30일 국회는 국민방위군 폐지를 결의했다.[34] 5월 7일 국방부 장관 후임으로 이기붕李起鵬이 임명됐다. 그는 해방 전 미국에서 망명 중이던 이승만의 비서였던 인물로 군대와는 아무런 관련이 없었다. 그럼에도 그는 국민방위군 사건 조사에 진지하게 대처해야 했다.[35] 5월 9일에는 상하이 임시정부 각료였던 부통령 이시영李始榮이 국민방위군 사건에 드러난 비리에 책임을 느낀다며 사임했다. 5월 17일 마침내 김윤근 사령관이 구속됐다. 또 이날 국회는 부통령 선거를 실시했는데, 세 번째 결선투표에서 민국당 당수 김성수金性洙가 3표 차로 여당 후보 김갑성金甲成을 꺾고 당선됐다. 이 결과는 이승만 대통령에게 타격을 주었다.[36]

이 같은 정치적 위기 상태가 계속됐기 때문에 그간 한국 정부는 미국에 다양한 요청을 했지만 미국은 거의 귀를 기울이지 않았다. 한국 정부는 4월 16일 각서를 보내 압록강까지 진격하기 전에 정전하는 것이 미국의 방침인지, 만약 한국군이 압록강까지 진격하면 미군은 한반도에서 철수할 것인지, 유엔군 병력이 부족할 경우 일본군을 한국에 상륙시킬 것인지를 물었다. 그러나 미국 측은 비현실적인 질문이라며 상대하지 않았다.[37] 한국 측은 무기 제공도 지속적으로 요구했으나, 5월 2일 제8군 사령관 밴 플리트는 정일권 참모총장에게 한국의 가장 큰 문제는 "군이 유능한 지도성을 확보하는 것"이라며, 그러지 못한다면 장비의 추가 제공은 무의미하다고 했다.[38] 두 가지 불상사에 대한 미국의 명확한 불신 표명이었다. 무초 대사도 5월 5일 이승만 대통령을 방문해, 자신은 한국의 내정에 간섭할 생각은 없지만 "한 나라가 사회적, 경제적, 정치적으로 건전하지 않으면 군사적으로도 방어 능력이 없다"라며 한국의 정치 상황을 노골적으로 비판했다. 그리고 특히 국민방위군 편성에 대해서는 사전에 전혀 논의하지 않은 점, 토지 개혁에 대한 설명을 듣지 못한 점, 청년단 '타이거 김', 즉 김종원 같은 정규 기관이 아닌 곳의 보고를 중시하는 경향이 있다는 점 등을 열거하며 비난했다.[39] 또 5월

18일 이승만 대통령이 한국군의 장비를 강화하면 미군 철수를 요구하는 것이 가능하다는 듯이 말한 데 대해 애치슨 국무부 장관은 불쾌감을 드러냈다.[40] 미국은 한국 정부와 군을 믿지 못하고 있었다. 그래서 자신들이 추진하고 있던 정전회담 개시의 방향을 한국 정부와는 전혀 상의할 필요가 없다고 여겼다.

무초 대사가 유엔이 정전을 생각하고 있다는 신문 보도와 소문이 한국 사람들을 놀라게 하고 화나게 했다고 처음 보고한 것은 6월 1일이었다. 그는 "적대 행위 종료 이후의 시기에 대한 한국인의 태도를 무시해서는 안 된다. 만약 그들이 팔아넘겨졌다고 느낀다면 어떤 압력이나 감언이설로도 그들을 진정시킬 수 없을 것 같다"라고 경고했다.[41]

6월 5일에는 트루먼 대통령이 이승만 대통령에게 편지를 보내 한국군의 훈련, 장비 강화를 위해 계속해서 노력하겠다고 약속했지만, 정전 문제에 대해서는 전혀 언급하지 않았다.[42] 6월 9일 양유찬 梁裕燦 주미 대사가 러스크 국무부 차관보를 방문해 새로운 5원칙에 따라 정전협상을 제안하고 있느냐고 직접 추궁했다. 러스크는 이를 부인하며 어떠한 5항목도, 평화 제안도 없다고 답변했다. 한국 정부를 완전히 무시하는 것이었다.[43] 무초 대사는 이날도 한국 정부의 질문에 시달리고 있다고 본국에 호소했지만[44] 워싱턴의 태도는 변하지 않았다.

한국 정부는 계속해서 위기 상황에 처했다. 6월 15일 김윤근 등

11명이 국민방위군 사건으로 군법회의에 송치됐다. 23일에는 참모총장 정일권이 책임을 지고 경질되어 미국 유학길에 올랐다. 그의 오른팔이었던 작전부장 강문봉姜文奉도 해임돼 역시 미국으로 떠났다. 참모총장의 후임으로는 이종찬李鐘贊이 임명됐다.[45] 마침내 군의 최상층에도 책임 추궁이 이루어졌다.

국민방위군 사건을 다룬 고등군법회의가 7월 5일 대구시 동인국민학교 강당에서 공개적으로 열렸다. 19일에는 김윤근 이하 5명에게 사형선고가 내려졌다. 거창 사건 처리는 늦어졌지만, 그래도 7월 29일에는 고등군사법정이 시작됐다.[46]

**소련의
정전 중개 움직임**

5월 17일 미국 상원에서 한국전쟁 정전 결의가 채택됐고, 5월 19일 《프라우다》는 이를 보도했다.[47] 미국 국무부는 미국 정책에 대한 비판자로 알려져 있던 케넌에게 미국의 메시지를 소련에 전달하는 역할을 맡겼다. 국무부 휴직 중이던 케넌은 5월 31일 비밀리에 소련의 유엔 대표 말리크와 만나 미국의 정전에 대한 의지를 전달했다.[48] 모스크바는 이 사실을 베이징에는 알리지 않았다.

이때는 유엔군의 반격이 시작되어 또다시 북중군이 38선 쪽으로 후퇴하던 무렵이었다. 5월 22일 스탈린은 마오쩌둥에게 연락해서 중국에 제공하던 미그-9의 성능이 최신식 미군 제트전투기에 비해 뒤떨어지므로 모든 전투기를 무상으로 미그-15로 교체해 주겠다고 했다. 372대를 새로 보낼 테니 그 수송비만 부담해 달라는 내용이었다. 마오쩌둥은 25일 감사 전보를 보냈다.[49] 스탈린은 26일 거듭 이 취지를 전달하면서 "우리 러시아인은 미그-9의 성능이 영국과 미국 최고의 제트전투기와 경쟁할 수 있다고 생각하는 오류를 범했다", "이 오류를 바로잡지 않으면 중국의 방공에 손해를 끼칠 수 있다", "이 오류의 책임은 전적으로 우리 러시아인에게 있다", "우리의 잘못을 청산하는 것은 의무라고 생각한다"라고 썼다.[50] 스탈린은 신기할 정도로 고개를 숙였다. 이는 중국에 알리지 않고 미국과 정전협상을 시도하고 있었기 때문이 아닐까.

그런데 제5차 전역이 실패로 끝났다는 것이 밝혀진 시점에서, 5월 27일 마오쩌둥은 펑더화이에게 보낸 서한(5월 26일)을 스탈린에게도 보냈다. "현재 미군은 높은 투쟁심과 자신감을 갖고 있기 때문에" 몇 개 사단은커녕 1개 연대조차 포위 섬멸시키기 어렵다. 따라서 한 번의 작전에서 1개 군단의 힘으로 적의 1~2개 대대를 섬멸시키면 잘했다고 봐야 한다. 현재 우리 군은 제일선에 8개 군을 배치하고 있으므로, 1개 대대씩이면 8개 대대를 섬멸할 수 있고, 2개 대대씩이면 16개 대대를 섬멸할 수 있다. 소섬멸에서 대섬멸로 나아감으로써 우리는 장제스의 신1군, 신6군, 5군, 18군, 광시성桂系 군

벌의 제7군을 격파했다. "우리 군이 조선에 들어온 이래 5차 전역은 이러한 소섬멸전의 한 단계를 완료하는 과정이었다. 그러나 그것으로는 아직 부족하다. 소섬멸전 단계를 완료하고 대섬멸전 단계로 나아가려면 아직 몇 차례의 전역을 더 치러야 한다." 그러려면 "작전 장소에 대해서는, 적이 계속 전진할 용기가 있다면 그들을 북쪽으로 데려올수록 좋다. 그러나 적을 평양-원산 라인보다 북쪽으로 끌어들일 필요는 없다. 이상의 생각을 검토하여 당신의 관점을 전달해 주기 바란다."[51]

마오쩌둥은 전쟁은 지금부터라고 생각했다. 아직은 소섬멸전 단계로, 곧 대섬멸전 단계로 나아갈 거라고 했다. 패배를 인정하고 싶어 하지 않는 주장으로도 보인다. 중요한 것은 미군을 북한으로 끌어들여 거기서 작게나마 확실하게 무너뜨리자는 제안이다.[52]

이에 스탈린은 즉각 반응했다. 5월 29일 그는 마오쩌둥의 계획이 "나에게는 위험해 보인다. 그런 계획은 한두 번은 성공할 수도 있다. 하지만 영미군은 아주 쉽게 그런 계획을 간파할 것이다"라고 했다. 또 후방에 1급 방위시설이 있다면 그런 계획을 세울 수도 있겠지만 "내가 알기로는 아직 북조선에는 그런 시설이 없다." "북쪽에 침투한 영미군은 계속해서 새로운 방어선을 구축할 것이고, 그로 인해 당신이 공격할 경우 거대한 손실 없이는 영미군의 전선을 돌파하기가 어려울 것이다." "장제스군과의 경험을 토대로 한 유추는 설득력이 없다." "만약 평양이 다시 한번 적의 손아귀에 떨어진다면, 이는 조선인과 북조선군의 사기 저하를 초래할 뿐만 아니라 영미군의 사기를 고양시킨다는 것에 주의해야 한다"라고 답했다.[53]

스탈린은 언제나 마오쩌둥의 의견에 찬성해 왔다. 그러나 여기서는 예외적으로 전면 반대했다. 마오쩌둥의 방침이 그만큼 북한의 입장을 무시하고 있어 위험하다고 생각했기 때문일 것이다. 또한 스탈린은 대섬멸전 단계가 오리라고는 생각하지 않았다.

5월 29일 스탈린은 라주바예프 대사에게 전보를 보내 김일성이 요청한 구형 대포를 제공할 수는 없지만 카빈총이나 기관총은 제공할 수 있다고 통보했다.[54] 이 소식을 들은 김일성은 매우 기뻐했다고 한다.[55] 김일성은 마오쩌둥보다는 신중했지만, 준비해서 계속 공격하겠다는 방침을 갖고 있었음은 틀림없다. 5월 30일 김일성은 펑더화이에게 다음과 같이 전했다. "박일우와 덩화에게 들은 당신의 정세 평가와 작전 방침에 찬성한다. 전쟁은 곤란에 처했고 점점 더 잔혹해지고 있다. 조선에서는 군사행동을 연장해야 한다. 조선 문제는 결코 평화적인 해결을 예상할 수 없고 38선에서 전쟁을 끝낼 수 없다. 이상의 상황에 따라 적을 계속 공격해야 한다." 김일성은 일단 작전을 중단해 놓고 6월 하순에 대규모 공세를 취하기 위해 만반의 준비를 하자고 제안했다.[56] 김일성 역시 정전을 전혀 생각하지 않았다.

펑더화이는 5월 31일과 6월 1일에 전쟁 상황을 총괄하는 편지를 마오쩌둥에게 보냈다. 첫 편지에서 펑더화이는 38선 남쪽에는 강이 많고 다리가 부서져 있어 보급에 문제가 있고, 병사들이 지쳐 있으므로 제5차 전역의 2단계를 빨리 끝내, 제3차 전역의 1단계를 시작했던 지점에서 부대를 철수시키기로 했다고 보고했다. 즉 38선을 넘지 않겠다는 것이다. "현재 기술적으로 잘 장비된 적과 싸우려면 용기만으로는 충분하지 않고, 용감하고 이성적인 지도부가 있어야 한다"라고 했다.[57]

펑더화이의 두 번째 편지에서는 다음과 같이 전쟁 상황을 세밀하게 분석했다. 그는 문등리-김화-철원 전선은 6월 10일까지는 버틸 수 있고, 고성-평강-금천 전선은 6월 말이나 7월 초까지 버틸 수 있으며, 통천-이천-해주 전선은 7월 말까지 버틸 수 있다고 했다. 이렇게 되면 3개 군을 교대할 수 있고, 대전차포와 고사포의 양도 늘어나며, 후방에서 빨치산 부대의 활동이 활발해지면 적이 대대적으로 병력을 증강하지 않는 한, 적을 평양-원산 전선에 묶어 놓을 수 있다고 했다. 일반적으로 전선이 좁고 연락선이 길게 뻗어 있으며 적은 대병력을 보유하고 있고 공군, 전차, 강력한 화포를 가지고 있다. 영미군은 "비교적 사기가 높기" 때문에 아군이 낮에는 작전을 수행할 수 없는 상황에서는 적을 각개격파하는 전술을 세울 수 없다. 기동방어전의 경우, 경험이 있는 군이라면 병력 소모율을 적군 2 대 아군 1로 할 수 있지만 경험이 없는 군이라면 소모율은 1 대 1이 될 것이다.[58] 빨치산 부대 투입은 아직 이뤄지지 않았다.

펑더화이의 분석은 매우 심각했다. 6월 4일 마오쩌둥은 이 2통의 편지를 스탈린에게 보냈지만 그조차도 조언할 방법이 없었다.

스탈린은 6월 5일 답장을 보냈다. "당신들과 마찬가지로 조선에서 전쟁을 끝내려고 너무 서둘러서는 안 된다고 생각한다. 왜냐하면 첫째, 장기전은 중국군에게 전쟁터에서 현대적 전투를 배울 기회를 주기 때문이고 둘째, 미국의 트루먼 정권을 동요시키고 영미군의 군사적 권위를 실추시키기 때문이다." 이것은 스탈린의 진심이었을 것이다. 소련도 미군의 최신 무기 정보와 실물을 손에 넣었다. 스탈린은 후방에 방어선이 있다면 포위되는 것을 걱정하지 않고 싸울 수 있다며 펑더화이의 판단을 높이 평가했다. 마오쩌둥의 화포, 대전차포 및 기타 무기 부족을 호소하는 불만에 대해서는 왜 주문하지 않느냐고 했다. 펑더화이의 빨치산전 수행을 위한 조직안에 대해서는 "무조건 필요하다"라고 했다. 스탈린은 영미군의 사기가 높다는 지적을 중시하여, 전진과 후퇴의 패턴을 반복하고 있는 것이 북중군의 사기를 해치고 있다며 어떻게든 적의 서너 개 사단을 섬멸시킬 필요가 있다고 했다.[59]

스탈린은 협상을 하면서 전쟁을 한다는 생각이었다. 그러나 스탈린은 아직까지 마오쩌둥에게 정전협상의 개시 건을 전혀 꺼내지 않았다. 하지만 말리크와 케넌은 6월 5일 제2차 회담을 했고 소련의 정전협상 개시 의지가 미국에 분명하게 전달됐다.[60]

김일성과 가오강의
소련 방문

6월 3일 김일성은 베이징을 방문해 마오쩌둥과 저우언라이를 만났다. 이때 마오쩌둥과 저우언라이가 김일성에게 38선을 받아들여 정전협상을 시작하도록 설득했다는 설이 있다.[61] 그러나 마오쩌둥은 회담 전에는 정전협상을 말하지 않았다. 6월 2일에는 펑더화이에게 김일성이 "작전 방면의 의견을 제출할 수도 있다"라고 했고, 회담 후인 6월 11일에는 "앞으로 두 달간은 대반격 작전을 실시하지 않는다. 8월에 가망이 있는 온타온찰[穩打穩扎. 착실한 공격과 착실한 방어 – 필자 주]의 반격을 실시할 것을 준비"하기로 합의했다고 펑더화이에게 전달했을 뿐이다.[62] 6월이 아니라 8월에 반격하겠다는 것이 합의 내용이었다. 정전협상 문제는 전혀 언급되지 않았다.

6월 5일 마오쩌둥은 스탈린에게 전보를 보내 가오강과 김일성의 모스크바 방문을 받아들여 달라고 요청했다.

조선에서의 전쟁 수행 과정에서 우리는 재정 문제, 전선에서의 군사행동 수행 문제, 적이 우리 후방에 해병대를 상륙시킬지도 모른다는 위험성 등의 중대한 문제에 부딪혔습니다. 우리는 가오강 동지를 가까운 시일 내에 비행기로 모스크바에 보내 위의 문제에 대한 정보를 당신에게 알리고, 이러한 중요 문제를 해결하기 위해 당신의 지시를 받고 싶습니다.

현재 동지 김일성이 베이징에 있습니다. 그는 이 문제들을 당신과 상의하기 위해 동지 가오강과 동행하기를 원합니다.

이 여행이 가능할지 당신의 의견을 알려 주십시오.[63]

여기에는 정전협상에 대한 언급이 전혀 없다. 마오쩌둥은 가오강을 통해 소련에 60개 사단분의 장비를 1951년도 안에 제공해 달라고 요청할 생각이었다.

6월 7일 스탈린은 마오쩌둥의 전보에 답변을 보냈다. "당신이 전보에서 지적한 문제를 토론하기" 위해 두 사람의 소련 방문을 받아들이겠다는 것이었다. 6월 9일 마오쩌둥은 두 사람이 출발하기를 원하고 있음을 알리고 몇 가지 보충할 점을 언급했다. 전보 말미에는 "전쟁과 평화의 문제와 지원군에 소련 고문을 초청하는 건에 대해서는 가오강 동지가 당신에게 직접 보고할 것이기에 여기서는 언급하지 않는다"라고 썼다.[64]

소련이 보낸 비행기가 6월 9일 베이징에 도착했다. 가오강과 김일성은 다음 날 출발했을 것이다. 두 사람은 13일 스탈린과 회담했다. 이 회담의 기록은 없지만 동행한 통역 스저의 회고록에 관련 기술이 있다. 스탈린은 한반도의 전황에 대해 듣고 나서 "즉시 정전을 하는 것이 좋은가, 아니면 전투를 계속해서 전선의 위치를 수정한 뒤 정전협상을 하는 것이 좋은가"라고 물었다. 스저는 김일성과 가오강의 답변이 혼란스러웠다고 기술하고 있다. "전투 중단, 정전,

강화(화해), 휴전, 평화조약" 등의 단어를 혼란스럽게 사용하자 스탈린이 어구의 의미를 설명하고 "당신들의 의도, 소망, 요구는 도대체 무엇이냐"라고 했다. "중국과 북한 측은 우리의 희망은 정전"이라고 대답했다. 스탈린이 정리하기를, "정전은 상당히 긴 기간의 군사행동 중단이지만, 양측은 여전히 교전 상태에 있고 전쟁은 아직 끝나지 않았으며 언제든지 다시 싸울 수 있으므로 이는 평화의 국면이 아니다"라고 했다.[65] 김일성과 가오강은 그러한 의미의 정전이라면 받아들이겠다고 한 것이다. 스탈린은 두 사람을 상대로 정전협상을 개시해야 할 필요성을 설득하는 데 성공했다. 스저가 기록하지는 않았지만 스탈린은 당연히 말리크와 케넌이 만난 일과 케넌의 의사표명에 대해 설명했을 것이다.

이날 면담 후 스탈린은 마오쩌둥에게 전보를 보냈다. 그 시작 부분은 매우 간결하다.

세 가지 문제가 제기됐습니다. 첫 번째는 정전에 대해서입니다. 현재는 정전이 유리하다는 데 합의했습니다. 두 번째는 군사고문에 대해서입니다. 그것이 당신들에게 매우 필요하다면, 우리는 이를 받아들일 생각입니다. 세 번째는 60개 사단분의 무기에 대해서입니다. 우리 쪽에는 이견이 없습니다.

그리고 마무리 부분에서 정전 문제를 다시 언급했다.

면담이 끝나고 나서 우리는 미국과 영국 측이 가까운 시일 내에 북조선과 싸우고 있는 16개국의 이름으로, 당신과 북조선 측에 정전을 제안할 생각이 라는 정보를 얻었습니다. 하지만 이 제안을 하기 전에 그들은 당신의 군대에 타격을 입히기를 바라고 있습니다. 이는 소문일지도 모릅니다. 그러나 단지 소문이 아니라 현실에 매우 부합한다고 볼 수도 있습니다. 따라서 방위를 확실히 하여 적을 전진시키지 않도록 할 것을 권고하는 바입니다.[66]

마오쩌둥은 즉시 이 전보에 대한 답변을 보냈고 "정전 문제에 대한 우리의 의견은 가오강 동지를 통해 전달"했기 때문에 여기에서는 말하지 않겠다고 했다.[67] 가오강과 김일성에게도 동시에 전보를 보냈다. 그 내용은 다음과 같다.

정전협상 문제를 제기하는 것은 북조선과 중국 입장에서 보면, 현시점에서 우리가 먼저 이 문제를 제기하는 것은 합당하지 않다. 그것은 앞으로 두 달 동안 북조선군과 중국 지원군은 방위적 입장을 취해야 하기 때문이다. 다음과 같이 하는 것이 좋다.

1. 적이 제안하기를 기다린다.
2. 소련 정부가 케넌의 표명을 근거로 미국 정부에 정전에 대해 문의하는 것이 바람직하다.

지적한 두 가지 방법을 동시에 실현할 수 있다. 즉, 한편으로 소련 정부가 문의를 하고, 다른 한편으로 적이 정전 문제를 제안한다면 북조선과 중국은 이에 동의를 표명한다. 어느 쪽이 더 합목적적인지는 스탈린과 의견을 교환해서 결정했으면 한다.

3. 정전 조건. 38선 경계를 회복하고, 북조선과 남조선 모두 작은 지역을 내놓고 중립지대로 한다. …… 중국의 유엔 가입 문제에 대해서는 이 문제를 조건으로 내놓을 필요가 없다고 생각한다. …… 타이완 문제를 조건으로 제기할 것인지는 생각해 봐야 한다. 그들과 거래하려면 이 문제를 제기해야 한다고 생각한다. 미국이 타이완 문제는 별개로 해결해야 한다고 강력히 주장한다면 우리는 적당히 양보한다.

가오강과 김일성은 6월 14일 마오쩌둥의 전보를 스탈린에게 보내고 이날 중에 면담할 것을 요청했다.[68] 이 회견이 성사되어 두 사람은 스탈린의 의견을 듣고 6월 15일 귀국길에 오른 것으로 보인다.

6월 21일 마오쩌둥은 스탈린에게 전보를 보냈다. 가오강을 통해 스탈린의 의견을 들었는데, "전부 다 옳고, 우리는 바로 그렇게 해야 한다", "조선에서의 8개월 동안의 전쟁 경험은 우리 군과 적군이 장비 면에서 큰 차이가 있음을 분명하게 보여 주었다"라고 했다. 가오강이 요청한 60개 사단분의 장비 제공에 긍정적인 답변을 보내 준 것에는 감사를 표했다. 추가 협상은 소련을 방문 중인 인민해방군 참모총장 쉬샹첸徐向前에게 맡길 것이라고 했다.[69] 정전회담 문제에 대한 구체적인 언급은 일절 없었다. 그러나 마오쩌둥도 이때 스탈린의 정전회담안을 받아들였다.

한편 김일성은 박헌영을 빼놓고 스탈린을 만나 정전협상 개시를 수용했는데, 이 보고를 받은 박헌영은 다소 불만을 품었을지도 모른다. 그러나 당장은 협상의 시작일 뿐이고 전쟁은 계속됐기에 그다지 큰 불만은 아니었을 것이다.

정전회담
준비

북한과 중국의 합의를 이끌어 낸 뒤, 말리크 유엔 소련 대사는 6월 23일 미국 방송에 출연해 한반도에서의 정전 협상 가능성을 시사했다.[70] 6월 24일 스탈린은 이 건에 대해 마오쩌둥에게 전보를 보내 "정전 문제를 제기하겠다는 우리의 약속은 이미 우리에 의해 이루어졌다"라며 "정전이 진행되기 시작할 가능성이 있다"라고 말했다. 그러나 60개 사단분의 장비 제공에 대해서는 "1년 안에 이 요청을 처리하는 것은 물리적으로 불가능하며 어찌할 수 없다"라는 냉랭한 답변으로 바뀌었다. 금년 한 해에는 10개 사단분 이상은 무리이고, 중국의 희망을 실현하려면 꼬박 3년은 걸린다는 것이 우리 전문가들의 "최종 의견"이다, 나는 반년 정도 줄이고 싶지만 무리인 것 같다고 썼다.[71] 정전 합의를 이끌어 내기 전까지는 중국 측의 요구를 받아들인다고 해 놓고서는 합의가 이뤄지자마자 무리라고 말을 바꾼 것이다. 정전을 둘러싼 줄다리기는 냉혹했다.

소련과 중국, 북한 사이에서는 정전협상 개시에 대한 합의가 거우 이뤄졌지만, 미국은 줄곧 한국의 입장을 무시하고 있었다. 미국 정부가 한국에 사태를 전달한 것은 말리크의 방송 이후였다. 6월 25일 김세선金世旋 참사관, 한표욱韓豹項 1등 서기관을 국무부에 초청해 러스크 차관보와 존슨 국장이 의견을 교환하는 형식으로 말리크의 제안에 대한 정보를 한국 측에 제공했다.[72] 28일에는 양유찬 대사를 초청해 유엔 담당 차관보 존 히커슨John D. Hickerson이 응대했다. 23일 이후 이뤄진 미국 정부와 소련 정부 간의 편지 교환을 소개했다.[73] 6월 29일 국무부 장관 애치슨은 무초 대사에게 극비 전보를 보내 정전할 경우 미군의 점진적 철수를 가능하게 하는 방안을 협상하게 될 것이라고 지적했다.

"국무부는 이것이 한국에는 폭탄 같은 문제라는 것을 의식하고 있다. 당신은 한국에서 유엔군의 안전과 연락선을 위험에 빠뜨릴 수 있는 추악한 상황이 전개되지 않도록 모든 가능한 자원과 논거를 구사해야 한다. 국무부는 나라를 분단된 채로 두고 또 다른 침략의 위험이 끊이지 않는 상태에서 한국전쟁을 끝내는 것에 반대하는 이승만과 다른 지도자들을 이해할 수 있다."

애치슨은 이승만의 동의를 얻을 필요를 느끼지 못했다. 모든 것은 미국이 결정할 수 있었다. 그러나 애치슨은 이승만 대통령이 격앙돼 "사태가 걷잡을 수 없게 되는 것"을 우려했다. 그는 무초에게 이승만을 상대로 다음 6가지를 "각인hammer시킬 것"을 요구했다.

(1) 한국은 38선 이북에 대한 권력을 국제적으로 인정받지 못하고 있다. (2) 통일 한국은 유엔과 미국의 목표이지만 어느 쪽도 이것이 "상황에 관계없이 힘에 의해 달성되어야 한다"라고는 생각하지 않는다. (3) 현재는 10월 초 북진했을 때와는 상황이 달라졌다. (4) 세계전쟁의 발발은 한국에도 재앙이라는 것을 깨달아야 한다. (5) 한국의 미래는 자유세계에 달려 있다. 즉 소련 블록과 협상하는 자유세계의 능력에 달려 있는 것이다. (6) 단기적으로 한국의 부흥은 미국의 원조에 의존한다. "선동적 성명"이나 "도발적 행동"으로 미국인의 반감을 사지 마라.[74]

바로 이날 리지웨이 유엔군 총사령관이 중국과 북한 측에 정전회담 개시를 제안하는 방송을 했다. 6월 30일 주미 한국 대사는 한국 측의 다섯 가지 조건을 전달했다. 그것은 모든 외국 군대의 철수, 북한에 대한 소련의 원조 중단, 한국 대표의 협상 참가, 통일 실현 등의 내용을 담고 있었다.[75] 정전협상에 반대하고 싶은 심정이었으나 강하게 의견을 표명할 힘은 없었던 것이다. 무초 대사는 리지웨이의 제안을 받자마자 곧바로 이승만 대통령과 장면 국무총리 등을 만났다. 이 대통령은 즉각 국무회의를 열어 태도를 결정하겠다고 했으나 무초가 신중히 검토해 달라고 하자 외무부 장관에게 기자회견을 중단하라고 지시했다. 국무총리가 공산주의자들을 몰아낼 때까지 대화하지 않겠다고 말한 것에 무초가 간언을 했다.[76] 《동아일보》는 7월 1일 〈미국 대통령 현지 협상 지령〉이라는 제목으로 보도하고 "통일 없는 정전을 배격한다"라고 호소했다. 그날 오후 '정전 반대 국토통일 국민총궐기대회'가 부산에서 열렸다.[77] 리지웨이의 방송 소식이 확산되자 국회에서도 논의가 이뤄졌지만, 무초는 신중론이 극단론을 억누르고 있다는 인상을 받았다. 그는 "만약 (1) 한국 군인들이 참가하고 (2) 선 긋기에 38선을 사용하지 않고 현재의 전선을 사용한다면 정전협상은 한국과의 관계에서 극복할 수 없는 어려움이 있는 것은 아니라고 확신한다"라고 보고했다.[78] 이승만 대통령도 7월 2일 "한국은 미국과 유엔의 결정에 보조를 맞춘다", "논란을 빚지 않도록 정전 문제에 대해서는 공적으로 침묵을 지키라고 각료들에게 말했다"라고 무초에게 전했다.[79] 한국 측은 의견을 말하지도 못하는 등 무시당했지만, 정전협상을 시작하는 것에 반대하지는 않았다. 그럴 만한 상황이 아니었을 것이다. 7월 10일 정전회담이 시작되자 《동아일보》는 〈국민은 무엇을 원하는가〉라는 사설에서 "갈망하던 조국의 통일이 정전으로 말미암아 미지의 미래로 천연遷延된다"라는 점에서 절망에 가까운 감정을 맛보고 있는 것이 국민의 심정이지만, "민주주의 우방은 물론, 공산 진영까지도 대전으로 확대되는 것을 원치 않고 정전하자고 하는 바에야 우리의 소원만을 고집할 도리도 없다"라고 주장했다.[80]

김일성 측은 6월 29일 리지웨이의 정전 움직임에 대한 UP통신 보도 내용을 마오쩌둥에게 보내, 리지웨이가 정전을 제안해 오면 "우리는 어떻게 대답해야 하느냐"라고 물었다. 마오쩌둥은 즉시 이 내용을 스탈린에게 보냈다.[81] 바로 그날 리지웨이 유엔군 총사령관이 북한과 중국 측에 정전회담 개시를 제안하는 방송을 한 것이다.

마오쩌둥은 6월 30일 60개 사단에 필요한 장비 제공이 빨라도 3년은 걸린다고 한 답변을 이해한다며, 리지웨이가 정전을 제안해오면 어떻게 해야 하는지 문의하는 전보를 스탈린에게 보냈다.[82] 리지웨이의 방송을 접한 직후에는 대응 방안을 스탈린에게 보냈다. "김일성을 통해 이 제안을 받아들이겠다고 응답한다. 협상 장소는 리지웨이가 제안하는 원산이 아니라 개성이어야 한다. 준비 시간을 갖기 위해 7월 15일에 개최한다." 그리고 마지막에 인상 깊은 제안을 덧붙였다.

> 기일이 촉박하고 이 회담이 매우 중요하다는 점을 고려하여 당신이 동지 김일성과 직접 연락을 유지하면서 이 회담을 주도적으로 지도하고 동시에 제게도 정보를 제공해 줄 것을 요청합니다.[83]

마오쩌둥은 북한이 정전협상을 하도록 할 테니, 스탈린이 지도해주었으면 한다고 말한 것이다.

스탈린은 즉각 답변했다. 그는 마오쩌둥의 방안에 전적으로 찬성하지만, 리지웨이의 정전 제안에 대한 회답은 북조선과 중국 양군의 사령관 이름으로 보내야 한다, "중국인민지원군 사령관의 서명이 없다면, 미군은 북조선만의 서명에는 어떤 의미도 부여하지 않을 것이다"라고 했다. 그리고 김일성과 펑더화이의 서명이 들어간 회답문의 초안을 보냈다. 마무리 부분에는 마오쩌둥에 대한 특별한 답변이 있었다.

> 당신은 우리가 모스크바에서 정전협상을 지도하기를 제안하고 있는데, 이
> 는 애당초 생각할 수 없는 일이며 그럴 필요도 없습니다. 지도하는 것은 당
> 신, 마오쩌둥 동지입니다. 우리가 해 줄 수 있는 최대치는 개별 문제에 대한
> 조언입니다. 그리고 우리는 김일성과 직접 연락을 유지할 수 없으니 당신이
> 연락을 유지해야 합니다.[84]

스탈린은 마오쩌둥을 내세우고 있었다. 김일성 측은 스탈린과 상의하려 했다. 7월 1일 라주바예프 대사는 김일성의 회답안을 모스크바로 보내, "모스크바의 동의가 시급하다"라고 했다. 총참모장 남일이 북한 측 대표가 되는 것도 보고했으며 남일이 주장하는 6개 항목도 열거했다.[85] 남일이 정전회담의 대표가 된 것은 총참모장이기 때문이 아니라 그의 능력이 여기에 적합했기 때문일 것이다. 2일 스탈린은 김일성에게 중국 정부와 상의해 공동으로 답변할 것, "받은 전보의 문면에서는 김일성의 제안이 마오쩌둥과 합의된 것으로 보이지 않는다"라고 회답했다.[86] 7월 2일 중국 측이 마련한 김일성과 펑더화이 명의로 작성된 리지웨이의 정전 제안에 대한 답변이 발표됐다. 7월 10일 개성에서 회담하자는 내용이었다.

스탈린은 마오쩌둥의 감정을 배려해 신중하게 행동하고 있었다. 즉 마오쩌둥을 빼고 김일성에게 직접 지시를 내리거나 지지를 표명하지 않으려고 했다. 스탈린이든 마오쩌둥이든 김일성을 대하는 태도는 미국이 이승만의 정전 반대론에 강압적 태도를 취한 것과는 대조적이었다.

김일성은 2일 스탈린 전보의 취지를 전해 듣고 남일의 6개 항목을 7개 항목으로 수정해서 마오쩌둥에게 타전했다. 이는 6월 30일자로 되어 있지만 실제로는 7월 2일에 보냈을 것이다. 마오쩌둥은 7월 3일 이것을 스탈린에게 보내는 동시에[87] 자신의 의견도 함께 보냈다. 김일성과 마오쩌둥 사이에는 일치하지 않는 게 있었다. 김일성은 (1) 정전 개시 시각 확정, (2) 38선에서 10킬로미터의 완충지대 설정, (3) 38선 왕래 금지, (4) 북한 영해에서 외국 함선 퇴거, (5) 정전 후 2개월 이내에 모든 외국 군대 철수, (6) 정전 후 2개월 이내에 포로 교환, (7) 한미군에 의해 강제 추방된 시민들의 귀환 등을 주장했다. 마오쩌둥은 (1) 정전 개시, (2) 38선에서 10마일의 완충지대 설정, (3) 무기와 병력 반입 금지, (4) 중립국 감시위원회 설립, (5) 정전 후 4개월 이내에 포로 귀환을 주장했다. 추가적으로 (1) 모든 외국 군대 철수, (2) 남북 난민의 수개월 이내 귀환 등 두 가지를 거론했지만, 문제가 있다고 지적했다. 특히 후자는 김일성의 주장인데 "실현하기는 매우 어렵기" 때문에 고집을 부리면 회담이 난항을 겪을 우려가 있다며 스탈린의 개입을 요구했다.[88]

스탈린은 그날 바로 답장을 보내 마오쩌둥의 5개 항목에 전부 찬성하지만 (3), (4) 항목은 처음부터 제시하지 말고 미국 측이 제시하면 대응하거나 다른 안을 제시하면 주장하라고 조언했다. 두 가지 추가 항목에 대해서는 확실하게 주장하라고 요구했다. 이 문제에 대해서는 김일성을 지지한 것이다.[89]

마오쩌둥은 7월 2일 펑더화이, 가오강, 김일성에게 2통의 전보를 보내 정전회담에 관한 상세한 지시를 내렸다. 외교부에서 부부장 리커농李克農과 차오관화喬冠華를 파견한다고 했다.[90] 3일에는 그 가운데서 정전협상 개시와 관련된 군사적 지령만 뽑아 스탈린에게 보냈다.[91] 4일에는 김일성, 펑더화이, 리커농, 차오관화에게 3통의 전보를 보냈다.[92] 회담 전날 마오쩌둥은 남일과 덩화의 회담 모두冒頭 연설 원고를 읽고, 남일의 연설에서 말리크의 제의로 정전회담을 준비했다는 구절을 삭제하라고 지시했다. "당찮은 비평을 초래"한다는 이유에서였다.[93] 마오쩌둥이 정전협상 준비를 완전히 총괄하고 있었다.

정전회담의
개시

사실 6월 14일에 미국과 영국 정부는 소련의 대일 강화 불참을 전제로, 일본이 남사할린과 쿠릴제도를 포기하게 할 뿐, 소련에 할양한다는 규정은 제거한 새로운 대일 강화조약안에 합의했었다.[94] 이 안이 7월 7일 소련에 통고됐다. 소련은 그토록 집착해 온 영토 획득에 대해 국제적으로 인식시킬 기회를 놓치게 됐지만, 그런 희생을 치르더라도 중국과의 동맹에 충실할 필요가 있었다.

한반도의 정전회담은 1951년 7월 10일 개성에서 시작됐다. 중국과 북한 측 회담 정대표는 조선인민군 총참모장 남일이었고 부대표는 중국인민지원군 부사령 덩화였다. 이 밖에 인민군 보조사령부 참모장 이상조李相朝, 지원군 참모장 세팡解方, 인민군 제1군단 참모장 장평산長平山 등 3명도 회담 대표로 임명됐다. 중국과 북한 측의 수석연락관은 김창만金昌滿 인민군 최고사령부 동원국장이었다. 인민군 연락관 김파金波와 인민지원군 연락관 차이쥔우柴軍武가 보좌했다. 차이쥔우는 차이청원柴成文이라고도 불리는데 중국대사관 참사관이었다.[95] 북한 측에서는 남일과 김파가 소련계였고 김창만, 이상조, 장평산은 옌안계였다. 회담 대표는 중국인 2명, 북한인 3명으로 구성됐고 정대표는 북한인으로 했다. 이는 회담을 실질적으로 지휘하는 중국 측의 배려였다.

반면 유엔군 대표는 수석대표 터너 조이C. Turner Joy 해군대장, 그리고 4명의 미군 장성과 한국군 제1군단장 백선엽 대장으로 구성됐다. 백선엽은 전선에서 불려와 부산의 이승만 대통령을 만났는데, 이 대통령은 정전은 분단으로 이어지므로 반대한다고 밝혔다.[96] 그래서 백선엽의 참가는 자격도, 자세도 애매한 상태였다.

회담 기록은 리커농이 작성해 마오쩌둥에게 보냈고 그 사본이 김일성과 펑더화이에게 전달됐다. 마오쩌둥은 그것을 즉시 스탈린에게 보냈다. 7월 10일, 11일, 13일, 16일, 17일 스탈린에게 전달했다.[97] 13일 자 전보에는 의제를 둘러싼 논의가 정리되어 있었는데, 남일이 난민 귀환 문제는 북한에 불리하다고 판단해서 의제에서 제외했다고 했다. 마오쩌둥은 "앞에서 언급한 모든 것이 옳은지 검토후 지시를 내려 주기를 부탁드린다"[98]라고 물었다. 14일 스탈린은 "13일 자 전보에서 말한 당신의 관점은 완전히 옳다"라고 응답했다.[99]

18일에도 마오쩌둥은 리커농 등에게 지시한 내용이 담긴 전보를 스탈린에게 전송했다. 모든 외국 군대의 철수 항목을 의제에 포함시키기 위해 노력하라는 내용이었다.[100] 회의 기록을 7월 19일, 21일에도 보낸 후,[101] 마오쩌둥은 21일 리커농에게 지시를 내렸다. 대립하고 있는 모든 외국 군대의 철수 의제 문제로 하루 이틀 더 교착하는 것은 괜찮지만, 그 이상은 그만하라는 지시였다.[102] 그리고 마오쩌둥은 자신의 지시 내용을 스탈린에게도 보냈다. 모든 외국 군대의 철수 문제를 더는 주장하지 않겠다, 결렬되는 것은 불리하다고 했다.[103] 스탈린은 7월 21일 그 견해에 찬성한다, 외국 군대 철수 문제는 충분히 역할을 했다, 이제는 의제에서 제외하는 데 동의해도 된다고 답신을 보냈다.[104] 7월 26일 양측은 정전회담 의제에 합의했다.

7월 26일, 27일, 29일, 30일, 31일에도 회의 기록을 보냈다.[105] 기본적으로 마오쩌둥이 리커농을 통해 정전회의를 지도하고 있었다. 리커농은 마오쩌둥의 지시를 현지에서 중국·북한 대표단에 전달했다. 마오쩌둥은 그것을 스탈린에게 보고했다. 스탈린은 마오쩌둥의 의견에 전부 찬성했다. 기본적으로 그것 외에는 아무것도 하지 않았다. 그리고 이 모든 것은 김일성과 펑더화이에게도 보고됐다. 그들도 의견을 제시하지 않았다. 전쟁의 군사 작전을 마오쩌둥이 주도하고 있었기에 정전협상도 그가 완전히 주도했다.

8월에 들어서도 이런 방식은 바뀌지 않았다. 마오쩌둥은 리커농의 보고를 계속해서 스탈린에게 보냈다.[106] 8월 정전회담의 가장 큰 문제는 군사분계선을 어디로 할 것인가였다. 중국과 북한은 38선을 제안했지만 유엔군 측은 당시 대치선보다 더 북쪽 선을 주장하여 격렬하게 대립했다. 유엔 측은 제공권, 제해권이 한반도 전 공역空域, 전 해역海域에 미치고 있기 때문에 당연히 지상군 대치선보다 더 북쪽으로 경계선을 그어야 한다고 주장했다.[107] 이 대립에 대해 마오쩌둥은 8월 2일 "계속해서 교착상태여도 이것이 우리에게 불리하지는 않다"라며 "자신의 주장을 계속 고집할 수밖에 없다"라고 리커농에게 지시했다. 이 편지를 스탈린에게도 보냈다.[108] 8월 4일에도 더 힘내라는 지시를 내렸다.[109] 대립은 계속됐다. 8월 11일 마오쩌둥은 미국 측이 현재의 대치선을 군사분계선으로 해도 된다고 생각하는데, 중국·북한 측은 38선을 고집하는 것으로 위장하려 한다며, 38선안의 검토를 요구할 권리와 근거가 있다고 주장하라고 지시했다. 적이 현재 대치선보다 북쪽 선을 주장하는 것을 포기하고 현재 대치선을 군사분계선으로 인정한다면, 38선을 '기본적 군사분계선'으로 하고 그 남북에 '완충지대'를 설정하는 방안을 제안하여 타협을 시도할 수 있다고 덧붙였다.[110]

마오쩌둥은 이날 스탈린에게 10월 20일까지 북한 영내 안주 지구에 3개의 비행장을 건설하고 11월에는 중국 영내에 있는 중국·북한 공군을 그 비행장으로 이동시킬 것을 요청했다.[111] 확실하게 공군 전력을 높여 미국에 대항할 생각이었다.

8월 12일 리커농은 마오쩌둥의 지시에 대한 중국 측 대표의 의견을 전달했다.

회의의 전 과정을 고려할 때, 또 회의 이외의 일반 상황으로 볼 때, 적에게 38선안을 받아들이게 하는 것이 불가능하다는 것은 분명합니다. …… 만약 우리의 최종 목표가 38선을 군사분계선으로 확정하기 위해 투쟁하는 것이라면, 이런 원칙에서 약간의 변경만 인정된다면, 우리는 협상 결렬을 염두에 두고 그에 대비해야 합니다. 그렇지 않다면 우리는 어떤 분명한 타협을 할 수 있는 제안을 해야 합니다. …… 우리(리커농, 덩화, 세팡, 차오관화)는 적의 최종 목표는 현재의 전선에서 군사행동을 중단하는 것이라고 보고 있습니다. …… 갖고 있는 한정적인 자료로 일반 세계정세와 우리나라의 요구, 그리고

현재 북조선은 전쟁을 계속할 수 없는 점 등을 검토한 결과, 우리는 …… 현

재 전선이 있는 곳에서 군사행동을 중단하는 문제를 진지하게 검토하는 것

이 더 나은 길이라고 생각합니다.[112]

북한 측에는 상의하지 않은 점이 주목된다. 북한은 타협을 원하지 않았기 때문일 것이다. 마오쩌둥은 이 편지에 즉각 회답했다. 그는 어디까지나 유엔군 측에 당초의 제안을 포기했음을 확인시켜라, 그렇게 되면 38선과 현재의 대치선을 연계시켜 협상할 수 있다고 했다.[113] 마오쩌둥은 현장의 제안을 받아들이지 않았다.

스탈린에게는 8월 13일에 세 번, 14일, 15일, 16일, 17일에 협상 상황을 보고했다. 중국과 북한 측은 마오쩌둥의 지시대로 타협하지 않고 계속 버텼다. 8월 17일 스탈린은 마오쩌둥이 11일에 요구한 안주 지구 3개 비행장 건설과 중국 영내에 있는 중국·북한 공군의 이동에 대해 "당신의 결정은 …… 옳다고 인정한다. 안주 지구 비행장 건설을 직접 지원하기 위해 우리는 소련 고사포 2개 연대를 파견하는 데 동의한다"라며 마오쩌둥에 대한 특별한 지지를 표명했다.[114]

미국과 중국 양측이 자신들의 입장을 고집한 결과, 회담은 좌초됐다. 8월 22일 중국·북한 측은 협상 중단을 선언하고 회의장을 떠났다. 이 중요한 결정에 대해 마오쩌둥은 사전에 스탈린과 상의하지 않았다. 8월 27일에야 스탈린에게 처음으로 보고했다. 적이 협

상이 교착된 상황에서 "일련의 도발 행위"를 했다고 전했다. "19일에는 민간인으로 변장한 요원이 중립지대의 우리 경비병을 습격해 1명을 살해했다. 22일에는 적기 1대가 대표단 숙소에 폭탄을 투하하고 기관총을 쏘아 댔다. 이승만 측이 협상을 저지하기 위해 획책했을 가능성이 있지만 공군기 습격은 미국 측의 승인 없이는 불가능하기 때문에 우리는 적의 도발 행위에 결정적인 반격을 가하기로 결단했다. 우리는 적이 발생한 사태에 대한 책임을 질 때까지 협상을 일시 중단하겠다고 표명했다." 마오쩌둥은 앞으로 협상이 결렬될 경우와 지연 끝에 군사분계선 문제에 대해 적이 타협책을 제시하는 경우 두 가지가 있다며, 후자를 위해 중립국 대표의 관여를 고려하는 것도 필요할 수 있다며 스탈린에게 조언을 요청했다.[115]

이 전보를 받은 스탈린은 정치국 회의를 거쳐 답변했다. 마오쩌둥의 상황 인식에 찬성한다며, "미국 측이 더 협상 지속을 필요로 한다"라는 생각에 변함이 없다고 밝혔다. 다만 중립국 대표를 초청하는 방안은 미국 측이 중국·북한이 조속히 정전협상을 타결하기를 바란다고 판단할 가능성이 있다며 반대했다. 이에 동의한다면 김일성에게도 전달해야 한다고 끝을 맺고 있다. 중요한 논점인 군사분계선 문제에 대해서는 아무런 언급도 없었다.[116] 스탈린도 마오쩌둥과 마찬가지로 원칙을 밀어붙임으로써 미국에 약점을 보여서는 안 된다는 생각이었을 것이다. 마오쩌둥은 즉시 동의했다.[117]

남북 지도자의
심정

통일을 위해 시작한 전쟁이 미국과 중국의 전쟁이 되고 양군이 대치하는 상태가 된 결과, 정전협상을 시작하게 됐을 때 남북 지도자들이 생각한 것은 이대로 전쟁이 끝난다면 지금까지의 모든 희생이 물거품이 되고 만다는 것이었다. 남쪽의 이승만과 북쪽의 김일성, 박헌영에게는 분명 그런 마음이 강했다.

리지웨이 장군은 정전회담이 시작된 후 이승만 대통령을 설득하려고 시도했으나 7월 16일 회담했을 때 이 대통령은 명확한 견해를 밝혔다. 무초 대사의 보고에 따르면 이승만은 다음과 같이 말했다.

이승만은 러시아인이 선전을 위해 정전을 이용할 것이며, 공산주의자는 곳곳에서 자신들이 승자이고 미국이 평화를 구걸했다고 믿게 할 것이라고 말했다. 소련의 목적은 미국을 남한에서 배제하는 것이며, 소련이 북한에서 손을 떼도록 할 정치적 가능성은 보이지 않는다. 따라서 한반도는 제3차 세계대전 없이는 통일될 수 없기에 이제는 군사적 수단이 아니면 안 된다. ……
이승만은 한국인은 어떤 식으로든 재통일하고 38선의 기억을 지우기를 원한다고 주장했다. 그는 정전에 서명한다면 유엔은 공산주의자를 돕는 것이 된다, 그런 방식으로는 제3차 세계대전을 피할 수 없다고 말했다.[118]

이승만 대통령은 이때 말한 것을 편지로 옮겨 7월 20일 리지웨이

장군에게 전달했는데, 거기에서 그는 다시 한번 통일의 필요성을
역설했다.

> 우리 정부의 기본 입장은 국민을 우리 국토의 절반만으로는 유지할 수 없다
> 는 것이다. 분단된 한국은 파멸의 한국이며 경제적, 정치적, 군사적으로 불
> 안정하다. …… 단순하게 말하자면 한국 국민은 사활을 걸고 재통일 원칙에
> 따라 살아야 한다는 것이 분명하다. …… 남북 분할이 가능하게 되는 것은
> 외국 열강이 초래하는 고통 때문이든가, 그 직접적인 지지에 따른 것이든가,
> 둘 중 하나이다. 한국은 실제로 독립된 실체라는 것을 그만두거나, 아니면
> 전부 민주주의냐, 전부 공산주의냐에 관계없이 단일체가 되거나, 어느 한쪽
> 을 선택해야 한다. …… 이것이 민주주의적 수단에 의한 것이냐, 공산주의의
> 침략에 의한 것이냐. 어느 쪽이든 재통일은 불가피하다고 생각하는 것은 남
> 북한 사람들 거의 모두가 공통으로 갖는 생각이다.[119]

이승만 대통령이 이런 사고방식을 갖고 있었기에 정전회담에서
군사분계선이 의제가 되자 백선엽은 회의에 참석하지 않았다. 7월
28일 이승만은 트루먼 대통령에게 친서를 보내 "한국인은 분할선
이 계속되는 것을 우리 국민에 대한 죽음의 명령서로 간주하고"[120]
있다며 군사분계선 합의에 반대했다. 이승만 대통령에게 정전회담
중단은 그야말로 원하던 일이었다고 할 수 있다.

이승만의 통일론은 박헌영과 김일성의 통일론이기도 했다. 박헌

영은 1951년 2월까지만 해도 인민군 총정치국장을 겸임했으나, 이후 소련계 김재욱金宰旭과 교체됐다.[121] 그는 대남 공작 재건에 집념을 불태우고 있었다. 정전협상이 중단된 직후인 8월 31일 노동당 정치위원회가 〈미해방 지구의 당 공작과 조직에 대하여〉라는 장문의 결정을 채택한[122] 것은 박헌영의 주도로 이루어진 것이었다. 남부 지구에서의 지하당 조직 재건과 민족통일전선 강화, 미군과 이승만 정권의 폭로 선전 전개, 빨치산 투쟁 강화가 목표였다. 6월 25일 이전 남쪽에서 수행된 당 활동의 적극적인 면과 부정적인 면을 총괄하는 것에서 출발한다고 하여, 남쪽의 조직이 영웅적으로 투쟁한 것은 인정한다고 하면서도 "조국 전쟁 과정에서 남쪽의 당 조직은 당이 요구한 수준의 책무를 수행하지 못했다"라고 비판했다. 빨치산 투쟁은 "결정적인 성과"를 올리지 못했고, 인민 대중의 봉기도 조직되지 않았으며, 국민방위군의 해체 공작도 없었다는 것이다. 즉 "당의 정책과 정치 노선은 옳았음에도 남쪽의 우리 당 조직은 그 실천 공작 관철이 미약해, 자신들의 뿌리 깊은 지하활동을 설계하고, 힘을 유지하고, 조직하고, 발생한 상황에 대응해 투쟁을 유연하게 지도하지 못했다"라고 했다. 박헌영과 리승엽 등 남로당계 지도자의 죄는 묻지 않고 남쪽 하부 조직에 책임을 지웠다.

그동안의 공작 비판을 토대로 남쪽 전 지역을 5개 지구로 나누고, 각 지구 조직위원회를 설치할 것, 빨치산 부대를 각 지구 조직위원회에 복종시킬 것, 대부대는 중대 규모의 소단위로 개편해 가동성을 높일 것을 지시했다. "당원들은 마르크스·레닌주의의 세계관으로 무장해야 하며, 마르크스·레닌·스탈린의 학설이 …… 신뢰할 수 있는 나침반이 돼야 한다"라고 강조했다. 김일성의 이름은 한 번도 나오지 않았다. 이는 이 문서를 박헌영 측이 작성했음을 시사한다. 마지막으로 남쪽 당 조직과 빨치산 부대의 지도를 위해 당 중앙위원회에 연락부를 설치하고, 거기에 인민군 최고사령부 유격지도처를 흡수할 것, 남쪽에서의 지하활동가들, 빨치산 지도자 양성을 위해 1천 명 규모의 양성소를 설치할 것을 규정했다.

이 결정에 따라 연락부가 설치됐고 인민군 최고사령부 유격지도처장이던 배철裵哲이 부장으로 임명됐다. 부부장에는 개전 직후 경기도인민위원회 위원장이었으며 1951년 1월부터 남부유격대의 독립제1지대 정치위원이던 박승원朴勝源이 임명됐다. 대형 양성소인 금강정치학원金剛政治學院은 10월에야 황해도 서흥군 율리면에 개설됐다. 원장에는 독립제1지대 대장 김응빈金応彬이 임명됐다. 배철은 일본의 조선인연맹에서 서울 주재 대표로 파견되어 남로당에서 일한 사람으로, 전쟁 전에는 경상북도 당위원장이었다. 김응빈은 남로당 서울시 당위원장이기도 했다. 모두 박헌영 직계였다.[123]

이렇게 박헌영 계열에서 대남 공작 재건에 적극적으로 나섰으나, 이현상李鉉相이 이끄는 제4지대, 남부군이 지리산에 거점을 두고 활동한 것 외에는 성공을 거두지 못했다. 8월 31일 결정도 남쪽 유격대의 활동에는 거의 영향을 주지 못했다. 다만 금강정치학원만은

북한 각지에서 월북한 남한 출신자 900명을 모아 기세가 좋았다.[124]

박헌영은 9월 13일 베트남 대표단을 맞이한 자리에서 "조선 인민은 미국 약탈자들을 완전히 섬멸하여 우리 국토에서 쫓아낼 때까지 영웅적 투쟁을 계속할 것"이라고 연설했다.[125] 정전회담을 하면서도 전쟁을 계속하고 남부 해방을 위한 공작을 계속하는 것이 그의 바람이었다. 따라서 그가 앞에서 언급한 이승만의 주장을 들었다면 공감했을 것이다. 실제로 미국은 북한이 이승만의 반反정전회담 캠페인을 비난하지 않는 것에 초조해했다. 무초 대사는 8월 11일 "북한의 통일국가에 대한 갈망은 남한과 마찬가지로 강하다", "정전에 저항하고 통일을 요구하는 한국의 활동은 북한의 주장을 가로채는 효과를 갖는다"라고 했을 정도였다.[126]

김일성은 8월 14일 연설에서 정전회담을 받아들인 이유를 다음과 같이 설명했다.

> 정전을 먼저 제안한 미 제국주의자의 의도는 어떻든 간에, 항상 평화를 어지럽혀 온 자가 평화적으로 문제를 해결하자고 주장하는 이상, 조선 문제의 평화적 해결을 제안했고, 현재도 그것을 원하고 앞으로도 계속 주장할 우리가 그들의 제안을 받아들이지 못할 이유는 없습니다. 또 우리가 먼저 미국을 공격한 것이 아니라 미 제국주의자들이 태평양을 건너와 조선 정복을 기도했으나, 그것이 실패했기에 전쟁을 그만두고 싶다고 말하는 이상, 우리 조선인이 평화애호 인민으로서 전쟁을 중지하자는 제안에 동의 안 할 이유가

없습니다. 조선 인민은 정전회담을 요구하고 있습니다. 조선 인민은 항상 평화를 요구하고 주장하고 있습니다.[127]

그러나 김일성이 이렇게 말했다고 해서 박헌영과 달리 이미 전쟁을 지속하기를 원하지 않게 됐다고 보는 것은[128] 성급하다. 김일성의 가슴속에도 통일 시도에 대한 욕구는 강했을 것이다. 8월 14일 연설은 정전회담 시작 이유를 설명하기 위한 것이었기 때문이다. 김일성에게도 앞서 언급한 이승만 대통령의 통일론은 공감할 만한 것이었다.

박헌영은 10월 21일 평양시 당 액티브 회의에서 보고하면서 미국은 제3차 세계대전을 도발하기 위해 한국전쟁을 그만두는 것을 원치 않는다며, "최후의 승리", "적의 괴멸"을 위해 "후방 강화와 국가의 모든 물질적, 재정적 지원을 위한 최대의 동원"을 주장했다.[129] 김일성도 이 회의 마무리 연설에서 "미 제국주의자와 이승만 역도의 노예가 되지 않기 위해 …… 어려운 상황에서도 장기적으로 싸워야 한다"라며 재정은 결정적으로 중요하다고 말했다.[130] 박헌영과 김일성 모두 "최후의 승리"를 위해 계속 싸우기로 했다.

이에 대해 중국·북한 연합사령부의 넘버 3였던 옌안계 박일우는 조금 다른 생각을 드러냈다. 그는 8월 15일에 맞추어 나온 소책자 《조선인민군과 중국인민지원군과의 공동 작전》에서 다음과 같이 썼다.

이 다섯 번의 전역 결과를 전체적으로 보면, 북중 인민부대는 전쟁에서 결정적인 승리를 획득했고, 미 제국주의는 만회할 수 없는 실패를 했다.[131] 즉 하나는 조선에서의 미국의 실패는 이미 만회할 수 없고, 미국은 영원히 중국과의 전쟁에서 승리할 수 없다는 것이고, 다른 하나는 소련이 이길 수 없을 정도로 강대해져서 미국은 영원히 소련을 침공할 수 없다는 것이다.[132]

즉 중국은 미국과의 전쟁에서 반격하고 대치 상황에 돌입했는데 이것이 곧 승리라는 것이다. 이 같은 성취감은 박헌영이나 김일성에게는 전혀 없었다. 박일우의 입장은 기본적으로 중국의 입장이었다. 김일성은 최고사령관이었으나 이름뿐이었고 전쟁의 군사적인 측면에서 완전히 배제돼 있었다. 그리고 정전협상 또한 마오쩌둥이 스탈린과 상의하면서 리커농에게 지시하여 작전을 세우고 있었다. 김일성과 박헌영 모두 보고를 받을 뿐이었다. 김일성과 박헌영의 박일우에 대한 불만이 고조되고 있었다는 것은 확실하다.

샌프란시스코강화조약과 일본공산당

그사이에 대일 강화회의가 다가오고 있었다. 스탈린은 일본공산당 지원에 주력하고 있었다. 스탈린은 모스크바로 불러들인 일본공산당 주류파 간부 3명과 3차례 회담하고 제4차 전국협의회 결정에 따라 행동 강령을 마련하라고 촉구했다. 도쿠다 규이치 등이 2차 회담에서 강령안을 제출했지만 스탈린은 마음에 들지 않았다. 스탈린이 다시 작성한 안이 3차 회담에서 제시됐다. 세 사람은 이를 받아들였다. 4차 회담에는 따로 불렀던 반주류파反主流派 하카마다도 참석했다. 그도 강령안을 보고 수용하겠다고 밝혔다. 통역이었던 아지르하예프N. B. Adyrkhaev에 따르면 1차 회담부터 4차 회담까지는 한 달 반이 걸렸다고 하지만, 하카마다의 회상록에서는 그가 참석한 회담은 모스크바에 도착하고나서 4개월 후에 열렸다고 했다. 어쨌든 아지르하예프도 대표단이 귀국한 것은 여름이었다고 했다.[133]

8월 14일 모스크바방송이 코민포름 기관지의 논평을 방송했는데, 일본공산당은 제4차 전국협의회 방침으로 통일해야 한다는 내용이었다.[134] 이는 모스크바에서의 합의를 전한 것이었다. 이후 국내 분파는 자기비판을 하고 당 주류파에 합류했다. 8월 19~20일에 열린 일본공산당 주류파 중앙위원회는 베이징에서 보내온 새 강령안을 제시하고 당의 통일 결의를 채택했다.[135]

이 기간에 스탈린은 샌프란시스코강화회의를 정치적 선전을 위한 장으로 만들기 위한 준비를 진행했다. 8월 8일 소련 외무성은 독자적인 대일평화조약안을 스탈린에게 제출했다. 전문에는 일본이 삼국동맹에 가세해 "침략전쟁을 기도하고 그로 인해 모든 연합국과 전쟁 상태를 초래했다는 점, 아시아와 태평양에서의 전쟁 책임은 일본에 있다는 점"이 명시됐다. 이는 미국·영국안에는 없는 것이었다. 하지만 스탈린은 상황을 판단해서 조약안을 제안할 것이 아니라 미국·영국안에 대한 수정 의견을 제시하라고 지시했다.[136]

9월 4일 샌프란시스코에서 대일 강화회의가 시작됐다. 그로미코 외무성 차관이 대표로 참석했지만, 그는 연단을 오로지 선전의 장으로 이용한 뒤 우크라이나, 벨라루스 등 동맹국들과 함께 신속하게 퇴장했다. 9월 8일 대일평화조약이 조인됐다. 뒤이어 요시다 전권은 덜레스와 미일안보조약에 조인했다.

대일평화조약은 일본을 최대한 우대한 것이었다. 이 조약은 일본의 전쟁 책임을 명시적으로 문제 삼지 않았다. 전문에 역사 문제는 한마디도 언급되지 않았다. 제11조에서 일본은 극동군사재판(도쿄재판) 및 기타 연합국의 전쟁범죄 재판을 수락한다고 규정했을 뿐이다. 무엇보다 영토 조항은 절대로 완화되지 않았다. 한국의 독립, 타이완의 포기, 남사할린과 쿠릴 열도의 포기가 규정됐고, 오키나와에 대한 미국의 위임통치에 대한 동의와 잠정적인 미국의 관리 승인, 일본이 위임통치했던 지역의 미국으로의 인도가 결정됐다. 이에 대한 반대급부로 배상 부담은 대폭 경감됐다. 평화조약 제14조(a)에는 먼저 일본의 배상 의무가 명기되고, 그다음에 현재 일본의 자원이 완전한 배상을 행하기에는 충분하지 않다는 것이 승인됐으며, 그 결과 제1항에서 일본에게 피해를 받은 국가의 희망에 따라 역무배상을 하는 것만이 규정됐다. 또 제2항에서 연합국 내에 있는 일본국과 일본 국민의 모든 재산은 연합국이 몰수하여 처분할 수 있도록 규정됐다. 마지막으로 제14조 (b)에서 상기 두 가지 점을 제외하고 연합국은 모든 배상청구권을 포기한다고 선언했다. 일본에게는 참으로 고마운 내용이었다. 요시다 전권全權이 이 조약은 "징벌적인 조항이나 보복적인 조항을 포함하지 않았고", "보복 조약이 아니라 '화해와 신뢰'의 문서이며", "공평 관대한 평화조약을 흔쾌히 수락한다"라고 말한 것은 당연했다.

샌프란시스코평화조약에 조인한 국가는 일본을 포함해 48개국인데, 그 가운데는 일본과는 실질적인 교전 상태에 있지 않았던 국가가 많이 포함돼 있었다. 기본적인 조인국은 미국, 영국, 오스트레일리아, 뉴질랜드, 네덜란드, 프랑스 등 서방 6개국과 인도네시아, 필리핀, 베트남, 캄보디아, 라오스 등 동남아시아 5개국이었다. 그러나 이 평화조약에서 관계의 최종 정리가 이루어진 것은 서방 6개국뿐이다. 아시아 국가들은 배상협정의 조인이 없으면 조약 비준을 할 수 없다는 태도를 보였다.

샌프란시스코평화조약은 같은 날 조인된 미일안전보장조약과 세트였다. 당분간은 재무장을 회피한다는 것이 요시다 총리의 방침으로, 일본의 안전보장은 미군이 계속 주둔하는 것에 의해 유지되기를 희망했다. 물론 강화조약 체결과 일본 독립 후에도 점령 때와 마찬가지로 일본을 한국전쟁의 기지로 계속 사용하는 것은 미국에는 사활이 걸린 문제였다. 강화조약은 미국에 오키나와 통치권을 부여해 이 섬 전체를 미군 기지로 사용할 수 있도록 했다. 또 미일안전보장조약에서 일본은 미국이 일본 전역을 기지로 사용할 권리를 부여했다. 미국은 이 기지를 우선 "극동에서의 국제 평화와 안전 유지에 기여하고", 일본 내란 진압을 포함해 외부 무력 공격에 맞서 일본의 안전을 지키는 데 사용할 수 있다고 규정했다. 이 조약에 기한은 없다. 행정협정은 별개로 체결되지만, 일본은 종전대로 한국전쟁의 기지로 확보됐다. 미국은 어떠한 의무도 지지 않았지만, 일본 방어를 내세워 일본 내 기지를 자유롭게 사용할 권리를 획득했다.

이날 애치슨 국무부 장관과 요시다 총리는 유엔 회원국이 극동에서 유엔 활동에 종사하는 군대를 일본에 두는 것을 인정하고, 일본이 시설과 역무를 제공하는 것에 관한 서한을 교환했다. 한반도에서 "무력 침략"이 발생해 유엔과 회원국이 행동을 취하고 있으며, 유엔 총회는 모든 국가에 유엔의 행동을 지지해 달라고 요구했는데, 요시다는 일본이 그러한 지지를 하고 있다고 적힌 애치슨의 서한을 자신의 서한에 인용한 뒤, 그 내용을 충분히 양해한다고 말했다.[137] 미국의 주장을 지지한다는 일종의 간접 화법이었다. 이로써 미국의 특수한 동맹국이라는 일본의 위상이 결정됐다.

중국과 함께 대일평화조약 밖에 놓여 있던 소련은 한편으로는 한국전쟁의 정전회담을 추진하고, 다른 한편으로는 이 전쟁의 기지인 일본 내부에서 일본공산당이 격렬하게 반미 투쟁을 하도록 한다는 노선을 선택했다. 한반도 정전회담 개시를 추진한 스탈린의 생각은 회담하면서 전쟁을 하겠다는 것이었다. 회담하고 있다는 것은 전쟁 확대를 방지할 수 있는 보험이었다. 전쟁이 소련으로 확대될 일은 없었다. 한편 후방 기지인 일본에서는 혁명운동을 일으켜 미군을 배후에서 공격하려고 했다.

10월 16~17일에 개최된 일본공산당 제5차 전국협의회는 새로운 강령을 채택했다. 이 강령은 요시다 정부를 "일본 내 미국 점령 당국의 정신적, 정치적 지주"이자 "미 제국주의자에 의한 일본의 민족적 노예화를 위한 정부"로 규정하고, 이 자유당 정부를 타도하는 "민족해방 민주혁명"이 불가피하다고 했다. 그리고 "일본의 해방과 민주적 개혁을 평화적인 수단으로 달성할 수 있다고 생각하는 것은 잘못됐다"라며 폭력혁명을 주장했다.[138] 하지만 이러한 강령은 일본에서 대중적 지지를 얻을 리가 없었다.

한반도 특수와
일본

한국전쟁이 진행되는 가운데 전쟁이 가져온 미증유의 경제 활황이 일본 국민의 생활과 의식에 결정적인 영향을 미쳤다. 한국전쟁 중에 일본에 있던 많은 미군 캠프는 한동안은 텅 비어 있었다. 그러나 이윽고 미국 본토에서 증원군이 도착하여 일본에서 준비를 마치고 차례차례 한반도로 출동했다. 교체될 때 부상병이 한반도 전선에서 후송되어 일본 각지의 야전병원에 수용됐다.[139] 또 닷새간의 휴가를 받은 병사들이 일본에 잠깐의 환락을 즐기러 찾아왔다. 전쟁 개시 당시 일본에 있던 미군은 12만 5천 명이었지만, 한반도 전선에 출동한 미군은 최대 35만 명이라고 한다. 그들은 모두 일본을 통해서 한반도로 갔다. 미군 기지 주변에는 '팡팡'이라 불리던 미군 상대 매춘부가 급속히 증가했다.[140]

한국전쟁은 일본 경제에 '가미카제神風'라고 불릴 정도의 호황을 가져왔다. "우리 재계는 구원받은 것이다"라고 당시 일본은행 총재 이치마다 히사토一萬田尚登는 회상했다.[141] 인플레이션 퇴치를 위한 도지 플랜Dodge Plan 적용으로 돈줄이 막혀 도산과 실업에 허덕이던 일본 경제는 한국전쟁 개시와 함께 확 달라져, 미군 특수(특별 수요)와 수출 증가로 호황을 맞이하게 됐다. 섬유와 금속은 인기 분야였다. 한국전쟁 발발 후 약 반년 사이에 이 두 분야의 제품 가격은 레이온사 3배, 면사 2배, 생사生絲 1.8배, 박강판薄鋼板과 봉강棒鋼은 2.2배로 급상승했다.[142]

'가챠만ガチャ万'이라는 말은 방직기를 한 번 작동시키면 1만 엔을 번다는 데서 나왔다. '이토헨 경기[糸へん景気, 실사변 경기. 섬유 업종에 의한 호경기를 일컫는 말 – 역자 주]'라고도 불렸는데, 1950년대 후반 일본의 법인소득 상위 10위를 보면, 1위는 도요보東洋紡, 2위는 도요레이온東洋レヨン, 3위는 가네보鐘紡, 4위는 데이진帝人 등 모두 섬유 업체였다. 화학 섬유의 경우 도요레이온과 데이진 모두 매출 이익

률이 40%를 넘었다.[143]

　일본 곳곳에서 고철과 여러 금속을 찾는 사람들의 모습이 눈에 띄었다. 도요타자동차도 이때 트럭 주문으로 살아난 기업 가운데 하나였다. 도요타는 1949년에는 트럭과 승용차를 합해 연간 1만 대 이상 판매하며 회복하고 있었지만, 1950년에 들어 극도로 판매가 부진하고 돈줄이 막힌 데다 강재鋼材 공정가격 인상으로 타격을 입었다. 이미 전년 말에 자동차 통제는 폐지됐다. 도요타는 1949년 11월부터 1950년 3월까지의 결산에서 7,600만 엔의 적자를 냈다. 노동조합은 4월 7일부터 쟁의에 들어가 2개월 동안 계속했고, 6월 10일 조합 측이 1,600명의 해고를 인정하면서 쟁의가 끝났다.[144] 이러한 상황에서 2주 후에 벌어진 한국전쟁은 천우신조였다. 미 제8군 조달부는 7월 31일 트럭 1천 대, 1951년 3월 1일에는 각종 트럭 3,679대를 도요타에 발주했다. 도요타자동차의 사사社史에는 다음과 같이 기록되어 있다. "우리 회사는 이 수주로 위기를 벗어났습니다. 그리고 '동란 붐'은 더 나아가 일반 수요를 창출해 생산이 수요를 따라가지 못할 정도가 됐습니다." 그리고 경찰예비대 발족 후 도요타는 차량 발주를 받아 1950년 12월부터 1951년 6월까지 950대를 납품했다.[145] 도요타는 인원을 감축한 채로 이 특수에 대응하려고 노력하여 실적을 개선했다. 오랫동안 무배당이었는데, 1950년 10월에서 1951년 3월까지의 결산에서는 연 20%의 배당을 하기로 했다.[146] 그야말로 도요타의 발전은 한국전쟁 없이는 불가능했다.

특수 규모는 한국전쟁이 시작된 이후 1년간 약 3억 3천만 달러, 그다음 1년간에도 같은 액수였고, 세 번째 1년간은 4억 8천만 달러나 됐다. 일본의 외화 보유액은 1950년 초에는 2억 달러에 불과했지만 1951년 말에는 9억 달러로 증가했다.[147] 일부 경제학자들은 도지 플랜이 1949년 중에 긍정적인 효과를 거뒀다고 보지만, 도지 플랜의 거친 치료 방법은 한국전쟁이 있었기에 성공했다고 보는 시각이 우세하다. 일본은 한반도의 비극에서 이익을 창출해 전쟁 전의 경제 수준으로 부활했고, 1955년부터 시작되는 고도 경제성장의 기초를 닦았다.

한국전쟁이 가져온 이 경제 호황은 일본 국민의 의식을 경제적 가치를 최우선으로 여기는 방향으로 이끌었다. 이러한 의식이 요시다의 한정적인 대미 안보협력과 비군사적 발전 노선을 지지하는 토대가 됐다. 동시에 전쟁이 끝난 후 일본 혁신파의 특징적인 평화주의의 토대가 되기도 했다.

한일 예비회담

샌프란시스코강화조약에 따라 최종적으로 한국의 독립을 인정한 일본은 독립한 한반도의 국가와 국가 관계를 맺어야 했다. 이 과제는 36년간의 한반도 식민지 지배를 어떻게 청산할 것인가 하는 심각한 문제를 안고 있었다. 한반도에서는 대한민국과 조선민주주의인민공화국이라는 두 개의 분단국가가 성립됐고 지금은 전쟁 중이었다. 미국은 일본이 한국과 협상해서 국교를 수립하고 한국을 지지하고 원조하기를 원했다.

한국 정부는 대일 강화에 연합국으로 참여하기를 희망했다. 그러나 덜레스는 태평양전쟁에서 한국은 일본과 정식으로 교전 상태에 있었던 것은 아니며, 한국의 이익은 미국이 대변하고 있다는 이유로 한국의 강화회의 참여를 거부했다. 다만 한국의 요구를 받아들여 평화조약을 수정했다. 가장 주목할 것은 제4조 (b)에 일본이 스스로 포기한 지역에서 미국 군대나 그 지령에 따라 이루어진 일본국과 국민의 재산 처리 효력을 승인한다고 규정한 점이다. 미군정이 남한에서 일본의 국공유 재산과 사유 재산을 접수해서 한국 정부에 인도한 것과 관련하여 일본이 이를 인정하라고 주장한 것이다. 일본 측은 이 규정을 받아들였지만 그 함의에 강한 불만을 느끼고 있었다.[148]

맥아더는 진작부터 한국과 일본의 제휴를 바라고 있었다. 한국전쟁 전인 1950년 2월 이승만 대통령이 도쿄를 방문해 요시다 총리를 만난 것도 맥아더의 권유에 따른 것이었다. 일본이 샌프란시스코조약에서 배제된 한국과 협상을 시작하기를 원했던 것도 바로 맥아더였다. 1951년 8월 16일 총사령부는 한국 정부에 한일 간 협상을 미국이 주선할 용의가 있다고 알렸다. 한국 정부는 9월 18일 미국에 주선을 의뢰했다. 총사령부는 일본 정부에 한국 정부의 뜻을 전달했고, 9월 29일 일본 정부는 이를 받아들이겠다고 응답했다.[149]

일본 측에서는 재일 조선인 문제 처리를 위해 한국 측과 협상하기를 원했다. 요시다 총리는 1949년 8월 말부터 9월 초순에 맥아더에게 그 유명한 편지를 보내서 재일 조선인을 원칙적으로 한반도로 송환할 것을 주장했다. 그는 송환 이유로 먼저 일본의 식량 사정의 핍박을 들면서 대량으로 수입한 식량의 일부를 재일 조선인에게 제공하는 것이 부담스럽다고 했다. 이어 "이들 조선인의 대다수는 일본 경제 재건에 공헌하고 있지 않다"라고 했고, 세 번째로 "그들은 우리의 경제 법규를 어기는 상습범"이며, "상당수가 공산주의자이거나 그 동조자이고, 가장 악질적인 정치적 범죄를 저지르기 쉽다"라고 했다.[150]

실제로 요시다 정부는 이 편지를 보내는 동시에 조련과 재일본조선민주청년동맹을 9월 8일부로 해산시켰다. 맥아더는 요시다가 제기한 재일 조선인 강제 송환을 찬성하지 않았다.[151] 한국전쟁 중에 재일 조선인이 북한을 지지해 급진적인 행동을 하는 것에 강한 반감과 경계심을 갖고 있던 요시다 총리는 1951년 4월 덜레스와 강화협상을 할 때, 한국의 강화회의 참석을 반대하는 동시에 조선인 전원의 송환을 희망한다고 밝혔다. "정부는 오랫동안 그들의 불법 활동에 시달려 왔다. 그는 이 문제를 맥아더 장군에게 제기했으나 장군은 그들 중 상당수가 북한 사람으로, 남한으로 보내면 '목이 잘

린다'라는 이유를 들어 강제 송환에 반대했다. 요시다 씨는 정부가 1949년 여름의 국철 총재 살해도 조선인의 소행이라고 단정했지만, 범인은 한반도로 도망친 것으로 여겨져 체포할 수 없었다고 말했다."[152]

요시다는 시모야마下山 사건[1949년 행방불명된 국철의 시모야마 사다노리下山定則 총재가 죠반센 아야세綾瀬역 부근에서 차에 치여 죽은 채로 발견된 사건 – 역자 주]도 재일 조선인이 저지른 일이라고 봤다. 물론 전쟁 중인 한국에 북한을 지지하는 재일 조선인들을 송환하는 것은 비현실적이었다. 그런데도 재일 조선인의 한국 송환 주장을 되풀이한 것에 요시다 시게루라는 인물의 아시아를 바라보는 실체가 드러나 있다. 사실 일본 정부는 한국 정부와 재일 조선인의 법적 지위에 대해 협의하기를 원했다. 그 이외의 문제에 대해서는 강화조약 체결 전에 한국과 협상할 생각은 없었던 것 같다. 한국 측은 자신들이 참석할 수 없는 강화회의가 열리기 전에 일본과 직접 협상하여 현안을 해결하는 것이 유리하다고 판단하여 한일회담 개최를 원했던 것이다.[153]

한일 예비회담은 1951년 10월 20일 GHQ 외교국의 한 방에서 윌리엄 시볼드William J. Sebald 국장 입회하에 시작됐다. 한국 측 대표는 양유찬 주미 대사, 일본 측 대표는 이구치 사다오井口貞夫 외무성 차관이었다. 개회에 즈음하여 양유찬 대표는 이승만 대통령이 초안을 작성한 개회사를 낭독했다.

우리는 극동의 평화를 바란다. 한일 양국은 지금은 선린우호 관계를 맺어야 할 시점이다. 한국은 일본을 침략한 역사가 없지만, 일본은 한국을 끊임없이 괴롭히고 침략해 왔다. 일본이 우리에게 얼마나 해서는 안 되는 짓을 해 왔는지 당신들은 알고 있다. 학살, 고문, 징용, 공출 등 폭력과 불법 행위는 평화를 사랑하는 우리 민족을 분노케 했다. 하지만 우리는 지난날의 원한을 버리고 모든 문제를 해결함으로써 양국의 새로운 출발을 기약하려 한다. 우리는 지난날 당신들이 저지른 행위에 대해 배상 같은 것을 요구하지도 않는다. 지금은 화해하자ᴌet us bury the hatchets.[154]

이에 일본 측이 어떤 발언을 했는지는 기록이 없다. 다만 한국 측 참석자 유진오兪鎭午는 지바 고千葉皓 외무심의관이 "Let us bury the hatchets란 도대체 무슨 뜻이냐"라고 물었다고 회상했다. 어쨌든 이 예비회담은 그해 12월 4일까지 계속됐다. 한국 측은 기본관계, 청구권 문제 등을 본격적으로 협상하자고 제안했으나, 일본 측은 법적 지위와 선박 문제만을 협의하자는 태도를 보이고 끝났다. 1952년 2월부터 본 협상을 개시하기로 합의했다.[155]

일본 측이 한일 협상을 어떻게 전망했었는지는 알려지지 않았지만, 한국은 일본과 국교를 수립한다고 해서 한국의 국제적 위상이 높아질 것으로 기대하지 않았다. 일본 측의 태도에 한국 측은 강한 불만을 품었다.[156] 회담 후 이승만 대통령은 재외공관에 한일 예비회담을 설명하는 각서를 보냈는데, 거기에서 이렇게 설명했다.

우리가 일본에 가장 강력하게 요구하는 것은 우리 국토에 군대를 파견하라는 제안이 아니다. 과거의 실수에 대한 회한과 현재 그리고 장래에 걸쳐 우리를 공정하게 대하겠다는 새로운 결의의 구체적이고 건설적인 증거다. 이러한 마음의 변화가 생기고, 그것이 일본에 깊이 뿌리를 내렸다는 확실한 증거야말로 우리에게 용기를 줄 뿐만 아니라 일본 자신의 상황도 크게 개선시킬 것이다. …… 우리는 여전히 이러한 증거가 제시되기를 고대하고 있다.[157]

한국과 일본은 이 정도로 마음이 통하지 않았다.

한반도의 전쟁 상황과
정전회담 재개

정전회담이 시작된 뒤에도 전투는 계속되고 있었다. 적극적이었던 것은 유엔군 측이었다. 1951년 7월 26일부터 미군 제2사단은 5일간 동부 전선의 조선인민군 제2군단을 공격했다. 강원도 인제에서 북쪽으로 25마일[약 40킬로미터] 떨어진 곳에 미군이 '펀치볼Punch Bowl'이라고 이름 붙인 오래된 분화구가 있다. 그 주위의 깎아지른 능선을 둘러싸고 치열한 싸움이 계속됐다. 미군이 1179고지라 부른 최대의 능선인 대우산大愚山을 미군이 점령했다. 중국군이 지키고 있던 서쪽 능선은 '피의 능선Bloody Ridge'이라고 불렀다. 더욱 격렬한 공방전이 계속된 곳은 중부의 '철의 삼각지대'라고 불린 금화, 철원, 평강을 잇는 지대였다. 8월 18일부터는 미군 3개 사단이 인민군 3개 군단을 상대로 하계夏季 공세를 시작했다. 이는 월말까지 계속됐다. 정전회담이 중단된 후인 9월 1일부터는 다시 공세가 시작돼 9월 18일까지 계속됐다. 그러나 중국인민지원군과 조선인민군은 진지와 진지 사이에 폭 0.8~1미터, 깊이 1미터, 지표까지 2~3미터의 터널을 만들고 완강하게 응전했다. 전선은 거의 움직이지 않았다.[158]

　마오쩌둥은 8월 27일 스탈린에게 전보를 보내 정전회담 중단을 알리고, 본격적인 전투 재개에 대비해 적의 상륙 작전에 대응하고 대공 방어를 강화할 것 등을 고려하고 있다며 인민지원군에 소련 군사고문을 파견해 줄 것을 희망한다고 했다.[159] 9월 8일에는 구체적으로 83명의 소련 군사고문 파견을 요청했다. 그 내용은 지원군 참모부에 10명, 각 병단에 2명씩 5개 병단에 총 10명, 각 군에 3명씩 31개 군에 63명이었다.[160] 이 시점에서 이 정도의 군사고문을 보내 달라는 것은 진지전이 됐으니 전쟁터에서 미군의 포로가 될 우려는 없다는 의미를 포함하는 것이었지만, 소련의 전쟁 약속을 다시 한번 확인하려는 의사가 담겨 있었을 것이다. 스탈린은 당연히 소극적이었다. 일단 수석 군사고문 자하로프 이하 몇 사람을 지원군 참모부로 보냈다. 각 병단과 군으로 파견하는 것은 수석 군사고문의 관찰과 판단에 따르겠다고 회답했다.[161] 이틀 뒤 참모부 파견은

5명이면 되고, 병단과 군에는 파견하지 않는 것이 관례라고 대답했다.[162] 마오쩌둥은 5개 병단에 5명의 고문은 파견해 달라고 거듭 요청했다.[163] 그러나 스탈린이 분명하게 거부하여 물러설 수밖에 없었다.[164] 이때 마오쩌둥은 별도로 구매를 약속한 자동차 3,510대, 자전거 1,900대의 비용을 군사 차관에 포함해서 결제해 달라고 요구했지만, 스탈린은 이에 대해서도 협정에 어긋난다며 거부했다.[165]

　지상전이 격렬한 진지전이 되는 가운데, 공군의 공격이 단계적으로 확대됐다. 미 공군은 1951년 6월 공산 측의 철도 보급로를 파괴하는 폭격 공격인 '교살 작전Operation Strangle'을 개시했다. 이에 대해 소련 공군도 잘 맞섰다. 7월 안둥에서 서쪽으로 20킬로미터 지점에 있는 먀오거우庙沟에 새로운 비행장이 생겨 소련 공군의 병력 증강이 용이해졌다.[166] 또 미그-15의 성능이 F-80보다 우수했기 때문에 꽤 잘 방어할 수 있었다.[167] 10월 24일 마오쩌둥은 로보프G. Lobov 장군의 소련 공군과 중국 공군은 "공중전에서 큰 성과를 올렸다. 소련과 중국의 고사포 부대도 대공포화로 좋은 결과를 달성했다"라고 평가하는 전보를 스탈린에게 보냈다.[168]

　소련 측의 기록을 보면 1950년 11월 1일부터 1951년 9월 15일까지 소련 공군은 월평균 미군 비행기 28.6대를 격추했으며, 격추기 대 피격추기 비율은 6.4 대 1이었다. 하지만 1951년 9월부터 1952년 1월까지는 월평균 74대(그 가운데 폭격기와 전투폭격기는 37대)를 격추하는 좋은 성적을 냈다. 격추기 대 피격추기 비율도 9.2 대 1로 상승했다.[169] 1951년 가을부터 1952년 초까지는 공중전에서 소련 공군이 미 공군을 능가했다.

중국과 북한은 미군의 상륙 작전을 경계했다. 9월 초 소련으로부터 일본에 있는 미군이 활발하게 상륙 작전 훈련을 하고 있다는 소식이 전해졌다. 9월 17일 베이징 중앙군사위원회는 펑더화이에게 한반도 동서해안의 방위를 강화하라고 지시했다. 펑더화이는 최용건과 협의하고 서해안 지휘소와 동해안 방어사령부를 만들기 위해 북한 측에서도 사람을 보내 달라고 의뢰했다. 그는 최용건에게 서해안 사령이 되어 달라고 했으나 김일성과 협의한 결과, 서해안 지휘소 사령은 한센추, 부사령은 인민군 제4군단장인 옌안파 박정덕朴正德, 동해안 방어사령부 사령은 쑹스룬, 부사령 중 한 명은 인민군 제7군단장인 이리법李離法으로 결정됐다.[170] 그러나 이 당시 미군의 상륙 작전은 없었다.

유엔군은 지상에서는 1951년 9월 29일부터 추계秋季 공세를 개시했다. 10월 8일부터는 금성 방면으로 전선을 끌어 올렸다. 그러나 전체적으로 북중군은 이 공세를 버텨 내고 진지를 지켰다.[171]

이러한 상황에서 마오쩌둥은 정전회담 재개가 상책이라고 생각했다. 공산 측은 9월 20일에 처음으로 정전회담 재개를 주장했는데, 그때 회담 장소는 종래대로 개성이어야 한다고 했다. 이는 회담 장소는 38선상의 판문점으로 해야 한다는 미국 측의 제안을 거부한 것이었다.[172] 그러나 10월 18일 마오쩌둥은 리커농에게 지시를 내렸다. 연락장교회의에서는 "회담의 조속한 재개를 촉구하는 방침을 견지해야 한다. 당황하지도 말고 시간을 끌지도 말아야 한다"라고 했다. 회담 장소를 판문점으로 변경해도 괜찮다는 지시였다. 이 전보를 스탈린에게도 보냈다.[173]

10월 22일 연락장교회의에서 정전회담 재개 조건에 합의했다. 이날 리커농은 마오쩌둥에게 전보를 보내서 회담 재개 후, 회담 소위원회에서 군사분계선 문제가 논의될 때는 38선을 경계로 하는 방안을 다시 꺼내지 말고, 이미 8월 16일 김일성이 내놓은 제안을 다시 제안해 시간을 끌다가 최종적으로는 현재의 대치선을 군사분계선으로 하는 방안을 제출하겠다는 방침을 설명했다. 마오쩌둥은 이 방침을 지지한 듯하다.[174] 10월 25일 마오쩌둥은 이 사실을 스탈린에게 알리고 회담 재개 후 해야 할 일에 대해 조언해 달라고 요청했다. 그리고 김일성이 어떤 생각을 하고 있는지 알려 달라고 부탁했다.[175] 즉, 마오쩌둥은 협상 진행 방식에 대해 김일성에게는 의견을 듣지 못한 것이다.

10월 25일 정전회담은 판문점으로 장소를 옮겨서 재개됐다. 이날 김일성은 마오쩌둥에게 협상 재개 방침에 동의한다는 전보를 보냈다.[176] 재개된 정전회담에서는 군사분계선을 현재의 접촉선으로 하는 방안으로 합의를 추진했다. 11월 14일 마오쩌둥은 스탈린에게 보낸 전문에서 이 점을 포함해 협상의 쟁점에 대한 의견을 요청했다. "이러한 쟁점에 대해 합의할 수 있다. 포로 교환에 대해서는 우리는 일대일 원칙에 따른 교환에 반대한다. 양측이 모든 포로를 송환한다는 원칙에 따라 교환을 제안할 예정이다. 이 문제도 합의를 달성하는 것은 어렵지 않다고 생각한다." 마오쩌둥은 조기 타결을 전망하고 있었다. 그는 다음과 같이 말했다. "현재 앞서 언급한 바에 따라 우리는 올해 안에 군사행동을 중단하기 위해 노력하고 있다. 동시에 적이 협상을 지연하거나 중단할 것에 대비해 필요한 준비를 하고 있다. 협상은 여전히 반년, 혹은 1년 늦춰질 것이라고 예상하기에 조선의 군사행동 무대에서 인력과 물리력 절약에 착수했다. 현재 우리가 점령한 상태를 유지하고 전쟁에서 승리하기 위해 적에게 커다란 인력 손실을 입힐 수 있도록 장기적이고 적극적인 방위 전술을 취할 것이다." 끝부분에서는 1951년 국가 세출이 전년도에 비해 60% 증가했다며 어려움을 호소했다. "내년에는 더 힘들어질 것이다. 분명히 협상을 통한 평화 달성은 우리에게 유리하지만, 우리는 협상 지연을 우려하지는 않는다. 이렇게 행동하면 우리는 반드시 승리를 거둘 수 있다. 이와 동시에 국내에서 다양한 조치를 성공리에 실행하여 정치와 경제 분야에서 안정을 이루고 한층 더 발전할 수 있다."[177]

11월 13일 스탈린은 김일성에게 원조 문제에 관한 전보를 보냈는데, 거기에는 중국 측에 대한 비판과 김일성에 대한 호의가 드러나 있다. 이것은 10월 17일 라주바예프 대사가 김일성이 3개 사단분 장비 제공 약속이 어떻게 됐느냐고 문의한 내용을 전달한 것에서 시작됐다. 스탈린은 이 건을 거론하면서 자신이 모스크바를 떠나 있어서 답변이 늦었다고 변명한 뒤, 모스크바에서 가오강은 30개 사단분의 장비 중에서 북한에 3개 사단분을 주기로 약속했고, 이후 중국에는 60개 사단분의 장비를 넘겨주기로 수정했다. 북한에 대한 약속이 지켜지지 않은 것에 대해서는 중국 측에 따지라고 회답했다.[178] 김일성은 이 건에 대해 마오쩌둥에게 편지를 쓰겠다고 라주바예프에게 회답했다.[179] 스탈린은 마오쩌둥을 계속 지지하면서도 중국인의 방식에 불만을 품고 김일성을 동정했다.

그렇다고는 하지만 스탈린은 원칙적인 대립에 있어서는 김일성이 아니라 마오쩌둥을 지지했다. 그것은 김일성이 유엔 총회에 조선민주주의인민공화국 정부 명의로 정전을 촉구하는 어필을 하려고 한 것을 두고 나타났다. 11월 19일 스탈린은 소련공산당 정치국 결정에 따라 마오쩌둥의 협상 방침에 기본적으로 찬성한다고 회답했다. 즉 "협상에서 유연한 전술을 취하고, 견고한 노선을 관철하며, 서두르는 기색을 보이지 않고, 협상의 가장 신속한 종결에 관심이 있다는 기색도 보이지 않는다"라는 방침이다.[180] 같은 날 정치국은 그로미코가 라주바예프에게 북한의 유엔 총회 어필에 반대하는 전보를 보내기로 했다.[181] 이러한 호소를 하는 것은 "현재 미국이 위협하는 상황에서는 중국·북한이 약하다는 증거로 평가될 수 있어 정치적으로 불리하며" 중국인의 반응도 모르고 북한 측의 동기도 모르니 연기하라고 북한 측에 조언하라는 것이었다. 여기에서 김일성의 생각이 정전으로 기운다는 것이 처음으로 드러났다고 할 수 있다. 하지만 이때 스탈린은 그것을 인정하지 않았다.

그런데 박헌영의 유엔 총회 어필은 11월 19일 소련의 답변이 도착하기 전에 나와 버렸다. 이 일로 11월 20일 그로미코는 라주바예프에게 "당신의 행동은 용서하기 어려울 정도로 경솔하다"라고 엄중히 경고하는 전보를 보냈다.[182]

박헌영의 어필은 미국 측이 북한에서 포로가 살해되고 있다는 헛소문을 퍼뜨리고 있다고 항의하면서, 이것이 전쟁 연장 수단이라며 다음과 같이 주장했다. "오히려 포로를 살해하고 있는 것은 유엔군 측이다. 유엔군이 공중 폭격과 함포사격을 가하고 있다. 평양은 이미 폐허가 됐는데도 지난 4개월 반 동안 2만 5천 발의 폭탄이 투하돼 사상자가 3,500명이나 나왔다. 조선민주주의인민공화국은 유엔에 조선 문제의 평화적 해결을 위한 첫 단계로 군사행동의 즉각적인 중단을 요구한다."[183] 미군의 공중 폭격이 고통을 주고 있다는 현실이 분명하게 반영되어 있었다.

김일성의
당 장악

북한에서는 당 서열 3위로 소련계의 당 부위원장 겸 서기인 허가이가 자기비판을 강요당하고 있었다. 허가이는

1908년생으로, 1937년에는 러시아 연해주의 포시예트 민족지구당 위원회 제2서기였으나, 중앙아시아로 강제 이주한 후에는 우즈베키스탄의 양기율 지구당위원회 조직부장을 지냈다. 1945년 북한에 와서 당 노동부장에서 조직부장이 됐다.[184] 북한 당 조직은 그가 만들었다고 해도 과언이 아니다.

11월 1일에서 4일까지 개최된 당 중앙위원회 제4차 전원회의에서 김일성은 〈당 조직 공작의 약간의 결함에 대하여〉라는 제목의 보고를 하면서 사실상 허가이를 비판했다. 문제가 된 것은 한미군에 점령돼 철수하고, 그 후 국토를 회복하는 과정에서 발생한 여러 사태에 대해 당이 취한 처분과 당의 힘 회복을 위한 방법이었다. 점령당했을 때 당원증을 잃어버렸거나 파기해서 처분을 받은 자가 전체 처분 받은 자의 80~85%나 되어서 대책을 마련해야 했다. 김일성은 조국통일민주주의전선은 계속 필요하다며 후퇴 시 반동 단체에 가담했다고 해서 천도교청우당, 민주당을 반동으로 여기는 것에 반대했다. 그리고 김일성은 당을 대중정당으로 확대 강화할 것, 징벌주의에 반대할 것, 조국전선에 참여하는 다른 정당 지지자들과 아래로부터의 통일에 주력할 것, 당의 관료주의와 형식주의적 활동 작풍에 반대할 것을 제안했다.[185] 김일성은 한 번도 허가이의 이름을 밝히지 않았지만, 이것이 당서기로서 조직 문제를 총괄해 온 허가이에 대한 비판이었음은 분명하다.

토론 중에 더욱 흥미로운 사실이 드러났다. 평안남도 대동군 당위원회 위원장 장윤필張允弼은 다음과 같이 말했다. 철수 전까지 군내 당원 수는 8,857명이었으나 현재는 5,178명으로 줄었다. 철수 후 입당한 사람은 600명에 불과하다. 5월 이후 토의하여 6월에는 80명, 7월에는 90명, 8월에는 140명을 입당시켰다. 이처럼 속도가 더딘 것은 혁명가와 인민군 병사들의 유족 중에서만 입당시키려 했기 때문이다. 현재 당원의 77%가 처분을 받고 있는데, 그중 45%가 당원증 건으로 처분 받은 자이다. 대동군 당 조직에서는 상부에 대한 비판은 거의 없고 무조건 복종하고 있기 때문에 대중과의 유대감이 약화될 수 있다. 파종播種 캄파니아[kampaniya, 조직적인 대중 활동 – 역자 주]도, 직물 공출에서도 조건을 생각하지 않고 강제하는 경향이 있다. 직물 공출 때는 시장에서 사서 내는 사람도 있고, 결혼식을 위해 준비한 물건을 공출하는 사례도 있다. 당 조직은 그런 관료주의적 작풍을 고쳐야 한다.[186]

함경남도 당위원회 조직부장 강설모는 자신들이 당의 조직 방침을 "맹목적, 기계적으로" 이행해 왔다고 말했다. 입당 희망자의 30.4%가 거부당했고 당의 처분이 당원을 활동에서 멀어지게 하는 결과를 낳았다고 말했다.[187] 평안북도 선천군 당위원회 위원장 김백앵은 군내의 청우당은 철수 전에는 7천 명의 당원이 있었지만 지금은 3천 명이다, 게다가 지도할 자가 없다, 이대로는 지하로 숨어들게 된다고 지적했다. 그리고 민주당에 대해서는 4천 명이었던 당원이 현재는 400명이 됐다고 했다.[188] 점령당한 지역에서는 심리적인 동요가 심해서 당이 주민들로부터 고립될 우려가 있었다.

　허가이는 전면적으로 자기비판을 했다. 조직 면에서는 성과도 있었지만 많은 결함이 있었다고 말했다. 김일성이 보고에서 지적한 대로, 조국전선 강화가 조국 전쟁에서 승리할 유일한 보장이라는 것을 당은 이해하지 못했고, 자신에게는 입당 희망자에게 문을 걸어 잠그는 "옳지 않은 경향"이 있었다고 인정했다. 노동자만 넣어 당을 확대하겠다는 경향도 분명했고 많은 당세포가 이런저런 핑계를 대서 당의 성장을 방해한 것도 인정했다. 그는 신체 장애인은 입당시키지 않으려는 경향마저 있었다고 인정했다. 교육과 의식을 구별하지 않고 문맹인 사람은 입당시키지 않았다는 것도 인정했다. 허가이는 처분 문제에 대해 점령당했을 때 잘못을 저지른 자가 처분 받는 것은 당연하지만 당원의 절반을 처분하는 일은 없어야 한다고 했다. 당원증 문제는 중대하지만 그 건에 대해 "우리는 옳지 않은 태도를 취했다"라고 인정했다. 마지막으로 허가이는 작풍 문제에 대해 대동군, 선천군 당위원장의 비판이 옳다고 인정하면서 "대중의 의견을 무시하고 문제를 주관적으로 해결하면 당을 대중으로부터 고립시킨다"라고 했다. 그는 일부 당 조직이 대중에게 "교육과 설득의 방법이 아니라 협박과 매도의 방법으로" 대응한 것은 중앙위원회에 책임이 있다, 결정과 지시는 옳았지만 그것을 실시할 때 지도와 통제가 미흡했다고 인정했다. 또한 "우리는 김일성 동지가 지도하는 중앙위원회의 실제 공작에서 많이 배워야 한다"라며,

김일성이 문제를 제기할 때는 중앙위원회 활동가와 상의하고 미흡하면 바로 마을에 가서 농민들과 이야기하는 방식으로 활동한다고 지적했다. 그렇게 해서 김일성은 현물세 징수 공작의 결함, 당 조직 공작의 결함을 발견했다며, "처분 문제에 대해 말하자면, 나도 처분 실시 조치는 제대로 이뤄지고 있다고 생각했었다. 그러나 김일성 동지가 스스로 각 마을과 세포를 돌아다니며 보통 당원들과 논의하는 것을 본 뒤에야 이런 면에서의 우리 방침이 옳지 않았다는 것이 확실해졌다"라고 했다. 허가이는 도와 군의 당위원회 위원장은 김일성의 작풍을 배워야 한다는 말로 끝맺었다.[189]

김일성은 맺음말에서도 허가이에 대해서는 한마디도 언급하지 않았고 조직 문제 결정서에도 허가이를 언급하지 않았다.[190] 그러나 결국 허가이는 당 부위원장과 서기에서 해임된 후 부수상이 됐다. 그리고 서기 박정애는 정치위원으로, 선전선동부장 박창옥朴昌玉은 서기로, 갑산계 이효순[李孝淳, 원문은 이행상]은 조직위원회 위원으로, 소련계 박영빈은 조직부장으로, 일본에서 돌아온 김천해는 사회부장으로 임명됐다. 배철의 연락부장 임명도 승인됐다.[191]

이 조직 문제의 기존 노선 전환은 김일성이 당 운영 방식을 근본적으로 재검토한 것이었다. 이는 하부로부터의 비판과도 결부되어 김일성이 당내 권력을 장악하게 됐다. 이것이 소련계 수장인 허가이에 대한 비판이었고 그를 당 지도부에서 격리하는 것을 의미하는 이상, 모스크바에 있는 스탈린의 승인을 받았을 것이다. 그리고 만

주파의 직계 김일을 군사 업무에서 배제해 평안남도 당위원장에 앉힌 것은 그 이후라고 생각된다.[192]

이러한 북쪽에서의 김일성 권력 기반 강화와는 대조적으로 남쪽에서는 이승만 정권의 동요가 계속됐다. 이승만 대통령은 국회와 충돌하고 있었다. 대통령은 헌법에 따라 국회에서 뽑기 때문에 이대로 가면 1952년 8월 대통령 임기가 끝나는 이승만은 다시 당선될 수 없다고 생각했다. 이승만은 그동안 특정 정당과 정파를 초월하려 했다. 그가 의지한 것은 5개의 '핵심 사회단체'인 국민회, 대한청년단, 대한노동총연맹, 대한농민총연맹, 대한부인회였다. 그는 1951년 8월 15일 연설에서 "노동자, 농민의 위상을 향상시킬 신당" 자유당 창당을 고려하고 있다고 밝혔다. 여기에 화답한 신당 창당 운동이 국회 안팎에서 시작됐다. 원외에서는 당연히 5개 단체가 중심이 되어 신당발기준비협의회新黨發起準備協議會를 만들었다.[193]

이승만 대통령은 신당 창당 준비를 진행하는 동안 대통령을 국민투표로 직접 뽑고 국회를 이원제로 하는 헌법 개정안을 11월 30일 국회에 상정했다. 하지만 원내 여당권은 기존과 같은 간접선거제 유지와 일원제를 고집했다. 오위영 등 원내 그룹은 원외 움직임과 분열했고, 12월 23일에는 원외와 원내에서 두 개의 자유당이 창당 대회를 열었다. 원외 자유당은 당수 이승만, 부당수 이범석을 선출했다. 원내 자유당 쪽은 당수 자리는 공석이고, 부의장은 김동성金東成과 이갑성이었다. 국회 내 여당에서는 소수 의원이 원외 자유당에 가담했다. 어쨌든 대통령이 원외의 대중행동을 조종해 국회를 압박하는 방향으로 진행됐다. 1952년 1월 18일 국회는 출석 의원 163명 가운데 찬성 19명, 반대 143명, 기권 1명으로 대통령의 개헌안을 부결시켰다.[194] 이를 계기로 원외에서 격렬한 국회 반대 운동이 벌어지게 된다. 원외 자유당은 이 대통령의 지시에 따라 "개헌안을 부결한 배신 국회의원 규탄 운동"을 벌였다. 백골단, 민중자결단 등 폭력단체가 등장했다.[195]

막다른 골목에 다다른
정전회담

결정적으로 정전회담의 교착상태를 초래한 것은 포로 문제였다. 이는 매우 심각한 사안이었다. 미군이 인천 상륙 작전을 한 후 북한군이 패주할 때 대량의 투항자가 나왔다. 그 수는 1950년 10월까지 10만 4천 명에 달했다. 중국군 포로는 1951년 4월부터 6월까지 전개된 제5차 전역에서 대거 발생했다. 1만 5천 명이었다. 중국인민지원군의 50~70%는 옛 국민당군의 장병이었다고 한다. 특히 장교에서 병졸로 강등됐던 자들은 포로수용소에 들어가자 반공 조직을 만들기 시작했다.[196] 이들을 도운 것이 타이완에서 보낸 수용소 요원들이었다.

중국인민지원군이 참전하고 포로가 나오게 되자 미군은 그 대응과 심문, 심지어 심리 작전 수행을 위해 중국어를 아는 요원이 필요했다. 미군은 주한 중화민국 대사관에 중국어와 영어를 할 줄 아는 인원을 소개해 달라고 요구했다. 대사관은 1950년 11월 6일 처음으로 한 사람을 소개했다고 타이베이에 보고했다. 1951년 1월 말이 되자 제8군 사령부는 무초 대사를 통해 부산의 중화민국 대사관에 대사관원을 파견하여 대적 심리 작전을 지원해 달라고 요구했다. 샤오위린 대사는 진陳 서기관, 두부杜副 무관을 파견했다. 대사 자신이 중일전쟁 때 심리 작전을 수행한 경험이 있다며, 전선의 지상이나 공중에서 확성기로 선전, 전단 배포, 동요를 내보낼 것 등을 제안했다. 미군 측도 적극적으로 이 뜻을 받아들여 워싱턴과 도쿄에서 온 전문가들과 함께 각 부대 심리전쟁 담당자 회의를 개최하기로 했다. 2월 16일 샤오위린 대사는 이미 제8군 사령부의 요청으로 영어나 일본어를 할 줄 아는 화교학교 교사와 학생 14명을 선발해 대구에서 단기 훈련을 한 후 각 부대에 배치하기로 했다고 보고했다. 이러한 움직임에 타이베이 정부도 호응하여 50명의 공작원을 준비했다. 1951년 6월에는 이미 66명의 중국인이 심리 작전 요원으로 활동하고 있었다. 미군과 행동하는 사람은 39명, 한국군과 함께 행동한 사람은 27명으로, 전사 1명, 부상 7명, 행방불명 1명 등 모두 9명의 희생자가 발생했다.[197]

미국 측 자료에 따르면 이들 요원은 미군 민간정보교육국Civil Intelligence and Education, CIE 프로그램에 따라 포로들에게 반공 민주 선전을 했다. 이 요원들은 종종 반공파 포로와 제휴하여 1951년 가을부터 겨울까지, 타이완으로 송환해 달라는 청원서에 서명하도록 포로들을 설득하거나 물리적인 압력을 행사했다.[198] 이렇듯 중국인 포로 귀환 문제는 단순한 사안이 아니었다.

제네바협약 118조의 규정에 포로는 신속히 송환해야 한다고 되어 있지만, 이 상식적인 견해가 항복한 후 협력자가 된 포로를 공산 측에 돌려보내고 싶지 않다는 트루먼의 뜻에 밀렸다. 트루먼은 1951년 5월에 이미 이런 견해를 밝힌 적이 있었지만 1952년 1월 2일이 되어서야 유엔군 측은 정전회담 석상에서 희망자만 일대일로 교환한다는 원칙을 들고나왔다. 중국·북한 측은 즉각 제네바협약 위반이라며 반발했다.[199] 그러나 아직까지 공산 측은 이 문제가 결정적인 장애가 될 것이라고는 느끼지 못했다.

1월 31일 마오쩌둥은 휴전회담의 경과를 스탈린에게 알렸다. "상대방의 고의적인 협상 지연 때문에" "현재까지 최종 합의가 이뤄지지 않았지"만 기본 문제 중 세 가지 합의는 이미 이뤄졌다. 포로 자유의사 송환 문제와 비행장 재건과 신설 제한 문제가 남은 쟁점이다. 상대방은 이 점을 중시하고 있지만 다른 한편으로는 빼도 된다고 하고 있어 "최종 합의를 달성할 가능성이 커지고 있는 것은 분명하다. 원래 우리는 이 가능성에만 기대하지도 않았고 지금도 기대하지 않는다." 협상을 지연시키거나 무산시키려는 미국 지배층의 "음모"는 있지만 "우리는 단호하게 타격할 준비가 되어 있다." 마오쩌둥은 이렇게 말하고, 스탈린의 "구체적인 지시를 받고 싶다"라며 중립국 감시위원회의 구성과 역할 방안을 설명했다. 그리고 찬성한 다면 감시위원회 참가에 대해 폴란드와 체코의 당에 연락해 달라고 했다.[200]

스탈린은 2월 2일 즉시 전폭적으로 지지하며 두 당 모두에 연락 하겠다고 회답했다.

> 우리는 당신이 그린 계획과 당신이 수행한 협상 경과 평가에 동의합니다. 당신이 취하고 있는 강한 태도는 이미 적극적인 결과를 가져왔고, 회담 후 적이 한층 더 양보하게 할 것입니다.[201]

마오쩌둥과 스탈린 모두 포로 문제의 심각성을 아직 이해하지 못 했음을 알 수 있다.

한편 이때 정전회담이 타결될 것이라는 전망에 불만을 품은 움직 임이 북한 내부에서 나오고 있었다. 1952년 1월 16일 박헌영은 혼 자 펑더화이를 방문했다. 박헌영은 "조선 인민은 전국에서 평화를 요구하고 있고 전쟁이 계속되기를 원하지 않는다"라며, "만약 소련 과 중국이 전쟁을 계속하는 것이 유리하다고 판단한다면 노동당 중 앙위원회는 그 어떤 어려움도 극복하고 자신들의 진지에서 버틸 수 있다"라고 말했다. 그리고 방문을 마치고 돌아갈 때 "자신의 방문은 단순한 상견례를 목적으로 한 것이며, 자신의 의견은 노동당 중앙위원회와 조선 정부의 의견이 아니라 순전히 개인적인 의견이라고 말했다"라고 한다.[202] 박헌영은 은밀히 중국 측이 전쟁을 지속할지 여부에 대한 입장을 살피고 거기에 동조하겠다는 뜻을 밝혔다. 박헌영이 자신의 견해를 중국 측에 어필한 것으로 보인다.

마오쩌둥은 2월 8일 스탈린에게 펑더화이가 보내온 전보와 그 건에 대한 자신의 답변을 함께 보냈다. 펑더화이의 1월 22일 자 전보에는 박헌영의 6일 전 방문이 보고돼 있었다. 펑더화이가 박헌영의 말에 덧붙인 코멘트는 다음과 같았다.

> 나는 정의와 합리성을 기반으로 한 평화적 조정이 우리에게 유리하다고 답했다. 또한 나는 현재의 전황에서 우리 측이 유리해진 조건과 미국의 어려움이 가중되고 있음을 그에게 설명했다. 따라서 정전협상은 타결될 수 있다. 그러나 군사적인 면에서 우리는 군사행동을 더 지속하기 위해 우리 자신의 병력을 적극적으로 준비한다. …… 돌아갈 때 박헌영 외상은 전반적인 정세에 대한 나의 관점에 동의한다……고 말했다.[203]

마오쩌둥이 어떻게 평가했는지는 알 수 없지만, 박헌영의 방문 사실을 전달한 펑더화이의 편지 내용을 읽은 스탈린은 박헌영의 이러한 움직임에 의혹을 품었을 것이라고 생각된다.

펑더화이의 편지는 계속해서 북한의 곤경을 설명했다. 1951년에는 농업현물세로 65만 톤이 징수됐는데, 전체 수확량에 비해 너무 많았다. 현재 주민의 10% 정도가 굶주리고 있으며 농민 대부분도 4~5월까지 버틸 식량밖에 없다. 중국 정부는 3만 톤의 곡물 원조를 결정했다는데 빨리 실행해 주었으면 한다. 중국의 재정도 어렵지만, 1951년도와 마찬가지로 1952년도에도 1조 6천억 위안(2억 3,700만 루블)의 원조는 필요하다.[204]

마오쩌둥은 2월 4일 답변에서 다음과 같이 말했다. 1952년도 예산에서 1조 5천억 위안(2억 2,200만 루블)의 대북 원조를 계상했다. 군사행동이 끝나면 원조는 늘릴 수 있다. 식량 원조는 2월에서 5월에 이루어진다. 한 달에 쌀과 좁쌀 각 5천 톤(4개월간 4만 톤), 대두유 200톤씩이다. 2월에는 면포 330만 미터의 원조도 이뤄진다. 이렇게 말한 뒤 마오쩌둥은 "조선에서의 군사행동이 끝나면 첫째로 무엇을 부흥시킬 필요가 있는가"라고 자문하고, 지원군은 부흥에 필요한 노동력을 제공할 수 있다고 했다.[205]

마오쩌둥은 이러한 경위를 스탈린에게 알려 북한이 처한 곤경과 중국의 원조 의지를 이해시키고, 이치에 맞지 않는 타협은 하지 않고 버티겠다는 결의를 보였다. 이후 스탈린은 4월 14일 정치국에서 밀가루 5만 톤을 북한에 보내겠다는 서한을 김일성에게 보내도록 했다. 서한을 받은 김일성은 감사 편지를 보냈다.[206]

미국 측은 귀국을 원하지 않는 포로를 강제로 귀국시킬 수 없다는 생각에 매몰되어 있었다. 1952년 1월 15일 무렵부터 워싱턴에서는 이 문제를 여러 차원에서 검토하기 시작했다. 2월 4일 국무부 장관과 국방부 장관이 토의한 결론을 정리한 문건에서는 귀국 희망에 대한 재조사를 벌여 귀국을 원하지 않는 자는 포로 명단에서 빼고, 명단에 남은 포로는 전원 귀국시키자는 방안이 제기됐다. 방안의 장단점을 검토하고, 원칙적으로 강제 송환하지 않는다는 것을 확인하도록 요청했다.[207] 그러나 국방부에서는 이 방안에 반대했다.[208] 2월 8일 국무부 장관의 메모가 대통령에게 제출됐다. 거기에는 "따라서 대통령이 현재 미합중국의 태도를 유지하는 것을 승인한다. 즉 …… 공산 측 포로를 귀환시키기 위해 힘을 행사할 것을 요구하는 공산 측의 제안을 받아들이지 않을 것을 권고한다"라고 기술됐다. 타협하지 말고 원칙을 관철하라는 것이다. 트루먼은 그날 이를 승인했다.[209]

실제로 이달부터 재조사가 시작됐다. 공산당원 포로들은 거세게 반발했다. 이런 상황에서 2월 18일 한국의 포로수용소에서 폭동이 일어나 69명의 사망자가 발생했다. 수용소 내부의 갈등은 3월에는 본격적인 살인으로 번졌다.[210]

2월 9일부터 3월 4일까지 한 달 남짓한 기간에 작성된 러시아 문서는 단 1건도 발표되지 않았다. 그러나 2월에 포로 문제로 정전회담이 교착상태에 빠졌다는 것을 마오쩌둥도, 스탈린도, 김일성도 인식하고 있었다는 것은 분명하다.

제6장

3년째의 전쟁

'세균전 반대'
캠페인

　　　　　여기서 시작되는 것이 공산 측의 '반反세균전' 캠페인이다. 1952년 2월 21일 마오쩌둥은 스탈린 앞으로 놀랄 만한 소식을 알렸다. 이해 1월 28일부터 2월 17일 사이에 미군이 8회에 걸쳐 항공기 투하와 포탄 발사 방식으로 세균병기를 사용했다며 이를 폭로할 계획이라고 했다.[1]

　이 내용을 기록한 회상록도 있다. 제19병단장 양더즈楊得志는《평화를 위하여爲了和平》에서 1952년 1월 28일 지원군 사령부가 미군이 이천 동남쪽 금곡리 등 몇 곳에서 대량의 병원균을 가진 곤충(검은 파리, 벼룩, 거미)을 뿌렸다고 통보해 왔다고 썼다. 2월 11일에는 그가 속한 사령부가 있던 지역으로 날아온 미군기 4대가 점액을 뿌렸는데, 그것이 그의 군복 소매에 묻었다고 한다. 검사해 보니 점액에 병균이 들어 있었다는 것이다.[2]《펑더화이 연보彭德懷年譜》에 따르면 펑더화이는 1월 29일 전군에 긴급 동원을 내려 방역대를 조직하고 적의 세균전을 분쇄하라고 명령했다. 2월 7일에는 방역 공작 긴급회의를 소집해 대책을 세웠다. 그러나 최근에 나온《항미원조전쟁사》제3권에는 펑더화이가 취한 어떤 행동도 기록되지 않았다. 인민지원군이 취한 최초의 행동은 3월 1일 방역위원회 설치로 되어 있다.[3]

　베이징에서는 2월 18일 인민해방군 참모총장 녜룽전이 처음으로 중국공산당 중앙에 미군의 곤충 살포에 관해 보고했다. 19일 마오쩌둥은 저우언라이에게 대책을 마련하라고 했다. 저우언라이는 이 날 밤 즉시 6개 항목의 대처 방안을 작성했다. 곤충 검사와 전선으로 방역대와 백신을 수송하는 것 외에, 북한의 외상 박헌영이 성명을 발표한 후 중국의 외교부장이 전 세계에 성명을 발표한다, 중국의 인민보위세계평화위원회에서 세계평화평의회에 미국의 세균전 활동에 반대하는 운동을 시작할 것을 제안한다, 이를 소련 정부에 타전하고 원조를 요청한다는 등의 캠페인 방안이 거론됐다.[4] 이를 받아들인 마오쩌둥은 2월 21일 스탈린에게 전보를 보냈다.

같은 날 저우언라이가 기초한 전보가 중앙군위원회의 펑더화이, 덩화, 간스치甘泗淇, 가오강 앞으로 보내졌고, 마오쩌둥이 김일성, 펑더화이 앞으로 전보를 보냈다. 전자의 전보에서는 "여러 징후를 토대로 살펴볼 때, 적은 최근 조선 곳곳에 각종 곤충을 뿌려 분명히 세균전을 추진하고 있다"라고 했다. 후자의 전보에서는 "적은 1월 28일부터 연속적으로 조선 전선에서 항공기를 통해 독충 세균을 뿌렸다. 이미 분석해서 거기에 포함된 페스트균을 검출했다"라고 했다.[5] 스탈린에게 보낸 전보와 거의 같은 내용이었을 것이다. 한반도에서 벌어진 세균전 정보가 베이징에서 한반도의 김일성과 펑더화이에게 전달된 것은 기묘하다.

이 전보를 받은 북한 정부는 즉시 박헌영 외상 명의로 2월 22일 성명을 발표하고 미군의 세균전에 항의했다.[6] 훗날 북한에서는 2월 20일 군사위원회에서 김일성이 이 문제에 대해 보고했다고 설명하지만,[7] 《노동신문勞動新聞》을 보면 1월 28일 이후 세균 곤충 투하가 있었다는 낌새는 찾아볼 수 없다. 2월 23일 지면의 1면 톱에는 스탈린의 사진과 함께 소련군 창건 34주년 기념 논문이 실렸다. 박헌영의 성명은 1면 왼쪽 아래 구석에 실렸다. 관련 기사는 전혀 없었다. 박헌영의 성명 발표는 스탈린의 승인 없이 이루어진 것이다. 산케이신문사가 입수한 자료에 포함된 북한의 사회안전성 고문이었던 글루호프Glukhov가 라브렌티 베리야에게 보낸 설명 메모(1953년 4월 13일)에는 베이징에서 정보를 입수한 북한 측이 자신들이 최초로 발표하겠다고 고집한 것으로 되어 있지만,[8] 저우언라이의 방안을 보면 박헌영 외상에게 먼저 발표하게 한다고 되어 있었기에 북한이 발표를 서둘렀을지도 모른다. 어쨌든 소련의 승인 전에 발표한 것은 이례적이었다.

소련공산당 정치국은 2월 23일 중국의 요청을 심의했다.[9] 마오쩌둥의 전보 내용을 전폭적으로 지지하고 미국의 세균전에 대항하여 중대한 대항 방책을 세우는 것이 필요하며, 중국공산당이 계획하고 있는 모든 것에 찬성한다, 소련 정부도 이들 방책을 지지한다고 회답하기로 했다. 《프라우다》는 2월 24일 박헌영 외상의 성명을 전달하는 형태로 이 건을 보도했다.[10] 저우언라이는 2월 24일 중국 정부와 인민은 북한 정부의 발표를 지지하고 미국의 세균전에 항의하도록 전 세계의 평화 애호 인민에게 호소해, 미국의 "광기 어린 범죄 행위"를 중단시키기 위해 최후까지 싸우겠다는 성명을 발표했다.[11]

《노동신문》은 2월 27일 저우언라이의 성명을 싣는 등 처음으로 관련 기사를 게재했다. 그때까지는 '반反세균전' 관련 기사는 실리지 않았다.[12]

녜룽전은 2월 28일 마오쩌둥과 저우언라이에게 전선에 페스트균 백신을 보내고 44명의 전문가를 조선에 파견했는데, 더 많은 양의 백신과 그 밖의 여러 가지가 필요하다고 보고했다.[13]

인민지원군에서는 3월 1일 지원군 총방역위원회를 설치했다. 주임에는 덩화, 부주임에는 박일우 등이 임명됐다. 그리고 각 병단, 군, 사단에 방역위원회를 설치하라고 명령했다. 3월 3일에는 동북군구 사령부가 만주, 중국 동북 지구에서 세균에 감염된 작은 동물을 집어넣은 자루가 투하된 것이 발견됐다고 중앙의 참모본부에 보고했다. 3월 4일 마오쩌둥의 지시를 받은 저우언라이는 6일 루딩이陸定一에게 전보를 보내 중앙군사위원회 방역판공실防疫辦公室이 반세균전 선전을 통일적으로 장악해야 한다고 지시했다.[14] 신화사新華社는 6일 이 뉴스를 내보냈다. 소련에서는 3월 2일 당 정치국에서 미국의 세균전에 대한 대책을 토의하고 결정했다.[15] 8일《프라우다》는 신화사 뉴스를 게재했다.[16] 이날 저우언라이는 다시 한번 성명을 발표했다. 2월 29일부터 3월 5일까지 미군기 448대가 동북 지역에 세균에 감염된 곤충을 대량 투하했다고 항의한 것이다.[17]

이처럼 항의 성명을 먼저 발표한 후에 국내의 방역 대책을 위한 실무 조치를 취했다. 3월 9일 저우언라이는 녜룽전, 허청賀誠 등과 세균전의 동북 지역 확대 사태에 대응하기 위해 필요한 국내의 방역 조치를 협의했다. 3월 13일 저우언라이는 세균전의 증거를 모으라고 지시했다. 14일 중국 정부는 저우언라이를 주임, 궈모뤄郭沫若와 녜룽전을 부주임, 허청을 판공실 주임으로 하는 중앙방역위원회를 설치했다. 다음 날 리더취안李德全, 랴오청즈廖承志를 중심으로 하는 '미 제국주의 세균전 죄행 조사단'이 베이징에서 출발했다. 3월 19일에는 중앙방역위원회 명의로 '반세균전에 관한 지시'를 내려 방역 조치를 지시했다. 20일 저우언라이는 국제조사단이 동북군구와 인민지원군 방역위원회를 방문할 것이니 세균전의 증거를 모으라고 지시했다.[18]

처음 방문한 국제조사단은 국제민주법률가협회 조사단으로, 3월 5일부터 19일까지 한반도에 체류했고 그 후 중국으로 들어가 3월 31일과 4월 2일 자로 보고서를 제출했다. 두 번째 조사단은 세계평화평의회가 조지프 니덤Joseph Needham 박사를 단장으로 하여 조직한 '세균전 조사 국제과학위원회'로, 6월 23일부터 8월 31일까지 한반도와 중국을 조사하고 보고서를 제출했다.[19] 새로 발표된 글루호프와 라주바예프의 설명에 따르면, 세계평화평의회의 과학자위원회를 맞이하기 위해 김일성과 박헌영이 원조를 요청했고, 보건성이 중심이 되어 소련 고문의 도움을 받아 가짜 오염 지구를 만들었다고 한다. 콜레라와 페스트균을 사형수에게 주사해서 가짜 사망자를 만들었고, 조사를 일단락 짓게 하려고 조사 지역을 가짜로 폭격하

기도 했다.[20]

북한이 반세균전 캠페인을 시작한 것은 3월에 들어서다. 3월 2일 《노동신문》은 "미제 살인귀의 세균병기 사용에 대한 인민의 격분 비등", "미제 야수는 세균 만행을 계속하고 있다"라는 특파원 르포를 게재했다.[21] 그러나 김일성은 당시 인터뷰를 통해 대미 비난을 표명하려고 준비 중이었는데, 거기에 '세균전' 비난은 포함하지 않았다. 그는 미국의 정전 교섭 연장에 더 관심을 두었던 것이다. 이것은 형식적으로는 라주바예프 대사의 제안에 따른 것으로 되어 있긴 하지만, 김일성의 의욕에서 나온 것임이 분명하다. 라주바예프는 "미국에 의해 협상이 연기되고 있다", "소련의 중립국 감시위원회 참가를 희망한다", "미국에 의해 협상이 파기됐을 경우 북한도 각오가 되어 있다"라는 3가지가 핵심 내용인 타스통신 기자의 김일성 인터뷰를 발표해도 좋을지 본국에 물었다. 3월 5일 그로미코는 스탈린에게 이 제안을 받아들일 수 없다고 보고했다. 이렇게 하면 중국과 북한이 "초조해하고 애를 태우고 있다고" 보일 수 있다, 특히 세 번째 내용은 비난거리를 제공하게 된다는 이유에서였다.[22] 스탈린은 이를 지지하고, 7일 정치국 결정에 따라 라주바예프에게 그 취지를 통지했다.[23] 김일성의 인터뷰는 발표되지 못했다.

재미 중국인 연구자 천젠은 새로운 저서에서 이 '반세균전' 캠페인 개시에 대해 "한국전쟁사의 가장 미스터리한 국면의 하나"라며, 이때 중국 지도자가 "정말로 믿고 있었다"는 사실을 보여 주는 증거가 있는데, 미국 측에는 이를 뒷받침하는 증거가 없었다고 지적했다. 그런데 미국 연구자 밀턴 라이텐버그Milton Leitenberg는 1951년 1~5월에도 중국의 신문, 라디오는 미군이 731부대의 자료를 사용하고 중국인 포로를 이용해 세균전을 실험하고 있다는 비난 캠페인을 한 적이 있다고 지적했다.[24] 《산케이신문》이 입수한 러시아 자료에는 베이징이 정보의 중심으로, 베이징이 미국의 범죄를 모스크바와 평양에 알렸다는 내용이 나온다. 중국 측의 관련 자료를 검토해보면 베이징에서 일이 시작됐다고 보는 것이 타당하다고 결론 내릴 수 있다. 특히 김일성이 적극적이지 않았던 것에 주목해야 한다. 더 많은 자료 수집이 필요하지만, 이 캠페인은 정치적인 것이었다고 보는 편이 타당할 것이다. 그리고 중국이 이 캠페인으로 미국에 타격을 주지 못했던 것은 분명하다.

3월 8일 그로미코는 베이징의 소련 대사에게 펑더화이가 계획하고 있는 미국 1개 사단을 대상으로 한 개별 작전은 현재 "시의적절하지 않다"라며 마오쩌둥이나 저우언라이에게 전달하라고 했다.[25] 마오쩌둥은 3월 10일 펑더화이에게서 그러한 작전에 대해 들은 바가 전혀 없으며, 자신도 "시의적절하지 않다"라고 생각하기 때문에 펑더화이에게 연락하겠다고 스탈린에게 전보를 보냈다.[26] 허가받을 수 없었기 때문에 규모를 축소했는지는 알 수 없으나, 3월 18일 인민지원군 63군은 금곡 남쪽의 무명고지에 있는 한국군을 공격했다. 지원군 총사령부는 "준비가 됐고, 계획이 있고, 절제도 있는 이런 종류의 주동 공격"은 좋다며, 각 군이 3월 말부터 4월에 걸쳐 이러한 작은 전투를 1, 2회 조직할 수 있다면 판문점 협상을 지원하는 것이 된다는 통지를 보냈다.[27] 그러나 이러한 작은 전투로는 미국의 포로 문제에 대한 태도 변경을 이끌어 낼 수 없었다.

3월 28일 마오쩌둥은 스탈린이 제안한 중국 해군 건설과 중국-몽골 간 철도 건설에 대해 회답한 장문의 전보에서 "현재 조선에서 진행 중인 협상에서 합의를 달성할 수 있다고 생각한다. 합의가 4월에 달성된다면 우리는 5월 중순에라도 …… 책임 있는 동지를 모스크바에 파견할 예정이다"라고 했다.[28] 그러나 그렇게 낙관할 상태는 전혀 아니었다. 샌프란시스코강화조약과 미일안보조약 체결이라는 상황을 고려하여 1952년 구두로 약속했던 소련 해군의 뤼순 철퇴를 실행하지 않았으면 좋겠다고 요청했던 것도 주목해야 한다. 4월 2일 스탈린은 뤼순에 계속 주둔해도 괜찮지만, 그러기 위해서는 외부 세계를 납득시킬 합리적인 설명이 필요하므로 새로운 조약이 필요하다고 회답했다.[29]

일화평화조약
체결

이때 일본과 타이완 정부 사이에는 중국을 초조하게 만드는 작업이 진행되고 있었다. 미국은 평화조약을 체결한 일본에 대해 공산 중국에 대응하기 위해 미국이 비호하는 중화민국과 국교를 체결하여 타이완 정부를 지지한다는 태도를 분명하게 보여 달라고 요구했다. 요시다 총리는 타이완과의 평화조약 체결을 피하고 싶었다. 그러나 1951년 12월 10일 일본을 방문한 덜레스가 요시다 총리에게 이대로는 상원에서의 샌프란시스코평화조약 비준이 어렵다며 미국에 보낼 서한의 원안을 제시했다. 샌프란시스코평화조약 원칙에 따라 양국 간 조약을 체결한다, 그 조항은 현재 중화민국 정부의 지배하에 있으며 "향후 들어가야 할 모든 지역"에 적용된다는 내용이었다. 요시다는 특히 후자에 반대했다. 즉, 타이완 정권의 본토 진공이 성공하면 그에 따라 이 조약을 확대 적용한다는 것이기에, 이는 일본이 타이완 정권의 본토 진공을 지지하는 것이 된다고 판단했기 때문이다. 그러나 거기에 바로 일본의 태도를 명확하게 하려던 덜레스의 주장이 들어가 있었다. 결국 요시다는 덜레스의 압력에 떠밀려 전부 받아들였다. 12월 24일 덜레스의 원안을 기초로 작성한 요시다의 서한이 미국 정부에 전달됐다.[30]

교섭은 1952년 2월 20일 타이베이에서 시작됐다.[31] 교섭이 썩 내키지 않았던 요시다는 일본 측 전권에 중일전쟁 당시 대장성 대신이었고 전前 타이완척식회사 사장인 가와다 이사오河田烈를 선임했다. 중화민국 전권은 외교부 장관 예궁차오葉公超였다. 중국공산당에 밀려 타이완으로 도망친 장제스 정권은 이 협상을 국제적인 지지를 확보하는 계기로 활용하려 했다. 한편, 중국인에게는 만주사변 이후 일본의 침략으로 인한 피해를 청산하는 협상이라는 의미가 있었다.

예궁차오 전권은 일화평화조약日華平和條約에 샌프란시스코평화조약의 배상 조항을 그대로 포함할 것을 제안했다. 그는 일본은 중화민국에 배상해야 한다고 말한 뒤, 일본의 경제력으로는 완전한 배상을 지불할 수 없다는 것을 인정한다며, 일본이 역무로 손해보전을 돕는다는 규정을 두자고 했다.[32] 이에 대해 일본 측 가와다 전권은 이와 같이 "일방적으로 우리 측에 의무를 부여하는" 규정, "샌프란시스코조약의 패전국에 대한 제한 규정"을 다수 포함시키면 일본 국민을 "실망"시킨다, "조약 내용은 될 수 있으면 우리의 국민감정을 자극하지 않는 형태로 할 필요가 있다"라고 발언했다.[33] 예궁차오 전권은 3월 1일 다음과 같이 강하게 반박했다.

중국과 일본의 관계는 과거 수십 년 동안 2번의 전쟁과 여러 불행한 사건으로 상처를 입었다. 참으로, 1931년 9월 18일 펑텐 사건부터 대일 승리일에 이르기까지 중국의 인민, 특히 우리나라 동북 지역 각 성의 인민은 일본의 끊임없는 군국주의적 침략으로 불행한 희생을 겪었다. 일본과의 여러 해에 걸친 전쟁으로 중국의 자원은 황폐해졌고 생활력은 잠식당했다. 그로 인해 적대 행위 종결 후 중국에 밀어닥친 적색 침략의 조류에 대해, 저항의 뜻만 가질 뿐 남은 힘은 없었다. 참으로, 우리는 일본과의 전쟁에서 값비싼 대가를 치렀다.[34]

마지막 부분은 국민당 정부의 견해이지만, 일본의 침략에 대한 지적은 전 민족의 견해다. 예궁차오는 "중국이 대일전쟁 이후 일본에 대해 취한 관후寬厚와 화해의 정신을 충실히 따라 우리는 샌프란시스코조약에 찬성하는 길을 선택했다"라고 설명했다.[35]

그러나 이 주장은 일본에는 어떠한 인상도 주지 못했다. 오히려 일본은 역무배상을 결정해도 실제적이지 않다며, 그것조차 거부한다는 태도를 보였다. 일본은 당시 필리핀과 인도네시아에 역무배상만 받아들이겠다는 태도를 밝혔었는데, 타이완의 국민당 정부한테만 이렇게 말한 것은 타이완의 약한 처지를 이용한 것이었다. 도중에 와지마 에이지倭島英二 아시아국장이 타이완에 가서 전 행정원장 장췬張群을 방문하기도 했으나, 와지마의 발언을 포함해서 일본 측 주장은 처음부터 끝까지 강경했다. 3월 19일 중화민국은 어쩔 수 없이 배상 규정을 조약 본문이 아닌 의정서에 포함하기로 했고 역무배상 포기도 받아들였다. 다만, 일본에는 원래 배상의무가 있다는 것을 서로 인정하고 협상을 시작했다는 경위 설명을 남기자고 요구했다.[36] 그러나 일본은 이마저도 인정하지 않았다.

1952년 4월 2일 더는 참기 어려웠던 예궁차오 전권은 재차 일본을 비판하는 구상서를 제출했다.

모든 연합국 가운데 중화민국은 대일전쟁을 가장 오랫동안 했고 가장 막대한 손해를 입었다. 인민이 받은 고난도 최대였다는 것을 상기해야만 한다.

따라서 일본국은 샌프란시스코조약에서 인정한 대로 일본이 일으킨 손해와 고통에 대해 중화민국에 배상을 지불할 의무를 인정하는 것이 바람직하다. 중화민국은 그 영토가 한때 일본군에게 점령되어 일본에 의해 손해를 입은 다른 연합국에 일본이 제공하기로 약속한 역무 이익을 포기할 예정이다. 그러기 위해서는 중화민국은 먼저 샌프란시스코조약 제14조에서 권리와 의무를 획득할 기회를 부여받아야 한다. 그것이 의정서안 1조 (c)의 기안을 도출해 낸 정신이었다. 그 항의 일본안은 배상을 지불할 일본의 의무를 인정하는 것을 규정하지 않고, 연합국 일원으로서의 중국의 지위를 부정하는 것을 도모하고 있다. 중국 정부로서는 이를 받아들일 수 없다.[37]

하지만 일본은 귀를 기울이지 않고 오히려 중화민국이 역무배상 포기를 의정서에 명기하고 거기에 배상청구권을 포기한다는 문구도 넣을 것을 요구했다. 타협할 수밖에 없었던 장제스 정권은 결국 의정서에 역무 요구 포기를 명기하고 다음과 같이 협상 공문에 기술하기로 타협했다.

| 일본 대표   나는 중화민국은 본 조약 의정서 제1항 (b)에 기재되어 있는 대로 역무배상을 자발적으로 포기했기에 샌프란시스코조약 제14조 (a)에 기초해 동국同國에 제공해야 할 유일한 남은 이익은 동 조약 제14조 (a)에 규정된 일본국의 재외 재산이라는 것을 양해한다. 이게 맞는가.

| **중화민국 대표** 그렇다. (이야기한) 그대로다.[38]

이에 따라 중화민국은 모든 배상청구권을 포기한다는 것이 확인됐다. 1952년 4월 28일 일화평화조약이 조인됐다. 협상 개시로부터 불과 2개월 후의 일이었다. 조인식에서 가와다 전권은 "중화민국 대총통 각하의 관대한 태도는 우리 국민이 특별히 관심을 갖는 여러 규정에 충분히 드러나 있다"라며, 우리 국민은 이를 감사하게 생각하고 있으며 기억할 것이다, 우리 국민은 "세계의 평화 애호 국가의 단결을 위하여" 합당한 역할을 하겠다고 했다.[39] 일본이 중국의 배상청구권을 철저히 거부하고 결국은 타이완 정부가 그 태도를 인정하도록 만든 것이 현실임에도, 장제스 총통이 관대하게 배상을 포기했다는 신화를 만들어 냈다. 이는 배상을 지불하고 싶지 않았던 일본 정부에는 샌프란시스코조약 이상의 성공이었다고 말할 수 있을지도 모른다. 그러나 이것은 결과적으로 중일 간의 역사에 커다란 화근을 남겼다. 장제스 정권에게 일본과의 국교 수립은 국가로서 생존하기 위한 유용한 수단이었다. 그러나 배상청구권의 철저한 거부를 받아들인 것은 중국인에게는 큰 상처가 됐다.

1952년 4월 28일은 대일강화조약, 미일안보조약, 행정협정이 발효된 날이었다. 요코타 기지 사용은 이 시점부터 미일안보조약에 근거를 두게 됐다.

저우언라이는 미국이 5월 5일 대일평화조약이 효력을 갖게 됐다고 선언한 것을 비판하고, 이 조약은 일본의 주권과 독립을 회복시킨 것이 아니라 일본을 "미국의 군사 기지와 종속국으로 만드는 전쟁 준비 조약이자 노예화 조약"이라는 성명을 발표했다. 또한 타이완의 중국 국민당 잔여 집단과 이른바 평화조약을 체결시킨 것도 중화인민공화국에 대한 군사적 위협이기에 절대로 승인할 수 없다고 했다.[40] 그러나 일이 이렇게 진행되는 것을 막을 방법은 없었다.

그리고 한일회담 쪽은 일화회담보다 5일 빠른 1952년 2월 15일에 도쿄에서 제1차 회담이 시작됐지만, 일화평화조약이 조인되기 1주 전인 4월 21일에 결렬됐다. 일본 측은 종전 당시 외무성 차관이었던 마쓰모토 준이치松本俊一를 전권으로 하고 이구치 외무성 차관, 니시무라 조약국장, 와지마 아시아국장이 참가하는 대규모 전권단을 구성했다. 한국 측 전권은 계속해서 양유찬 대사였다. 회담에 앞서 한국 정부는 1952년 1월 18일 공해상에 '평화선'을 설정해 일본 어선의 출입을 금지시켰다. 일본 측이 말하는 '이승만 라인'이다. '평화선'을 침범하는 일본 어선의 나포가 시작되자 일본 정부는 강하게 항의했다. 한국 정부의 의도는 한일회담에서 청구권 문제 협상을 유리하게 이끌려는 것이었다고 한다.[41] 회담에서는 기본조약과 옛 조약의 무효 문제에 대해서도 논의했다. 이러한 문제를 두고 한일의 주장은 대립했으나, 가장 격렬하게 대립한 것은 청구권 문제였다. 샌프란시스코조약 제4조 (b)의 미군정이 처분한 것의 효력 '승인'을 어떻게 받아들일지가 쟁점이었다. 한국 측은 일본의 식민지 지배가 불법이었다는 관점에서 불법적으로 점유한 이후에 축적한 일본의 재산은 전부 비합법적 성격을 갖고 있다며 미군정의 처분에 따라 일본에는 어떤 권리도 없게 됐다고 주장했다. 일본 측은 이러한 주장을 전적으로 거부하고 일본인의 사유 재산에 대해서는 소유권은 소멸하지 않았으며, 매각됐다면 그 자체는 승인하지만 매각 대금은 당연히 청구할 수 있다고 주장했다. 이 대립은 근본적인 것이었다. 그 결과 제1차 회담은 결렬됐다.[42]

일화평화조약은 조인됐고 한일회담은 결렬됐다는 것은 매우 대조적이었다.

김일성,
즉시 정전을 희망하다

정전회담이 꽉 막힌 상황에서 북한에서는 김일성과 박헌영의 분열이 드러났다. 1952년 봄 박헌영과 리승엽은 대남 공작 준비를 계속했다. 1952년 2월 금강정치학원은 전선에서 가까운 황해도 연백 지구에 300명을 보내 제10지대를 재생시켰다. 대장은 맹종호孟鍾鎬였다. 나머지 600명은 계속해서 학원에서 양성사업을 했다고 한다.[43]

《남부군南部軍》의 저자 이태李泰는 당 중앙의 명령으로 금강정치학원은 3월에 폐지되고, 평안북도에 신설된 중앙당학교 제1분교에 다시 수용됐다고 썼다.[44] 이는 박헌영 등의 움직임에 대한 직접적인 공격을 의미하는데, 그대로 믿기는 어렵다.

한편, 김일성 숭배 캠페인이 4월 15일 김일성 탄생 40주년 기념일 전후에 나타났는데, 이것도 김일성과 박헌영의 분열을 촉진했다. 4월 10일 개인숭배 성격을 띤 〈김일성 장군의 약전略傳〉이 《노동신문》에 발표됐다.[45] 15일 당일에는 박헌영의 글 〈김일성 동지의 탄생 40년을 맞아〉와 당서기 박정애의 글 〈김일성 동지는 조선 인민의 수령〉이 함께 실렸다.[46]

박헌영의 글은 "경애하는 수령이신 김일성 동지"라고는 했으나 내용은 매우 소극적이고 김일성 숭배에 관한 내용은 전혀 없었다. 전쟁의 혹독한 시련을 전례 없는 영웅성을 발휘해서 극복할 수 있었던 것은 당과 정부와 함께 "김일성 동지가 우리 인민을 위대한 스탈린의 학설로 명확해진 가장 올바른 길로 이끌었기 때문이다"라고 주장했다. 맺음말은 기묘하게도 김일성 찬미가 아니라 스탈린 찬미로 되어 있었다.

오늘 우리 인민은 우리의 민족적 지도자의 탄생 40주년을 맞아, 우리에게 해방을 주고 또 우리를 영웅적 위업으로 고무하고 …… 있는 전 세계 노동 인민의 영명한 수령이자 스승인 스탈린 대원수에게 열렬한 축하를 보내고 경의를 표하는 바이다.

박헌영은 김일성 숭배에 반대한다는 것을 스탈린 숭배로 표명한 것이다.

이에 반해 박정애의 글은 "김일성 동지는 우리 당과 우리 인민의 수령이다"라고 반복하면서 '김일성 장군의 약전'을 충실하게 반영한 김일성 찬미로 일관했다.

휴전회담이 포로 문제로 교착된 상황에서 1952년 5월 세 번째 유엔군 사령관으로 마크 클라크Mark W. Clark가 취임했다. 그의 취임은 거제도 포로수용소에서의 반란으로 수용소 사령관 프랜시스 도드Francis T. Dodd 준장이 반란자의 인질이 된 사건이 계기가 됐다. 포로 문제에 대한 타협 전망이 없는 상황에서 신임 사령관은 북한에 대한 폭격을 강화하여 사태를 해결하려 했다.

먼저 5월 13일 극동공군 사령관 오토 웨이랜드Otto P. Weyland는 클라크에게 평양 폭격의 허가를 요구했고, 이 공습 작전에 '압력 펌프 작전Operation Pressure Pump'이라는 이름을 붙였다. 클라크는 정전회담에서의 공산 측 답변을 기다리라고 명령했다.[47] 그러나 6월 6일 웨이랜드가 수풍발전소[水豊發電所, 평안북도 삭주군 수풍면에 있는 북한 최대의 수력발전소 – 역자 주]를 제외한 수력발전소 폭격을 제안하자, 클라크는 이를 승인하고 6월 16일 발전소 폭격을 명령했다. 19일에는 합동참모본부가 수풍발전소도 공격 목표에 포함시키는 것을 승인했다.

6월 23일 미 공군과 해군항공대는 수풍발전소, 부전강赴戰江 제

3, 제4발전소와 장진강長津江 제3, 제4발전소 등을 폭격했다. 공격당한 수력발전소 13곳 가운데 11곳은 완전히 파괴됐다. 북한은 전력의 90%를 상실했다.[48] 이 폭격은 전 세계에 보도됐고, 영국 등에서는 비판의 목소리가 나왔다. 일본 신문도 연일 보도했다. 그러나 이 폭격에 해군항공대와 제5공군이 참가한 것은 보도됐지만, 미일안보조약에 존립 근거를 둔 요코타 기지에서 출발한 폭격기라는 것은 거론되지 않았다.[49] 우파사회당의 도카노 사토코戸叶里子 의원은 6월 25일 중의원 외무위원회에서 "유엔군의 '수풍댐 폭격'의 결과, 일본 기지가 보복 폭격을 받을 염려는 없는가?", "다치가와立川 등에서는 등화관제 협력을 요청하고 있는데, 그것은 어떤 이유에서인가?"라고 질문했다. 이에 대해 이시하라 외무성 차관은 "수풍댐 폭격의 상세한 보고는 아직 모른다", 등화관제는 미군의 요청으로 외무성에서 부근의 시정촌市町村에 협력을 요청하고 있다고 답변했다.[50]

7월 3일 합동참모본부의 허가가 나오자, 4일에는 안둥에서 동북쪽으로 50킬로미터 지점에 있는 북한 군사대학을 폭격했고, 8일에는 강계와 구누리 사이의 철교, 그리고 장진강 제1, 제2발전소를 폭격했다.[51] 일본의 신문은 작게 "미기米機 3개 발전소 폭격"이라고 보도했다.[52]

그리고 그사이에 허가가 나와 7월 11일 평양 폭격이 이루어졌다. 제7함대 항공모함의 함재기, 제5공군기, 한국 공군기가 오전 10시, 오후 2시, 6시 등 주간에 3차례 공격하고, 밤이 되면 요코타와 가데나에서 B-29 54대가 출격해 폭격했다. 1,254회 출격은 한국전쟁에서 최대의 공습이었다. 2만 3천 갤런의 네이팜탄이 투하됐다. 평양방송은 이틀 후에 "야만적인" 공격으로 1,500채의 건물이 파괴되고, 7천 명의 사상자가 나왔다고 발표했다.[53]

일본 신문은 "평양 등 맹폭/유엔 공군", "평양을 재폭격", "평양의 사망자 2천 명/공산 측 방송" 등이라고 보도했다.[54]

이 폭격 뒤에도 7월 15일에는 승호리勝湖里 시멘트공장이, 7월 19일, 20일, 21일에는 장진강발전소가, 27일에는 심독동아연광산이, 30일에는 동양경금속공장이 폭격을 당했다. 야간 공격은 전부 B-29가 수행했고, 특히 30일의 폭격에는 63대가 참가했다. 하나의 목표에 대한 공격으로는 최대 규모였다.[55] 일본의 신문은 AP통신 보도를 근거로 "조만朝滿 국경 공장을 대폭격"이라고 보도했지만, 예외적으로 "일본과 오키나와 두 기지의 B-29 폭격기 66대"가 "660톤의 폭탄을 투하했다"라고 썼다. "이번 폭격은 전란 개시 이래 최대이고, 게다가 국경지대에 가장 근접한 곳에 대한 야간 폭격이다"[56]라고 했다. 그러나 일본의 기지가 요코타 기지였다는 것은 쓰지 않아, 이 기사를 읽는 사람들 대부분은 그것을 생각하지 못했다.

이러한 미군의 맹렬한 공격에 대한 공산 측 공군의 반격은 매우 미약했다. 6월 23일의 수풍발전소 공격 등 기습 공격을 당한 소련 전투기는 반격하지 못했다. 미군은 1대도 격추당하지 않았다.[57] 소련 공군의 자체 분석에 따르면, 미국은 F-80을 전투폭격기로 전용했으며, 미그-15와 대등한 전투기 F-86 세이버를 사용하기 시작했다. 게다가 1952년부터 야간 폭격으로 완전히 전환한 것도 소련이 열세에 놓인 커다란 요인이었다. 또 1952년 소련 공군은 3개 사단이 아니라 2개 사단만 전투할 수 있었는데, 이것이 수적인 열세를 가져왔다. 이 때문에 1951년 9월부터 1952년 1월까지는 월평균 격추기 수가 74대, 그 가운데 폭격기와 대지공격기가 37대였는데, 1952년 2월부터 7월까지는 월평균 격추기 수는 28대, 그 가운데 대지공격기는 7대였다. 격추기 수 대 피격추기 수는 7.9 대 1에서 2.2 대 1 또는 2 대 1로 급격하게 줄어들었다.[58] 소련 공군은 미군 폭격기를 저지하지 못하게 됐고 미군 전투기에 격추당하는 손해가 4배로 늘어났다.

미국은 "적의 공군 작전에서 소련의 참가는 실로 대대적이고, 사실상 북한 상공에는 유엔군과 소련군이 벌이는 하늘의 전쟁이 있다고 말할 수 있다"라며, "미군 기준에서 볼 때 한반도=만주=중국 지역의 공산 공군은 꽤 높은 수준에 도달했다고 여겨진다"[59]라고 했다. 그러나 하늘의 미소 전쟁에서 소련 공군은 초반의 우세를 상실하고 미 공군에 압도당하고 있었다.

이 단계에서 중국 공군도 전투에 참여하게 됐다. 4월 22일 자 마오쩌둥 전보에 따르면 중국 공군 전투기 연대 19개 중 15개가 안둥에서 전투에 참여하고 있는데, 피해가 크고 이미 미그-15 154대를 상실했다고 했다.[60]

미국의 폭격은 북한에 커다란 타격을 입혔다. 하지만 마오쩌둥은 수풍댐이 공격받은 후에도 7월 4일 스탈린에게 보낸 전보에서 "상대방이 조선 정전협상에서 전환을 꾀하려고 기도하고 있음을 보여주는 약간의 징후가 나타났지만, 그럼에도 적이 협상을 연기할 가능성은 없을 것"이라고 평정심을 보였다. "6월에는 조선 전선의 일부 구역에서 적이 군사행동을 강화했다. 6월 23일 적은 …… 수풍발전소를 집중적으로 폭격해, 그 결과 발전소는 파괴됐다. 이 모든 사실은 적이 우리에게 군사적으로 압박을 가하고 있음을 말해 준다." 마오쩌둥은 적을 물리치기 위한 무기와 탄약의 긴급 원조를 요청했다.[61]

하지만 김일성에게는 그러한 평정심이 없었다. 타격이 너무 컸기 때문이다. 김일성은 7월 6일 폭격이 시작된 상황에서 중국·북한 연합사령부에 편지를 보내, 당 중앙정치위원회의 결정으로 연합사령부 부사령원 김웅을 소환해 민족보위성 부상에 임명하고 최용건을 보좌하도록 했다고 통지했다. 더불어 새로 인민군 전선사령부를 설치하고 그 사령원에는 만주파 김광협을 임명했다고 통지했다. 연합사령부의 부사령원은 최용건이 맡는다고도 했다.[62] 이것이 무엇을 의미하는지 추측할 수 있는 자료는 없다. 그러나 김일성이 무언가 중국에 대해 북한의 독자성을 주장하고 있는 것으로 여겨진다. 그의 심정을 드러낸 것이라 할 수 있다. 연합사령부는 이 결정을 받아들였지만, 최용건의 부사령원 취임은 연기한 것으로 보인다.

평양 폭격의 심각성을 느낀 김일성은 7월 14일 마오쩌둥에게 중대한 제안을 한다. 그 내용은 공개되지 않았지만, 포로 문제에 관한 미국의 안을 수용하여 정전협상을 타결하자는 제안이었던 것 같다. 이것이 박헌영과 논의한 후의 행동이라고는 생각되지 않는다. 박헌영과 논의했다면 박은 반대했을 것이다. 이 김일성의 편지에 마오쩌둥은 7월 15일 다음의 전보를 보내 회답했다.[63]

이틀간에 걸쳐 문제를 검토한 결과, 우리 동지들은 전원 일치로 현재 적이 우리에게 광기 어린 폭격을 감행하고 있을 때 …… 도발적이고 기만적인 적의 제안을 받아들이는 것은 매우 불리하다고 판단했습니다.

마오쩌둥은 이 문제에는 적극적인 면과 부정적인 면이 있다고 했다. 미국의 제안을 받아들이지 않으면 "단 하나의 피해"가 있을 뿐이다. 그것은 "조선 인민과 중국인민지원군이 더 많은 손실을 본다는 것"이다. "그러나 일단 전쟁이 시작되면, 중국은 북조선을 도울 것이고 조선 인민은 이미 성실하게 전 세계 평화진영을 방위하는 전선을 지켜 왔다. 조선 인민의 희생으로 38선 지구의 진지가 강화되어 조선과 중국 동북을 지키고 있다." 중국은 모든 힘을 다해 북조선을 도울 것이다. "따라서 당신들에게 부탁한다. 조선의 상황을 긴급하게 해결하는 데 필요한 문제를 우리에게 거리낌 없이 요청하길 바란다." 우리가 해결할 수 없다면 함께 필리포프 동지에게 부탁하자.

반대로 미국의 제안을 받아들이면 "커다란 피해"가 있다. 여기서 양보하면 앞으로 약점을 잡힌다. 계속해서 패배하게 된다. 여기서 버티면 적이 양보해 온다. "만약 적이 양보하지 않고 협상을 깬다면 우리는 군사행동을 계속해 적이 해결할 수 없는 상황을 만들어 내고, 현재 상황을 바꾸기 위한 활로를 찾아야 한다"라고 했다.

마오쩌둥은 이 건을 스탈린에게 전달해 의견을 들을 계획이라고 김일성을 압박했다.

이런 말을 들은 김일성은 아무것도 할 수 없었다. 김일성은 7월 16일 제안을 철회하고 마오쩌둥 의견에 동조한다는 전보를 보냈다. "신중하게 연구하고 토의한 결과 우리는 전원 일치로 결론을 내렸다. 우리는 현 정세에 관한 당신의 분석이 옳다고 인정한다. 동시에 우리 상황을 고려해서 앞으로 우리가 거리낌 없이 우리에게 필요한 원조 문제를 제기하도록 해 달라. 우리는 마음으로부터 감사하고 있다." 김일성은 고사포부대의 증강, 공군의 증강, 지역적 공세로 나설 태세를 갖출 수 있도록 원조해 달라고 했다.[64] 우리에게 전쟁을 계속하라고 할 것이라면 원조해 주는 것은 당연하다는 논리였다. 전원 일치라고 한 것은 꾸민 것일지도 모르고, 이 단계에서 박헌영에게 말했는지도 모른다.

김일성은 이날 서둘러 스탈린에게도 전쟁을 계속하겠다는 의지를 표명한 전보를 보냈다. 하지만 여기에는 김일성에게 전쟁을 계속하는 것은 고통이라는 인식이 드러나 있다.

지난 협상 1년 동안 우리는 사실상 전투 행위를 끝내고 소극적 방어로 옮겼습니다. 이러한 상태는 적이 거의 어떠한 손해도 입지 않고, 끊임없이 인적으로도 물적으로도 우리에게 막대한 손해를 입히는 것으로 이어졌습니다. 예를 들자면, 최근 적은 우리의 모든 발전소를 운전 불능 상태로 만들었는데, 적극적인 공군의 행동으로 복구 가능성을 주지 않습니다. ……

적은 이러한 상황을 활용해 협상에서도 우리가 받아들일 수 없는 요구를 제시하고 있습니다. 당연하지만 중국의 벗들은 이 조건의 수용을 거부하고 있습니다. 우리도 이 문제에 대한 마오쩌둥 동지의 의견에 동조합니다.

그러나 힘을 낼 거라면 적극적으로 행동해야 하니, 이를 위해 고사포 10개 연대의 장비, 공군 강화를 위한 TU-2 40대, 인민군에 대한 무기 원조, 이 세 가지를 요청한다고 했다.[65]

스탈린은 이날 마오쩌둥에게 "우리는 당신의 정전협상에 대한 견해가 완전히 옳다고 본다. 오늘 우리는 평양에서 김일성 동지도 당신의 견해에 찬성한다는 연락을 받았다"라고 전보를 보냈다.[66]

마오쩌둥은 7월 18일 자신의 15일 자 전보와 16일 자 김일성의 전보를 스탈린에게 보냈다.

스탈린은 어떤 심경이었을까? 그는 7월 24일 김일성에게 요청을 받아들이는 것은 매우 곤란하지만, 북한의 엄중한 상황을 감안해서 고사포 5개 연대의 장비, TU-2 30대, 트럭 1천 대, 무기 의료 물자 2만 6천 톤을 제공하겠다고 약속했다.[67] 그러나 같은 날 중국의 무기 탄약 원조 요청에 대해서는 5분의 1 정도라면 가능하다고 답변했다.[68] 김일성에게는 따뜻하게, 마오쩌둥에게는 좀 쌀쌀맞게 대한 것으로 보인다. 미군의 북한 폭격은 북한에는 커다란 피해였다. 그리고 그것을 저지할 수 없는 소련 공군력의 열세를 보여 줬다. 그것은 또한 북한의 전후 부흥을 위한 소련의 지출을 높일 뿐이었다. 전쟁 상황은 명확하게 소련에 불리해졌다. 스탈린이 김일성에게 동정적인 이유는 여기에 있었다.

김일성의 제안은 즉시 취소되어 달리 영향을 미치지 못했지만, 이 사실을 박헌영이 알았다면 그는 김일성에게 결정적인 불신감을 가졌을 것이다. 이 두 사람은 이제 결정적인 분열을 앞두고 있었다.

부산
정치 파동

북한이 미국의 폭격에 비명을 지르고 있을 때, 한국은 안전한 후방에서 대대적인 정치 투쟁의 소용돌이에 휘말렸다.

1952년 1월 이승만 대통령이 제안한 대통령 직선제 개헌안이 부결되자 대통령을 지지하는 원외 자유당은 산하의 대중단체에 지령을 내려 개헌 부결 반대 항의 민중대회를 개최하고 서명운동을 시작했다. 대통령은 2월 16일 담화에서 "민의民意"를 거부하는 국회의

원의 리콜을 요구했다. 이에 원외 자유당은 2월 18일 대규모의 대통령 직접 선거제 요구, 국회의원 리콜 요구 데모를 조직했다. 국회측은 2월 19일 호헌 결사 투쟁을 결의하고 민국당, 원내 자유당이 함께 책임내각제 개헌을 요구하는 안을 122명의 공동 이름으로 제출했다.[69]

미국은 이 사태를 우려했다. 무초 대사는 2월 15일 포괄적인 보고를 워싱턴에 보냈다. 보고에는 예상되는 대통령 후보에 대한 평가가 들어 있었는데, 이범석과 신익희는 "우리 관점에서 보면 상당히 형편없다pretty crummy", 장면과 허정許政은 '베스트 투'이지만 대중의 지지가 없고 "아무래도 약하다somewhat weak"라고 평가했다. 장면이 국회에서 대통령으로 선출되는 것이 "우리의 최선의 희망"이라고 분명하게 말했다. 단, 국회에서 한국의 존엄이 상처를 입었다고 느끼게 된다면, 장면이 미국과 연관되어 있다는 것은 마이너스 요인이 되기 때문에 절대로 미국이 개입하고 있다는 인상을 주어서는 안 된다고 했다.[70]

이승만 대통령은 장면이 미국이 미는 진짜 후보라는 것을 충분히 알고 있었다. 그래서 그는 선제공격에 나섰다. 4월 20일 장면을 국무총리직에서 해임하고, 5월 14일 다시 대통령 직선제 개헌안을 제출했다. 후임 총리로 장택상張澤相을 지명하고 국회 승인을 받았다. 5월 24일에는 이범석을 내무부 장관으로 임명했다. 그리고 이날 늦은 밤, 부산 지역에 비상계엄령을 선포하고 서민호徐珉濠를 시작으로 반反이승만파 국회의원을 체포하기 시작했다. 국제공산당의 비밀자금을 받아 '정부 혁신 전국 지도위원회' 설립을 모의한 혐의로 정헌주鄭憲柱 외 4명의 국회의원을 체포했다. 30일까지 체포된 국회의원 수는 10명이 넘었다. 야당 국회의원은 이에 항의하는 활동을 계속했다.[71] 부통령 김성수는 5월 29일 항의의 뜻으로 사직하고 미 해군 병원선에 몸을 숨겼다. 장면도 실질적인 망명 상태로 미국 대사관의 비호를 받았다.[72]

미국의 미공개 자료를 사용하여 이 과정을 연구한 이종원李鍾元에 따르면, 한국 야당의 지도자들은 미국의 개입을 요청했는데, 장택상 총리도 계엄령 다음 날 방문한 유엔한국통일부흥위원회UNCURK 대표에게 "울면서" "한국을 구하기 위해" 개입해 줄 것을 호소했다고 한다.[73]

그 당시 무초 대사는 미국에 일시 귀국했었고 앨런 라이트너E. Allan Lightner 참사관이 대사관 책임자였다. 그는 5월 27일 밴 플리트 제8군 사령관과 함께 이승만 대통령을 방문했다. 그는 이승만에게 해명을 요구하는 무초의 메시지[74]를 가져갔다. 밴 플리트는 이 대통령의 조치가 한국 정부에 불리하게 작용해 외부 세계의 신뢰를 잃을 우려가 있다고 말했다. 그리고 계엄령 선포를 인정할 수 없으며 한국군의 부산 이동은 전선에 영향을 준다고 지적했다. 이에 대해 이 대통령이 반론하면서 참모총장 이종찬이 반反대통령 음모에 가담했다는 소문이 있다고 말한 부분이 주목된다. 밴 플리트는 이 참모총장은 그런 사람이 아니라고 변호했다. 이승만은 "악당 일당group of gangsters"이 국회의 다수를 차지해 한국의 적과 내통하고 정권을 탈취하려고 하므로 한국과 민주주의의 대의를 구하기 위해 행동에 나섰다고 주장했다. 라이트너는 이 회견에 대한 보고 끝부분에 "이제 보다 강한 행동이 요구되고 있는 것 같다"라고 썼다.[75] 28일에는 유엔한국통일부흥위원회가 이승만을 방문하여 계엄령의 즉시 해제와 국회의원 석방을 요구하는 성명을 직접 전달했다.[76]

이종원은 밴 플리트가 이날 이종찬과 함께 이승만 대통령을 만나 타협적인 대화를 나눈 사실에 주목했다. 밴 플리트는 이 대통령에게 참모총장 해임 의지를 철회시키는 한편, 원용덕元容德을 사령관으로 해서 당분간은 계엄령을 지속하겠다는 이 대통령의 의향에 동의했다고 한다.[77]

5월 30일 라이트너는 이승만 대통령을 방문해 계엄령의 즉시 해제를 요구하고 미국 정부는 유엔위원회의 성명에 동의한다는 성명을 전달했다. 이 대통령은 2명의 공산주의 에이전트를 체포했고 "민주주의 적에 대한 공개 재판"으로 모든 것이 밝혀질 것이라고 설명했다. 라이트너가 체포된 국회의원은 전부 공산주의 음모에 가담한 것이냐고 반문하자, 이 대통령은 "분노로 말문이 막히는" 상황이었다고 했다.[78] 라이트너는 지금까지의 대응은 미온적이라고 생각했다. 그는 5월 30일 앞의 전보에 이어 "이것은 지금은 살아남을 것이냐, 죽을 것이냐 하는 투쟁이다. 이승만이 자신의 길을 갈 것인가,

아니면 이승만이 쓰러질 것인가이다"라고 워싱턴에 보고했다. 이 대통령의 행동을 저지하기 위해 "필요한 조치를 할" 것을 거듭 요구했다.[79] 라이트너가 이렇게 강경한 태도를 보인 것은 그가 한국군의 반反이승만 쿠데타 계획에 대한 정보를 갖고 있었기 때문이었다.

당시 한국군 내부에서 누구의 주도로 쿠데타 계획이 추진됐는지에 대해, 한국의 저널리스트 조갑제趙甲濟는 1984년에 관계자 증언에 따른 것이라며 육군본부 작전교육국장 이용문李龍文과 그 보좌관 박정희朴正熙라고 밝힌 적이 있다.[80] 이에 대해 미국 국무부의 미공개 문서를 검토한 한국 연구자 나종일羅鐘一은 1988년 한국정치학회에서 한 발표에서, 1952년 5월 31일 3성 장군이 유엔군의 지지가 있다면 한국군이 행정부를 장악해 국회 기능을 회복할 수 있다는 의향을 드러냈다고 했는데, 미국 자료에 나오는 이 인물은 이종찬 참모총장이었다고 했다.[81] 미국의 연구자 키퍼E. C. Keefer도 1991년 라이트너에게 들은 것을 근거로 쿠데타의 중심은 이종찬이었다고 주장했다.[82] 1994년 이종원은 그것을 발전시켜 밴 플리트가 이종찬에게 쿠데타를 시사했다는 가설을 세웠다.[83]

하지만 밴 플리트가 이종찬에게 쿠데타를 시사했다는 것은 믿기어렵다. 또 이종찬이 밴 플리트와 함께 이 대통령을 만나서 계엄령지속에 합의했다는 것과, 이종찬이 라이트너에게 쿠데타 의지를 보이고 유엔군의 지지를 타진했다는 것은 양립할 수 없다. 결정적인 증거는 없지만 라이트너와 이종찬이 쿠데타를 논의했다면, 라이트너가 이종찬에게 쿠데타를 일으키도록 종용했다고 보는 것이 자연스럽다. 그러나 밴 플리트의 생각을 아는 이종찬이 끝까지 망설였다고 보는 것이 합리적이지 않을까?

어쨌든 라이트너는 강경했고 미군의 실력행사도 불사한다는 태도였다. 그는 유엔군 사령관 클라크를 통해 이 대통령을 압박하려고 했다. 압력을 넣었는데도 듣지 않는다면 행동해야 한다는 것이었다.[84] 그러나 클라크는 이 대통령의 조치가 제8군의 전투 작전에 직간접적으로 마이너스의 영향을 가져오는 경우에는 군이 행동하는 것이 어쩔 수 없겠으나, 그렇지 않은 한 "위법적인 헌법 위반 행동을 억제하도록 촉구하는 것이" 바람직하다고 생각했다.[85]

클라크와 밴 플리트는 6월 2일 이승만 대통령과 회담했다. 회담 후 서둘러 출발하기 전에 클라크는 라이트너에게 간단히 보고했는데, 이승만은 "전선의 병사를 부산으로 불러들이는 일은 하지 않는다, 문제는 곧 정리된다, 장군들은 걱정할 필요가 없다"라고 했다는 것이었다.[86] 클라크의 행동은 라이트너의 기대에 전혀 부응하지 못했고 이 대통령의 기세를 꺾지 못했다.

6월 3일 라이트너는 트루먼 대통령의 편지를 이승만 대통령에게 전달했다. 편지는 트루먼 대통령이 이번 사태에 놀랐으며, 정치구조 변화가 "정당한 법의 절차를 거치지 않고" 이루어진다면 이는 지난 2년간 자유 국가들의 국민이 쏟은 "많은 피와 재화財貨의 희생에 대한 비극적인 우롱"이 될 것이다, "돌이킬 수 없는 행동"을 하지 말기를 바란다는 것이었다.[87] 라이트너는 이승만을 강하게 압박하며 "이것은 원칙의 문제"로, 공산주의 자금이 들어왔다는 것이 증명되지 않는다고 지적했다. 이승만은 오히려 당신은 정보가 매우 부족하다며, 곧 진상은 명확해질 것이고 무초 대사가 귀임한다면 자신을 이해해 줄 것이라고 했다.[88]

이제까지 정면으로 이승만 대통령에게 압력을 넣어 온 라이트너였지만, 이날부터 그의 입장은 바뀌기 시작한다. 이날 밤 라이트너는 대사관원이 전달한 장택상 국무총리의 발언에 주목해서 심야에 워싱턴에 보고했다. 장택상은 이 대통령이 내각에 국회 해산에 동의하도록 압력을 넣고 있으나 내각은 반대하고 있다며, 타협안으로 (1) 대통령 선거는 직선제로 한다, (2) 총리는 대통령이 임명하나 국회의 승인이 필요하고 국회의 3분의 2가 찬성하면 해임할 수 있도록 한다, (3) 장관은 총리가 제안한 것을 대통령이 받아들일 뿐으로, 국회의 승인을 요청한다는 내용의 개헌안을 생각하고 있다고 말했다.[89] 라이트너는 자신의 감상을 말하지는 않았으나 확실히 이 타협안이 갖는 의의에 대해 느낀 바가 있었을 것이다.

6월 4일 워싱턴에서는 국무부와 합동참모본부의 합동 회의를 열고 이승만 문제를 논의했다.[90] 결론은 현상을 유지하자는 것이었다. 회의에서는 클라크와 무초에 대한 훈령을 승인했다. 클라크에게는 "공공연한 군사적 개입이라는 심각하고 뒤끝이 나쁜 조치가 아니라", "적극적인 군사적 행동 대신에" 대사와 유엔위원단을 전적으로 지지하고, 설득이라는 커다란 힘을 행사하라고 지시했다.[91] 무초에게는 확실하게 "한국 정부의 지도성이 가장 잘 확보되는 것은 일정하게 통제되는 보다 완화된 상태의 이승만에 의해서라고 생각한다. 미국과 유엔의 이익은 최후의 결과로 이승만이 대통령직을 유지한다면 최선의 형태로 지켜질 것이다"라고 지시했다.[92] 미국은 이승만을 선택한 것이었다.

라이트너는 6월 5일 국무부 북동아시아과장 케네스 영Kenneth T. Young에게 편지를 보내 유엔군에 의한 쿠데타에 대한 염려를 말한 뒤 다음과 같이 주장했다.

> 이승만에게 반대파와 다른 점을 해결하라고 하는 것은 단 하나, 반대파에게 물러나도록 하는 것을 의미한다. 반대파가 (미국/유엔이 헌법 문제로 자신들을 전폭적으로 후원할 준비가 되어 있지 않다는 것을 깨달음으로써) 자신들이 이길 수 없다고 확신하게 되면, 그들은 항복할 것이다. 아니면 이승만이 재선되지만 그의 권력을 추가적으로 견제한다고 하는 이른바 '타협'을 받아들일지도 모른다. 이것을 일부 층에서는 확실한 해결책으로 여겨 안도의 한숨과 함께 환영할 것이라 여겨진다. 그러나 만약 우리가 이승만에 대해 느낀 것과 똑같이 느끼는 사람이라면 이것이 체면을 차리기 위한 장치일 뿐이라고 생각할 것이다.[93]

라이트너는 반대파에 대한 지지를 철회하고, 반대파를 장택상 총리가 내놓은 타협안을 지지하도록 압박하는 것이 가능한 선택지라고 시사했다. 그리고 이 편지에서 "이승만만 위험한 것이 아니다. 그를 둘러싼 …… 그의 구두 명령을 실행하는 소그룹, 특히 이범석이 위험하다"라고 한 것도 워싱턴에는 매우 시사적이었다.

6월 6일 무초 대사가 귀임했는데, 무초도 라이트너가 시사한 방향으로 진행했다. 무초는 이승만과 만난 후 12일에 "그는 육체적, 정신적으로 소모됐고 누구의 말을 들으면 좋을지 모르는" 상태라며, 지금은 이범석 그룹이 대통령을 완전하게 손에 넣었고, 이를 저지하는 것이 "우리의 주요한 현안 과제"라고 워싱턴에 보고했다.[94] 워싱턴에서는 6월 13일 케네스 영이 앨리슨 차관보에게 의견서를 제출했다. 그의 결론은 라이트너의 편지에서 힌트를 얻은 것이었다. "우리의 정책은 이승만의 지위를 제한하고 이범석=임영신任永信=윤치영 트리오를 배제하는 것이다." "지금 대한민국에는 이승만을 대신할 국민적 브랜드를 가진 인물이 없다는 사실을 인정해야 하지 않겠는가."[95] "즉, 미국은 자신의 이익이라는 측면에서 (1) 이범석과 원[용덕] 장군을 배제하고, (2) 유능한 국방부 장관을 앉혀, (3) 유엔위원회에서 한국 참모총장을 통해 모든 군과 경찰부대에 이르기까지 빈틈없는 명령 계통을 재확립하고, (4) 전쟁 계속을 위한 내각 통일과 애국국민연합을 발족시켜, (5) 1952년 8월 15일 이후 효력을 갖는 건전한 헌법 개혁을 매듭짓는 한국인의 노력을 격려해야 한다. …… 미국은 상기 항목이 그의 전폭적인 협력을 받아 실행될

경우에만 이승만을 지지해야 한다.",[96]

이런 프로그램이 실패해서 이승만의 도전이 계속되고 혼란이 부산 지구를 위험에 빠트린다면 미국은 "군사 정부라는 최후의 수단에 의지할 수밖에 없게 되기" 때문에 그 방안도 검토해 둘 필요가 있다고 기술했으나, 이것은 그냥 덧붙인 것에 지나지 않았다.[97]

무초는 이 선에서 이승만 대통령과 국회 측 쌍방을 설득해 타협하려고 했다. 당연히 이런 태도가 전달되자 힘을 낸 것은 이승만 측이었기 때문에 탄압이 강화됐다. 의회 측은 여전히 미국의 개입이 가능하다고 보고 저항을 계속했다. 6월 20일 이시영, 김성수, 장면, 조병옥 등 민국당 국회의원들이 '반독재 호헌 구국 선언대회'를 개최했다. 폭한暴漢의 습격으로 유혈사태가 발생했다. 다음 날인 21일 장택상 총리가 이끄는 신라회는 국회에 개헌안을 제안했다.[98] 6월 23일 무초는 대통령, 총리, 국회 정·부회장 및 야당 지도자와 논의한 끝에 모두가 장택상 총리가 제안한 타협적 개혁안에 합의했다고 보고했다. "이승만과 지도자들의 반응을 볼 때, 나는 타협이 가능하다고 느끼고 있다. 그러나 남을 따돌리는 행위jockeying는 여전히 계속되고 있다.",[99]

이종원의 연구에 따르면, 이때 워싱턴에서는 실력행사 방안이 급부상하고 케네스 영이 기초起草한 것을 근거로 "처음 정식으로 유엔의 직접적인 군사 개입 계획 방침이 확정됐다."[100] 확실히 영이 그런 취지의 의견서를 작성해서 존슨의 지지를 받고, 이것이 합동참모본

부의 콜린스에게 전해져 콜린스의 승인하에 국무·국방 양 부처의
전보로 6월 25일 클라크에게 전해졌다. 위기 상황에서 개입이 필요
하게 될 경우에는 유엔군 사령관은 한국군 참모총장에게 명령해서
부산 지역에 계엄령을 선포한다, 유엔군 동원은 회피하거나 최소한
으로 한다는 방침을 토대로 계획을 입안할 것이라는 내용이었다.[101]
물론 이는 혹시 있을지도 모르는 경우를 대비한 계획이지, 바로 실
행하는 것을 염두에 둔 것은 아니었다.

이 전보를 받은 클라크는 6월 27일 외교적으로 압력을 넣는 것이
최선이라는 생각에는 변함이 없지만, 자신과 자기 참모들은 개입을
위한 상세한 계획을 작성 중이며, 자신과 밴 플리트는 한국군 참모
총장 이종찬과 한국군은 유엔군 사령부에 충실하다고 믿고 있다고
합동참모본부에 보고했다. 그러한 계획이 있다는 의심이 들지 않도
록 무초 대사와는 만나지 않고 있다고 덧붙였다.[102] 결국 클라크도
움직이기 시작한 것이다.

무초는 6월 28일 편지에서 이승만이 승리할 것이라고 했다. 즉
개헌에 성공할 거라고 봤다. 다만, 승리할 때까지는 계엄령을 유지
하고 체포된 국회의원들의 재판을 계속할 것이기 때문에 미국으로
서는 이를 변호하기는 어렵다고 했다. 그러나 이 편지에서 "나는 이
승만의 마음속에 이범석 일파가 이승만뿐만 아니라 한국과 유엔에
위험하다는 생각을 심는 데 조금이나마 성공했다"라고 보고했다.[103]
국회 쪽은 이미 무초 대사가 "미국의 개입은 없다", "이승만과 타협

할 수밖에 없다"라고 선언하여 체념시켰다.

7월 1일 국회가 재개됐다. 이미 "돈과 협박을 뒤섞은 설득"의 결과, 원외 자유당 63명, 신라회 20명, 원내 자유당 19명, 민우회 11명, 민국당 6명, 무소속 4명이 개헌안에 찬성했다. 따라서 헌법 개정에 필요한 3분의 2는 확보됐다. 그러나 정족수를 확보하기 위해 2일 장택상 총리는 국회 특별위원회에 출석하지 않았던 국회의원들이 국회에 출석한다면 경찰이 "보호하고 호위하겠다"라고 발표했다. 경찰이 시내를 수색했고, 몸을 숨겼던 국회의원들이 밤중에 연행됐다. 공산주의 음모에 가담했다고 하여 체포됐던 7명의 국회의원도 국회에 끌려 나왔다. 2일부터 3일까지 국회의원들은 의사당에 발이 묶였다. 개헌안은 상정에서 의결까지 30일이 지나야 한다는 규정이 있었지만, 이 개헌안은 이전에 상정된 2개의 개헌안을 발췌한 것이라는 이유로 즉시 의결해도 된다고 해석했다. 책임내각제 개헌을 주장하는 파는 마지막 저항을 했으나 소용없었다. 국회의장 신익희는 기자단에게 무초 대사로부터 "사태를 더는 악화시키지 않기를 바란다"라는 이야기를 들었다며 눈물을 흘렸다. 7월 4일 오후 7시 50분 대통령 직접선거제와 이원제를 내용으로 하는 개헌안, 이른바 '발췌개헌안拔萃改憲案'이 상정되어 재적 166명 가운데 찬성 163, 반대 0, 기권 3으로 가결됐다.[104]

클라크가 혹시 몰라서 준비한 개입 계획을 워싱턴에 보고한 것은 다음 날인 7월 5일이었다. 그 안의 골자는 한국군을 동원하면 내란이 일어날 우려가 있어서 유엔군에 의한 쿠데타를 생각하고 있다는 것이었다. 계획은 다음과 같았다. 이승만에게 서울을 방문하도록 하고, 그의 부재중에 유엔군을 부산에 보내 5명 내지 10명의 대통령 주변의 정부 요인을 체포한다. 이승만에게 계엄령 해제, 국회의 자유, 언론의 자유를 보호하는 선언에 서명하게 하고 이승만이 거부하면 장택상 총리에게 요구한다. 두 사람 다 거부하면 유엔군 잠정 정부를 수립한다. 어느 한쪽이 받아들이면 유엔군의 행동을 방해하는 자를 제거하기 위해 개입이 필요했다는 성명을 발표하고 한국 정부가 유엔군의 도움을 받았다는 이미지를 만든다. 클라크는 개헌안 통과로 사태가 개선될 것이라고 생각하나, "계획은 완성해 놓고 필요한 경우 장래에 사용하기 위해 잘 남겨 둘 생각이다"라고 마무리했다.[105]

7월 23일 이승만 대통령은 이전부터 의혹을 가지고 있던 이종찬 참모총장을 해임하고 백선엽 제2군단장을 참모총장으로 임명했다. 이종찬은 미국으로 유학을 떠났다.[106] 7월 28일 비상계엄령이 해제됐다. 군법회의는 공산주의 음모에 관련된 국회의원 7명의 기소를 취하했다. 사형이 선언됐던 서민호 의원은 재심 결과 8년형을 선고받았다. 이러한 완화 조치를 한 후, 8월 5일 정부통령 선거를 시행한다고 공시했다. 8월 5일 선거에서 이승만은 유효 투표 703만 표 가운데 523만 표를 획득하여 제2대 대통령에 당선됐다. 말할 것도 없이 선거 관여는 있었지만, 이 결과는 그의 권력 기반이 결정적으로 강화됐음을 보여 줬다. 게다가 자유당의 부통령 후보로는 이범석이 지명됐는데, 이승만은 이범석을 부통령 후보로 추천하지 않고 선거에 관여해 무소속의 함태영咸台永을 당선시켰다. 이범석을 내친 것이다. 선거 후에는 이범석의 족청(옛 조선민족청년단)계를 자유당에서 배제시키고 자유당을 철저하게 이승만 당으로 만들어 나갔다.[107]

이승만은 미국의 뜻을 받아들인 것이다. 그는 국민의 지지를 내세워 대통령직을 계속할 수 있게 됐다. 이승만 체제는 현격히 강화됐다고 할 수 있다.

저우언라이의
소련 방문

8월이 되자 미국은 공중 폭격을 확대할 움직임을 보였다. 8월 5일 폭격 대상 78동의 건물이 공표됐다. 미국은 폭격의 심리적 위협 효과를 노리고 있었다.[108] 폭격은 중소회담에 초점을 맞추어 계획됐다.

8월 마오쩌둥은 저우언라이를 단장으로 하는 대규모 대표단을 소련에 보내 한반도 정세, 중국 국내 문제, 5개년 계획과 뤼순협정 연장 등 세 가지 사항에 대해 스탈린과 논의하도록 했다. 8월 17일 모스크바에 도착한 저우언라이는 사흘 뒤인 8월 20일 스탈린과 만났다. 이 회담록은 공개되어 있다.

처음에는 여러 가지 문제를 논의했다. 군사 원조 문제부터 한반도 정세까지 협의했다. 저우언라이가 먼저 전쟁 상황의 변화를 설명했다.

> 마오쩌둥은 세 가지 문제를 제기했습니다. 첫 번째로 우리는 적을 물리칠수 있느냐는 것입니다. 우리는 할 수 있다고 확신합니다. 두 번째 문제는 우리가 확보한 진지를 지켜 낼 수 있느냐는 것입니다. 올해 우리는 이 진지를지켜 낼 수 있었고 태세를 강화할 수 있음을 보여 주었습니다. 세 번째 문제는 공격적인 작전을 할 수 있느냐, 적을 공격할 수 있느냐는 것입니다. 이전에는 우리는 도저히 7일 이상의 공격적인 작전은 할 수 없다고 생각했었습니다. 그러나 이제 우리는 충분히 강화됐으므로 더 오래 작전을 계속할 수있고 폭격에 대처하기 위해 땅속에 튼튼한 진지를 마련했습니다.[109]

이하 일문일답식으로 대화를 소개한다.

| **스탈린**   공격적인 작전을 펼칠 수 있습니까?
| **저우언라이** 개별 진지를 탈취하기 위해 그런 작전을 펼칠 수 있지만, 총공격을 실현하기는 어렵습니다. 전쟁이 진지전이 된 후 미군 사령부는 협상을 지연시키고 정전(협정)을 맺기를 원하지 않고 있습니다.

| **스탈린** 확실히 미군은 더 많은 중국인 포로를 자신들의 수중에 두기를 바라고 있습니다. 그들이 포로를 돌려주기를 거부하는 것은 그 때문입니다. 그들을 장제스에게 보낼 가능성이 있습니다.

| **저우언라이** 장제스는 포로 가운데 자신들만의 에이전트를 갖고 있습니다.

| **스탈린** 미국은 포로 문제를 자신들의 재량으로, 모든 국제법을 위반하는 형태로 결정하기를 바라고 있습니다. 국제법상 모든 교전국은 유죄판결을 받은 자를 제외한 모든 포로를 돌려줄 의무가 있습니다. 마오쩌둥은 포로 문제를 어떻게 생각하고 있습니까? 양보할 것인가요, 자신들의 방침을 지킬 것인가요?

저우언라이는 이 문제에 대한 북한 동지들과의 의견 불일치에 대해 다음과 같이 간략하게 설명했다. 미국은 8만 3천 명의 포로를 돌려주는 데 동의했고 북한도 이에 동의할 생각이었다. 그러나 그들은 미국이 교활한 게임을 하고 있다는 것을 고려하지 않았다. 8만 3천 명 가운데 6,400명이 중국인이고 나머지는 북한인이다. 사실 미국은 1만 3,600명의 중국인 지원병을 추가로 돌려보내야 하는데 그렇게 하기를 원하지 않고 북한인 7만 6천 명은 돌려줄 용의가 있다고 했다. 이는 미국이 도발적인 게임을 벌여 중국과 북한 사이에

쐐기를 박으려 하는 것이다.

| 스탈린 북조선인 포로는 몇 명입니까?

| 저우언라이 9만 6,600명입니다. 반환돼야 할 북조선인 포로와 중국인
포로 수 문제는 원칙의 문제입니다. 중국 정부는 2만 명의
중국인 포로를 포함하여 11만 6천 명 전원의 반환을 강력
하게 주장하고 있습니다. 그러나 만약 미국이 조금 적은
수의 포로를 돌려준다는 데 합의한다면, 이에 반대하지 않
고 나머지 포로들에 대해서는 추후 협상한다고 해도 괜찮
습니다.

| 스탈린 그건 옳습니다.

| 저우언라이 마오쩌둥은 이 문제로 빚어지고 있는 상황을 분석해 모든
포로를 돌려보내라고 강하게 주장할 필요가 있다고 보고
있습니다. 북조선은 전쟁을 계속하는 것은 불리하다고 생
각하고 있습니다. 매일 발생하는 손실이 반환을 놓고 싸우
는 포로 수보다 많기 때문입니다. 그러나 전쟁 중지는 미
국에 유리하지 않습니다[논리적으로는 '유리하다'로 되어야 하
는데, 기록 실수라고 생각된다.　필자 주]. 마오쩌둥은 전쟁을
계속하는 게 우리에게 유리하다고 보고 있습니다. 왜냐하
면 이것은 미국의 새로운 세계전쟁 준비를 방해하기 때문
입니다.

| 스탈린　　마오쩌둥이 옳습니다. 이 전쟁은 미국인의 기분을 나쁘게 하고 있습니다. 북조선은 이 전쟁에서 희생은 치르겠지만 패배할 일은 없습니다. 미국은 이 전쟁이 그들에게 불리하며, 특히 우리 군대가 중국에 남아 있는 것이 밝혀진 후에는 전쟁을 끝내고 싶어 합니다. 노력하고 견뎌 내는 게 필요합니다. 물론 북조선인을 이해해야 합니다. 그들의 희생은 큽니다. 그러나 이것은 커다란 사업이라는 것을 그들에게 설명해 주어야 합니다. 인내심을 가질 필요가 있으며 큰 노력이 필요합니다. 조선에서의 전쟁은 미군의 약점을 드러냈습니다. 24개국의 군대는 오랫동안 조선에서 전쟁을 지속할 수 없습니다. 그들은 자신의 목표를 달성하지 못했고, 이 사업에서의 성공을 기대할 수도 없습니다. 북조선을 돕고 지지해야 합니다. 북조선의 곡물 사정은 어떻습니까? 우리는 더 도울 수 있습니다.

　　북한을 도와야 한다고 말한 뒤에 저우언라이와 스탈린 사이에는 순식간에 불꽃이 튀는 대화가 이어졌다.

| 저우언라이　그러나 미국인과의 협상에서 양보할 수는 없습니다.
| 스탈린　　만약 미국이 조금이라도 양보한다면 미해결 문제에 대해서는 협상을 계속할 것이라는 점을 염두에 두고 받아들여

도 좋을 것입니다.

| **저우언라이** 동의합니다. 그러나 미국인들이 평화를 원하지 않는다면 우리는 1년이라도 전쟁을 계속할 각오를 해야 합니다.

| **스탈린** 맞습니다.[110]

이 대화에서 스탈린은 기본적으로는 저우언라이의 주장에 찬성하는 것 이상의 일은 하지 않았다. 그가 저우언라이에게 전쟁을 계속하자고 설득한 게 아니다. 저우언라이가 도리에 맞는 정전이 이루어질 때까지는 전쟁을 계속하겠다고 한 것에 동조했을 뿐이다.[111]

스탈린은 미국은 제3차 세계대전을 할 생각이 없다는 저우언라이의 말을 되받아서 미국은 작은 조선조차 정복할 수 없다며 미국을 마구 비웃는 장광설을 늘어놓았다. 그것은 본심이었을까? 물론 스탈린도 저우언라이도 미국의 힘을 잘 알고 있었다. 스탈린의 발언에 숨겨진 중국을 향한 비판을 느꼈는지, 저우언라이는 포로 문제 양보 방안을 말했다.

| **저우언라이** 미국이 무언가를 양보한다면 아무리 작아도 그것을 받아들여야 합니다. 미국이 모든 포로를 돌려주는 데 동의하지 않고 일정한 적은 수를 제안한다면, 나머지 포로 문제는 어딘가의 중립국, 예를 들어 인도의 중개로도 해결될 가능성이 있습니다. …… 이를 염두에 두고 그러한 제안에 동

의할 수 있습니다. ……

| 스탈린　당신이 제안한 것과 같은 해결책도 있을 수 있습니다. 미
국이 북조선인과 중국인 포로의 일정 비율을 유보한다면,
북조선과 중국도 포로 교환 문제의 최종 해결 때까지 남조
선인과 미국인 포로를 같은 비율로 유보하겠다고 미국에
표명해도 됩니다. 미국에 압력을 가하는 수단으로 이 방안
을 시험하고 신문에 발표해야 합니다. 미국이 거부하면 그
들은 중국인들을 장제스에게 보낼 생각이라고 성명을 내
십시오. 만약 이 제안이 성공하지 못하면 중개를 부탁해도
좋을 것입니다. 중요한 것은 포화를 멈추자고 제안하는 것
입니다.

여기서 마침내 스탈린은 구체적인 포로 문제 타협 방안을 들고나
왔다. 이에 대해 저우언라이는 이렇게 답했다.

| 저우언라이　실제로 정전협정을 맺는다는 것은 포화를 멈추는 것을 의
미합니다. 포로 교환 문제에는 세 가지 입장이 있습니다.
첫째, 우선 북조선인과 중국인 포로의 유보 비율과 같은
비율로 남조선인과 미국인 포로의 유보를 표명하고 이것
으로 버티는 것입니다. 둘째, 중립국의 중개에 의존하는
것입니다. 셋째, 정전협정에 조인하되 포로 문제는 분리하

고, 이 문제의 심의는 추가적으로 계속하는 것입니다.[112]

저우언라이는 여기서 갑자기 화제를 바꿔 원조 문제로 넘어갔다. 이 세 가지 방안은 스탈린의 제안을 받아 그가 정리한 것이지, 중국의 제안은 아니었다.

그런데 이날 회담 마지막에 저우언라이는 마오쩌둥의 바람이라며 "김일성과 펑더화이를 모스크바로 불러들여야 하는 거 아니냐"라고 운을 뗐다. 스탈린에게 김일성을 혼내 주라는 것이다. 스탈린은 자신들이 초대하는 것은 이상하지만 그들이 오기를 원한다면 받아들이겠다고 대답했다. 저우언라이는 펑더화이는 오고 싶어 한다, 김일성은 어떨지는 모르지만 대화해야 할 것이라고 말했다. 스탈린이 동의하자 저우언라이는 재차 중국 정부는 판문점 협상을 지연시키는 게 합목적적이라고 생각한다고 말했다. 중국은 전쟁이 2, 3년더 이어질지도 모른다는 것을 염두에 두고 대비했다. 저우언라이는 중국 스스로 이 과제에 대처할 수 없다는 이유로 다시 한번 항공기, 화포, 포탄의 원조를 요청했다. 스탈린은 우리가 줄 수 있는 한 주겠다고 밝혔다.

스탈린은 또다시 북한이 처한 어려운 상황으로 이야기를 돌렸다.

| **스탈린**　북조선인들은 어떤 심정인가요? 망연자실한 상태는 아닌가요?

| **저우언라이** 확실히 북조선에서는 특히 압록강의 수력발전소 폭격 후에는 파괴 피해가 큽니다. 이것이 북조선 동지들의 심정에 영향을 미쳐 조금이라도 빨리 평화를 얻고 싶다는 생각을 불러일으키고 있습니다.

| **스탈린** 겁을 먹게 하는 게 미국의 전술입니다. 하지만 중국인들은 겁을 먹지 않았습니다. 북조선인도 겁먹지 않게 할 수 있습니까?

| **저우언라이** 기본적으로는 그렇게 말할 수 있습니다.

| **스탈린** 그게 맞는다면 나쁘지 않습니다.

| **저우언라이** 북조선인들은 조금 동요하고 있습니다. 그들의 마음은 완전히 균형 잡힌 게 아닙니다. 북조선의 지도적인 인물 중 일부는 패닉 상태라는 느낌마저 듭니다.

| **스탈린** 그런 분위기는 김일성이 마오쩌둥에게 보낸 전보를 보고 알 수 있었습니다.

| **저우언라이** 맞습니다.[113]

즉, 패닉 상태의 김일성이 미국의 조건을 받아들여 정전협상을 즉시 타결하기를 바란다는 것이다. 이 대화를 통해 스탈린이 북한 측에 분명히 동정적이라는 것을 느낄 수 있다.

저우언라이와 동행해서 통역했던 스저는 당시 한국전쟁에 대해 두 가지 관점이 있었다고 했다. 하나는 미국의 공격을 두려워하여 미국의 제안을 받아들이겠다는 것이고, 다른 하나는 투쟁을 견지해 승리하겠다는 것이다. 중국은 후자의 입장이었다. 이미 결정한 원칙을 관철해 미국의 태도를 바꾸겠다는 것이었다. 전쟁이 계속되면 확실히 불리해지겠지만 어려움은 극복할 수 있고 유엔 측에도 극복하기 어려운 어려움이 있으며, 결렬을 선고하지 않고 2, 3년은 전쟁을 계속하면 된다는 것이다.[114] 이 투쟁 견지론이 중국의 입장이라면, 전자의 미국 제안 수용론은 김일성의 입장이었다.

스탈린, 김일성과 박헌영을 비교하다

마오쩌둥은 8월 23일 김일성 등을 모스크바로 부르는 건을 김일성에게 전달했다. 김일성은 24일 박헌영과 함께 모스크바에 갈 예정인데, 수석 군사고문이자 대사인 라주바예프도 동행하겠다고 답변했다. 김일성은 박헌영 없이는 스탈린을 만날 수 없다는 압력을 받았을 것이다. 같은 날 마오쩌둥은 저우언라이에게 스탈린에게 특별기를 준비해 달라고 부탁하라는 전보를 쳤는데, 거기에 "박헌영 동지가 모스크바에 가는 것이 유익하다고 생각한다"라고 썼다.[115] 박헌영이 자신들의 생각에 가깝다는 점에서 그가 동행하는 게 유익하다고 본 것이었을까?

바로 이 타이밍에 미군은 다시 평양 대공습大空襲을 감행했다.

8월 29일, '모든 유엔 공군의 노력'이라고 이름을 붙인 작전이 시작됐다. 오전 9시 30분부터 시작하여 4시간 간격으로 오후 1시 30분, 5시 30분 3차례에 걸쳐 함재기와 제5공군기가 총 1,403회 출격했다. 이것은 7월 11일의 공중 폭격을 웃도는 것이었다. 밤에는 가데나의 B-29 폭격기 11대가 출격해 폭격했다. 평양은 완전히 파괴됐다.[116] 이렇게 반복적으로 폭격을 받은 수도는 세계 역사상 없었다. 소련 공군도, 고사포부대도 완전히 무력했다. 공격하는 측과 수비하는 측의 힘 관계는 태평양전쟁 말기 미군의 공중 폭격을 받은 도쿄보다도 더 비참했다고 할 수 있다.

이러한 공습 이후 9월 1일 펑더화이, 김일성, 박헌영이 모스크바에 도착해서 9월 4일 스탈린과 회담했다. 이 회담 기록은 아직 공개되지 않았다. 스저에 따르면 스탈린은 미국의 제안에 동의할 필요는 없다, 이것은 입장의 문제라고 했다.[117] 북한 측 두 사람은 스탈린의 의견에 동의하고 전쟁을 계속하겠다고 약속했을 것이다. 다른 답변은 있을 수 없었다. 단, 스탈린은 저우언라이에게도 말했던 일정한 비율의 포로를 유보한다는 방안을 세 사람에게도 제기했다.

추측하자면, 스탈린은 미국의 제안을 받아들여 전쟁을 끝내도 좋다, 끝내야 한다고 생각했지만, 중국의 전쟁 계속 의지를 존중하여 북한 지도자에게 전쟁을 계속할 것을 요구했다고 생각된다. 김일성은 타협론에 기울어져 있었지만 스탈린의 말에는 찬성할 수밖에 없었다. 그러나 그의 찬성은 소극적이었을 것이다. 필시 김일성과의 의견 대립을 인식하고 있던 박헌영은 이때 자신의 전쟁 지속론이 중국과 스탈린의 지지를 받고 있다고 느껴 고양됐을 가능성이 있다. 하지만 반대로 스탈린의 마음속 깊은 곳에 박헌영의 태도와 주장에 대한 불신감을 불러일으킨 것은 아닐까.

9월 3일 스탈린과 저우언라이는 두 번째 회담을 했다. 이것은 시종일관 중국의 국내 문제를 다룬 회담이었다. 9월 12일 밤, 미 공군이 수풍발전소를 공습했다. B-26 6대와 B-29 29대가 폭격했다.[118] 이날 밤 모스크바에서는 스탈린 초청 연회가 열렸다. 다음 날 김일성과 박헌영은 펑더화이와 함께 북한으로 돌아왔다.

9월 14일 연합사령부 명령에 따라 북중군은 전술적 반격 작전을 개시했다. 이러한 상황에서 멕시코가 유엔 총회에서 포로 문제에 관한 새로운 제안을 내놓았다. 즉시 귀환 희망자를 교환하고 나머지는 일시적으로 유엔 참가국이 맡고 앞으로 합의가 되면 귀환시킨다, 한반도에 정상적인 상태가 확립됐을 때 귀국시킨다는 것이었다. 마오쩌둥은 9월 15일 이것은 미국의 방안이라며 "우리는 이러한 방안에 반대를 표명할 것"이라고 발언하고, 어떻게 해야 할지 스탈린과 상의하라고 저우언라이에게 지시했다.[119] 스탈린은 17일 마오쩌둥의 의견에 동의한다, 멕시코의 제안이 제출되면 소련 대표는 반대한다, 그리고 즉시 전투 중단, 국제 규범에 따른 모든 포로의 송환, 모든 외국 군대의 철수라고 하는 원칙적 주장을 하겠다고 답변했다. 포로의 20%를 일시적으로 남기고 나머지를 귀환시키자는 제안에 대해서는 "소련 대표단은 관여하지 않는다, 당신의 예비안으로 추진하라"라고 했다.[120] 스탈린은 이때 마오쩌둥의 의견에 찬성한다는 것을 강조하면서도 자신의 타협안을 조금 내비쳤다.

9월 19일 제3회 회담 모두冒頭에서 스탈린은 마오쩌둥에게 보낸 멕시코의 제안에 대한 태도를 반복해서 설명했다. 저우언라이는 스탈린의 타협안에 대해, 이것을 제안하는 것을 2~3주 늦춰 달라고 요청했다. 스탈린은 "그것은 마오쩌둥의 몫이다. 마오쩌둥이 원한다면 우리는 이 제2안, 즉 유보 비율안을 유엔 총회 심의에 올릴 수 있다"라고 답했다. 저우언라이는 제3안이 있다며 중립국에 인도하는 방안을 지지하는 것이 가능한지 스탈린에게 물었다.

| 스탈린　　우리는 모든 포로의 송환을 바라고 있습니다. 이것은 중국의 입장과도 일치합니다. 이를 기초로 해서 협정을 맺는 것은 불가능하기에 포로를 유엔에 넘기는 것은 불가능합니다. 왜냐하면 유엔은 참전국이기 때문입니다. 중국 동지의 의견으로는 어느 나라에 포로를 넘기겠다는 것입니까?

| 저우언라이　마오쩌둥은 인도를 생각하고 있다고 말씀드리라고 제게 위임했습니다.

······

| 스탈린　　이 제안은 받아들일 수 있습니다. 그러나 미국은 모든 포로를 넘기는 것을 원하지 않는다는 점을 염두에 두어야 합

니다. 일부를 남기고 징발하려고 합니다. …… 그들이 포로를 억류하고 있는 것은 돌려보내고 싶지 않아서가 아니고 …… 그들을 스파이 활동에 이용하기 위해서입니다.[121]

저우언라이는 스탈린의 제안을 마오쩌둥에게 전달하고 역제안을 준비했다. 그러나 당분간 이 두 가지 방안이 유엔에 제안되거나 논의되지는 않았다.

이날 회견 마지막에 저우언라이와 스탈린은 매우 중요한 대화를 주고받았다. 몰로토프, 말렌코프, 베리야, 미코얀, 불가닌, 비신스키가 배석한 자리였다.

저우언라이는 이야기를 마치면서 이상이 지시받고 싶었던 문제 전부라고 했다.

| 스탈린　　지시인가요, 조언인가요?

| 저우언라이　스탈린 동지의 관점에서는 조언일지 모르지만, 우리 관점에서는 이것은 지시입니다.

| 스탈린　　우리는 조언합니다. 우리는 의견을 말하는 것뿐입니다. 중국 동지들이 채용할지 말지는 자유입니다. 지시라고 하면 의무가 됩니다.

| 저우언라이　중국인의 관점에서는 지시이며, 그것도 매우 귀중한 지시입니다. 우리는 맹목적으로 이 지시를 따르는 것이 아니라 이

지시를 받아들이는 것이 필요하다고 자각하고 있습니다.

| 스탈린 우리는 중국을 잘 모릅니다. 그래서 지시를 내리는 것은 삼가고 있습니다.

| 저우언라이 우리가 제기한 문제는 스탈린 동지가 무조건 잘 알고 있다 는 것에서 출발하고 있습니다. 무언가 더 지시할 것은 없 습니까?

| 스탈린 우리의 조언은 영국인과 미국인은 중국 국가의 기구에 자 신들의 앞잡이를 많이 보내려고 노력하고 있다는 것을 기 억해야 한다는 것입니다. 이게 미국인이든 프랑스인이든 똑같습니다. 그들은 파괴 공작을 벌여 내부에서 해체하려 고 합니다. 독살 같은 범죄마저 저지를 수 있습니다. 그래 서 경계심이 필요합니다. 이를 염두에 두어야 합니다. 이 것이 지시의 전부입니다.

| 저우언라이 매우 귀중한 지시입니다. 미국, 영국, 프랑스인만이 그런 비열한 행위를 하는 게 아닙니다. 그들은 중국인에게도 그 런 비열한 행위를 하도록 시키고 있습니다.

| 스탈린 민족 부르주아지 출신의 앞잡이도 있습니다.[122]

대외적 계기를 내정의 계기로 엮어 내는 심리적 채널을 스탈린 스스로 설명한 희귀한 자료다. 이 발언이 이후에 전개된 스탈린의 마지막 억압 정책을 설명한다. 중국에 적의 앞잡이가 침투해 있다

면 북한에도, 일본의 당에도 침투해 있을 것이다. 스탈린이 북한 동지들에게도 이런 지시를 내리려 했다고 짐작하는 것은 합당하다.

영국 외무부의 미국 국장 도널드 매클린Donald Maclean과 워싱턴의 영국 대사관 1등 서기관 가이 버지스Guy Burgess가 FBI의 추궁을 벗어나 소련으로 달아난 것은 전년도 5월이었다. 두 사람은 케임브리지대학교에서 공부한 공산주의자로, 소련과 사회주의 대의를 위해 영국 정부 기관에 들어가 소련 스파이로 활동했다. 매클린은 1944년부터 워싱턴 대사관에서 근무하면서 전시 중 미국과 영국의 협력, 전후 원자력 협력, NATO 결성 준비 등에 깊이 관여했다. 버지스는 BBC에서 외무부로 들어갔고 한때는 외무부 장관의 보좌진이 되어 외무부 극동국에서 일했다.[123] 소련은 1930년대 독일과 일본에 침투한 스파이 리하르트 조르게Richard Sorge 이후에도 헌신적이고 유능한 스파이를 적측에 침투시키는 데 성공했다. 실제로 영국에는 아직 여러 명의 거물 스파이가 있었다. 그런 성공이 스탈린에게 서방이 자신들 내부에도 스파이를 침투시켰을 것이라는 관념을 강화했다고 볼 수 있다.

두 가지
패배

1952년 7월부터 9월에 걸쳐 스탈린은 정전협

상을 계속하면서 전쟁을 계속한다는 노선을 유지할 수 없다고 느끼고 있었다. 그의 마음을 무겁게 짓누르던 또 다른 문제는 일본공산당의 실력 투쟁에 걸었던 기대가 무너졌다는 것이다.

그 경과를 전년도부터 되돌아보자. 스탈린 주도로 마무리된 새로운 강령이 1951년 10월 제5차 전국협의회에서 채택됨에 따라 학생 당원을 중심으로 오고치댐 지구에서 산촌공작대山村工作隊가 조직됐다. 각지에는 중핵자위대中核自衛隊가 조직됐다. 대중적으로 의지한 것은 재일 조선인 당원들이었다. 10월 21일 재일 조선인 당원 조직인 조국방위전국위원회는 지령을 내려 조국방위대에 중핵자위대 역할을 하도록 지시했다. 11월 조국방위전국위원회 전국회의에서는 공산당의 새 강령과 군사 방침을 적극적으로 지지하고 무수의 '저항 자위 조직'을 만들기로 했다. 당내에서는 곧바로《영양 분석표》나《알뿌리 재배법》등으로 위장한 무기 제조 교과서와 군사 문제 논문집을 만들었다.[124] 소련공산당 정치국은 1952년 1월 10일 도쿠다, 노사카가 보낸 전보에 대해 토의하고 2월 10일 국제노동조합 좌익노동단체 지원기금에서 30만 달러를 일본의 당에 전달하기로 했다.[125]

1952년 1월 17~20일 나고야시에서 열린 조국방위전국위원회 전국회의에서는 공산당의 박은철朴恩哲이 군사 기지와 공장의 생산과 수송 경로 조사에 대해 보고했다고 한다. 당연히 한반도에서 사용되는 폭탄 제조 공장, 수송 철도 경로, 출격을 위한 공군 기지 등은 중핵자위대 작전의 목표 대상이었을 것이다. 그러나 박은철은 "일반 대중에게 손해를 끼쳐서는 안 된다. 예를 들어 발전소나 철도 선로의 파괴는 일반 대중의 불만을 사게 된다"라고 지시했다.[126] 재일 조선인의 회상에서 조국방위전국위원회 활동에 참여한 기술들은 보이지만,[127] 실질적인 파괴 공작 사례는 거의 1건도 보고되지 않았다.[128] 그러한 파괴 공작을 실행하는 것을 주저하게 만든 무언가가 일본 사회에서 살아가는 재일 조선인의 관념 속에 있었을 것이다. 일본 사회와의 관계를 파괴하는 것은 쉽지 않았을 것이다. 따라서 행동은 기본적으로 선전 선동과 시위운동으로 제한됐다.

4월 말에는 일본공산당 기관지 《아카하타》가 복간됐고 5월 1일에는 베이징에서 자유일본방송이 시작됐다. 이날 도쿄 황궁皇宮 앞 광장에서는 '피의 메이데이'가 벌어졌다. 재일조선통일민주전선 중앙은 '총궐기 월간'을 정해 탄압을 실력으로 분쇄한다는 방침을 갖고 있었다. 메이데이 당일 황궁 앞 광장으로 향하는 시위대에 경관대가 권총을 발사해 2명이 사망하고 2,300명이 다쳤다. 그리고 1,232명이 체포됐는데, 그 가운데 재일 조선인은 130명이었다. 화염병을 사용한 최초의 '실력 투쟁'은 도쿄의 '5·30 기념 투쟁'이었다. 두 곳의 순경파출소 부근에서 군중이 경관대와 충돌했는데 화염병으로 파출소를 불태웠다. 사망자 3명, 체포자 36명이 나왔다. 이날은 나고야와 오사카에서도 충돌이 있었다.

이어서 '해방전쟁 2주년 구국 월간'에 이루어진 6월 25일의 행동이다. 전국 167곳에서 추진됐고, 주역은 재일 조선인이었다. 수풍 발전소 등 북한의 발전소에 대한 폭격이 이틀 전부터 시작됐고, 이날 신문에서도 폭격이 계속되고 있다고 보도되는 등 재일 조선인에게는 격분할 이유가 있었다. 이날 도쿄 신주쿠에서는 5천 명이 집회를 한 후 경관대와 충돌해 29명이 체포됐다. 그 가운데 8명이 재일 조선인이었다. 이날 행동에서는 오사카 스이타吹田 사건이 가장 격렬했다. 반전 집회에 모인 1천 명의 군중이 스이타 조차장에 돌입해 경관대와 충돌했다. 250명이 체포됐는데 그 가운데 재일 조선인은 92명 이상이라고들 한다. 더욱이 7월 7일에는 아이치현愛知県 오스시大須市에서 오스 사건이 일어났다. 소련과 중국을 시찰하고 귀국한 대의원 호아시 케이帆足計 환영보고회에 참가한 5천 명이 신고하지 않은 시위를 벌이다 경관대와 충돌했다. 269명(그중 재일 조선인은 150명)이 체포되고 150명이 기소됐다.[129] 이 행동도 제2차 북한 폭격이라는 상황을 배경으로 했다는 것을 간과해서는 안 된다. 재일 조선인이 선두에 서서 화염병을 많이 던진 것은 이와 관련이 있다고 할 수 있다.

하지만 격돌은 거기까지였다. 이후 거리에서의 충돌 사건은 완전히 자취를 감추었다. 공산당은 산촌에서 유격대를 조직했으나 결실을 맺지는 못했다.

재일 조선인 사이에서는 1952년 4월 28일 조국방위전국위원회 기관지《신조선》에 발표된 백수봉의 논문〈애국 진영의 순화와 강화를 위하여〉가 논쟁을 불러일으켰다. 백수봉은 한덕수의 필명이었다. 이 논문은 재일 조선인들을 조선민주주의인민공화국의 재외 공민이라고 주장함으로써 일본공산당의 지도에 무조건 복종하는 것에 의문을 제기했다.[130] 그리고 일본에서 무장 혁명의 첨병이 되기보다는 북한 국가의 안위, 그 존속을 돕는 활동에 신경 쓸 것을 요구했다. 1952년 4월이라고 하면, 바로 김일성이 미국 측의 제안을 받아들여 정전하는 것이 북한에 유리하다고 판단한 시점이다.

백수봉 논문에 대해 일본공산당을 불신하고 있다는 비판이 쏟아졌다. 6월에는 조국방위대의 조직과 행동을 강화한다는 방침이 일본공산당에서 제시됐고, 7월에는 〈재일 조선 민족의 당면한 요구(강령) 초안〉이 제시됐다. 여기서는 재일 조선인 운동이 "적의 후방 기지의 낙하산부대"로 규정됐다.[131] 즉 공식적인 무장 혁명 이론에는 변화가 없지만 북한과의 관계에 중점을 두었다. 백수봉의 논문이 점차 재일 조선인들 사이에 침투하여 전환의 계기를 만들었는지도 모른다.

일본공산당 최고 지도자인 도쿠다 규이치는 1952년 5월 질병 치료를 위해 모스크바로 갔는데, 거기서 스탈린과 만났다. 그때 이토 리쓰의 전쟁 당시의 배신행위가 화제가 됐다고 한다. 스탈린은 일본 혁명의 더딘 진전에 조바심이 났을 것이다. 이때는 도쿠다가 이토를 변호하여 스탈린이 의혹을 풀었다고 한다.[132] 도쿠다는 논문〈일본공산당 창립 30주년을 맞아〉를 집필했고, 이는 7월 4일 코민포름 기관지에 게재됐다. 도쿠다가 실제 어떤 의도였는지는 잘 모르겠지만, 그 논문에서 그가 "파업, 데모 등의 실력 행동에만 모든 힘을 집중해" 선거 대처를 경시하는 경향을 비판한 것이 일본 내에서는 실력 투쟁을 중지해야 한다는 지시로 받아들여졌다.[133] 스탈린이 기대했던 일본 혁명이 일어날 분위기는 아니었다.

스탈린에게 아시아에서의 두 가지 혁명 사건이었던 한국전쟁과 일본 혁명은 패배로 끝났다. 이는 1952년이라는 해에 절정에 올랐던 그의 영예에 흠집을 낸, 털어내야 할 치욕이었다. 그는 이 두 가지 일을 빨리 마무리하려 했던 것으로 보인다. 하지만 이 두 가지 실패의 원인을 설명할 필요가 있었다. 그것은 배신 때문이라는 고정관념을 들고나왔다. 그가 저우언라이에게 한 말에 그의 논리가 그대로 드러나 있다.

9월 28일 유엔 측은 포로 문제에 대한 최종 제안을 했다. 모든 포로를 군사분계선으로 데려가 조사하고 송환 희망자는 교환한다, 남겠다고 하는 자는 그 자리에서 석방하자는 것이었다.[134] 10월 8일 중국·북한 측은 이를 거부하고 제네바협약에 따라 모든 포로를 송환하라고 재차 압박했다.[135] 이에 대해 같은 날 애치슨 국무부 장관은 성명을 발표해 공산 측이 새로운 제안을 내놓지 않는 한 회담을 재개하지 않을 것이라는 방침을 밝혔다.[136] 협상은 결렬됐다.

10월 6일부터 14일까지 모스크바에서는 소련공산당 제19차 대회가 열렸다. 중국에서는 류사오치를 단장으로 한 대표단이 참석했

고 북한에서는 박정애, 박영빈, 배철, 김일, 박금철 등 5명으로 구성된 대표단이 참석했다.[137]

이 대회는 스탈린을 국제적으로 찬미하는 무대였다. 스탈린은 대회 직전에 〈소련 사회주의의 경제적 문제〉라는 논문을 발표했다. 중앙위원회 보고는 말렌코프가 했다. 대회에서 스탈린은 "모든 진보적 인류의 천재적 지도자이자 교사"라는 찬사를 받았다. 그러나 그는 정신적으로 매우 긴장한 상태였다.

그 유명한 논문에서 스탈린은 자본주의와 사회주의의 대립은 절대적 모순이지만 자본주의 국가들 사이의 전쟁은 있을 수 있다고 주장했는데,[138] 그가 느낀 것은 자본주의 국가들, 특히 미국과의 대립이 가져오는 압박감이었다. 1949년 이후의 군비 확장이 한국전쟁을 통해 1950년 이후 미국의 강력한 군비 확장을 가져왔다. 스탈린은 미국의 핵무기 독점을 타파하기 위한 원자폭탄 실험을 1949년 8월 29일 성공시켰다. 하지만 스탈린은 그것이 당장 소련의 안전을 보장하지 않는다는 것을 잘 알고 있었다. 미국의 원자폭탄을 복사한 수준이었던 이 최초의 한 발은 무기로는 채택되지 않았다. 2호탄, 3호탄의 연구가 계속됐고 각각 1951년 9월 24일과 10월 18일에 비행기 투하 실험에 성공했다. 그러나 이 두 종류의 원자폭탄 제조를 생산 라인에 올리게 된 것은 1954년이었다.[139] 동시에 안드레이 사하로프Andrei Sakharov가 가담한 다른 과학자 그룹은 수소폭탄 제조에도 착수했으며 실험할 수 있는 단계까지 이미 와 있었다.[140] 하지만 무기화는 장래의 일이었다. 소련은 이미 원자폭탄을 실전 배치하고 있는 미국에 맞서 사용할 수 있는 핵무기는 아직 한 발도 없는 상태였다. 미국이 그것을 알고 있다는 것을 스탈린도 알고 있었다.

B-29를 모델로 해서 원자폭탄을 운반해 투하하는 폭격기 TU-4를 1947년에 개발했다. 그러나 미국은 6,500킬로미터나 떨어져 있어서 이 비행기로는 왕복할 수 없었다.[141] 전투기는 소련이 발 빠르게 개발한 미그-15가 한국전쟁 초기에 맹활약했으나 미국의 F-86 세이버의 등장으로 위력을 잃었고, 한반도 상공에서의 전쟁은 점차 미국과 소련의 힘 차이를 보여 줬다.

한국전쟁에서 미국의 후방 기지 역할을 한 일본에서 미국을 뒤흔들 만한 일본 혁명은 전혀 일어나지 않았다. 스탈린은 미국이 소련 내부에 손을 뻗치고 있다고 여겨 1949년 이후 유대인을 중심으로 한 미국의 앞잡이 적발을 추진해 왔지만, 이런 상황에서 승리한 적들은 더욱더 내부에 개입해 교란하고 공격의 기회를 탐색할 수도 있었다. 크렘린에 틀어박혀 동북아시아에서 벌어진 미국과의 전쟁을 지휘해 온 최고 고문은 심각한 위기의식에 사로잡혀 있었다.

그 위기의식이 가장 충실한 부하들에 대한 혹독한 비판으로 표출됐다. 10월 16일 대회 후 첫 중앙위원회에서 스탈린은 몰로토프와 미코얀을 비난했다. 미코얀에 따르면 비난은 두 사람이 미국의 경제력에 겁을 먹고 미국에 양보하도록 정치국에 숨어서 주미 대사에게 지시를 내렸다는 것이었다. 이 건에는 이미 '인민의 적'으로 폭로된 유대인 로조프스키 외무성 차관이 연루되어 있다고도 지적됐다.[142] 이 중앙위원회에서 11명으로 구성된 정치국을 대신하여 25명으로 구성된 간부회가 선출됐다. 몰로토프와 미코얀도 여기에 뽑혔지만, 추후 스탈린의 제안으로 뽑힌 9명의 간부회 사무국, 종래의 정치국에 해당하는 이곳에 몰로토프와 미코얀은 들어가지 못했다.[143] 스탈린은 한국전쟁을 끝내면서 자신의 책임이 추궁당하지 않도록 자신의 가장 가까이에 책임을 전가할 수 있는 대상을 마련한 것일까.

이 직후인 10월 24일, 미 국무부 장관 애치슨은 한반도 문제 타개를 위해 미국과 소련이 비밀리에 접촉했다고 폭로했다. 이 폭로가 어떠한 의도로 이뤄졌는지는 불분명하다. 이날 유엔 총회에서 미국은 21개국 결의안으로 알려진 한반도 문제 결의안을 제안했다. 그 내용은 포로 문제 해결 방안으로 강제로 송환하지 않는다는 원칙을 수용하라고 요구하는 것이었다.[144] 중국과 소련이 받아들일 수 없는 방안이었다. 소련 당 중앙위원회 간부회 사무국은 11월 3일 미국과 소련의 비밀 접촉을 공식적으로 부인하는 성명 발표를 결정했다. 성명은 타스통신 성명으로 4일 각 신문에 실렸다.[145] 접촉은 아마 있었을 것이다. 그렇다면 그것은 스탈린의 지시를 받았을 것이다. 그러나 그 내용은 지금까지 알려지지 않았다.

이후 유엔 총회에서는 인도 대표 크리슈나 메논V. K. Krishna Menon이 11월에 제안한 결의안이 주목을 받았다. 메논의 제안은 포로를 비무장지대로 옮긴 뒤 4개의 중립국으로 구성된 포로송환위원회가 관리하게 하고 이 위원회가 포로를 송환한다는 내용이었다.[146] 11월 24일 비신스키는 인도 결의안에 반대했다.[147] 12월 14일과 17일에는 저우언라이와 박헌영이 성명을 발표하여 인도 결의안은 미국의 21개국 결의안에 담긴 포로의 비강제적 송환 원칙을 '포장'한 것에 불과하다고 비판했다.[148]

11월 9일 크렘린 병원장 블라디미르 비노그라도프Vladimir M. Vinogradov가 체포됐다. 11일에는 병원 의사 미롱 보브시Miron S. Vovsi가 체포됐다. 이른바 크렘린 유대인 의사단 사건의 시작이다. 때마침 11월 22일부터 체코에서는 슬란스키 사건의 재판이 시작되어 27일 전前 체코 공산당 서기장 루돌프 슬란스키Rudolf Slansky를 비롯한 유대인 11명이 스파이 혐의로 사형선고를 받았다.[149] 스탈린은 12월 1일 중앙위원회 간부회에서 의료 분야 파괴 활동이 논의됐을 때 다음과 같이 말했다. 간부회 회원이었던 조선상造船相 말리셰프 V. A. Malyshev가 기록한 메모에 따른 것이다.

> 우리가 성공할수록 적은 우리를 파괴하려고 노력한다. 이 사실을 우리 쪽 사람들은 큰 성공의 영향으로 잊고 있다. 태평, 얼빠짐, 자만심이 드러나고 있다. 유대인은 모두 민족주의자이며, 미국 첩보부의 앞잡이다. 유대인 민족주의자들은 미국이 그들의 민족을 구해 줬다고 생각한다. …… 그들은 자신들이 반드시 미국인이 될 것이라고 생각한다.[150]

이러한 모든 것이 미국과의 대결의 최전선인 동북아시아에서의 사태에 대한 책임 추궁의 전제가 됐다.

책임
추궁

혁명 중국과의 제휴, 일본 혁명과 한국전쟁 추진은 스탈린이 전담한 정책이었다. 한국전쟁과 관련된 마오쩌둥, 김일성과의 연락은 양국 주재 대사 연락을 포함해 모두 그가 도맡아 했다. 받는 연락은 정치국의 다른 구성원에게도 복사본을 돌렸지만, 스탈린이 필리포프, 핀시, 세묘노프Semenov 등 가짜 이름으로 보낸 답변은 다른 구성원에게는 돌리지 않았던 것 같다. 이러한 가짜 이름 뒤에서 스탈린은 홀로 동북아시아의 전쟁과 혁명에 투신하고 있었다. 2년 넘게 스탈린은 크렘린에서 마오쩌둥, 김일성과 함께 한국전쟁을 수행했다고 할 수 있다. 그러나 이 아시아에서의 혁명적 투기는 실패로 끝났다. 그것은 다른 누구도 아닌 그의 결정에 근거한 행위로, 실패는 그의 실패이고 그의 패배였다. 스탈린은 낙담하지 않고 빨리 마무리하고 전환하려 했던 것으로 보인다. 그렇다면 이 두 가지 실패를 설명할 필요가 있었다. 그것은 배신을 근거로 해서만 설명할 수 있었다. 필자는 스탈린이 이 시기 어느 시점에 김일성과 방학세에게 박헌영에 대한 의혹을 전달했을 가능성이 있다고 생각한다. 그리고 그보다 먼저 중국공산당을 통해 일본공산당의 베이징 망명 기관에 있던 노사카 산조에게 이토 리쓰에 대한 의혹을 전달했을 것이다.

필자는 이전 저서에서 이 가설을 평양과 베이징에서 동시에 움직임이 일어났다는 사실과 이토 리쓰 사건은 소련의 지시에 따랐다는 관계자의 증언을 근거로 설명했다. 러시아가 공표한 자료를 보면 11월 자료는 2점, 12월 자료는 2점밖에 없으며 국가보안성 관계의 통신은 1건도 공표하지 않았다. 필자의 가설을 직접적으로 뒷받침할 새로운 자료는 없다. 그러나 1952년 9월 저우언라이에게 내린 스탈린의 '지시'가 필자의 추측에 힘을 실어 준다. 스탈린은 김일성과 박헌영을 비교해 본 직후에 저우언라이에게 잠입한 스파이를 제거할 필요가 있다고 말했다. 중국의 당과 정부에 영국과 미국의 앞잡이가 침투해 있다면, 북한의 당과 정부에도 미국의 앞잡이가 침투해 있다고 보는 것은 당연하다.

일본의 당은 더욱 의심스럽다. 스탈린은 일본 당내에 잠입해 일본 혁명을 실패하게 한 인물을 적발하는 데 관심을 돌린 것으로 보인다. 중국에서 27년간 투옥 생활을 한 후 일본으로 돌아온 이토 리쓰의 수기에 따르면, 1952년 12월 24일 노사카 산조는 베이징 기관 전원회의를 소집해 소련공산당의 지시라며 중국공산당 대표 리추리의 입회하에 이토의 구금과 심문을 선언했다.[151] 도쿠다는 9월 말에 쓰러져 입원해 있었다. 이토의 수기를 반박하고자 노사카가 발표한 변명에도 먼저 중국당과 소련당 측에서 이토에 관한 의혹이 표명됐다고 되어 있다.[152] 이토는 1933년 체포됐을 때 전향을 표명하고 석방됐다. 1941년에 세 번째로 체포됐을 때는 조르게 사건 검거의 기초가 된 진술을 했다는 의혹을 받았다. 그러한 인물이기에 전후에는 미 점령군과 일본 정부에 봉사한 것이 아닐까 하는 의심을 받은 것이다. 이토는 곧바로 중국공산당의 제7초대소에 격리 연금됐다.[153]

북한에서는 1952년 12월 15일 조선노동당 중앙위원회 제5차 전원회의가 열렸다. 김일성은 '조선노동당의 조직적·사상적 강화는 우리 승리의 기초'라는 제목의 보고를 했다.[154] 이 보고는 제4차 전원회의 이후 1년의 성과를 총괄하는 보고였는데, 주목할 것은 소련 공산당 제19차 대회의 말렌코프 보고와 스탈린의 문헌을 대거 인용하여 소련 노선에 충실함을 과시한 것이었다. 당에 대해서는 제4차 전원회의 이후 10개월 동안 36만 3,847명이나 되는 새로운 당원이 입당하여 당원 수가 65만 7,386명에서 102만 1,233명으로 증가했다고 보고했다. 허가이 노선을 대체한 김일성 노선 아래 당원 수가 채 1년도 안 되는 사이에 50%나 늘어났다는 것이다. 당의 3분의 1을 차지하는 새로운 당원은 김일성만 충실하게 따르는 존재였다. 김일성은 당원들의 질적 향상에 유의해야 한다고 지적했다. 그리고 개인영웅주의를 위해 당 중앙 노선을 자신의 노선으로 바꿔치기하는 대표적인 움직임으로 함경남도 당위원장 박영朴英의 잘못을 지적했다. 김일성은 이어 "당성을 강화해 자유주의와 종파주의의 잔당과 맞서 싸울 것"을 촉구했다. 과거의 혁명 공적을 자랑하고 있지만 아무런 주요한 사업은 못 하는 자, 친척, 동창생, 친구, 고향 사람들을 모아 일하고, 남쪽 출신과 북쪽 출신의 차이에 사로잡힌 자들을 '자유주의'의 발현이라고 비난했다. 그는 "종파주의의 잔당"은 "이전에 자기 그룹에 속해 있던 사람"이라면 "혁명운동을 배신했더라도" 등용하거나, 당과 정권 기관의 높은 자리에 오르기 위해 "서로 어두운 …… 과거를 숨겨 주고 칭찬하고", 표면적으로는 당과 중앙위원회의 정책을 지지하면서도 실제로는 이를 무시하고 당에 해를 끼치는 양면주의분자의 움직임으로 나타나고 있다고 지적했다. 그리고 다음과 같이 분명하게 예고했다.

> 인민민주주의 국가들과 우리 형제당의 경험에서 밝혀졌듯이, 만약 우리가 종파주의의 잔당과 투쟁하지 않는다면 종파주의자들은 결국 적의 간첩으로 전락한다는 것이다.

이 연설은 김일성 측의 박헌영파, 남로당파에 대한 선제공격을 의미했다. 이 회의에서 토론자가 한 발언으로는 박정애의 연설만이 알려져 있다.[155] 그녀는 김일성 지도의 의의를 되풀이했다. "위대한 조국 해방전쟁"에서도, 평화 건설기에도 "조선 인민이 획득한 모든 성공과 승리는 우리 당의 영광, 우리 수령 김일성 동지의 이름과 연결돼 있다." 해방 후 김일성 동지는 북한을 혁명 기지로 만드는 임무를 제기했다. 김일성 동지의 지도로 당은 이 임무를 실현했다. "여러 동지의 반대에도 불구하고" 우리는 김일성 동지의 지도로 노동당으로의 통일을 이뤄 냈다. 이같이 말한 뒤 박정애는 제3차 전원회의에서 김일성 동지가 철의 규율을 강화하는 조치를 하지 않고, 제4차 전원회의에서 조직 문제에 관해 "좌익 편향적 오류를 바로잡는" 조치를 하지 않았다면 당은 약화되고 인민은 미영 제국주의자들과의 투쟁에서 승리를 쟁취하지 못했을 것이라며 한 단계 전진을 위해 제5차 전원회의가 소집됐다고 지적했다. 그녀는 많은 발언자가 "종파주의와 자유주의 잔당과의 투쟁"의 필요성에 대해 말했기 때문에 자신은 당파성 결여 문제에 대해 지적한다고 했다.

> 우리의 지도적 당 기관과 지도적 당 활동가의 다수는 지금까지 우리 당에는 단 하나의 노선, 즉 우리 당 중앙위원회 노선, 김일성 동지의 노선밖에 없음을 이해하지 못하고 있다.

따라서 이들 당 기관과 활동가는 잘못을 저지르고 중앙에서 분리되어 불건전분자가 종파주의분자에게 이용됐으며, 중앙의 지도를 대신해 도위원회의 지도가 찬양받고 있다고 했다. 박정애는 잘못된 표현의 사례로, "도당위원회 위원장의 올바른 지도하에"라는 말과 "총정치국장과 방면군 사령관의 올바른 지도하에"라는 표현을 거론했다. 이 "총정치국장"이란 말은 전년 상반기까지 이 지위에 있던 박헌영을 가리키는 것이다. "우리 당에는 당 중앙위원회와 김일성 동지의 지도 외에 다른 어떤 지도도 있을 수 없다"라고 했다. 이 시점에서 당에는 김일성 노선밖에 없다는 것은 이인자인 박헌영에 대한 은밀한 공격이었다. 그리고 박정애는 이 전원회의에서 당 조직 문제에 대해 보고한 것으로 알려져 있다.[156]

1953년 새해가 되자 제5차 전원회의 결정의 실천, 종파주의분자의 적발, 비판 캠페인이 요구됐다. 박정애가 《노동신문》 1월 5일 호에 게재한 〈김일성 동지가 제기한 당의 조직적, 사상적 강화를 위한 투쟁은 각 당 기관, 당 단체, 당 지도간부, 당원의 전투적 강령〉이라는 글이 그 시작이었다. 그러나 하부의 움직임은 좀처럼 김일성 등의 생각대로는 되지 않았다. 소련에서의 유대인 의사단 사건 적발이 북한에서는 1월 18일에 보도됐다. 《노동신문》 1월 26일 호는 사설에서 수령의 요구에 부응하자며 더욱 나사를 조였다. 이와 함께 사회안전상 방학세는 2월 5일 《노동신문》에 〈반反간첩 투쟁을 전 인민적 운동으로 추진하자〉라는 글을 발표하고, 반종파주의 투쟁을 반간첩 투쟁과 연계하자는 방향을 제시했다.[157]

개인의 이름을 거론하면서 종파분자의 행동을 규탄하는 방향으로 나아간 것은 2월 중순이었다. 2월 17일 보도된 평양시 당위원회 전원회의에서는 전 소련 주재 대사로 현 외무성 부상副相인 주영하朱寧河, 문화성 부상 조일명(趙一明, 조두원趙斗元), 시인이자 북한 문학

예술총동맹 간부인 임화林和, 전 남로당 중앙위원회 이제우李濟宇가 비난을 받았다. 주영하의 상사는 말할 것도 없이 박헌영이고, 조일명은 남로당 시절부터 박헌영, 리승엽의 한쪽 팔이었다. 임화는 조일명과 깊은 관계를 맺고 있었다. 창끝이 어디를 향하고 있는지는 이미 분명해졌지만 박헌영과 리승엽에 대해서는 한동안 언급이 없었다. 2월 7일 조선인민군 창건 5주년 기념식에서도, 2월 22일 소련 적군 창건 35주년 기념식에서도 박헌영과 리승엽은 주석단에 모습을 보였다. 그러나 2월 26일 보도된 평안남도 당위원회 전원회의에서는 박창옥 당서기가 주영하, 임화, 그리고 작가 김남천金南天, 당 선전선동부 부부장 이원조李源朝, 전 북한인민위원회 외무국장 이강국李康國, 전쟁 전에는 상업상, 전시 중에는 인민군 참모부 후방총국장이었던 장시우張時雨 등을 '종파분자'로 지목했다. 3월 1일 보도된 평양시 서구지역 당위원회 전원회의에서도 주영하, 장시우 등이 지목돼 공격을 받았다.[158]

아마도 이미 주영하, 조일명, 임화 등은 사회안전부에 구속돼 조사받고 있었을 것이다. 이들의 진술을 통해 1952년 9월 박헌영 자택에서 리승엽, 당 연락부장 배철, 부부장 박승원, 윤순달尹淳達, 조일명, 임화가 간담을 했다는 이야기가 나온 것으로 보인다. 이것은 나중에 재판에서 쿠데타 모의, 김일성 정권을 대신할 박헌영 정권의 각료 명단을 결정한 회의로 지목됐다.[159] 사실 여부는 알 수 없지만 1952년 9월이면 김일성이 저우언라이의 공작 결과로 모스크바에 불려가 전쟁을 계속하겠다고 다짐했던 때로 박헌영도 동행했었다. 중국과 소련이 전쟁 계속이라는 입장에서 김일성을 질책한다면, 전쟁을 계속하자고 주장하는 박헌영 그룹에 기회가 온다고 생각하여 어떤 논의나 움직임을 보였다고 하더라도 이상하지 않다. 2월 말에서 3월 초에 당 정치위원이자 당서기이며 대남 공작 책임자인 리승엽과 그의 직계 당 연락부장 배철, 부부장 박승원, 남조선해방유격대 제10지대장 맹종호 등이 체포된 것으로 보인다. 3월 4일 보도된 문화선전성 당원회의에서는 조일명, 임화, 작가 이태준李泰俊이 비난받았고, 3월 5일 보도된 외무성 당원회의에서는 주영하와 함께 현직 중국 주재 대사였던 권오직權五稷이 비판을 받았다. 그리고 3월 9일 스탈린 추도식의 주석단에는 박헌영은 등장했지만 리승엽은 이미 자취를 감췄다.[160]

여기에서 이름을 거론한 사람 가운데 리승엽, 조일명, 임화, 박승원, 이강국, 이원조, 맹종호 등은 해방 전에 일본 관헌에 체포돼 전향한 과거가 있었다. 그랬기에 미군의 스파이가 됐을 것이라고 추궁했다. 소련계 사회안전부 예심처장 주광무朱光武가 진두지휘하여 이들을 고문하고 원하는 진술을 받아냈다.[161]

소련과 중국의 지원으로 전쟁을 벌이고 있는 북한에서 당과 국가의 이인자이자 외상인 박헌영에 초점을 맞추어 그 직계의 당서기 리승엽을 체포한 것은 스탈린의 지시나 승인 없이는 일반적으로는 불가능했다. 스탈린은 2월 18일까지 근무하고 3월 1일 쓰러졌다.[162]

2월 28일 이전에 박헌영파 추궁 작전에 대한 지시나 승인이 있었을 것이다. 남한 해방을 목표로 한 전쟁 중에 남한 지역 공작 책임자이고 남한 출신의 지도적 활동가를 체포하는 조치는 북한이 전쟁을 끝내겠다고 선언하는 것과 마찬가지였다고 한다면, 스탈린의 지시나 승인 없이는 불가능한 일이었을 것이다.

이토 리쓰의 심문과 박헌영파 체포에 대한 스탈린의 지시나 승인은 노사카 산조와 김일성에게는 구원의 손길이었을 것이다. 자신의 실패에 대한 책임에서 벗어날 수 있었기 때문이다. 그런 의미에서는 이들의 고발을 스탈린이 받아들여 처분을 승인했다고 볼 수도 있다. 그러나 역시 스탈린의 지시가 없었다면 이런 중대한 고발, 과거의 배신과 현재의 배신을 연계하는 소련식 고발은 불가능했을 것이다.

그리고 이 박헌영파의 체포를 스탈린이 지시하거나 승인했다는 것은 그 자신이 더는 전쟁을 계속하기를 원하지 않고 전쟁을 끝내려고 했다는 것을 의미한다.

스탈린과 마오쩌둥의 최후 협상

그동안 중국 지도부는 미국의 새 대통령으로 당선된 아이젠하워가 정전협상의 교착상태를 타개하기 위해 공세

에 나설 것으로 생각하고 긴장했다. 가장 가능성이 있는 시나리오
는 전선의 후방을 노린 상륙 작전이라고 생각했다. 마오쩌둥은 12월
9일 덩화에게 이 전망을 타진했는데, 이달 중순에 이미 이 전망이
정부와 군 전체의 의견이 됐다.[163] 12월 17일 인민지원군은 마오쩌
둥의 12월 16일 자 명령으로 지원군 당위원회와 군 간부 합동회의
를 열어 미군 상륙 작전의 주목표는 북한 서해안이라며, 동해안도
포함해 방위 준비를 하기로 합의했다. 여기에는 북한 측 최용건, 박
일우, 김광협, 소련 군사고문도 참석했다.[164]

회의 후 덩화와 양더즈는 동해안과 서해안 지휘부 인사를 강화
하기로 한 후 김일성을 만나 마오쩌둥의 분석을 전달하고 지휘부에
북한 측의 유능한 인물을 배치해 달라고 요구했다. 김일성은 중국
공산당의 분석에 동의하고 조처할 것을 약속했다. 12월 24일 당 중
앙위원회 정치위원회 회의에서 동해안 지휘부 부사령원에 김웅을,
서해안 지휘부 부사령원에 방호산을 임명하기로 했다. 최강의 인재
를 배치한 것이다.[165]

마오쩌둥 쪽은 12월 17일 아이젠하워 새 정부가 1953년 봄에는
북한 북부에 상륙 작전을 감행할지도 모른다며 무기 원조를 요구하
는 장문의 전보를 스탈린에게 보냈다.

조선에서 정전협상이 단절되고 미군이 받은 손해가 미국으로 하여금 군사
행동을 중단시킬 정도의 규모에 이르지 못했기 때문에 조선에서의 군사행

동은 앞으로 일정 기간(예를 들어 1년간) 활발해질 것입니다. 아이젠하워는 현재 대통령 취임 후 취해야 할 군사행동 준비를 추진하고 있습니다.

마오쩌둥은 서해안에도, 동해안에도 상륙 작전이 있을 수 있다며 각종 포 624문을 1953년 제1/4분기에, 포탄 80만 5천 발을 1953년 1월에, 그리고 155만 발을 2~4월에 공급해 달라고 요청했다.[166]

이에 스탈린은 12월 27일 예상할 수 있는 상륙 작전이라는 생각은 트루먼 당시의 "현재 조선에 있는 미군 사령부의 계획을 반영하고 있다. 이 계획은 아이젠하워 정권에 의해 조선 전선의 긴장 완화 쪽으로 수정될 가능성이 크다"라고 답변했다. 다만, "최악의 사태를 예상하고 미군의 공격이 있을 수 있다는 것을 전제로 시작하는 것은 바람직하다"라고 했다. 무기 원조 요청에 대해서는 이미 20개 사단분의 장비를 제공한다고 약속한 이상, 또 다른 추가 주문에 대해서는 4분의 1만 대응할 수 있다고 했다.[167] 마오쩌둥에게 직접 압력을 가하지 않는 평소의 신중한 태도라고 해도 좋다.

한편 스탈린은 《뉴욕타임스》와의 인터뷰에서 "평화 공존"을 말하면서 "조선전쟁을 끝내는 문제에 대해 아이젠하워와 협력하기를 바란다"라고 했다. 이는 12월 25일 크리스마스에 게재됐다. 그리고 26일 소련 국내에도, 중국에도 이 메시지가 보도됐다.[168] 스탈린은 분명하게 한국전쟁을 끝내기를 바란다는 메시지를 미국의 새 대통령에게 보냈으며, 이를 러시아인과 중국인 모두 알게 된 것이다.

급변하는 1952년 연말에 김일성은 스탈린에게 편지를 보냈다. 조선인민군을 위한 통신수단 장비를 제공해 달라고 요청하는 편지였는데, 눈길을 끄는 것은 스탈린에 대한 김일성의 특별한 감사의 표명이다. "존경하는 이오시프 비사리오노비치, 우리는 당신과 소련 정부가 우리 인민군에게 끊임없이 제공해 주는 원조와 관심에 무한한 감사를 드립니다"라는 말로 시작되는 편지는 "친애하는 이오시프 비사리오노비치, 다시 한번 전 조선 인민의 마음을 담아 건강과 전 인류의 행복을 위해 장수하시기를 기원하니 부디 이 마음을 받아 주시기 바랍니다. 당신을 깊이 존경하고 사랑하는 김일성"으로 끝났다.[169]

해가 바뀌어도 마오쩌둥은 스탈린에게 미국의 공격에 대비할 태세를 갖추기 위한 원조를 계속 요구했다. 1953년 1월 4일 소련 측이 약속한 포 332문, 탄약 60만 발을 1953년 5월 1일까지 전달해 달라는 전보를 보냈고,[170] 1월 8일에는 미군의 상륙 작전에 대비해 중국 해군을 지원군으로 북한에 파견하고 싶은데 이를 위해 해군 함선, 육상 포, 해군 항공기를 제공하고 군사고문을 파견해 달라고 요청했다.[171] 스탈린은 1월 15일 포와 탄약을 기한 내에 인도하기는 어렵지만 빨리 추진하도록 노력하겠다고 회답하고,[172] 1월 27일에 해군 파견 결정은 타당하다고 인정해 함선과 항공기 제공을 약속하고 고문 3명의 파견을 승인했다.[173] 스탈린은 중국의 요청에 부응하는 태도를 바꾸지 않았다.

주목할 것은 전년도 10월 제19회 당대회에 출석한 후 소련에 머물며 요양하던 류사오치와 왕자샹이 귀국하기 직전인 1953년 1월 5일과 6일 두 차례 스탈린과 회견한 사실이다.[174] 중국 측은 이 회견 내용을 명확히 밝히지 않고 있다. 스탈린이 정전을 전향적으로 생각하도록 설득했을 가능성이 있다.

취임한 아이젠하워 대통령은 2월 2일 연두교서에서 7함대의 타이완해협 경비 목적에서 장제스 정권 측의 대륙 반격 억제를 제외하겠다고 선언했다. 이른바 타이완해협 중립화 해제 선언이다.[175] 이는 중국을 더욱 자극했다. 중국은 장제스군의 중국령 공격과 미군의 한반도 해안 상륙 작전의 연계를 경계했다. 마오쩌둥은 2월 7일 정치협상회의 연설에서 "미 제국주의가 몇 년을 더 싸우려 한다고 해도 우리는 미 제국주의가 멈출 때까지 몇 년이든 싸울 각오"라고 말했다.[176] 스탈린이 생각하는 것과 정반대로 움직였다.

2월 5일 첫 번째 신호가 중국에 전해졌다. 김일성이 중국공산당이 가장 신뢰하고 중국인민지원군의 최고 간부로 북중연합사령부 부정치위원까지 된 박일우를 소환하고 부사령으로 만주파 최용건을 보낸 것이다.[177] 이는 그때까지 중국이 완전히 통제하고 있던 연합사령부 체제에 대한 김일성의 불만 표출이었다. 그러나 직설적으로 이 조치의 의미가 전달되지 않았을지도 모른다. 하지만 이어 2월 말 박헌영과 리승엽을 목표로 한 추궁 캠페인이 전개되고, 중국 주재 대사 권오직 체포라는 사태가 벌어지면서 중국에도 북한에서 이

변이 벌어지고 있다는 것이 확실하게 전해졌다. 북한은 더는 전쟁을 계속할 태세가 아님이 분명해졌다.

마오쩌둥 등의 예상과 달리 미국의 새 정권은 한반도 상륙 작전은 고려하지 않았다. 미 대통령이 공산 측에 강한 압력을 가하기 위해 생각한 것은 원자폭탄 사용이었다. 아이젠하워가 이 방안을 가장 먼저 꺼낸 것은 1953년 2월 11일 국가안전보장회의에서였다. 정전협상이 진행돼 온 개성 지구를 공산 측이 성역으로 만들고 군대 재건에 사용하고 있다는 점을 들어, 그는 이 지구를 목표로 전술핵무기 사용을 고려해야 한다고 말했다. 덜레스도 소련이 핵무기를 특별 취급하고 있는 것은 이상하다, "이 거짓 구별을 무너뜨리도록 노력해야 한다"라며 대통령에 동조했다.[178] 더욱이 새 정부는 현재의 전선에서 휴전하는 것을 불만으로 여겨 전선을 더 북쪽으로 밀어 올려 한반도의 잘록한 부분을 경계선으로 하겠다는 생각도 있었다.[179]

그러나 이 사실은 중국에 알려지지 않았다. 미국의 상륙 작전 조짐이 보이지 않는 가운데 북한의 이변을 안다고 해도 중국 측은 방침을 변경할 생각이 없었다. 미국이 타협하겠다는 움직임을 보이지 않으면 원칙을 견지하고 양보하지 않겠다는 태도로 나갈 수밖에 없었다. 저우언라이의 요구에 따라 1953년 2월 19일 외무부의 차오관화 등이 제출한 의견서에서는, 우리가 판문점에서 무조건 회담을 재개하자고 제의하면 상대방은 거절할 가능성이 높다, 만약 김일성과 펑더화이의 서한과 같은 형식을 취하면 "상대방은 우리가 서두르고 있다, 약간 약점을 보이고 있다고 인식할 수 있다"라며 "움직임은 고요함을 이기지 못한다, 현 상황을 유지해 미국이 타협을 원하고 그에 따라 행동할 때까지 그대로 간다"라는 결론을 내렸다.[180] 마오쩌둥과 저우언라이는 이 결론에 동의했다. 미국이 타협할 기회를 만들 때까지 기다리겠다는 것이다.

거기에 나온 것이 2월 22일 클라크의 부상병 포로 즉시 교환 제안이었다. 이는 전년도 12월 16일 국제적십자가 부상병 포로의 즉각 교환을 요구한 데 따른 것이었다. 이 문제가 2월 24일부터 시작되는 유엔 총회에서 거론되어 압력을 받게 될 것을 우려한 미국 합동참모본부가 총회 이전에 제안한 것이다.[181] 판문점의 딩궈위丁国钰가 25일 어떻게 답변해야 하는지 문의했다.[182] 베이징에서는 즉각 답변하지 않았다. 마오쩌둥도, 저우언라이도 마음을 정하지 못했고 모스크바에도, 평양에도 연락하지 않았다. 스탈린에게 의견을 구하지 않은 것 같다.

알려진 바로는 한반도와 관련한 스탈린의 마지막 조치는 김일성이 요청한 차관 상환 연기에 관한 것이었다. 1951년 11월 14일 '소련-북한협정'에 따라 북한에 제공된 물자 구매를 위한 차관의 변제는 1952년부터 북한이 물자를 인도하는 것으로 실행돼야 한다고 정해져 있었는데, 김일성이 라주바예프 대사에게 군사행동 종료 후로 미뤄 달라고 요청한 것이다. 대사는 이를 인정해 줄 것을 제안했다. 외국무역부와 외무성은 이에 찬성했고 2월 10일 스탈린에게 상신했다. 1949년에 제공된 차관 2억 1,200만 루블의 상환도 1952년 7월 1일부터 3년간 실행하도록 정해져 있었지만, 이미 1952년 7월 13일 정부 결정으로 군사행동 종료 후로 미뤘다. 스탈린은 이번에도 연기를 인정했다. 그런 취지를 담은 각료회의 명령안이 수상 스탈린의 이름으로 기안됐다.[183] 스탈린은 군사행동의 종료가 멀지 않았다고 확신했을 것이다. 1953년 2월 18일 당 중앙위원회 간부회 사무국도 연기를 승인했다.[184] 스탈린은 마지막까지 김일성에게 호의적이었다.

제7장

정전

스탈린의
죽음

1953년 3월 5일 스탈린이 죽었다. 앞서 살펴보았듯이 그가 전쟁을 계속해야 한다고 주장하고 있던 것이 아니었기 때문에, 그의 죽음으로 정전협상에 변화가 일어났다고 생각하는 통설은 잘못된 것이다. 스탈린 자신이 이미 전쟁을 끝내는 방향으로 이끌고 있었다. 단지 그것을 중국에 강요하지 않았을 뿐이다. 북한에서는 3월 3일 당 전체에 스탈린의 위독한 상황에 대한 통보가 있었다. 스탈린의 죽음은 김일성에게는 큰 충격이었을 것이다. 3월 9일 추도식이 열렸다. 김두봉, 박창옥, 부수상 홍명희, 민족보위상 최용건이 추도사를 했다.[1] 박헌영도 참석했는데, 추도식이 끝난 직후 체포된 것으로 보인다. 이것으로 김일성은 전쟁을 끝낼 체제를 완성했다.

중국에서 스탈린 장례식에 참석한 것은 저우언라이였다. 그는 3월 8일부터 17일까지 소련에 머물렀다. 저우언라이는 9일 붉은 광장에서 치러진 장례식에서 국제 긴장의 완화, 평화 공존을 강하게 주장하는 스탈린의 후계자 말렌코프의 연설을 들었다. 그는 3월 11일 말렌코프 총리, 베리야 부총리, 몰로토프 외무성 장관, 흐루쇼프 당서기, 미코얀 상업성 장관, 바실리 쿠즈네초프Vasili V. Kuznetsov 외무성 차관과 회담했다.[2] 거기에서 한국전쟁에 관해 중점적으로 협의했을 것이다. 스탈린의 후계자들은 노골적으로 정전을 서두르라고 저우언라이를 압박했을 것으로 생각된다. 저우언라이가 주로 논의한 사람은 비신스키를 대신해 외무성 장관으로 돌아온 몰로토 프였을 것이다. 클라크 제안을 적극적으로 수용한다는 점에서 곧바로 합의했을 가능성이 크다. 그러나 소련 측이 포로 문제에 대한 방침의 전환을 요구했다면, 저우언라이가 이를 수용하는 것은 쉽지 않았을 것이다.

저우언라이는 수용하는 쪽으로 기울었으나 잠시 머뭇거린 것인지, 결론을 내지 못한 채 일시 중단된 것인지는 알 수 없으나, 일단 대화를 중단하고 3월 14일에 급사한 클레멘트 고트발트Klement Gottwald 체코슬로바키아 대통령의 장례식에 참석하기 위해 17일 프라하로 날아갔다.[3] 그사이 모스크바에서는 몰로토프가 클라크 제안에 대한 대응책을 마련해 3월 18일 정부 부처 검토를 요청했다. 제출한 것은 소련 정부가 마오쩌둥과 김일성에게 보낼 서한안과 유엔 대표에게 보낼 지령안 두 가지였다.[4]

서한안에서 "소련 정부는 …… 이 문제로 기존에 취해 온 방책을 유지하는 것은 옳지 않다는 결론에 도달했다"라며 "주도권을 발휘하고, 적의 주도권 이용을 시도하고, 중국과 북조선 양국 인민의 근본 이익에 부합하고, 모든 다른 평화 애호 인민의 이익에 부합하여, 북조선과 중국을 이 전쟁에서 벗어나게 하는" 것이 필요하다고 밝혔다. 그리고 이를 위해 북한과 중국이 2월 27일 부상병 포로 교환에 관한 클라크 제안을 수용하겠다는 취지로 회답하고, 이를 포로 문제 일반의 해결에서 정전협상 타결로 가는 계기로 환영할 것, "협상에서는 송환을 주장하는 모든 포로는 즉시 송환하고, 나머지 포로는 송환 문제의 공정한 해결을 확보하기 위해 중립국에 인도할 것을 제안할" 것, 이 점도 포함해 베이징과 평양에서 중국과 북한의 합의에 따른 결론이라고 성명을 발표할 것, 소련 정부도 지지 성명을 발표할 것 등이 들어가 있다. 제안된 순서가 이후 현실에서 실현되는 절차와 완전히 일치한다. 이것은 서한안이 저우언라이와 몰로토프가 회담에서 협의한 내용을 토대로 작성됐기 때문이라고 보는 것이 자연스럽다. 하지만 어디까지가 합의에 따른 것이고, 어디까지가 소련 측의 제안인지는 명확하지 않다. 이 몰로토프안이 3월 19일 소련 각료회의 결정이 됐고, 여기에 말렌코프가 서명했다. 회답안을 저우언라이와 쿠즈네초프를 통해 마오쩌둥에게 전달하고, 외무성 차관 말리크를 평양에 파견해 김일성에게 전달하기로 했다.[5]

소련 정부의 서한은 3월 21일 프라하에서 모스크바로 돌아온 저우언라이에게 전달됐다. 이날 저녁 회담에는 말렌코프, 베리야, 몰로토프, 흐루쇼프, 불가닌, 말리크, 쿠즈네초프 등이 참석했다. 여기에서 저우언라이는 소련과 합의했다. 그 과정에서 마오쩌둥에게 두 차례 전보를 보냈다.[6] 거듭 말하지만, 클라크 제안을 받아들인다면 문제는 없었다. 송환을 원치 않는 포로를 중립국에 인도한다는 원칙을 수용하는 것은 중국의 입장에서는 엄청난 결단이 필요했을 것이다. 이 점에 대해 중국 연구서인《항미원조전쟁사》에는 다음과 같이 기술되어 있다. "소련은 내부 문제를 해결해야 했기에 한국전쟁을 더 이상 끌 생각은 하지 않았다. 북한에도 이런 종류의 바람이 있었다. 따라서 포로 반환 방식을 양보해 가능한 한 빨리 정전을 실현시킬 것을 확정했다."[7] 북한에서 스탈린의 장례식에 참석한 것은 박정애였다.[8] 그녀와는 소련 측이 협의했다. 저우언라이가 모스크바에서 출발한 것은 24일이고 베이징에 도착한 것은 26일이었다.[9] 앞뒤 관계로 볼 때 특사 쿠즈네초프와 페도렌코가 동행했을 것이다.

교섭의
재개

마오쩌둥은 저우언라이가 귀국하기 전에 모스크바에서 보내온 전보를 받고 소련 지도부의 제안과 저우언라이와의 협의 내용을 알고 있었다. 이미 3월 23일 마오쩌둥은 정전회담 중국·북한 측 대표단의 당 책임자인 딩궈위에게 연락해 부상병 포로 교환에 관한 클라크 제안에 대한 답변을 준비하고 있다고 김일성과 펑더화이에게 알리라고 했다. "우리는 이 일을 토론하는 데 동의하기 위한 준비를 하고 있다. 답장의 초안을 만드는 데도 며칠 더 걸릴 것이다. 당분간은 밖에 누설해서는 안 된다."[10]

26일 귀국한 저우언라이는 마오쩌둥에게 모스크바에서 협의한 내용을 보고했다. 별도로 소련 특사도 마오쩌둥과 회담했을 것이다. 《저우언라이 연보周恩來年譜》에는 이때 "중국 정부가 취해야 할 방침과 행동을 확정했다"라고 되어 있다. 마오쩌둥은 마침내 포로 문제에 대해 양보하기로 결단한 것이다.[11] 이날 밤 마오쩌둥 명의로 김일성에게 전보를 보내 소련 특사와 수행원들이 내일 베이징을 떠나 안둥에서 북한으로 들어갈 것이라고 알렸다. 중국 측의 결단은 다음 날인 27일 저우언라이가 준비한 마오쩌둥의 전보를 통해 김일성에게 전해졌다. 김일성과 펑더화이의 명의로 클라크에게 부상병 포로 송환을 받아들이겠다고 회답하고, 베이징과 평양, 모스크바에서 성명을 발표한 후 "포로 송환 문제에 대해 양보할 준비를 하고 조선의 정전을 쟁취한다. 다만, 쟁취하지 못할 때는 계속해서 싸울 준비도 하겠다"라고 밝혔다.[12] 김일성은 크게 기뻐했을 것이다.

3월 28일 중국 주도로 작성된 클라크 제안에 대한 회답을 김일성과 펑더화이의 이름으로 보냈다. 부상병 포로 교환에 동의한다, 이 문제의 합리적 해결은 포로 문제 전체의 순리적 해결과 한반도 정전 달성을 이끌어 내야 한다, 판문점에서의 회담을 즉시 재개하자는 내용이었다.[13]

모스크바에서 온 특사 쿠즈네초프와 수행원 페도렌코가 평양에 도착한 것은 3월 29일이었다. 특사는 라주바예프 대사와 함께 김일성에게 소련 정부의 서한을 전달했다.

"우리의 설명을 듣고 김일성은 크게 흥분했다. 그는 좋은 소식을 알게 되어 매우 기쁘다며 문서를 꼼꼼히 검토하고 나서 회담할 기회를 달라고 요청했다."[14]

김일성이 흥분한 것은 이로써 바라던 즉각적인 정전이 가까워졌다는 기쁨 때문일 것이다. 이날 소련 사절이 다시 방문하자 김일성은 소련 정부의 제안을 지지한다고 밝혔다.

"3월 29일 2차 회견 때 김일성은 다시 한번 조선 문제에 대한 소련 정부의 제안에 전적으로 동의한다고 밝히고, 이 제안을 가능한 한 빨리 실시할 필요가 있다고 했다. 김일성은 조선에서의 전쟁을 끝내고 평화를 달성하는 문제에서 우리 쪽이 주도권을 발휘할 때가 됐다고 강조했다. 적극적인 군사행동을 취하거나 전쟁을 그만두거나 둘 중 하나를 선택해야 한다고 말했다. 빚어진 사태를 더 지연시키는 것은 조선민주주의인민공화국과 중화인민공화국에 이익이 되지 않으며, 모든 민주 진영에 이익이 되지 않는다고 했다. 이때 김일성은 전선과 후방에서의 북한 측 손실(매일 약 300~400명)이 매우 크기 때문에 문제가 되는 포로 귀환 숫자에 대해 미국인과 더 논의하는 것은 전혀 합목적적이지 않으며, 현재 조건으로는 소련 정부의 제안이 가장 합목적적 …… 이다"[15]라고 했다.

김일성은 이미 평정심을 되찾았다. 김일성은 중국의 고집이 합목적적이지 않다는 것을 은연중에 내비치고, 그것을 꺾어 준 소련에 감사를 표명한 것이다.

다음 날인 30일 베이징방송은 중국 정부와 조선민주주의인민공화국 정부의 제안을 전하는 저우언라이의 성명을 보도했다. 한반도 정전을 촉진하기 위해 "중화인민공화국 정부와 조선민주주의인민공화국 정부는 제안한다. 협상하는 쌍방은 정전 후 송환을 주장하는 모든 포로를 즉시 송환하고 나머지 포로는 중립국에 인도하여 그들 송환 문제의 공정한 해결을 보장할 것을." 제네바 협약의 포로 즉시 송환 규정을 포기하는 것이 아니며, 연합국 포로 중에는 송환을 원하지 않는 자가 있다는 것을 인정하지 않는다는 단서가 붙어 있었지만,[16] 실질적으로 이것은 중국이 미국에 양보한 것이 분명했다. 중국과 북한 정부의 합의 형태로 발표됐지만 김일성의 의견은 따로 확인되지 않았다. 확인할 것까지도 없다는 것이다.

소련 특사는 남일을 외상으로 임명하는 것은 좀 기다렸다 하고, 우선 정전협상을 완료하라고 조언했다. 북한 측이 체포된 박헌영 외상의 후임으로 남일을 지목했기 때문이다. 몰로토프는 3월 24일 라주바예프 대사에게 전보를 보내 남일의 임명은 소련 사절이 도착할 때까지 기다리고, 당분간은 외무성 차관의 일시 승진으로 끝내야 한다고 지시했다. 특사의 설득으로 북한은 남일을 외상으로 임명한 최고인민회의 결정의 공표를 미루고 소련계 이동건 차관이 외상 대행을 맡기로 했다.[17] 이를 통해 북한의 인사는 소련의 승인이 필요했음을 알 수 있다.

김일성의 지지 성명은 3월 31일에 나왔다. 내용은 중국과 북한의 합의에 근거한 저우언라이의 제안을 열렬히 지지한다는 것이었다. 실질적으로는 소련 정부의 결정을 북한 정부도 지지한다는 것이다.

마지막으로 4월 1일 몰로토프 외상이 저우언라이와 김일성의 주장을 지지한다고 표명하는 성명을 발표했다.[18] 몰로토프의 원안에는 중국과 북한 정부는 부상병 포로 문제의 합리적 조정에 이어서 포로 문제 전체의 해결을 "조선에서의 정전을 달성하려는 충심에 이끌려" "상호 타협의 정신으로"라는 말이 들어가 있었으나 말렌코프가 삭제했다.[19] 너무 노골적이라고 걱정했기 때문이다. 어쨌든 이렇게 중국-북한-소련 3자의 합의가 공식적으로 표명됐다.

공산 측이 이처럼 중대한 양보를 준비하고 있을 때 미국은 원자폭탄 사용을 논의하고 있었다. 3월 31일 국가안전보장회의에서 아이젠하워 대통령은 전면전으로 확산될 것을 우려하면서도 "원자폭탄을 사용하여 (1) 공산군을 상대로 상당한 승리를 거두거나, (2) 한반도의 잘록한 허리 부분의 라인까지 밀어붙일 수 있다면 비용을 치를 만하다"라고 주장했다. (2)는 군사분계선을 밀어 올리는 것을 의미한다. "원자폭탄 사용을 둘러싼 금기는 어떻게든 깨져야 한다"라는 점에서도 참석자들의 의견이 일치했다.[20] CIA의 4월 3일 자 조서도 "군사적 교착상태가 계속되는 한 공산 측은 정전을 달성하기 위해 포로 문제에서 양보할 것 같지 않다"라고 판단했다.[21]

이렇게 보면 공산 측 제안은 좋은 타이밍에 나왔다고 할 수 있다. 부상병 포로 교환을 시험 삼아 해 보자고 했는데, 그것이 실행되어 정전회담을 재개하겠다는 아이젠하워의 결단을 끌어낸 것이다.[22] 4월 6일부터 연락장교 회담이 시작됐고, 11일에는 이상조李相朝 대장과 존 다니엘John C. Daniel 해군 소장 사이에 부상병 포로 교환 협정이 조인됐다.

1951년 12월 18일 교환된 문서에 따르면 양측이 수용하고 있던 포로 수는 다음과 같다.

미군 병사	3,198명
한국군 병사	7,142명
기타 유엔군 병사	1,219명
합계	11,559명
중국인민지원군 병사	20,700명
조선인민군 병사	111,773명
합계	132,473명[23]

이 가운데 다음의 포로가 부상병 포로 교환으로 송환됐다.

미국·기타 유엔군 병사	213명
한국군 병사	471명
합계	684명
조선인민군 병사	5,194명
중국인민지원군 병사	1,030명
합계	6,224명[24]

교섭의 진전과
한국의 저항

　　　　　　　정전회담 재개를 가로막은 마지막 장애물이 제거된 후 클로즈업된 것은 이승만 대통령의 저항이었다. 직접 선거로 재선된 대통령의 정치적 기반은 굳건했고 그 저항은 전에 없이 강고한 것이었다. 정전협상이 실질적으로 진전되기 시작한 4월, 이승만 대통령은 정전 반대 움직임을 활발하게 전개했다. 4월 8일 양유찬 주미 한국 대사는 덜레스 장관에게 이 대통령이 받아들일 수 있는 정전 조건 5가지를 제시했다. 그것은 (1) 한반도의 재통일, (2) 중공군의 철수, (3) 북한군의 무장해제, (4) 제3국이 북한에 무기를 제공하는 것의 금지, (5) 대한민국의 주권 존중 및 한반도 문제 해결에서 그 목소리의 존중이었다. 이는 정전을 불가능하게 하는 조건이었다.[25]

　다음 날 이승만 대통령은 아이젠하워에게 친서를 보냈다. 거기에서 그는 만약 중공군 주둔을 허용하는 정전협정이 체결된다면 우리는 "침략적 공산주의자들을 물리치고 압록강까지 몰아붙여 한반도에서 몰아내려는 우리의 노력"에 동참할 생각이 없는 외국 군대의 철수를 요구한다며, 자신들만으로 전쟁을 계속하겠다는 의사를 밝혔다.[26] 이승만은 미국과 중국 사이의 전쟁이 끝난다면 한국전쟁, 즉 남북 간 통일 전쟁으로 다시 돌아가는 것을 인정하라고 주장한 것이나 다름없었다. 그러나 현실적으로는 이전이나 지금이나 미국

없이는 싸울 수 없었다. 그래서 미국에 전쟁을 계속하라고 요구하는 것이 이승만의 의도였고, 그게 안 되면 전쟁이 끝난 후 안전보장조약을 맺자는 것이었다.

이승만의 우려에는 근거가 있었다. 미국은 정전 반대, 전쟁 속행 주장을 처음부터 논외로 여겼고, 한미 간 안전보장조약 체결도 고려하지 않고 있으며 받아들일 수 없다고 했기 때문이다. 무엇보다도 여전히 일본-류큐-필리핀을 방위선으로 하는 전략을 유지한 국방부가 반대하고 있었다.[27]

4월 17일 유엔 측은 정전회담 재개를 위한 연락장교 회담을 개최하자고 공산 측에 연락했다. 이 회담은 19일에 열렸다. 거기서 협의하여 4월 25일 정전회담 재개가 결정됐다. 이승만은 행동에 나섰다. 4월 22일과 23일 전국 각지에서 '북진통일 없는 정전 결사반대' 집회와 시위가 벌어졌다. 《동아일보》는 "삼천만 총분기"라고 보도했다. 특히 23일 임시수도 부산의 시위에는 100명이 넘는 국회의원을 선두로 수만 명의 시민이 참가했고 시내 상점들도 휴업으로 이에 호응했다. 시위대 일부는 미 대사관에 난입하려는 사건을 일으켰다.[28] "마치 이 사건에 호응하듯"(나카쓰지 게이지中逵啓示), 한국 대사는 워싱턴에서 이승만 대통령의 새로운 각서를 전달했다. 그것은 4월 9일 친서의 내용을 더욱 강화한 것으로, 문제가 있는 정전협정이 체결될 경우 "한국군을 유엔 지휘하에서 이탈시키도록 준비하고 있다"라고 통고하는 최후통첩이었다.[29] 이는 이 대통령의 공공연한 도전이었다.

　사태가 이렇게 되자, 클라크는 정전회담이 재개된 4월 26일 참모총장 콜린스에게 만약 이승만 대통령이 정전협정 체결과 동시에 행동에 나선다면, 정전협정에 모든 외국 군대 철수라는 항목을 넣거나, 아니면 유엔군 사령부의 "과감한 행동"이 필요하다고 건의했다.[30] 후자는 이 대통령을 체포 구금하는 쿠데타 방안이었다. 클라크는 "그런 행동 노선을 실행할 계획은 모두 준비되어 있으며 최근 업데이트됐다"라고 했다.[31] 전년도 부산 정치 파동 때 마련한 계획을 다시 꺼내 든 것이다. 클라크가 과도정부 수반首班으로 기대했던 것은 한국군 참모총장 백선엽이었다. 따라서 그의 미국 방문 연기를 제안했다. 그러나 클라크는 이 대통령이 허세를 부리고 있다며 설득해 보겠다고 했다.

　재개된 정전회담에서는 첫날 공산 측 대표 남일이 6개 항목을 제안했다. (1) 2개월 이내에 송환을 희망하는 포로 전원을 송환한다, (2) 그 후 1개월 이내에 나머지 포로를 중립국에 인도하고 관리하도록 한다, (3) 6개월 동안 쌍방은 사람을 파견하여 포로의 걱정을 없애도록 설명한다, (4) 새롭게 송환 희망자가 나오면 송환한다, (5) 6개월 후에도 남은 포로를 어떻게 할 것인지는 정치회담에서 해결한다, (6) 중립국에서의 포로 관리 비용은 포로가 속한 국가가 부담한다는 것이었다. 미국 측 대표 윌리엄 해리슨William K. Harrison Jr.은 중립국으로 스위스를 지목했으나 포로를 한국에서 중립국으로 이송하는 것은 합목적적이지 않다, 이 공산 측 제안은 "정전협상을 위한 이성적이고 건설적인 토대"라고 할 수 없다며 거절했다.[32]

클라크는 4월 27일 부산을 방문해 이승만 대통령과 회담했다. 그는 "친구로서 대화하기 위해" 왔다고 했다. 이승만은 평정심을 유지했다. 이승만은 최후통첩은 본의가 아니었고, "반드시 한국군을 유엔군 사령부에서 이탈시키겠다는 생각은 아니라며, 그런 행동에 나서게 된다면 그것은 최후의 수단일 뿐"이고, 클라크와 "철저하고 솔직한 대화를 나눈 뒤에야 가능하다"라고 했다. 클라크는 이 대화에서 이승만이 일방적인 행동을 취하지 않겠다고 하자 안심했다. 그래서 그는 28일에 회담 결과를 콜린스에게 보고하고 백선엽 참모총장의 방미는 예정대로 진행해도 좋다고 건의했다.[33]

4월 30일 이승만 대통령은 클라크에게 서한을 보내 미국과 중국의 동시 철수 방안을 상세히 설명하고 그를 설득했다. 이승만은 그 조건으로 (1) 한미 방위조약의 조인, (2) 한반도 국경의 대안對岸, 즉 압록강의 북쪽 연안에 유엔이 감독하는 완충 지대를 조성할 것, (3) 중국과 한국의 상호 불가침, (4) 소련군이 한반도 침입을 기도할 경우 미군은 즉시 한국 방위를 위해 돌아올 것, (5) 일본군을 한반도 전투에 참여시키지 않을 것, (6) 미군은 한국군의 증강에 공헌할 것 등을 주장했다.[34]

하지만 클라크는 진심으로 안심하지는 못했다. 5월 1일에 이승만 대통령의 4월 29일 기자회견 내용이 보도됐는데, 거기에서 이 대통령은 한국 정부가 주장하는 5가지 원칙이 관철되지 않는 정전회담이 성사될 경우 "국군은 단독으로라도 북진한다"라고 했다.[35] 클라크의 지시에 따른 것이겠지만, 그 직후인 5월 4일 제8군 사령관 맥스웰 테일러Maxwell D. Taylor는 '에버레디 계획 개요Outline Plan Everready'를 기안했다. 이는 정전협정이 체결되거나 그 직전이 됐음에도 한국군이 유엔군 사령관의 지시에 따르지 않고 한국 정부와 군이 독립적으로 행동하여 유엔군에 적대적인 행위를 한다면 제8군이 쿠데타를 실행한다는 계획이었다.[36]

5월 7일 남일은 8개 항목을 다시 제안했다. 이 안은 (1) 2개월 후 송환을 희망하는 포로를 송환한다, (2) 그 밖의 포로 송환을 위해 중립 5개국(폴란드, 체코슬로바키아, 스위스, 스웨덴, 인도)으로 송환위원회를 설치한다, (3) 그 밖의 포로를 이 중립국 송환위원회에 인도한다, (4) 4개월 동안 양측은 사람을 보내 포로의 우려를 없애도록 설명한다, (5) 그동안 귀국을 희망하는 사람이 있으면 송환한다, (6) 4개월이 지나도 포로가 남으면 그 처리는 정치회의 결정에 따른다, (7) 송환위원회의 비용은 포로가 속하는 국가가 부담한다, (8) 이 조건을 모든 포로에게 알린다는 내용이었다. 5개국 송환위원회에 인도한다는 것과 설명 기간을 6개월에서 4개월로 단축한 것이 수정된 부분이었다.[37]

클라크는 이는 공산 측 최초의 "중대한 양보"이지만, 그 내용은 "유엔군 사령부에 손해를 끼치고 미국을 한국 정부와의 관계에서 극도로 곤란한 처지에 놓이게 한다"라고 반발했다.[38] 사실상 모든 포로의 송환을 확보하는 새로운 방안이라는 것이다.

5월 12일 클라크는 이승만 대통령과 회담했다. 이 대통령은 공산 측 포로수용부대의 입국은 전부 허용하지 않을 것이며, 귀환하지 않은 북한 포로를 중립국에 넘기지 않겠다고 주장했다. 클라크는 이 대통령에게 "동정적"으로 되어, "그의 입장은 정전협상과 관련해 미국 정부와 유엔군의 사활이 걸린 상황에서의 리얼리즘을 반영하고 있다"라고 평가했다. 클라크는 정전협정 체결일에 귀환하지 않은 북한 포로를 석방하는 것이 "유일하게 현실적이고 가능한 해결책"이라고 주장했다.[39] 그리고 한미 조약에 대해 "정부는 중요성을 알고 있으며 동정적으로 검토하고 있다"라고 했다. 이 대통령은 조약이 무리라면 정전 조건이 깨지는 즉시 구원하러 오겠다는 보장을 해 달라고 요구했는데, 클라크도 그런 보장은 해야 한다는 생각이었다.[40]

합동참모본부는 클라크의 의견을 받아들였다. 5월 13일 미국 대표는 판문점에서 공산 측이 제안한 8개 항목 가운데 많은 부분을 "협상의 기초로" 받아들이면서 귀환하지 않은 북한 포로를 정전협정 발효일에 즉시 석방하자고 제안했다.[41] 이는 중국과 북한이 받아들일 수 없는 것이었다.

중국과 북한은 이날부터 제1차 하계 반격 전역을 개시했고,[42] 14일에는 곧바로 미국의 즉각적인 석방안을 거절했다.[43] 반격 전역은 26일까지 계속됐다. 이에 클라크는 14일 북한의 댐 공습, 개성 공격, 금성 공격 등의 작전으로 공산 측에 군사적 압력을 가할 것, 협의가 이뤄지지 않으면 비非귀환 북한 포로 3만 5천 명을 전부 석방할 것을 제안했다.[44] 그러나 16일 클라크는 생각을 바꾸어 공산 측에 타협안을 제시하고 거절하면 결정적인 조치를 하겠다고 새로운 제안을 했다. 이것이 채용됐다.

5월 25일 정전회담에서 해리슨 수석대표는 새로운 제안을 내놓았다. 그 내용은 송환을 거부하는 포로는 스웨덴, 스위스, 폴란드, 체코슬로바키아, 인도 등 5개국으로 구성된 송환위원회에 인도한다, 송환위원회의 병력은 인도군만으로 하며 인도가 위원장을 맡고, 그사이에 양측 대표가 포로와 접촉하여 송환 희망을 확인한다, 90일이 지나면 면접은 끝내고 120일 후 석방한다는 것이었다.[45]

이 제안은 미국이 양보한 것으로, 중국과 북한의 5월 7일 제안을 기본적으로 수용한 방안이었다. 4개월 후 석방은 중국 측도 받아들일 수 있는 것이었다. 반대로 이승만 정부에는 최악의 사태였다.

타결로

회담 시작 직전에 클라크는 서울에서 이승만 대통령을 만나 이 제안을 설명했으나 이 대통령은 "나는 깊은 실망을 느꼈다"라며 승복하지 않았다. 인도군의 입국을 허용하지 않겠으며, 공산 측 대표가 포로와 접촉하는 것도 허용하지 않겠다고 했다. 6개월도 기다릴 수 없고 정치회담도 기다릴 수 없다고 했다. 아이젠하워의 성명을 들려준 다음에 설명해도 이 대통령의 실망은 더욱 깊어졌다.

> 우리가 유일하게 원하는 것은 중공군 철수다. …… 당신은 모든 유엔군, 모든 경제 원조를 철수할 수 있다. 우리 자신의 운명은 우리가 결정한다. 우리는 누구에게도 우리를 위해 싸워 달라고 부탁하지 않는다. 우리가 민주주의 국가에 우리를 도와 달라고 요청한 것이 가장 먼저 저지른 잘못이다. …… 유감이지만, 현재 상황에서는 내가 아이젠하워 대통령에게 협력하겠다고 약속할 수 없다.[46]

5월 27일 중국과 북한은 2차 공격을 개시했다. 그러나 미군의 새로운 회답을 고려해 6월 1일에는 계획을 변경하여 한국군을 주로 공격하고 미군은 적당히 공격하며 영국군은 공격하지 않는다는 방침을 정했다. 그래서 공격은 서부 전선이 아닌 동부 전선에 집중됐다. 6월 16일까지 계속된 이 작전으로 한국군 제5사단, 제8사단은 괴멸적인 피해를 입었다.[47]

5월 29일 클라크는 이승만이 취할 수 있는 방안은 북한 포로 전면 석방, 정전 부동의, 유엔군에서 한국군 탈퇴 등이지만, 정전을 위한 미군의 행동을 저지하기 위해 노동자 파업이 조직될 가능성도

있다고 워싱턴에 보고했다.[48]

29일 워싱턴 국무부와 합동참모본부의 회담에서 콜린스는 이승만 대통령을 구속하는 결정적 조치의 실행을 위해 지금 워싱턴에 있는 백선엽을 급히 귀국시키는 것이 좋을지 클라크에게 문의했다고 보고했다. 클라크는 예정을 앞당겨 귀국시키면 의심을 받을 수 있으므로 피하는 것이 좋다고 답변했으나, 백선엽을 아이젠하워 대통령과 면담시키는 것이 좋겠느냐고 의견을 물었다. 에버레디 계획이 소개되고 검토됐다. 국무부 차관보 월터 로버트슨Walter S. Robertson은 그렇게까지 할 바에야 미군을 한국에서 철수시키는 것이 낫다고 주장했다. 쿠데타를 일으키려면 한국인에게 시켜야 한다는 의견은 국무부 차관보 대리 알렉시스 존슨U. Alexis Johnson에게서 나왔다. 콜린스는 동요했는데 모든 것을 대신해 한미 안보조약을 맺자고 하는 방안도 있지만, "개인적으로 나는 안보조약으로 이승만을 달래려고 노력하기보다 그를 구속할 각오를 해야 한다고 생각한다"라고 말했다. 존슨은 안보조약에 대해 협상하겠다고 약속하기만 하면 된다고 말했고, 이것이 콜린스에게 깊은 인상을 남겼다.[49]

이날 콜린스는 클라크에게 전보를 보냈다. 먼저 에버레디 계획에 대해서는 검토했다는 것, 최종 행동은 결정하지 않았지만 긴급사태가 발생했을 때 부대의 안전 확보를 위해 필요한 예비적 조처를 할 권한을 클라크에게 부여한다는 것, 덜레스 국무부 장관이 귀국하면 한미 안보조약을 이 대통령과 검토할 것, 긴급사태를 막는 데 효과적이라고 생각한다면 국무부 장관은 안보조약 협상을 강력히 지지한다고 이 대통령에게 말해도 좋다는 내용이었다.[50]

이에 대해 클라크는 5월 30일 이승만을 설득할 수 있다, 이승만이 노리고 있는 것은 안보조약이기 때문에 그것을 제안하면 정전 반대 행동을 줄일 수 있다고 워싱턴에 연락했다.[51]

결국 워싱턴은 쿠데타를 통해 이승만 대통령을 물러나게 하는 것은 원칙적으로는 문제가 없다고 여겼으나 실행을 결단하지는 못했다. 5월 30일 국무부와 합동참모본부의 회동 결과, 클라크에게 미국은 군사정부 수립 계획에 동의할 수 없으며, 다만 긴급사태가 발생하면 필요한 조치를 해도 괜찮다고 전하는 것으로 합의했다. 이승만을 달래기 위해서는 상호안보조약을 제기할 수밖에 없었다. 이날 회동에서는 이 건에 대해서도 합의했다. 아이젠하워 대통령도 이 결정을 승인했다.[52]

이승만은 이날 아이젠하워에게 친서를 보내 유엔군 측의 5월 25일 제안은 "항복이라는 인상을 지울 수 없는 유화적宥和的인 것"이라고 비난했다. 그러나 그는 전쟁을 계속할 수 없다면 한미상호방위조약을 먼저 조인한 후에 공산군과 유엔군이 동시에 철수하도록 해 달라고 제안했다. 동시 철수를 서로가 받아들일 수 없다면 우리가 전쟁을 계속할 수 있게 해 달라고 했다.[53] 이 편지는 중국군과 미군이 철수하면 이승만은 북한군과 전쟁을 계속할 것이라는 인상을 주었다.

백선엽은 5월 말에 긴급히 귀국했다. "정전회담 움직임이 활발해졌다"라는 것이 이유로 거론된다.[54] 5월 25일 제안이 미국에서 나왔기 때문에 우려했던 이승만이 그를 다시 불렀는지도 모른다.

5월 30일 한국 신문은 내일 진해에서 긴급 국무회의가 개최된다고 보도했다. 6월 2일에는 이 "역사적인 국무회의의 결론"을 정리한 중대 성명서가 조만간 발표될 것이라고 보도했다.[55]

6월 3일 몰로토프는 찰스 볼렌Charles E. Bohlen 대사를 불러서 사태의 귀결은 자신들이 결정할 일이 아니지만 "그럼에도 이미 판문점 협상 타결의 길이 보이고 있음을 만족스럽게 확인할 수 있다"라고 했다. 볼렌은 매우 기뻐했다.[56]

6월 4일 공산 측은 5월 25일의 미국 측 제안에 원칙적으로 동의한다고 회답했다.[57] 드디어 정전의 시기가 다가왔다. 5일 클라크는 전년도 8월에 무초를 대신해 부임한 주한 대사 엘리스 브릭스Ellis O. Briggs와 함께 이승만 대통령을 만나 한국군이 일방적인 행동을 하지 않도록 할 것과 정전에 반대한다는 성명을 내지 말 것을 요청했다.[58] 6월 7일 한국 정부는 정전회담 한국 측 대표 최덕신崔德新을 소환했다. 그는 5월 15일 이후 회담에 참석하지 않았는데, 이때 정식 소환이 결정된 것이다.[59] 6월 8일 해리슨과 남일은 포로에 관한 협정을 조인했다. 귀환을 희망하지 않는 포로에 대해서는 정치회담에서 특별히 결정되지 않는 한, 중립국 송환위원회에 인도되고 나서 120일이 지난 후에 석방되며, 중립국으로 가기를 희망하는 자에게

는 편의가 제공된다고 정해졌다.[60]

이제 정전은 확정적이었다. 클라크는 이날 한국 정부가 저항할 것에 대비해 전군이 "에버레디 계획 개요"를 참고해서 정전에 협력적인 신한국 정부를 수립하는 것이 필요하다는 점을 염두에 두고, 이 경우 유엔군 사령부에 협조하라고 명령했다.[61]

아이젠하워는 이승만에게 6월 6일 편지를 보냈다. 거기에서 미국 대통령은 한반도 통일을 위한 투쟁을 전쟁이 아니라 정치적 수단으로 추구할 때가 됐다고 말하고, 정전 후 한국의 안전보장을 위해 경제 원조와 병력 증강에 협력하겠다고 제안했다. 더불어 상호방위조약 체결을 위해 노력할 것임을 분명히 했다.[62] 이승만은 이에 대한 답변을 준비했는데, 6월 9일 제8군 사령관 테일러에게 4가지 요구 사항의 요점을 전달했다. (1) 정치 토의의 합리적인 기한은 60일이 바람직하다, (2) 미국과의 상호안보조약, (3) 한국군을 20개 사단으로 확대 편성, (4) 인도 및 공산국 대표의 입국 거부였다.[63]

6월 12일 덜레스는 이승만 대통령에게 미국 방문을 재촉하는 편지를 보냈다.[64] 그러나 이승만은 자국을 떠날 수 없으니 당신이 와 달라는 답장을 보냈다.[65]

이때 미국 정부 내에서는 한반도 정책 결정을 위한 노력이 이뤄지고 있었다. 6월 15일 국가안전보장회의 기획국이 마련한 정책 성명안 〈한반도에서의 정전 직후 미국의 전술〉은 정전 이후에도 공산 중국은 군사력에 의한 목적 달성을 멈추지 않을 것이며, 따라서 동남아시아에 대한 침략 위험은 계속될 것이나 대중對中 정책에서는 연합국 사이에 의견이 엇갈릴 것이며, "미국의 국익을 위해서는 한반도에서 받아들일 수 있는 해결 방안을 획득하기 위해서라도 공산 중국에 대한 정치적, 경제적 압력을 강화하고 유지하는 것이 중요하다"라고 제안했다. 한반도에는 정전 후에도 미군 병력을 유지할 것, 한국군의 증강을 도모할 것, 한국과 안전보장조약을 체결할 것, 민주화와 경제 회복을 도모할 것, 정치회담에서는 통일 독립 민주 한반도를 확립하는 것을 목표로 할 것, 그 구체화 방안에 대해 별도의 문서를 준비할 것을 지적했다.[66] 이 문서에는 '커다란 제재'라는 제목의 성명이 첨부돼 있다. 정전 후에도 한반도의 통일을 목표로 한다는 유엔의 목적에는 변화가 없고, 만약 공격이 재개되면 다시 참전하겠지만 이번에는 전투가 한반도 내에 그치지 않을 것이라고 위협하는 연합국 공동 성명안이었다.[67]

이 문서가 예정했던 두 번째 문서의 1차 안은 같은 날인 6월 15일 월터 스콧Walter K. Scott 국무부 차관보가 국가안전보장회의 기획국에 제출한 〈한반도에 관한 미국의 기본적 목적을 결정하기 위하여〉이다. 이 문서는 정전 후의 선택지는 "(1) 분단의 지속, 미국의 동맹국 한국, (2) 실질적인 변화 없는 한국 주도의 통일, 중립화 한반도" 둘 중 하나라고 밝혔다. 후자는 공산 측이 미군 철수, 기지 철거의 대가로 정치적으로는 미국 지향의 통일 한반도를 받아들이기로 합의하며, 한국 주도의 통일 한반도의 영토 보전과 유엔 가입이 허용되나

방위력 수준과 성격은 제한된다는 내용이다. 이 두 가지 선택지 가운데 공산 측, 즉 중국과 소련은 북한을 희생하더라도 만주, 화베이의 안전에 도움이 되고 북한을 지원하는 경제 부담을 해소하는 후자를 원할 것이며, 일본을 포함해 자유국가들도 후자를 환영할 것이기에 통일 중립 한반도는 한국의 깃발 아래 실현될 수 있다는 점에서 한국을 설득할 수 있다. 이는 미국에는 군대의 한국 주둔이 불필요하게 되고, 공산 세력이 만주까지 후퇴하므로 일본 안보에도 바람직하다고 했다.[68] 공산 측이 한국 주도의 중립 한반도를 받아들일 것이라고 생각한 것은 전혀 비현실적이며 워싱턴의 한반도 인식 수준을 보여 준다.[69]

한미 안보조약 체결과 미군의 전후 주둔을 주장한 첫 번째 문건과 한국 주도의 중립 한반도를 주장하는 두 번째 문건 사이에는 명백한 모순이 있다. 그러나 덜레스는 이 문건을 기획국에 제출하는 것을 인정했고, 이 문건은 같은 날 국무부와 합동참모본부의 회의에서 토의됐다. 매튜스H. Freeman Matthews 국무부 부차관보가 중심이되어 중립화 방안을 논의했는데, 많은 의문이 제기됐다. 그러나 한국으로 출발하도록 지명된 로버트슨 국무부 차관보가 "중립화 없이 통일 한반도를 어떻게 획득할 수 있느냐 하는 것은 바로 현실의 문제다"라며 검토할 필요성을 주장한 것이 주목된다.[70]

덜레스는 로버트슨을 한국에 파견해 이승만 대통령과 협의하기로 결정했다. 이승만은 침묵을 깨고 6월 17일 아이젠하워 앞으로 편지를 보냈다. 거기에서 이승만은 상호방위조약 약속에 감사하기는 했으나, "그것이 정전과 연결되어 있다면 그 효력은 거의 제로가 될 것"이라며 정전 움직임에 강력히 항의했다. "통일, 독립, 민주 한반도 수립, 공산주의 침략자 징벌이라는 유엔의 전쟁 목적은 어떻게 됐는가. 우리는 유화파宥和派의 조언이 우세해져 미국의 정전에 대한 태도를 변경시켰다는 냉엄한 사실을 앞에 두고 있다. …… 정전 조건이 현재와 같다면 공산주의자의 병력 구축은 방해받지 않고 진행될 것이며, 결국은 공산주의자 자신이 선택한 시점에서 한순간에 한국을 압도할 수 있게 될 것이다."[71]

이는 다음 날 이승만 대통령이 저지른 무모한 행위의 동기에 대한 사전 설명이었다. 6월 17일 심야부터 18일 아침까지 부산, 마산 등 4곳의 포로수용소에서 북한인 포로 2만 5천 명이 일방적으로 석방된 것이다. 이는 정전협상 타결을 방해하려는 의도에서 나온 행동이었다. 유엔군 사령부는 이것이 한국 정부 상층부에서 계획된 것이라고 발표하고 항의했다. 공산 측 반응이 걱정됐다.

6월 18일 국가안전보장회의에서 아이젠하워는 "친구 대신 다른 적을 얻은 기분이 든다"라며 이 대통령에게 이런 행동을 계속한다면 "한국과 굿바이 할 것"이라고 통보하는 메시지를 작성했다고 밝혔다. 이에 대해 한국에서 철수하는 사태는 피해야 한다는 의견이 강하게 제기됐다. 덜레스는 이번 조치를 공산 측이 수용하느냐 마느냐에 따라 그들이 얼마나 정전을 원하는지 알 수 있으며, 이승만

은 강하게 나오면 포기하고 미국의 방침을 따를 것이라는 낙관론을 펼쳤다.[72]

6월 19일 국무부와 합동참모본부 회의에서는 이승만 대통령의 행동에 어떻게 대처할지 논의했다. 사람들은 어찌할 바를 몰랐다. 쿠데타 방안은 더는 거론되지 않았다. 다만 실제 문제로, 포로수용소 경비를 맡은 한국 헌병부대와 미군의 충돌 가능성이 있다는 점이 화제가 됐을 뿐이다. 원용덕 헌병사령관이 포로의 도피를 방해하는 자에 대한 발포를 명령했기 때문에 충돌할 가능성이 있다는 지적이 나온 것이다. 아직도 9,400명의 비귀환 북한 포로가 수용소에 남아 있었다. 미군은 이들을 석방하는 것을 저지하려고 했다. 존슨은 원용덕이 이승만 대통령의 직계인데, "먼저 반反이승만 행동을 실행에 옮길 것을 결단하지 않은 채 반反원용덕 행동을 실행하는 게 가능하겠느냐"라는 아주 당연한 의문을 제기했다. 이 문제에 대해서는 자위自衛를 위한 행동이기에 실행해 버리면 인정받을 수 있다는 소극적인 반응밖에 없었다.[73]

미국의 설득

그러나 중국과 북한은 냉정했다. 6월 19일 김일성과 펑더화이의 이름으로 서한이 나왔다. 그것은 "남조선 이승만

도당徒黨"의 계획적 행동을 미리 방지하지 못한 유엔군 측의 책임이 막중하다고 지적했지만, 이 '도당'의 의도는 정전 방해에 있다, 사건의 중대성을 감안하여 다음 질문을 하겠다는 것으로, 항의문도 아니었다. 첫 번째 질문은 "유엔군 사령부는 남조선 정부와 군대를 통제할 수 있는가"였고, 두 번째는 "만약 할 수 없다면 조선에서의 정전은 이승만 도당을 포함할 것인가"였다.[74] 유엔군 측을 비웃는 태도를 보였다고도 볼 수 있고, 한국 정부를 억누르라고 압박한 것으로도 볼 수 있는 내용이었다. 사령원 펑더화이가 이전부터 예정됐던 일정에 따라 6월 20일 평양에 도착했다. 그는 정전회담 대표단 책임자 리커농, 지원군 사령원 덩화 등과 상의해 결론을 내고 그날 밤 마오쩌둥에게 전보를 보냈다. 정전협정 조인을 미루고 한국군 1만 5천 명을 섬멸하여 이승만에게 타격을 줄 것을 제안하는 내용이었다. 마오쩌둥은 21일 "정전 조인은 반드시 미뤄야 한다. 언제까지 미룰지는 상황의 진전을 보고 결정할 수 있다. 위군[僞軍, 한국군] 만여 명을 재섬멸하는 것이 매우 필요하다"라고 회답했다.[75]

이에 하계 제3차 진공 작전이 준비됐다. 북한 지역의 금성 이남과 금화에서 북한강까지의 사이에 한국군 4개 사단이 돌출되어 포진해 있었는데, 그곳을 목표로 공격했다. 인민지원군 20병단과 9병단 소속 5개 군이 공격을 맡았다.[76]

6월 22일 클라크는 이승만 대통령과 회담했다. 이승만은 극도로 신경이 곤두서서 밤잠을 설치고 있다고 말했다. 이승만은 매우 우호적이었고 아이젠하워와 협력하겠다는 태도를 보였다. 이 무렵 이승만의 처세술은 대단했다. 클라크는 석방 사건은 불문에 부치고 앞으로의 일을 이야기하자고 이승만을 설득했다. 클라크는 미국의 두 가지 전제 조건은 명예로운 정전을 실현하고자 한다는 것과 군대의 힘으로 중국을 한반도에서 철수시킬 생각은 없다는 것이라고 밝혔다. 정전 조건에 대해 이승만과 타협하기 위해 사적인 제안을 한 것이다.[77]

이승만은 다음 날 도쿄로 철수하는 클라크에게 워싱턴에 전달할 각서를 건넸다. 거기에는 이승만 대통령이 정전을 소극적으로 수용하기 위한 조건들이 열거되어 있었다. 소극적 수용이란, 한국인은 정전협정에 일절 서명하지 않겠지만 유엔군이 정전을 위해 내리는 명령에는 따르겠다는 것이었다. 이승만이 제시한 조건은 (1) 정치 회담은 정전 후 90일까지로 한다. 거기에서 중공군의 철수, 한반도 통일을 위한 방안이 결정되지 않으면 정전은 무효가 되고 한국군은 미 공군의 지원을 받아 북진한다, (2) 정전 조인 전에 한미상호방위조약을 조인한다, (3) 미국은 한국에 군사 원조를 한다, (4) 포로 관련이든 어떤 이유든 외국 군대는 한국에 들어올 수 없다는 것이었다.[78] 첫 번째 조건은 미국이 도저히 받아들일 수 없는 것이었다.

로버트슨 국무부 차관보는 대통령과 국무부 장관의 개인 특사 자격으로 6월 22일 한국으로 출발했다. 북동아시아과장 케네스 영이 동행했다. 로버트슨은 덜레스의 편지를 가져갔다. 덜레스는 미국

청년 100만 명이 한반도로 가서 2만 4천 명이 죽었고, 지금까지 들어간 금액은 수백억 달러에 이른다며 이것은 "단결의 원칙을 충실히 지키려고 우리가 치른 희생의 일부"라고 주장했다. 그런데 당신은 지금 단결의 원칙을 깨려 하고 있다, "그렇게 행동할 권리가 당신에게 있는가?" 분열의 길은 파멸의 길이며 "공산주의자에게 대승리를 안겨 줄 것이다." "상호 의존의 원칙은 희생을 포함한다. 그것은 우리 측의 희생을 포함하는 것과 마찬가지로 당신 측의 희생도 포함한다."[79] 덜레스는 어떻게든 이승만을 설득하려고 했다.

로버트슨은 24일 도쿄에서 클라크, 콜린스 등과 회의를 열고 상황을 검토했다. 이 자리에서는 만약 이승만의 저항으로 정전이 이뤄지지 않으면 미군은 공산 측과 협의하고 철수할 수밖에 없다는 의견이 일반적이었다. "회의에 참석한 모든 사람이 이승만이 지금과 같은 정책을 추구하는 한, 미국으로서는 철수하는 것 외에 다른 대안이 없다는 솔직한 진실을 그에게 알려야 할 때가 됐다는 데 동의했다."[80]

때마침 워싱턴에서는 6월 16일에 제출되어 검토된 국가안전보장회의 기획국의 〈변화 없는 상황에서 한국 주도하의 한반도 중립화 방안〉이 수정되어 25일 자로 국가안전보장회의에 제출됐다. 〈NSC 157 정전 후의 한반도에 관한 미국의 목적〉이다.[81] 여기에 제안된 내용 가운데는 미군 철수, 기지 철거 외에 한미상호방위조약 불체결이 담겨 있었다. 이승만과의 상호방위조약 협상이 시작될 때였기 때문에 오히려 이를 거부하는 것이 미국 측의 양보가 되리라고 판단한 것이다.

로버트슨은 6월 26일 첫 회견 이후 이승만 대통령 설득에 나섰다. 그는 덜레스의 편지가 이승만에게 강한 인상을 줬다고 생각했다. 50만 명이 모인 집회에서 정전 반대 연설을 한 이승만은 정책을 바꾸면 체면이 구겨질까 봐 우려하고 있었다. "당신은 물에 빠진 자에게 뻗친 도움의 손길이다. 우리가 출구를 찾도록 도와 달라"라고 한 이승만의 말을 그는 그렇게 해석했다. 로버트슨은 "우리의 입장을 훼손하지 않는 세부 사항을 수정하여" 이승만을 도울 필요가 있다고 생각했다.[82]

6월 27일 로버트슨과 클라크는 이승만과 대화를 시작해 합의안을 만들었다. 미국은 정치회담이 90일간 계속돼도 공산 측에 이용되고 있는 것으로 드러나면 한국과 공동으로 회담에서 이탈할 것, 정전 후 이승만 대통령과 고위급 회담을 할 것, 즉각 한미상호방위조약 협상을 개시할 것 등을 약속했고, 한국은 정전을 받아들이고 유엔군 사령부 지시를 따르겠다는 것이었다.[83]

이승만은 자기 생각이 반영되지 않았다며 거절했다. 그는 28일 자신이 만든 합의안을 제출했다. 여기에는 정전 전에 상호방위조약 조인을 한다는 것과 정치회담에서 공동으로 이탈하면 한국과 미국은 즉각 군사 활동을 재개한다는 것이 포함됐다.[84]

덜레스는 이 소식을 듣고 이승만의 기본 태도가 변하지 않았음을 깨닫고 클라크에게 대통령과 상의해 압력을 넣으라고 지시했다. 29일 로버트슨과 클라크는 이승만을 설득했다. 이승만은 문안을 수정하기로 약속했다.[85]

6월 29일 클라크는 중국·북한 측에 회답 편지를 보냈다. 그들의 질문에 정중하게 대답하면서 정전회담 재개를 제안했다.[86] 이에 대한 펑더화이와 김일성의 답변안을 중국의 외무차관 우슈취안이 7월 3일 베이징의 소련대사관으로 가져갔다. 이것이 모스크바에 보고됐고,[87] 7월 4일 소련공산당 중앙위원회 간부회는 답변안에 동의하는 회답 작성을 말렌코프와 몰로토프에게 위임하기로 했다.[88] 같은 날 몰로토프는 베이징의 대사에게 편지를 보냈다.[89] 소련 정부는 이승만 등이 정전에 반대하는 상황에서 김일성이 정전협정 조인식에 참석하는 것은 위험하기 때문에 반대한다고 밝혔다.

워싱턴에서는 6월 30일 한 가지 중요한 변화가 생겼다. 합동참모본부가 국방부 장관에게 한반도 중립화 방안 반대, 한국 강력 지원 의견서를 제출한 것이다. 통일은 필요하지만 비공산주의적 한반도여야 하며, 한국을 도와 "경제적으로나 정치적으로나 좋은 성공 모델로 만들어" 북한 내부의 불만과 불안을 조성하고 이를 통해 통일을 달성할 수 있다는 의견이 제시됐다.[90] 이는 "전통적으로 한반도의 전략적 가치를 부정해 온 군부 입장에서는 커다란 전환"[91]이었다고 할 수 있다. 이 변화를 끌어낸 것은 이승만의 끈기였다.

로버트슨도 이승만을 설득하는 동안 점점 그에게 압도되고 있었다. 로버트슨은 7월 1일 이승만은 "교활하고 임기응변이 가능한 장사꾼인 데다, 정말로 나라를 국가적 자살행위로 이끌 수도 있을 만큼 고도로 감정적이고, 비합리적이고, 비논리적이며, 광적이기도 하다"라면서 그는 세계에 유례가 없을 정도로 "나라 전체를 공산주의와 싸우겠다는 결의와 의지로 일깨웠다", 그의 군대도 "아시아에서 가장 크고 가장 강력한 반공의 군대"로 없어져서는 안 된다고 워싱턴에 보고했다.[92]

이승만이 이런 분위기를 알아차렸는지는 알 수 없지만, 그는 다시 한번 당찬 반격을 시도하고 있었다. 이승만은 7월 1일 로버트슨에게 편지를 보냈는데 마지막 부분에 다음과 같이 썼다.

> 만약 미국이 정치회담이 실패할 경우 한반도의 통일이 이뤄질 때까지 우리와 함께 전투를 재개하겠다고 분명히 약속해 준다면, 우리는 정전을 방해하지 않는다는 합의에 매우 가까워진다. 만약 이것을 받아들이지 않는다면, 나는 정전과 관련하여 당신의 요구에 어떻게 대처할 수 있을지 잘 모르겠다. 현재와 같은 정전 조건에 명확하게 반대하고 있는 한국 국민을 설득할 수단이 없다.[93]

이는 도를 넘는 것이었다. 이 편지를 받은 로버트슨은 이승만의 이러한 태도가 변하지 않는다면 자신의 사명은 끝났다고 생각한다고 워싱턴에 보고할 수밖에 없었다.[94]

7월 2일 국가안전보장회의는 6월 15일 자 〈NSC 154〉를 검토했다. 중국에 대한 무역 제한 강화를 둘러싼 논란이 있었다. 아이젠하워는 중국이 한반도 내에 있는 한은 침략자라며 압력을 강화할 것을 주장했다. 국무부의 주장으로 "한국의 안보에 대해 미국은 필리핀, 오스트레일리아, 뉴질랜드와 똑같은 약속을 한다"라는 문구로 바꿨다. 이어 〈NSC 157〉을 검토했다. 오마 브래들리Omar Bradley가 국방부의 중립화 방안 반대론을 대변했다. 처음에는 중립화 방안이 유일한 대안으로 여겨졌지만, 그 방안을 정치회담에서 먼저 제안하는 것은 전술적으로 곤란하다고 주장했다. 그는 중립 한반도는 비무장 한반도로 여겨지고 있다고 말했다. 국무부 차관 월터 스미스Walter B. Smith는 국방부의 의견을 반박하고 원안을 옹호했다. 아이젠하워 대통령은 중립국은 스위스와 스웨덴처럼 무장하고 있다고 반박하고 중립 한반도가 적절히 무장하면 문제가 없는 것 아니냐는 태도를 보였다. 결론은 국무부의 원안대로 중립 한국의 군사력을 국내 치안 유지와 강대국 이외의 공격에 대해 영토를 방위하기에 충분한 정도로 하는 규정을 넣는 것이었다. 최종적으로 결정된 문서가 〈NSC 157/1〉이다.[95]

한국에 있던 로버트슨은 7월 2일 이승만을 달래기 위해 새로운 합의안을 마련하고 그 안에 정치회담에서 공동 이탈한 뒤 어떻게 할 것인가에 대해 즉시 한국과 협의하겠다는 표현을 넣었다. 그리고 편지에서 미군이 한국에 주둔하는 것은 유엔의 결정에 근거한 것이며, 만약 단독으로 행동하려면 선전포고가 필요한데, 그것은 의회의 권한에 속한다. 그래서 아이젠하워 대통령은 이탈 후 전투 행동을 재개하겠다고 약속할 수 있는 처지가 아니라고 변명했다.[96]

7월 3일 국무부와 합동참모본부 회의에서 한국에 다녀온 콜린스 참모총장이 보고했다. 그는 이승만이 현재 한국 국민을 완전히 통제하고 있다는 제8군 사령관 대리인 토마스 헤렌Thomas W. Herren 의 말을 인용해, 클라크도 테일러도 백선엽은 "확실히 친미적이지만 지금은 완전히 행동이 제한돼 있어 우리를 돕기 위해 할 수 있는 일, 하려는 일은 적다"라고 느끼고 있다고 했다.[97] 콜린스는 클라크가 물자 보급과 비행장 건설 지연 등으로 이승만 대통령을 압박하고 있는 상황도 보고했다.[98]

워싱턴에서는 스미스 차관이 이승만의 태도가 변함이 없고 로버트슨이 자신이 계속 체류하는 것이 의미가 없다고 느낀다면 철수할 때가 왔을지도 모른다고 판단하기 시작했다.[99] 로버트슨은 여전히 마지막까지 노력을 기울일 생각이었다. 7월 4일 그는 이승만 대통령과 회담했다. 외무부 장관 변영태卞榮泰도 배석했다. 이승만은 정치회담 탈퇴 후 미국이 전투 재개를 할 수 없다는 것을 받아들인 듯했다. 상호방위조약은 상원의 비준이 필요한데, 한국의 태도 여하에 따라 비준이 어려워질 수 있다는 로버트슨의 말이 그에게 영향을 미쳤다. 이승만은 상원이 빨리 조약을 비준할 것이라는 보장을 대통령과 국무부 장관에게 받고 싶다고 했다. 로버트슨이 7월

2일 합의안 선에서 합의해 줄 수 있냐고 묻자 이승만은 거의 동의하려고 했는데, 변영태가 끼어들어 한국은 정전 후부터 조약 비준 때까지는 보호받지 못한다고 주장했다. 이에 배석한 케네스 영이 '커다란 제재' 성명을 내세워 안심시키려 했다. 둘은 안심한 모습이었다.[100]

그러나 7일에는 한국 측에서 새로운 합의안을 제시했다. "한미상호방위조약에 대해서는 상원 비준이 이뤄진다는 보장이 있으면 받아들이겠다. 만약 상원의 검토가 번거롭다면 미일안보조약을 베낀 것이라도 상관없다." 정치회담 이탈 후 공동 작전을 선호하지 않는다면, "미국은 적어도 통일을 위한 우리 전투를 정신적, 물질적으로 지지해 주기를 바란다." 유엔군 사령부 휘하에 한국군을 둔 것은 한반도의 통일을 위한 것으로, 만약 유엔군과 한국군의 목적이 일치하지 않는다면 "현재의 관계는 자동으로 명확한 변화를 가져올 것이다."[101]

이날 국가안전보장회의는 정책 성명인 〈NSC 154/1〉과 〈NSC 157/1〉을 최종 채택했다.[102]

7월 8일 로버트슨은 이승만과 만나 10일에 귀국하겠다고 밝히고 토론한 뒤에 편지를 보냈다. 거기에서 아이젠하워와 덜레스가 상원 지도자와 나눈 대화를 전하면서 한국 측이 관계를 악화시키지 않는다면 상원 비준을 확신할 수 있다고 했다.[103] 이날 덜레스는 아이젠하워가 이승만 앞으로 보내는 메시지를 전했다. "지난 며칠 동안 나는 당신에게 깊은 동정을 느끼고 있다. …… 위대한 애국자로서 역사상 걸출한 당신의 지위는 강한 인내심과 냉정한 노력으로 만들어진 것이다. 우리는 그러한 노력을 높이 사고 있으며 당신과 연합하고 싶다."[104] 필사적인 설득이었다.

7월 9일 이 대통령은 마침내 로버트슨 차관보에게 "우리는 정전협정에 서명할 수 없지만 정전하에 해야 할 조치나 행동이 우리의 국민적인 생존에 불이익이 되지 않는 한, 그것을 방해하지 않을 것"이라는 편지를 보냈다. 북한인 포로에 대해서도 더 이상 석방하지 않을 것이며, 3개월이 지난 후 북한인 포로는 한국 내에서 석방하고 중국인 포로는 희망에 따라 타이완으로 송환하겠다고 했다.[105]

> 우리는 우리의 가장 기본적인 국민적 목표이자, 꼭 필요한 우리 민족의 재통일을 정치적, 평화적으로 달성하기 위해 전적으로 그리고 열심히 협력하도록 노력한다. …… 회담이 시작됐을 때 우리는 유엔군이나 미군이 한반도의 재통일이라는 공동의 목표를 달성하기 위해 한국군에 가세해 달라고 요청했다. 이 제안이 미국이 원하지 않는 것이라면, 한반도에서 침략자들을 격퇴하는 우리 군대의 노력에 정신적, 물질적인 지지를 특별히 보장해 주기를 바란다.[106]

마지막 표현이 "통일을 위한 전투"에서 "한반도에서 침략자들을 격퇴하는 …… 노력"으로 바뀐 것에 이승만의 양보가 드러나 있다.

그러나 이승만은 이 편지에 한미상호방위조약 문안을 첨부했는데, 제2조에는 여전히 한국의 관할 지역이 압록강과 두만강까지라고 되어 있었다.[107] 로버트슨은 이 점이 미해결이라고 지적하고 앞으로 한국군을 유엔군의 지휘하에 둘 것이라는 확실한 언급이 없다는 것에도 주의해야 한다고 지적한 편지를 워싱턴에 보냈다. 덜레스는 이 편지가 "정전을 위한 만족할 수 있는 기초"라고 보고, 세부 사항은 더는 협상하지 않아도 된다고 했다.[108]

7월 10일 재개된 정전회담에서 남일은 유엔군이 책임을 지고 석방된 포로를 수용하라고 압박하고 한국군이 정전 주체로 들어갈지를 물었다. 해리슨은 한국군은 유엔군 사령부의 지휘를 받을 것이라고 했다. 질의응답은 11일에도 계속됐다.[109] 7월 12일 로버트슨과 케네스 영이 귀국길에 올랐다. 그는 사명을 완수했다.[110]

7월 13일 밤 폭풍우가 몰아치는 가운데 중국군은 제3차 진공작전, 금성 전역을 개시했다. 초반에 한국군 수도사단은 후퇴하고 진지를 내줬다. 이후 미군의 지원을 받은 한국군은 몇몇 고지를 탈환했다. 그러나 미군은 정전이 임박한 이상, 중요성이 높지 않은 땅을 되찾기 위해 인적 피해를 내는 것은 불필요하다고 보고 작전을 마무리하려 했다. 전투는 7월 20일에 끝났다. 중국군은 3만 3,253명의 희생을 냈지만, 적 7만 8천 명을 쓰러뜨리고 178제곱킬로미터의 영토를 회복한 전투였다고 높이 평가했다. 유엔군 측에서는 중국군의 피해는 7만 2천 명, 그 가운데 사망자는 2만 5천 명으로 추정했고, 아군의 사상자는 2만 9,629명으로 추정했다.[111] 양측이 3만 명 안팎의 희생자가 나왔다고 인정한 것이다.

정전 전날 밤의
북한과 소련

        그동안 북한과 소련에서는 흐름이 지금까지와는 완전히 반대로 흘러가고 있었다. 북한에서는 박헌영파, 옛 남로당 관계자 체포가 갈수록 확대되고 있었다. 체포된 주중 대사 권오직을 대신해 베이징에는 대리대사로 만주파 서철徐哲이 파견됐다. 체제를 강화하기 위해 6월 만주파 김일이 중앙위원회 서기로 임명됐다.[112]

체포된 남로당계를 심문하는 과정에서 이들이 미군의 스파이였고 반反김일성 쿠데타를 획책했다는 사건의 줄거리가 만들어졌다. 이러한 상황에서 1953년 7월 2일 소련계 일인자 허가이가 자살했다. 허가이는 당무에서는 제외된 채 부수상직만 맡고 있었는데, 그에 대해 새로운 비판이 제기됐다. 후일 당 중앙위원회 제6차 전원회의에서 박정애가 보고한 바에 따르면, "미군의 폭격으로 파괴된 거주지 복구 사업에 대한 중요한 임무를 맡았는데도 구체적인 계획과 조직적 대책을 전혀 수립하지 않았고, 약 한 달간 동원된 막대한 인력과 귀중한 국가 기자재와 물자를 낭비했을 뿐 긴급한 복구공사

시기를 지연시킴으로써 국가에 막대한 손실을 입혔다"라는 것이다. 당 정치위원회는 허가이를 비판하고 사업을 근본적으로 개선하라고 권고했는데도, 그는 "자기비판을 하는 데 시간적 여유가 필요하다는 핑계를 대고 당 정치위원회의 정당한 비판을 받아들이지 않고 자살하는 길을 선택했다"라고 비난했다.[113] 그러나 중요한 것은 바로 다음 내용이다.

> 그는 특히 우리 당에 잠입한 반당적, 반국가적 간첩 파괴 암해 그룹을 적발하여 폭로하는 사업에도 아무런 관심을 두지 않고 방관자적 태도를 보였다. 조국의 어려운 시기에 자살한 허가이의 행위는 조국과 인민을 배신하는 변절적 행위이다.[114]

아마 허가이에게도 체포된 박헌영 그룹 멤버들의 자백 조서가 전해졌을 것이다. 허가이는 분명히 아직 그 사건에 말려들지는 않았었지만, 앞으로 사건이 어떻게 확대될지 모른다고 느꼈을 것이다. 더욱이 소련에서 온 소련계가 그에 대한 비판에 동조하는 것을 보고 그는 자신이 소련의 신임을 잃었다고 느낀 것은 아니었을까. 허가이는 소련으로 돌아갈 길이 막혔다고 생각했을 것이다.

확실히 소련에서는 새로운 바람이 불고 있었다. 스탈린 사후 말렌코프에 이어 지위가 상승한 부수상, 내무상 베리야는 4월 4일 크렘린 의사단 사건은 꾸며낸 것이라고 발표하도록 했다. 무고한 자에게 죄를 인정하게 한 것은 고문에 의한 것임이 시사됐다. 밀고자에 대한 레닌 훈장 수여도 취소됐다. 이틀 뒤《프라우다》논설은 국가보안상 이그나티예프S. D. Ignat'ev를 비판하면서 직접 수사 책임자인 미하일 류민Mikhail D. Ryumin 전 차관의 체포 사실을 밝혔다. 이그나티예프는 갓 임명된 중앙위원회 서기에서 해임됐다.[115]

베리야는 이때 이그나티예프가 지난해 북한에서 미국 세균전 증거를 조작했다는 관련자의 보고를 받았으면서도 이를 불문에 부쳤다는 점을 문제 삼았다.《산케이신문》이 공개한 자료에 따르면 베리야는 북한 사회안전성 고문이었던 글루호프, 조선인민군 의무국 고문이었던 셀리바노프Selivanov 그리고 북한 주재 대사 라주바예프 등 3명에게 진술서를 받았고, 이그나티예프를 확실하게 무너뜨리려고 4월 21일 중앙위원회 간부회에 편지를 보냈다. 글루호프와 라주바예프는 1952년 6~7월 세계평화평의회 조사단이 방북했을 때, 북한 측이 러시아 고문의 도움을 받아 두 개의 거짓 오염 지구를 만들어 조사단에게 보여 줬다고 증언했다. 셀리바노프는 세균전 공격이 이뤄졌다는 증거는 소련 측 조사에서는 발견되지 않았고, 조사단 도착 전에 북한 측이 오염 지구를 만들어 내지 못했다고 걱정해 어떻게 해야 할지 자신들에게 조언을 구했다고 증언했다.[116] 이그나티예프는 말렌코프파로 여겨졌는데 이러한 폭로를 추진한 것은 베리야의 말렌코프에 대한 권력투쟁의 일환이었다. 4월 24일 간부회는 우선 라주바예프의 책임을 무겁게 보고 그를 소환해 장관 지위를 박탈했다. 동시에 이그나티예프를 중앙위원에서 해임하고 통제위원회에 처분을 맡기기로 했다. 이 결정은 베이징과 평양에 통보됐다. 마오쩌둥은 초조함을 드러냈지만 조사를 약속했다.[117] 북한 주재 대사 후임에는 수즈달레프S. P. Suzdalev가 임명됐다.[118]

베리야의 '개혁파식' 활동이 흐루쇼프와 말렌코프에게 강한 의혹을 불러일으킨 결과, 이들은 6월 26일 베리야 제거에 나섰고 7월 10일 베리야 체포가 발표됐다. 베리야는 미국과 영국의 스파이로 지목됐다. 이 발표는 전형적인 스탈린 방식이었기 때문에 4월의 새로운 바람과의 정합성에 대해서는 고개를 갸웃거리지 않을 수 없었다.[119] 소련공산당의 이인자인 베리야가 미국과 영국의 스파이라고 발표된 것은 박헌영파나 이토 리쓰를 미국과 일본의 앞잡이라고 낙인을 찍으려는 사람들에게는 활용하기 좋은 재료였다.

정전협정의
조인

중국 정부는 정전협정 문서 교환식에 김일성과 펑더화이를 참석시키지 않는 방안을 소련 정부와 협의했다. 몰로토프는 7월 23일 당 중앙위원회에 그렇게 해도 좋으나, 미국 측이 누가 전권대표인지 모르겠다며 조인을 지연시키려 한다면 경비를 강화해서라도 두 사람을 참석시키는 것이 좋다, 참석시켜야 한다는 답변안을 채택했다.[120] 그런데 7월 24일 당 간부회에서 김일성은 조인식에 참석하지 않아도 된다, 부수상을 참석시키면 된다고 북한 정부에 보내는 서한이 채택됐다.[121] 뭔가 세세한 부분에 집착했던 듯하다.

7월 24일 정전회담에서 현시점의 군사분계선을 경계로 하여 정전하기로 합의됐다. 이날 이승만은 덜레스에게 서한을 보내 정전이 임박한 이 시기에 "우리 정부의 태도를 결정하기 전에" 확실히 해 놓고 싶다며, 정치회담이 90일 이내에 실패하면 중국군을 몰아낼 군사행동에 미국은 동참해 줄 것인지, 아니면 우리의 군사행동을 정신적, 물질적으로 지원해 줄 것인지를 물었다.[122] 깜짝 놀란 덜레스는 마지막 설득을 시도했다.[123]

결국 이승만은 집요하게 자기주장을 한 결과, 미국이 앞으로 한국의 안전보장을 약속하게 하는 데 완전히 성공했다.

1953년 7월 27일 오전 10시 20분 판문점에서 해리슨과 남일이 정전협정에 조인했다. 둘 다 말이 없었다. 남일은 서명한 후 해리슨과 악수하지 않은 채 시계를 보고 그대로 떠났다. 조인에 따라 12시간 후 정전이 이뤄지게 됐다.[124] 정전 명령은 남쪽에서는 클라크의 이름으로, 북쪽에서는 김일성과 펑더화이의 이름으로 내려졌다. 이날 오후 문산에서 유엔군 사령관 자격으로 클라크가 정전협정 문서에 서명했다. 오후 펑더화이는 최용건과 함께 개성으로 가서 전선부대와 함께 성대한 환영 집회를 했다. 이것은 북중연합사령부

사령원 및 부사령원으로서의 행동이었던 것으로 생각된다. 오후 10시 정전이 발효되면서 한반도 전역에서 전쟁의 포성이 멈췄다. 이때 평양에서는 김일성이 조선인민군 최고사령관으로서 협정문서에 서명했다. 그리고 7월 28일 오전 9시 30분 펑더화이가 개성에서 중국인민지원군 사령원으로서 협정문서에 서명했다.[125]

정전협정 체결 후
각국의 반응

7월 28일 평양시 중심 광장에 약 11만 명의 시민이 모였다. 수도는 폐허가 됐지만 미군의 공습이 끝난 것에 시민들은 안도했다. 김일성은 그들을 향해 연설했다. 그 내용은 7월 19일 모스크바에 보내 검토를 받은 것이었다.[126] 김일성은 조선 전체를 "식민지"로 만들고 "소련과 중국에 맞서는 군사 기지로 바꾸려"고 한 "미국 제국주의자들"의 기도를 분쇄하고 패배시켰다, 이는 "조국의 자유와 독립을 지킨 우리 조선 인민의 3년간의 영웅적 투쟁의 결과이고, 우리와 우리 인민이 쟁취한 위대한 역사적 승리"라고 주장했다. 주석단에 박헌영과 리승엽, 허가이와 박일우의 모습은 보이지 않았다. 김두봉 최고인민회의 상임위원장, 박정애, 박창옥, 김일 등 3명의 당서기, 최용건, 정일룡鄭一龍, 박이완, 최창익崔昌益 등 4명의 부수상이 새로 등장했다. 김일성의 권력은 굳건해졌다. 그는 전쟁의 결과를 "조선 인민의 승리"로 선언했지만, 이것은 한편으로 확실히 그의 승리이기도 했다.

그는 "미국 무력 침범자"가 조선에서 당한 "군사적, 정치적, 도덕적 패배"는 조선 인민의 승리에 그치지 않고 "전 세계 자유 애호 민주 진영의 거대한 승리"였다고 했다.

> 제국주의 진영의 최대 강국인 미국이 크지도 않은 우리 조선을 상대로 3년간 전쟁을 벌인 결과, 3년 전 자신들이 무력 침범을 개시한 38선, 판문점에 머물며 정전협정에 조인할 수밖에 없게 된 사실은 제국주의자들이 이제는 예전처럼 다른 나라의 영토를 마음대로 침공하는 데 성공할 수 없게 됐음을 …… 가장 분명하게 증명해 주었습니다.

물론 김일성은 중국인민지원군의 원조를 언급하면서 감사를 표시하는 것을 잊지 않았다. 그는 "위대한 소련을 선두로 한 사회주의와 민주주의 진영의 형제 여러 나라"의 "정신적 지지"와 "경제적 원조"에 대해 말한 뒤, "우리 조국 해방전쟁의 가장 어려운 시기에 자신의 영웅적 인민지원군 부대를 조선 전선에 파견해 준 중국 인민의 위대한 항미원조 운동"을 "특별히 언급해야 한다"라고 강조했다.

정전 이후의 전망에 대해서는, "정전협정 체결은 포화의 중단을 의미"하며 "완전한 평화를 쟁취했음을 의미하는 것은 아니다"라고 했다.

미국 제국주의자들은 우리 조국 땅에서 철수하지 않고, 일본을 아시아에서의 자신들의 침략전쟁 도구로 이용하려고 기도하고, 일본을 재무장시키고 있다는 것은 누구나 다 아는 사실입니다. 우리 조선 인민은 우리의 평화로운 도시와 농촌을 불바다로 만든 미국의 공군 기지가 일본에 있고, 또 일본이 조선전쟁에서 미군의 병기창, 후방 기지였다는 것도 잘 알고 있습니다.

김일성은 이승만 정권이 요시다 정부와 "한일협정" 협상을 시작한 것에도 주목했다. 이승만 정권이 '북벌'을 외치는 것도 언급하며 한미상호방위조약 조인 움직임을 경계했다. "전쟁 위험이 다시 초래될 수 있다"라는 점을 고려해야 한다며 인민군의 전투력 강화, "혁명적 경각심" 제고, 경제 부흥을 촉구했다. "한 사람의 간첩, 한 사람의 파괴, 암해분자도 우리 배후에서 활동하지 못하도록 해야 한다"라고 했다. "국토완정"에 대해서는 "조국의 평화적 통일"과 연계하여 계속 언급했는데, 무력통일은 언급하지 않았다. "정전 시기에 공화국 인민 경제를 신속히 복구 발전시켜 공화국의 민주 기지를 한층 더 튼튼히 하는 것은 국토완정, 조국 통일의 위업을 촉진하는 전 인민적 애국 과제"[127]라고 했다.

전국에 이 연설이 방송된 이후 축포를 울리고 11만 명의 시민들은 행진을 시작했다. 사람들은 평화의 도래를 기뻐했다. 행진은 몇 시간 동안 계속됐다.[128]

한편 한국에서는 서울에서도, 부산에서도 아무런 정부 행사가 열리지 않았다. 정전을 기뻐하는 시민들의 모습도 보이지 않았다. 공습이 없었으니 정전이 됐다고 해도 사람들의 일상에는 변화가 없었다. 《동아일보》는 〈휴전 조인과 임시수도 시민〉이라는 제목의 기사에 "통일을 이루지 못한 적막감뿐"이라는 내용을 담았다.[129] 물론 갑자기 맹공을 당해 필사적으로 버티고 있던 전선의 국군 장병들에게는 안도감이 컸을 것이다.

　조인 전날 클라크 사령관이 이승만 대통령에게 송환하지 않은 포로에 대해서는 걱정하지 말라는 메시지를 보내자고 요청하자, 자신은 먼저 국민에게 메시지를 내보내 "우리는 정전에 협력하겠다"라고 말할 것이라 했다.[130] 그러나 29일 신문에 보도된 대통령 성명에는 〈기어코 통일 성취, 북한 동포여 실망 말라〉라는 제목이 붙었다.

　나는 정전이라는 것이 …… 결코 싸움을 적게 하는 것이 아니라 더 많은 고난과 파괴를 가져오는 전쟁과 파괴적 행동으로, 공산 측이 더욱 전진하여 오게 되는 서곡에 지나지 않을 것이라고 확신했기 때문에 정전 조인을 반대해 왔던 것이다. 그러나 이제 정전이 조인되었음에 나는 정전 결과에 대한 나의 그동안 판단이 옳지 않았던 것이 되기를 바란다. 한국의 해방과 통일 문제를 평화리에 해결하기 위하여 일정한 시간 정치회담이 개최되고 있는 동안 우리는 정전을 방해하지 않을 것이다. 우리와 미국 사이에 도달된 합의는 양국의 공동 이익이 연관되어 있는 지역의 안정을 유지하기 위하여 양국이 효과적으로 협조한다는 것을 보장하고 있다. 남한의 부흥은 즉시 그리고 효과적으로 진전될 것이다. 공산 측은 북한을 위하여 이만한 일을 할 것인가. 차후도 당분간 공산 압제하에서 계속 고생하지 않으면 안 되게 된 우리 동포들에게 우리는 다음과 같이 외친다.

동포여, 희망을 버리지 마시오. 우리는 여러분을 잊지 않을 것이며 모르는 체도 않을 것입니다. 한국 민족의 기본 목표, 즉 북쪽에 있는 우리 강토와 동포를 다시 찾고 구해 내자는 목표는 계속 남아 있으며 결국 성취되고 말 것입니다. '유엔'은 이 목표에 협조하겠다는 것을 확약한 것입니다.[131]

《뉴욕타임스》는 이승만 대통령의 견해는 만약 정치회담이 한반도의 통일에 도움이 되지 못한다면, "우리와 전 세계는 우리 문제를 해결하는 데 평화적인 수단은 도움이 안 된다는 것을 확실히 깨닫게 될 것이다. 그리고 그때 우리는 세계 여론의 완전한 동정을 얻어 통일을 이룰 수 있는 우리의 방법을 추구할 수 있다"라는 것이라고 해설했다.[132] 또 이승만은 7월 30일 《뉴욕타임스》에 발표된 제임스 레스턴James B. Reston 기자와의 인터뷰에서 "공산주의자 측이 이 나라의 통일에 동의하지 않을 경우, 미국이 한국전쟁을 재개하지 않을 것이라고는 생각할 수 없다"라고 했다. 한반도 문제를 "평화적 수단으로" 해결할 수 있다고 믿는 것은 "터무니없는 생각"이기에 정전은 공산주의자들이 이승만의 전 한반도 통치를 받아들이도록 하기 위한 "일시적인 방편"일 뿐이라고 했다. 이 회견에는 비서 올리버가 동석했다.[133]

중국에서는 마오쩌둥이 7월 28일 소련 대사로 부임한 바실리 쿠즈네초프와 회담했다. 새로운 대사는 말렌코프와 몰로토프의 축하 메시지를 전달했다. 마오쩌둥은 "미국은 군사적 원인뿐만 아니라 정치적, 경제적 원인 때문에라도 휴전으로 갈 수밖에 없었던 것"이라고 설명했다. 군사적인 면에서는 지난 한 해 미군은 지상에서 공세를 펼칠 수 없었을 뿐만 아니라 그동안의 전선도 지켜 내지 못하고 있음을 보여 줬다. "순전히 군사적인 관점에서 보면 미군을 거의 1년 정도 계속 공격해 한강 부근에서 더 유리한 경계선을 차지하는 것도 나쁘지 않았을 것"이라고 했다.[134] 마오쩌둥은 마지막까지 강경한 태도를 보였다.

베이징에서는 7월 29일 중산공원 음악당에서 4,500명 규모의 각계 인사가 참여한 조선 정전협정 조인 경축 대회가 열렸다. 중국인민항미원조총회 주석 궈모뤄가 연설했다.[135] 마오쩌둥은 9월 12일 중앙정부 인민위원회에서 펑더화이의 보고를 들은 뒤 강연에서 "항미원조전쟁의 승리는 위대하며 매우 중요한 의의가 있다"라고 선언했다. 구체적으로는 첫째, 38선까지 적을 밀어내고 이를 지켜 냄으로써 압록강과 두만강(도문강)에서 전선을 멀리 떨어트려 동북 지방의 불안을 해소한 것, 둘째, 군사적 경험을 한 것, 미국 군대와 33개월을 싸워 그 속사정을 충분히 알게 됐고 두려워하지 않게 된 것, 셋째, 전국 인민의 정치적 각오를 높인 것, 넷째, 그 결과로 "제국주의의 새로운 중국 침략전쟁을 늦추고 제3차 세계대전을 늦췄다"라는 것을 강조했다.[136] 미국과 중국의 전쟁은 무승부로 끝났다. 하지만 혁명 중국이 무너지지 않고 살아남아 국제사회에서 시민권을 확보한 것은 커다란 성공이었다.

소련에서는 7월 28일 정부 기관지 《이즈베스티야Izvestia》 1면에 말렌코프 수상이 김일성에게 보내는 메시지, 몰로토프 외상이 이동건 외무성 차관에게 보내는 메시지가 발표되고, 〈평화와 민주주의 진영의 커다란 승리〉라는 제목의 논설이 실렸다.[137] "조선에서의 전쟁 중단을 오랫동안 매우 광범위한 인민 대중이 고대하고 있었다. 이들은 조선에서의 정전 확립이 현 국제 정세의 긴장 완화를 촉진하고 다른 조정되지 못한 국제 문제 해결을 위한 지반을 마련할 것으로 보고 있다. 달성된 정전협정은 평화 사업에 중대한 공헌을 했다."

논설에서는 협상의 어려움이 극복됐다는 것은 모든 문제가 평화적으로 해결될 수 있음을 보여 준다고 했다. "소련 정부는 현재 평화적인 방법으로 관련국이 협상하여 조정할 수 없는 미해결 국제 문제는 없다는 신념을 견지하고 있다. 조선에서의 정전협정 체결은 국제 문제의 평화적 해결을 지지하는 사람들에게 신뢰를 불어넣는 것이다." 스탈린 후계자들은 자신들의 평화외교 승리를 찬양했다.

미국에서는 7월 26일 아이젠하워 대통령이 5분간 대국민 연설을 했다. "우리 국민에게 침략을 격퇴하는 비용은 비쌌다. …… 그것은 비극의 형태로 지불됐다. 하지만 얻은 것은 크지 않다. 우리는 하나의 전쟁터에서 정전을 달성했을 뿐이지, 세계 평화를 쟁취한 것은 아니다. 우리는 우리의 경비를 느슨하게 해서도 안 되며, 우리의 탐구를 중단해서도 안 된다"라고 했다. 그리고 링컨이 남북전쟁이 끝났을 때 했던 말로 마무리했다. 덜레스 국무부 장관도 별도로 성명을 내고 대통령의 경고를 되풀이했다. 중국·북한 포로들이 희망에 따라 잔류하도록 한 것을 "정치적 난민 보호political asylum 원칙의 승리"라고 발언한 것과 한반도의 통일은 "평화적 수단"으로 이뤄 내야 한다고 말한 것은 새로웠다.[138] 미국 정부는 한국전쟁의 결과를 어떤 의미에서도 승리라고 선전할 수는 없었다.

전선에 있던 미군 병사들은 고향으로 돌아갈 수 있게 돼 기뻐했다. 그러나 그 가운데 한 사람이 다음과 같이 말했다. 제27보병연대 클라이드 포어Clyde Fore 중위는 정전협정이 체결됐을 때 귀국하는 병원선에 있었다. "기쁘지 않았다. 우리는 그저 허전했고, 침묵했다. 이는 미국이 처음으로 승리 없는 전쟁을 받아들인 것이었다. 다른 사람들은 승리 없는 전쟁에 익숙해져 있다. 그러나 우리는 그렇지 않았다. 나에게 한반도는 몸서리가 난다. 엄청나게 많은 사람이 죽었다. 무엇을 위한 것이었나."[139]

워싱턴 주재 한국대사관에서도 어떠한 축하 행사도 없었다.[140] 미국인들은 한국의 자유를 위해 싸웠다고 생각했지만, 이승만 정권은 민주주의와는 거리가 멀었고 미국의 노력에 감사해하지도 않았다. 미국은 막 끝난 전쟁을 빨리 잊으려고 했다.

일본에서는 1953년 4월 15일부터 구보타 간이치로久保田 貫一郎를 수석대표로 해서 제2차 한일회담을 재개했으나 요시다 정부는 한국에 대한 친근감은 없었다. 정전이 이뤄진 데 대한 정부 담화도 나오지 않았고 각 당의 성명도 나오지 않았다. 유일한 움직임은 7월 27일 당일 오후 오카자키 가쓰오岡崎勝男 외상이 중의원 외무위원회에서 다음과 같이 발언한 것이었다.

> 휴전 조인을 한 것은 이웃 나라인 일본으로서는 좋은 일이다. 그러나 이것으로 모든 문제가 해결된 것은 아니다. 따라서 향후의 중점은 휴전 후의 정치회의에 달려 있다고 생각한다. …… 일본이 참가할 수 있을지는 모르겠다. 그러나 이웃 나라 일본으로서는 앞으로 한국과 제휴, 협력하는 것이며 일본과 관련된 것이 나올 것이라고 생각한다. 어쨌든 정부로서는 일본의 뜻을 가능한 한 회의 참석 관계 각국에 반영하도록 하고 싶다. …… 또한 미국도 한국 부흥을 위해 자재 등을 일본에 요구해 오겠지만, 일본은 한국의 경제 개발, 전쟁 후 복구와 부흥을 위해 다른 나라 이상으로 더 많은 협력을 해야 한다고 생각한다.

7월 28일 《아사히신문》은 오카자키의 발언을 1면 톱으로 보도하고 그 아래에 〈한반도 휴전과 일본朝鮮休戰と日本〉이라는 해설기사를 실었다. 기사는 "일본 정부는 '휴전이다, 이제 큰일 났다'라는 표정을 짓지 않았다. 특히 국회 등에서 정부는 그런 태도를 보이지 않고 있다"라는 말로 시작된다. 왜 그런 태도였냐고 하면, 일본 정부는

"휴전이 일본에 급격한 영향을 미치지 않을 것이라는 정세 판단 위에 서 있기 때문이다." 하지만 이어지는 분석은 충격적이었다.

> 그러나 조금 주의 깊게 정부 부처 내의 표정을 들여다보면, 먼 곳을 바라보는 시선에 꽤 어두운 빛이 감돌고 있음은 부인할 수 없다. 그것은 말할 것도 없이 특수라는 '하늘의 도움'을 대신할 자립 경제의 전망을 세우기 어렵다는 데 있는 것 같다.

휴전이 되더라도 급격한 영향은 없을 것이라는 '낙관론'의 근거는 지난 4월 미국이 특수 2개년을 보장하겠다고 밝힌 것, 향후 상호안보원조 프로그램Mutual Security Assistance program의 원조 공여가 있고, 한반도의 부흥 특수가 있을 수 있다는 것이라고 지적했다.[141]

특수로 "우리 재계는 구원받았다"라고 한 이치마다 히사토一万田尚登 일본은행 총재는 27일 기자들에게 휴전은 괜찮은 일이라며 "경제적 어려움을 말하는 사람도 있지만, 한국전쟁 같은 것이 없으면 나라 경제가 성립되지 않는다는 것은 불행하다"라고 했다. 그러나 결론은 역시 "일본 경제의 앞길은 험난하다"라는 것이었다. 신문의 표제는 〈앞길의 험난함을 예상前途の困難を予想〉이었다.[142]

일본 내에서 강한 반응을 보인 것은 재일 조선인으로, 7월 27일 히비야 공회당에서 열린 정전중앙축하대회에 4천 명이 참석해 기쁨을 표출했다. 이에 반해 한국 측 대표부는 침묵했다. 민단본부는

"통일을 가져오는 휴전"이 아니면 의미가 없다며 냉랭했다.[143]

타이완에서는 정전은 환영할 수 없는 일이었다. 그래서 정전에 대해 정부는 어떤 태도 표명도 하지 않았다. 첫 반응은 8월 3일에 나온 장제스 총통의 반공 포로에 대한 격려 메시지였다.[144]

정전 이후 일어난 가장 중요한 사건은 북한의 리승엽 등 남로당계 인사들에 대한 재판이다. 8월 3일부터 시작된 재판은 신속히 진행돼 8월 6일에는 벌써 판결이 나왔다. 리승엽, 조일명, 임화, 박승원, 이강국, 배철, 백형복白亨福, 조용복趙鏞福, 맹종호, 설정식薛貞植 등 10명에게 사형, 윤순달, 이원조에게 각각 징역 15년과 12년이 선고됐다. 8월 5일부터 9일까지 열린 노동당 중앙위원회 제6차 전원회의는 박정애의 비밀 보고를 받고, "리승엽 스파이 일당의 암해, 파괴행위를 비호, 조종해 당과 국가를 배반한 박헌영을 당에서 제명하고 재판에 넘길 것을 결정하라고 한목소리로 요구했다." "반당·반국가 파괴분자"로 단죄를 받고 당에서 제명된 사람은 주영하, 장시우, 박헌영, 김오성(金午星, 전 문화선전성 부상), 안기성安基成, 김광수(金光洙, 경공업성 부상), 김응빈(전 금강정치학원 원장), 권오직 등 8명이다. 그 밖에 남로당계 중앙위원 구재수具在洙, 이천진李天鎭, 조복례趙福礼, 이주상李周祥 등 4명이 해임됐다.[145] 7월 2일 자살한 허가이도 거센 비난을 받았다.[146] 15명의 중앙상임위원회 위원이 선정됐고 김일성, 김두봉, 박정애, 박창옥, 김일 등 5명으로 중앙정치위원회가 구성됐다. 김일성이 위원장이 됐고 박정애, 박창옥, 김일이 부위원장이 됐다. 김일성은 정부, 군, 당을 완전히 장악했다.

소련공산당 간부회는 8월 3일 북한 부흥을 위해 10억 루블의 무상 원조를 결정했다.[147] 김일성은 8월 12일 소련을 방문하고 싶다는 희망을 수즈달레프 대사에게 전달했다. 소련공산당 중앙위원회 간부회는 8월 19일 김일성의 소련 방문 사절단을 9월 초에 받아들이기로 했다.[148]

미국과 한국은 8월 8일 서울에서 한미상호방위조약에 가조인했다. 이 조약은 한쪽의 독립과 안보가 외부의 무력 공격으로 위협받을 경우 양측은 즉각 협의해 무력 공격을 억제하는 수단을 유지, 발전시키고 조치를 마련한다고 규정했다. 그리고 한국은 미국이 한국 영토에 미군을 배치할 권리도 부여했다.[149] 이것이 워싱턴에서 정식으로 조인된 것은 10월 1일이었다.

인적 피해와
포로의 운명

전쟁은 무엇보다 먼저 남북한의 3천만 국민과 만주 지역에 있는 70만의 조선인에게 엄청난 피해를 주었다. 남북한 사람들뿐만 아니라 중국인과 미국인도 큰 피해를 봤다. 피해 정도는 지금까지도 정확히 계산되지 않았다.

북한은 피해를 발표하지 않았다. 북한의 사망자에 대해 1964년

데이비드 리스David Rees는 인민군 52만 명, 민간인 100만 명, 합계 152만 명이라고 했고,[150] 1988년 커밍스와 할리데이는 군인 약 50만 명, 민간인 200만 명 이상, 합계 250만 명 이상으로 추정했다.[151] 필자는 1995년 저서에서 인구 변동을 추정한 결과, 북한은 약 272만 명을 사망자나 난민으로 잃었을 것이라고 추정했다. 이는 1949년 당시 북한 인구의 28.4%에 해당한다.[152] 이 가운데 상당수가 이른바 '월남 실향민'이었다.

한국의 피해는 커밍스와 할리데이의 추정에 따르면 전투로 인한 군인 전사자는 4만 7천 명이다. 전병사戰病死는 더 많을 것이며, 민간인 사망자는 약 100만 명으로 추정된다.[153] 유엔군 통계에 따르면 한국군 사망자는 23만 7,686명이다.[154] 필자는 인구 변동을 근거로 133만 명의 인구 손실이 있었다고 추정했다.[155]

중국인민지원군 피해는 공식 발표에 따르면 전사가 11만 6천 명, 포로와 행방불명을 합해 2만 9천 명이다. 전사는 확실히 너무 적은 숫자다.[156] 커밍스와 할리데이는 100만 명 이상으로 추정했다.[157]

미군 희생자는 공식 발표로는 전사가 3만 3,629명이다.[158] 커밍스와 할리데이의 추정치 5만 4,246명에는 전병사도 포함되어 있다.[159]

소련 공군 비행사의 전사자는 110명이라는 보고와 120명이라는 보고가 있는데, 고사포부대도 포함해 사망자가 299명이라는 통계도 있다.[160]

포로들도 큰 고통을 겪었다. 포로수용소 안에서의 귀환파와 반공파의 대립은 서로에 대한 살인으로 이어졌다. 수용소 측 정책이 포로들을 괴롭힌 측면도 물론 부인할 수 없다. 유엔군은 1953년 8월 5일부터 9월 6일 사이에 7만 5,801명을 북한·중국군 측에 인도했고, 북한·중국군은 1만 2,773명을 유엔군 측에 인도했다. 9월 23일 유엔군은 귀국을 희망하지 않는 2만 2,604명을 인도군에 인도했고, 북한·중국군도 359명을 인도했다.[161] 인도군에게 넘겨진 포로들의 그 후 목적지는 다음과 같았다.

중국·북한군 병사	22,604명
중국·북한으로 귀국	629명
유엔군으로 복귀	21,820명
도망·행방불명	13명
수용 중 사망	38명
인도군에 잔류	18명
인도로 감	86명

유엔군 병사	359명
유엔군으로 귀환	9명
중국·북한군으로 복귀	347명
도망	1명
인도로 감	2명[162]

정전 성립 후 인도군에 넘겨진 이른바 '반공 포로' 2만 2,604명 가운데 중국인은 1만 4,209명, 북한인은 8,395명이었다.[163] 중국인 포로의 총수는 2만 1,836명이었기 때문에 중국으로 자발적으로 돌아간 포로는 7,500명 정도로, 전체의 3분의 1이다. 이 결과는 분명 중화민국 측의 대승리였다.

1만 4,209명의 중국인 포로는 1954년 1월 21일 한국을 떠나 타이완으로 향했다. 그 수는 최종적으로는 1만 4,619명이었다. 타이완에서는 의거입대[義擧入臺, 의義를 따라 타이완으로 온 - 역자 주]한 자는 영웅, '반공 의사'가 됐다. 1월 23일 그들이 도착한 날은 '123 자유일'로 불렸고, 정오에 타이완의 모든 섬에서 경축하는 종이 울렸다. 도착한 사람들은 '자유선언'을 발표했다. 1월 24일 장제스 총통은 한국의 이승만 대통령에게 감사를 전하는 성명을 발표하고 "지원志願에 따라 포로를 보낸 것은 민주 국가가 주도권을 발휘했다는 것을 증명한다. 대륙 동포들도 기회를 얻으면 반드시 다시 자유를 위해 분투할 것이다"라고 했다.[164] 이들 가운데 상당수가 자기 몸에 '반공항아(反共抗俄, 공산주의를 반대하고 러시아에 항거한다는 의미)', '멸공', '견결반공堅決反共' 등의 글자로 문신까지 한 것은 고조된 감정을 보여 주는 동시에 타이완의 반공 체제에 대한 충성심을 증명할 필요가 있었기 때문이었다. 이들을 주제로 한 영화 〈1만 4천 명의 증인〉이 제작됐고, 매년 1월 23일은 '123 자유일'로 지정되어 기념일 행사가 열렸다.[165]

공산 중국으로 돌아간 포로는 약 7,500명이었다. 귀환 당일에는 환영과 위로 행사도 있었지만, 사태는 하루아침에 달라졌다. 포로가 된 것은 적에게 투항했다는 것이고, 적에게 복무한 것이며, 자신의 성명과 소속 부대명을 밝힌 것은 "군사기밀을 누설한 것"이라는 시각에서 심사가 이루어져 많은 사람이 군적과 당적을 박탈당했다.[166] 웨이린魏林이라는 인물은 옌안 부근에서 태어나 11세에 홍군 아동단장이 됐다. 한국전쟁에는 단(연대)의 부참모장으로 참전했다가 포로가 됐다. 귀국 후 군적은 회복됐지만 당적은 박탈됐다. 1960년 그는 재입당을 지원했으나 거절당했다. 그의 재입당이 인정된 것은 1980년이었다.[167] 이것은 그만의 운명이 아니었다.

전쟁이 끝난 후 26년이 지나 개혁개방 시대가 도래한 후인 1979년 3월이 되어서야 인민해방군 총정치부가 귀환 포로 재심사 문제 검토에 착수했다. 중앙규율검사위원회와 중앙조직부 등과의 협의를 거쳐 1980년 9월 중국공산당 중앙이 총정치부의 '지원군으로 포로로 잡혔다가 돌아온 인원의 재심사 처리에 관한 의견'을 승인했다. 이후 각지에서 재심사가 이루어져 명예가 회복됐다. 많은 사람이 30년 후에야 당적을 회복할 수 있었다.[168]

조선인민군 병사 포로는 6만 8천 명 정도가 북한에 인도됐다. 최종적으로 귀국을 희망하지 않은 사람은 1만 8,395명이었다. 그러나 여기에는 정전 직전에 이승만 대통령의 명령으로 수용소에서 풀려난 2만 5천 명이 포함돼 있지 않다. 따라서 한국에 머문 포로는 4만

3천 명 정도인 셈이다. 중국의 귀환 포로 정책에서 볼 수 있듯이, 포로가 된 것은 귀순이고 적의 앞잡이가 된 것이라는 만주 항일 무장 투쟁의 전통이 강한 북한에서는 중국 못지않은 가혹한 운명이 귀환 포로를 기다리고 있었을 것이다. 미국의 앞잡이라는 죄명으로 남로당계의 재판, 숙청이 진행되고 있는 상황에서 7만여 명이 가혹한 심사를 받고 경계 대상이 됐으리라는 것은 상상하기 어렵지 않다. 소련에서는 전쟁이 끝난 후 독일 수용소에서 귀환한 포로들이 그대로 소련 수용소로 직행했었다는 점도 감안해야 한다.

또 한국군 병사 중 북한의 포로가 된 사람은 북한 측 발표에 따르면 7,142명이었다. 한국으로 귀환한 사람은 6,700명 정도다. 귀국을 원치 않는다는 이유로 인도군에 인도된 사람은 최대 359명이다. 그 가운데 347명이 북한으로 돌아갔다. 그러나 한국의 연구자들은 이 포로 숫자에 의문을 제기하고 있다. 중국 측이 발표한 전과戰果 통계에 나타난 '남조선 군대' 포로는 3만 7,532명이다. 7천 명이라는 주장은 이 수치를 훨씬 밑돌고 있다. 조선인민군 포로가 11만 명 나왔다면, 한국군 포로도 비슷한 수치거나 그 이상이라고 보는 것이 자연스럽다. 한국 국립묘지 위패 봉안관 조사에 따르면 최종 행방불명자는 육해공군을 합쳐 10만 2,384명이다. 한국의 연구자 허만호는 1951년 당시에는 행방불명자가 8만 8천 명으로 돼 있었는데, 그 가운데서 포로를 80%로 추정하면 7만 9,030명이 된다고 주장했다.[169] 북한은 이 사람들 대부분을 의거義擧하여 북한 편에 선 사람들이지 포로가 아니라고 했을 것이다. 그것이 자신의 의지였는지, 강제됐는지는 알 수 없지만 수만 명에 이르는 한국군 병사들은 오늘날 이산가족의 일각을 이루고 있다.

유엔군 병사로 중국·북한군의 포로가 된 사람 중에는 혁명 중국에 이끌려 본국 송환을 거부하고 중국행을 택한 미군 병사도 있었다. 23명이었다. 그 가운데 한 명인 제임스 베네리스James Veneris는 그리스계 이민 노동자의 자녀였다. 그는 중국에서 노동자로 일하다 두 명의 중국 여성과 결혼해 아이를 낳았다. 산둥대학교에서 영어를 가르치는 그의 이야기가 2001년 9월 일본 신문에 보도됐는데, 당시 그는 79세였다.[170] 포로 생활 중에 공산주의 사상을 접한 후 소련에 협력하겠다고 하고 원래 직장인 영국 비밀정보부로 돌아온 사람도 있다. 영국인 조지 블레이크George Blake다. 그는 서울 주재 정보부원으로 있다가 북한군의 서울 점령 때 포로가 된 후 북한에서 전향했다. 그는 한국 정권에 비판적이었고, 전쟁이 비인간적이라고 생각했지만 북한에도 동정을 느끼지 않았다. 그래서 《국가와 혁명》과 《자본론》을 읽고 소련에 협력하겠다고 제의한 것이다.[171]

정전협정 체제의 출현

정전협정[172]에 따르면, 군사분계선에서 남북으

로 2킬로미터의 비무장지대DMZ를 설치하고 이곳을 군사정전위원회가 관리하기로 했다. "군사정전위원회는 유엔군 측 10명, 중국인민지원군 측 5명, 조선인민군 측 5명으로 구성한다. 그리고 중립국감시위원회를 설치하는데, 유엔군 측 추천으로 스웨덴과 스위스, 중국·북한 측 추천으로 폴란드와 체코슬로바키아에서 각 1명씩 4명으로 구성된다." 또한 정전협정은 제4조에서 "한반도 문제의 평화적 해결을 보장하기 위해 양측 군 사령관은 양측 관계 각국 정부에 다음과 같이 권고한다. 정전협정이 조인되고 발효된 후 3개월 이내에 각각 임명된 대표에 의해 더 높은 수준의 양측 정치회의를 개최하고 한반도에서 모든 외국 군대를 철수하는 문제, 한반도 문제의 평화적 해결 등 제반 문제를 협상을 통해 해결할 것"을 규정했다. 또한 제5조의 62항에서는 "이 정전협정의 조항은 상호 수용할 수 있는 수정과 추가 또는 양측 간의 정치적 수준의 평화적 해결을 위한 적절한 협정 규정에 따라 명확히 정지될 때까지는 계속해서 효력을 갖는다"라고 규정했다.[173]

따라서 정치회의에서 '평화적 해결을 위한 적절한 협정'을 체결하는 것이 필요하고, 그것이 체결되지 않는 한 정전 체제가 계속되는 것이었다.

정치회담의 예비회담이 10월 26일 판문점에서 열렸다. 회담에서는 중국 대표 황화黄華가 북한 대표 기석복(奇石福, 소련계)을 누르고 주도권을 잡았다. 그는 소련 외 5개 중립국의 참여, 뉴델리에서의 회의 개최를 주장했으나 미국이 소련을 중국·북한 측 참전국으로 취급하는 태도를 보여 대립했다.[174] 그 결과 협상은 전혀 진척되지 않았고 1954년 1월 무기 휴회에 들어갔다.

그런데 독일 문제 처리를 위해 열린 미-영-소-프 4개국 외상 회담에서 아시아 문제 해결을 위한 제네바 회의를 열기로 합의했다고 2월 18일에 발표됐다. 여기에 중국과 남북한 및 기타 참전국도 초청을 받았다.[175]

1954년 4월 26일 제네바 회의가 시작됐다. 다음 날인 27일 한국 정부와 북한 정부는 각각 한반도 통일 방안을 발표했다. 한국 정부 대표는 북한에서만 자유선거를 치르고 북한을 한국에 통합하자고 주장했다. 한국에서는 유엔 감시하에 자유선거를 치르고 있다는 것이 그 이유였다.[176] 미국은 1950년 10월 북한을 공격했을 때는 지지하지 않았던 이 주장을 즉각 지지했다.[177] 한국 정부 대표를 이 회의에 참석시키기 위해 미국은 이 주장을 지지한다고 약속해야 했다. 북한 정부 대표 남일 외상은 5개 항목을 제안했다. (1) 전 조선에서의 자유선거를 통한 전 조선의 국회 개설, 통일 정부 수립, (2) 남북 국회 대표와 남북의 대사회단체 대표가 참여하여 선거법 제정, (3) 남북 경제 교류 추진, (4) 모든 외국 군대의 6개월 이내 철수, (5) 유엔의 선거 개입 거부였다. 마지막 항목은 유엔은 전쟁의 한 당사자이며 중립성이 없다는 주장을 전제로 했다.[178] 중국과 소련은 이 제안을 지지했다.[179]

회의에 참석 중인 유엔 측 참전국들은 한국과 미국의 주장을 지지하지 않고 모든 한반도에서의 선거를 지지하라고 압박했다. 그러자 한국 정부는 5월 22일 14개 항목의 제안을 다시 제출하고,[180] 유엔 감시하에 한반도 남북에서 자유선거를 실시하자고 제안했다. 그러나 한국 헌법은 통일 의회에서 수정되기 전까지는 효력이 있고, 중국군의 철수는 선거 한 달 전에 이루어져야 하며, 유엔군의 철수는 선거 전에 시작해 유엔에 의해 모든 한반도가 통제된 후에 완료되어야 한다고 주장했다. 북한, 중국, 소련은 이 제안을 거부했다. 6월 15일 유엔 측은 16개국 성명을 내고 더 이상의 토의는 무의미하다고 선언했다.[181]

이로써 한반도 문제를 다룬 평화회의는 끝났고 정전협정 체제가 무한정 이어지게 됐다. 평화적으로 통일을 이루지 못했기에 전쟁이 일어났던 것이라면, 전쟁으로도 통일을 달성하지 못했는데 회담으로 통일을 가져오는 것은 더더욱 불가능했다. 군사분계선 양쪽에 대군이 대치한 채로 사격 중지 명령이 내려진 상태가 고착됐다. 분단된 한반도에 도래한 것은 전쟁도 아니고 평화도 아닌 상태였다.

제8장

한국전쟁 후 동북아시아

한반도의
남과 북

　　　　　　 북한도, 남한도 통일을 위해 전쟁을 했으나 그 목적을 달성하지 못하고 거의 원래의 분할선인 38선 부근에서 전쟁이 중단됐다. 군사분계선은 서부에서는 38선 아래로 내려가 개성 지구, 옹진반도 등이 북측에 포함됐다. 동부에서는 38선 위로 올라가 철원군의 남쪽 반, 양구군, 인제군, 고성군 등이 남측에 들어갔다. 잃은 것과 얻은 것은 거의 같다고 해도 좋다.

　전쟁이 남긴 것은 파괴와 엄청난 죽음이었다. 파괴의 상처는 한반도 전역을 뒤덮었지만, 미국에게 공중 폭격을 당한 북한의 피해는 더 엄청났다. 미국 극동공군 정보부장이었던 짐머만Don Z. Zimmerman 장군은 "북한이 당한 자원 파괴의 정도는 제2차 세계대전 중 일본 본토가 당한 것보다 더 컸다"라고 말했다.[1]

　평양은 모든 것이 파괴되어 전쟁 전의 기억을 더듬을 만한 단서는 아무것도 남지 않았다. 폐허에서 되살아난 도시는 과거로부터 완전히 단절될 수밖에 없었다.

　사망자 수는 정확히는 모른다. 남북 합해서 300만~400만 명으로 추정되는데, 이는 1931년 만주 침략부터 1945년 패전까지 발생한 일본의 사망자 수 300만 명을 넘는 수치다. 1949년 6월 1일 남북의 총인구가 2,865만 명이었으니,[2] 사망자는 10%가 넘는다. 전사자와 폭격으로 사망한 사람 외에 학살당한 사람도 많았다. 통치자나 점령자가 철수할 때, 북쪽이든 남쪽이든 감옥 안에는 처형된 죄수의 시체가 널려 있었다. 적의를 갖고 마을 사람 전부를 살해한 사례도 있었다.

분단은 고착됐다. 남북 사회의 이질화도 한층 더 심해졌다. 한반도 북쪽에서는 그리스도인들이 교회에서 예배를 보는 모습이 사라졌다. 1950년 1월 평안북도 선천군의 교회학교 조사는 전쟁 직전 북한 기독교의 교세를 알려 준다. 군내에는 44개의 교회가 있었는데, 가장 규모가 큰 선천 시내 북교회는 교사가 23명이고 유아부, 초등과, 소년과, 중등과, 고등과 학생이 263명인 교회학교를 가지고 있었다.[3] 그런 그리스도인들이 북한 땅에서 자취를 감췄다. 죽거나, 남쪽으로 피하거나, 신앙을 포기한 것이다. 한반도 남쪽에서는 공산주의자들의 운동이 사라졌다. 이전부터 공산주의자였던 사람, 남로당원, 북한이 점령했을 때 협력한 서울의 대학생과 여학생, 농촌에서 지주에게 반기를 들고 인민위원회 책임자가 된 사람 등이 전부 북쪽으로 달아났다. 달아나지 못하고 남아 지리산과 태백산맥의 빨치산이 된 사람들은 모두 토벌되어 죽거나 투옥됐다. 그리고 마르크스주의는 남쪽에서는 금기시됐다.

분단은 가족을 갈라놓았다. 부모와 자식, 형제자매가 남북으로 갈라졌다. 자각하고 갈라진 사람도 있는가 하면, 어쩔 수 없이 헤어진 사람도 있다. 결과적으로는 이산가족 1천만 명이라는 비극이 발생했다. 즉 1949년 인구를 기준으로 할 때, 3명 중 1명이 가족 이산의 희생자였다.

그리고 이승만과 김일성이라는 대립하는 민족주의자의 서로를 부정하는 통치 체제가 전쟁을 거치면서 한층 더 강화됐다. 정통성을 다투는 두 국가의 분열과 대립은 더욱 격렬해졌다. 통일을 위한 전쟁이 실패한 결과, 통일은 한없이 멀어진 것으로 보였다.

미국은 한미상호안보조약을 맺고 한국의 안보를 책임지겠다고 밝혔다. 미군은 한국에 주둔했고, 미군 사령관은 유엔군 사령관으로서 한국군의 지휘권도 가졌다. 거기에는 18개 사단 63만 명의 병력을 가진 한국군의 북진을 억제하려는 의도도 작용했다.[4]

북한은 많은 인구를 잃었고 국토는 완전히 파괴됐기에 재건에는 엄청난 노력이 필요했다. 지금까지의 사회와 문화 전통이 파괴됐고 사회주의화를 기조로 한 개혁이 철저히 진행됐다. 중국인민지원군도 북한에 머물렀으나 1958년 3차례에 걸쳐 25만 명이 완전히 철수했다. 북한은 1961년 중국과 상호 방위 협력을 약속하는 북중우호협력상호원조조약을 체결했다. 소련도, 중국도 또다시 북한이 남진하는 것을 인정할 생각이 없었고 북한은 남진할 능력이 없었다. 북한의 병력은 이후 오랫동안 한국군을 훨씬 밑돌았다.[5]

전쟁이 끝난 후 한반도는 미국과 소련의 합의에 따라 비타협적 대립 속에 갇혔다. 한국 측에도, 북한 측에도 군사행동을 다시 생각할 조건은 전혀 없었다. 그러나 한반도에 존재하게 된 것은 평화가 아니었다. 차가운 전쟁도 아니었다. 냉전이라면 외교 관계는 있으나 군사적으로는 긴박한 대결 상태에 있다는 것이다. 남한과 북한 사이의 열전은 끝났지만, 냉전 상태에도 미치지 못한 특별한 적대적인 상태가 계속됐다.

미국

한국전쟁은 남북한 이외의 국가에도 큰 영향을 미쳤다. 우선 미국이다. 아마도 피에르파올리는 한국전쟁이 미국 국가와 사회에 미친 영향을 가장 날카롭게 지적한 학자일 것이다. 그는 이렇게 말했다.

"한국전쟁은 한반도 사람들에게만 일대 분수령을 이룬 것이 아니라 미국 국민에게도 일대 분수령이었다. 충돌은 미국의 대외 정책, 국가안전보장 정책, 군사 정책, 그리고 국내 정치에 큰 영향을 미쳤다."[6]

"미국 대외 정책에서 한국전쟁의 충격은 아무리 강조해도 과대평가되지 않는다. …… 한국전쟁 이전에는 IMF, 마셜 플랜Marshall Plan, GATT, NATO조차 소련에 대한 군사적 봉쇄보다 경제적, 정치적 봉쇄를 중시했다. 북한의 침입 쇼크와 미국의 한반도 개입 결단은 봉쇄의 군사화로 이어졌고, 미국의 대외 정책에서는 에피소드식이라도 지속적인 군사화를 가져왔다."[7]

정책 변화는 동북아시아에만 국한되지 않았다. 미국은 인도차이나와 베트남 사태에 결정적으로 개입하게 됐다. 아시아뿐 아니라 유럽에 대한 군사적 개입도 시작됐다. 1949년 4월 미국은 캐나다, 유럽의 10개국과 함께 북대서양조약에 조인하고 NATO를 만들고 있었다. 그러나 미국은 처음에는 이 기구에서 압도적인 주도권을 행사할 생각은 아니었다. 1950년 12월 트루먼 정부는 유럽 주둔 미군을 대폭 증강하고 아이젠하워 장군을 NATO군 사령관으로 지명했다. 서독의 재군비를 촉구하기 시작한 것도 이때였다. 피에르파올리는 한국전쟁이 불러온 공포가 있었기 때문에 그때까지는 있을 수 없는 일로 여겨졌던 서독의 재군비, NATO 가입이 가능해졌다고 지적했다.[8]

한국전쟁 과정에서 미국의 군사비는 전쟁 전 GNP 6% 규모에서 1953년 18% 규모로 증가했다. 병력은 1950년 육군 10개 사단과 12개 연대 규모의 특수부대, 해군 함선 200척, 항공모함 7척, 해병대 2개 사단, 공군 48개 대대였다. 그러나 1953년 1월에는 육군은 21개 완전사단, 해군 함선 400척, 항공모함 16척, 해병대 3개 사단, 공군 100개 대대가 됐다. 병력 총수는 350만 명이었는데, 이는 1950년 6월의 2배였다. 공업 생산력도 급증했다. 항공기 산업은 월 생산량 1천 대가 됐는데, 이는 1950년 중반의 4배였다. 특히 제트기 생산은 5배로 증가했다.[9] 이제 미국은 한국전쟁 규모의 전쟁이 아시아와 유럽에서 동시에 일어나더라도 대처할 수 있는 병력을 상시적으로 갖추게 됐다. 냉전 초군사국가가 모습을 드러낸 것이다. 대통령의 권한은 강화됐다. 한국전쟁은 의회의 승인 없이 대통령이 군대를 파견하여 장기간 전쟁을 치른 첫 사례였다.

그리고 전쟁과 군사화의 영향은 국내 정치에 특징적인 왜곡을 가져왔다. 한국전쟁 중에 매카시즘[McCarthyism, 극단적이고 초보수적인 반공주의 선풍 - 역자 주]이 전면 개화한 것이다. 피에르파올리는 "실제로 우리가 미국의 매카시즘으로 아는 그 시대를 한국전쟁과 분리하여 생각하는 것은 거의 불가능하다"라고 지적했다.[10] 비미활동위원회非美活動委員會는 전쟁이 끝난 후 공화당 주도의 의회에서 상임위원회가 됐다. 이미 1947년에는 할리우드 영화인 '공산주의자 사냥'의 하나로 소환하여 심문한 10명이 증언을 거부한 것을 문제 삼았고, 1949년에는 연방법원에서 유죄 판결이 난 바 있다. 공화당 상원의원 조지프 매카시Joseph R. McCarthy가 국무부 내 공산주의 스파이망에 대해 폭탄 발언을 한 것은 1950년 2월이었다. 그러나 그와 비미활동위원회의 활동이 미국 국민의 마음을 사로잡고 대대적으로 전개된 것은 한국전쟁 때였다. 도쿄의 캐나다 정부 대표부 공사이자 일본사 연구자인 허버트 노먼E. Herbert Norman은 1950년 10월에 공산당원, 스파이 혐의로 첫 심문을 받았다. 1947년 소환당해 심문을 받은 동료를 옹호한 영화인위원회에 속해 있던 엘리아 카잔Elia Kazan 감독은 1952년 비공개 위원회에서 동료를 파는 증언을 하기에 이르렀다.

게다가 한국전쟁은 미국의 승리로 끝나지 않은 최초의 전쟁이었다. 공산주의자들과 싸운 전쟁임은 분명하지만 전쟁이 끝난 후의 한국을 보면, 이것이 자유와 민주주의를 위한 전쟁이었다고 설명하기도 어려웠다. 그래서 이 전쟁이 가져온 거대한 변화에도 불구하고 전쟁 자체는 "잊혀진 전쟁a forgotten war"이 된 것이다. 워싱턴 링컨 기념당 앞에 "자유는 공짜가 아니다Freedom is not free"라고 새겨진 한국전쟁 기념비가 세워진 것은 한국이 민주화된 1995년으로, 베트남전 전사자 기념비가 세워진 것보다 늦다.

소련

미국이 한국전쟁을 계기로 공공연히 대전환을 이루었다면, 소련의 변화는 은밀하게 진행됐다. 그러나 그것은 그야말로 미국의 대전환에 필적하는 변화였다. 소련의 변화는 1949년부터 시작됐다고 볼 수 있다.

중국에서의 혁명과 한반도에서의 국경 충돌이 원인이 되어 그 해부터 국내 단속 강화가 시작됐다. 1948년 10월 26일 국가보안성과 검찰청의 공동 지령으로 이전에 스파이 행위, 파괴 활동으로 체포됐던 적 있는 옛 반대파, 백위파白衛派, 민족주의자 등을 다시 체포할 것을 명령했다. "재수인再囚人, vtorniki"이라고 불린 이 사람들은 1949년 유형지流刑地로 보내졌다.[11] 1949년 2월 정치국에서 시작된 레닌그라드당 제1서기 폽코프P. S. Popkov의 과실 적발은 중앙의 당

지도자 알렉세이 쿠즈네초프, 보즈네센스키와 레닌그라드당 조직을 연계하는 대규모 억압 사건으로 확대됐다. '유대인 반파시스트 위원회'에 대한 억압은 1948년 말부터 시작됐는데 1949년 1월에는 전 외무성 차관 로조프스키 등이 체포됐다. 미국 스파이와 접촉했다는 이유에서였다. 체포는 확대됐다. 또 그해 유대인 지식인 전체에 불신을 던지는 '코즈모폴리터니즘cosmopolitanism 비판' 캠페인이 시작됐다.

1949년 스탈린은 장제스 지지를 취소하고 공공연히 마오쩌둥 지지를 표명했다. 이후 극동에서 미국과 대결하게 된다. 그때 북한이 무력으로 통일을 기도하겠다는 희망을 표명했으나 단호히 거부했다. 남한이 북진통일에 나서는 것도 극도로 경계했다. 1949년 8월 원자폭탄 실험에 성공하여 미국의 핵무기 독점을 무너뜨렸지만, 실제로 미국에 대항할 수 있는 수준은 아니었기에 공포 속에 원자폭탄 개발에 총력을 기울였다.

그러나 1949년 말 스탈린은 중국 혁명과 연계하기로 결단했다. 1950년에는 일본에 반미 혁명을 지시하고 한반도에서의 무력통일 전쟁을 지지하고 지원하기로 했다.

소련의 병력은 제2차 세계대전 종료 당시 1,136만 명이었는데, 1948년에는 287만 명으로 줄었다. 군사비도 1944년에는 1,287억 루블이었으나, 1946년에는 737억 루블로 거의 반 토막이 났다.[12] 그러나 한국전쟁이 시작되면서 결정적인 변화가 일어났다.

한국전쟁은 말 그대로 스탈린의 전쟁이었다. 스탈린은 크렘린 안에서 한국전쟁 총감독을 맡았다. 그의 지휘하에 소련은 북한군과 중국군에게 대금 지불은 일정 기간 뒤로 미룬 채 무기와 탄약을 제공하는 후방 기지, 병기 생산 공장이 됐다. 게다가 소련 공군은 한반도 상공에서 직접 미국 공군과 전쟁을 했다. 하늘의 전쟁은 전무후무한 미소의 전쟁이었다. 또한 소련은 유럽에서 강해지고 있는 NATO에 맞서 동유럽 국가에 대한 군사 원조, 무기 제공, 소련군 배치에도 새로운 노력을 기울였다. 그 결과 소련의 병력은 급격히 확대됐고 군사비도 급증했다. 1948년 287만 명이었던 병력은 한국전쟁 이후인 1955년에는 576만 명이 됐다.[13] 군수생산은 급증했고 군사비도 증액됐다. 군수생산과 관련된 6개 부처의 생산액을 종합해 보면, 1950년에는 190억 루블이었는데 1953년에는 356억 루블, 1955년에는 483억 루블로 급증했다.[14]

하지만 공식적으로는 한국전쟁은 소련이 단지 정신적으로 지지한 전쟁일 뿐이었다. 신문에는 '조선에서의 전쟁'이라는 코너가 만들어져 매일 관련 기사가 실렸지만, 소련의 직접적인 관여는 완전히 숨겼다. 스탈린에게 한국전쟁은 러일전쟁이 니콜라이 2세에게 가진 의미와는 비교할 수 없을 정도로 심각한 의미가 있었다. 그러나 일반 국민에게는 러일전쟁보다 관계가 더 먼 사건에 불과했다. 러시아의 전후사 연구자인 엘레나 주브코바 Elena Zubkova는 극동지방에서는 1950년 여름에 사할린과 쿠릴 열도에 미군이 상륙했다는 소문이 돌면서 성냥, 소금, 비누 등의 사재기 패닉이 발생했다고 밝히고 있으나, 아마도 극동 이외의 지역에서는 그다지 위기감을 느끼지 않았을 것이다. 그러나 미국과의 전쟁이 있을지도 모른다는 불안감은 보편적이었던 것 같다. 스톡홀름 어필[Stockholm Appeal, 핵군비 경쟁에 반대하여 벌어진 평화 운동 – 역자 주] 서명운동이 한국전쟁 개시와 함께 소련 내에서도 진행된 것을 보고, 국민들 사이에서 미소 전쟁이 가까워졌다는 소문이 퍼진 것도 확인됐다.[15]

국내 단속은 한국전쟁 과정에서 더욱 강화됐다. 1950년 9월 29~30일에 열린 재판에서 레닌그라드 사건과 관련된 6명이 사형 판결을 받고 처형됐다. 1951~1952년에는 레닌그라드당 관계자 체포가 계속됐다. '유대인 반파시스트 위원회' 참여자에 대해서는 1952년 5월 8일부터 7월 18일까지 재판이 열려 10명이 사형 판결을 받고 처형됐다. 처벌을 받은 자의 총수는 110명이며, 그 가운데는 몰로토프의 부인 젬추지나도 있었다.

1952년 말부터는 크렘린 병원의 유대인 의사 체포가 시작됐고 1953년 1월 사건이 공표됐다. 미국과의 결정적인 대결에 대비해 미국의 스파이가 될 수 있는 유대인들을 사냥한 것이다.

소련은 미국과 마찬가지로 한국전쟁을 통해 완전히 적을 의식하고, 감지하고, 결정적인 전쟁을 예감하고, 그야말로 완전히 무장한 군사 국가로 변모했다. 다만 이 전쟁은 스탈린의 전쟁, 그 자신의 반미 전쟁이었다. 정권 구성원들, 심지어 국민도 거기서 소외됐다. 이는 스탈린이 정권 구성원 대부분과 대립하고 국민과도 거리를 두는 결과를 가져왔다. 정전 전날 밤 스탈린이 사망하자 후계자들은 평화 공존 정책으로 전환했다.

무엇보다 미국과 소련의 재래식 무기가 정면으로 격돌한 이 전쟁에서 양국은 상대방의 무기 수준을 상세히 알게 됐다. 두 군사 국가는 냉전 속에서 핵무기와 미사일 개발 경쟁의 길로 돌진했다.

중국

미국과 중국의 전쟁은 양국의 "군사, 정치, 경제, 외교의 전면적인 힘겨루기"[16]였는데, 무승부로 끝났다고 할 수 있다. 막 탄생한 중화인민공화국에는 희생이 큰 전쟁이었지만, 미국과 대등하게 싸운 혁명 중국은 국제사회에서 완전한 위상을 확립했다. 그리고 미군과 싸운 중국인민지원군은 "현대전 단련"[17]을 받아 현대전을 치를 수 있는 정규군으로 성장했다. 그런 의미에서 중화인민공화국은 이 전쟁에서 많은 것을 얻은 예외적인 승리자였다고 할 수 있다. 내부적으로 중국은 한국전쟁 때의 총력전 경험을 바탕으로 1953년부터 1957년까지 제1차 5개년 계획을 시작했다. 농업 협동화 등 소련형 사회주의 변혁을 추진해 국가사회주의 토대를 마련했다.

한국전쟁 발발과 동시에 미국이 타이완해협에 군사적으로 개입한 결과, 중국은 타이완을 무력으로 해방시키는 것을 포기해야 했다. 그러나 한국전쟁에 관심이 집중된 사이에 티베트에 군대를 파병했고, 1951년 9월에는 힘을 사용해 티베트를 자치구로 포섭하는데 성공했다. 그것이 중국인과 티베트인의 관계에 어떤 의미가 있는지와는 별개로, 중화 국가는 획득한 것으로 생각했을 것이다.

하지만 중국에서는 어려운 시기가 계속됐다. 이 전쟁으로 미국과 결정적으로 대립하게 됐다. 중국은 이후 동아시아의 공산주의적 민족주의자들의 편에 서서 비공산주의적 민족주의자, 반공산주의 세력의 편에 선 미국과 군사적, 정치적으로 대결했다. 이 대결의 장이 전쟁일 때도 있었다. 대표적인 것이 베트남전쟁이다. 중국은 1963년 베트남 내전에 참가하기로 한 이후 본격적인 지원에 나섰다.[18] 그 결과 중국은 1972년까지 국제사회에서는 '추방된 자의 지위'에 만족해야 했다.

타이완

타이완의 중화민국은 한국전쟁 과정에서 미국의 군사적 개입으로 오늘날까지 계속되는 위상을 확립할 수 있었다. 장제스 정권은 자신의 군대를 한반도에 파견하겠다고 여러 차례 제의했지만 미국은 이를 거부했다. 그 결과 이 전쟁에서 아무런 대가도 치르지 않고 이익만 누렸다고 할 수 있다. 더욱이 미국의 중재로 일본과 평화조약을 맺게 되어 중화민국의 국제적 위상 저하에 제동을 걸 수 있었다. 그러나 그 때문에 중국 침략에 대한 배상을 일본에 요구할 권리를 포기하여 민족적으로는 큰 상처를 남기게 됐다.

한편, 포로수용소 요원을 파견하여 중국군 포로 중 3분의 2를 반공 포로로 획득한 것은 작지 않은 승리였다. 누구보다 개전을 환영했던 장제스 정권은 이 전쟁이 제3차 세계대전으로 확대될 경우 중국 본토로 쳐들어가 공산 중국을 무찌르게 될 것이라고 기대했다. 따라서 정전에 큰 실망을 느꼈을 것이다. 그러나 그것은 원래 환상이었으므로 실현되지 않았다고 해서 손해될 것은 없었다. 오히려 그런 기회가 없었던 게 다행이었다고 할 수 있다.

한국전쟁에 따른 본토 중국과 타이완의 대치 병존 상황은 남북한의 정전, 분단과 맞물려 존재하게 됐다.

일본

한국전쟁으로 큰 이익을 본 또 다른 나라는 일본이었다. 일본의 정치 체제와 경제의 기초는 이 전쟁 속에서 만들어졌다. 패전 후 일본 국민의 반전, 반군 감정은 강했고 헌법 9조 규정과는 친화적이었다. 그러나 비무장 일본의 안전을 보장해 주는 연합국의 중심인 미국이 중국과 옛 식민지 한반도에서 본격적으로 전쟁을 벌인 사태는 헌법 9조의 현실적 토대를 무너뜨리는 것이었다.

한국전쟁 위기 속에서 일본도 적극적으로 한국 측을 돕고 헌법을 개정해 재군비와 자위를 추진하자는 제안이 나온 것도 당연했다.

그러나 요시다 총리는 국민 정서를 중시해 전쟁 협력을 주체적으로는 하지 않고, 미 점령군의 명령에는 무제한으로 따른다는 방침에 따라 전 국토를 미군 기지로 제공했다. 그리고 일본은 경무장만하고, 미일안전보장조약을 맺어 미군에 기지를 제공한 대가로 안전보장을 확보한다는 새로운 평화 국가의 길을 선택했다. 혁신 세력은 국민의 심정을 대변해 헌법 9조를 옹호하고 적극적인 전쟁 협력과 재군비에는 반대했다. 그리고 소련과 중국이 빠진 강화 및 미일안전보장조약에 반대했다. 요시다 정부와 혁신적 반대파의 독특한결합으로 자위 재군비 노선은 배제되고 헌법 9조, 경무장, 미일안보조약이라는 삼위일체 체제가 확립됐다.

일본 국민은 한국전쟁을 강 건너 불로 여겼지만, 이 전쟁은 일본경제 재건에 큰 의미를 갖는 특수를 안겨 주었다. 한국전쟁은 이후일본의 비군사적 고도 경제성장의 토대가 됐다. 주관적으로는 비군사적 발전이지만, 객관적으로는 전쟁을 이용한 발전이었다.

일본은 이후 미국과의 양자 동맹 그늘에 숨어 미국의 요구에 따라 일화평화조약을 맺고 한일회담을 추진했다. 타이완의 어려운 상황을 틈타 중국의 대일 배상청구권을 포기시킨 것을 성공적이었다고 보는 시각도 있을 것이다. 일본 정부가 타이완 정부와 중국에 대한 배상을 논의할 조건이 만들어지지 않았던 것도 사실이다. 그러나 역사적으로 보면, 일본은 중국과 회복하기 어려운 결함이 있는 스텝을 밟았다고 할 수 있다.

한국전쟁 과정에서 한국에 대해서도, 한민족에 대해서도 동정심이 발휘되지 못했던 것은 치명적이다. 타이완이나 한국에 동정과 연대를 보여 주었다면 반공 군사 동맹으로의 방향성을 가졌으리라는 것은 분명하다. 일본 정부와 국민에게는 그런 방향으로 가지 않고 도망치려는 마음이 강했다고 할 수 있다. 그러나 이때부터 일본 국민에게는 자신들만이 평화로우면 된다는 의식, 지역 운명에 대한 무관심, 지역주의 부정이 굳어졌다. 그것은 요코타 기지에서 B-29가 날아올라 북한을 끝까지 공습하고 폭격한 사실조차 깨닫지 못하고 끝나는 정신 구조였다.

동북아시아의 국제 구조가 이렇게 한국전쟁을 통해 모습을 드러낸 것이다.

머리말

1   I. F. Stone, *The Hidden History of the Korean War*, New York, Monthly Review Press, 1952. I. F. ストーン(内山敏 역), 《秘史朝鮮戦争》 상하, 新評論社, 1952년.

2   Allen S. Whiting, *China Crosses the Yalu: The Decision to Enter the Korean War*, New York, Macmillan, 1960.

3   Roy E. Appleman, *South to the Naktong, North to the Yalu(June-November 1950)*, Center for Military History, U.S. Army, 1961.

4   Robert F. Futrell, *The United States Air Force in Korea, 1950-1953*, New York, Duell, 1961.

5   信夫清三郎, <現代史の画期として朝鮮戦争>, 《世界》 1965년 8월 호, 동 《朝鮮戦争の勃発》, 福村出版, 1969년.

6   神谷不二, 《朝鮮戦争》, 中央公論社, 1966년. 小此木政夫, <民族解放戦争としての朝鮮戦争>, 《国際問題》 182호, 1975년.

7   *Foreign Relations of the United States(이하 FRUS로 약칭), 1950*, Vol. VII, Washington, 1976.

8   W. Stueck Jr., *The Road to Confrontation. American Policy toward China and Korea, 1947-1950*, University of North Carolina Press, 1981. James I. Matray, *The Reluctant Crusade: American Foreign Policy in Korea, 1941-1950*, University of Hawaii Press, 1985.

9   小此木政夫, 《朝鮮戦争: 米国の介入過程》, 中央公論社, 1986년.

10   Bruce Cumings, *The Origins of the Korean War: Liberation and the Emergence of. Separate Regimes, 1945-1947*, Princeton University Press. 鄭敬謨·林哲 외 역, 《朝鮮戦争の起源 解放と南北分断体制の出現》 제1·2권, シアレヒム社, 1989~1991년. Bruce Cumings, *The Origins of the Korean War*, Vol. II: *The Roaring of the Cataract, 1947-1950*, Princeton University Press, 1990.

11   Ibid., Vol. II, pp. 619, 621.

12   방선주, <노획 북한필사문서 해제 (1)>,《아시아문화》창간호, 한림대학교 아시아문화연구소, 1986년.

13   Jon Halliday and Bruce Cumings, *Korea: The Unknown War*, Penguin Books, 1988. ハリディ, カミングス(清水知久 역),《朝鮮戦争—内戦と干渉》, 岩波書店, 1990년.

14   Gavan McCormack, *Cold War Hot War* Sydney, 1983. 일문 번역《侵略朝鮮戦争—の舞台裏》, シアレヒム社, 1990년.

15   Callum A. MacDonald, *Korea: The War Before Vietnam*, Macmillan Press, 1986.

16   *FRUS, 1951*, Vol. VII, Part 1-2, Washington, 1983. *FRUS, 1952-1954*, Vol. XV, Part 1-2, Washington, 1984.

17   Rosemary Foot, *A Substitute for Victory: the Politics of Peacemaking at the Korean Armistice Talks*, Cornell University Press, 1990.

18   Billy C. Mossman, *Ebb And Flow: November 1950 - July 1951*, Center of Military History, U. S. Army, 1990.

19   佐々木春隆,《朝鮮戦争/韓国篇》상중하, 原書房, 1976년.

20   金学俊(鎌田光登 역),《朝鮮戦争—痛恨の民族衝突》, サイマル出版会, 1989년.

21   和田春樹, <朝鮮戦争を考える> 上,《思想》1990년 5월 호.

22   徐焰,《第一次較量: 抗美援朝戦争的歷史回顧與反思》, 中國廣播電視出版社, 1990년. 齊德學,《朝鮮戦争決策內幕》, 遼寧大學出版社, 1991년. 衡學明,《生死三八線: 中國志願軍在朝鮮戦場始末》, 安徽文藝出版社, 1992년.

23   朱建栄,《毛沢東の朝鮮戦争》, 岩波書店, 1991년.

24   和田春樹, <朝鮮戦争を考える> 中, 中의 2, 下,《思想》1993년 5, 6, 7월 호.

25   Chen Jian, *China's Road to the Korean War: The Making of the Sino-American Confrontation*, Columbia University Press, 1994. Shu Guang Zhang, *Mao's Military Romanticism: China and the Korean War, 1950-1953*, University of Kansas Press, 1995.

26   和田春樹,《朝鮮戦争》, 岩波書店, 1995년.

27   이종석, <해석과 실증의 정교한 만남>,《역사학보》제164호, 1999년.

28   萩原遼,《朝鮮戦争: 金日成とマッカーサーの陰謀》, 文藝春秋, 1993년.

29   박명림,《한국전쟁의 발발과 기원》I·II, 나남출판, 1996년.

30 徐東晩, <北朝鮮における社会主義体制の成立>, 東京大学博士論文, 1995년. [서동만(1956년 5월 31일~2009년 6월 4일)은 북한학 전문가로 외교안보연구원 정치학 부교수, 상지대학교 부교수를 거쳐 2003년 국가정보원 기획조정실장을 역임했다. 그의 저서 《북한사회주의 체제성립사 1945~1961》은 현재까지 북한 연구의 최고 역작으로 평가받고 있다. - 역자 주]

31 Kathryn Weathersby, New Russian Documents on *the Korean War, Cold War International History Project Bulletin*, Issue 6-7, pp. 30-84. Alexandre Y. Mansourov, Stalin, Mao, Kim and China's Decision to Enter *the Korean War*, Sept. 16 - Oct. 15, 1950: New Evidence from the Russian Archives, Ibid., pp. 94-119. 두 사람의 보고는 Kathryn Weathersby, Stalin and a Negotiated Settlement in Korea, 1950-53, Paper presented at International Conference on the New Evidence on the Cold War in Asia, Hong Kong, January 9-12, 1996. Alexandre Mansourov, Soviet-North Korean Relations and *the Origins of the Korean War*, Paper presented at the same conference.

32 Haruki Wada, Stalin and the Japaneses Communist Party, 1495-1953: In the Light of New Russian Archival Documents, Paper presented at the same conference.

33 이 문서는 TV 방송국이 제공한 것으로 웨더스비의 발표문에 수록됐다. *Cold War International History Project Bulletin*, Issue 6-7, pp. 39-40. 또 산케이신문사가 입수해 공개한 자료는 《正論》 1995년 11월 호, 110~116쪽. 12월 호 228~241쪽.

34 *Cold War International History Project Bulletin*, Issue 11, Winter 1998, pp. 176-185. 또 라이텐버그(Milton Leitenberg)도 이 자료를 인지했다. Milton Leitenberg, New Russian Evidence on *the Korean War* Bilological Warfare Allegations: Background and Analysis, Ibid., pp. 185-199.

35 예프게니 바자노프·나딸리아 바자노바, 《소련의 자료로 본 한국전쟁의 전말》, 도서출판 열림, 1998년 3월.

36 Anatoly V. Torkunov, *Zagadochnaya Voina: Koreiskii Konflike 1950-1953 godov*, Moscow, 2000. 국내에서는 2003년 《한국전쟁의 진실과 수수께끼》라는 제목으로 번역 출판됐다.

37 下斗米伸夫 외 역, 《朝鮮戦争の謎と真実: 金日成, スターリン, 毛沢東の機密電報による》, 草思社, 2001년.

38 Kathryn Weathersby, Stalin, Mao, and the End of *the Korean War*, Odd ane Westad(ed.), *Brothers in Arms: The Rise and Fall of the Sino-Soviet Alliance 1945-1963*, Standford University Press, 1998, pp. 90-116.

39 1995년 7월 11일 자 커밍스의 서한과 웨더스비의 회신은 *CWHIP Bulletin*, Issue 6-7, pp. 120-122.

40 Alexandre Y. Mansourov, Communist War Coalition Formation and *the Origins of the Korean War*, Ph. D. Dissertation, Columbia University, 1997.

41 Vojtech Mastny, *The Cold War and Soviet Insecurity: The Stalin Years*, Oxford University Press, 1996. 秋野豊 외 역, 《冷戦とは何だったのか―戦後政治史とスターリン》, 柏書房, 2000년.

42 Vladislav M. Zubok, Stalin's Goals in the Far East: from Yalta to Sino-Soviet Treaty of 1950(New Archival Evidence from Moscow), Paper presented at the International Conference on the New Evidence Cold War in Asia, Hong Kong, January 9-12, 1996. Vladislav Zubok and Constantine Pleshakov, *Inside the Kremlin's Cold War: From Stalin to Khrushchev*, Harvard University Press, 1996.

43 沈志華, 《中蘇同盟與朝鮮戰爭研究》, 廣西師範大學出版社, 1999년.

44 와다 하루키(서동만 역), 《한국전쟁》, 창작과 비평사, 1999년.

45 軍事科學院軍事歷史研究部, 《抗美援朝戰爭史》 제1, 2, 3권, 軍事科學出版社, 2000년.

46 逢先知·李捷, 《毛澤東與抗美援朝》, 中央文獻出版社, 2000년.

47 Chen Jian, *Mao's China and the Cold War*, University of North Carolina Press, 2001.

48 Wada Haruki, *The Korean War*, Stalin's Policy, and Japan, *Social Science Japan Journal*, Vol. 1, No. 1, 1991.

49 山崎静雄, 《史実で語る朝鮮戦争協力の全容》, 本の泉社, 1998년 11월.

50 南基正, <朝鮮戦争と日本: 《基地国家》における戦争と平和>, 東京大学大学院総合文化研究科, 2000년 제출 博士論文.

51 Paul G. Pierpaoli, Jr., Alpha and Omega: Understanding the Meaning of *the Korean War*, Paper presents at the International symposium "*The Korean War and Searching for Peace on the Korean Peninsula in the 21st Century*", Seoul, June 24, 2000.

52 Paul G. Pierpaoli, Jr., *Truman and Korea: The Political Culture of the Early Cold War*, University of Missouri Press, 1999.

53 허만호, <한국전쟁의 인권 유산: 민간인 집단 학살과 북한 억류 한국군 포로>, 한국정치학회 주최 국제심포지엄 '한국전쟁과 21세기 한반도 평화의 모색'(2000년 6월)에서 발표.

54 김동춘, 《전쟁과 사회: 우리에게 한국전쟁은 무엇이었나?》, 돌베개, 2000년.

55 William W. Stueck, *The Korean War: An International History*, Princeton University Press, 1995. p. 3, 豊島哲 역, 《朝鮮戦争》, 明石書店, 1999년, 5쪽.

56 和田春樹, <東北アジア戦争としての朝鮮戦争>, 《史苑》 제56권 제2호, 立教大学 史学会, 1996년.

제1장. 1949년의 위기

1 서중석, <이승만과 북진 통일>, 《역사비평》 1995년 여름 호, 111쪽.

2 《인민》 1948년 9월 호, 2쪽. 여기서는 '국토완정'이라는 단어를 '국토안정'이라는 단어로 치환해 위장했으나 《인민》 10월 호 15쪽의 해설을 보면 '국토완정'이라는 말의 뜻으로 설명하고 있다.

3 Wada Haruki, *The Korean War*, Stalin's Policy, and Japan, *Social Science Japan Review*, Vol. 1, No. 1, 1998. p. 6. 노사카를 중개로 한 일본공산당과의 관계에 대해서는 和田春樹, 《歷史としての野坂参三》, 平凡社, 1996년, 138~139쪽. 적군 참모본부 첩보국 일본 부장 세시킨이 1949년 10월 29일에 제출한 노사카 산조의 신상 조서에 "노사카는 도쿄에 있는 우리 공작원 중 한 사람과 관계를 유지하고 있으며 그를 통해 일본의 국내 정치 상황, 경제 상황, 점령 당국의 정책, 일본공산당을 포함해 다양한 정책 활동에 관한 정보를 우리에게 제공하고 있다. 때로 노사카는 자신의 명의로, 또 일본공산당 중앙위원회 정치국의 명의로 일본에 있는 우리 대표자에게 노사카, 도쿠다 등이 볼 때 필요한 소련 정부의 대일 태도를 권고하거나 요청하고 있다"라고 적었다. TsKhSD, I/d I-I, pp. 127-128.

4 Vojtech Mastny, *The Cold War and Soviet Insecurity: The Stalin Years*, Oxford University Press, 1996, pp. 11-29. 秋野豊 외 역, 《冷戦とは何だったのか─戦後政治史とスターリン》, 柏書房, 2000년, 16~44쪽. David Holloway, *Stalin and the Bomb: The Soviet Energy and Atomic Energy 1939-1956*, Yale University Press, 1994, pp. 224-272. 川上洸·松本幸重 역, 《スターリンと原爆》 11, 12장, 大月書店, 1997년.

5 Haruki Wada, op. cit., p. 11.

6 A. Ledovskii, Sekretnaia missiia A. I. Mikoiana v Kitai(inavar'-fevral' 1949 g.), *Problemy Dal'nego Vostoka*, 1995, No. 2, pp. 97-100.

7 6통의 전보 전문은 티흐빈스키(Tikhvinskii)에 의해 공개됐다. S. L. Tikhvinskii, Perepiska I. V. Stalina s Mao Tsedunom v ianvare 1949 g., *Novaia I noveishaia istoriia*, 1994, No. 4-5, pp. 133-139.

8 이 방문에 대한 미코얀의 보고서(1960년 9월 22일)와 관련 자료는 레도프스키

(Ledovskii)에 의해 공개됐다. A. Ledovskii, op. cit., pp. 100-110, 1995, No. 3, pp. 94-105.

9   Vojtech Mastny, op. cit., pp. 47-59, 일문 번역, 72~88쪽.

10 *Izvestiia TsK KPSS*, 1989, No. 12, pp. 35-40. *Evreiskii antifashistskii komitet v SSSR 1941-1948: dokumentirovannaia istoriia*, Moscow, 1996, pp. 388-389. 和田春樹, <戰後ソ連における歷史家と歷史学(その一)>, 《ロシア史研究》 25호, 1976년 6월, 24~32쪽.

11 和田春樹, 《朝鮮戰爭》, 岩波書店, 1995년, 52~53쪽. 허가이에 대해서는 미주 87번을 참조할 것.

12 《한국인명대사전》 신구문화사, 1995년, 403쪽. 드럼라이트 미 공사는 1949년 3월 24일 전보에서 다음과 같이 평가했다. "신임 국방장관 신(申)은 능력과 일관성을 갖춘 인물이라는 인상을 받았다. 우리가 볼 때 그의 임명은 이범석의 경우보다 효과적이며 충실한 안보군의 지휘를 대통령에게 제공할 것이다." "이 임명 결과 신은 군과 경찰 모두를 지휘할 수 있게 됐다. 이는 그가 이 대통령의 전폭적인 신임을 받고 있다는 사실과 함께 그를 한국 정부의 제2의 실력자로 만드는 것이다." *FRUS, 1949*, Vol. VII, Pt 2, p. 979.

13 《한국인명대사전》, 927쪽. 《정일권 회고록》, 고려서적, 1999년, 71~75쪽. 丁一權, 《原爆か休戰か》, 日本工業新聞社, 1989년, 274~275쪽. 《白善燁回顧録-朝鮮戰爭》, ジャパン·ミリタリー·レビュー, 1988년, 28~34, 211쪽.

14 《한국인명대사전》, 199쪽. Bruce Cumings, *The Origin of the Korean War*, Vol. 2, pp. 492-495. 박명림, 《한국전쟁의 발발과 기원》 II, 577~578쪽.

15 암호전보, 시티코프가 외무성에, 1949년 1월 19일, APRF(러시아연방 대통령 문서고), f. 3, op. 65, d. 3, pp. 1-2.

16 和田春樹, <ソ連の朝鮮政策, 1945年 8月-10月>, 《社会科学研究》 제33권 제4호, 1982년, 116~117쪽.

17 암호전보, 시티코프가 외무성에, 1949년 1월 27일, APRF, f. 3, op. 65, d. 3, pp. 3-5.

18 상동, 1949년 2월 3일, Ibid., pp. 6-7.

19 상동, 1949년 2월 3일, Ibid., pp. 8-9.

20 상동, 세르게이 비류조프(Sergey Biryuzov)가 시티코프에게, 1949년 2월 4일, Ibid., pp. 10.

21 상동, 시티코프가 몰로토프에게, 1949년 2월 4일, Ibid., pp. 11-12.

22 《김일성 저작집》 5권, 39쪽. 만수로프는 시티코프의 보고를 김일성의 호소에 근거한

것으로 보고 김일성이 "남측이 대북 예방 공격의 준비 조치로 국경에서의 압박을 조성하고 있다고 확신했다"라고 논했으나(A. Mansourov, Communist War Coalition Formation and *the Origins of the Korean War*, Ph. D. Dissertation, Columbia University, 1997, pp. 91-92) 이 기간 시티코프의 보고에는 김일성이 전혀 등장하지 않는다.

23 《해방 후 4년간 국내외 중요일지》(증보판), 민주조선사, 평양, 1949년, 231쪽.

24 시티코프는 이 연설문의 내용을 사전에 몰로토프에게 2월 3일 전보로 보고했다. APRF, f. 3, op. 65, d. 3, p. 9.

25 암호전보, 시티코프가 외무성에, 1949년 2월 4일, Ibid., pp. 13-16.

26 *FURS, 1949*, Vol. Ⅶ, part 2, pp. 956-958. 이 대통령은 2월 17일 미국의 비서 올리버에게 편지를 보내 "방위를 위한 무기를 요청했는데도 받은 것은 실로 적은 양뿐이다, 전차는 한국에 맞지 않아 거부했다"라며 분통을 터트리고 있다. Robert Oliver, *Syngman Rhee American Involvement in Korea, 1942-1960*, Seoul, 1979. p. 223, 박명림, 《한국전쟁의 발발과 기원》Ⅱ, 나남출판, 596쪽.

27 암호전보, 시티코프가 몰로토프에게, 1949년 2월 9일, APRF, f. 3, op. 65, d. 3, pp. 18-19.

28 만수로프는 이 제안은 북이 공격한다면 소련은 개입하겠다는 강한 메시지를 어필하기 위한 것이라고 해석했으나(A. Mansourov, Communist War Coalition, p. 110) 동의할 수 없다.

29 암호전보, 시티코프가 몰로토프에게, 1949년 2월 14일, APRF, f. 3, op. 65, d. 3, pp. 22.

30 상동, 외무성이 시티코프에게, 1949년 2월 23일, Ibid., p. 23.

31 상동, 푸르카예프가 시티코프에게, 1949년 2월 24일, Ibid., p. 24.

32 *Izvestiia TsK KPSS*, 1989, No. 2, pp. 126-134.

33 스탈린과 소련 방문 북한 대표단의 회견 기록, 1949년 3월 5일, APRF, f. 415, op. 1, d. 346, pp. 13-14.

34 A. Mansourov, Soviet-North Korean Relations, p. 5; Communist War Coalition, p. 99-100.

35 스탈린 집무실 방문자 기록, *Istoricheskii arkhiv*, 1996, No. 5-6, p. 50.

36 Evgueni Bajanov, Assessing the Politics of *the Korean War*, 1949-51, *CWIHP Bulletin*, Issue 6-7, pp. 54, 87. 이는 한국에서 출판된 바자노프의 책에는 나오지 않는다. 아울러 러시아 외무성 관계자가 작성한 것으로 추정되는 일지에는 날짜를 명시하지 않은 채 3월 소련 방문 당시 김일성이 무력통일의 희망을 표명하자 스탈린이 불

허하고 북은 남의 북진 공격에 대한 반격을 위해서만 공격 작전을 세울 수 있다고 말했다고 적혀 있다. Khronologiia osnovnykh sovytii kanuna i nachal'nogo perioda Koreiskoi voiny, p. 5.

37 《서울신문》, 1995년 5월 15일 자, 5면.

38 *Otnosheniia Sovetskogo Soiuza s narodnoi Korei 1945-1980*, Dokumenty i materialy, Moscow, 1981, p. 404.

39 *FRUS, 1949*, Vol. VII, pp. 969-978.

40 암호전보, 외무성이 시티코프에게, 1949년 4월 17일, APRF, f. 3, op. 65, d. 3, p. 25.

41 *FRUS, 1949*, Vol. 7, pt. 2, pp. 987-988.

42 의견서, 바실렙스키와 슈테멘코가 스탈린에게, 1949년 4월 20일, APRF, f. 3, op. 65, d. 839, p. 13-14.

43 佐々木春隆,《朝鮮戦争 / 韓国編》상, 原書房, 1976년, 356, 422~423쪽.

44 암호전보, 시티코프가 외무성에, 1949년 4월 20일, APRF, f. 3, op. 65, d. 3, p. 26-28.

45 상동, 바실렙스키가 시티코프에게, 1949년 4월 21일, Ibid., p. 30.

46 *FRUS, 1949*, Vol. VII, pp. 989-991.

47 Ibid., p. 993.

48 암호전보, 시티코프가 스탈린에게, 1949년 5월 1일, APRF, CWIHP file, per. 3, pp. 31-40.

49 A. Mansourov, The Communist War Coalition, pp. 115-117.

50 암호전보, 코발레프가 스탈린에게, 1949년 5월 18일, APRF, f. 45, op. 1, d. 331, pp. 59-61.

51 상동, 시티코프가 비신스키에게, 1949년 5월 15일, APRF, CWIHP file, per. 3, p. 47.

52 《옌볜문화》 창간호, 1948년 10월, 16~17쪽.

53 상동, 18~19쪽.

54 이한(李翰), <조선민주주의인민공화국 성립 경축 대회를 맞이하여>, 《옌볜문화》 제2호, 1948년 11월, 9쪽.

55 이종석은 필자의 이전 책의 서평에서 필자가 이 시점의 조선족을 중국 국적으로 단정 지었다고 비판하며 유준수의 회고를 인용하고 있다. 이종석, <해석과 실증의 정교한 만남>, 《역사학보》 제164집, 414~415쪽. 유준수의 회고는 유준수, <조선족 인민들 속에서>, 《승리》(중국조선민족발자취총서5), 민족출판사, 1992년, 711쪽.

56 훗날 인도된 2개 사단 중 제16사단의 기록에는 "우리 16사단은 명령을 받아 이덕산 동지의 영솔 아래 1949년 7월 17일 창춘을 떠나 새로운 전선으로 향했다"라고 적혀 있다. 《조선의용군 제3지대》, 흑룡강 조선민족출판사, 1987년, 325쪽. 그러나 166 사단 전 하사관의 증언에 따르면 7월 23일 출발일 아침 중대장 이상의 간부회의에서 행선지가 고지됐으나 화물열차에 탄 병사에게 고지된 것은 열차가 다롄에 들어선 때였다고 한다. 김중생, 《조선의용군의 밀입북과 6·25전쟁》, 명지출판사, 2000년, 144~145쪽.

57 암호전보, 시티코프가 비신스키에게, 1949년 5월 15일, APRF, CWIHP file, per. 3, pp. 46-47.

58 신염, <일본에 대한 미국 팽창주의자의 정책>, 《근로자》 1948년 3월 호, 63~67쪽.

59 암호전보, 시티코프가 외무성에, 1949년 5월 2일, APRF, f. 45, op. 1, d. 346, pp. 41-44.

60 *FRUS, 1949*, Vol. VII, pp. 1003-1005.

61 박명림, 《한국전쟁의 발발과 기원》 II, 620~621쪽. United States Armed Forces in Korea, G-2, *Periodical Report*(May 6, 1949).

62 佐々木春隆, 《朝鮮戦争 / 韓国編》 상, 360쪽.

63 A. Mansourov, The Communist War Coalition, p. 124.

64 암호전보, 시티코프가 그로미코와 슈테멘코에게, 1949년 5월 28일, APRF, CWIHP file, per. 3, pp. 49-50.

65 *FRUS, 1949*, Vol. VII, p. 1012.

66 Ibid., p. 1013.

67 Ibid., p. 1017.

68 《조국통일민주주의전선 결성대회 문헌집》, 평양, 조선민보사, 1949년, 183~184쪽. 남측 제반 당파의 제안 서간, 북측 제 당파의 답신은 148~157쪽. 조국전선 강령은 1~4쪽.

69 암호전보, 시티코프가 외무성에, 1949년 6월 5일, APRF, f. 45, op. 1, d. 346, pp. 59-63.

70 A. Mansourov, The Communist War Coalition, pp. 129-132. 만수로프는 6월 5일의 시티코프 전보 내용으로 6월 28일의 전보 내용을 잘못 옮겨 적었다. 그래서 혼란이 발생하고 있다.

71 암호전보, 멘시코프(M. Men'shkov)와 슈테멘코가 시티코프에게, 1949년 6월 4일, APRF, CWIHP file, per. 3, pp. 53-58.

72 *FRUS, 1949*, Vol. VII, pp. 1030-1031.

73   Ibid., pp. 1033~1034.

74   Ibid., pp. 1034~1035.

75   Ibid., pp. 1035~1036.

76   佐々木春隆,《朝鮮戦争 / 韓国編》상, 372쪽.

77   암호전보, 시티코프가 비신스키에게, 1949년 6월 18일, APRF, f. 3, op. 65, d. 3, pp. 64~67.

78   *FRUS, 1949*, Vol. VII, pp. 1041~1043.

79   암호전보, 시티코프가 비신스키에게, 1949년 6월 22일, APRF, f. 3, op. 65, d. 3, p. 68~75.

80   NRC, USFEC, RG 242, SA 2010, item 2/76.

81   암호전보, 비신스키가 시티코프에게, 1949년 6월 24일, APRF, CWIHP file, per. 3, p. 76.

82   《조국통일민주주의전선 결성대회 문헌집》184, 19, 62쪽.

83   암호전보, 시티코프가 비신스키에게, 1949년 6월 28일, APRF, CWIHP file, per. 3, pp. 78~79.

84   장순명의 연설은 《조국통일민주주의전선 결성대회 문헌집》, 73~78쪽. 대회의 경과
      는 187~188쪽. 아울러 森善宣, <《祖国統一民主主義前線》の結成>,《富山国際大
      学紀要》제7권, 1997년 3월은 조국전선의 주도 세력은 이 박헌영의 남로당이었고 그
      통일 방침은 '평화통일'이었으며 김일성의 무력통일 노선을 견제하려 했다고 주장하
      고 장순명의 제안도 그 차원에서 해석했으나(75쪽) 이는 맞지 않다.

85   《조국통일민주주의전선 결성대회 문헌집》17, 144, 160쪽.

86   平井豊吉,《在日朝鮮人運動の概況》, 自由生活社版, 93~95쪽. 萩原遼,《北朝鮮
      に消えた友と私の物語》, 文藝春秋, 1998년. 여기서는 한덕수가 김천해와 박은철
      등을 누르고 단독으로 조국전선 중앙위원으로 선발된 것을 김일성이 한덕수를 활용
      해 재일조선인운동을 장악하려는 속셈이 있었다고 이해하고 '김일성과 한덕수의 음
      모'라 표현했다(314~318쪽). 그러나 어째서 '음모'인지 설득력이 부족하다. 박은철은
      일본공산당 내 조선인 당원의 지도자로 조련 조직에는 몸담지 않았다. 김천해는 이듬
      해 1950년 평양으로 건너가 노동당의 사회부장에 취임했고 조국전선 의장 자리에도
      앉았다. 한덕수는 평양에 있던 덕분에 중앙위원회에 합류할 수 있었던 셈이다.

87   《조선전사》 연표2, 평양, 과학백과사전종합출판사, 1991년, 162쪽. 인사와 관련
      된 직접적 자료는 아니다. 1951년에 김일성과 박헌영이 정·부위원장이었다는 것은
      《1951년도 조선노동당 중앙위원회 정치위원회·조직위원회 결정집》(러시아어 번역),

RGASPI, f. 17, op. 137, d. 730, pp. 2-269와 《근로자》 1951년 11호, 37쪽(森善宣의 지적에 의함)에서 알 수 있다. 허가이가 부위원장이었다는 것은 《민주조선》 1950년 9월 12일 자에서, 서기였다는 것은 그가 당의 직책을 잃고 부수상이 된 때의 직책에서 알 수 있다. <조선노동당 중앙위원회 제4차 전원회의 자료>(러시아어 번역), Ibid., d. 731, p. 110. 리승엽이 서기였던 것은 《노동신문》 1952년 2월 8일 자에서 알 수 있다. 과거에는 지하공작을 담당했던 김삼룡이 세 번째 서기로 알려졌었으나 박정애가 1951년 11월 이전에 서기였던 것이 위 제4차 전원회의 자료에서 판명됐다. 김삼룡은 훗날 리승엽 등의 재판 판결문에서 '조선노동당 정치위원'으로만 언급되어 있다. 《'남로당' 연구 자료집》 제II집, 1974년, 621쪽.

88 *FRUS, 1949*, Vol. VII, pp. 1046-1057. 병력 비교 분석은 pp. 1048-1050. 그 결론은 p. 1052. 옵션 C는 p. 1054. 참모본부의 한국 평가는 pp. 1056-1057.

89 암호전보, 시티코프가 비신스키에게, 1949년 7월 13일, APRF, f. 3, op. 65, d. 3, p. 83-85.

90 서중석, <이승만과 북진 통일>, 《역사비평》 1995년 여름 호, 112쪽.

91 *Istoricheskii arkkhiv*, 1996, No. 5-6, pp. 56-58. 6월 27일의 회담 기록도 공개됐다. A. M. Ledovskii, *SSSR i Stalin v sud'bakh Kitaia: Dokumenty i svidetel'stva uchastnika sobytii 1937-1952*, Moscow, 1999, pp. 83-84, 85-88.

92 石井明, 《中ソ関係史の研究 1945~1950》, 東京大学出版会, 1990년, 233~234쪽. 師哲, 《在歴史巨人身邊》, 中央文献出版社, 1991년, 414~415쪽, 劉俊南·横沢泰夫 역, 《毛沢東側近回想録》, 新潮社, 1991년, 255쪽.

93 암호전보, 비신스키가 시티코프에게, 1949년 8월 3일, APRF, f. 3, op. 65, d. 3, pp. 88-89.

94 佐々木春隆, 《朝鮮戦争 / 韓国編》 상, 379~380쪽.

95 Bruce Cumings, op. cit., pp. 393-394.

96 邵毓麟, <使韓回憶録> 13, 《傳記文學》 제32권 제3기, 111, 114쪽.

97 Bruce Cumings, op. cit., p. 394.

98 和田春樹, 《朝鮮戦争》, 岩波書店, 1995년, 24쪽.

99 방호산의 소련 방문 전 이력은 1937년의 중공하강특위 서기 박원빈이 작성한 당원 경력, RGASPI, f. 514, op. 1, d. 1078, pp. 28-29. 귀국 후는 《주덕해 일생》, 민족출판사, 1987년, 68쪽. 국공내전에서의 군 경력은 《혁명회상기 이홍광 지대》, 랴오닝민족출판사, 1986년, 5, 23, 41쪽.

100 A. V. Torkunov, *Zagadochnaia voina: koreiskii konflikt 1950-1953 godov*, Moscow, 2000, pp. 30-31. 또 Khronologiia, pp. 12-14. 예프게니 바자노프·나딸리아 바자노

바,《소련의 자료로 본 한국전쟁의 전말》, 1998년, 23~26쪽.

이 부분은 토르쿠노프 저서에는 없다. Khronologiia, pp. 12-14. 예프게니 바자노프·나딸리아 바자노바,《소련의 자료로 본 한국전쟁의 전말》, 23~26쪽.

102 Torkunov, op. cit., pp. 31-32.

103 Ibid., p. 32. 강원도 해방구안의 지지는 Khronologiia, p. 14. 예프게니 바자노프·나딸리아 바자노바,《소련의 자료로 본 한국전쟁의 전말》, 26쪽.

104 *FRUS, 1949*, Vol. VII, pp. 1075-1076. 무기 목록은 공개되지 않았다.

105 《中國人民解放軍第四野戰軍戰史》, 解放軍出版社, 1998년, 502~503쪽.

106 *Izvestiia TsK KPSS*, 1989, No. 2, p. 130. Anastas Mikoian, *Tak bylo*, Moscow, Vagrius, 1999, p. 566.

107 *Sovetskii atomnyi proekt: Konets atomnoi monopolii: kak eto bylo...*, Nizhnii Novgorod, 1995, pp. 175-176.

108 和田春樹,《朝鮮戦争》, 113~116쪽. 9월 혁명설에 대해서는 山田宗睦,《戦後思想史》, 三一書房, 1959년, 123쪽.

109 암호전보, 시티코프가 비신스키에게, 1949년 9월 3일, APRF, CWIHP file, per. 3, pp. 90-92.

110 상동, 외무성이 툰킨에게, 1949년 9월 11일, Ibid., p. 93.

111 상동, 툰킨이 외무성에, 1949년 9월 14일, Ibid., pp. 94-101.

112 F. Fejtő,《民族社会主義革命―ハンガリヤ十年の悲劇》, 近代生活社, 1957년, 30쪽.

113 비망록, 시티코프, 1949년 9월 15일, APRF, f. 3, op. 65, d. 776, pp. 1-21.

114 시티코프 대사에게 하달할 지령안, Ibid., f. 3, op. 65, d. 839, pp. 5-16. 제1안은 pp. 11-13. 제2안은 pp. 14-16. 제3안은 pp. 8-10. 제4안은 pp. 5-7. 제3안의 메모가 스탈린의 것이라는 사실은 Torkunov, op. cit., p. 51.

115 비망록, 몰로토프가 정치국원에게, 1949년 9월 23일, APRF, f. 3, op. 65, d. 776, pp. 33-38. 제4안은 pp. 34-36. 만수로프도 문안을 검토하고 그것들을 전부 정치국원이 검토했다고 주장했다. 필자가 주장한 제1안을 불가닌안, 제2안을 카가노비치안, 제3안을 미코얀안, 제4안을 베리야안으로 규정했는데(A. Mansourov, The Communist War Coalition, pp. 162-164) 동의할 수 없다.

116 소련공산당 정치국 결정, 1949년 9월 27일, APRF, CWIHP file, per. 3, pp. 30-32.

117 *Pravda*, September 26, 1949. David Holloway, *Stalin and the Bomb: The Soviet Energy and Atomic Energy 1939-1956*, Yale University Press, 1994, p. 256.

118 암호전보, 시티코프가 외무성에, 1949년 10월 4일, APFR, f. 3, op. 65, d. 3, p. 102.

119 남한의 빨치산에 대해서는 李泰(安宇植 역),《南部軍 知られざる朝鮮戦争》, 平凡社, 1991년, 268~280쪽.

120 TsKhSD, 1/d I-I, pp. 122-128. 전역은 和田春樹,《歴史としての野坂参三》, 平凡社, 1996년, 296~302쪽.

121 A. N. Mamin, K polozheniiu v Kompartii Iaponii, 26 June 1950, RGASPI, f. 17, op. 137, d. 413, p. 130. 자세한 내용은 和田春樹,《歴史としての野坂参三》, 221쪽.

122 TsKhSD, f. 89, op. 50, d. 2, pp. 1-2.

123 佐々木春隆,《朝鮮戦争 / 韓国編》상, 382~384쪽.

124 암호전보, 그로미코가 시티코프에게, 1949년 10월 26일, APFR, f. 3, op. 65, d. 6, p. 103.

125 상동, 시티코프가 외무성에, 1949년 10월 31일, Ibid., d. 5, pp. 104-105.

126 상동, 그로미코가 시티코프에게, 1949년 11월 20일, APRF, CWIHP, file, per. 3, p. 107.

127 *FRUS, 1949*, Vol. VII, pp. 1079-1080.

128 Ibid., pp. 1080-1084.

129 박명림,《한국전쟁의 발발과 기원》 II , 609쪽.

130 이 편지는 북한 측이 서울 점령 당시 노획해 공개했다.《사실을 말한다: 조선전쟁 도발의 내막》, 평양, 외국문출판사, 1960년, 31쪽의 사진판에서. 이 편지의 고증은 和田春樹,《朝鮮戦争》, 146~147쪽. 이승만은 10월 7일 조셉 존스(Joseph Jones) UP통신 부사장과의 인터뷰에서 "우리는 사흘 내로 평양을 점령할 수 있을 거라 확신한다"라고 호언했다. 박명림,《한국전쟁의 발발과 기원》 II , 609쪽.

131 방선주, <노획 북한필사문서 해제 (1)>,《아시아문화》 창간호, 154쪽.

132 상동, 155, 156쪽.

133 *FRUS, 1949*, Vol. VII, p. 1093.

134 박명림,《한국전쟁의 발발과 기원》 II , 617쪽. 박명림은 이승만의 북진통일론을 (1) 대내·대민용 정책 면에서 국내 긴장의 유지라는 기능, (2) 미국을 향한 발언으로 더 많은 원조 획득의 수단, (3) 대북·대소 발언으로 힘을 과시해 북에 남침 신호를 보내지 않도록 저지하는 수단, (4) 능력이 붙으면 실제 북진하고 싶다는 소원이라는 네 가지 측면에서 풀이하고 이호제(李昊濟)의 '공갈 정책'이라는 지적을 지지하고(611~615쪽), 이 12월 30일 자 발언을 "전쟁을 각오하고 있는 의지다"라고 평했다.

135 Bruce Cumings, op. cit. Vol. 2, pp. 163-167. 菅英輝,《米ソ冷戦とアメリカのアジア政策》, ミネルヴァ書房, 1992년, 246~247쪽.

제2장. 개전으로 향하는 북한

1 스탈린과 마오쩌둥의 회담 기록, 1949년 12월 16일, APRE, f. 45, op. 1, d. 329, pp. 9-17.

2 《汪東興日誌》, 中國社會科學出版社, 1993년, 164~166쪽.

3 N. Fedorenko, Nochnye besedy, *Pravda*, Oct. 23, 1998, p. 4.

4 P. F. 유딘의 마오쩌둥과의 면담록, 1956년 3월 31일, *Problemy Dal'nego Vostoka*, 1994, No. 5, pp. 103-109.

5 Dieter Heinzig, Statlin, Mao, Kim and Korea War Origins, 1950; A Russian Documentary Discrepancy, *CWIHP Bulletin*, Issue 8-9, p. 240.

6 N. Fedorenko, opo. cit.

7 M. V. Gorbanevskii, *V nachale bylo slovo...Maloizvestnye stranitsy istorii sovetskoi lingvistiki*, Moscow, 1991, p. 150.

8 《汪東興日誌》, 171~173쪽.

9 師哲,《在歷史巨人身邊》, 440쪽. 劉俊南·橫沢泰夫 역, 272쪽. 일본어 번역에 오류가 있다.

10 암호전보, 스탈린이 시티코프에게, 1950년 1월 8일, APRF, CWIHP file, per. 3, p. 110.

11 상동, 시티코프가 외무성에, 1950년 1월 11일, Ibid., pp. 111-112.

12 《聶栄臻回憶録》, 解放軍出版社, 1984년, 744쪽. 和田春樹,《朝鮮戦争》, 25쪽.

13 和田春樹,《朝鮮戦争》, 80~81쪽.

14 *Pravda*, January 4, 1950.

15 《日本共産党五0年問題資料集》1, 新日本出版社, 1957년, 9~11쪽.

16 《建国以来毛沢東文稿》제1책, 中央文獻出版社, 1988년, 237쪽.

17 Bruce Cumings, op. cit., pp. 433-435.

18 박명림,《한국전쟁의 발발과 기원》 II, 556~569쪽.

19 和田春樹,《朝鮮戦争》, 135~136쪽.

20 송성철, <요시다 파쇼 정책에 반대하는 일본인민의 투쟁>,《근로자》1949년 19호, 124~125쪽.

21 몰로토프, 비신스키의 마오쩌둥과의 회담 기록은 러시아 외무성 문서를 선즈화(沈志

華)가《中蘇同盟與朝鮮戰爭硏究》, 廣西師範大學出版社, 335~340쪽에 발표했다. 또 師哲,《在歷史巨人身邊》, 454~457쪽. 일문 번역, 282~284쪽. 소련의 성명은 *Pravda*, January 21, 1950, p. 1.

22 스탈린과 마오쩌둥의 회담 기록, 1950년 1월 22일, APRF, f. 45, op. 1, d. 329, p. 32. 개디스(John L. Gaddis)도 이 말에서 애치슨 연설이 스탈린의 신중한 자세를 전환시킨 증거를 찾았다. John Lewis Gaddis, *We Now Know: Rethinking Cold War History*, Oxford, 1997, p. 73.

23 APRF, f. 45, op. 1, d. 329, p. 30.

24 沈志華,《中蘇同盟與朝鮮戰爭硏究》, 265쪽. 같은 필자의 논문 <中ソ条約交渉における利益の衝突とその解決>,《思想》 2001년 8월 호, 83쪽. 또 이 필자는 뤼순, 다롄의 이권을 잃은 스탈린은 그 보상으로 태평양으로 통하는 부동항을 획득하기 위해 남한에 대한 김일성의 획책을 지지했다고 추측했으나(전게서, 268쪽, 전게 논문, 90~92쪽) 동의하기 어렵다.

25 암호전보, 시티코프가 비신스키에게, 1950년 1월 6일, APRF, CWIHP file, per. 3, pp. 108-109.

26 상동, 1950년 1월 19일, Ibid., pp. 113-117.

27 상동, 1950년 1월 28일, Ibid., pp. 118-121.

28 상동, 스탈린이 시티코프에게, 1950년 1월 30일, Ibid., p. 122.

29 상동, 시티코프가 스탈린에게, 1950년 1월 31일, Ibid., pp. 123-124.

30 APRF, f. 45, op. 1, d. 347, p. 12. cit. by Torkunov, op. cit., p. 56.

31 상동, 시티코프가 비신스키에게, 1950년 2월 8일, APRF, f. 45, op. 1, d. 346, pp. 74-75.

32 상동, 비신스키가 시티코프에게, 1950년 2월 9일, Ibid., p. 76.

33 상동, 시티코프가 비신스키에게, 1950년 2월 10일, Ibid., p. 77.

34 상동, 시티코프가 비신스키에게, 1950년 2월 23일, APRF, CWIHP file, per. 3, p. 130.

35 A. M. Samsonov, *Moskva, 1941 god: Ot tragedii porazhenii- k velikoi pobede*, Moscow, 1991, p. 227. Ego zhe. *Stalingradskaia bitva*, 2nd ed., Moscow, 1968, p. 540. *Osvobozhdenie gorodov. Spravochnik po osvobozhdeniiu gorodov v period Velikoi Otechestvennoi voiny 1941-1945*, Mosocow, 1985, pp. 85-86, 131-132, 154, 258-259.

36 암호전보, 시티코프가 비신스키에게, 1950년 3월 9일, APRF, CWIHP file, per. 3, pp. 131-132. 내역을 다 합하면 134,050,500루블이다. 원문 자체에 의한다. 김일성의 목록은 상동 1950년 3월 16일, Ibid., pp. 133-140.

37   Khronologiia, p. 26.

38   KLO 498-C, 15 May 1950.《KLO·TLO 문서집》제1권, 한림대학교 아시아문화연구소, 2000년, 77쪽. 또 방선주, <노획 북한필사문서 해제 (1)>,《아시아문화》창간호, 145쪽. 이 연설에 대해 萩原遼,《北朝鮮に消えた友と私の物語》, 268쪽은 "그 후의 사태를 보면 이 보고는 극히 정확했음을 알 수 있다. 김일성은 이 발언의 방식대로 남진했다"라고 적었으나 맞지 않다.

39   KLO 384-A, 10 March 1950. KLO 395-A, 15 March 1950. KLO 396-B, 16 March 1950.《KLO·TLO 문서집》제1권, 32, 35~36쪽.

40   방선주, <노획 북한필사문서 해제 (1)>,《아시아문화》창간호, 125~126쪽.

41   I. F. ストーン,《秘史朝鮮戦争》상권, 新評論社, 1952년, 81쪽. 小此木政夫,《朝鮮戦争: 米国の介入過程》, 74쪽.

42   암호전보, 시티코프가 외무성에, 1950년 3월 21일, APRF, CWIHP file, per. 3, p. 130.

43   《서울신문》1995년 5월 24일 자에 복사본이 게재됐다. 바자노프,《소련의 자료로 본 한국전쟁의 전말》, 51쪽에도 같은 문서가 인용되어 있다. Torkunov, op. cit., p. 57.

44   여기서는 namerennye로 읽고 "의도이다"라고 풀이한다. 바자노프는 "무력통일할 심산이다"라고 번역했으나 이는 원문을 nastroennye로 읽었기 때문이다. 토르쿠노프는 namerenie(의도)로 풀이하고 있다.

45   松井憲明, <幻のサハリン·トンネル>,《鈴谷》(北海道豊原会), 제12호(1994년 9월), 98~103쪽. 松井憲明 역, <《史料》スターリン·メリニク会談, 一九五〇年三月>, 상동, 제13호(1995년 9월), 76~84쪽. 이는 1950년 4월 17일에 개최된 전연방 공산당 사할린주위원회의 간부회의에서 멜니크가 모스크바에 보고한 문서를 번역한 것이다.

46   Istoricheskii arkhiv, 1997, No. 1, p. 11.

47   《서울신문》, 1995년 5월 24일 자. 바자노프,《소련의 자료로 본 한국전쟁의 전말》, 52~55쪽. Torkunov, op. cit., pp. 58-59에는 회담 기록을 발견할 수 없었다고 적혀 있다.

48   《フルシチョフ回想録》, タイム·ライフ·インターナショナル, 1972년, 373쪽.

49   이주연 주중 대사와 마오쩌둥의 회담 결과를 정리한 이그나티예프의 보고서. 암호전보, 이그나티예프가 비신스키에게, 1950년 4월 10일, APRF, f. 3, op. 65, d. 3, pp. 148-149.

50   암호전보, 이그나티예프가 비신스키에게, 1950년 4월 25일, Ibid., p. 150.

51   상동, 시티코프가 비신스키에게, 1950년 5월 12일, Ibid., pp. 151-152.

52   Ibid., p. 152.

53   암호전보, 로시친이 외무성, 필리포프에게, 1950년 5월 13일, Ibid., pp. 155-156.

54   상동, 비신스키가 베이징대사관에(필리포프가 마오쩌둥에게), 1950년 5월 14일, APRF, f. 45, op. 1, d. 331, p. 55.

55   바자노프, 《소련의 자료로 본 한국전쟁의 전말》, 66~68쪽. Khronologiia, pp. 29-31. Torkunov, op. cit., p. 69.

56   여정, <비화(秘話) 김일성과 북한>, 《동아일보》, 1990년 4월 29일. 여정의 수기, 《金日成—その衝撃の実像》, 190~191쪽. 이 사단은 처음에는 제7사단이라 불렸다가 후에 제12사단으로 변경된 것으로 추정됐다. 그러나 정저우 이래 이 사단 소속 군인으로 제32연대 당위원회 책임자를 역임한 여정(呂政, 가명)이 처음부터 제12사단이었다고 증언하고 있어 그 설을 따랐다. 이에 대해 하기와라 료는 필자를 거세게 비난하면서 통설을 옹호했으나(《諸君》 1995년 4월 호, 149~150쪽), 하기와라가 든 논거는 성립하지 않는다. 하기와라는 1950년 5월 31일 자 포병사령관 무정의 지령서에 제7사단이라 명기되어 있다는 듯이 주장했으나 하기와라가 든 그런 유의 자료에는 12개의 지령 대상 부대 중 7번째에 제825 군부대의 이름만 있을 뿐이다(《북한 해방 직후 극비 자료》(3), 고려서림, 206, 224쪽). 이를 통해 알 수 있는 것은 인민군에는 7개 사단이 있었으며 제825 군부대가 7번째 사단이라는 점이다. 부대 번호를 제12사단이라고 붙인 것은 그만큼 사단 수가 많은 듯이 위장해 적을 위협하기 위해서이다. 부대의 위장 번호 해독에 심혈을 기울인 하기와라가 이러한 초보적인 정보도 이해하지 못했다니 기묘하다. 하기와라는 7사단을 12사단으로 변경한 시점은 춘천 공격의 실패로 인해 사단장이 경질되면서라고 주장했으나 전투 중에 사단명을 변경하는 이유 따위는 있을 수 없다. 하기와라는 미군 전쟁사의 '7사단(12사단)' 대목도 논거로 들었으나 7번째 사단에 어떤 번호가 붙었는지 확인하지 못한 것이 이러한 혼란을 초래했다. KLO 첩보원 보고서(1950년 5월 25일)에는 '인민군에 중국공산당 부대의 편입과 인민군 제7사단의 소문'이라는 제목이 붙어 있다. 이 보고서에는 1950년 4월의 각 사단의 동계 훈련 감사 보고가 포함되어 있으며 제7사단의 성적은 7급이라고 보고하고 있으므로 제7사단이 존재했을지도 모른다. 그러나 어디에 배치됐는지는 소재가 불명확하다고 적혀 있다(《KLO·TLO 문서집》 제1권, 98쪽). 이 또한 7번째 사단에 관심을 기울인 것이 아니다. 하기와라는 12사단이라는 명칭이 6월 30일 문서에서 최초로 등장한다고 보고하고 6월 29일에 명칭 변경이 있었다고 단정 지었다. 그러나 미군이 압수한 러시아어 인민군 총참모부 정찰명령안(1950년 6월 18일 자)은 수신인이 "제12사단 참모장"으로 되어 있다(ATIS Enemy Documents, Issue No. 6, Item 2, Doc. No. 200564). 하기와라는 제6사단의 정치보위장교였던 최태환(崔泰煥)의 증언까지 인용했으나 제12사단의 관계자인 여정의 증언 쪽이 가치가 있다고 봐야 한다. 최근 서울에서 출간된 김중생의 《조선의용군의 밀입북과 6·25전쟁》은 관계자의 증언에 기초해 꼼꼼하게 조사하고 있는데 "입국해 7사단이었다가 전시에 12사단으로 개칭됐다는 기재는 틀린 것이다"라고 분명히 밝히고 있다(188쪽).

57   A. Mansourov, The Communist War Coalition, pp. 329-333.

58 Ibid., p. 333.

59 볼코고노프, 《스탈린》, 세경사, 1993년, 459~462쪽. Khronologiia, p. 32. 이 텍스트를 和田春樹, 《朝鮮戰争》, 72~74쪽에 인용했다.

60 Torkunov, op. cit., pp. 74, 76. 토르쿠노프는 본문에서는 5월 27일 보고로 적었으나, 주에서는 5월 29일 보고로 맞게 적었다.

61 A. Mansourov, The Communist War Coalition, pp. 334-335.

62 박명림, 《한국전쟁의 발발과 기원》 I, 287~304쪽.

63 A. Mansourov, The Communist War Coalition, pp. 337-338.

64 Ibid., pp. 347-348. Khronologiia, p. 33. 바자노프, 《소련의 자료로 본 한국전쟁의 전말》, 74쪽.

65 和田春樹, 《朝鮮戰争》, 54~55쪽.

66 A. Mansourov, The Communist War Coalition, pp. 348-350.

67 Bruce Cumings, op. cit., pp. 595-596.

68 萩原遼, 《朝鮮戦争 金日成とマッカーサーの陰謀》, 文藝春秋, 1993년, 184~188쪽. 박명림, 《한국전쟁의 발발과 기원》 I, 363쪽.

69 조선인민군 제655군부대 문화부 <전시 정치문화사업(참고재료)>, 1950년 6월 13일 (NA, RG 242, SA 2009, Item 10/58), 2쪽. 이 문서는 방선주의 호의로 검토할 수 있었다.

70 상동, 12쪽.

71 Torkunov, op. cit., p. 75. 또 Khronologiia, p. 33. 바자노프, 《소련의 자료로 본 한국전쟁의 전말》, 74쪽.

72 NA. RG 242, ATIS, Enemy Documents, Issue No. 6, Item 3, Doc. No. 200686. 이 러시아어 사료도 방선주의 호의로 검토할 수 있었다. "Soviet Secret"라고 영문 번역한 대목의 원문은 "Sov. Sekretno"이다. "Sov."는 "Sovershenno"의 약어로 '극비'를 뜻한다. 이 사료에 대해 커밍스는 이 사료의 원문이 발견되지 않은 것을 지적하고 신빙성에 의문을 제기했다(Bruce Cumings, op. cit., pp. 588-591). 이에 대해 박명림은 이 사료와 타 사료 간의 정합성에 주목하고 신빙성이 있다고 주장했다(박명림, 《한국전쟁의 발발과 기원》 I, 409~415쪽).

73 NA. RG 242, ATIS, Enemy Documents, Issue No. 6, Item 2, Doc. No. 200564.

74 和田春樹, <朝鮮戦争について考える(中)>, 《思想》 1993년 5월 호, 38쪽. 《朝鮮戰争》, 52쪽.

75　방선주, <노획 북한필사문서 해제 (1)>, 《아시아문화》 창간호, 69~70쪽, 사진은 107~111쪽. 和田春樹, <朝鮮戰爭について考える(上)>, 《思想》 1990년 9월 호, 11쪽. 《朝鮮戰爭》, 11~12쪽. 이 자료는 萩原遼, 《朝鮮戰爭 金日成とマッカーサーの陰謀》, 211~215쪽에도 인용됐다. 하기와라는 이 문서에 대해 "남진 직전의 인민군 병사의 상황을 그 심리 상태까지 엮어 생생하게 그린 문서는 이 외에 유례가 없다"라고 평가했다. 하기와라가 353부대란 제3사단의 자주포대대라고 지적한 점은 공적이다. 아울러 필자의 번역 오류에 대한 하기와라의 비판을 적용했다. 하기와라의 저서는 6월 10일경부터 전 사단이 38선을 향해 이동하기 시작했다고 보고 구체적으로 상황을 설명하고 있다. 상동, 172쪽.

76　Khronologiia, pp. 33-34. 바자노프, 《소련의 자료로 본 한국전쟁의 전말》, 75쪽. A. Mansourov, The Communist War Coalition, pp. 367-368.

77　Khronologiia, pp. 33-34. A. Mansourov, The Communist War Coalition, pp. 371-372.

78　Torkunov, op. cit., p. 75. 또 Khronologiia, p. 34. 바자노프, 《소련의 자료로 본 한국전쟁의 전말》, 75~76쪽. A. Mansourov, The Communist War Coalition, pp. 372-374.

79　Khronologiia, p. 34에는 해군 군인의 이용 거부만이 기재되어 있는 한편 바자노프, 《소련의 자료로 본 한국전쟁의 전말》, 76쪽에는 두 점 모두 지적되어 있다. 만수로프는 두 번째 점에 대해 추측하고 있을 뿐이다. A. Mansourov, The Communist War Coalition, pp. 375-376. 토르쿠노프는 김일성에게 보내는 스탈린의 답장을 발견하지 못했다고 한다. Torkunov, op. cit., p. 75.

80　Paul G. Pierpaoli, Jr., Truman and Korea: The Political Culture of the Early Cold War, University of Missouri Press, 1999, pp. 25-26. 또 작성 과정에 대해서는 Bruce Cumings, op. cit., pp. 177-181.

81　KLO 423, 4 April 1950. 《KLO·TLO 문서집》 제1권, 47쪽.

82　KLO 424, 4 April 1950. 상동, 48쪽.

83　KLO 435 E, 10 April 1950. 상동, 51쪽.

84　KLO 437, 10 April 1950. 상동, 52~53쪽.

85　KLO 457 B, 21 April 1950. 상동, 64쪽

86　KLO 518, 25 May 1950. 상동, 97~99쪽.

87　방선주, <노획 북한필사문서 해제 (1)>, 《아시아문화》 창간호, 124~125쪽. 이는 윌로비(Charles A. Willoughby) 문서에 수록된 "Intelligence in War: A Brief History of MacArthur's Intelligence Services 1941-1951"의 부록 "The North Korean Pre-

Invasion Build-up"에서 보이는 평가다. 전문은 《KLO·TLO 문서집》 제3권, 289~300쪽에 있다.

88   Bruce Cumings, op. cit., p. 615.

89   방선주, <노획 북한필사문서 해제 (1)>, 《아시아문화》 창간호, 84쪽.

90   小此木政夫, 《朝鮮戦争: 米国の介入過程》, 74쪽. 커밍스, 방선주와 필자의 이견에 대해서는 和田春樹, 《朝鮮戦争》, 139~144쪽. 아울러 하기와라 료는 KLO의 자료를 거의 검토하지도 않은 채 "미군이나 미국의 높은 첩보 능력은 …… 모골이 송연해질 정도이다. ……에도 불구하고 미군 특히 맥아더와 윌로비는 시치미를 떼고 김일성의 남진을 그대로 방치했다"라고 단정 지었다(萩原遼, 《朝鮮戦争 金日成とマッカーサーの陰謀》, 269쪽).

91   Bruce Cumings, op. cit., p. 612.

92   Ibid., pp. 500-507.

93   Ibid., pp. 552, 876. 佐々木春隆, 《朝鮮戦争/韓国篇》 중, 112쪽. Harold Joyce Nobel, *Embassy at War*, University of Washington Press, 1975, pp. 10-11.

94   *FRUS, 1950*, Vol. Ⅶ, pp. 109-121. 커밍스는 신기하게도 이 문서는 미공개라고 말했다. Bruce Cumings, op. cit., p. 613.

95   丁一權, 《原爆か休戦か》, 日本工業新聞社, 1989년, 19~20쪽.

96   韓国国防軍史研究所 編, 《韓国戦争》 제1권, かや書房, 2000년, 121쪽.

97   丁一權, 《原爆か休戦か》, 38쪽. 《정일권 회고록》, 고려서적, 1996년, 133쪽.

98   박명림, 《한국전쟁의 발발과 기원》 Ⅱ, 586~588쪽.

99   *FRUS, 1950*, Vol. Ⅶ, pp. 43-44.

100 《백사 이윤영 회고록》, 사초, 서울, 1984년, 157~158쪽.

101 *FRUS, 1950*, Vol. Ⅶ, p. 60. Bruce Cumings, op. cit., pp. 492-493.

102 《정일권 회고록》, 124쪽.

103 *FRUS, 1950*, Vol. Ⅶ, pp. 65-66.

104 Ibid., pp. 83-84.

105 Ibid., p. 85.

106 Ibid., pp. 84-85.

107 尹景徹, 《分断後の韓国政治 一九四五~一九八六年》, 木鐸社, 1986년, 103쪽. Bruce Cumings, op. cit., p. 486.

108 박명림,《한국전쟁의 발발과 기원》 II, 589~591쪽. 커밍스는 이에 의문을 제기했다. Bruce Cumings, op. cit., pp. 614-615.

109 상동, 569~582쪽.

110 佐々木春隆,《朝鮮戦争/韓国篇》중, 74쪽.

111 상동, 96~100쪽.

112 상동, 146~148쪽.

제3장. 북한군의 공격

1 방선주, <노획 북한필사문서 해제 (1)>,《아시아문화》창간호, 65쪽. 부대명의 해독은 萩原遼,《朝鮮戦争》, 192쪽.

2 방선주, 전게 논문, 88~90쪽. 부대명의 해독은 萩原遼,《朝鮮戦争》, 227쪽.

3 관련 자료에 대해서는 和田春樹,《朝鮮戦争》, 49~52쪽.

4 《正論》 1995년 11월 호, 110~112쪽. 이 자료는 영국의 BBC도 획득했다. 그를 토대로 한 영문 번역은 CWIHP Bulletin, Issue 6-7, pp. 39-40.

5 《金日成選集》제2권, 三一書房, 1952년, 13~20쪽.

6 《해방일보》(서울), 1950년 7월 2일, 1면.

7 Roy Appleman, South to the Naktong, North to the Yalu (June-November, 1950), Washington, D. C., 1992, p. 16. G. K. Pltnikov, Otechestvennaia osvoboditel'naia voina koreiskogo Naroda(obzor voennykh deistvii), Za mir na zemle Korei: Vospominaiia i stat'i, Moscow, 1985, p. 41.

8 佐々木春隆,《朝鮮戦争/韓国編》중, 172, 174~177, 202쪽.

9 FRUS, 1950, Vol. II, Washington, 1976, p. 131. 또 Bruce Cumings, op. cit., p. 585.

10 Ibid., pp. 142-143. Harold Joyce Noble, Embassy at War, University of Washington Press, 1975. p. 72. 佐々木春隆,《朝鮮戦争/韓国篇》중, 342, 369, 373~376쪽.

11 Harold Noble, op. cit., pp. 72-73.

12 和田春樹,《朝鮮戦争》, 60쪽.

13 김성칠,《역사 앞에서: 한 사학자의 6·25 일기》, 창작과 비평사, 1993년, 68~69쪽.

14 《해방일보》(서울), 1950년 7월 18일.

15   상동, 1950년 7월 3일.

16   김성칠,《역사 앞에서: 한 사학자의 6·25 일기》, 90, 185~186쪽.

17   《해방일보》(서울), 1950년 7월 2일.

18   상동, 1950년 7월 4일.

19   *FRUS, 1950*, Vol. VII, p. 140.

20   Roy Appleman, op. cit., p. 39.

21   *FRUS, 1950*, Vol. VII, pp. 237-238.

22   Ibid., p. 140.

23   Ibid., pp. 125-126.

24   Bruce Cumings, op. cit., p. 625.

25   *FRUS, 1950*, Vol. VII, pp. 144-147. 결의 전문은 Ibid., pp. 155-156.

26   Ibid., pp. 157-161.

27   Bruce Cumings, op. cit., p. 627.

28   *FRUS, 1950*, Vol. VII, pp. 177-183.

29   Ibid., pp. 202-203.

30   小此木政夫,《朝鮮戦争》, 97쪽.

31   Bruce Cumings, op. cit., p. 628.

32   중공 중앙문헌연구실 편,《저우언라이 연보 1949~1976》상권, 중앙문헌출판사, 1997년, 51쪽.

33   *FRUS, 1950*, Vol. VII, p. 211.

34   필자는 이 생각을 처음 <朝鮮戦争を考える> 上,《思想》1990년 5월 호에서 논했다. 그 후 거의 같은 결론을 낸 연구로 오충근, <한국전쟁과 소련: 유엔 안전보장이사회 결석을 중심으로>,《법학연구》65권 2호, 1992년 2월이 있다.

35   A. A. Gromyko, Pamiatnoe, Vol. 1, Moscow, 1988, pp. 206-207.

36   *FRUS, 1950*, Vol. VII, p. 148.

37   Ibid., p. 209.

38   Ibid., p. 229.

39   Ibid., p. 220.

40 Ibid., pp. 229-230.

41 회의에 대해서는 小此木政夫, 《朝鮮戦争》, 101~102쪽. 지령은 Ibid., pp. 240-241.

42 Ibid., pp. 249-250.

43 小此木政夫, 《朝鮮戦争》, 108~113쪽.

44 丁一權, 《原爆か休戦か》, 25~27, 37~39쪽.

45 상동, 42~44쪽. Noble, op. cit., pp. 105-108.

46 Roy Appleman, op. cit., pp. 59-60.

47 Gavan McCormack, op. cit., p. 100. 일문 번역, 144쪽.

48 *FRUS, 1950*, Vol. VII, p. 291.

49 Ibid., p. 307.

50 Ibid., pp. 312-313.

51 애틀리의 메시지는 Ibid., pp. 314-315. 베빈의 메시지는 Ibid., pp. 329-331.

52 Ibid., p.p. 327-328.

53 Ibid., p. 329.

54 丁一權, 《原爆か休戦か》, 58쪽.

55 Roy Appleman, op. cit., pp. 195-196.

56 《朝日新聞》, 1950년 6월 26일.

57 吉田嘉清, <学の独立 都の西北にひびく>, 《早稲田 一九五〇年 史料と証濡》 제1집, 1997년, 125쪽.

58 安東仁兵衛, 《戦後日本共産党义À》, 文藝春秋, 1995년, 108쪽.

59 《アカハタ》, 1950년 6월 26일.

60 《朝日新聞》, 1950년 6월 27일. 袖井林二郎 편, 《吉田茂=マッカ-サ-往復書簡集: 1945-1951》, 法政大学出版局, 2000년, 332~333쪽.

61 《朝日新聞》, 1950년 6월 27일.

62 상동, 1950년 6월 26, 28일, 7월 1일.

63 상동, 1950년 6월 29일.

64 山崎静雄, 《史実で語る朝鮮戦争協力の全容》, 本の泉社, 1998년, 66쪽.

65 상동, 112~123쪽. 南基正, <朝鮮戰争と日本:《基地国家》における戦争と平和>(도쿄대학대학원 종합문화연구과 2000년 제출), 36쪽.

66 山崎静雄,《史実で語る朝鮮戦争協力の全容》, 86~87쪽. 南基正, 전게 논문, 104~105쪽.

67 Robert Frank Futrell, *The United States Air Force in Korea, 1950-1953*, Duell, Sloan and Pearce, New York, 1961, pp. 5-6, 56, Roy Appleman, op. cit., pp. 50-51.

68 《朝日新聞》, 1950년 6월 29일.

69 Robert Futrell, op. cit., pp. 87-88.

70 Ibid., pp. 131, 182.

71 《朝日新聞》, 1950년 7월 4, 5일.

72 信夫清三郎,《戦後日本政治史》IV, 1153~1154쪽.

73 《日本社会党の三十年》, 日本社会党中央本部機関紙局, 1976년, 134~135쪽.

74 《朝日新聞》, 1950년 7월 9일. 袖井林二郎 편,《吉田茂=マッカ-サ-往復書簡集: 1945-1951》, 335~336쪽.

75 《第八回国会衆議院会議録》제3호, 1950년 7월 15일, 19~20쪽.

76 《朝日新聞》, 1950년 7월 15일.

77 《第八回国会衆議院会議録》제4호, 1950년 7월 16일, 35, 37쪽.

78 상동, 31쪽.

79 《第八回国会衆議院外務委員会会議録》제2호, 1950년 7월 21일, 7쪽.

80 상동, 11쪽.

81 상동, 제4호, 1950년 7월 26일, 13쪽.

82 상동, 제5호, 1950년 7월 29일, 11쪽.

83 袖井林二郎 편,《吉田茂=マッカ-サ-往復書簡集: 1945-1951》, 338~339쪽. 三宅明正,《レッド·パ-ジとは何か-日本占領の影》, 大月書店, 1994년, 5~12, 55~57쪽.

84 Bruce Cumings, op. cit., 508-525, 526.

85 Ibid., pp. 512-525.

86 Ibid., pp. 531-543.

87 邵毓麟, "漢江撤退前的漫長兩晝夜", <使韓回憶録> 16,《傳記文學》제193기, 1977년 6월 1일, 103쪽.

88 《中華民國大事記》, 타이베이, 1957년, 606~607쪽.

89 《顧維鈞回憶録》제8권, 中華書局出版, 베이징, 1989년, 11~14쪽.

90 軍事科學院軍事歷史研究部, 《抗美援朝戰爭史》제1권, 베이징, 軍事科學出版社, 2000년, 46~47쪽.

91 상동, 61~62쪽.

92 암호전보, 핀시가 시티코프에게, 1950년 7월 1일, APRF, f. 45, op. 1, d., 346, p. 104.

93 Torkunov, op. cit., pp. 77-79.

94 바자노프, 《소련의 자료로 본 한국전쟁의 전말》, 104~105쪽.

95 암호전보, 시티코프가 핀시에게, 1950년 7월 4일, APRF, f. 45, op. 1, d., 346, pp. 136-139.

96 김일성 최고사령관 취임 발표는 《민주조선》(평양), 1950년 7월 6일.

97 서병곤(徐丙坤), <무정장군 일대기>, 《신천지》제1권 제2호, 1946년 3월, 236, 238~241쪽. 《옳다》(조선노동당 함경남도위원회 기관지) 18호, 1946년 1월 1일.

98 김웅은 중국에서는 왕신호라는 이름을 썼다. 葉泉宏, <黃埔軍校韓籍學生考實>, 《韓國學報》제14기, 1996년, 타이베이, 162쪽. 정길운, <조선의용군 화중지대와 기로예지대>, 《결전》, 민족출판사, 1991년, 376~378쪽. 《혁명회상기 이홍광지대》5쪽. 김중생, 《조선의용군의 밀입북과 6·25전쟁》, 128쪽. 강건에 대해서는 이창역, <강신태 군파 생애>, 《중국조선족사연구》2, 옌볜대학출판사, 291~304쪽.

99 암호전보, 핀시가 시티코프에게, 1950년 7월 6일, APRF, f. 45, op. 1, d. 346, p. 140.

100 상동, 필리포프가 저우언라이에게, 1950년 7월 5일, Ibid., p. 79.

101 杜平, 《在志願軍總部》, 解放出版社, 1989년, 13~14쪽.

102 서신, 김일성이 스탈린에게, APRF, f. 3, op. 65, d. 826, p. 88. 시티코프가 그것을 받은 암호전보, 1950년 7월 8일, Ibid., f. 45, op. 1, d. 346, pp. 143-144.

103 암호전보, 필리포프가 주중 대사에게, 저우언라이 또는 마오쩌둥 앞, 1950년 7월 13일, Ibid., f. 45, op. 1, d. 329, p. 85.

104 암호전보, 핀시가 시티코프에게, 1950년 7월 13일 Ibid., f. 45, op. 1, d. 346, pp. 149-150. 서신, 김일성이 시티코프에게, 1950년 7월 14일, Ibid., f. 3, op. 65, d. 826, pp. 108-109.

105 Roy Appleman, op. cit., pp. 164-177.

106 《한겨레21》(서울) 292호, 2000년 1월 20일. 《Newsweek》(일본어판), 2001년 2월 2일 호, 54~55쪽.

107 Roy Appleman, op. cit., pp. 195-197.

108 Ibid., p. 199.

109 오연호(大畑龍次 외 역), 《朝鮮の虐殺》, 太田出版, 2001년, 14~62쪽. 또 방선주, <한국전쟁 당시 북한 자료로 본 '노근리' 사건>(한글), 《정신문화연구》, 2000년 여름, 제23권 제2호를 참조하기 바란다.

110 Roy Appleman, op. cit., pp. 215-221.

111 강건의 사망은 공식적으로는 7월 7일에 발표됐다. 유성철은 그의 사망 시 입회했는데, 그의 회고 서술로 추정컨대 대전 점령 직후로 보인다. 유성철, <나의 증언>, 《한국일보》, 1990년 11월 1일~30일. 훗날 한국일보 편, 《증언 김일성을 말한다》, 한국일보사, 1991년에 수록. 일본어 번역은 《金日成: その衝撃の実像》, 講談社, 1992년에 수록됐다. 유성철의 증언은 이 일본어 번역서에서 인용했다. 유성철의 증언, 118쪽. 최춘국의 사망은 유성철의 회고를 보면 7월 중엽으로 추정된다고 이전 저서에 적었으나(和田春樹, 《朝鮮戦争》, 64쪽), 그의 명의로 하달된 12사단장 명령이 7월 10일부터 31일까지 발견되고 있다(《북한 해방 직후 극비 자료 (5)》, 고려서림, 1998년, 104~136쪽). 따라서 공식 발표와 같다는 결론에 도달했다.

112 유성철의 증언, 52~81쪽.

113 Robert Futrell, op. cit., pp. 92-96.

114 Roy Appleman, op. cit., p. 262.

115 Ibid., p. 382. Gavan McCormack, op. cit., pp. 100-102. 일본어 번역, 144~146쪽.

116 《주덕해 일생》, 68쪽. 김중생, 《조선의용군의 밀입북과 6·25전쟁》, 128쪽.

117 Roy Appleman, op.cit., p. 580. 《한국전쟁사 부도》, 53, 67, 69쪽.

118 《김사량 작품집》(평양), 문예출판사, 1987년, 289쪽. 김사량이 당시 제6사단에 배속됐다는 사실은 萩原遼, 《朝鮮戦争取材ノート》, かもがわ出版, 1995년, 76쪽.

119 Robert Futrell, op. cit., pp. 118-122. Roy Appleman, op. cit., pp. 376-377.

120 Robert Futrell, op. cit., pp. 127-128.

121 이 회의에서 나온 마오쩌둥의 발언에 대해 우선 치더쉐(齊德學)가 이 회의에서 '중앙'이 "미국이 원자폭탄을 사용하고 싶다면 쓰게 하면 된다……. 우리는 두렵지 않다. 우리 쪽은 수류탄을 사용하자"라고 지적했다고 적고 있다. 齊德學, 《朝鮮戦争決策內幕》, 遼寧大學出版社, 1991년, 30쪽. 이어서 주지엔룽(朱建栄)은 베이징에서의 취재를 토대로 미국이 "원자폭탄을 사용하려 한다면 우리는 끝까지 싸우는 수밖에 없다"라고 적었다. 朱建栄, 《毛沢東の朝鮮戦争》, 岩波書店, 1991년, 120쪽. 이 회의에 대한 자세한 내용은 安田淳, <中国建国初期の安全保障と朝鮮戦争への介入>,

《法学研究》67권 8호, 1994년 8월, 45~47쪽.

122 《聶榮臻回憶録》, 734쪽.

123 杜平, 《在志願軍總部》, 19~20쪽. 주지엔룽은 이러한 분위기는 마오쩌둥의 강력한 의견이 중앙에서의 참가자를 통해 알려진 결과일 것으로 추정했다. 朱建栄, 《毛沢東の朝鮮戦争》, 125쪽.

124 《聶榮臻回憶録》, 734쪽.

125 Khronologiia, p. 45. Torkunov, op. cit., pp. 105-106.

126 김동춘, 《전쟁과 사회: 우리에게 한국전쟁은 무엇이었나?》, 돌베개, 2000년, 174쪽. 《민주조선》, 1950년 7월 10일.

127 김동춘, 전게서, 174쪽. Joseph C. Gulden, *Korea: the Unload Story of the War*, Times Books, 1982, p. 130.

128 김성칠, 《역사 앞에서: 한 사학자의 6·25 일기》, 96~100쪽. 일문 번역, 56~60쪽.

129 《공화국 남반부 지역에 토지 개혁을 실시하는 것에 관한 정령 및 시행 세칙》, NRC, USFEC, RG 242, SA, 2009, Box 7, item 4.

130 《해방일보》, 1950년 7월 18일, 28일, 8월 19일, 29일.

131 《조선 인민의 정의의 조국 해방 전쟁사》I, 사회과학출판사, 평양, 1983년, 344쪽.

132 《해방일보》, 1950년 8월 5일, 8일, 9월 5일.

133 《조선민주주의인민공화국 내각 공보》1950년 146호(8월 18일), 549~550쪽, 1950년 148호(8월 18일 호), 550~552쪽.

134 김성칠, 《역사 앞에서: 한 사학자의 6·25 일기》, 137~138쪽. 일문 번역, 105~106쪽. 번역은 和田.

135 《해방일보》, 1950년 7월 18일.

136 Bruce Cumings, op. cit., p. 671.

137 <조국전선의 호소에 호응해 전 인민적 서명 운동에 궐기합시다>, 《민주조선》, 1950년 8월 17일.

138 《해방일보》, 1950년 8월 23일.

139 Harold J. Noble, op. cit., 1975, pp. 170-173.

140 Roy Appleman, op. cit., pp. 382, 384.

141 Robert Futrell, op. cit., pp. 130-131.

142 《朝日新聞》, 1950년 8월 17일 호.

143 Roy Appleman, op. cit., p. 382.

144 Bruce Cumings, op. cit., p. 661.

145 Khronologiia, p. 47. Torkunov, op. cit., p. 106.

146 羅印文, <鄧華>, 《中共堂史人物傳》 제32권, 1987년, 148~149쪽.

147 암호전보, 시티코프가 비신스키에게, 1950년 8월 28일, 《正論》 1995년 11월 호, 110~116쪽.

148 상동, 핀시가 시티코프에게, 1950년 8월 28일, APRF, f. 45, op. 1, d. 347, pp. 5-6, 10-11.

149 상동, 시티코프가 핀시에게, 1950년 8월 31일, Ibid., pp. 12-13.

150 상동, 시티코프가 핀시에게, 1950년 8월 31일, Ibid., pp. 14-15.

151 바자노프, 《소련의 자료로 본 한국전쟁의 전말》, 109쪽.

152 《朝日新聞》, 1950년 8월 20일.

153 袖井林二郎 편, 《吉田茂=マッカ-サ-往復書簡集: 1945-1951》, 340~341쪽.

154 《朝日新聞》, 1950년 8월 20일, 21일.

155 <戦後平和論の源流>, 《世界》, 임시증간 1985년 7월, 3~16쪽.

156 《世界》, 1985년 7월 호, 28쪽.

157 《世界》, 1950년 12월 호, 25~40쪽.

158 상동, 41~48쪽.

159 五十嵐武士, 《戦後日米関係の形成: 講和安保と冷戦後の視点に立って》, 243쪽.

160 Robert Futrell, op. cit., pp. 133-136.

161 Ibid., pp. 137-138. Roy Appleman, op. cit., pp. 454-487.

162 Roy Appleman, op. cit., p. 488.

163 Ibid., pp. 489-491.

164 Ibid., pp. 501-502.

165 Max Hastings, *The Korean War*, Simon & Schuster, 1987, p. 105.

166 山崎静雄, 《史実で語る朝鮮戦争協力の全容》, 88쪽.

167 袖井林二郎 편,《吉田茂=マッカ-サ-往復書簡集: 1945-1951》, 341쪽.

168 이 지시는 이하의 전보에 쓰여 있다. 암호전보, 필리포프가 마오쩌둥 내지 저우언라이에게, 1950년 10월 1일, APRF, f. 45, op. 1, d. 347, pp. 97-98.

169 Khronologiia, pp. 52-54.

170 《抗美援朝戰爭史》제1권, 123쪽. 저우언라이의 전문은《주은래군사문선》제4권, 인민출판사, 1997년, 56~57쪽.

171 Khronologiia, pp. 74-55. 바자노프,《소련의 자료로 본 한국전쟁의 전말》, 113쪽.

172 Ibid., pp. 55-56. 상동, 114쪽.

173 의견서, 바실렙스키가 스탈린에게, 1950년 9월 21일, 23일, APRF, f. 3, op. 65, d. 827, pp. 79-80, 81-82.

174 Khronologiia, pp. 58-60.

175 암호전보, 마트베예프가 핀시에게, 1950년 9월 26일, APRF, f. 3, op. 65, d. 827, pp. 103-106, 마트베예프가 자하로프의 가명이라는 것은 만수로프가 지적한 바 있다. CWIHP Bulletin, Issue 6-7, p. 106. 자하로프의 경력에 대해서는 이하를 참고하기를 바란다. M. V. Zakahrov, General'nyi shtab v predvoennye gody, Moscow, 1988, pp. 293-309.

176 정치국 결정, 1950년 9월 27일, APRF, f. 3, op. 65, d. 827, pp. 90-93. Rekomendatsii Fyn Si, Rodina, 1993, No. 4, pp. 79-80.

177 체포된 자의 살해에 대해서는 김동춘,《전쟁과 사회: 우리에게 한국전쟁은 무엇이었나?》, 162~163쪽. 국회의원에 대해서는《북한총감 1945~1968》, 공산권문제연구소, 1968년, 1012~1018쪽. 이른바 '납북인사'의 경우는 북에서 그들을 보살피던 조국전선의 부국장이 한국으로 망명해 증언한 이야기를 정리한 책으로 李泰昊(青柳純一 역),《鴨綠江の冬》, 社会評論社, 1993년(원저는 서울, 다섯수레,《압록강변의 겨울》, 1991년 간행)이 출판됐다.

178 김성칠,《역사 앞에서: 한 사학자의 6·25 일기》, 226~227쪽. 일문 번역, 201쪽. 번역은 일문 번역서에 의한다.

179 《정일권 회고록》, 169~172쪽.

180 암호전보, 시티코프가 그로미코에게, 1950년 9월 30일, APRF, f. 45, op. 1, d. 374, pp. 46-49.

181 상동, 시티코프가 그로미코에게, 1950년 9월 30일, Ibid., pp. 41-45. 여기에 한글 원문이 붙어 있다.

182 요청서 전문은《抗美援朝戰爭史》제1권, 148~149쪽. 洪学智,《抗美援朝戰爭回

顧》, 解放軍文藝出版社, 1990년, 14~15쪽에는 전달자가 박헌영으로 적혀 있으나 《抗美援朝戰爭史》제1권, 148쪽에는 박일우라 적혀 있다. 이쪽이 자연스럽다.

183 정치국 결정, 1950년 9월 30일, APRF, f. 3, op. 65, d. 827, pp. 100-101.

184 유성철의 증언, 119, 122, 124쪽.

185 1950년 12월 7일 인민군 최고사령관 김일성, 총참모장 김웅 연명의 명령이 하달된 것에서 추측했다. 《북한 해방 직후 극비 자료 (5)》, 69쪽.

186 *Rodina*, 1993, No. 4, pp. 80-81.

187 암호전보, 필리포프가 마오쩌둥과 저우언라이에게, 1950년 10월 1일, APRF, f. 45, op. 1, d. 347, pp. 97-98.

188 영화 <伝説の舞姫 崔承喜>(감독 藤原智子, 2000년)에 의한다.

189 이태, 《남부군》, 제1장 참조.

190 《조선 인민의 정의의 조국 해방 전쟁사》 2, 사회과학출판사, 평양, 1983년, 88~90쪽. 《김일성 저작집》 6, 외국문출판사, 평양, 1981년, 133~139쪽.

191 필자는 이전 책에서 이 군대 내 당 조직의 정비와 총정치국장 인사를 "박헌영과 허가이가 김일성의 군대에 대한 비판을 제기한" 것이라고 평가했다(和田春樹, 《朝鮮戰爭》, 195쪽). 이 점에 대해서는 이종석의 비판을 받았다. 그는 "총퇴각의 위기에서" "최후의 총력전"을 구상하는 동시에 "자신과 함께 책임을 나눠 지던 박헌영"을 군사면에 관여시켜 그에게 책임을 추궁할 수 있게 만들었다고 지적했다(이종석, <해석과 실증의 정교한 만남>, 《역사학보》 제164호, 416~417쪽). 필자도 전자의 평가를 반성하던 차여서 이종석의 지적이 옳아 본문과 같이 수정했다. 김일성과 박헌영의 이인삼각은 계속되고 있었다고 보는 쪽이 타당하다.

192 NRC, USFEC, RG 242, SA 2010, item 8.117. 《북한 해방 직후 극비 자료 (5)》, 63~66쪽. 이 명령은 萩原遼, 《朝鮮戰爭取材ノート》, 323~325쪽에 가장 자세하게 소개됐다. 필자는 이전 책에서 Roy E. Appleman, op. cit., p. 630의 인용을 통해 알고 있었을 뿐이었다. 萩原은 이 명령에 대해 "자포자기 감정이 생긴 김일성은 10월 14일, 거의 미쳤다고 표현할 만큼의 명령을 발령했다"라고 평가하고 "사실 김일성이라는 인물은 남쪽 인민에게 총을 겨눴을 뿐만 아니라 북의 인민까지 가차 없이 죽인 인간이었다"라고 썼다. 필자는 이전 책의 에필로그에서 이 평가를 비판했다(和田春樹, 《朝鮮戰爭》, 352~354쪽). 필자가 영문 자료만 남아 있다고 밝혔던 것은 맞지 않으며 그 점에서 萩原의 비판은 받아들이나 필자의 평가에는 조금의 변화도 없다.

193 이 명령은 방선주가 노획 북한 문서 속에서 발견한 북한 군인의 일기 <나의 일기>에 기록되어 있다. 해당 페이지의 사진은 방선주, <노획 북한필사문서 해제 (1)>, 《아시아문화》 창간호, 111쪽에 있다.

194 *Russkii arkhiv: Velikaia Otechestvennaia: Prikazy narodnogo komissara oborony SSSR. 22 iiunia 1941g.-1942g.* Vol. 13(2-2), Moscow, 1997, pp. 59-60.

195 Ibid., p. 277.

196 이 점에 대해서는 서동만, <북한에서의 사회주의 체제의 성립(北朝鮮における社会主義体制の成立)>, 232~241쪽을 참조하기를 바란다.

제4장. 한미군의 북진과 중국군 참전

1 *FRUS, 1950*, Vol. VII, pp. 569-570.

2 7월 31일 자 일기의 한 구절이다. 清水俊雄 역, 《ジョージ·F·ケナン回顧録》上, 読売新聞社, 1973년, 457쪽.

3 小此木政夫, 《朝鮮戰爭》, 136쪽.

4 Bruce Cumings, op. cit., p. 710

5 Ibid., p. 711.

6 小此木政夫, 《朝鮮戰爭》, 127쪽.

7 Bruce Cumings, op. cit., pp. 711, 905.

8 Ibid., p.712.

9 *FRUS, 1950*, Vol. VII, pp. 543-544.

10 Ibid., Vol. VI, p. 256.

11 Bruce Cumings, op. cit., 711. 小此木政夫, 《朝鮮戰爭》, 129쪽.

12 *FRUS, 1950*, Vol. VII, p. 685-693.

13 Ibid., pp. 707-708.

14 Ibid., pp. 705-707.

15 Ibid., pp. 712-721.

16 Ibid., pp. 781-782.

17 Ibid., p. 735.

18 Ibid., pp. 736-741.

19 Ibid., pp. 751-752.

20   Ibid., p. 796.

21   丁一權,《原爆か休戦か》, 172~176쪽.

22   Roy Appleman, op. cit., p. 608

23   Ibid., pp. 631-633.

24   Ibid., pp. 904-906.

25   Ibid., pp. 913-914.

26   Ibid., p. 623.

27   丁一權,《原爆か休戦か》, 185쪽.

28   《白善燁回顧録-朝鮮戦争》, 28~29, 119~123쪽.

29   《金日成選集》제2권, 三一書房, 1952년, 92~100쪽.

30   小此木政夫,《朝鮮戦争》, 166~170쪽.

31   《建國以來毛澤東文稿》제1책, 中央文獻出版社, 1987년, 539쪽.

32   朱建栄,《毛沢東の朝鮮戦争》, 186~188쪽. 和田春樹,《朝鮮戦争》, 185쪽.

33   逢先知·李捷,《毛澤東與抗美援朝》, 中央文獻出版社, 2000년, 18~19쪽. 사진판은 권두화.

34   Chen Jian, *Mao's China and the Cold War*, The University of North Carolina Press, 2001, p. 90. 천젠은 2000년 8월 연세대학교에서 열린 한국전쟁 50년 기념 국제심포지엄에서 그가 발견한 자료를 필자에게 가르쳐 줬다.

35   암호전보, 로시친이 필리포프에게, 마오쩌둥의 전문 첨부, 1950년 10월 3일, APRF, f. 45, op. 1, d. 334, pp. 105-106.

36   상동, 로시친이 필리포프에게, 마오쩌둥의 전문 첨부, 1950년 10월 4일, Ibid., d. 329, pp. 107-109.

37   이 전보를 스탈린은 김일성에게 보내는 전보에서 인용했다. 암호전보, 핀시가 김일성에게, 1950년 10월 8일, Ibid., d. 347, pp. 65-67.

38   만수로프는 10월 5일에 발송됐다고 주장했으나(Mansourov, op. cit, *CWIHP Bulletin*, Issue 6-7, p. 101) 동의할 수 없다.

39   朱建栄,《毛沢東の朝鮮戦争》, 191~199, 217쪽.

40   암호전보, 핀시가 김일성에게, 1950년 10월 8일, APRF, f. 45, op.1, d. 347, p. 67

41   《建國以來毛澤東文稿》제1책, 543, 545쪽.

42 1995년 단계의 필자의 고증에 대해서는 和田春樹, 《朝鮮戦争》, 185~186쪽.

43 날짜는 이전까지 불명확했으나 최종 고증 결과는 中共中央文憲研究室 편, 《周恩來年譜 1949~1976》상권, 中央文憲出版社, 1997년, 85쪽.

44 師哲, 《在歷史巨人身邊-師哲回憶錄》, 中央文獻出版社, 1993년, 498쪽. 일문 번역, 310~311쪽.

45 상동, 일문 번역, 211~213쪽.

46 《周恩來年譜》상권, 85쪽.

47 Torunov, op. cit., p. 97.

48 암호전보, 시티코프가 핀시에게, 1950년 10월 14일

49 《毛沢東文集》제6권, 人民出版社, 1999년, 103~104쪽. 이 이전에는 제3항부터 제5항까지는 발표된 적 없었다.

50 암호전보, 핀시가 김일성에게, 1950년 10월 13일, APRF, f. 45, op. 1, d. 347, pp. 74-75

51 師哲, 《在歷史巨人身邊-師哲回憶錄》, 일문 번역, 314쪽.

52 《周恩來年譜》상권, 86~87쪽.

53 암호전보, 로시친이 필리포프에게, 1950년 10월 14일, APRF, f. 45, op. 1, d. 335, pp. 1-2.

54 상동, 핀시가 시티코프에게, 김일성 앞으로, 1950년 10월 14일, Ibid, d. 347, p.77.

55 《朝日新聞》, 1950년 11월 8일, 15일.

56 豊下楢彦, 《安保条約の成立—吉田外交と天皇外交》, 岩波書店 1996년, 25~28쪽.

57 Roy E. Appleman, op. cit., p. 633

58 大久保武雄, 《海鳴りの日々：かくされた戦後史の断層》, 海洋問題研究會, 1978년, 209쪽.

59 상동, 209~211쪽.

60 상동, 212쪽.

61 상동, 213쪽.

62 Roy E. Appleman, op. cit., pp. 633-634.

63 大久保武雄, 《海鳴りの日々：かくされた戦後史の断層》, 216~226쪽.

64 Roy E. Appleman, op. cit., p. 634.

65 大久保武雄,《海鳴りの日々: かくされた戦後史の断層》, 227~228쪽.

66 상동,《霧笛鳴りやまず》, 海洋問題研究會, 1984년, 317쪽.

67 상동,《海鳴りの日々》, 217, 260쪽.

68 《동아일보》, 1950년 10월 19일.

69 New York Times, October 19, 1950.

70 《白善燁回顧録-朝鮮戦争》, 129~134쪽.

71 《동아일보》, 1950년 10월 12일.

72 FRUS, 1950, Vol. VII, pp. 938-939.

73 Ibid., p. 963.

74 Ibid., pp. 984-985.

75 《동아일보》, 1950년 11월 4일.

76 상동, 1950년 10월 26일, 11월 5일.

77 Joseph C. Goulden, Korea: The Untold Story of the War, New York, 1982, p. 251.

78 New York Times, October 23, 1950. Bruce Cumings, op. cit., p. 718.

79 안용현,《한국전쟁비사》 3, 경인문화사, 1992년, 111쪽.

80 《한국인명대사전》, 118쪽.

81 《동아일보》, 1950년 10월 30일. 丁一權,《原爆か休戦か》, 210쪽. 사진.

82 안용현,《한국전쟁비사》 5, 253~260쪽.

83 《한국전쟁사 부도》, 110쪽. Roy E. Appleman, op. cit., pp. 663-666.

84 Conrad C. Crane, American Airpower Strategy in Korea, 1950-1953, University Press of Kansas Press, 2000. p. 44

85 New York Times, October 31, 1950.

86 《동아일보》, 1950년 11월 15일. 김삼규는 1951년 9월 일본으로 망명해《코리아 논평 (コリア評論)》을 창간했고 다시는 고국 땅을 밟지 못했다. 그의 회고는 金三奎, <個人史の中の朝鮮と日本>,《朝鮮と日本のあいだ》, 朝日選書, 1980년.

87 상동, 1950년 11월 16일.

88 New York Times, November 2, 1950.

89 안용현,《한국전쟁비사》, 3, 112쪽.

90 《동아일보》, 1950년 10월 15일.

91 상동, 1950년 10월 19일.

92 소련공산당 중앙위원회 정치국 결정, 1950년 10월 25일, APRF, f. 3, op 65, d. 827, pp. 141-143.

93 南基正, <朝鮮戰爭と日本:《基地国家》における戰爭と平和>, 141쪽.

94 Roy E. Appleman, op. cit., pp. 385-387. 남기정(南基正), 전게 논문, 36~37쪽.

95 鄧禮峰 편저,《新中國軍事活動紀實 1949~1959》, 中共黨史資料出版社, 1989년, 136~137, 141쪽.

96 洪学智,《抗美援朝戰爭回顧》, 48쪽.

97 《建國以來毛澤東文稿》제1책, 600쪽.

98 《中國人民志願軍抗美援朝戰史》, 13~30쪽. 安田淳, <中国の朝鮮戦争第一次, 第二次戦役>,《法学研究》68권 2호, 1995년 2월, 385~391쪽.

99 《中國人民志願軍抗美援朝戰史》, 34쪽, 부록 3쪽.

100 Roy E. Appleman, op. cit., pp. 715-716.

101 Uchastie SSSR v koreiskoi voine(Novye dokumenty), *Voprosy istorii*, 1995, No. 11, p. 3.

102 小此木政夫,《朝鮮戦争》, 183~190쪽. Roy E. Appleman, op. cit., p. 736.

103 《中國人民志願軍抗美援朝戰史》, 30~47쪽. 安田淳, <中国の朝鮮戦争第一次, 第二次戦役>,《法学研究》68권 2호, 391~396쪽.

104 和田春樹,《朝鮮戦争》, 193쪽.

105 《조선인민군》, 1950년 11월 22일.

106 상동, 1950년 11월 27일. 이방남에 대해서는 김중생,《조선의용군의 밀입북과 6·25전쟁》, 200쪽.

107 《彭德懷軍事文選》, 中央文献出版社, 1998년, 354쪽. <최현 동지의 약력>,《노동신문》, 1982년 4월 10일. 여정, <수기>,《金日成―その衝撃の実像》, 講談社, 1992년, 300쪽.《抗美援朝戰爭史》제2권, 軍事科學出版社, 2000년, 369쪽.

108 杜平,《在志願軍總部》, 解放軍出版社, 北京, 1989년, 141쪽.

109 암호전보, 시티코프가 자하로프에게, 1950년 10월 31일, APRF, f. 45, op. 1, d. 347, pp. 81-83. 지명의 해설은 沈志華,《中蘇同盟與朝鮮戰爭研究》, 394쪽에 의한다.

110 암호전보, 핀시가 시티코프에게, 1950년 11월 1일, Ibid., p. 84. 암호전보, 시티코프가 핀시에게, 김일성의 서한 첨부, 1950년 11월 2일, Ibid., p. 87.

111 암호전보, 마오쩌둥이 필리포프에게, 1950년 11월 8일, Ibid., d. 335, pp. 80-81. 암호전보, 저우언라이가 필리포프에게, 1950년 11월 16일, Ibid., pp. 117-118. 상동, 1950년 11월 17일, Ibid., pp. 122-123.

112 암호전보, 필리포프가 저우언라이에게, 1950년 11월 17일, Ibid., p. 124.

113 상동, 김일성이 스탈린에게, 1950년 11월 18일, Ibid., d. 347, pp. 88-89.

114 상동, 핀시가 김일성에게, 1950년 11월 20일, Ibid., pp. 90-91.

115 상동, 스탈린이 저우언라이에게, 1950년 11월 10일, Ibid., d. 335, pp. 85-86.

116 《中國人民志願軍抗美援朝戰史》부록 5, 10쪽.

117 Billy C. Mossman, *Ebb And Flow: November 1950-July 1951*, Washington, 1990, pp. 150-155.

118 Ibid., pp. 167-173.

119 이호철, <실향민이야기>, 《월간 대화》 1977년 1월 호, 307쪽. 이는 연재소설 《망향야화》의 서문이다. 황석영의 소설은 高崎宗司 역, 《객지(客地)》, 岩波書店, 1986년에 수록되어 있다.

120 《조선인민군》, 1950년 12월 9일.

121 암호전보, 필리포프가 마오쩌둥에게, 1950년 12월 1일, APRF, f. 3, op. 1, d. 336, p. 5.

122 《周恩來年譜 1949~1976》 상권, 102쪽.

123 《抗美援朝戰爭史》 제2권, 167쪽.

124 상동, 168~169쪽.

125 杜平, 《在志願軍總部》, 141~142쪽.

126 유성철, <피바다의 비화>, 《고려일보》, 1951년 5월 31일. 남일은 1950년 9월 29일 교육성 부상에서 해임됐다. 《조선민주주의인민공화국 내각 공보》 1950년 제15호 (9월 30일), 588쪽.

127 *FRUS, 1950*, Vol. VII, pp. 1237-1238.

128 Ibid., pp. 1242-1249. 小此木政夫, 《朝鮮戰爭》, 211~214쪽.

129 Ibid., p. 1253.

130 Ibid., pp. 1253-1254.

131 小此木政夫, 《朝鮮戰爭》, 216쪽.

132 小此木政夫, 《朝鮮戰爭》, 234쪽.

133 *FRUS, 1950*, Vol. VII, pp. 1279-1280.

134 Ibid., p. 1262.

135 Bruce Cumings, op. cit., pp. 748-749.

136 Robert Futrell, op. cit., p. 356.

137 Billy C. Mossman, op. cit., p. 35.

138 Bruce Cumings, op. cit., p. 750.

139 《정일권 회고록》, 304~306쪽.

140 상동, 323쪽.

141 《朝日新聞》, 1950년 10월 21일, 2월 5일, 7일.

142 그로미코의 일지에서, 1950년 12월 4일, APRF, f. 3, op. 65, d. 515, pp. 35-37.

143 和田春樹, 《朝鮮戰爭》, 198, 209쪽.

144 암호전보, 시티코프가 핀시에게, 1950년 11월 22일, APRF, f. 45, op. 1, d. 347, p. 94.
     비망록, 비신스키, 라주바예프의 서신 첨부, 1951년 1월 5일, Ibid., f. 3, op. 65, d. 828,
     pp. 88-100.

145 *Istochnik*, 1996, No. 1, p. 136. 대사관 1등 서기관 페투호프는 시티코프가 '1950년
     말까지' 재직했다고 썼다. *Za mir na zemle Korei, Vospominaniia I stat'i*. Moscow,
     1985, p. 119.

146 *Bol'shaia Sovieskaia entsiklopediia*, 3-e izd., t. 29, p. 507.

147 Kto byl kto v Velikoi Otechestvennoi voine 1941-1945, Kratkii spravochnnik.
     Moscow, 1995, p. 207.

148 Shu Guang Zhang, op. cit., p. 123.

149 衡學明, 《生死三八線: 中國志願軍在朝鮮戰場始末》, 185쪽.

150 《建國以來毛澤東文稿》 제1책, 719~720쪽.

151 Billy C. Mossman, op. cit., pp. 158-159.

152 《建國以來毛澤東文稿》 제1책, 722쪽.

153 《彭德懷軍事文選》, 355쪽.

154 楊鳳安, 王天成, 《駕馭朝鮮戰爭的人》, 中共中央党校出版社, 1993년, 203~204쪽.

155 상동, 204쪽. 衡學明, 《生死三八線: 中國志願軍在朝鮮戰場始末》, 185~186쪽.

156 《建國以來毛澤東文稿》제1책, 741~742쪽.

157 필자는 이전 저서에서 시티코프 대사가 1951년 1월 25일 이후에 해임됐다고 주장했으나(《朝鮮戦争》, 203~204쪽), 이는 잘못된 주장이었다.

158 암호전보, 로시친이 스탈린에게, 1950년 12월 7일, APRF, f. 3, op. 1, d. 336, pp. 17-19.

159 상동, 필리포프가 저우언라이에게, 1950년 12월 7일, Ibid., pp. 20-21.

160 소련공산당 중앙위원회 정치국 결정, 1950년 12월 7일, Ibid., pp. 23-24.

161 安田淳, <中国の朝鮮戦争第一次, 第二次戦役>,《法学研究》68권 2호, 407~408쪽.

162 이 보고는 김일성, 《자유와 독립을 위한 위대한 해방 투쟁》(평양, 1951년 3월 간행)에 발표되어 《金日成選集》제2권, 三一書房, 1952년 8월 간행에 번역문이 실렸다. 그러나 원문에 생략된 부분이 있다. 모스크바의 옛 공산당 문서관에는 무삭제 텍스트의 러시아어 번역문이 소장되어 있어(Doklad Kim Ir Sena na plenume Tsk Trudovoi partii Korei 21 dekabria 1950 goda, RGASPI, f. 17, op. 137, d. 731, pp. 2-62) 선집판에 없는 부분은 이 무삭제 텍스트를, 다른 것은 선집판을 따랐다.

163 Ibid., pp. 13-14.

164 필자는 이전 저서에서 "김일성은 넌지시 박헌영의 책임을 문제시했다"라고 기술했으나(和田春樹,《朝鮮戦争》, 196쪽), 두 사람의 대립은 아직 시작되기 전이었다는 결론에 이르렀다.

165 무정은 만주에서 직무 태만을 이유로 병원장을 총살하는 사건을 일으켰다. 당시 인민군 보조사령부 참모장으로 3개 군단 신 편성의 책임자였던 이상조(李相朝)는 김일성의 전화를 받고 무정을 북한으로 돌려보냈다. 무정은 이때 모든 직무에서 배제됐다. 이상조 증언, 민스크, 1990년 4월 27일. <김일 동지의 약력>,《노동신문》, 1984년 3월 10일.

166 《彭德懷軍事文選》, 357~358쪽.

167 Robert Futrell, op. cit., pp. 256, 258.

168 《彭德懷軍事文選》, 359~360쪽.

169 Billy C. Mossman, op. cit., pp. 192-208.《中國人民志願軍抗美援朝戰史》, 61~63쪽.

170 암호전보, 마오쩌둥이 필리포프에게, 1951년 1월 8일, APRF, f. 3, op. 1, d. 336, pp. 88-90.

171 자세한 점은 和田春樹,《朝鮮戦争》, 200~201쪽. 葉雨蒙, 전게서, 302~303쪽. 衡學明,《生死三八線: 中國志願軍在朝鮮戰場始末》, 193~196쪽.

172 *New York Times*, December 16, 1950. 또 Paul G. Pierpaoli, Jr., op. cit., pp. 26, 44-46.

173 小此木政夫,《朝鮮戰爭》, 258~259쪽.

174 *FRUS, 1950*, Vol. VII, pp. 1625-1626.

175 《芦田均日記》제3권, 岩波書店, 1986년, 406~409쪽.

176 상동, 413~414쪽.

177 《朝日新聞》, 1950년 12월 17일.

178 상동, 1950년 12월 28일.

179 상동, 1950년 12월 29일.

180 상동,《日本社会党の三十年》, 140~141쪽.

181 *FRUS, 1950*, Vol. VII, pp. 1630-1633.

182 *FRUS, 1951*, Vol. VII, 1983, pp. 41-43.

183 Ibid., pp. 55-57.

184 Ibid., p. 64.

185 Ibid., pp. 71-72.

186 암호전보, 자하로프가 필리포프에게, 1951년 1월 13일, APRF, f. 3, op. 1, d. 336, p. 121.

187 상동, 로시친이 모스크바에, 1951년 1월 13일, Ibid., p. 122.

188 상동, 마오쩌둥이 필리포프에게, 1951년 1월 16일, Ibid., f. 45, op. 1, d. 337, pp. 1-3.

189 衡學明,《生死三八線: 中國志願軍在朝鮮戰場始末》, 208쪽.

190 《建國以來毛澤東文稿》제2책, 中央文獻出版社, 1988년, 28쪽.

191 衡學明,《生死三八線: 中國志願軍在朝鮮戰場始末》, 209쪽.

192 *FRUS, 1951*, Vol. VII, p. 76.

193 Ibid., pp. 91-93.

194 Billy C. Mossman, op. cit., pp. 234-236.

195 암호전보, 마오쩌둥이 필리포프에게, 195년 1월 27일, APRF, f. 45, op. 1, d. 337, pp. 37-40.

196 杜平,《在志願軍總部》, 188쪽.

197 《彭德懷軍事文選》, 364~367쪽.

198 杜平,《在志願軍總部》, 191쪽.

199 상동, 191~192쪽. 洪学智,《抗美援朝戰争回顧》, 115쪽.

200 Billy C. Mossman, op. cit., pp. 240-247.

201 衡學明,《生死三八線: 中國志願軍在朝鮮戰場始末》, 206~207쪽.

202 《김일성저작집》 6, 267쪽.

203 가오강의 보고, 러시아어 번역, RGASPI, f. 17, op. 137, d. 947, p. 20.

204 Ibid., p. 18. 논리적으로는 "평화교섭을 두려워하지 않는다"가 돼야 맞으나 번역 실수다.

205 암호전보, 마오쩌둥이 필리포프에게, 1951년 1월 29일, APRF, f. 45, op. 1, d. 337, pp. 41-43. 중국 자료에서의 인용은 和田春樹,《朝鮮戰争》, 207쪽.

206 암호전보, 필리포프가 마오쩌둥에게, 1951년 1월 30일, Ibid., p. 44.

207 Shu Guang Zhang, op. cit., p. 137.

208 杜平,《在志願軍總部》, 192쪽.

209 《조선인민군》, 1951년 2월 3일.

210 《彭德懷軍事文選》, 371~372쪽.

211 암호전보, 핀시가 라주바예프에게, 1951년 1월 30일, APRF, f. 45, op. 1, d. 338, pp. 12-13.

212 상동, 필리포프가 마오쩌둥에게, 1951년 1월 30일, Ibid., d. 337, pp. 47-48.

213 상동, 라주바예프가 핀시에게, 1951년 1월 31일, Ibid., d. 338, pp. 15-19.

214 《彭德懷軍事文選》, 371~372쪽.《抗美援朝戰争史》 제2권, 227, 273쪽.

215 암호전보, 마오쩌둥이 필리포프에게, 1951년 2월 9일, APRF, f. 45, op. 1, d. 337, pp. 54-55.

216 《中國人民志願軍抗美援朝戰史》, 78~81쪽.

217 암호전보, 마오쩌둥이 필리포프에게, 1951년 3월 2일, APRF, f. 45, op. 1, d. 337, pp. 78-82.

218 상동, 필리포프가 마오쩌둥에게, 1951년 3월 4일, Ibid., p. 89.

219 벨로프는 <1950년 11월부터 1951년 9월 15일까지 기간 중 제64전투비행군단의 상황과 전투 행동 성과 보고>에서 안동-선천 구역에서는 거의 완전히 방위할 수 있으나 안주-평양 구역은 충분히 방위할 수 없다고 적었다. *Voprosy istori*, 1994, No. 11, p. 11.

220 《中國人民志願軍抗美援朝戰史》, 81~86쪽.

제5장. 정전회담을 하면서 하는 전쟁

1   *FRUS, 1951*, Vol. VII, pp. 263-264.

2   Ibid., pp. 265-266.

3   Ibid., pp. 298-299.

4   Ibid., p. 337.

5   Bruce Cumings, op. cit., pp. 750-751, 916.

6   Robert Futrell, op. cit., pp. 336-338.

7   《中国人民志愿军抗美援朝战史》, 94~100쪽. Billy C. Mossman, op. cit., pp. 398-437.

8   상동, 100~105쪽. Ibid., pp. 438-464. Robert Futrell, op. cit., pp. 339-340.

9   Robert Futrell, op. cit., p. 341.

10   《中国人民志愿军抗美援朝战史》, 106~110쪽. Billy C. Mossman, op. cit., pp. 465-487.

11   *FRUS, 1951*, Vol. VII, pp. 401-410, 421-422.

12   이러한 생각은 1950년 9월 7일 국방부 장관과 국무부 장관이 연명으로 대통령에게 제출한 각서에 담겨 있다. 五十嵐武士, 《戦後日米関係の形成: 講和安保と冷戦後の視点に立って》, 講談社学術文庫, 1995년, 256~257쪽. 도요시타 나라히코는 덜레스에게 있어 평화협상의 '최대 과제'는 독립 후에도 점령기와 마찬가지로 미군의 '전 국토 기지화', '자유 사용' 권리를 획득할 수 있느냐 없느냐에 있었다고 보았다. 豊下楢彦は, 《安保条約の成立―吉田外交と天皇外交》, 48쪽.

13   *FRUS, 1951*, Vol. VI, pp. 833-834.

14   日本外務省文書, B 4, 0, 0, 0, 6, <総理アリソン会談 録>, 0074~0075.

15   五十嵐武士, 《戦後日米関係の形成: 講和安保と冷戦後の視点に立って》, 199~200쪽.

16   *FRUS, 1951*, Vol. VI, pp. 944-950.

17   和田春樹, <朝鮮戦争の開始と日本共産党>, 《朝鮮戦争》제3장 참고.

18   《日本共産党党性高揚文献》, 駿台社, 1952년, 68, 74쪽.

19   상동, 145~154쪽.

20   アドイルハエフ, <スターリンと日本の共産主義者らとの会合>, 《極東の諸問題》

19권 4호, 1990년 8월, 155~160쪽. 袴田里見,《私の戦後史》, 朝日新聞社, 1978년, 89~102쪽.

21   *FRUS, 1951*, Vol. VI, pp.1024-1036.

22   암호전보, 필리포프가 마오쩌둥 또는 저우언라이에게, 1951년 5월 6일, APRF, f.45, op. 1, d. 338, pp. 67-69.

23   상동, 마오쩌둥이 필리포프에게, 1951년 5월 6일, Ibid., p. 77.

24   B. Slavinskii, San-Frantsisskaia konferentsiia 1951 g. po mirnomu uregulirovaniiu s Iaponiei i sovetskaia diplomatsiia, *Problemy Dal'nego Vostoka*, 1994, No. 1,p. 87.

25   *FRUS, 1951*, Vol. VI, pp.1119-1121.

26   洪思重, <国民防衛軍事件>,《転換期の内幕》, 朝鮮日報社, 1982년, 550쪽.

27   《東亜日報》, 1951년 1월 10일.

28   洪思重, <国民防衛軍事件>,《転換期の内幕》, 朝鮮日報社, 1982년, 551~565쪽.

29   李泳禧(高崎宗司 역), <戦場と人間>,《分断民族の苦悩》, お茶の水書房, 1985년, 125~126쪽.

30   《東亜日報》, 1951년 1월 16일, 27일. 洪思重, <国民防衛軍事件>,《転換期の内幕》, 566~568쪽.

31   상동, 1951년 2월 3일.

32   상동, 1951년 3월 30일. 李泳禧, <戦場と人間>,《分断民族の苦悩》, 148~152쪽.

33   李泳禧, <戦場と人間>,《分断民族の苦悩》, 152~153쪽.

34   《東亜日報》, 1951년 4월 26일, 28일, 5월 1일, 3일.

35   상동, 1951년 5월 8일. *FRUS, 1951*, Vol. VII, p. 464.

36   《東亜日報》, 1951년 5월 10일, 18일.

37   *FRUS, 1951*, Vol. VII, pp. 389-390.

38   Ibid., p. 419.

39   Ibid., pp. 416-419. 이때 무초 대사는 조병옥 장관의 사임에 화가 났다. 이승만은 올리버에게 "조병옥은 무초의 사람이다"라는 편지를 보냈다. 李鍾元, <米韓関係における介入の原型:《エヴァーレディ計画》再考>,《法学》제58권 1호, 1994년 4월, 6쪽.

40   Ibid., p. 493.

41   Ibid., p. 497.

42 Ibid., p. 503.

43 Ibid., p. 527.

44 Ibid., p. 526-527.

45 《東亜日報》, 1951년 6월 16일, 24일.

46 洪思重, <国民防衛軍事件>, 《転換期の内幕》, 570~573쪽. 거창 사건은 오랫동안 금기시되어 왔으나, 1982년 한국의 각 신문에서 일제히 다루었고, 《마당》지 6월 호는 살해된 주민이 187명이 아니라 719명임을 밝히는 조사 기사를 실었다. 李泳禧, <戦場と人間>, 《分断民族の苦悩》, 153~157쪽.

47 *Pravda*, May 19, 1950.

48 *FRUS, 1951*, Vol. VII, pp. 483-486.

49 암호전보, 필리포프가 마오쩌둥에게, 1951년 5월 22일, APRF, f.45, op. 1, d. 338, p. 87. 암호전보, 마오쩌둥이 필리포프에게, 1951년 5월 26일, Ibid., p. 89.

50 상동, 필리포프가 마오쩌둥에게, 1951년 5월 26일, Ibid., p. 89.

51 상동, 마오쩌둥이 필리포프에게, 1951년 5월 27일, Ibid., p. 95-97. 러시아어 원문에서는 펑더화이에게 보낸 편지가 5월 16일 자로 되어 있지만, 《建国以来毛沢東文稿》 제2권, 中央文献出版社, 1988년, 331~332쪽에 수록된 중국어 원문에서는 1951년 5월 26일 자라고 적혀 있다.

52 천젠은 《聶栄臻回憶録》(1984년, 741~742쪽)에 깊은 인상을 받아 5차 전역 이후 마오쩌둥을 비롯한 중국의 지도자들은 전쟁 종결의 방향으로 나아갔다고 주장한다. 그리고 마오쩌둥이 펑더화이에게 보낸 편지의 전반부를 소개하고 있다(Chen Jian, "China's Strategies to End *the Korean War*", paper presented at the Cold War International History Project conference, Hong Kong, January 1996, pp. 11-12). 녜룽전(聶栄臻)은 중앙, 즉 참모본부에서 검토회의를 열고 "많은 동지들이 38선 부근에서 멈춰 서서 싸우면서 담판하고, 담판으로 문제 해결을 쟁취하자고 주장했다. …… 회의는 마오쩌둥 동지의 주재로 싸우면서 담판한다는 방침을 최종적으로 확정했다"라고 썼는데, 언제부터인지 알 수 없다. Shu Guang Zhang, op. cit., pp.217-218. Kathryn Weathersby, Stalin, Mao, and the End of *the Korean War*, Brothers in Arms: the Rise and Fall of the Sino-Soviet Alliance 1945-1963, edited by Odd A. Westad, Stanford University Press, 1998, p. 99. 필자도 이전 저서에서는 논거를 언급하지 않고, 마오쩌둥도 5월 하순에는 "휴전협상 제안에 응하기로 결정한 것으로 보인다"라고 썼다(和田春樹, 《朝鮮戦争》, 213쪽).

53 암호전보, 필리포프가 마오쩌둥에게, 1951년 5월 29일, APRF, f. 45, op. 1,d. 338, pp.98-99.

54 상동, 필리포프가 라주바예프에게, 1951년 5월 29일, Ibid., d. 348, p. 29.

55 상동, 라주바예프가 필리포프에게, 1951년 5월 30일, Ibid., p. 30.

56 《彭德懷年譜》, 人民出版社, 1998년, 500~501쪽.

57 암호전보, 크라소프스키(S. A. krasovskii)가 필리포프에게, 1951년 6월 4일, APRF, f. 45, op. 1, d. 339, pp. 10-16.

58 상동, 1951년 6월 4일, Ibid., pp. 4-6.

59 상동, 필리포프가 마오쩌둥에게, 1951년 6월 5일, Ibid., pp. 17-18.

60 *FRUS, 1951*, Vol. VII, pp. 507-511.

61 Chen Jian, "China's Strategies", p. 12. Shu Guang Zhang, op. cit., p. 218. 두 가지 모두 柴成文·趙勇田, 《板門店談判》, 解放軍出版社, 125쪽. 웨더스비는 천젠을 따르고 있다(Kathryn Weathersby, op. cit., p. 95). 필자도 이전 저서에서 그렇게 생각했고, 김일성을 설득하지 못한 중국 측이 모스크바로 가서 스탈린을 설득시키려 했다고 썼다(和田春樹, 《朝鮮戦争》, 213쪽).

62 《建国以来毛沢東文稿》第2권, 中央文献出版社, 1988년, 350, 355쪽.

63 암호전보, 마오쩌둥이 필리포프에게, 1951년 6월 5일, APRF, f.45, op. 1, d. 339, p. 23.

64 상동, 필리포프가 마오쩌둥에게, 1951년 6월 9일, Ibid., p. 28-29.

65 師哲, 《在歷史巨人身邊: 師哲回憶錄》, 505~508쪽. 邦訳, 《毛沢東側近回想録》, 318~320쪽.

66 암호전보, 필리포프가 마오쩌둥에게, 1951년 6월 13일, APRF, f.45, op. 1, d. 339, pp. 31-32.

67 상동, 로시친이 필리포프에게, 1951년 6월 13일, Ibid., pp. 55-56.

68 비망록, 가오강과 김일성이 스탈린에게, 1951년 6월 14일, Ibid., pp. 57-60.

69 암호전보, 마오쩌둥이 필리포프에게, 1951년 6월 21일, Ibid., pp. 64-65.

70 William Stueck, *The Korean War: An International History*, Princeton University Press, 1995, pp. 208-209. 邦訳, 《朝鮮戦争》, 245쪽.

71 암호전보, 필리포프가 마오쩌둥에게, 1951년 6월 24일, APRF, f.45, op. 1, d. 339, p. 78.

72 *FRUS, 1951*, Vol. VII, p. 548.

73 Ibid., pp. 574-576.

74 Ibid., pp. 588-589.

75 Ibid., pp. 601-604.

76 Ibid., pp. 604-605.

77 《東亞日報》, 1951년 7월 1일.

78 *FRUS, 1951*, Vol. VII, p. 607.

79 Ibid., p. 611.

80 《東亞日報》, 1951년 7월 10일.

81 암호전보, 마오쩌둥이 필리포프에게, 1951년 6월 30일, APRF, f. 45, op. 1, d. 339, p. 92.

82 상동, 1951년 6월 30일, Ibid., pp. 90-91.

83 상동, 1951년 6월 30일, Ibid., pp. 93-94.

84 상동, 필리포프가 마오쩌둥에게, 1951년 6월 30일, Ibid., pp. 95-96.

85 상동, 라주바예프가 필리포프에게, 1951년 7월 1일, Ibid., d. 340, pp. 3-4.

86 상동, 필리포프가 라주바예프에게, 1951년 7월 2일, Ibid., p. 5.

87 상동, 마오쩌둥이 필리포프에게, 1951년 7월 3일, Ibid., d. 339, pp. 6-7.

88 상동, 1951년 7월 3일, Ibid., pp. 8-10.

89 상동, 필리포프가 마오쩌둥에게, 1951년 7월 3일, Ibid., p. 11.

90 和田春樹,《朝鮮戰争》, 215쪽.

91 암호전보, 마오쩌둥이 필리포프에게, 1951년 7월 3일, Ibid., pp. 14-15.

92 和田春樹,《朝鮮戰争》, 215~216쪽.

93 《建国以来毛沢東文稿》, 390쪽.

94 *FRUS, 1951*, Vol. VI, p. 1151.

95 《建国以来毛沢東文稿》, 386쪽. 洪学智,《抗美援朝戰争回顧》, 191쪽.

96 《白善燁回顧録: 朝鮮戰争》, 176~178쪽.

97 암호전보, 마오쩌둥이 필리포프에게, 1951년 7월 10일, 11일, 13일, 16일, 17일, APRF, f.45, op. 1, d. 340, pp. 22-24, 25-28, 29-30, 35-42, 54-55, 56-61, 64-67.

98 상동, 마오쩌둥이 필리포프에게, 1951년 7월 13일, Ibid., pp. 43-45.

99 상동, 필리포프가 마오쩌둥에게, 1951년 7월 14일, Ibid., p. 48.

100 상동, 마오쩌둥이 필리포프에게, 1951년 7월 18일, Ibid., pp. 68-70.

101 상동, 1951년 7월 19일, 21일, Ibid., pp. 71-75, 85-87, 95-96.

102 상동, 1951년 7월 21일, Ibid., pp. 83-84.

103 상동, 1951년 7월 21일, Ibid., pp. 88-91.

104 상동, 필리포프가 마오쩌둥에게, 1951년 7월 21일, Ibid., p. 92.

105 상동, 마오쩌둥이 필리포프에게, 1951년 7월 26일, 27일, 29일, 30일, 31일, Ibid., pp. 98-99, 100-102, 111-113, 116-122, 123-124, 125-129, 130-131, 132-138.

106 상동, 마오쩌둥이 필리포프에게, 1951년 8월 1일, 2일, 3일, 4일, 5일, 11일, 12일 13일, 17일, 20일, Ibid., d. 341, pp. 1-2, 3-4, 19-20, 22-23, 27-28, 37-39, 40-44, 59-60, 61-62, 73-74, 75-76, 77-78, 79-80, 84-85.

107 Rosemary Foot, *A Substitute of Victory: the Politics of Peacemaking at the Korean Armistice Talks*, Cornell University Press, 1990, pp. 46-47.

108 암호전보, 마오쩌둥이 필리포프에게, 1951년 8월 2일, APRF, f. 45, op. 1, d. 341, p. 7.

109 상동, 1951년 8월 4일, Ibid., p. 30.

110 상동, 1951년 8월 11일, Ibid., pp. 45-46.

111 Torkunov, op. cit., p. 174.

112 암호전보, 마오쩌둥이 필리포프에게, 1951년 8월 31일, Ibid., pp. 56-58.

113 상동, 1951년 8월 13일, Ibid., pp. 53-55.

114 상동, 소련공산당 중앙위원회에서 마오쩌둥에게, 1951년 8월 17일, Ibid., f.45, op. 1, d. 340, p. 82.

115 상동, 마오쩌둥이 필리포프에게, 1951년 8월 27일, Ibid., d. 340, pp. 86-88.

116 상동, 필리포프가 마오쩌둥에게, 1951년 8월 29일, Ibid., pp. 89. 정치국 결정은 APRF, f. 3, op. 65, d. 829, pp. 4-5.

117 암호전보, 마오쩌둥이 필리포프에게, 1951년 8월 30일, APRF, f. 45, op. 1, d. 341, p. 97.

118 *FRUS, 1951*, Vol. VII, pp. 694-695.

119 Ibid., pp. 707-709.

120 Ibid., p. 745.

121 김재욱은 1951년 7월 27일 노동당 중앙위원회 정치위원회에서 '인민군대에 노동당 당 조직을 창설하는 공작의 총화에 대하여'라는 보고를 했는데, 이때 총정치국장에 취임한 것으로 추정된다. 그 보고는 RGASPI, f. 17, op. 137, d. 730, p. 96-101.

122 RGASPI, f. 17, op. 137, d. 730, pp. 100-113. 이 결정에 대해서는 金南植,《南労党研究》, トルベゲ, 1984년, 463~464쪽에 소개되어 있다.

123 배철과 박승원은 공판을 받았다. <米帝国主義御用間諜朴憲永, 李承 徒党の朝鮮民主主義人民共和国政権転覆陰謀と間諜 事件公判文献>,《南労党 研究資料集》제2집, 高麗大学校出版部, 1974년, 492~493, 544~545쪽. 金南植,《南労党研究》, 468~470쪽.

124 金南植,《南労党研究》, 470~471쪽. 李泰(安宇植 역),《南部軍》, 平凡社, 1991년, 290~294쪽.

125 Hak-Joon Kim, *The Unification Poicy of South and North Korea*, Seoul National University Press, 1977, p. 139. 金学俊,《朝鮮戦争: 痛恨の民族衝突》, サイマル出版社, 1991년, 252~253쪽. 필자의 전거는 북측 방송의 감청 기록이다.

126 *FRUS, 1951*, Vol. VII, p. 813.

127 《金日成著作集》6, 평양, 外国文出版社, 1981년, 393~394쪽.

128 이러한 의견은 Hak-Joon Kim, op. cit., p. 138. 金学俊,《朝鮮戦争: 痛恨の民族衝突》, 252쪽. 필자도 이 의견에 동의했다(和田春樹,《朝鮮戦争》, 217쪽).

129 RGASPI, f. 17, op. 137, d. 731, pp. 66-91.

130 Ibid., pp. 95-104.

131 朴一禹,《朝鮮人民軍と中国人民志願軍との共同作戦》, 평양, 朝鮮労働党出版社, 1951년, 24, 30쪽.

132 상동, 76쪽.

133 アドイルハエフ, <スターリンと日本の共産主義者らとの会合>,《極東の諸問題》19권 4호, 1990년 8월, 155~160쪽. 袴田里見,《私の戦後史》, 朝日新聞社, 1978년, 89~102쪽.

134 日本共産党中央委員会,《日本共産党五0年問題資料集》, 제3권, 1987년, 172~173쪽.

135 亀山幸三,《戦後日本共産党の二重帳簿》, 現代評論社, 1978년, 153~160쪽.

136 ソ連案은 AVP, Fond Vyshinskogo, 1951, op. 24, p. 32, delo 396, part 2, pp. 93-94. Boris Slavinskii, op.cit., pp. 96~97.

137 渡辺洋三, 吉岡吉典 편,《日米安保条約全書》, 労働旬報社, 1968년, 65~67쪽.

138 《日本共産党党性高揚文献》7, 20쪽.

139 信夫清三郎,《戦後日本政治史》IV , 勁草書房, 1967년, 158쪽.

140 기지 주변의 상황에 대해서는 猪俣浩三, 木村き八郎, 清水幾太郎 편,《基地日本: うしなわれていく祖国のすがた》, 和光社, 1953년.

141 山本剛士, <朝鮮特需>, 山室英男 편,《昭和の戦争》10, 講談社, 1985년, 96쪽.

142 《帝人の歩み》, 帝人株式会社, 1972년, 79쪽.

143 상동, 80쪽.

144 《トヨタ自動車二〇年史》, トヨタ自動車株式会社, 1958년, 300~314쪽.

145 상동, 315~317쪽.

146 상동, 318~319쪽.

147 《特需に関する統計》, 経済審議庁調査部統計課, 1954년, 12~13쪽.

148 《日本外交史》28, 鹿島研究所出版会, 1971년, 33~34쪽.

149 李鍾元, <韓日会談とアメリカ:《不介入政策》の成立を中心に>,《国際政治》제 105호, 1994년 1월, 165쪽.

150 袖井林二郎 편,《吉田茂=マッカ-サ-往復書簡集: 1945-1951》, 276쪽. 이 서한은 袖井林二郎에 의해 처음 소개됐다(《法学志林》, 79권 2호). 이후 田中宏가 논문 에 재인용했다(田中宏, <戦後日本とポスト植民地問題>,《思想》1985년 8월 호, 44~45쪽).

151 三橋修·リケット·李栄娘·蝦名良亮, <占領下における対在日朝鮮人管理政策形成 過程の研究 (1)>,《青丘学術論集》제6집, 1995년, 268쪽.

152 *FRUS, 1951*, Vol. VI, pp. 1007-1008. 田中宏, <戦後日本とポスト植民地問題>, 《思想》1985년 8월 호, 44쪽.

153 李元徳, <日本の戦後処理外交の一研究: 日韓国交正常化交渉(1951~1965)を中 心にして>, 東京大学博士学位論文, 1949년, 30쪽. 高崎宗司,《検証日韓会談》, 岩波書店, 1996년, 22~23쪽.

154 兪鎮午, <韓日会談> (23),《中央日報》, 1983년 9월 26일.

155 《日本外交史》28, 鹿島研究所出版会, 1971년, 39~40쪽.

156 兪鎮午, <韓日会談> (21),《中央日報》, 1983년 9월 23일.

157 李庭植(小此木政夫ほか 역),《戦後日韓関係史》, 中央公論社, 1989년, 55쪽. 李元 徳, <日本の戦後処理外交の一研究: 日韓国交正常化交渉(1951~1965)を中心に して>, 33쪽.

158 《中国人民志願軍抗美援朝戦史》, 124~126쪽.《抗美援朝戦争史》전3권, 183~187 쪽. リッジウェー,《朝鮮戦争》, 恒文社, 1994년, 216~217, 220~223쪽.

159 암호전보, 마오쩌둥이 필리포프에게, 1951년 8월 27일, APRF, f.45, op. 1,d. 340, p. 87.

160 상동, 1951년 9월 8일, APRF, f.45, op. 1,d. 341, ll. 98-99.

161 상동, 필리포프가 마오쩌둥에게, 1951년 9월 10일, APRF, f.45, op. 1,d. 341, p. 109.

162 상동, 1951년 9월 12일, APRF, f.45, op. 1, d. 341, p. 120.

163 상동, 마오쩌둥이 필리포프에게, 1951년 9월 20일, APRF, f.45, op. 1,d. 341, pp. 125-127.

164 상동, 필리포프가 마오쩌둥에게, 1951년 9월 26일, 암호전보, 마오쩌둥이 필리포프에게, 1951년 10월 5일, APRF, f.45, op. 1, d. 341, pp. 128-129, 134-135.

165 상동, 1951년 10월 7일, Ibid., pp. 136-137.

166 Jon Halliday, Air Operations in Korea: The Soviet Side of the Story, *A Revolutionary War: Korea and the Transformation of the Postwar World*, edited by William J. Williams, Imprint Publications, Chicago, 1993, p. 152.

167 *Voprosy istorii,* 1994, No. 12, pp. 32.

168 암호전보, 마오쩌둥이 필리포프에게, 1951년 10월 24일, APRF, f. 45, op.1, d.341, p. 141.

169 *Voprosy istorii,* 1994, No. 12, pp. 30-31.

170 《抗美援朝戰争史》제3권, 軍事科学出版社, 2000년, 108~111쪽.

171 상동, 114~127쪽.

172 Rosemary Foot, op. cit., p. 50.

173 암호전보, 마오쩌둥이 필리포프에게, 1951년 10월 18일, APRF, f.45, op. 1, d. 341, pp. 139-140.

174 상동, 1951년 10월 25일, Ibid., pp. 144-146.

175 상동, 1951년 10월 25일, Ibid., pp. 147-149.

176 상동, 1951년 10월 31일, Ibid., pp. 160.

177 상동, 1951년 11월 14일, Ibid., f. 3-75, op. 1, d. 342, pp. 16-19.

178 상동, 라주바예프가 바실렙스키에게, 1951년 10월 17일, Ibid., f. 45, op. 1, d. 358, p. 38. 암호전보, 마트베예프가 라주바예프에게, 1951년 11월 13일, Ibid., p. 39.

179 상동, 라주바예프가 자하로프에게, 1951년 11월 14일, Ibid., p. 43.

180 상동, 필리포프가 마오쩌둥에게, 1951년 11월 19일, Ibid., f. 45, op. 1, d. 342, p. 23. 정치국 결정은 Ibid., f. 3, op. 65, d. 828, pp. 42-43.

181 정치국 결정, 1951년 11월 19일, Ibid.,f.3, op. 65, d. 828, pp. 44-45.

182 라주바예프에게 보내는 전보안, 그로미코가 말렌코프에게, 1951년 11월 20일, Ibid., pp. 46-48.

183 전보, 평양에서 그로미코에게, 1951년 11월 21일, Ibid., pp. 49-53.

184 A. I. Lan'kov, *Severnaia Korea: vchera i segodnia*, Moscow, 1995, pp. 50-56. VKP(b), *Komintern i Iaponiia, 1917-1941*, Moscow, 2001, p. 712.

185 RGASPI, f. 17, op. 137, d. 731, pp. 111-145. 《金日成著作集》제6권, 429~452쪽의 텍스트는 상당히 수정됐지만, 논지에는 수정이 없다.

186 Ibid., p. 146-149.

187 Ibid., p. 149-151.

188 Ibid., p. 151-152.

189 Ibid., p. 152-159.

190 Ibid., p. 160-179. 《金日成著作集》제6권, 453~467쪽.

191 Ibid., p. 180-196. 본문에는 허가이가 서기에서 해임됐다는 내용만 있다.

192 <金一同志の略歴>, 《労働新聞》, 1984년 3월 10일. 김일은 1952년 3월 평안남도 당위원장이었던 것으로 알려졌다. 吳瑞林, 《抗美援朝中的第42軍》, 베이징, 金城出版社, 1995년, 188쪽에는 "1952년 3월에 평안북도 서기인 김일이 그의 군을 방문했다"라고 적혀 있다. 이 직함은 잘못됐다. 김일이 1952년 12월 1일에 평안남도 당위원장이었던 것은 徐東晩, <北朝鮮における社会主義体制の成立>, 591쪽 《労働新聞》 기사에서 밝히고 있다.

193 李鍾元, <米韓関係における介入の原型:《エヴァーレディ計画》再考>, 《法学》 제58권 제1호, 1994년 4월, 7쪽. 尹景徹, 《分断後の韓国政治: 1945~1986년》, 133쪽.

194 金ムン龍, <抜粋改憲>, 《転換期の内幕》, 586~587쪽. 尹景徹, 《分断後の韓国政治: 1945~1986년》, 134쪽.

195 金ムン龍, <抜粋改憲>, 《転換期の内幕》, 593~594쪽.

196 Rosemary Foot, op. cit., pp. 109, 111-112.

197 邵毓麟, <韓戦場我謀略心戦之配合運用>, 《使韓回憶録》 24, 《伝記文学》, 제34권 제2호, 1979년, 122쪽.

198 Rosemary Foot, op. cit., pp. 114-116.

199 Ibid., p. 96-97. *FRUS, 1952-1954*, Vol. XV, p. 6.

200 암호전보, 마오쩌둥이 필리포프에게, 1952년 1월 31일, APRF, f. 45, op. 1, d.

201 상동, 필리포프가 마오쩌둥에게, 1952년 2월 2일, Ibid., p. 78.

202 상동, 마오쩌둥이 필리포프에게, 1952년 2월 4일, Ibid., p. 81-82.

203 Ibid., p. 81.

204 Ibid., pp. 81-82.

205 Ibid., pp. 82-83.

206 정치국 결정, 1952년 4월 14일, Ibid., f. 3, op. 65, d. 778, pp. 22-23. 암호전보, 바브킨(Babkin)이 슈테멘코에게, 김일성이 스탈린에게 보내는 서신 첨부, 1952년 4월 16일, Ibid., f. 45, op. 1, d. 348, pp. 60-61.

207 *FRUS, 1952-1954*, Vol. XV, p. 36-38.

208 Ibid., pp. 40-43.

209 Ibid., pp. 44-45.

210 Rosemary Foot, op. cit., p.97, 116.

제6장. 3년째의 전쟁

1 '반(反)세균전' 캠페인에 관한 소련의 새로운 자료는 《산케이신문》 1988년 1월 8일 자에 발표됐다. 이 자료는 문서관 자료의 인쇄 복사본이 아니라 자료를 손으로 직접 필사한 것이었다. 이 사본을 입수한 냉전 국제사 프로젝트(CWIHP)에서 웨더스비가 신빙성이 있다고 판단하여 영문 번역을 발표했다. Kathryn Weathersby, Deceiving the Deceivers: Moscow, Beijing, Pyongyang, and the Allegations of Bacteriological Weapons Use in Korea, *CWIHP Bulletin*, Issue 11, Winter 1998, pp. 176-185. 이 1차 자료가 마오쩌둥이 2월 21일 스탈린에게 보낸 전보의 발췌문이다. 이 편지의 내용은 2월 19일 저우언라이의 제안과 일치하고, 2월 23일 소련 당 정치국에서의 심의가 있었기 때문에 필자도 이 발췌문이 신빙성이 있다고 판단했다. 나중에 이 편지의 전문이 러시아에서 발표됐다. Kitaiskaia Narodnaia Respublika v 1950-e gody. Sbornik dokumentov. Vol. 2. Drug i soiuznik novogo Kitaia. Moscow, 2010, pp. 132-134.

2 楊得志, 《為了和平》, 101~102쪽.

3 《彭德懷年譜》, 524~525쪽. 《抗美援朝戰争史》 제3권, 213쪽.

4 《周恩来年譜》 상권, 217쪽. 이 연보에는 2월 21일 이전 항목에 '세균전' 관련 내용이 전혀 없다.

5 상동, 218쪽.

6 《労働新聞》, 1952년 2월 23일.

7 《朝鮮人民の正義の祖国解放戦争史》 3, 평양, 社会科学出版社, 1983년, 150쪽.

8 *CWIHP Bulletin*, Issue 11, p. 180. 라주바예프 전 대사가 베리야에게 보낸 설명 메모 (1953년 4월 18일)에 따르면, 1952년 봄에 중국 정부로부터 통보를 받은 김일성과 외무상(박헌영)이 자신에게 상의해 왔기에 자신은 의문을 제기하고 중국 측에 문의하라고 조언했지만, 그들은 서둘러 성명을 발표했고, 저우언라이의 성명이 이어졌다고 적고 있다(Ibid., p. 181). 라주바예프의 설명은 자세하지만 정확하지 않다는 인상을 준다.

9 *Politbiuro TsK RKP(b)-VKP(b). Povestki dnia zasedanii 1919-1952. Katalog*, Vol. III, Moscow, 2001, p. 872.

10 *Pravda*, Feb. 24, 1952, p. 4.

11 《周恩来年譜》 상권, 220쪽.

12 《労働新聞》, 1952년 2월 27일.

13 《聶栄臻年譜》 상권, 人民出版社, 1995년, 546쪽.

14 《抗美援朝戦争史》 제3권, 213~214, 222~223쪽. 《建国以来毛沢東文稿》 제3권, 1989년, 303쪽.

15 *Politbiuro TsK RKP(b)-VKP(b)*, Vol. III, p. 874.

16 *Pravda*, Mar. 8, 1952, p. 4.

17 《周恩来年譜》 상권, 223~224쪽.

18 상동, 224~227쪽. 《聶栄臻年譜》 상권, 547쪽.

19 Milton Leitenberg, op. cit., p. 186-187.

20 *CWIHP Bulletin*, Issue 11, pp. 180-181.

21 《労働新聞》, 1952년 3월 2일.

22 메모, 그로미코, 1952년 3월 5일, APRF, f. 3, op. 65, d. 830, p. 3.

23 정치국 결정, 1952년 3월 7일, Ibid., pp.1-2.

24 Chen Jian, *Mao's China and the Cold War*, p. 110. Milton Leitenberg, op. cit., p. 118.

25 암호전보, 그로미코가 베이징의 소련 대사에게, 1952년 3월 9일, APRF, f. 45, op. 1, d. 342, p. 100.

26 상동, 마오쩌둥이 필리포프에게, 1952년 3월 10일, Ibid., pp. 102-103.

27 《抗美援朝戦争史》제3권, 194쪽.

28 암호전보, 마오쩌둥이 필리포프에게, 1952년 3월 28일, APRF, f. 45, op. 1, d. 342, pp.126-130.

29 상동, 필리포프가 마오쩌둥에게, 1952년 4월 2일, Ibid., d. 343, pp. 2-3.

30 細谷千博,《サンフランシスコ講和への道》, 中央公論社, 1984년, 279~301쪽.

31 이 주제에 대해서는 타이완 측과 일본 측의 문서를 검토한 이시이 아키라(石井明)의 뛰어난 연구가 있다. 石井明, <日華平和条約締結交渉をめぐる若干の問題>,《東京大学教養学部教養学科紀要》제21호, 1988년 3월; <日華平和条約の交渉過程: 日本側第一次草案をめぐって>,《中国: 社会と文化》제3호, 1988년 6월. 이시이의 논문을 참고한 필자의 논문은 <歴史の反省と経済の論理: 中国·ソ連·朝鮮との国交交渉から>, 東京大学社会科学研究所編,《現代日本社会》7, 東京大学出版会, 1992년이다.

32 외무성 문서, <日華平和条約関係一件> 제3권, 28~29쪽.

33 상동, 제1권, 433쪽.

34 상동, 435~436쪽.

35 상동, 436쪽.

36 石井明, <日華平和条約締結交渉をめぐる若干の問題>, 86~88쪽.

37 외무성 문서, <日華平和条約関係一件> 제1권, 611~612쪽.

38 상동, 제3권, 232, 259쪽.

39 상동, 제2권, 254~295쪽.

40 《周恩来年譜》상권, 237쪽.

41 李鍾元, <韓日会談とアメリカ>, 167, 169쪽. 李元徳, <日本の戦後処理外交の一研究: 日韓国交正常化交渉(1951~1965)を中心にして>, 34~35쪽.

42 《日本外交史》28, 46~47쪽.《韓日関係資料集》제1집, 高麗大学校亜細亜問題研究所, 1976년, 92~94쪽. 李元徳, <日本の戦後処理外交の一研究: 日韓国交正常化交渉(1951~1965)を中心にして>, 35~42쪽. 高崎宗司,《検証日韓会談》, 35~37쪽.

43 金南植,《南労党研究》, 470쪽.

44 李泰,《南部軍》, 295~296쪽.

45 《労働新聞》, 1952년 4월 10일.

46 상동, 1952년, 4월 15일.

47 Robert Futrell, op. cit., pp. 448-449, 480.

48 Ibid., pp. 449-452.

49 《아사히신문(朝日新聞)》1952년 6월 24일 자에는 <선만 국경의 '수풍'발전소 등 5개 발전소 폭격/미 전투기 500대 출동(鮮満国境の'水豊'など五発電所を爆撃/きのう米機五百が出動)>이라는 제목으로 보도됐다. 6월 25일에는 <또다시 4개 발전소 폭격(再び四発電所を爆撃)>, 같은 날 석간은 <북조선 발전소의 기능 정지/미 극동해군 발표(北鮮発電所の機能停止/米極東海軍発表)>, 26일에는 <미국의 수풍 폭격 비난/영국 하원에서 애틀리 총리(米の水豊爆撃を非難/英下院でアトリー首相)>, 27일에는 <발전소 세 차례 폭격(発電所三度爆撃)>, 같은 날 석간은 <소련지 수풍 폭격 공격(ソ連紙水豊爆撃を攻撃)>이라는 제목으로 보도했다.

50 《朝日新聞》, 1952년 6월 25일 석간.

51 Robert Futrell, op. cit., pp. 480-481.

52 《朝日新聞》, 1952년 7월 4일 석간.

53 Robert Futrell, op. cit., p. 482.

54 《朝日新聞》, 1952년 7월 12일, 같은 날 석간, 13일.

55 Robert Futrell, op. cit., p. 483.

56 《朝日新聞》, 1952년 7월 31일 석간.

57 *FRUS, 1952-1954*, Vol. XV, p. 357.

58 *Voprosy istorii*, 1994, No. 12, pp. 31-32. 미그-15와 F-86은 모두 최고 속도가 시속 110킬로미터였으나, 무게와 면적은 미그-15가 더 작았다. 포는 미그-15가 37밀리포 1문, 23밀리포 2문인데, F-86은 20밀리포 4문이었다. 성능은 거의 동일하며 공중전의 결과는 실전 경험에 달렸다는 것을 알 수 있다. V. K. Babich, *Vozdushnyi boi(Zarozhdenie i razvitie)*, Moscow, 1991, p. 159.

59 1952년 7월 30일의 국가정보평가, <朝鮮での能力と予想行動路線>, *FRUS, 1952-1954*, Vol. XV, pp. 439, 440.

60 암호전보, 마오쩌둥이 필리포프에게, 1952년 4월 22일, APRF, f. 45, op. 1, d. 343, pp. 22-23.

61 상동, 1952년 7월 4일, Ibid., pp. 55-57.

62 《抗美援朝戦争史》 제3권, 269쪽.

63 암호전보, 마오쩌둥이 필리포프에게, 1952년 7월 18일, APRF, f. 45, op. 1, d. 343, pp. 72-75. 마오쩌둥이 김일성에게 보낸 7월 15일 자 전보가 여기에 포함되어 있다.

64 김일성의 16일 답변도 위(주 63)의 전보에 포함되어 있다.

65 암호전보, 라주바예프가 바실렙스키와 비신스키에게, 김일성이 스탈린에게 보내는 편지와 함께, 1952년 7월 17일, APRF, f. 45, op. 1, d. 348, pp. 65-68.

66 암호전보, 필리포프가 마오쩌둥에게, 1952년 7월 16일, Ibid., d. 343, p. 69.

67 상동, 필리포프가 김일성에게, 1952년 7월 24일, Ibid., d. 348, p. 70.

68 상동, 필리포프가 마오쩌둥에게, 1952년 7월 24일, Ibid., d. 343, p. 76.

69 尹景徹,《分断後の韓国政治: 1945~1986년》, 134~135쪽.

70 *FRUS, 1952-1954*, Vol. XV, pp. 50-51.

71 Ibid., p. 242. 尹景徹,《分断後の韓国政治: 1945~1986년》, 135~136쪽.

72 李鍾元, <米韓関係における介入の原型> (1), 15쪽.

73 상동, 16쪽.

74 *FRUS, 1952-1954*, Vol .XV, pp. 251-252.

75 Ibid., pp. 252-256.

76 Ibid., p. 266.

77 李鍾元, <米韓関係における介入の原型> (1), 17쪽. 이 주장의 근거는 제시되지 않았다.

78 *FRUS, 1952-1954*, Vol. XV, pp. 266-267.

79 Ibid., pp. 268-269.

80 趙甲済, <李承晩大統領除去計画>,《月刊朝鮮》1984년 6월 호. 李鍾元, <米韓関係における介入の原型> (1), 18~19쪽.

81 한국정치학회에서의 보고, <1952년의 정치 파동>, 나종일,《끝나지 않은 전쟁: 한반도와 강대국 정치 1950-1954》, 도서출판 전예원, 1994년, 200~201쪽. Jong Yil Ra, Political Crisis in Korea, 1952: Administration, Legislature, Military and Foreign Powers, *Journal of Contemporary History*, Vol. 27(1992), pp. 313-314.

82 E. C. Keefer, The Truman Administration and the South Korean Political Crisis of 1952: Democracy's Failure? *Pacific Historical Review*, Vol. 60, No. 2(May 1991), p. 158.

83 李鍾元, <米韓関係における介入の原型> (1), 20~22쪽.

84 *FRUS, 1952-1954*, Vol. XV, p. 280.

85 Ibid., pp. 274-276.

86 Ibid., p. 289.

87 Ibid., pp. 285-286.

88 Ibid., pp. 290-293.

89 Ibid., pp. 293-295.

90 Ibid., pp. 299-301.

91 Ibid., pp. 301-302.

92 Ibid., pp. 302-305.

93 Ibid., p. 308.

94 Ibid., p. 325.

95 Ibid., p. 334. 전체 보고서는 pp. 328-337.

96 Ibid., pp.336-337.

97 Ibid., p. 337. 이종원은 케네스 영의 이승만에 대한 반감이 강해 유엔군에 의한 계엄 령과 한국인에 의한 과도정부에 대해 "실행 계획에 대한 협의를 국방부와 조속히 진 행할 것을 결론적으로 제의했다"라고 보고 있다(李鍾元, <米韓関係における介入の 原型> (1), 34쪽).

98 尹景徹, 《分断後の韓国政治: 1945~1986년》, 137쪽. 金ムン龍, <抜粋改憲>, 《転 換期の内幕》, 605쪽.

99 *FRUS, 1952-1954*, Vol. XV, pp. 349-350.

100 李鍾元, <米韓関係における介入の原型> (1), 35~36쪽. 필자는 이전 책에서는 부산 파동에 대해 전혀 검토하지 않았다. 따라서 미군의 첫 개입 계획으로 1953년 봄의 '에 버레디 계획'을 지적했지만, 이종원은 '개입의 원형'은 1952년 6월 부산 파동 속에서 탄생했다고 보았다. 그에 대해 배웠다.

101 *FRUS, 1952-1954*, Vol. XV, pp. 358-360.

102 Ibid., p. 377. 이 편지는 공개되지 않았다. 주(註)에 있다.

103 Ibid., pp. 362-364.

104 Ibid., pp. 376-377. 金ムン龍, <抜粋改憲>, 《転換期の内幕》, 605~607쪽. 尹景徹, 《分断後の韓国政治: 1945~1986년》, 137~138쪽.

105 *FRUS, 1952-1954*, Vol. XV, pp. 377-379. 이종원은 클라크안에 대해 한국군을 사용 하는 국무부안에 비해 미국에 부담이 많은 "실행의 문턱을 높이는" 소극적인 안이라

고 평가했지만, 오히려 전시에 더 실현 가능성이 높은 안이라고 평가할 수 있다. 참모 총장의 소극성을 감안해도 그렇게 생각된다.

106 佐々木春隆, 《朝鮮戦争/韓国篇》상, 459, 469쪽.

107 金ムン龍, <抜粋改憲>, 《転換期の内幕》, 607~612쪽. 尹景徹, 《分断後の韓国政治: 1945~1986년》, 140~141쪽.

108 Robert Futrell, op. cit., p. 484.

109 스탈린과 저우언라이의 대화 기록, 1952년 8월 20일, APRF, f. 45, op. 1, d. 329, pp. 64-65.

110 Ibid., pp. 65-67.

111 스탈린이 이 교류를 통해 정전협상의 타결을 바라는 중국 지도자들에게 전쟁의 지속을 요구하며 압력을 가했다는 견해는 Kathryn Weathersby, Stalin, Mao, and the End of the Korean War, Brothers in Arms: The Rise and Fall of the Sino-Soviet Alliance 1945-1963, Edited by Odd Anne Westad, Stanford University Press, 1998, pp. 104-105. 바자노프, 《소련의 자료로 본 한국전쟁의 전말》, 213쪽. Torkunov, op. cit., p. 257.

112 스탈린과 저우언라이의 대화 기록, 1952년 8월 20일, APRF, f. 45, op. 1, d. 329, pp. 68-70. 웨더스비는 이 대화에서 스탈린의 말, 포로 문제에 대한 제안을 "일관성이 없다"고 보았다(Kathryn Weathersby, op. cit., p. 106). 이는 그녀가 스탈린이 전쟁 지속론으로 저우언라이를 압박하고 있다고 보고 있기 때문에 스탈린이 이런 말을 하는 것을 이해할 수 없다는 것이다. 천젠은 중국의 주체성에 주목하고 있지만 전쟁을 끝내는 방식에 대해 중국과 소련 간의 의견 차이는 없다고 말한다. 그리고 저우언라이의 세 가지 안 정리를 스탈린의 제안으로 보는 오류를 범해 혼란스럽다(Chen Jian, Mao's China and the Cold War, pp. 112-114).

113 APRF, f. 45, op. 1, d. 329, pp. 71-72.

114 師哲, 《在歷史巨人身邊: 師哲回憶錄》, 509쪽.

115 서신, 저우언라이가 스탈린에게, 마오쩌둥의 서신 포함, 1952년 8월 25일, Ibid., d. 343, pp. 89-90.

116 Robert Futrell, op. cit., p. 489.

117 師哲, 《在歷史巨人身邊: 師哲回憶錄》, 511~512쪽.

118 Robert Futrell, op. cit., p. 491.

119 서신, 저우언라이가 스탈린에게, 마오쩌둥의 서신 포함, 1952년 9월 16일, APRF, f. 45, op. 1, d. 343, pp. 94-96.

120 암호전보, 세묘노프가 마오쩌둥에게, 1952년 9월 17일, Ibid., pp. 97-103.

121 스탈린과 저우언라이의 대화 기록, 1952년 9월 19일, Ibid., d. 329, pp. 91-93.

122 Ibid., pp. 99-100.

123 다음을 참고하라. Fillip Naitli, *Kim Filbi-supershpion KGB*, Moscow, 1992. Genrikh Borovik, *The Philby Files; The Secret Life of Masterspy Kim Philby*, Little, Brown and Company, 1994. Richard Deacon, The Cambridge Apostles: A History of Cambridge university's Elite Intellectual Secret Society, London;Farrar, Straus & Giroux, 1986. リチャード·ディーコン(橋口稔 역),《ケンブリッジのエリートたち》, 晶文社, 1988년.

124 和田春樹,《朝鮮戰爭》, 242~243쪽.

125 TsKhSD, f. 89, op. 50, d. 5, p. 1.

126 南基正, <朝鮮戰爭と日本>, 263~264쪽.

127 鄭鎭植,《わが朝鮮, 私の日本》, 平凡社, 1993년, 205~206쪽. 姜在彦,《民戰時代の私》,《体験で語る解放後在日朝鮮人運動》, 고베, 神戸学士青年センター出版部, 1989년, 146~150쪽.

128 재일 조선인 문제 전문가 고바야시 도모코(小林知子)는 다음과 같이 썼다. "재일 조선인이 당시 수송열차 폭파와 같은 활동을 하지 않았던 것은 충분히 확인된다(<戰後における在日朝鮮人と《祖国》: 1945~1952>, 梨花女子大学提出博士課程修了論文, 1996년, 60쪽). 남기정 역시 조선인이 저지른 심각한 폭력 사건의 예를 발견하지 못했다(南基正, <朝鮮戰爭と日本>).

129 《朝日新聞》, 1952년 6월 25일 석간, 26일. 和田春樹,《歷史としての野坂参三》, 平凡社, 1996년, 247~248쪽.

130 《北極星》 제7호, 1952년 6월 10일. 朴慶植 편,《朝鮮問題資料叢書》 제15권, 東京: アジア問題研究所, 1991년, 152~159쪽.

131 南基正, <朝鮮戰爭と日本>, 266~273쪽. 小林知子, <戰後における在日朝鮮人と《祖国》>, 95~96쪽.

132 渡部富哉,《偽りの烙印: 伊藤律·スパイ説の崩壊》, 五月書房, 1993년, 323쪽.

133 坪井豊吉,《在日朝鮮人運動の概況》, 復刻版, 自由生活社, 381~382쪽.

134 *FRUS, 1952-1954*, Vol. XV, pp. 545-547.

135 Ibid., pp. 554-557.

136 Ibid., p. 557.

137 《ソヴィエト同盟共産党第一九回大会議事録》, 五月書房, 1953년, 34쪽.

138 スターリン,《ソ同盟における社会主義の経済的諸問題》, 国民文庫, 1953년, 41~46쪽.

139 *Sovetskii atomnyi proekt: Konets atomnoi monopolii. Kak eto bylo...*, Nizhnii Novgorod, 1995, pp. 189, 191, 192.

140 Ibid., pp. 196-198.

141 L. L. Kerber, *Tupolev*, Sankt-Peterburg, 1999, pp. 227, 242.

142 Anastas Mikoyan, op. cit., p. 574. 시모노프가 적은 이야기는 Konstantin Simonov, *Glazami cheloveka moego pokoleniia*, Moscow, 1990, pp. 236-239.

143 Anastas Mikoyan, op. cit., pp. 572-573.

144 Rosemary Foot, op. cit., p. 154.

145 메모, 푸시킨, 1952년 10월 30일, APRF, f. 3, op. 65, d. 830, pp. 33-34. 당 중앙위원회 간부회 사무국 결정, 1952년 11월 3일, Ibid., pp.31-32. 타스통신의 발표문도 있다.

146 Rosemary Foot, op. cit., p. 154.

147 William Stueck, *The Korean War*, p. 301.

148 《抗美援朝戦争史》 제3권, 333쪽.

149 《人民日報》, 1952년 11월 30일.

150 말리셰프의 일기(1937~1951년)는 그의 사후 그의 사무실에 남아 있었다. *Istochnik*, 1997, No. 5, pp. 140-141.

151 《伊藤律回想録: 北京幽閉二七年》, 文藝春秋, 1993년, 14~16쪽.

152 野坂参三, <《北京機関》にかんする伊藤律の"証言"について>,《赤旗》, 1981년 1월 28일. 野坂参三, <伊藤律証言への反証: わたしの言い分>,《朝日新聞》, 1981년 2월 16일.

153 《伊藤律回想録》, 40~43쪽.

154 RGASPI, f. 17, op. 137, d. 947, pp. 146-210.

155 Ibid., pp. 211-228.

156 《人民日報》, 1952년 12월 25일.

157 《労働新聞》, 1953년 1월 5일, 18일, 26일, 2월 5일.

158 상동, 1953년 2월 17일, 18일, 23일, 26일, 3월 1일.

159 《「南労党」研究資料集》제2집, 467~469쪽.

160 《労働新聞》, 1953년 3월 4일, 5일, 10일. 박헌영이 3월 5일에 체포됐다는 설이 있지만(宮本悟, <朝鮮人民軍の'正規化'>, 《六甲台論集》, 法学政治篇, 제47권 제1호, 2000년 7월, 134쪽), 옳지 않다.

161 姜尚昊의 회상, 《中央日報》, 1993년 4월 6일, 6월 28일. 재판기록에서 윤순달, 이원조의 체포는 1953년 3월 13일, 4월 12일이다. 宮本悟, <朝鮮人民軍の'正規化'> 134쪽.

162 ヴォルコゴノフ(生田真司 역), 《勝利と悲劇: スターリンの政治的肖像》, 朝日新聞社, 1992년, 737~739쪽.

163 《建国以来毛沢東文稿》제3책, 中央文献出版社, 1988년, 632쪽. Shu Guang Zhang, op. cit., pp. 234-235.

164 《抗美援朝戦争史》제3권, 353쪽.

165 상동, 355쪽.

166 암호전보, 마오쩌둥이 세묘노프에게, 1952년 12월 17일, Ibid., f. 45, op. 1, d. 343, pp. 105-114.

167 상동, 세묘노프가 마오쩌둥에게, 1952년 12월 27일, Ibid., pp. 115-116. 웨더스비는 "중국인들에게 새로운 미국의 공격에 대비하라고 충고하는 것이 조선의 현상 유지에 도움이 됐다"라고 보았으나, 동의할 수 없다. Kathryn Weathersby, op. cit., p. 108.

168 Izvestiia, December 26, 1952. 《人民日報》, 1952년 12월 26일.

169 암호전보, 라주바예프가 소콜롭스키(V. D. Sokolovsky)에게, 김일성이 스탈린에게 보내는 서신 첨부, 1953년 1월 3일, APRF, f. 45, op. 1, d. 348, pp. 83-87.

170 의견서, 바실렙스키와 소콜롭스키가 스탈린에게, 1953년 1월 12일, Ibid., d. 343, pp. 133-135.

171 암호전보, 마오쩌둥이 세묘노프에게, 1953년 1월 8일, Ibid., pp. 125-128.

172 상동, 세묘노프가 마오쩌둥에게, 1953년 1월 12일, Ibid., p. 137.

173 상동, 1953년 1월 27일, Ibid., p. 139.

174 Istoricheskii arkhiv, 1997, No. 1, pp. 34-35. 《劉少奇年譜》하권, 中央文献出版社, 1996년.

175 New York Times, February 3, 1953.

176 Shu Guang Zhang, op. cit., p. 239.

177 齊徳學, 《朝鮮戦争決策內幕》, 330쪽. 杜平, 《在志願軍總部》, 142쪽.

178 *FRUS, 1952-1954*, Vol. XV, p. 770.

179 中逵啓示, <アイゼンハワー政権と朝鮮停戦:《大量報復》戦略を軸に>, 広島大学 総合科学部紀要 II《社会文化研究》제14권, 1988년, 40쪽.

180 柴成文, 趙勇田,《板門店談判》, 255~256쪽.《抗美援朝戦争史》제3권, 380쪽.

181 *FRUS, 1952-1954*, Vol. XV, pp. 785-786, 788-790.

182 《抗美援朝戦争史》제3권, 380쪽.

183 의견서, 보리소프(S. Borisov)와 비신스키, 1953년 2월 10일, APRF, f. 3, op. 65, d. 778, p. 100.

184 당 중앙위원회 간부회 사무국 결정, 1953년 2월 18일, Ibid., pp. 101-102.

제7장. 정전

1 《解放後10年日誌》, 朝鮮中央通信社, 133쪽.《労働新聞》, 1953년 3월 10일.

2 《周恩来年譜》상권, 289~290쪽.

3 상동.

4 메모와 제안, 몰로토프가 말렌코프와 베리야에게, 1953년 3월 18일, APRF, f. 3, op. 65, d. 830, pp. 72, 74-82.

5 소련 각료회의 결정, 1953년 3월 19일, Ibid., pp. 60-71.

6 《抗美援朝戦争史》제3권, 381쪽.

7 《周恩来年譜》상권, 290쪽.

8 *Izvestiia*, March 9, 1953.

9 《周恩来年譜》상권, 290쪽.

10 《建国以来毛沢東文稿》4, 148~149쪽.

11 《周恩来年譜》상권, 291쪽. 중국에서는 양쿠이쑹(楊奎松)이 스탈린 생존 시에는 중국 포로 문제에서 스탈린의 입장을 지지했지만, 그의 사후 후계자들이 정책을 바꾸고 중국 측에 압력을 가해 결국 마오쩌둥도 입장을 바꾸지 않을 수 없게 됐다고 썼다 (楊奎松,《毛沢東与莫斯科的恩恩怨怨》, 江西人民出版社, 1999년, 363~365쪽). 2000년에 이르러 소련 측이 포로 문제에서 양보를 제안하자 저우언라이가 이에 응하는 자세를 취해 마오쩌둥을 설득했다고 보는 견해가 있었다(張民, 張秀娟,《周恩来与抗美援朝戦争》, 上海人民出版社, 2000년, 500쪽). 이에 대해 천젠은 2001

년의 저서에서 "변화하는 소련의 지시를 반영한 것이라기보다는 변화하는 정세에 대한 중국 지도자의 인식에 근거한 베이징의 기존 정책의 귀결이었다"라고 보았다 (Chen Jian, op. cit., p. 115).

12 《周恩来年譜》상권, 291쪽.

13 *FRUS, 1952–1954*, Vol. XV, pp. 818–819.

14 A. V. Torkunov, op. cit., p. 279. 암호전보, 쿠즈네초프와 페도렌코가 모스크바에, 1953년 3월 29일, APRF, f. 3, op. 65, d. 830, p. 98.

15 Ibid., pp. 97–98.

16 《人民日報》, 1953년 3월 29일, 30일.

17 암호전보, 쿠즈네초프와 페도렌코가 모스크바에, 1953년 3월 29일, APRF, f. 3, op. 65, d. 830, p. 98.

18 *Izvestiia*, April 2, 1953.

19 메모, 몰로토프가 말렌코프에게, 1953년 3월 31일, APRF, f. 3, op. 65, d. 830, p. 110.

20 *FRUS, 1952–1954*, Vol. XV, pp. 826–827.

21 Ibid., pp. 874–876.

22 Ibid., p. 857.

23 梁大鉉, 전게서, 192~193쪽. 조금 다른 숫자는 衡學明,《生死三八線: 中國志願軍 在朝鮮戰場始末》, 310쪽.

24 安龍鉉,《韓国戦争秘史》제5권, 512쪽.

25 *FRUS, 1952–1954*, Vol. XV, pp. 897–898.

26 Ibid., pp. 902–903.

27 Ibid., p. 896. 中逵啓示, <朝鮮停戰と米韓関係>, 50쪽. 李鍾元, <アイゼンハワ-政権の対韓政策と《日本》> 1,《国家学会雑誌》제10권 제1, 제2호, 1994년 2월, 45~46쪽.

28 《東亜日報》, 1953년 4월 24일.

29 *FRUS, 1952–1954*, Vol. XV, p. 935.

30 Ibid., p. 941.

31 필자는 이전 저서에서 이 말에 주의를 기울이지 않았다. 이 점은 李鍾元, <米韓関係における介入の原型> 2,《法学》제59권 제4호, 1995년, 5쪽에서 알게 됐다.

32 *FRUS, 1952-1954*, Vol. XV, pp. 950-951. 柴成文·趙勇田,《板門店談判》, 259~260쪽.

33 Ibid., pp. 947-950.

34 Ibid., pp. 955-956.

35 《東亞日報》, 1953년 5월 1일 호.

36 *FRUS, 1952-1954*, Vol. XV, p. 967.

37 Ibid., pp. 980-981.

38 Ibid., p. 987.

39 Ibid., pp. 1008-1010.

40 Ibid., p. 1011.

41 *Department of State Bulletin*, May 25, 1953, pp. 755-757.

42 《中国人民志願軍抗美援朝戦史》, 198~200쪽.

43 *FRUS, 1952-1954*, Vol. XV, p. 1020.

44 Ibid., pp. 1022-1023.

45 Ibid.,pp. 1090-1093.

46 Ibid., pp. 1106-1107.

47 《中国人民志願軍抗美援朝戦史》, 200~204쪽.

48 *FRUS, 1952-1954*, Vol. XV, p. 1102-1104.

49 Ibid., p. 1115.

50 Ibid., p. 1119.

51 Ibid., p. 1121.

52 Ibid., p. 1128.

53 Ibid., pp. 1124-1126.

54 白善燁,《白善燁回顧録-朝鮮戦争》, 199쪽.

55 《東亞日報》, 1953년 5월 30일, 6월 2일.

56 몰로토프 외상 일지, 볼렌 소련 주재 미국 대사와의 회견, 1953년 6월 3일, APRF, f. 3, op. 65, d. 812, pp. 6-13.

57 *FRUS, 1952-1954*, Vol. XV, p. 1137.

58   Ibid., p. 1144-1146.

59   Ibid., p. 1148.

60   *Department of State Bulletin*, June 22, 1953, pp. 866-867.

61   *FRUS, 1952-1954*, Vol. XV, p. 1152-1154.

62   *Department of State Bulletin*, June 15, 1953, pp. 835-836.

63   *FRUS, 1952-1954*, Vol. XV, p. 1159-1160.

64   Ibid., p. 1166.

65   Ibid., p. 1168.

66   Ibid., pp. 1172-1173.

67   Ibid., pp. 1173-1174.

68   Ibid., pp. 1180-1183.

69   이종원은 국무부가 오로지 '소련의 동의 가능성'만을 보고 중국과 북한의 반응은 전
      혀 고려하지 않았다고 본다(李鍾元, <米韓関係における介入の原型> 2, 51쪽). 그
      러나 소련도 동의할 리가 없다.

70   *FRUS, 1952-1954*, Vol. XV, p. 1187.

71   *Department of State Bulletin*, July 6, 1953, pp. 13-14.

72   *FRUS, 1952-1954*, Vol. XV, p. 1200-1205.

73   Ibid., p. 1217.

74   *Department of State Bulletin*, June 29, 1953, p. 907.

75   楊得志,《為了和平》, 218~219쪽.

76   상동, 219~220쪽.

77   *FRUS, 1952-1954*, Vol. XV, p. 1231-1232.

78   Ibid., pp. 1241-1242.

79   Ibid., pp. 1238-1240.

80   Ibid., pp. 1265-1269.

81   Ibid., pp. 1272-1274.

82   Ibid., pp. 1278-1279.

83   Ibid., pp. 1279-1280.

84   Ibid., p. 1283.

85   Ibid., p. 1286.

86   *Department of State Bulletin*, July 13, 1953, pp. 46-47.

87   암호전보, 나시코프가 모스크바에, 1953년 7월 3일, APRF, f. 3, op. 65, d. 812, pp. 136-147.

88   당 중앙위원회 간부회 사무국 결정, 1953년 7월 4일, Ibid., p. 135.

89   암호전보, 몰로토프가 주중 소련 대사에게, 1953년 7월 4일, Ibid., f. 3, op. 65, d. 830, pp. 148-150.

90   *FRUS, 1952-1954*, Vol. XV, pp. 1290-1291.

91   李鍾元, <米韓関係における介入の原型> 2, 50쪽.

92   *FRUS, 1952-1954*, Vol. XV, p. 1291.

93   Ibid., pp. 1294-1295.

94   Ibid., p. 1295.

95   Ibid., pp. 1300-1308.

96   Ibid., p. 1314.

97   Ibid., p. 1318.

98   Ibid., p. 1322.

99   Ibid., p. 1324.

100 Ibid., pp. 1326-1329.

101 Ibid., p. 1351.

102 Ibid., pp. 1341-1346.

103 Ibid., pp. 1353-1354.

104 Ibid., p. 1354.

105 Ibid., p. 1358.

106 Ibid., p. 1358.

107 Ibid., p. 1360.

108 Ibid., p. 1362.

109 Ibid., p. 1364-1365.

110 Ibid., p. 1374.

111 《中国人民志願軍抗美援朝戦史》, 212쪽. John Miller, Owen J. Carroll and Margaret E. Tackley, *Korea 1951-1953*, Office of the Chief of Military History, 1982, p. 283. 児島襄, 《朝鮮戦争》3, 文春文庫, 1984년, 485쪽.

112 姜尚昊의 회상, 《中央日報》, 1993년 5월 10일, 17일. 《人民日報》, 1953년 8월 16일. <金一同志の略歴>, 《労働新聞》, 1984년 3월 10일.

113 (박정애), 《최근 당내에서 폭로된 리승엽, 배철, 박승원, 윤순달, 조일명, 이강국 등 반당 반국가적 간첩 도당의 사건에 대하여》, 40쪽. 보고자 이름이 기재되어 있지 않은 1만 부 인쇄로 일련번호가 들어간 '절대 비밀' 팜플릿은 노획 북한 문서 중에서 방선주 씨가 발견한 것이다. 이를 이용하게 해 준 방선주 씨의 호의에 감사드린다. 내용상 조선노동당 중앙위원회 제6차 전원회의에서의 박정애의 보고로 추정된다.

114 상동, 41쪽.

115 *Pravda*, April 6, 1953.

116 *CWIHP Bulletin*, Issue 11, pp. 180-182. 셀리바노프는 1992년 6월 20일, 한국 경희대학교 심포지엄에서 <한국전쟁 당시 소련의 의료 지원>이라는 보고서를 통해 소련의 전문가들이 북한 전역에서 역학 조사를 실시한 결과, 세균탄은 사용되지 않은 것으로 확인됐다고 밝혔다. 《統一日報》, 1992년 6월 23일.

117 Ibid., pp. 182-184. 이그나티예프의 중앙위원 해임은 4월 28일 중앙위원회 총회의 결정으로 이루어졌다. *Lavrentii Beriia. 1953. Stenogramma iiul'skogo Plenuma TsK KPSS i drugie dokumenty.* Moscow, 1999, pp. 347, 398. 공개된 자료 중 소련공산당 중앙통제위원회의 6월 2일 자 이그나티예프 당 제명 결정이 있다(*CWIHP Bulletin*, Issue 11, p. 184). 그러나 최근 러시아에서 밝혀진 베리야 관련 자료에는 이그나티예프의 당 제명 사실은 언급되어 있지 않다. 베리야가 체포된 뒤 7월 7일 중앙위원회 총회에서 이그나티예프의 명예 회복이 이루어져 중앙위원으로 복귀했다(*Lavrentii Beriia. 1953*, p. 348). 따라서 그의 당 제명은 실행되지 않았다. 6월 2일의 제명 결정이 존재하지 않거나 그것이 숨겨졌거나 둘 중 하나이다. 이그나티예프의 당 제명은 말렌코프에게는 타격이지만, 6월 2일부터 베리야가 체포된 26일까지 그 결정을 숨길 수 있었는지 의문이 남는다.

118 V. I. Petukhov, *U istokov bor'by za nezavisimost' Korei*, Moscow, 1987, p. 191. 문서에 그의 이름이 처음 등장하는 것은 7월 19일 자 문서이다. 암호전보, 수즈달레프가 모스크바에, 1953년 7월 19일, APRF, f. 3, op. 65, d. 830, pp. 154-164.

119 和田春樹, <スターリン批判·1953-1956>, 《現代社会主義: その多元的諸相》, 東

京大学出版会, 1977년, 15~16쪽.

120 메모, 몰로토프가 말렌코프와 흐루쇼프에게, 1953년 7월 23일, Ibid., pp. 167-168.

121 당 중앙위원회 간부회의 결정, 1953년 7월 24일, Ibid., pp. 167-168.

122 *FRUS, 1952-1954,* Vol. XV, p. 1428.

123 Ibid., pp. 1430-1432.

124 Ibid., pp. 1443-1444.

125 柴成文·趙勇田,《板門店談判》, 280~282쪽.

126 암호전보, 수즈달레프가 모스크바에, 1953년 7월 19일, APRF, f. 3, op. 65, d. 830, pp. 154-164.

127 《労働新聞》호외, 1953년 7월 28일부터 신역(新訳).《金日成著作集》7, 평양, 外国文出版社, 1981년, 480~496쪽 참조. 이 1981년 평양판에서는 '국토완정'이 '국토의 보전'으로 수정되어 있다.

128 《労働新聞》, 1953년 7월 29일.

129 《東亜日報》, 1953년 7월 28일.

130 *FRUS, 1952-1954,* Vol. XV, pp. 1442-1443.

131 《東亜日報》, 1953년 7월 29일.

132 *New York Times,* July 29, 1953.

133 Ibid., July 30, 1953. W. Stueck, op. cit., pp. 342-343.

134 암호전보, 쿠즈네초프가 모스크바에, 1953년 7월 29일, APRF, f. 3, op. 65, d. 830, pp. 187-189.

135 《抗美援朝戦争史》제3권, 465쪽.

136 상동, 466~467쪽.

137 *Izvestiia,* July 28, 1953.

138 *New York Times,* July 27, 1953.

139 Max Hastings, *The Korean War,* p. 326.

140 Ibid., pp. 325-326.

141 《朝日新聞》, 1953년 7월 28일.

142 상동. 일본 외무성은 1950년 4월 10일 자 보고서 <중국 신제안을 둘러싼 조선 휴전

교섭의 성립과 그 영향>을 작성했다. 거기에서 휴전 후의 경제 곤란을 예상했다. 남기정, <한국전쟁과 일본>, 100쪽.

143 《朝日新聞》, 1953년 7월 27일 석간.

144 《中華民国大事記》, 641쪽.

145 《人民日報》, 1953년 8월 13일.

146 (박정애),《최근 당내에서 폭로된 리승엽, 배철, 박승원, 윤순달, 조일명, 이강국 등 반당 반국가적 간첩 도당의 사건에 대하여》, 40~41쪽.

147 당 중앙위원회 간부회의 결정, 1953년 8월 3일, APRF, f. 3, op. 65, d. 779, p. 1.

148 상동, 1953년 8월 19일, Ibid., p. 25.

149 조약 전문은 梁大鉉, 전게서, 490~492쪽.

150 David Rees, *The Limited War*, London, 1964, pp. 460-461.

151 John Halliday and Bruce Cumings, *Korea: The Unknown War*, Pantheon Books, New York, 1988, p. 200. 清水知久訳,《朝鮮戦争: 内戦と干渉》, 岩波書店, 1990년, 228~229쪽.

152 和田春樹,《朝鮮戦争》, 326쪽.

153 John Halliday and Bruce Cumings, op. cit., p. 200.

154 安龍鉉,《韓国戦争秘史》5, 508쪽.

155 和田春樹,《朝鮮戦争》, 323쪽.

156 齊徳學,《朝鮮戦爭決策內幕》, 358쪽.

157 John Halliday and Bruce Cumings, op. cit., pp. 200-201.

158 安龍鉉,《韓国戦争秘史》5, 508쪽.

159 John Halliday and Bruce Cumings, op. cit., p. 200.

160 *Voprosy istorii*, 1994, No. 12, p. 45. *Grif sekretnosti sniat: Poteri vooruzhennykh sil SSSR v voinakh, boevykh deistviiakh I voennykh konfliktakh.* Moscow, 1993, p. 395.

161 Rosemary Foot, op. cit., p. 190.

162 Ibid., p. 191.

163 Ibid., pp. 190-191.

164 《中華民国大事記》, 650쪽.

165 黄克武, <一二三自由日: 一つの祝日の変化から見た現代台湾反共神話の興隆と衰退>,《一九四九年: 中国の鍵となる年代学術討論会論文集》, 台北, 2000년, 643~669쪽.

166 大鷹,《志願軍戦俘紀事》, 昆侖出版社, 1987년, 274~276쪽.

167 상동, 282~284쪽.

168 상동, 291~292쪽.

169 허만호, <한국전쟁의 인권유산: 민간인 집단학살과 북한 억류 한국군 포로>, 한국정치학회 주최 국제 심포지엄 '한국전쟁과 21세기 한반도 평화의 모색'(2000년 6월 24일) 보고 논문.

170 《朝日新聞》, 2001년 9월 11일.

171 Dzhorzh Bleik, *Inogo vybora net*, Moscow, 1991, pp. 151-156. 그는 1960년대에 소련으로 건너갔다.

172 정전협정 전문은 *Department of State Bulletin*, August 3, 1953, p. 132-139.

173 Ibid., p. 139.

174 Rosemary Foot, op. cit., p. 201. 衡學明,《生死三八線: 中國志願軍在朝鮮戰場始末》, 372~373쪽.

175 《朝日新聞》, 1954년 2월 19일. 일본도 한국전쟁 정치회의에 참가하기를 희망한다고 미국 측에 표명했지만 결국 실현되지 못했다. 남기정, <한국전쟁과 일본>, 156~158쪽.

176 《朝日新聞》, 1954년 4월 28일.

177 상동, 1954년 4월 29일.

178 상동, 1954년 4월 28일.

179 상동, 1954년 4월 29일.

180 상동, 1954년 5월 23일 석간.

181 상동, 1954년 6월 16일.

제8장. 한국전쟁 후 동북아시아

1 Robert F. Futrell, *The United States Air Force in Korea, 1950-1953*, pp. 644-645.

2 安龍鉉,《韓国戦争秘史》5, 515쪽.《朝鮮民主主義人民共和国国民経済発展統計集: 1946-1963》, 日本朝鮮研究所, 1965년, 6쪽.

3   澤正彦, 《南北朝鮮キリスト教史論》, 日本基督教教団出版局, 1982년, 320~321
    쪽. NRC, USFEC, RG242, SA2005, item 4/41.

4   村田晃嗣, 《大統領の挫折: カーター政権の在韓米軍撤退政策》, 有斐閣, 1998년,
    39쪽.

5   和田春樹, 《北朝鮮: 遊撃隊国家の現在》, 岩波書店, 1998년, 209쪽.

6   aul G. Pierpaoli, Jr., Alpha and Omega: Understanding the Meaning of the Korean
    War, a paper presented at the International symposium "The Korean War and
    Searching for Peace on the Korean Peninsula in the 21st Century", Seoul, June
    24, 2000, p. 5.

7   Ibid., p. 6.

8   Ibid., p. 8.

9   Paul G. Pierpaoli, Jr., *Truman and Korea:The Political Culture of the Early Cold
    War*, University of Missouri Press, 1999, pp. 149, 187, 227-228.

10 Paul G. Pierpaoli, Jr., Alpha and Omega, p. 16.

11 Elena Zubkova, *Poslevoennoe sovetskoe obshchestvo: politika i povsednevnost'
    1945-1953*, Moscow, 2000, p. 201.

12 I. V. Bystrova, Voenno-ekonomicheskaia politika SSSR: ot "demilitalizatsii" k
    gonke vooruzhenii, *Stalinskoe desiatiletie kholodnoi voiny: fakty i gipotezy*,
    Moscow, 1999, pp. 176-177.

13 Ibid., p. 176.

14 Ibid., p. 184.

15 Elena Zubkova, op. cit., p. 130.

16 《抗美援朝戦争史》제3권, 547쪽.

17 상동, 555쪽.

18 朱建栄, 《毛沢東のベトナム戦争: 中国外交の大転換と文化大革命の起源》, 東京
    大学出版会, 2001년, 23~24쪽.

12년 전, 한국전쟁에 대해 처음 논문을 썼을 때는 내가 나중에 《한국전쟁 전사朝鮮戰争全史》라는 책을 쓰게 되리라고는 전혀 예상하지 못했다. 7년 전에 쓴 논문집《한국전쟁朝鮮戰争》을 수정, 보완하여 이 책을 쓰게 된 것은 러시아에서 새로운 자료가 대량으로 공개된 것이 계기였다. 그런 의미에서 냉전 국제사 프로젝트가 1996년 홍콩에서 개최된 '아시아에서의 냉전' 심포지엄에 나를 초청해 준 것과 웨더스비 여사가 호의로 러시아의 새로운 자료 복사본 전부를 제공해 준 것에 감사드린다. 그녀도, 만수로프 씨도 이 자료를 분석하고 책을 내려고 노력하고 있을 텐데 내가 먼저 책을 내게 되어 마음이 좀 무겁다. 어쨌든 웨더스비, 천젠, 장슈광, 즈보쿠, 만수로프, 웨스타드 등의 호의와 도움에 감사드린다.

한국과 북한의 국내 정치사에 대해서는 박명림, 이종원, 서동만, 이종석 씨 등의 연구가 많은 공부가 됐다. 한국 학회에도 여러 번 초청을 받아 이 주제에 관한 한국의 연구 상황을 파악할 수 있었다. 김학준, 문정인 두 교수님께 감사드린다.

나의 북한 연구도 20년이 되어 가지만, 나의 가장 존경하는 친구

브루스 커밍스는 처음부터 나를 도와주었고 그 기념비적 저작을 통해 한국전쟁의 여러 측면을 볼 수 있게 해 주었다. 재미 한국인 학자 방선주 씨도 마찬가지로 처음부터 나를 도와주었는데, 이 책을 위해 러시아 자료 외에도 중요한 자료들을 제공해 주었다. 두 사람의 변함없는 우정과 도움에 마음으로부터 감사드린다.

이 책의 중국어 원문 번역은 곤도 구니야스近藤邦康 씨가 첨삭해 줬다. 색인 작성은 호테이 도시히로布袋敏博 씨에게 부탁했다. 또《한국전쟁》을 출판한 지 7년밖에 안 지났는데도 이 책을 출판해 준 이와나미 서점에도 감사드린다.

이 책은 내가 한국전쟁을 주제로 내는 마지막 책이 될 것이다. 나로서는 최선을 다했다고 생각한다. 이 책이 전사全史라는 이름에 얼마나 근접했는지는 독자의 판단에 맡기고자 한다.

2002년 2월
와다 하루키

역자 후기

2022년 2월 러시아의 우크라이나 침공으로 시작된 전쟁이 갈수록 치열해지는 상황에서 와다 선생님은 그해 5월 각국의 지식인 53명과 함께 즉각 전투행위를 중지하고 정전회담을 재개할 것을 촉구하는 공동성명을 발표했다. 이 공동성명은 "전쟁이 길어지면 더 많은 우크라이나인과 러시아인이 죽게 될 것이며, 두 나라의 장래에 그만큼 회복 불가능한 깊은 상처를 입히게 될 것"이라고 우려하면서 "전쟁이 일어나면 전장을 한정하고 신속히 전투를 멈추게 해 정전 교섭에 진지하게 임하도록 하는 것이 평화를 회복하기 위한 철칙"이라고 호소했다. 와다 선생님은 여든이 넘은 나이임에도 여전히 사회문제를 치열하게 고민하고 이를 행동으로 옮기는 실천가이다.

2022년 9월 제주포럼에 참석했던 와다 선생님은 본인의 저서 《한국전쟁 전사朝鮮戦争全史》를 한국에서 출판하고 싶다는 강한 뜻을 밝히셨다. 한국전쟁의 배경 3년에 걸친 전쟁의 시작과 전개 과정, 그리고 정전협상을 연구한 와다 선생님은 우크라이나전쟁을 보면서 이 책의 한국어판 출간 필요성을 더 강하게 느끼셨던 것 같다. 와다 선생님의 이러한 열정에 보답하고자 이 책을 번역하게 됐다. 와다 선생님의 제자인 서울대 남기정 선생님께서 내용을 검토해 주시기로 했기에 시작할 수 있었던 일이기도 하다. 이 자리를 빌려 남기정 선생님께 감사드린다.

매년 6월 25일이면 반공 포스터를 그렸던 기억이 있는 번역자에게 한국전쟁을 상징하는 것은 소련제 탱크였다. 소련제 탱크를 앞세워 침략하는 북한군에 맨주먹 붉은 피로 맞서 조국을 지켰다는 것이 그동안 교과서 등을 통해 만들어진 한국전쟁의 이미지다. 그런데 이 책을 번역하면서 전쟁의 승패를 좌우한 것은 공군력, 즉 전투기와 폭격기였음을 알게 됐다. 최근 러시아군이 우크라이나의 댐을 폭파했다는 뉴스를 보면서 한국전쟁사와 겹치는 부분이 많아 안타까웠다. 소련이 한국전쟁을 하면서 전쟁에 필요한 무기를 무상이 아니라 유상으로 북한과 중국에 제공한 점도 흥미로웠다. 필자인 와다 선생님은 다양하고 구체적인 사료를 이용해 한국전쟁이 단순히 자유진영 대 공산진영의 대결이 아니었음을, 각 진영 사이에도 이해관계가 복잡하게 얽혀 있었음을 마치 한 편의 영화를 보는 것처럼 생생하고 입체적으로 그려 냈다. 이 번역 작업에 참가한 것은 커다란 행운이었다. 이 작업에 참가할 수 있게 해 주신 와다 선생님께 감사드린다.

한자권이라 일본어 번역은 비교적 쉬운 면도 있으나, 번역 작업을 하면서 일본어는 역시 외국어라는 것을 절감했다. 특히 '조선朝鮮', '조선인'이라는 용어의 번역은 어려운 과제였다. 조선은 대체로 '한반도KOREA' 전체를 의미하는 용어로 사용됐으나 북한(조선민주주의인민공화국)을 의미하는 용어로 사용되기도 한다. 조선인은 국적에 따라 한국인과 북한인으로 나눌 수도 있지만, 이를 구분하지 않고 한민족을 뜻하는 의미로 사용되기도 한다. 이 책에서는 북한과 소련, 중국 등의 문헌에서 직간접적으로 인용한 경우에는 한반도 전체를 의미하는 조선은 그대로 '조선'으로 번역했고, 북한을 의미하는 경우는 '북조선'으로 번역했다. 한국과 미국 등의 문헌에서 직간접적으로 인용한 경우에는 한반도 전체를 의미하는 조선은 '한반도'로 번역했고, 한국을 의미하는 경우는 '남한 또는 한국'으로, 북한을 의미하는 경우는 '북한'으로 번역했다. '전역戰役'이란 단어 역시 우리에게는 익숙하지 않다. 전역이란 전쟁 상황에서 전략적 목표를 달성하기 위해 실시하는 일련의 연관된 대규모 군사 작전을 말한다. 전투보다는 좀 더 범위가 크다고 할 수 있다. 미국, 소련, 중국 등 여러 국가의 인명 표기 역시 어려운 과제였다.

한국전쟁 정전 70주년의 해에 이 책을 출판하게 된 것을 뜻깊게 생각하며, 번역문을 매끄럽게 가다듬어 준 청아출판사 편집부에도 이 자리를 빌려 진심으로 감사의 뜻을 전하고 싶다.

2023년 7월

남상구, 조윤수

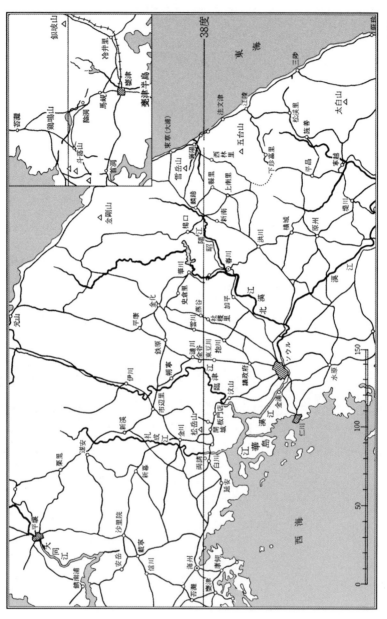

38度線地域圖

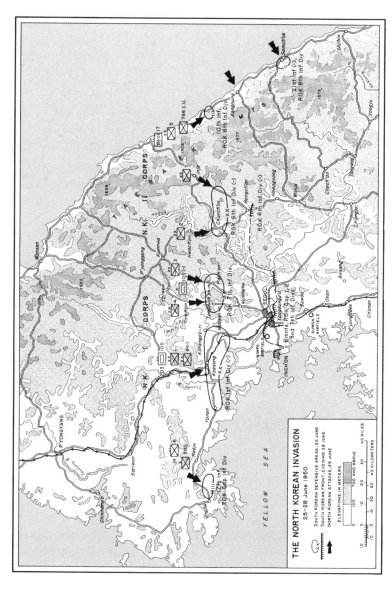

THE NORTH KOREAN INVASION
25–28 June 1950

SOUTH KOREAN DEFENSIVE AREAS, 25 JUNE
SOUTH KOREAN FRONT, EVENING 28 JUNE
NORTH KOREAN ATTACKS, 25 JUNE

ELEVATIONS IN METERS

100   700 AND ABOVE

0   10   20   30   40 MILES
0   10   20   30   40 KILOMETERS

Roy E. Appleman, 〈South to the Naktong, North to the Yalu: June–November 1950〉, Center of Military History, U. S. Army 1992, map 1.

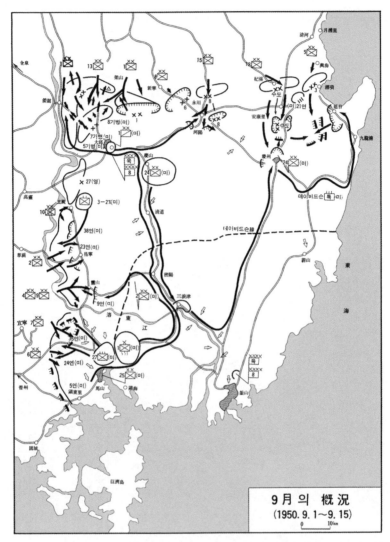

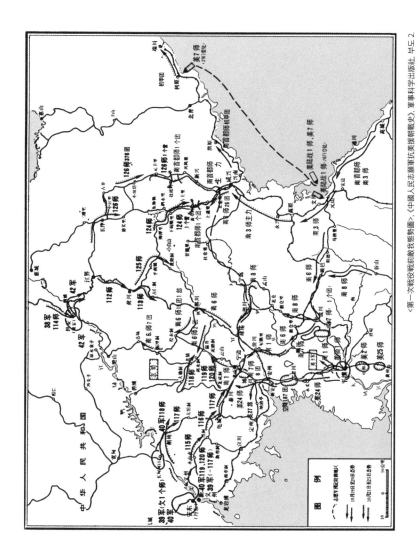

<第一次战役战前敌我态势势图>, <中国人民志愿军抗美援朝战史>, 军事科学出版社, 부도 2.

지도
695

〈第三次戰役经要圖〉,《抗美援朝戰爭》, 中國社会科学出版社, 1990년.

《抗美援朝战史》，军事科学出版社，2000년，제3권 부도 11.

人3军团 人2军团 人5军团 人7军团 人4军团 人6军团

9兵团 19兵团

27军 26军 20军 42军 47军 63军 65军 64军 15军 12军 39军 40军 60军 38军

150师 50军(-150师)

南首都师 南11师 南1师 南3师 南5师 南6师 南7师 南8师 南9师 南骑1师 南25旅 南108师 南106师 南107师

美2师 美3师 美5师 美6师 美7师 美9师 美24师 美25师 美1师

美1军 美9军 美10军

英28·29旅 土耳其旅

第5海兵队

美空降187团

38°

20公里

图

例

- - - - 1951年7月美方所提出之军事分界线
- - - - 1951年11月确定之军事分界线
（即当时交战双方接触线）
///// 1951年11月以后中朝人民军队
推进之地区
———— 1953年7月27日朝鲜停战时军
事分界线

《朝鲜停战军事分界線略圖》,《抗美援朝战争》,中国社会科学出版社, 1990년.

38°

38°

九万里

高城

月飞山

蒙山里

新岱山

鱼隐山

文登里

昌道里

北汉江

金城

巨室里

五圣山

金化

平康

西方山

砂器幕

铁原

道修坚

上浦防

鱼积山里

临津江

朔宁

马良山

高旺山

九化里

市边里

板门店

敷瑞里

开城

大峴里

延安

桥项洞

海州

黄海

海

부산에 도착한 미국 해병대, 1950. 8.

낙동강 전선에서 반격에 성공한 뒤 북진하는 한국군과 연합군, 1950. 9. 18.

미 해병대 서울 수복 전투, 1950. 9.

파괴된 대동강 철교와 피란민들, 1950. 12. 3.

흥남부두에 몰려든 피란민들, 1950. 12. 19.

강릉 외곽에서 폭설을 뚫고 남쪽으로 향하는 피란민들, 1951. 1. 8.

미 B-26 폭격기의 공격을 받은 원산 시가지, 1951. 8.

미 해군 항공모함과 전투기, 1951. 9. 4.

미 수중 폭파팀 대원들에게 구조되어 미 해군 고속 수송선에 탑승한 북한 난민들, 1952. 9. 16.

북한의 산업 군사 목표물에 네이팜탄을 투하하는 미 공군 전투기, 1951.

판문점에서 정전협정에 서명하고 있는 윌리엄 해리슨과 남일, 1953. 7. 27.

색인

가오강 71, 73, 95, 307, 363, 365, 397-401, 409, 441, 459

강건 47, 163, 165, 232, 235, 239

게오르기 말렌코프 110, 127, 153, 155, 507, 515, 521, 537, 544, 566, 575, 583

그리고리 툰킨 103-105, 107

그리고리얀 116

글루호프 459, 461, 575

김광협 369, 477, 528

김구 92, 268

김규식 247-248, 268

김두봉 47, 91, 141, 232, 363, 537, 578, 592

김윤근 385-391

김일성 21, 25, 28-33, 42, 46-63, 68-71, 77-86, 90-93, 98-114, 134-165, 171-172, 193-194, 199-201, 206, 232-237, 251-253, 264-276, 292, 302, 326, 333-336, 342, 347-349, 358-370, 394, 397-409, 416, 420-422, 438-447, 458-463, 471-473, 477-481, 501-504, 520-534, 537-544, 566, 576-580, 589, 603

김종원 387-389

김책 47, 76, 158-159, 163, 194, 232, 235, 251, 274, 367

남기정 36, 325

남일 335-336, 407-411, 543, 548, 550, 556, 572, 577, 597

녜룽전 242-243, 457, 460-461

노사카 산조 43, 116, 133-136, 217, 382, 510, 520, 527

니콜라이 보즈네센스키 58, 608

니콜라이 불가닌 109-111, 127, 153, 303, 305, 507, 539

니콜라이 페도렌코 131-132, 540-541

니키타 흐루쇼프 153, 157, 537, 539, 576

더글러스 맥아더 57, 73, 177, 179, 202, 205, 211-213, 217, 222, 226-227, 240, 255, 261-263, 269, 285-293, 315, 319, 328, 332, 336-340, 343, 352, 356, 361, 375-377, 431-432

덩화 237, 243, 250, 326, 363, 369, 394, 409-410, 413, 458, 528, 562

도쿠다 규이치 102, 116, 217, 382-384, 423, 513-514, 520

두핑 335, 363-364

드와이트 아이젠하워 527-532, 544, 546, 553-560, 563, 568-570, 584, 605

딘 러스크 228, 390, 403

딘 애치슨 137-139, 180-181, 203-206, 208, 211-214, 228, 286, 292, 337, 361, 375, 390, 403, 426, 514, 517

라브렌티 베리야 153-154, 459, 507, 537, 539, 574-576

라자르 카가노비치 110, 153

로버츠 80, 83, 96, 119, 178

로시친 159, 232-233, 236, 253, 263-264,

298, 309, 346, 358

류사오치 95, 128, 135, 333, 514, 531

리승엽 47, 93, 115, 198, 200, 418, 471, 525-526, 531, 578, 592

리커농 409-413, 422, 438-439, 562

린뱌오 102, 133-134, 298, 302, 304

마오쩌둥 33, 45, 71-77, 95, 105, 113, 127-136, 139-144, 156-161, 207, 231, 237, 242-244, 250, 253, 263-265, 294-310, 326-330, 333-334, 343-345, 350, 358-362, 366-371, 384, 392-415, 436-441, 450-460, 477-481, 494-501, 505-507, 519, 527-533, 537-541, 562, 576, 583, 608

마크 클라크 473, 486-493, 533, 538-541, 548-557, 562-566, 569, 577, 581

마트베이 자하로프 32, 190, 265-267, 436

매슈 리지웨이 349-350, 361, 364, 376, 404-407, 416

멜니크 153-154

무정 47, 164-165, 234-236, 347, 349

바실리 쿠즈네초프 537, 539-541, 583

바실리에프 149, 162-164, 169, 184, 234-236, 240

박명림 28-29, 35, 81, 122, 137, 164, 166, 180, 183-184

박일우 47, 118, 194, 232, 273, 326-327, 334-335, 350, 363, 394, 421-422, 460, 531, 578

박정애 93, 446, 472, 515, 522-524, 573,

578, 588

박창옥 446, 525, 537, 578, 588

박헌영 25, 28, 31, 33, 47, 50-52, 58-61, 68, 80-85, 92, 98-100, 104-106, 113-115, 136, 141, 152, 155-164, 194, 200-201, 234-235, 251-253, 266, 269-274, 278, 306, 326, 341, 351, 362-364, 402, 416-422, 442, 451-452, 458-461, 471-472, 478, 503-505, 518-520, 524-527, 537, 543, 573, 578, 588

방호산 47, 98, 165, 189, 236, 240-241, 281, 329, 347, 367, 528

백선엽 49, 184, 195, 292, 410, 417, 493, 548-549, 554, 556, 569

뱌체슬라프 몰로토프 46, 53, 57, 61, 110, 127, 130, 133, 138, 153, 155, 309, 507, 516-517, 537-539, 543, 556, 566, 576, 583, 610

블라디미르 라주바예프 33, 342-343, 368, 394, 407, 440-442, 461-462, 503, 533, 541, 543, 575

서동만 9, 28-29, 35

세르게이 슈테멘코 66, 162

세르빈 56

세묘노프(=스탈린) 519

세시킨 116

스저 127, 133, 302-303, 309, 398-399, 502, 504

스탈린 31-34, 43-45, 56-71, 95, 99-100, 109, 116-119, 127-160, 172, 206-208, 231, 236-237, 252-253, 263-276, 295-310, 330-331, 345-346,

350, 358, 367-371, 376-384, 392-415, 422-424, 436-442, 450-454, 457-459, 464, 472-473, 480, 494-521, 526-534, 537, 574, 608-611

신성모 48-49, 79-80, 88, 95-97, 180-182, 195, 386-388

신익희 183, 482, 492

신채호 48

아나스타스 미코얀 45, 102, 110, 130, 133, 153, 507, 516-517, 537

아나톨리 토르쿠노프 32, 147, 152, 163, 167

아시다 히토시 352-355, 381

안드레이 그로미코 110-111, 118, 208-211, 214, 341-342, 422, 424, 441-442, 462-463

안드레이 비신스키 58, 71, 91, 127, 138, 155, 159, 342, 347, 507, 518, 538

안재홍 183, 246, 248, 268

알렉산드르 바실렙스키 66-67, 162, 265

알렉세이 쿠즈네초프 58, 102, 608

앨런 커크 210-211

야코프 말리크 208-210, 240, 379, 391, 396, 399, 402, 392, 409, 539

에버렛 드럼라이트 80, 182, 197

예궁차오 230, 465-467

예프게니 바자노프 32, 152, 155, 233

오위영 183, 447

오카노 스스무 136

왕자상 95, 341-342, 384, 531

요시다 시게루 138, 222-226, 255-260, 311-315, 352-355, 380-383, 424-427, 431-433, 465, 580, 586, 614

우슈취안 331, 346, 347, 566

워런 오스틴 209, 357

원용덕 484, 561

월터 로버트슨 554, 559, 563-572

윌리엄 스툭 22, 37

윌리엄 해리슨 548, 552, 556, 572, 577

이권무 162, 165, 241, 329, 368

이그나티예프(A. M. Ignat'ev) 141-143

이그나티예프(S. D. Ignat'ev) 575-576

이범석 48, 65, 80, 88, 96-97, 145, 180, 447, 482, 489, 491, 494

이승만 27, 36, 41, 48-49, 55-56, 67-68, 75, 80, 84-101, 107-108, 120, 122, 142-145, 179, 182, 194, 197, 201, 211, 215, 217, 229-230, 247-249, 269, 286, 288, 293-294, 300, 319, 321, 339-340, 348, 385, 388-390, 403-410, 415-421, 546-572, 577-582, 592-593, 603

이종찬 391, 483-486, 491, 493

이토 리쓰 31, 513, 520-521, 527, 576

장면 289, 387, 404, 482, 483, 490

장제스 45, 68, 96-97, 106, 119, 206, 227-230, 286, 346, 392-393, 465, 468, 496, 531, 588, 592, 608-613

장택상 482, 487-490, 492-493

저우언라이 31, 71, 130-133, 139, 160-161, 206, 231-233, 263-264, 276,

298-305, 309-310, 330-333, 346, 358-361, 397, 458-463, 469, 494-508, 514, 518, 525, 532-533, 537-544

정일권 49, 179, 181, 212, 215, 269, 339-340, 389, 391

제임스 밴 플리트 378, 389, 483-486, 491

조병옥 319, 324, 388, 490

조셉 콜린스 204, 286, 338, 343, 361, 491, 548-549, 554, 564, 569

조소앙 183, 246, 248, 268

조지 스트레이트마이어 219, 376

조지 케넌 204, 285, 391, 396, 399-400

존 무초 55, 67-68, 79-89, 96-97, 119, 122, 181, 196-197, 202-203, 211-213, 319, 324, 390, 403-405, 420, 449, 482-483, 487-492, 556

존 앨리슨 202, 285, 289, 489

존 포스터 덜레스 177-178, 202, 289, 315, 380-382, 424, 431-432, 465, 532, 546, 554, 557-560, 563-565, 570, 577, 585

채병덕 48-49, 96, 181, 184, 195-196, 211-212, 239

천젠 10, 27, 35, 296, 462, 686

최용건 25, 29, 47, 76, 159, 163-165, 194, 232, 234-235, 269, 274, 330, 438, 477, 528, 531, 537, 577-578

케네스 영 488-490, 563, 570, 572

코발레프 71, 74, 131

쿠즈마 데레비앙코 57, 116

테렌티 시티코프 32-34, 50-74, 77, 79-82, 85-94, 96, 99-101, 109-114, 118, 134, 141-152, 155, 158, 163-171, 190, 231-237, 251-253, 266-270, 274, 306, 329-330, 342-346

트뤼그베 리 203, 208-209, 240, 346

파벨 유딘 131, 243, 250, 265, 299

펑더화이 235, 301-302, 306-307, 326-328, 334-335, 342-345, 349-351, 358, 361-370, 378, 392, 394-397, 407-412, 438, 451-452, 457-458, 463, 501, 504-505, 533, 540-541, 561-562, 566, 576-578, 583

페리셴코 142-143

폴리나 젬추지나 46, 610

프랭크 밀번 319-320

피에르파올리 36, 173, 604, 606

핀시(=스탈린) 231, 275, 308, 330, 519

필리포프(=스탈린) 159-160, 295, 307, 310, 478, 519

한덕수 92-93, 102, 513

해리 트루먼 63, 101, 113, 123, 145, 173, 203, 212, 214, 228, 230, 285-287, 293, 336-340, 351-352, 375-377, 390, 396, 417, 450, 454, 486, 529, 605

허가이 47, 93, 105-106, 194, 277, 442-446, 521, 573-574, 578, 592

홍명희 194, 232, 537

와다 하루키의
한국전쟁 전사

초 판 1쇄 발행·2023. 7. 27.
초 판 3쇄 발행·2024. 3. 11.

지은이   와다 하루키
옮긴이   남상구, 조윤수
발행인   이상용
발행처   청아출판사
출판등록   1979. 11. 13. 제9-84호
주소   경기도 파주시 회동길 363-15
대표전화   031-955-6031   팩스 031-955-6036
전자우편   chungabook@naver.com

ISBN 978-89-368-1229-4 03910